Poetik der Höhe

Michael Ott

Poetik der Höhe

Der alpine Diskurs und die moderne Literatur

BRILL
FINK

Umschlagabbildung:
Groupe du Gasherbrum (8035 m), versant occidental, Photographie: Vittorio Sella, 1909

Bibliografische Information der Deutschen Nationalbibliothek

Die Deutsche Nationalbibliothek verzeichnet diese Publikation in der Deutschen Nationalbibliografie; detaillierte bibliografische Daten sind im Internet über http://dnb.d-nb.de abrufbar.

(Koninklijke Brill NV, Leiden, Niederlande; Brill USA Inc., Boston MA, USA; Brill Asia Pte Ltd, Singapore; Brill Deutschland GmbH, Paderborn, Deutschland; Brill Österreich GmbH, Wien, Österreich)
Koninklijke Brill NV umfasst die Imprints Brill, Brill Nijhoff, Brill Hotei, Brill Schöningh, Brill Fink, Brill mentis, Vandenhoeck & Ruprecht, Böhlau, V&R unipress und Wageningen Academic.

www.fink.de

Einbandgestaltung: Evelyn Ziegler, München
Herstellung: Brill Deutschland GmbH, Paderborn

ISSN 2567-7055
ISBN 978-3-7705-6778-2 (hardback)
ISBN 978-3-8467-6778-8 (e-book)

Inhalt

Als Jesus die vielen Menschen sah, stieg er auf einen Berg.
Matthäus 5,1

Ich würde ganz gern – warum denn nicht – einen
Ausflug mit einer Gesellschaft von lauter Niemand machen.
Natürlich ins Gebirge, wohin denn sonst?
Franz Kafka, *Der Ausflug ins Gebirge*

Beides, die Narben der Zivilisation und das Unberührte
jenseits der Baumgrenze, steht konträr zur Vorstellung von Natur
als einem tröstlich, wärmend dem Menschen Zubestimmten;
es verrät schon, wie es im Kosmos aussieht.
Th. W. Adorno, *Aus Sils Maria*

Einleitung

Die Geschichte der Alpen gibt im Groben und Abgekürzten
die Geschichte Europas, das heißt, unserer Gesittung.
Arnold Zweig

Ein Alpenbuch

Im Frühsommer 1939 erhielt der Schriftsteller Arnold Zweig am Rand des Internationalen Schriftstellerkongresses in New York von einem amerikanischen Verlag den Auftrag, für eine populärwissenschaftliche Buchreihe ein Werk über die Alpen zu schreiben. Zweig, der 1933 vor den Nationalsozialisten hatte fliehen müssen, nach Palästina emigriert war und dort kaum Veröffentlichungsmöglichkeiten besaß, nahm den Auftrag dankbar an: Das „Alpenbuch", wie er es fortan nannte, versprach ihm nicht nur eine Einnahmequelle, sondern er sah darin die Chance, in einem großen kulturkritischen Beitrag die Bedeutung der Alpen für die historische Entwicklung Europas herauszuarbeiten – vom Ende der Eiszeit über Hannibals Alpenüberquerung und die Gründung der Schweiz bis hin zu seiner eigenen, von Diktaturen geprägten Gegenwart im 20. Jahrhundert.

Doch Zweig hatte kaum mit den Vorarbeiten begonnen, als der Zweite Weltkrieg ausbrach und ihn nahezu von allen Informationskanälen abschnitt. Als das Manuskript, inzwischen mit dem anspielungsreichen Titel *Die Alpen, oder: Europa* versehen, 1940 vorläufig abgeschlossen war, entsprach es nicht den Vorstellungen des Verlags; der Kriegseintritt der USA 1941 verhinderte die Veröffentlichung in Amerika endgültig. Auch nach dem Ende des Krieges und Zweigs Rückkehr nach Ostberlin 1948 scheiterte der Versuch, das Buch zu publizieren: Seine „europäische" Perspektive und die Orientierung an Freuds Kulturtheorie waren offenbar inopportun. So blieb der Text, den Zweig immer weiter umarbeitete, bis zu seinem Tod 1968 ungedruckt; als er 1997 in der Akademie-Ausgabe endlich erschien, trug er den von Zweig eigenhändig korrigierten, ebenso anspielungsreichen Titel *Dialektik der Alpen. Fortschritt und Hemmnis*.[1]

1 Zweig, Arnold: *Dialektik der Alpen. Fortschritt und Hemmnis / Emigrationsbericht oder Warum wir nach Palästina gingen*, bearbeitet von Julia Bernhard, Berlin 1997 (= Arnold Zweig, *Berliner Ausgabe*, hg. von der Humboldt-Universität Berlin und der Akademie der Künste Berlin/hg. von Frank Hörnigk und Julia Bernhard, Abt. II, Essays, Bd. 4). Zur hier nur äußerst gerafft wiedergegebenen Entstehungsgeschichte vgl. Bernhard, Julia: Entstehung und Textgeschichte, ebd. S. 454–471.

Zweigs in der gedruckten Fassung über 260 Seiten langes ‚Alpenbuch' hatte mit dem ursprünglich populärwissenschaftlichen Auftrag des Verlags schon vom Ansatz her nichts mehr zu tun: In immer neuen Anläufen skizzierten die zwanzig Kapitel ein gewaltiges kulturgeschichtliches Panorama der Alpen, die Zweig als das „Rückgrat Europas" bezeichnet, ausgehend von der „Horde" des „Homo Alpinus"[2] bis hin zum Bergfilm und zum Zweiten Weltkrieg. Allerdings verbindet sich dieser kulturhistorische Anspruch zugleich mit dem Versuch, den politischen Weg Europas in die Katastrophe von Rassismus, Faschismus und Weltkrieg aus den Entwicklungen des Alpenraums zu verstehen. Und verbunden mit der Schwierigkeit, dass Zweig für seine Arbeit im Exil auf wenig mehr als einen siebenbändigen *Larousse* und sein Gedächtnis zurückgreifen konnte, sprengte dieses Vorhaben am Ende jeden Zusammenhang: Glaziologie, Paläontologie und Psychologie stehen in der „Dialektik der Alpen" neben Philosophie, Wirtschafts- und Religionsgeschichte, Literatur-, Musik- und Militärgeschichte und Soziologie; und inmitten dessen findet sich eine Erzählung Zweigs über die Gebirgswanderung eines jungen Paares, die er selbst 1909 erstmals veröffentlicht hatte.[3]

Die Zielrichtung des Essays erschließt sich denn auch weniger aus dem Gedankengang des Textes als aus Zweigs Titeln. Während *Die Alpen, oder: Europa* offenbar auf Novalis anspielt und die religiöse Größe ‚Christenheit' durch die geomorphologische Größe ‚Alpen' als Kristallisationskern der europäischen Kulturgeschichte ersetzt, impliziert der Titel *Dialektik der Alpen* ebenso offenbar eine Parallele zur *Dialektik der Aufklärung*, Adornos und Horkheimers ebenfalls im Exil entstandener, 1944 erschienener radikaler Aufklärungskritik. Die *Dialektik der Alpen* scheint hierzu ein materialistisches Pendant bieten zu wollen – eine geopolitisch-kulturdiagnostische Erzählung von „Fortschritt und Hemmnis" (so der Untertitel), welche die Alpen in der europäischen Kulturgeschichte bewirkt hätten. Im Zentrum steht damit aber nicht allein ein materielles Gebilde namens „Alpen", sondern es geht zugleich um deren überwältigenden ‚Eindruck', um ihre Sinnbildlichkeit. Denn ein Sinnbild wären die Alpen geschichtlich gerade für das geworden, was außerhalb der Geschichte liegt:

---

2 Ebd. S. 13, 12, 35. Der Einfluss von Freuds *Totem und Tabu* wird im Teil *Die Hordenseele* deutlich (ebd. S. 31ff.).

3 Zweig, *Dialektik der Alpen*, S. 152–164; Zweig überarbeitete hierfür seine Novelle „Vorfrühling" (in: *Die Gäste*. Kattowitz, 1909, H.3, S. 6–18), vgl. den Kommentar Julia Bernhards ebd. S. 480, Anm. 12.

> So hat auf den europäischen Geist, den Geist der Menschen der neuen Zeit, kein Gebirge einen größeren Eindruck gemacht als dieser Wall, der an Ausdehnung und Wucht mit asiatischen Gebirgen nicht wetteifern kann [...]. Und dennoch haben sich uns im Verlauf unserer Bewußtwerdung die Alpen als das klassische Gebirge eingeprägt. Ihre Gipfelwelt, gelagert um den Riesen Montblanc, wurde sinnbildlich für alles, was sich aus den Niederungen des Alltags und der Zeit in Einsamkeit und Ewigkeit erhebt.[4]

Ohne Zweigs großen Essay im Einzelnen interpretieren zu können[5], kann die hier vorgelegte Untersuchung literarischer Texte des 20. und frühen 21. Jahrhunderts und ihres Zusammenhangs mit dem alpinen Diskurs an einigen Stellen unmittelbar an Zweigs Text anschließen. Dieser beginnt mit einer kartographischen Imagination, dem „Zauber der Landkarte“: Für Zweig gehört die Kartographie zu den größten menschlichen Erfindungen; schon ein Schulatlas bewahre ein über Generationen gesammeltes Wissen; vor allem aber erlaube die Kartographie eine imaginäre Erfahrung des geographischen Raumes:

> Wo der Mensch auch immer sich befindet: hat er einen Tisch und eine Lampe in seiner Hütte, so kann er einen Atlas aufschlagen, auf eine Karte blicken, sich vertiefen. Dann weiten sich die Wände seines Zimmers, sie verschwinden. Ungeheuerlicher als durch irgendeine Zauberei bricht die Erdoberfläche in die menschliche Behausung ein, zeigt, Gegenwart und Einzeldasein aufhebend: unter den faszinierten Blicken des Betrachters entrollen sich Ebenen, schlängeln sich Ströme, entblößt die Erdkruste ihre Runzeln – Hebungen und Senkungen – ihre Wälder, Wüsten, Meere und Höhen.[6]

Karte und Atlas (aus denen in Zweigs Essay dann die erste Vorstellung von Europa und den Alpen entwickelt wird) erscheinen hier als Medien visueller, zugleich körperlicher und *ent*körperlichender Imaginationsbildung; unabhängig vom Ort des Betrachters zeige sich mit ihrer Hilfe der planetare Raum. Der Anfangs-Satz „Wo der Mensch auch immer sich befindet“ spiegelt freilich – bewusst oder unbewusst – zugleich die Situation dessen, der durch das Exil gezwungen ist, Europa und die Alpen mittels Karten aus der Ferne zu imaginieren.

---

4 Ebd. S. 14.

5 Vgl. zu einer genaueren Würdigung des Textes Schiller, Dieter: „Die Alpen oder Europa“. Arnold Zweigs Selbstverständigung über Geschichte und Zukunft Europas, in: Midgley, David; Müller, Hans-Harald; Lamberechts, Luc (Hg.): *Arnold Zweig. Psyche, Politik und Literatur*, Bern u.a. 1993, S. 191–201; Bodenheimer, Alfred: Arnold Zweigs ‚Politische Physik‘. „Dialektik der Alpen“ – eine europäische Kulturgeschichte aus dem Exil, in: Horch, Hans Otto; Jütte, Daniel (Hg.): *Integration und Ausgrenzung*, Tübingen 2009, S. 317–322.

6 Zweig, *Dialektik der Alpen*, S. 13f.

Allerdings zeigt sich genau hierin auch die Deterritorialisierung[7] und Enttemporalisierung des kartographischen Blicks selbst.[8] Die Karte konstituiert einen Beobachtungspunkt, den es in der raum-zeitlichen Realität nirgendwo gibt. Vor allem aber bilden gerade die „Hebungen und Senkungen" des Geländes und besonders Gebirge für das Medium der Kartographie ein Problem: Ist das Konstruktionsprinzip der Karte ein Blick aus der Vertikalen, verschwindet die Höhendifferenz von Bergen in der Fläche. Noch in den ersten genaueren topographischen Karten der Alpen wie dem *Atlas Tyrolensis* von 1774 waren Berge noch nicht wie Wege, Seen oder Flüsse in einer Draufsicht erschienen, sondern ähnlich wie Wälder oder Ortschaften in symbolischen Schemata. Eine vertikalperspektivische Darstellung des Erdreliefs durch Schraffen, Schatten oder Farben auf topographischen Karten entstand erst im 19. Jahrhundert; ein wesentlicher Schritt dazu war die auf jahrelanger trigonometrischer Erfassung des Gebirges basierende Dufour-Karte der Schweiz.[9]

Die Möglichkeit, die Erdoberfläche samt ihrer „Höhen" im Blick auf eine Karte zu imaginieren, in die man sich wiederum von oben „vertieft" (Zweig), setzt insofern eine Technik der medialen Repräsentation dieser Höhen voraus, die (unter anderem) in jener Kulturgeschichte der Alpen und ihrer Erschließung allererst entwickelt wurde, deren Bedeutung Zweigs Essay zu ergründen versucht.[10]

Diese Komplikation von Vorstellung, Darstellung und historischer Entwicklung ist jedoch verallgemeinerbar. Denn die Alpen bedeuten, weit über die Mediengeschichte der Kartographie hinaus, in bildmedialer wie sprachlicher Hinsicht selbst ein grundsätzliches Problem für mediale Repräsentationen. Und dies ist nicht einfach eine Frage verbesserbarer kartographischer Technik oder des jeweiligen sprachlichen Beschreibungs-Repertoires, sondern resultiert aus dem ‚Gegenstand' Alpen selbst: Eine der Fluchtlinien der folgenden Studien ist die in literarischen und essayistischen Texten des 20. Jahrhunderts immer wiederkehrende Beobachtung, dass zwischen den medialen Repräsentationen und der ‚realen Erfahrung' der Alpen eine elementare Diskrepanz besteht. Zugespitzt gesagt – die Alpen erscheinen ebenso unabbildbar wie unbeschreiblich.

7 Vgl. zum Begriff Deleuze, Gilles/Guattari, Felix: *Was ist Philosophie?* Frankfurt a.M. 2000.

8 Vgl. zum Medium der Kartographie und ihren literarischen Investitionen: Stockhammer, Robert: *Kartierung der Erde. Macht und Lust in Karten und Literatur*, München 2007.

9 Vgl. Gugerli, David; Speich, Daniel: *Topographien der Nation. Politik, kartographische Ordnung und Landschaft im 19. Jahrhundert*, Zürich 2002; zur „kartographische[n] Entdeckung der dritten Dimension" ebd. S. 192ff.

10 Vgl. zur Frage kartographischer Imagination neben Stockhammer, Kartierung der Erde zuletzt: Dünne, Jörg: *Die kartographische Imagination. Erinnern, Erzählen und Fingieren in der Frühen Neuzeit*, München 2011.

Abb. 1 Das Zugspitz-Gebiet (ohne den Namen Zugspitze) im Atlas Tyrolensis von 1774

Abb. 2 Das Breithorn (Walliser Alpen) in der Dufour-Karte von 1845/1865

Ebenso wenig selbstverständlich ist die Bemerkung Zweigs zum gewaltigen „Eindruck“ und zur ‚Sinnbildlichkeit‘ der Alpen „für alles, was sich aus den Niederungen des Alltags und der Zeit in Einsamkeit und Ewigkeit erhebt.“[11] Denn auch diese emphatische Beschreibung rekurriert auf ein historisch erst entstandenes, ja vergleichsweise modernes Vorstellungsbild: Die Alpen galten bis weit in die frühe Neuzeit den Gebildeten[12] wohl tatsächlich als gewaltig, aber

11 Zweig, *Dialektik der Alpen*, S. 14.

12 Diese Einschränkung gilt es zu machen, da nur von Gebildeten Zeugnisse erhalten sind, diese Gebildeten aber in der Regel die Bewertung der Antike übernahmen, vor allem Livius' Formel von der *‚foeditas alpium‘* (*Ab urbe condita*, 21, 58); vgl. ferner auch Livius' Kennzeichnung in der Geschichte des Hannibal-Zuges: „multitudo timebat quidem hostem nondum oblitterata memoria superioris belli; sed magis iter immensum Alpesque, rem fama utique inexpertis horrendam, metuebat“ (ebd. 21, 29, 7). Vgl. zu einer weiteren Problematisierung dieser Wahrnehmungsgeschichte Kapitel 1, 2–3.

vor allem als schreckerregend und außerordentlich hässlich. Der Eindruck der Alpen als des „klassischen Gebirges" (Zweig) ist selbst keineswegs alt; denn er setzt eine moderne Naturästhetik, wie sie sich seit dem 18. Jahrhundert entwickelte, ebenso voraus, wie das Sinnbild ‚ewigen Schnees' als Gegensatz zum Wechsel der Zeiten im geschichtlichen Alltag moderne Vorstellungen von Raum und Geschichte voraussetzt. Wenn die vorliegende Studie Darstellungen des hochalpinen Raums in literarischen Texten des 20. und frühen 21. Jahrhunderts untersucht, fragt sie nach den Wechselwirkungen der Texte mit solchen kulturellen Vorstellungsbildern und danach, welche Brüche in der kulturellen Wahrnehmung des Hochgebirges als eines besonderen Raums der Natur in der Moderne literarische Texte erkennen lassen.

Entdeckung

Wie erwähnt, bezieht Zweigs Bild sich auf eine vergleichsweise junge kulturgeschichtliche Entwicklung. Das höchste Gebirge Europas, das seit der Antike die Kultur- und Herrschafts-Sphären trennte und vor allem als eisstarrende Mauer und schreckenerregende Wildnis galt, wurde – von wenigen, wenngleich wichtigen Ausnahmen und ‚Vorläufern' abgesehen – erst im 18. Jahrhundert zu einem ästhetisch faszinierenden Raum. Seit der Zeit der Aufklärung allerdings begann man die Alpen nicht mehr nur notgedrungen zu durchqueren, sondern als Ziel zu entdecken, zu bereisen, zu erforschen und schließlich bis in ihre höchsten Höhen zu ‚erobern' – und man begann sie zugleich zu beschreiben, darzustellen und imaginär zu besetzen.[13] Goethes Satz in der *Italienischen Reise*, mit dem er seine Überquerung des Brennerpasses im Jahr 1786 beschreibt, ist für die frühe Phase dieser Faszinationsgeschichte symptomatisch: „Von Innsbruck herauf wird es immer schöner, da hilft kein Beschreiben."[14] Die ästhetische Qualität der alpinen Landschaft erscheint hier als überwältigender Eindruck, den man kaum mehr in Worte fassen kann. Der Name des 18. Jahrhunderts für diesen Eindruck lautete ‚Erhabenheit': Die eisstarrenden, gewaltigen Gipfel der Hochalpen wurden zu einem Topos in der

---

13 Vgl. Seitz, Gabriele: *Wo Europa den Himmel berührt. Die Entdeckung der Alpen*, München, Zürich 1987; Mathieu, Jon; Boscani Leoni, Simona (Hg.): *Die Alpen! Les Alpes! Zur europäischen Wahrnehmungsgeschichte seit der Renaissance. Pour une histoire de la perception européenne depuis la Renaissance*, Bern 2005. Zur Forschung vgl. Kapitel 1.3.

14 Goethe, Johann Wolfgang: *Italienische Reise*, Wiesbaden 1959, S. 16 (Eintrag „Auf dem Brenner, den 8. September abends"). Zur ‚Erhabenheit' vgl. die Fortsetzung: „Nun wurde es dunkler und dunkler, das einzelne verlor sich, die Massen wurden immer größer und herrlicher, endlich, da sich alles nur wie ein tiefes geheimes Bild vor mir bewegte, sah ich auf einmal wieder die hohen Schneegipfel, vom Mond beleuchtet" (ebd. S. 17).

Übertragung dieser Kategorie aus der Rhetorik auf Gegenstände der äußeren Natur.

Diese Faszinationsgeschichte entwickelte binnen zweier Jahrhunderte allerdings eine immense soziokulturelle Dynamik. Die Alpen wurden alsbald mit Projektionen politischer Freiheit und natürlicher Idylle verbunden, sie wurden als Raum heroischer ‚Eroberung' der unberührten, wilden Natur entdeckt und schließlich geradezu ein Raum touristischer Massenfluchten aus den Niederungen der modernen Zivilisation. Diese schrittweise Eroberung der alpinen ‚Wildnis' trug jedoch ambivalente, ja paradoxe Züge: Jede Stufe ihrer kulturellen Appropriation bedeutete auch einen Schritt zu ihrer Zivilisierung; als Gegenraum der Kultur wahrgenommen, wurde das Hochgebirge gerade von dieser Kultur förmlich kolonisiert. Die Kulturgeschichte der Alpen und des Alpinismus seit dem 18. Jahrhundert, eine Geschichte der ‚inneren' Expansion der europäischen Kultur, wird damit zu einer eigentümlichen Parallelgeschichte kultureller Modernisierung.

Dies markiert den historischen und systematischen Einsatzpunkt der folgenden Studie. Denn Texte der (fiktionalen) Literatur seit der Jahrhundertwende um 1900, in denen von Bergen und vom Bergsteigen gehandelt wird, reflektieren zwar vielfach kulturelle Codierungen des Alpinen, wie sie sich bis dahin entwickelt hatten; die Literatur gerät im 20. Jahrhundert aber immer stärker in ein potentiell kritisches Verhältnis zu Elementen und Stereotypen des kulturellen Alpenbilds, die das Gebirge gerade als Gegenraum der Moderne profiliert hatten. Sie sind ferner damit konfrontiert, dass die Alpen in der modernen Kultur auch im wörtlichen Sinn immer dominanter als *Bilder* erscheinen, als bildliche Repräsentation auf Gemälden, Postkarten, Fotografien, Karten und Filmen.[15] Und schließlich verändert sich *in* der Moderne der alpine Diskurs entschieden weiter, vor allem durch Erfahrungen des Gebirgskriegs 1915–1918 und die Expeditionen in außereuropäische Gebirge Südamerikas, Afrikas und Zentralasiens.

Infrage steht hier, anders gesagt, mit dem Hochgebirge nicht einfach ein literarisches ‚Motiv', dessen veränderlicher Symbolgehalt geschichtlich zu analysieren wäre; infrage steht die literarische Auseinandersetzung mit einem Diskurs, der das Gebirge und seine Höhen als einen Raum elementarer Natur- und Subjekterfahrung profiliert hatte und darin die Kultur der Moderne und

---

15 Vgl. zur Bedeutung dieser Bildmedienkultur am Beispiel der Schweiz Schnetzer, Dominik: *Bergbild und geistige Landesverteidigung. Die visuelle Inszenierung der Alpen im massenmedialen Ensemble der modernen Schweiz*, Zürich 2009.

ihre Ambivalenzen selbst reflektiert.[16] Waren die Alpen hierbei im 18. Jahrhundert „unbeschreiblich“ aufgrund ihrer Erhabenheit, werden sie es seit dem frühen 20. Jahrhundert auf ganz andere Weise erneut: Jede Beschreibung ist vom Absturz in Kitsch und Klischee bedroht. ‚Die Alpen‘ selbst erscheinen in solcher Perspektive gerade nicht mehr als unveränderlicher, der Historie enthobener Naturraum, sondern als historisch veränderliche kulturelle Imagination, deren Dimensionen allererst zu bestimmen sind.[17]

Dialektik einer Eroberung

Dabei stellen sich jedoch elementare Fragen. Ist diese europäische Imaginationsgeschichte einheitlich, und um *wessen* Imaginationen ginge es hierbei? Lediglich um Vorstellungen gebildeter Alpenreisender oder Alpen-Touristen, oder auch um jene von einheimischen Bergbauern oder von Eisenbahnkonstrukteuren? Erscheinen die Alpen, die seit der Antike auch politische, kulturelle und sprachliche Grenzzone sind und verschiedenen politischen Territorien angehören, aus deren Perspektiven als dieselben, oder gibt es kulturelle Unterschiede im alpinen *imaginaire* der europäischen Länder?[18] Erscheinen sie – und seit wann und in welcher Hinsicht – überhaupt als „Raum“? Und – auch wenn dies für den emigrierten Europäer Arnold Zweig sicher erklärlich ist – gilt die eurozentrische Vorstellung von den Alpen als dem ‚klassischen Gebirge‘ im zwanzigsten Jahrhundert noch uneingeschränkt weiter und überall?

16 Vgl. zum hier akzentuierten Modernebegriff Bauman, Zygmunt: *Moderne und Ambivalenz. Das Ende der Eindeutigkeit*, Hamburg 2005; ders.: *Flüchtige Moderne*, Frankfurt a.M. 2003, v.a. S. 100ff.

17 Vgl. als jüngeres Beispiel einer solchen Perspektive: *Die Alpen! Les Alpes! Zur europäischen Wahrnehmungsgeschichte seit der Renaissance. Pour une histoire de la perception européenne depuis la Renaissance*, hg. von Jon Mathieu und Simona Boscani Leoni, Bern 2005.

18 Der wahrscheinlich prominenteste Alpenforscher im Bereich der deutschsprachigen Kulturgeographie, Werner Bätzing, kategorisiert unter dem Stichwort ‚Mythos Alpen‘ die verschiedenen Dimensionen des *imaginaire* folgendermaßen: Aufgrund eines fehlenden überregionalen Alpen-Bewusstseins gäbe es keine festgeprägten alpinen Selbstbilder, dafür aber „ausgeprägte Fremdbilder“ der Alpen. Dabei sind gemeineuropäische – nämlich die Alpen als „montes horribiles“ bis „zum Jahr 1760“, das folgende „romantische Alpenbild“ und schließlich eine postmoderne Vielfalt – von „staatlichen Alpen-Mythen“ zu unterscheiden, wie sie vor allem in der Schweiz und in Tirol, in gewissem Maß auch in Österreich nach dem Zerfall des Habsburgerreichs eine Rolle spielen (vgl. die österreichische Bundshymne: „Land der Berge“). Vgl. Bätzing, Werner: *Kleines Alpenlexikon. Umwelt – Wirtschaft – Kultur*, München 1997, S. 163–166.

Die vorliegende Untersuchung kann – und soll[19] – diese Fragen nicht beantworten; sie mögen hier lediglich verdeutlichen, wie komplex und im Wortsinn unübersichtlich ein Gegenstand wie die „Kulturgeschichte der Alpen“ sich bei genauerer Betrachtung ausnimmt. Damit wäre schließlich auch Zweigs Titelformel *Dialektik der Alpen* zu verbinden. Der Begriff der Dialektik wird in seinem geopolitisch-kulturgeographischen Essay zwar nicht präzise bestimmt; er lässt sich jedoch auf zwei Aspekte dessen übertragen, wovon die folgenden Kapitel handeln: Einerseits entstand das genannte kulturelle ‚Bild‘ der Alpen vor allem in einem seit dem 18. Jahrhundert einsetzenden Prozess der Erschließung und Eroberung des zuvor von den Gebildeten als kulturferne Wildnis wahrgenommenen Gebirges. In diesem Prozess verlor dieses Gebirge aber zunehmend gerade jene Wildheit und ‚Unberührtheit‘, die für die – verkürzt gesagt: – rousseauistische Naturwahrnehmung dessen größten Reiz gebildet hatte; und um die Jahrhundertwende um 1900 ist bereits eine Art alpiner Massentourismus zu verzeichnen, der von den Sommerfrischen in den Tälern bis zu den Alpenvereins-Hütten und Berggipfeln reicht. Kritiker wie der Wiener Germanist und Alpinist Eugen Guido Lammer sprachen von einer „fast krankhafte[n] Überflutung des Gebirges“[20]: Die Städter treffen im Gebirge nicht mehr auf wilde Natur, sondern auf andere Städter. Die Historikerin Dagmar Günther hat dies als „Dialektik der alpinistischen Aufklärung“ bezeichnet[21], und tatsächlich setzt die Entwicklung des Alpinismus und des Alpenbilds im 20. Jahrhundert die Tradition nicht einfach fort, sondern reagiert – wie in den folgenden Seiten gezeigt werden wird – auf diese Situation einer bereits ‚eroberten‘ Wildnis: Es ist, zugespitzt gesagt, eine postkoloniale Situation.

Eine weitere, damit zusammenhängende ‚Dialektik der Alpen‘ beträfe andererseits den Bereich der Literatur. Waren es im 18. Jahrhundert nicht zuletzt literarische Texte – beispielsweise von Haller und Rousseau –, in denen sich die ‚Entdeckung‘ der Alpen als Landschaft formiert und verbreitet hatte, und wurde auch im 19. Jahrhundert das Alpenbild neben der Alpenmalerei noch wesentlich durch eine Vielzahl literarischer Texte verschiedenster Gattungen mitproduziert, so geriet im 20. Jahrhundert die ästhetisch anspruchsvolle Literatur in ein kritisches bis negatives Verhältnis zu den traditionellen Topoi der alpinen Literatur – und in elementaren Gegensatz zu einer riesigen,

19 Sie muss es auch nicht, da inzwischen eine sehr produktive kulturwissenschaftliche Forschung zu diesen Imaginationen und Repräsentationen der Alpen existiert; vgl. die Skizze zur Forschung in Kap. II.2.

20 Lammer 1908, zit. nach Günther, Dagmar: *Alpine Quergänge. Kulturgeschichte des bürgerlichen Alpinismus (1870–1930)*, Frankfurt am Main, New York 1998, S. 76.

21 Günther, *Alpine Quergänge*, S. 77.

immer weiter wachsenden Menge trivialer literarischer Texte, beispielsweise von Bergbauern-, Bergsteiger- und Heimatromanen, in denen diese Topoi als Klischees und Versatzstücke weitergeschrieben wurden. Ein ähnlicher Prozess wäre im übrigen für die Musik- und Operngeschichte sowie für die Kunstgeschichte auszumachen. Nicht umsonst ist der Punkt, in dem Theodor W. Adorno seine Kritik bürgerlicher Kunst im Zeitalter der Warenästhetik kulminieren läßt, ein Berggipfel:

> Die keineswegs esoterische Reaktion, welche die lila Heide und gar das gemalte Matterhorn als Kitsch empfindet, reicht weit über derlei exponierte Sujets hinaus: inerviert wird darin die Unabbildbarkeit des Naturschönen schlechthin. [...] Das Naturschöne geht im Zeitalter seines totalen Vermitteltseins in seine Fratze über; nicht zuletzt bewegt die Ehrfurcht dazu, vor seiner Betrachtung solange Askese zu üben, wie es mit den Abdrücken der Ware überzogen ist.[22]

Nimmt man allerdings die Kombination von „Kitsch" (der Abbildung) und „Ehrfurcht" (vor dem Naturschönen) in diesem Zitat ernst, gilt auch für diese radikal kritische Position, dass ihr die Ästhetik des Alpinen gerade in dessen Unabbildbarkeit etwas bedeutet.

Orographie

Die folgenden Untersuchungen beabsichtigen daher nicht, diese Bewertungen nun ihrerseits einfach fortzuschreiben; sie nehmen Adornos Verdikt vielmehr zunächst nur als Anhaltspunkt für die große Bedeutung, die gerade die Wahrnehmung des Hochgebirges als Raum wilder, erhabener Natur in der europäischen Kulturgeschichte seit dem 18. Jahrhundert tatsächlich besaß. Gerade die moderne Erstarrung ästhetischer Topoi des Alpinen zu Klischees, Stereotypen, Kitsch und Schwulst, deren ultimative Ausprägung zur „Fratze" sich vielleicht in Volksmusik-Inszenierungen öffentlich-rechtlicher Fernsehsender manifestiert, verweist *ex negativo* auf die außerordentliche Produktivität des alpinen *imaginaire* in der neueren Wahrnehmungsgeschichte der Natur. Auch die „Ehrfurcht" vor dem unabbildbaren Naturschönen ist, so gesehen, ein Effekt dieser Geschichte, und das an religiöse Bilderverbote gemahnende Verdikt der Abbildung lässt ahnen, dass Adornos Kritik des „gemalte[n] Matterhorn" eigentlich die Kritik einer Profanierung ist.

Die vorliegende Arbeit versucht daher, diese Produktivität selbst in den Blick zu nehmen. Ihr Ziel ist insofern eine Differenzierung des Blicks auf die alpine Literatur der Moderne – und zwar durch die Frage, wie der hochalpine

22 Adorno, Theodor W.: *Ästhetische Theorie*, in: ders.: *Gesammelte Schriften*, hg. von Rolf Tiedemann, Frankfurt a.M. 1997, Bd. 7, S. 105f.

Raum sowohl im alpinen Diskurs als auch in einzelnen (und sehr verschieden kanonisierten) Texten der (vorwiegend) deutschsprachigen Literatur der Moderne sprachlich, als ästhetischer und als Erfahrungsraum inszeniert[23] wird, welche Veränderungen diese Inszenierungen erkennen lassen und welche poetologische Bedeutung sie besitzen. Grundlegend ist dabei die Annahme, dass sowohl Texte und Medien des alpinen Diskurses[24] als auch essayistische oder literarische Texte Vorstellungsbilder des Alpinen einerseits *reproduzieren*, indem sie auf kulturelle Vorstellungen des Gebirges und Elemente seiner Beschreibung (z.B. Namen, geographisches oder alpinistisches Vokabular, rhetorische Topoi) zurückgreifen, andererseits aber zu diesem *Imaginaire* performativ *beitragen* und so die kulturelle Perzeption der Alpen und der hochalpine Zone miterzeugen und weiterschreiben.

Diese ‚Production de l'espace'[25] und ihre Materialisierung in Texten ließe sich in Bezug auf den Alpenraum als *Topographie* im Wortsinn beschreiben. Für den spezifischen Raum, um den es hier geht, entstand im 18. Jahrhundert sogar ein eigener Begriff, jener der *Orographie*: Der dabei übertragen gebrauchte Terminus (gr. ὄρος – Berg) bezeichnet die Praxis naturkundlicher „Berg- oder Gebirgsbeschreibung"[26]; das wohl berühmteste Beispiel ist der erste Teil von Johann Jakob Scheuchzers *Natur-Historie des Schweitzer-Landes* von 1716.

23 Vgl. zum Begriff der Inszenierung in diesem Zusammenhang: Dünne, Jörg; Friedrich, Sabine; Kramer, Kirsten (Hg.): *Theatralität und Räumlichkeit. Raumordnungen und Raumpraktiken im theatralen Mediendispositiv*, Würzburg 2009.

24 Zum Begriff und seiner Extension vgl. Kap. 1.2.

25 So der Titel eines bedeutenden Buchs des marxistischen Sozialphilosophen Henri Levebvre (*La production de l'espace*, Paris 1974; engl. *The Production of Space*, Oxford 1991). Im Gegensatz zu Levebvre, der die Produktion des Raums analog der Warenproduktion (und vor allem entlang der marxistisch zentralen Differenz von Gebrauchswert und Tauschwert) analysiert, steht im Folgenden zwar das kulturelle Imaginäre im Vordergrund; unabhängig davon ließe sich aber eine kritische Analyse der Verwandlung des Alpenraums durch die Tourismusindustrie exakt auf dieser Differenz (d.h. der Verwandlung eines Raums verschiedener sozialer Praktiken in einen Raum primär ökonomischen Tauschs) aufbauen.

26 Vgl. Moritz, Karl Philipp: *Grammatisches Wörterbuch der deutschen Sprache*, fortgesetzt von Balthasar Stenzel, Bd. III, Berlin 1797, S. 103; der Begriff ist noch im 19. Jahrhundert, beispielsweise bei Hermann von Barth, geläufig. Nach einer aktuellen Definition ist Orographie „die beschreibende Darstellung des Georeliefs nach äußerlichen Merkmalen, vor allem nach Hoch- und/oder Tieflagen ohne Berücksichtigung der Geomorphogenese"; während als Orognese die „geotektonischen Prozesse" bezeichnet werden, „die eine Änderung im Gefüge der Erdkruste bewirken, also eine Gebirgsbildung repräsentieren" (*Diercke Wörterbuch allgemeine Geographie*, hg. von Hartmut Leser, München 2005, S. 643).

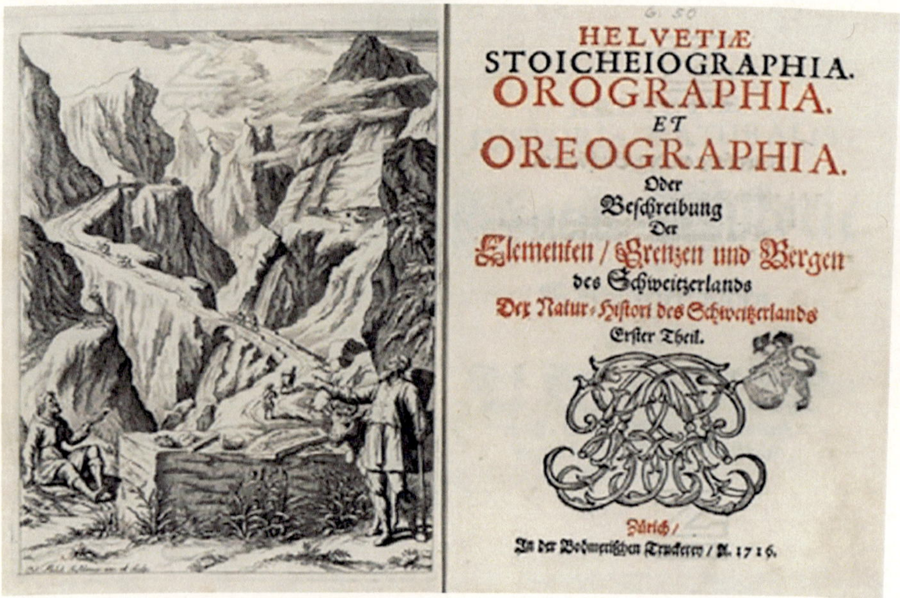

Abb. 3 *Helvetiae Stoicheiographia, Orographia et Oreographia* (1716), Frontispiz und Titel

Indem Scheuchzer in diesem Werk die Mühen, Freuden und Erkenntnisse seiner „vielen Berg-Reisen“[27] schildert, das Frontispiz aber diese Gebirge und die sich in seinen Höhen verlierenden Wege auch bildlich repräsentiert, bahnt diese plurimediale ‚Orographie‘ Wege des Wissens und der Vorstellung vom alpinen Raum, denen später z.B. Albrecht von Haller buchstäblich nachgehen wird, welcher den Texten seines Vorgängers folgt, seinerseits aber in seinem Lehrgedicht *Die Alpen* die Bewegungen Anderer vorschreibt.[28]

„Orographie“ wäre also eine spezifische, vor allem für die Wahrnehmungsgeschichte der Alpen relevante Topographie, welche sowohl die den Raum erschließenden Wege und die in der Topographie zentralen Namen als Orte im Raum umfasst, als auch die Praxis ihrer Beschreitung, Neuerkundung und medialen Repräsentation. Allerdings geschieht hier zwischen Scheuchzer

27 Scheuchzer, Johann Jakob: *Natur-Historie des Schweitzer Landes. Erster Theil. Helvetiae Stoicheiographia, Orographia und Oreographia*, Zürich 1716. Die „Stoicheiographia“ bezieht sich offenkundig auf Euklids Στοιχεῖα, d.h. die Elemente der Naturgeschichte; ‚Oreographia‘ wohl auf die Gebirge in ihrer Gesamtheit bzw. ihren Grenzen, allerdings konnte ich den Begriff jenseits von Scheuchzer nirgends nachweisen.

28 Haller, Albrecht von: *Die Alpen. 1729*, in: ders.: *Versuch Schweizerischer Gedichte*, 9. Aufl. Göttingen 1762. Vgl. dazu grundlegend: Achermann, Eric: Dichtung. In: Steinke, Hubert; Boschung, Urs; Proß, Wolfgang (Hg.): *Albrecht von Haller. Leben – Werk – Epoche*, Göttingen 2009, S. 121–155.

und Haller ein Wechsel, der auch für die theoretische Frage der Topographie bzw. Orographie entscheidend ist – ein Wechsel von der *Natur-Historie* zu *Gedichten*, von der naturkundlichen Deskription zur poetischen Inszenierung. Damit tritt neben die Frage des dargestellten Raumes verstärkt jene nach dem Raum der Darstellung selbst[29]: Die Modelle hierfür reichen von den rhetorischen Konzepten der (An-)Ordnung von Worten und Redeteilen (wie die Topik oder die *ars memoria*) über die Beschreibung der Materialität von Texten als ‚Schrifträume' oder auch mehrdimensionale, hypertextuelle ‚virtuelle' Medienräume[30] bis zur Erzählforschung und ihren Analysen mittels räumlicher Kategorien der Repräsentation (wie Perspektive, Sukzession, ‚Verschachtelung' usw.).[31]

Konstitutiv für die auf poetische Texte bezogene ‚Raumforschung' ist aber in all diesen Ansätzen, dass in ihnen nicht die literarische – z.B. erzählerische – Repräsentation von Räumen als etwas *per se* Gegebenem, sondern die performative Erzeugung von mehrschichtigen Räumen im Zentrum steht. Zugespitzt hat J. Hillis Miller formuliert, dass die „Topographie eines Ortes […] nicht etwas [ist], das es schon gäbe und darauf wartete, in einem konstativen Sprechakt beschrieben zu werden. Sie wird, in einem performativen Sprechakt, gemacht, mit Wörtern und mit anderen Zeichen, bspw. mit einem Lied oder einem Gedicht".[32] Diese Topographie kann einen *Effekt* des Realen, z.B. der Landschafts-Wahrnehmung eines Subjekts, hervorrufen, in ihr überlagern sich aber immer mehrere ‚Räume' (wie die kulturelle Semantik eines Naturraums, der virtuelle Raum von Prätexten und der Zeichen-Raum des Textes selbst). Literarische Topographie kann insofern als komplexe Raum-Schrift verstanden werden, in der die Inszenierung des Raums durch Texte und die Inszenierung von Texten als Räume ineinandergreifen.

Aus dieser Spezifik literarischer ‚Räume' ergibt sich zunächst die doppelte Perspektive der vorliegenden Arbeit: Einerseits richtet sie ihr Interesse auf die kulturelle Raum-Semantik des Gebirges, in der bestimmte Codierungen wie z.B. die ‚Sakralität' von Gipfeln, Ferne und Einsamkeit, die Gefährlichkeit, die Herausforderungen für physische Bewältigung usw. wichtig und diskursiv weiterentwickelt wurden. Andererseits gilt ihre Aufmerksamkeit der jeweiligen

29 Vgl. zum literaturwissenschaftlichen Raumkonzepten den hervorragenden Überblick von Sasse, Sylvia: Poetischer Raum: Chronotopos und Geopoetik, in: Günzel, *Raum. Ein interdisziplinäres Handbuch*, S. 294–308.

30 Vgl. als inzwischen klassischen Ansatz: Bolter, Jay David: *Writing Space. Computers, Hypertext, and the Remediation of Print* [1991], Hillsdale 2001.

31 Zentrale Konzepte sind dabei Bachtins Chronotopos (als „sujetbildendes Organisationszentrum des literarischen Textes") sowie das kultursemiotische Modell Lotmans; vgl. Sasse, Poetischer Raum, S. 300ff.

32 Miller, Die Ethik der Topographie, S. 183.

Art der literarischen Bezugnahmen darauf, den Raum-Poetiken der einzelnen Texte. Mit den Alpen steht ein geographischer Raum und seine ‚orographische' Diskursivierung zur Disposition; der Bezug literarischer Texte darauf ließe sich mit einem Begriff, der auf den schottisch-französischen Dichter und Essayisten Kenneth White zurückgeht[33], als spezifische „Geopoetik" fassen, als Wahrnehmung und Konstruktion dieses besonderen geographischen Raums in der Literatur.[34]

Panorama

Der damit knapp umrissene Rahmen der vorliegenden Untersuchung soll im folgenden Abschnitt an einem komplexen Beispiel weiter konkretisiert und damit ihr Verhältnis zu den zahlreichen Forschungsarbeiten aus dem Bereich der alpinen Kultur- und Literaturgeschichte bestimmt werden. Zu klären sind dabei insbesondere die Fragen, was unter dem „alpinen Diskurs" zu verstehen ist, welche wahrnehmungsgeschichtlichen Topoi bis hin zur Moderne prägend für das alpine *imaginaire* werden, und schließlich, welche ‚Poetik der Höhe' sich aus dem Zusammenspiel kultureller Perzeption und literarischer Konstruktionsarbeit am Bild der Alpen erkennen lässt.

Allerdings ist es weder sachlich noch historisch möglich, die damit erkennbaren Dimensionen einer ‚modernen alpinen Literaturgeschichte' – also den alpinen Diskurs selbst, die historischen Reflexe und Intertexte sowie die poetologischen und Werk-Kontexte – in auch nur ansatzweise umfassendem Sinn aufzuarbeiten. Die Arbeit beschränkt sich daher in drei Hinsichten relativ rigide: Erstens begrenzt sich ihr Untersuchungszeitraum auf das 20. und frühe 21. Jahrhundert; die diskursgeschichtliche Entwicklung kann sogar nur für die erste Hälfte des 20. Jahrhunderts ausführlicher analysiert werden. Zweitens werden Texte der angloamerikanischen, französischen, italienischen und slawischen Literaturen nur in Einzelbeispielen intensiver diskutiert; und auch die Analyse der für die Literatur wichtigen mediengeschichtlichen Entwicklung beschränkt sich auf einige Beispiele der Gebirgsfotografie sowie einen Exkurs zum Bergfilm in den 20er und frühen 30er Jahren. Drittens wurde für die

33 Vgl. White, Kenneth: Éléments de géopoétique, in: ders.: *L'Esprit nomade*, Paris 1987, S. 272–293. White entwirft mit dem Begriff ein Denken zwischen Wissenschaft und Kunst, konkreter Raumerfahrung und ‚geistigen' Räumen; vgl. dazu Sasse, Chronotopos und Geopoetik, S. 305.

34 Vgl. in diesem Zusammenhang auch: Sasse, Sylvia; Marszalek, Magdalena (Hg.): *Geopoetiken. Geographische Entwürfe in den mittel- und osteuropäischen Literaturen*, Berlin 2009, dort insb. die Einleitung S. 7–18 sowie den Aufsatz von Zanetti, Sandro: Orte/Worte – Erde/Rede. Celans Geopoetik, S. 115–131. Eine davon abweichende, *geologische* Dimension gibt dem Begriff Geopoetik die Dissertation von Schellenberger-Diederich, Erika: *Geopoetik. Studien zur Metaphorik des Gesteins in der Lyrik von Hölderlin bis Celan*, Bielefeld 2006.

Textauswahl eine Grenzmarkierung wichtig, die im nächsten Abschnitt noch genauer erläutert werden wird: Untersucht werden primär Texte mit Bezügen auf den *hoch*alpinen Raum, bzw. die entsprechende Raum-Zone. Das heißt umgekehrt: Jener seit den Dorfgeschichten des 19. Jahrhunderts und vor allem in der Heimatliteratur (und schließlich auch in Strömungen der ‚kritischen' Heimatliteratur) zentrale Bereich literarischer Texte, die zwar im Alpenraum angesiedelt sind, für die das Gebirge aber im Wesentlichen ‚Kulisse' eines begrenzten sozialräumlichen Dramas bleibt, konnte nicht berücksichtigt werden. Der Grund hierfür ist vor allem, dass sich die Spezifik der literarischen Auseinandersetzung mit der Ästhetik des Alpinen gerade an der Grenze von Kultur- und Naturraum *innerhalb* des alpinen Raums entwickelt.

Die eingangs angerissenen Perspektiven einer Wahrnehmungs- und Diskursgeschichte des hochalpinen Raums und der Analyse seiner poetischen Inszenierung in der Literatur der Moderne sollen im Folgenden in mehreren großen Abschnitten verfolgt werden: Zunächst anhand eines Textes von Max Frisch, aus dem die diskurs- und imaginationsgeschichtlichen Fragen der Arbeit weiter entwickelt werden können (Kapitel 1); dann in zwei primär diskurshistorisch argumentierenden Abschnitten, welche die Situation nach der Jahrhundertwende und nach dem Ersten Weltkrieg skizzieren (Kapitel 2–3). Es folgen zwei Abschnitte, welche eine entscheidende Ausweitung der Imaginationen des Gebirges und alpinistischer Diskurse aufgreifen, nämlich die Himalaya-Expeditionen seit den 1920er Jahren, die einerseits von ihren Diskursen, filmischen und literarischen Reflexionen (Kapitel 4), andererseits von (auto-)biographischen Texten und darauf bezogenen literarischen Textentwürfen her untersucht werden (Kapitel 5). Den abschließenden Teil (Kapitel 6) bilden schließlich Lektüren einzelner literarischer Texte oder Werk-Kontexte (von Max Frisch, Ludwig Hohl, Christoph Ransmayr und Elfriede Jelinek), mit denen die Entwicklung des Bezugs der Literatur zum alpinen Diskurs vor allem in der Zeit nach 1945 und der Gegenwartsliteratur exemplarisch untersucht werden soll.

Die vorliegende Arbeit ist bereits vor einigen Jahren in einer ersten Version abgeschlossen worden. Für den Druck wurde sie noch einmal überarbeitet, gekürzt und um punktuell eingearbeitete neuere Forschung ergänzt, wenngleich diese nur teilweise berücksichtigt werden konnte. Mein Dank gilt zahlreichen Kolleg*innen, die mich ermutigt haben, trotz anderer Verpflichtungen dieses ‚Alpenbuch' doch noch zu publizieren.[35]

35 Besonders danke ich Inka Mülder-Bach, Clemens Pornschlegel, Robert Stockhammer, Albrecht Koschorke, Alexander Honold, Aage Hansen-Löve, Kamaal Haque, Florian Schneider, Tobias Döring, Christian Moser sowie den Mitarbeitern des Fink-Verlags für Ihre Ermunterung und Geduld.

KAPITEL 1

Poetik der Höhe

Wunsch, die Erde zu greifen –
Stattdessen steigen wir immer höher.
Max Frisch, *Homo faber*

1.1. Über allen Gipfeln

Zonen der Vereisung

Im Jahr 1947 veröffentlichte Max Frisch im *Tagebuch mit Marion*, das er später in das *Tagebuch 1946–1949* einfügte, einen Text mit dem Titel „Nach einem Flug".[1] Er hält Eindrücke eines Rundflugs über die Alpen fest, an dem Frisch wohl 1946 oder 1947[2] mit einer „Gruppe von Malern und Schriftstellern" (T 54) teilgenommen hatte. Es gibt eine Photographie, die höchstwahrscheinlich auf diesem Flug entstand und Frisch selbst, mit höchster Aufmerksamkeit aus einem Flugzeugfenster schauend, zeigt:[3] Sie passt insofern gut zu dem Text, als er in den ersten Absätzen nicht die Alpen selbst beschreibt, als vielmehr das *Sehen* der alpinen Landschaft. Nachdem er sich an einen früheren Flug erinnert hat, fällt der Blick des Beobachters zuerst auf einen See – den Zürichsee, wie man vermuten darf:

> Die weißen Segelchen erscheinen wie auf eine Glasscheibe gesetzt, das Wasser nicht als tragende Masse, die Durchsicht in die grüne Seichte, überhaupt das Röntgenhafte dieser Aufsicht – ich erinnere mich an ein versenktes Kriegsschiff, das wir damals in den Dardanellen unter Wasser sahen [...]. Das Röntgenhafte auch auf dem Land: die ockerbleiche oder schwarze Zeichnung in den Äckern, die wie eine Geheimschrift zum Vorschein kommt. Teilweise sind es alte Bachläufe, die ohne weiteres sich lesen lassen; anderes bleibt rätselhaft. In England,

1 Frisch, Max: Nach einem Flug. In: *Tagebuch mit Marion*, Zürich 1947, S. 63–72. Der Text entspricht mit minimalen Abweichungen dem im *Tagebuch 1946–1949*, Frankfurt/M. 1965, S. 50–59, hier S. 50 (nach dieser Ausgabe wird im Folgenden in Klammern mit der Sigle T im Text zitiert).

2 Die Datierung 1946 entspricht dem Jahr, dem der Text im *Tagebuch 1946–1949* zugeordnet ist; 1947 ergäbe sich aus der Angabe „Es sind vierzehn Jahre seit dem letzten Flug, der damals vom Bosporus nach Griechenland führte" (50), denn dieser fand im Juli 1933 statt (vgl. dazu unten, Fn. 10f.).

3 Vgl. Bolliger, Luis; Obschlager, Walter; Schütt, Julian (Hg.): *jetzt: max frisch*, Frankfurt a.M. 2001, S. 22.

 DOI:10.30965/9783846767788_002

> höre ich von einem Kollegen, hat man verschüttete Ursiedlungen entdeckt, die sich in der Magerkeit der Wiesen oder Wälder verrieten; gewissermaßen wie ein geometrisches Wasserzeichen. (T 51)

Offenbar geht es dem Tagebuchschreiber weniger um eine poetische Revokation der Landschaft als um eine *Lektüre* des zu Sehenden: Der Blick von oben, die ungewöhnliche, vertikale Perspektive macht Strukturen erkennbar, die „wie eine Geheimschrift“[4] lesbar sind. Die an die Kartographie erinnernde Vertikalsicht aus dem Flugzeug, die diesen „röntgenhaften“ Blick ermöglicht, ist jedoch faszinierend und beunruhigend zugleich; sie ist, schreibt Frisch, „herrlich“ (T 52) aufgrund des Sicherheitsgefühls im schwebenden Flugzeug, „luziferisch“ (ebd.) aber durch das damit verbundene Machtgefühl.

> Über einem Städtchen, das wie unsere architektonischen Modelle anzusehen ist, entdecke ich unwillkürlich, daß ich durchaus imstande wäre, Bomben abzuwerfen. Es braucht nicht einmal eine vaterländische Wut, nicht einmal eine jahrelange Verhetzung; es genügt ein Bahnhöflein, eine Fabrik mit vielen Schloten, ein Dampferchen am Steg; es juckt einen, eine Reihe von schwarzen und braunen Fontänen hineinzustreuen, und schon ist man weg; man sieht, wie sich das Dampferchen zur Seite legt, die Straße ist wie ein Ameisenhaufen, wenn man mit einem Zweiglein hineinsticht, und vielleicht sieht man auch noch die Schlote, wie sie gerade ins Knie brechen und in eine Staubwolke versinken; man sieht kein Blut, hört kein Röcheln, alles ganz sauber, alles aus einem ganz unmenschlichen Abstand, fast lustig. (T 52f.)

Der Blick aus der Höhe wird zum Anlass, eine Möglichkeitsbedingung des eben zu Ende gegangenen Krieges und implizit der modernen Weltwahrnehmung überhaupt zu reflektieren, die nicht ideologischer Natur ist: den Verlust des „menschlichen Maßstab[es]“ (T 57) durch die technisch, z.B. aviatisch, ermöglichte ‚Weltsicht‘ aus der Vertikalen – und das dadurch ermöglichte *Töten* aus dieser Distanz. Und der Text selbst simuliert in einer Folge von Diminuitiven („Bahnhöflein“, „Dampferchen“) sprachlich jenen „unmenschlichen Abstand“ (T 53) des Überblicks von oben, der Dinge und Menschen dem humanen Wahrnehmungs-Maßstab entrückt wie in einem Modell.

Bald darauf erreicht der Fokus des Beobachters erstmals eine Region über der Vegetationsgrenze; es werden Gletscher und Felskessel der alpinen Landschaft vom Flugzeug aus sichtbar.

---

4 Der Perspektivenwechsel wird über dem See, dessen Untiefen erkennbar werden, sogar zur psychoanalytischen Allegorie geweitet: „[…] aus der Höhe zeigt sich, daß wir an einer traumhaft-trüben Wildnis von Schlamm und Schlingzeug wohnen, harmlos und ahnungslos wie unserem Unbewußten gegenüber“ (ebd.).

> Zu Bewußtsein kommt, wie gering eigentlich die Zone ist, die den Menschen ernährt und gestaltet; schon kommen die letzten Matten, schon beginnt die Vereisung. Zweitausend oder dreitausend Meter genügen, und unsere Weltgeschichte ist aus. Gewisse Kessel, die wir sehen, könnten auch auf dem Mond sein. Die vielleicht einzig vorkommende Gunst von Umständen, die irgendwo im Weltall ein menschliches Geschlecht ermöglicht hat, liegt als ein ganz dünner Hauch in den Mulden, und es genügt die geringste Schwankung der Umstände; eine Vermehrung des Wassers, eine Verdünnung der Luft, eine Veränderung der Wärme. Unser Spielraum ist nicht groß. Wir nisten in einem Zufall, dessen empfindliche Zuspitzung, wenn sie uns manchmal zu Bewußtsein kommt, beklemmend wird, zugleich begeisternd. (T 54)

Wurden zuvor im vertikalen Blick auf Seen, Ortschaften und Felder Spuren des Historischen oder Verschütteten sichtbar, zeigt sich nun eine eisige, zeichenlose Zone außerhalb der „Weltgeschichte", das Nicht-Humane eines mondartigen Gebiets. Die Sphäre der Kultur besitzt, so evoziert es der Text, *eine Grenze in der Vertikalen*; und die Begrenztheit des menschlichen „Spielraums" gewahrend, weitet er sich von einer Lektüre der Landschaft zur Reflexion der *condition humaine*. Dann jedoch bricht die Perspektive erneut um – denn der Text inszeniert imaginativ eine andere Erfahrungsmöglichkeit dieses ‚transhumanen' Raumes.

> Einmal fliegen wir ganz nahe an den Gipfel des Finsteraarhornes. Die Entfernung zwischen dem Felsen und unserem Flügel, sagt der Pilot, habe keine dreißig Meter betragen. Jedenfalls wird das Gestein wieder greifbar. Die plötzliche Lust zum Klettern, überhaupt die Gier, den Dingen wieder näherzukommen. Nicht aus Angst vor dem Schweben; wir fühlen uns ja, wie gesagt, unverschämt sicher in unserem Polster, und der Gedanke, dort drüben auf dem schwärzlichen Grat zu stehen, gibt erst wieder ein Gefühl von Gefahr, aber auch von Wirklichkeit. Es geht gegen sieben Uhr abends, eine Stunde, wo ich noch nie auf einem solchen Gipfel war; es ist wunderbar für das Auge, aber vermischt mit der Unruhe eines verspäteten Kletterers; die Täler im Schatten, violett, die letzte Sonne auf einer Gwächte, grünlich durchschimmert; erst durch den unwillkürlichen Kniff, daß man sich in die Lage eines Kletterers versetzt, wird alles wieder ernsthaft und erlebbar, wirklich und schrecklich. Überhaupt sind die Augenblicke, wenn plötzlich ein Grat oder ein Firn zu uns emporkommt, durchaus stärker als die Viertelstunden, da man einfach schwebt; plötzlich sieht man die Körnung im Schnee, die bekannten Spuren von kleinen Rutschen und von Steinschlag; man ist froh darum, jedesmal, wie um ein Erwachen. Leider zwingen die Wolken, daß wir uns wieder aus dem Aletschkessel heben; Jungfrau und Eiger rauchen wie Vulkane, über dem Lötschtal ballt sich ein kommendes Gewitter –
>
> „Das ist der Märjelensee!"
>
> „Die Sphinx!"
>
> „Der Staubbach –."
>
> „Die Grimselmauer –."

> Auch unser fast schülerhaftes Bedürfnis, sich immerfort die Namen aufzusagen, deute ich mir als ein Bedürfnis, das zerrissene Verhältnis wieder herzustellen, zurückzukehren in einen erlebbaren Maßstab. Jeder Name bedeutet: Das ist wirklich, da bin ich schon einmal gewesen, das gibt es, diesen Firn habe ich einmal erlebt, er ist sechs Stunden lang. Warum rufen Sie uns plötzlich ans andere Fenster? Warum der Lärm?
>
> „Eine Spur! Dort über der langen Spalte!"
>
> „Wo?"
>
> „Natürlich ist das eine menschliche Spur!"
>
> Es erregt sie wie einst den Robinson. (T 54–56)

Im Vergleich zum Vorherigen ist auffällig, dass das Gesehene – Gipfel, Grate, Firn, Schnee – nun nicht mehr vertikal von oben wahrgenommen wird, sondern auf gleicher Höhe liegt („dort drüben") oder gar „zu uns emporkommt"; und ferner, dass es nicht mehr in der Distanz und klein wie ein Modell, sondern phasenweise zum Greifen nah erscheint. Ebenso werden die Zeit – „es geht gegen sieben Uhr abends" – und die Gebanntheit durch das Sehen selbst zum Thema; der Beobachter beobachtet die anderen Beobachter und registriert ihre Begeisterung, interpretiert sie als Erwachen, als Erfahrung des ‚Wirklichen' im ansonsten traumartig-distanzierten Überfliegen der Landschaft. Anders als das „Städtchen" des imaginären Bombardements tragen nun die Gipfel und Gletscher *Namen* und werden enthusiastisch identifiziert; und als wollte der Text selbst der „Gier" entsprechen, „den Dingen wieder näher zu kommen", wird der „erlebbare[] Maßstab" erneut suggestiv in Sprache umgesetzt: Der „Firn", heißt es, sei „sechs Stunden lang", ist also bestimmbar durch die Zeit, ihn als Bergsteiger zu *begehen*. Schließlich steht erneut ein Lesen von Zeichen am Ende; diesmal aber von flüchtigen Spuren des Einzelnen, die unwahrscheinlich sind wie der fremde Fußabdruck auf Robinsons Insel. Die Spur auf dem Firn ist Zeichen des Humanen im menschenleeren Raum der hochalpinen Welt.

Entscheidend aber ist: Dem trügerisch sicheren, technisch ermöglichten Fliegen wird in diesem Abschnitt eine andere ‚Praxis der Höhe' gegenübergestellt, die in genauer Opposition zum Flug jenen humanen Maßstab ins Recht zu setzen scheint, den die technische Weltaneignung untergraben und zerstört hat. Auch das Bergsteigen ermöglicht Blicke ‚von oben', doch sind sie ästhetisch bestimmt („die Täler im Schatten, violett"). Es berührt dieselbe Zone des Nicht-Humanen über der Kultur wie der Flug, doch scheint es im Gegensatz zu Fliegen noch an das *Wirkliche*, an reale Gefahr und das körperlich Greifbare gebunden: „ernsthaft und erlebbar, wirklich und schrecklich" sind Attribute der in ihm möglichen Welterfahrung. Und das Erleben des Bergsteigers setzt auch die Erfahrung der Kontingenz – „wir nisten in einem Zufall" – nicht außer Kraft, doch ist sie durch die „Unruhe" vor dem gefahrvollen Abstieg, die Selbst-Sorge und existenzielle Konfrontation mit dem Wirklichen noch dem Humanen verbunden, während das technische Erleben der Höhe damit inkommensurabel scheint.

Nach einer abermaligen Reflexion auf dieses technische Weltverhältnis ist jedoch auch diese Zone überflogen und der Beobacher erreicht schließlich jenen Raum, in dem traditionell die Frage nach der Transzendenz situiert wird – den Raum *über allen Gipfeln*. Denn genau dort endet auch die Flugbeschreibung:

> [...] wir sind jedenfalls höher als die Gipfel, man plaudert über dies und das, und unversehens sind wir wieder in der Sonne. Ringsum ein Gebirge von glühendem Gewölk. Man sieht nicht mehr auf die Erde. Graue und blaue Strahlen brechen durch ein Gebräu, das an den ersten Schöpfungstag denken läßt. Sagenhaft türmt sich ein sommerliches Gewitter in der letzten Abendsonne, die es von unten bescheint; Ballen von Gips oder Elfenbein; die Ränder aber zerschmelzen in gleißendes Silber. Über uns der makellose Himmel [...]. Wir fliegen über Wolken, die den violetten Schatten andrer Wolken tragen; es ist, als brodle der Raum, und das Licht, unwahrscheinlich wie das Licht der Offenbarung, stürzt von Grotte zu Grotte. Man sieht Schatten, die sich nirgends niederschlagen; sie hangen wie seidene Soffitten [...]. Dann sind wir über die Wolken hinaus, ganz und gar, und der Raum, der eben noch ein Gewucher von Geheimnissen war, wird zum All. (T 57–58)

Erneut verändert sich die Sprache und evoziert nun das überwältigte Schauen in parataktischen Sätzen und Satzfragmenten. Über das Gebirge hinauf steigend wird der Flug förmlich zum Sturzflug in ein Bilder- und Metaphern-Meer; kaum mehr benennbare Dinge, nur noch Farben, Formen, Strahlen und Schatten bestimmen das Blickfeld, und der Text zitiert nicht von ungefähr Anfangs- und Endpunkt der biblischen Kosmologie, Genesis und Apokalypse („erste[r] Schöpfungstag", „Licht der Offenbarung"). Frischs Text, könnte man sagen, vollzieht so einen weiteren Perspektivenwechsel und wandelt sich von der Lektüre der Landschaft und der Reflexion des ‚Humanen' nun zur poetischen Evokation eines Natur-Schauspiels an der Grenze der Beschreibbarkeit.

Der Text als Ganzer vollzieht beschreibend eine Bewegung nach oben – vom Kulturraum und seiner erinnerten oder imaginierten historischen Gewalt über den Hochgebirgsraum als ‚ahistorische' Zone hin schließlich zum „All", einem Raum ohne Differenz. Gleich Dante an der Hand Vergils wird der Dichter durch den Piloten über diese drei Stufen nach oben geleitet, ‚lesend', reflektierend und schließlich nur noch schauend. Und tatsächlich könnte man – wohl etwas zugespitzt – die kurze Passage als eine Kontrafaktur *en miniature* der *Divina Commedia* lesen: Denn in deren Mittelteil des *Purgatorio* ist mit der Besteigung des Läuterungsberges ja ebenfalls eine Aufstiegsbewegung thematisch, die zwischen Konkretheit und allegorischer Bedeutung als Reinigungsritual oszilliert und für die Topographie und Dramaturgie des Werks zentral ist.[5]

Kontrafaktorisch wäre diese Relation jedoch insofern, als die Dantes Werk entsprechenden Elemente sämtlich in konträren oder negativierten Bedeutungen erscheinen. Der ihn führende Begleiter des Dichters ist kein anderer Dichter, sondern ein rauchender junger Pilot; es geht nicht um eine mühsame Besteigung, sondern ein „Überfliegen", dem das Bergsteigen gerade als ‚Anderes' gegenübersteht; der Beobachter sieht keine toten Seelen, sondern allenfalls Spuren Untergegangener oder Abwesender. Und schließlich erscheint die für Dantes Werk konstitutive religiöse Dimension hier nur noch zitathaft in Form vereinzelter Namen und Bilder („luziferisch", „erster Schöpfungstag", „Licht der Offenbarung"): Als Relikte einer nicht mehr tragenden Deutung der Welt verweisen sie förmlich auf eine Art Leerstelle. Denn höllisch erscheint in diesem Text allenfalls die menschliche Natur selbst; der Mensch ist nicht Schöpfung, sondern kontingent in einem Zufall „nistend"; und der Himmel ist voller Farben, aber leer.

Raum – Bewegung – Wahrnehmung

Welche Bedeutung Frisch selbst dem beschriebenen Text beimaß, wird daran deutlich, dass er sieben Jahre später eine in vielen Elementen ähnliche Passage ans Ende des Romans *Homo faber* stellte. Dort berichtet der Protagonist Walter Faber zum Teil wortgleich von seinem letzten Flug über die Alpen, und dieser Bericht wiederum steht komplementär zu der den Roman eröffnenden Erzählung von jenem Flug, der mit einer Notlandung in der mexikanischen Wüste endete.[6] Frischs zentraler Text über das Welt- und Selbstverhältnis der Subjekte in der Moderne mündet also ebenfalls in ein Szenario des aus dem Flugzeug gesehenen Hochgebirges, das, allegorisch für die technisch-instrumentell geprägte Wirklichkeits-Wahrnehmung der Moderne stehend, paradoxerweise zum Greifen nah und zugleich unerreichbar ist. Und obwohl die Passage im *Tagebuch 1946–1949* singulär wirkt, steht sie im weiteren Werk-Kontext Max Frischs keineswegs allein: Von seinen ersten Feuilletons über den (später verworfenen) frühen Roman *Antwort aus der Stille* bis zur späten Erzählung *Der Mensch erscheint im Holozän* spielen Bezüge auf die Alpen und die ästhetische

---

5 Vgl. Dante Alighieri: La *Commedia / Die göttliche Komödie*, Italienisch/Deutsch, in Prosa übersetzt u. kommentiert v. Hartmut Köhler, Bd. 1, Stuttgart 2010, Bd. 2, Stuttgart 2011; *Divina Commedia*, Commento a cura di G. Fallani e S. Zennaro. Roma 2007. Zur Berg-Metaphorik bei Dante und Petrarca vgl. zuletzt Stierle, Karlheinz: *Das große Meer des Sinns. Hermenautische Erkundungen in Dantes ‚Commedia'*, München 2007, v.a. S. 353ff.

6 Frisch, Max: *Homo faber. Ein Bericht*, Frankfurt a.M. 1979 [EA 1957], S. 194ff.

und existentielle Erfahrung des Alpinen eine wichtige Rolle in Frischs Werk – freilich in charakteristischen Veränderungen.[7]

Bevor diese Bezüge und ihre Voraussetzungen genauer beschrieben werden, ist die Passage aber nochmals genauer zu betrachten. Auffällig ist eine spezifische Inszenierung des *Raums* in Frischs Text: Mit der Formel „Flug über die Alpen“ (T 50) wird offenkundig ein *Kulturraum* benannt, der – wie die Namen im Text verraten – synonym für die Schweiz und die Schweizer Alpen steht.[8] Zu diesem alpinen Raum gehören die überflogenen Seen und „Städtchen“ ebenso wie Wälder, „Matten“, die topographisch benannten Punkte und schließlich der hochalpine Raum jenseits der Vegetationsgrenze. Gerade diese Grenze jedoch markiert eine spezifische Differenz *innerhalb* des Gesamtraums der Alpen: Die Zone der „Vereisung“ ist von der eingangs beobachteten Kulturlandschaft strikt unterschieden; das Bild der Natur ändert sich hier radikal, denn gerade die für traditionelle Konzepte von *Landschaft* charakteristischen Bezüge zur menschlichen Kultur fehlen – so, wenn es heißt, die hochalpine Welt „könnte[] auch auf dem Mond sein“.

Frischs Text evoziert damit eine doppelte Figuration des Raums, die, wie zu sehen sein wird, für die im Folgenden untersuchten Diskurse und literarischen Texte von elementarer Bedeutung ist: „Die Alpen“ sind einerseits ein Kulturraum und werden spätestens seit Hallers *Alpen*-Dichtung auch als solcher, als kulturell-landschaftliche Einheit, gesehen und benannt. Charakteristisch für diesen Raum ist das Gebirge als sichtbares Element, wodurch er sich fundamental von anderen Kulturräumen unterscheidet. Das (Hoch-)Gebirge selbst ist jedoch zugleich ein Gebiet *innerhalb* (oder besser *oberhalb*) dieses Raums; durch eine Grenze *in der Vertikalen* (oder mehrere solcher Grenzlinien und Übergangszonen) von der Kultur der Täler und Almen getrennt, zeigt es sich als elementar kultur*fremder* Raum, der die räumliche Begrenztheit der Kultur allererst anschaulich und erfahrbar macht.

Diese Spezifik des ‚Hochalpinen‘ wird im Text selbst in einer *Bewegung* in die Vertikale, im aufsteigenden Flugzeug, deutlich, die einen Perspektivenwechsel

---

7 Vgl. dazu unten Kapitel 6.2. Die Bedeutung von Frischs *Tagebuch 1946–1949* als ‚Nukleus‘ des späteren Werks ist in der Forschung seit langem diskutiert worden; vgl. u.a. Steinmetz, Horst: *Max Frisch: Tagebuch, Drama, Roman*, Göttingen 1973; Kieser, Rolf: *Max Frisch. Das literarische Tagebuch*, Frauenfeld, Stuttgart 1975; zuletzt Heinrich-Korpys, Meike: *Tagebuch und Fiktionalität. Signalstrukturen des literarischen Tagebuchs am Beispiel der Tagebücher von Max Frisch*, St. Ingbert 2003. Auf die dabei untersuchten gattungs- und fiktionalitätstheoretischen Fragen und den Bezug zum Gesamtwerk kann hier nicht eingegangen werden.

8 Sphinx, Staubbach, Grimselmauer, Eiger, Jungfrau und Finsteraarhorn sind charakteristische Punkte der Topographie des Berner Oberlands, der Aletschgletscher am Südrand der Berner Alpen, das Lötschental und der Märjelensee gehören zum Wallis.

auf den ‚alpinen Raum' ermöglicht. Auffällig ist dabei die Opposition zwischen technischen Bewegungsmitteln – neben dem dominanten Flugzeug erscheinen im Text auch Schiffe (Segelboot und „Dampferchen") und ein Bahnhof – einerseits und der nicht-technischen Bewegung im Gebirge andererseits, dem Klettern und Begehen des Firns. Gerade entlang dieser Opposition ist die beschriebene Kritik des technischen Weltverhältnisses und seiner moralischen und existentiellen Verluste semantisiert; erst in der nicht-technischen Bewegung im kulturfremden Raum der „Vereisung" kommen in der Perspektive des Textes das *Reale* und die Kategorien vitalen menschlichen Erlebens, körperlicher Gefahr und Selbstsorge wieder zu ihrem Recht.

Auch dies ist nun ein Charakteristikum einer Vielzahl von Texten, um die es im Folgenden gehen wird: Die ‚Entdeckung' der Alpen und die Entstehung und Verbreitung des Alpinismus sind verbunden mit charakteristischen Bewegungs-Praktiken, und zwar gerade mit solchen, die – wie das Wandern – schon im Zeitalter der Postkutschen und mehr noch jenem der Eisenbahnen als herkömmlich und potentiell unmodern, oder die – wie das Klettern – schon im Zeitalter der Montgolfieren und mehr noch jenem von Ballonfahrten und Flugzeugen als technisch überbiet- oder ersetzbar erscheinen konnten. Diese ‚traditionellen' Bewegungspraxen des Körpers – Wandern, Steigen, Klettern – aber gewinnen offenbar gerade im Kontrast zur modernen, maschinell-technischen Mobilität eine neue Qualität; sie implizieren in der Moderne andere Weltverhältnisse (solche der „Greifbarkeit" und korporalen Erfahrung) und andere Subjektivierungsweisen, und erlauben gerade dadurch Reflexion und Kritik von Modernität.

Ohne dass Max Frisch einen einzigen Bergsteiger beschreiben würde, steht so das jeweilige Welt- und Naturverhältnis der mobilen (oder mobilisierten) Subjekte im Fokus des Textes, ihre *Wahrnehmung* ihrer selbst und des Raums, in dem sie sich bewegen. Und auch hier wird eine Doppelfigur sichtbar: Bergsteigen und Fliegen ermöglichen gleichermaßen ‚andere Blicke', Blicke von oben, Über-Blicke und Panoramen. Doch innerhalb dieser in der Vertikale gewonnenen Weitung des Horizonts und der Veränderung des Blickfelds ist die mit technischer und militärischer Macht assoziierte Perspektive aus dem Flugzeug trotz ihrer Überlegenheit defizitär: Sie ist gleichsam entkörperlicht, denn selbst „zum Greifen nah" bleiben die Felsen und bleibt damit das ‚Wirkliche' für den Betrachter aus dem Flugzeug im Wortsinn gerade ungreifbar.

Die demgegenüber *andere* Erfahrung des „Kletterers" selbst erscheint im Text zwar nur als Erinnerung, als fast sentimentale Kontrastfolie: „Es geht gegen sieben Uhr abends, eine Stunde, wo ich noch nie auf einem solchen Gipfel war; es ist wunderbar für das Auge, aber vermischt mit der Unruhe eines verspäteten Kletterers". Was der Text damit indirekt aufruft, ist die seit dem 18. Jahrhundert mit den Hochalpen verbundene Ästhetik des Natur-Erhabenen, also der Erfahrung einer überwältigenden, das Subjekt mit Vernichtung bedrohenden Macht und Größe der Natur, die jedoch mit dem Gewinn einer neuen, reflexiven Selbsterfahrung verknüpft wird. In immer neuen Versionen, Weiterungen, Klischierungen und vor allem medialen Inszenierungen prozessiert der alpine Diskurs dieses ästhetische Konzept, selbst dort noch, wo – wie in Frischs Text – eine unmittelbare Darstellung des ‚alpinen Erlebens' (wie der entsprechende Ausdruck um 1900 lautet) und seiner erhabenen Qualitäten vermieden oder verweigert wird.

Die Lage eines Kletterers

Mit dem *Raum* und der Topographie, der *Bewegung* und den Mobilitätssystemen und der *Wahrnehmung* und ihren ästhetischen, technischen und epistemologischen Voraussetzungen und Implikationen ist damit ein Feld von Aspekten benannt, das für die Analyse der modernen Wahrnehmung des Alpinen von zentraler Bedeutung ist. Und es ließe sich vorausgreifend sagen, dass die genannten Differenzen – Vertikalität im Raum, Korporalität in der Bewegung, Erhabenheitserfahrung in der Perzeption – und die ihnen entsprechenden Dimensionen der Höhe, der Schwierigkeit und der subjektiven Überwältigung und Gefahr Grundelemente der ästhetischen Faszinationsgeschichte des Hochgebirges sind – und das auch in der Moderne noch bleiben.

Zugleich sind diese Aspekte und Dimensionen hier aber Elemente eines besonderen *Textes*, und es wäre zu kurz gegriffen, wollte man sie einfach auf einen Diskurs zurückrechnen, den dieser exemplarisch veranschaulicht. Vielmehr ist seine eigene (poetische) Logik für das Verhältnis der Literatur zum alpinen Diskurs mit zu bedenken. Die Anmerkung, der Flug über die Alpen sei mit einer „Gruppe von Malern und Schriftstellern" (T 54) erfolgt, deutet ja an, dass es sich hier offenbar nicht einfach um einen Vergnügungsflug, sondern um das Sammeln einer intensiven ästhetischen Erfahrung handeln sollte, die vielleicht irgendwann in ästhetische Praktiken Frischs und seiner „Kollegen" (T 51) Eingang finden würde. Der Eingangssatz der Passage lautet:

> Ein Flug über die Alpen, der nach einem anfänglichen Kitzel eine gewisse Leere hinterließ, beschäftigt mich doch immer wieder. (T 50)

Der Text beruft an seinem Anfang also einerseits das Konzept des *Erlebnisses*, das seit der Goethezeit und spätestens mit Dilthey auch in theoretisch ausgearbeiteter Form[9] als Ausgangspunkt dichterischen Schaffens verstanden worden war. Doch er relativiert dieses Konzept zugleich, denn der Text

9 Vgl. Dilthey, Wilhelm: *Das Erlebnis und die Dichtung. Lessing, Goethe, Novalis, Hölderlin*, Tübingen 1906.

überführt nicht einfach ein Erleben (einen „Kitzel") in Sprache (obwohl er dies in emphatischen Einschüben wie „Es ist herrlich!" (T 52) gelegentlich tut), sondern füllt auch reflexiv die „gewisse Leere" *danach* mit Gedanken, Erinnerungen und poetischen Evokationen.

Damit revidiert Frisch zugleich zwei eigene, frühere Texte, nämlich über jenen im Tagebuch genannten „letzten Flug, der damals vom Bosporus nach Griechenland führte" (T 50): Seine beiden, in vielen Elementen parallelen Reisefeuilletons *Aegäischer Flug* und *Orientalischer Flug*, die 1933 in den *Basler Nachrichten* und der *Neuen Zürcher Zeitung* erschienen waren.[10] Diese beiden Feuilletons evozierten Eindrücke des Flugs über eine andere Landschaft – die kulturhistorisch, geographisch und 1933 auch ‚geopolitisch' höchst bedeutungsvolle Küstenlandschaft des Bosporus, der Dardanellen und der Ägäis. Doch vor allem evozierten sie diese Eindrücke sprachlich völlig anders: Unmittelbar, im Präsens, beginnend mit dem Start des Wasserflugzeugs im Schwarzen Meer und endend mit der Landung vor Athen. Sie schreiben bildungsgesättigt[11] das Erlebnis des „unvergessliche[n] Tag[es]"[12] in suggestive, pathetische Prosa um. Demgegenüber erscheint „Nach einem Flug" ungleich vielschichtiger und geprägt von einem reflexiven Gestus; die das Sehen und Erleben der Landschaft betreffenden Passagen sind eher, gleich Inseln, in einen immer wieder neu einsetzenden essayistischen Gedankengang eingefügt, dem sie Material und Anstoß für Richtungsänderungen bieten. Und entsprechend organisieren Anfang und Ende des Fluges hier selbst nicht mehr die Narration, sondern der Text endet in einer Sphäre über den Wolken.

Während die Reisefeuilletons sich als Texte noch durch das erlebende und schreibende Subjekt konstituieren, das die Landschaft aus dem Flugzeug wahrnimmt und seine Eindrücke im Text formuliert, klammert der spätere Text dieses Erleben reflexiv ein. Sein Thema ist so gesehen nicht der Flug, sondern die ‚Lage des Passagiers' und seine durch den Flug zugleich ermöglichte und begrenzte technische Welt- und Kulturwahrnehmung. Ihre Kontrastfolie ist jedoch der durch einen imaginativen ‚Kniff' in die Reflexion einbezogene

---

10 Die beiden Texte sind wiederabgedruckt in Frisch, Max: *„Im übrigen bin ich immer völlig allein". Briefwechsel mit der Mutter 1933. Eishockeyweltmeisterschaft in Prag. Reisefeuilletons*, hg. von Walter Obschlager, Frankfurt a.M. 2000, S. 282–287 („Aegäischer Flug"), S. 287–292 („Orientalischer Flug"). Vgl. zum Hintergrund den Brief an die Mutter vom 31.7.1933, ebd. S. 47f.

11 Zum Beispiel: „hierunten [sic] liegen die Dardanellen, wo sie am engsten sind und von wo einst Xerxes übersetzte und später Alexander und später Friedrich Barbarossa und die Kreuzfahrer. Wo Leander hinüberschwamm zu Hero.
Und heute?" (ebd. S. 285).

12 Ebd. S. 48.

Bergsteiger und *seine* „Lage“: „[E]rst durch den unwillkürlichen Kniff, daß man sich in die Lage eines Kletterers versetzt, wird alles wieder ernsthaft und erlebbar, wirklich und schrecklich.“ (T 55)

Es ist bezeichnend und, wie zu sehen sein wird, eine Revision nicht nur weiterer eigener Texte, sondern einer ganzen Diskurstradition, dass Frisch das Hochgebirge und die alpinistische Erfahrung nur in dieser reflexiven Brechung in seinen Text einspielt. Diese Scheu teilt Frisch aus Gründen, die noch zu diskutieren sein werden, jedoch mit vielen Autoren des 20. Jahrhunderts – und es gehört zu den Anliegen der vorliegenden Arbeit, diese Gründe zu verstehen.

1.2. Der alpine Diskurs

Frischs Text ist ein besonders und zugleich signifikantes Beispiel, wie sich literarische Texte der Moderne auf das Hochgebirge beziehen. Auch in den folgenden Kapiteln geht es um solche Bezüge literarischer Texte, und damit um die Diskurse und kulturellen Praktiken selbst, auf die Bezug genommen wird. Wie aber und auf welcher empirischen und methodischen Grundlage ließen sich diese Diskurse und Praktiken – in den Texten Max Frischs oder Arnold Zweigs: die Topoi von ‚erhabenen‘ oder ‚zeitlos-ewigen‘ Bergen oder die Praxis von ‚Hochtourengängern‘ – erfassen? Und wenn, wie der Text Frischs zeigt, literarische Darstellungen und Reflexionen solcher Diskurse und Praktiken nicht so sehr in konkreten intertextuellen Bezügen erscheinen als vielmehr in Vorstellungsbildern des alpinen Raums oder von „Zonen der Vereisung“ – auf welcher Grundlage wäre dieses alpine *‚Imaginaire‘* zu analysieren?

Diese Fragen sind nicht einfach zu beantworten, denn das Thema des Gebirges ist in der literaturwissenschaftlichen Forschung lange Zeit fast ausschließlich motiv- oder ideengeschichtlich untersucht worden. Das Interesse galt dabei den historisch veränderlichen Symbolgehalten der Gebirgsdarstellung und den geistesgeschichtlichen Voraussetzungen solcher Veränderungen; große Teile der älteren Forschung zur literarischen Gebirgs- und Alpendarstellung sind hiervon geprägt[13], wenn sie nicht ohnedies vorwiegend archivarisch sammeln oder den ‚Alpensinn‘ von Literaten oder Künstlern

13 Vgl. z.B. Dreyer, Aloys: *Geschichte der alpinen Literatur. Ein Abriß*, München 1938; Langen, August: Verbale Dynamik in der dichterischen Landschaftsdynamik des 18. Jahrhunderts. Vorstudien zu einer Sprachgeschichte, in: *ZfDPh* 70 (1948/49), S. 249–318; Hartl, Charlotte: *Das Hochgebirge in der deutschen Dichtung*, Innsbruck 1961; Arendt, Dieter: Das romantische Bild des Gebirges und die Gipfelstimmung, in: ders.: *Der ‚poetische Nihilismus‘ in der Romantik*, Bd. 1, Tübingen 1972, S. 130–181.

veranschaulichen wollten.[14] Diese Vorgehensweise ist indessen aus mehreren Gründen fragwürdig. Gewiss konnotiert, um ein prominentes Beispiel zu nehmen, eine Szenerie von „starre[n], zackige[n] Felsengipfel[n]" im „Hochgebirge" – wie im vierten Akt von Goethes *Faust II*[15] – ‚Erhabenheit', doch geht ihr Bedeutungsgehalt darin offenkundig nicht auf: Hier werden neben der ästhetischen mindestens auch geologische und theologische Diskursmuster angespielt.[16] Der Text von 1831 integriert verschiedene, ebenso traditionelle wie aktuelle Topoi und Diskurse, die mit Bergen verbunden sind; das Motiv ‚Hochgebirge' lässt sich hier weder einfach in einen Symbolgehalt auflösen noch auf eine geistesgeschichtliche Entwicklung rückrechnen. Vor allem aber ist die Literatur – und sind auch dieser und andere Texte von Goethe[17] – selbst ein zentrales Medium der kulturellen Wahrnehmung und Darstellung des Alpinen, in der sich eine in sich ausgesprochen komplexe und ambivalente Entwicklung abzeichnet.

Denn die eingangs skizzierte Geschichte der ästhetischen Valorisierung, wissenschaftlichen Erschließung und touristischen ‚Eroberung' der Alpen ist insofern unter Vorbehalt zu stellen, als sie selbst schon Elemente einer retrospektiven ‚großen Erzählung' über die „Entdeckung der Alpen" aufnimmt, die es kritisch zu betrachten gilt. Tatsächlich verbanden sich seit der Frühen

---

14 Vgl. Dübi, Heinrich: Der Alpensinn in der Litteratur und Kunst der Berner von 1537–1839. Eine Studie, in: *Neujahrs-Blatt der Litterarischen Gesellschaft Bern auf das Jahr 1902*, Bern 1901.

15 Goethe, Johann Wolfgang von: *Faust II*, in: *Werke. Hamburger Ausgabe*, Bd. III, S. 304 (vor Vs. 10039).

16 Denn es wird hier auch die Erdentstehungslehre des Plutonismus verhandelt („MEPHISTOPHELES. […] Nun aber sag, was fällt dir ein? Steigst ab in solcher Greuel Mitten, / Im grässlich gähnenden Gestein? / Ich kenn' es wohl, doch nicht an dieser Stelle, / Denn eigentlich war das der Grund der Hölle." *Faust II*, Vs. 10069ff, HA III, S. 305) und die Bibel anzitiert (Mt. 4,8): „Du übersahst, in ungemessnen Weiten, / Die Reiche der Welt und ihre Herrlichkeiten." (ebd. S. 306; Vs. 10130f.).

17 Das gilt vor allem für die Texte von der Schweizer Reisen und der Italienischen Reise; dass diese im 19. und frühen 20. Jahrhundert wieder akademischen Alpinisten der Nobilitierung der eigenen alpinen Faszination dienten, zeigt ein Aufsatz Alois Eggers, der alsbald nach der Gründung des Österreichischen Alpenvereins erschien. Dort heißt es: „Im Leben grosser Männer spiegelt sich die Geschichte der Menschheit, in Göthe's [sic] Alpenwanderungen lieg ein gut Stück Culturgeschichte des 18. Jahrhunderts vor uns. Was die Völker Europa's bewegt, hat auch ihn ergriffen und er hat den Umschwung im Cultus der Alpenwelt [!], den die Zeit mit sich gebracht, an sich erlebt." (Egger, Alois: Göthe in den Alpen, in: *Jahrbuch des Österreichischen Alpen-Vereines*, Bd. 2 (1866), S. 299–321, hier S. 319). Der Aufsatz schließt erwartungsgemäß mit dem „Hauptwerke", der „Faustragödie". Vgl. als weiteres Beispiel dieser Selbst-Nobilitierung Hartmann, Joseph: Goethe und die Alpen, in: *Zeitschrift des Deutschen und Oesterreichischen Alpenvereins* 39 (1908), S. 92–108.

Neuzeit in Texten über die Alpen politische, naturhistorische, ästhetische und ökonomische Dimensionen, überlagerten sich kulturelle Codierungen und Recodierungen des scheinbar kulturfernen Gebirges und veränderten und vervielfältigten sich auch mediale Repräsentationen des Gebirges in einer Weise, die eine lineare Erzählung kaum mehr gestatten.

Spuren dieser kulturellen Konstruktionsarbeit an der Vorstellung von den Alpen lassen sich dagegen in einer Unzahl von Bildern und (keineswegs nur literarischen) Texten finden, die gemeinsam eine Art kultureller Wahrnehmungsordnung des Gebirges konstituieren und im Folgenden als ‚alpiner Diskurs' bezeichnet werden sollen.[18] Über Jahrhunderte entstanden, aufeinander aufbauend, aber auch charakteristisch voneinander abweichend und sich in den kulturellen Traditionen der europäischen Länder unterschiedlich entwickelnd bilden sie damit neben den Bergen der Alpen selbst eine Art zweites Gebirge, das den Blick auf jene Berge auch und gerade dort grundierte, wo diese in ihrer ‚Realität' touristisch bewundert, physisch erklettert oder aus dem Flugzeug betrachtet wurden.[19]

Wie aber wäre dieses imaginäre Gebirge selbst zu betrachten? Noch am ehesten beschreiben lässt es sich vielleicht dort, wo sich der alpine Diskurs selbst materialisiert: Die Entdeckung, Erschließung und Eroberung der Alpen produzierte auch im materiellen Sinn Gebirge von Texten. Als Ausgangspunkt der folgenden Überlegungen bietet sich daher an, einige Strukturen und ‚Routen' dieses Gebirges in den Blick zu nehmen.

---

18 Es dürfte sich aus dem Vorhergehenden verstehen, dass damit hier wie im Folgenden der Begriff ‚Diskurs' pragmatisch – und damit methodologisch eher unspezifisch – verwendet wird.

19 In einem der anregendsten Bücher über die Wahrnehmung des Gebirges hat Robert Macfarlane dies 2003 so formuliert: „Wenn wir eine Landschaft betrachten, sehen wir nicht das, was dort ist, sondern weitgehend das, was wir dort erwarten. Wir schreiben einer Landschaft Eigenschaften zu, die sie nicht von sich aus besitzt, Wildheit beispielsweise oder Trostlosigkeit, und bewerten sie entsprechend. Wir lesen Landschaften, mit anderen Worten: Wir interpretieren ihre Formen vor dem Hintergrund unserer eigenen Erfahrung und Erinnerung sowie unseres gemeinsamen kulturellen Gedächtnisses. […] Was wir einen Berg nennen, ist also in Wirklichkeit das Zusammenspiel der physischen Erscheinungsformen der Welt und der menschlichen Vorstellungskraft – ein Berg in unserem Kopf. […] Berge sind nur geologische Zufallsprodukte. Sie töten nicht absichtlich und wollen auch nicht gefallen – alle emotional besetzten Eigenschaften, die sie besitzen, werden ihnen von der menschlichen Phantasie zugeschrieben." Macfarlane, Robert: *Berge im Kopf. Die Geschichte einer Faszination*, Zürich 2005, hier S. 27 (engl. u.d.T. *Mountains of the Mind. A History of a Fascination*, London 2003).

Inventur eines Bücherberges

In einer Jubiläumsschrift zum 40jährigen Bestehen der Münchner Alpenvereinsbücherei, die mitten im zweiten Weltkrieg 1941 erschien, wird mitgeteilt, dass diese Sammlung alpiner Literatur Ende 1940 schon 59.287 Bände umfasse, welche aufeinandergestellt selbst den fast 8600 Meter hohen Kangchendzönga überragen würden.[20] Außer etwa 2000 ausgelagerten Bänden blieb von diesem Textgebirge nach alliierten Bombenangriffen 1943 zwar nur ein Berg verbrannten Papiers übrig; inzwischen hat die Bibliothek aber die Vorkriegsgröße längst wieder überschritten.[21]

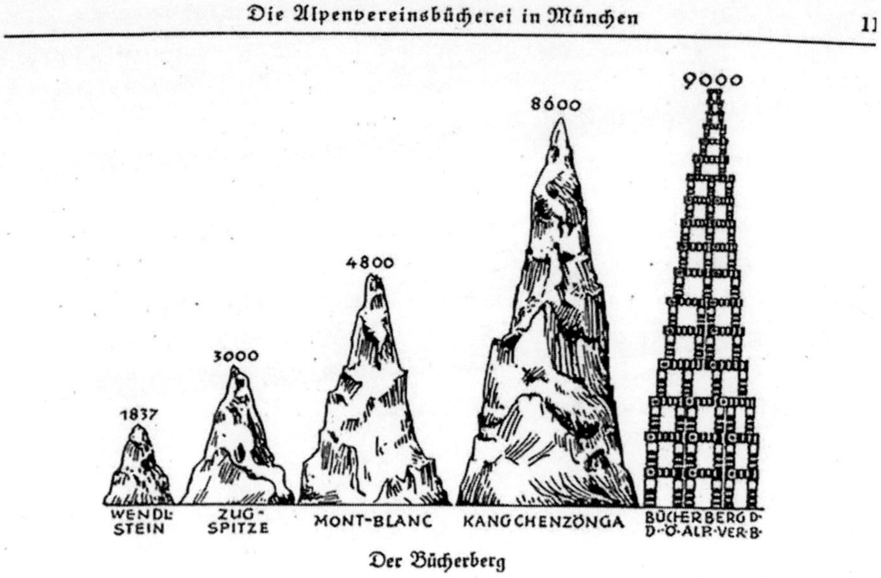

Abb. 4 Der alpine Bücherberg, 1941

Diese eigentümliche Selbstbeschreibung der größten alpinen Bibliothek im deutschen Sprachraum ist nicht lediglich eine Triumphgeste von Bibliothekaren,

20 Bühler, Hermann: *Die Alpenvereinsbücherei in München. Eine Jubiläumsschrift zu ihrem 40jährigen Bestehen nebst einer Anleitung für Alpenvereinsbücherwarte*, München 1941, S. 10; darin die folgende Abbildung.

21 Inzwischen sind etwa 70.000 Medien vorhanden; vgl. Strittmatter, Klaus: *Einhundert Jahre Bibliothek des Deutschen Alpenvereins*, München 2002; vgl. ferner: Strasser, Axel: Alpenvereinsbücherei, in: *Handbuch der historischen Buchbestände in Deutschland*, digitalisiert von Günter Kükenshöner, hg. von Bernhard Fabian, Hildesheim 2003, zitiert wird nach http://fabian.sub.uni-goettingen.de/?Alpenvereinsbuecherei_(Muenchen) (12.3.2012); Strassers Text ist von 1993.

wie noch zu sehen sein wird. Allerdings muss zunächst in Rechnung gestellt werden, dass zu der genannten riesigen Zahl in erheblichem Maß Periodika und vor allem Titel alpiner Gebrauchsliteratur – wie Kletter- und Wanderführer, Gebietsführer oder Lehrschriften – beitrugen, deren Produktion seit dem späten 19. und vor allem im 20. Jahrhundert lawinenartig anschwoll.[22] Der im engeren Sinn historische Bestand alpiner Literatur, dessen Grundstock auf eine Schenkung des Asienforschers Willi Rickmer Rickmers im Jahr 1901 zurückging,[23] betrug einer Bestandsaufnahme nach im Jahr 1993 „3464 Titel. Davon entfallen 3291 Titel (95 Prozent) auf das 19. Jh [sic], 151 Titel (4,4 Prozent) auf das 18. Jh [sic], 18 Titel (0,5 Prozent) auf das 17. Jh [sic] und 4 Titel auf das 16. Jh. Der Bestand ist überwiegend deutschsprachig, daneben finden sich vor allem englischsprachige Titel".[24] Trotz der spezifischen Interessen des Stifters spiegelt dieser Bestand, wie Axel Strasser formuliert, ganz offenbar „die Entwicklung der Erforschung und Erschließung des Alpenraums und des Alpinismus wider".[25]

Obwohl Vergleichszahlen aus anderen alpinen Bibliotheken fehlen[26], ist dieser exponentielle Anstieg – der sich in der genannten Diskursexplosion im 20. Jahrhundert offenbar konsequent fortsetzt – ein deutliches Indiz der Dynamik einer Faszinationsgeschichte der Alpen, die diese proliferierende Textproduktion antrieb. Die zuletzt zitierte Formulierung – das Anwachsen des Bücherbergs spiegele „die Entwicklung der Erforschung und Erschließung des Alpenraums und des Alpinismus wider" – macht jedoch die Heterogenität dieser Texte und der Diskursbereiche greifbar, aus denen sie stammen.

Die Alpen erscheinen auch hier zum einen als nicht näher spezifizierter *Raum* („Alpenraum"), der erforscht oder erschlossen, also zum Objekt wissenschaftlicher (z.B. geologischer oder botanischer) oder sozialer (z.B. politischer oder ökonomischer) Praktiken wird, die sich in Texten manifestieren. Zum andern und davon abgrenzbar schlägt sich auch der *Alpinismus*, das Bergsteigen im engeren Sinn, in Textproduktionen nieder, und alle Praktiken schließlich

22 Für eine nicht nur an den ‚Gipfelwerken' der Geistesgeschichte interessierte Untersuchung sind allerdings genau diese ‚Gebrauchstexte', die aktuelle Wissensstände und Praxisstandards dokumentieren, gerade von besonderem Interesse, weshalb im Folgenden (Teile III.3, IV.2) einige davon einbezogen werden sollen.

23 Vgl. Dreyer, A[loys]: Die Alpenvereinsbücherei, in: *MDÖAV* 38 (1912), Nr. 18, S. 230.

24 Strasser, Alpenvereinsbücherei, s.p.

25 Ebd.

26 Die *Alpine Club Library* in London umfasste 1982 etwa 40.000 Bände, wobei aber die Grundlage der Statistik (Zeitschriften? Sonderdrucke?) unklar ist. Zudem ist die zeitliche Dimension aus der einzigen neueren gedruckten Katalog nicht zu erschließen (der letzte zuvor erschien 1899): *Alpine Club Library Catalogue. Books and Periodicals*, London 1982.

durchlaufen (möglicherweise zusammenhängende) Entwicklungen. Die genannten Begriffe gilt es zunächst zu differenzieren.

Die ‚orografische'[27] „Erforschung des Alpenraums" berührt nicht nur so verschiedene wissenschaftliche Disziplinen wie die Geologie, Mineralogie, Glaziologie, Meteorologie, Botanik, Zoologie, Physiologie und Höhenmedizin, Kulturgeographie, Wirtschaftsgeographie oder Volkskunde, sondern die Ausdifferenzierung der alten Natur- und Sittengeschichte *in* diese Disziplinen erfolgt weitgehend erst im Entstehungszeitraum des alpinen Diskurses und nicht selten gerade in Bezug auf das ‚Objekt' Alpenraum. Um auch hierfür ein Beispiel zu nennen: Von großer Bedeutung für die Entstehung der modernen Gebirgswahrnehmung ist eine theologisch höchst prekäre These, die der anglikanische Geistliche Thomas Burnet nach den Erfahrungen einer Alpenüberquerung 1681 zum ersten Mal veröffentlichte: Ihr zufolge sind die Gebirge nicht Gottes ursprüngliche Schöpfung, sondern Resultat der naturgeschichtlichen Entwicklung nach der Sintflut;[28] Burnets Schrift *The Sacred Theory of The Earth* löste eine erregte Kontroverse aus, da sie die bis dahin verbindliche theologische Weltentstehungslehre gemäß dem Buch *Genesis* radikal infrage stellte.[29] Diese als „Burnet Controversy" in die Geistesgeschichte eingegangene Debatte gab aber nicht nur der nachfolgenden Entwicklung der Geologie von Buffon über Hutton bis Lyell einen entscheidenden Impuls, sie inspirierte dadurch auch die philosophische Reflexion über das Naturerhabene zwischen Addison und Burke. Und sie schuf die Basis einer bis ins 17. Jahrhundert hinein ganz undenkbaren Vorstellung – dass man nämlich im Hochgebirge einen Blick in die Naturgeschichte werfen, ja, dass man in ihm wie in einem „Buch aus Stein"[30] lesen und eine „Sage aus der Heldenjugend unserer Mutter Erde"[31] vernehmen könne (wie es 1801 Friedrich Hölderlin formulieren wird).

---

27 Zum Begriff vgl. oben Einleitung S. XXf.

28 Burnet, Thomas: *The Sacred Theory of the Earth*, hg. von Basil Willey, London 1965 (lat. EA *Telluris Theoria Sacra*, London 1681).

29 Vgl. dazu die epochale Studie von Nicholson, Marjorie Hope: *Mountain Gloom and Mountain Glory. The Developement of the Aethetics of the Infinite*, Ithaca 1959 (Reprint Washington 1997), Chapter 5 (S. 184ff.), ferner Macfarlane, *Berge*, S. 34ff. Durch Burnet wurde insbesondere die bis ins 17. Jahrhundert gültige literale Deutung der Genesis hinterfragt, deren bekanntester Ausdruck die Deutung von James Usher, dem Erzbischof von Armagh, aus dem Jahr 1650 war, der zufolge die Erde am Montag, den 26. Oktober 4004 v.Chr. um 9 Uhr vormittags entstand; vgl. Macfarlane, *Berge*, S. 37.

30 Vgl. Macfarlane, *Berge*, S. 33.

31 In einem Brief an Christian Landauer aus dem Februar 1801 schreibt Hölderlin, den antiken Erdentstehungsmythos von Chaos und Gaia berufend: „Vor den Alpen, die in der Entfernung von einigen Stunden hieherum sind, stehe ich immer noch betroffen, ich habe wirklich einen solchen Eindruk [sic] nie erfahren, sie sind wie eine wunderbare Sage aus

Es ist nun evident, dass Burnets Theorie Wissens- und Vorstellungsbereiche der Theologie, Naturkunde und Ästhetik berührt, die gerade *noch nicht* in jener diskursiven Ausdifferenzierung vorliegen, welche die Wissenskulturen der Moderne charakterisiert; auch Goethes Faust-Szene im „Hochgebirge" verbindet ja noch in diesem Sinn theologische, geologische und ästhetische Dimensionen. In einer wissen(schafts-)geschichtlichen Untersuchung des alpinen Diskurses wären daher weniger die disziplinären Entwicklungslinien und wissenschaftlichen ‚Fortschrittsgeschichten' aufschlussreich, als vielmehr Umbrüche und Paradigmenwechsel der ‚erforschenden' Wahrnehmung des Gebirges selbst und ihrer epistemologischen Bedingungen, in denen diese ‚moderne' diskursive Ausdifferenzierung plausibel oder notwendig wird.[32]

Von analoger Komplexität ist das, was in der oben genannten Formulierung als „Erschließung"[33] dieses Raums bezeichnet wird. Zu dieser gehören offenbar ökonomische Erschließungsprozesse (beispielsweise von Bodenschätzen), die Entwicklung der Besiedlung, aber auch die Vermessung und Kartierung des „Alpenraums" (und ihre politischen und militärischen Zielsetzungen und Folgen[34]); ferner die in der Moderne immer stärkere Erschließung des Alpenraums durch Verkehrsinfrastrukturen wie Wegenetze, Pass-Straßen, Postlinien, militärische Befestigungen, Eisenbahnen, Bergbahnen, asphaltierte Autostraßen, Tunnels, alpine Wegen und Flughäfen.[35] Vor allem aber gehört die Entwicklung touristischer Infrastrukturen in diesen Zusammenhang, von der Entstehung von Badeorten und Sommerfrischen über die Hotellerie bis zu Berghütten und ausgedehnten Skigebieten, welche die traditionellen, seit dem Hochmittelalter bestehenden lokalen alpinen Kulturen überformten (und häufig zerstörten) und die Alpen binnen zweier Jahrhunderte von einem

---

der Heldenjugend unserer Mutter Erde, und mahnen an das alte bildende Chaos, indes sie niedersehn in ihrer Ruhe, und über ihrem Schnee in hellerem Blau die Sonne und die Sterne bei Tag und Nacht erglänzen". Hölderlin, Friedrich: *Sämtliche Werke und Briefe*, Bd. 2, hg. von Michael Knaupp, München 1992, S. 894.

32 Eine in diesem Sinn tatsächlich diskursanalytische Untersuchung kann hier nicht geleistet werden und ist – soweit ich sehe – auch in zentralen Wissenschaftsbereichen (wie der Geologie und Geographie) noch ein Desiderat.

33 Der Terminus wird seit der Orographie des 18. Jahrhunderts gebraucht; vgl. Schwarz, Bernhard: Die Erschliessung der Gebirge, von den ältesten Zeiten bis auf Saussure (1787), nach Vorlesungen an der Königlichen Bergakademie zu Freiberg i. S. für Geographen, Kulturhistoriker und Militärs dargestellt, Leipzig 1885.

34 Vgl. nur als frühes Beispiel: Rickenbacher, Martin: *Napoleons Karten der Schweiz. Landesvermessung als Machtfaktor* 1798–1815, Baden (CH) 2011.

35 Vgl. König, Wolfgang: *Bahnen und Berge. Verkehrstechnik, Tourismus und Naturschutz in den Schweizer Alpen* 1870–1939, Frankfurt a.M. 2000; als – populärwissenschaftlichen – Überblick den Band von Oster, Uwe A. (Hg.): *Wege über die Alpen. Von der Frühzeit bis heute*, Darmstadt 2006.

dünn besiedelten Bezirk zur größten Tourismusregion des Kontinents werden ließen.[36] Diese regional höchst unterschiedlich verlaufenden Erschließungsprozesse sind für die Veränderungen der kulturellen Wahrnehmung des Gebirges bis zum Ende des 19. Jahrhunderts grundlegend; beispielhaft ließe sich das an der Entwicklung der Kartographie aufzeigen, deren neues Wahrnehmungsdispositiv auf alle anderen Praktiken zurückwirkt.[37]

Der dritte Bereich, den *Alpinismus* im engeren Sinn, hängt damit offenbar insofern zusammen, als gerade der organisierte Alpen-Tourismus und der Alpinismus die Erschließung wesentlich vorantrieben und umgekehrt die durch Verkehrswege, Bergbahnen und Alpenvereinshütten verbesserte Erreichbarkeit alpinistischer Ziele die massenhafte „Eroberung" der Alpen überhaupt möglich werden ließ. Doch wird sich im Lauf der Untersuchung zeigen, dass diese Erschließung auch eine Kontrastfolie ist, von der sich spätestens seit der 2. Hälfte des 19. Jahrhunderts Vertreter des Alpinismus in ihrem Selbstverständnis rigide abzugrenzen begannen. Denn die genannte „Erschließung" implizierte eine zunehmende soziale und kulturelle Appropriation und damit zivilisatorische Kolonisierung des alpinen Raums, die ihm gerade jene ‚Ursprünglichkeit' und ‚Natürlichkeit' nahm, um deretwillen man ihn allererst aufsuchte. Folglich differenzierten sich nicht nur die „Erforschung" und „Erschließung" des Raums, sondern auch die alpinistischen Praktiken der Höhe selbst – in Wandern und Bergsteigen, Klettern und Extremklettern, Sportklettern und Eisklettern, und diese Entwicklung setzt sich im 20. Jahrhundert mit der Entstehung des ‚Schneeschuh'- bzw. Skilaufs schließlich bis in das kaum mehr überschaubare gegenwärtige Feld touristischer, alpinistischer und alpinsportlicher Praktiken fort.

Hinzu kommt schließlich ein vierter, in der Bestandsinventur der Alpenvereinsbücherei nicht eigens ausgewiesener, aber in diesen Beständen elementarer Bereich: jener der im engeren Sinn ästhetischen Diskurse und Praktiken, also der Befassung mit den Alpen in Literatur, Musik, Malerei und Grafik, Panorama, künstlerischer Fotografie und Film. Denn die Wechselwirkung dieser mit den genannten soziokulturellen Praktiken ist in Rechnung zu stellen, will man die Geschichte der kulturellen Faszination an den Alpen nicht auf einen Effekt wissenschaftlicher, ökonomischer, sozialer oder „sportlicher" Modernisierungsprozesse und die Kulturgeschichte der Alpen nicht

36 Eine kulturgeographische und sozialhistorische Analyse dieser Erschließung bis zur Gegenwart bietet Bätzing, Werner: *Die Alpen. Geschichte einer europäischen Kulturlandschaft*, München 3.A. 2005.

37 Vgl. zum Beispiel der Schweiz die bereits genannte Studie von Gugerli und Speich, *Topographien der Nation*.

auf ein Epiphänomen dieser Prozesse reduzieren. Zumindest ist zu vermuten, dass die Verbreitung der Alpenbegeisterung durch literarische Texte und die Möglichkeit ihrer Anschauung im Medium von Malerei und Grafik jenes kulturelle Imaginäre (co-)produzierte, welches wiederum die „Erschließung" der Alpen selbst vorantrieb.

Die für die vorliegende Arbeit zentrale Frage ist allerdings, wie sich Literatur und Kunst seit Ende des 19. Jahrhunderts zu den kulturellen Codierungen der Alpen verhalten, die sich dabei etabliert hatten. Denn wenngleich Varianten des Unsagbarkeitstopos – „es wird immer schöner, da hilft kein Beschreiben" (Goethe) – schon früh zu den Standards der Alpenbeschreibungen gehören, verschärft sich in der Moderne die Frage nach der sprachlichen Repräsentation des Gebirges und der Eindrücke von ihm radikal. Als Theodor Fontane 1875 den San Bernardino überquerte, schrieb er in einem Brief:

> Auf Beschreibung dieses großen Stücks Natur, laß ich mich nicht ein; diese undankbare Aufgabe überlass' ich den Touristen generis communis, die keine Ahnung davon haben, daß die äußerliche Beschreibung nur klein macht und daß die Schilderung der *Wirkung* dieser Scenerie nur von einem Poeten in seiner besten Stunde geleistet werden kann. Nur Eines. Ich hätte nicht geglaubt, daß nach allem, was ich in meinem Leben gesehn habe, ich noch so mächtig von Dingen dieser Art bewegt werden könnte.[38]

Die Opposition von mächtiger innerer ‚Bewegung' angesichts des „großen Stücks Natur" und der Schwierigkeit seiner adäquaten „Beschreibung" sind ebenso bezeichnend wie der Kontrast des eigenen Anspruchs zu jenem der ‚gemeinen' Touristen. Man könnte also einerseits einen literarischen ‚Contre-Discours' vermuten, der zum etablierten alpinen Diskurs entsteht[39], doch finden sich neben dem populärliterarisch fortgeschriebenen ‚touristischen' Blick auf das Hochgebirge auch andere literarische Reaktionen als die reiner Abwehr. Und zudem bedeutet auch für den alpinen Diskurs selbst die Jahrhundertwende eine Zeit des Umbruchs.

---

38 Fontane, Theodor: Brief vom 9. August 1875 an Emilie Fontane, in: *Die Zuneigung ist etwas Rätselvolles. Der Ehebriefwechsel 1873–1898*, in: *Große Brandenburger* Ausgabe, hg. von Gotthard Erler, 2. A. Berlin 1998, S. 39–44, S. 41.

39 Mindestens den zweiten Teil von Daudets berühmter Tartarin-Trilogie kann man in dieser Weise lesen: Daudet, Alphonse: *Tartarin sur les Alpes*, Paris 1885, dt. u.d.T. *Tartarin in den Alpen. Die Besteigung der Jungfrau und andere Heldentaten*, Einführung von Daniel Anker, Zürich 2011.

Geschichte eines großen Aufstiegs

Denn um 1900 begann für den Alpinismus – zumindest in der Wahrnehmung einiger seiner Vertreter – eine Art *Posthistoire*: Die alpinistische Erschließung der Alpen, sowohl der von britischen Bergsteigern und Schweizer Führern in der zweiten Hälfte des 19. Jahrhunderts erstiegenen Westalpen als auch der Ostalpen, erschien weitgehend abgeschlossen; das ‚praktische' Interesse verschob sich – jedenfalls im deutschen Sprachraum – vom ‚Entdeckeralpinismus' zum ‚Schwierigkeits'- oder ‚Gefahrenalpinismus'. Zugleich aber begann jene Inventur und Suche nach historischer Selbstvergewisserung, die sich auch in der Gründung der alpinen Büchereien und Museen ausdrückte.[40] Es wurden historische Ausrüstungsmaterialien ebenso gesammelt wie Bücher, Tourenberichte und Karten; und es wurden erste, meist personen- oder ereignisgeschichtlich orientierte Chroniken und Alpingeschichten geschrieben; in den Worten Dagmar Günthers: „Alpinismusgeschichte liest sich entweder als Geschichte der großen Taten großer Männer oder ist auf der Suche nach den ‚geistigen Grundlagen' und den ‚seelischen Antriebskräften' des Bergsteigens."[41]

Auch die ‚Erschließung' der Alpen wurde bereits historisiert[42], vor allem aber gehörte die geistesgeschichtliche Spurensuche nach der *Entstehung* der Alpenfaszination und des „Cultus der Alpenwelt"[43] schon vor der Jahrhundertwende um 1900 zum Standardrepertoire alpinistischer Selbstvergewisserungen. Während alpine Geschichte in der etablierten Historiographie praktisch keine Rolle spielte, entstand vor allem im Kontext der alpinen Vereine, die sich seit Mitte des 19. Jahrhunderts gebildet hatten und stark von Akademikern geprägt waren, eine Art alpinhistorischer Eigengeschichtsschreibung. Sie war einerseits, wie sich in den Jubiläumsjahren zeigte, vereinsgeschichtlich motiviert und hatte legitimatorische Funktion;[44] sie konstituierte aber auch eine kulturgeschichtliche Erzählung, welche die chronistische alpine ‚Eroberungsgeschichte' rahmte. Tanja Wirz fasst das Narrativ dieser Geschichtserzählung ironisch-abstrahierend so zusammen:

---

40 Vgl. Günther, Dagmar: *Alpine Quergänge*, hier S. 13ff. Das alpine Museum in München wurde 1911 auf der Praterinsel eröffnet; zu den „Führern" durch die alpinen Gebiete trat alsbald ein Museumsführer: Müller, Karl: *Führer durch das Alpine Museum des Deutschen und oesterreichischen Alpen-Vereins in München*, München 1916.

41 Günther, *Alpine Quergänge*. S. 13. Zu den frühen Beispielen zählen Gröger, Gustav; Rabl, Josef: *Die Entwicklung der Hochtouristik in den österreichischen Alpen*, Wien 1890; Purtscheller, Ludwig: Zur Entwicklungsgeschichte des Alpinismus und der alpinen Technik in den Deutschen und Österreichischen Alpen, in: *ZDÖAV* 26 (1894).

42 Vgl. Richter, Eduard/DÖAV: *Die Erschließung der Ostalpen*, 3 Bde., Berlin 1894.

43 Egger, Göthe (1866), S. 319.

44 Diesen Aspekt betont Günther, *Alpine Quergänge*, S. 14f.

> Am Anfang waren die Alpen. Die in ihren Tälern lebenden Menschen fürchteten sich angeblich, auf die Gipfel zu steigen, weil sie glaubten, dort hausten Drachen und Dämonen. Nur vereinzelte mutige Kristallsucher, Gämsjäger oder gelegentlich ein Hirte auf der Suche nach einem verloren gegangenen Tier wagten sich in die unheimlichen Höhen. Die Dichter und Denker jener Zeiten hielten die Alpen für hässlich und gefährlich, den Bauern – so heisst es – ging jeder Sinn für Ästhetik von vornherein ab. Doch dann findet ein grundlegender Wandel statt: [...] die europäische Geisteselite entdeckt die Alpen und rühmt ihre Schönheit und Erbaulichkeit. Der künstlerischen und philosophischen Entdeckung folgt die wissenschaftliche und sportliche Eroberung, das ‚goldene Zeitalter des Alpinismus' bricht an: Auftritt der britischen Bergsteigerpioniere. Ab 1850 wetteifern mutige Alpinisten darum, wer am schnellsten möglichst hohe und möglichst viele Gipfel erobern kann, und dabei bedienen sie sich der Dienste treuer einheimischer Bergführer, die zwar ungehobelte, aber edle Naturburschen sind.[45]

Tatsächlich finden sich Elemente dieser „großen Erzählung"[46] schon in Texten um 1900 in großer Zahl; es ist gewissermaßen eine in die Neuzeit verschobene Erzählung von der Eroberung der furchteinflößenden Natur selbst, wobei als Heroen und ‚Drachentöter' zuerst die Geisteselite, dann verwegene Forscher und endlich die Bergsteigerpioniere fungieren. Die Suche nach geistigen Vorläufern, frühen Zeugnissen und Marksteinen der Entwicklung kann dabei auf grundsätzliche Erwägungen zu ‚Mensch und Berg' ebenso rekurrieren wie auf die Identifikation früher Helden der Besteigung, der Beschreibung oder ästhetischen Wahrnehmung der Alpen, und sie kann in ganz verschiedenen Kontexten erscheinen.[47]

So beginnt selbst eine fachwissenschaftliche Publikation des Physiologen Nathan Zuntz zum Thema *Höhenklima und Bergwanderungen in ihrer Wirkung auf den Menschen*, die 1906 in Berlin erschien, mit einem historischen Überblick, der nach Ausführungen zum Berg in der Bibel, bei Griechen, Römern und Germanen eine Ahnengalerie bedeutender Bergwanderer von Hannibal über Petrarca, Rousseau, Saussure und Humboldt bis zum Begründer der modernen Höhenphysiologie Angelo Mosso entwirft.[48] In alpinistischen Publikationen

45 Vgl. Wirz, Tanja: *Gipfelstürmerinnen. Eine Geschlechtergeschichte des Alpinismus in der Schweiz*, Baden 2007, S. 14. Sie führt diese Erzählung noch ein Stück weiter über die Matterhorn-Katastrophe, die Eroberung aller Gipfel, den Beginn der Schwierigkeitsalpinisten bis zum ‚Problemalpinismus' der Nordwände, vgl. ebd.

46 Ebd. S. 15.

47 Ähnlich wird übrigens im britischen Kontext schon um 1900 nach Ursprüngen und ‚Vorgängern' gesucht; vgl. Gribble, Francis: *The Early Mountaineers*, London 1899; ders.: *The Story of Alpine Climbing*, London o.J. [1904].

48 Zuntz, Nathan et al.: Höhenklima und Bergwanderungen in ihrer Wirkung auf den Menschen. Ergebnisse experimenteller Forschungen im Hochgebirge und Laboratorium, Berlin u.a. 1906, S. 1–34. Dort heißt es z.B.: „Auch begegnen uns in der Renaissancezeit zum

im engeren Sinn, z.B. der Sammlung von Erstbesteigungsberichten, die Alfred Steinitzer unter dem (bezeichnenden) Titel *Alpine Sieger* 1917 herausgab und die nach dem Krieg 1928 (nur etwas weniger martialisch) als *Die Bezwinger der Alpen* erneut erschien[49], hieß es dagegen kurzerhand:

> Die antiken Völker und das Mittelalter standen dem Hochgebirge fremd, wenn nicht feindlich gegenüber. Wir treffen nur auf wenige Ausnahmen: Dante, Petrarca und Leonardo da Vinci begriffen die Schönheit der Gebirgswelt. Noch Mitte des achtzehnten Jahrhunderts glaubten schweizerische Naturforscher, daß abenteuerliche Drachen [...] und andere derartige Fabelwesen im Hochgebirge hausten. Erst mit J.J. Rousseau beginnt die ästhetische Würdigung der Hochgebirgsnatur [...]. Die Geburtsstunde des Alpinismus und der Hochtouristik war die Besteigung des Montblanc durch H.B.v. Saussure am 3. August 1787.[50]

Eine wieder etwas andere Genealogie, aber vom selben Ausgangspunkt aus verfolgte noch 1986 Helmuth Zebhauser, Kulturreferent des Deutschen Alpenvereins und Herausgeber der Reihe „Alpine Klassiker", im Band *Frühe Zeugnisse* dieser Reihe: Auch ihm zufolge gelten „bis ans Ende des Mittelalters" Berge als „unwirtlich" und Heimat von „Dämonen"[51]; dann aber bricht die Renaissance an und „der Mensch des Abendlandes lernt Berge und das Gebirge verstehen"[52]. Auch hier sind Dante und Petrarca die ersten, hier spielen jedoch die Maler (Giotto, Simone Martini, Leonardo da Vinci, Albrecht Dürer und Albrecht Altdorfer) eine ungleich wichtigere Rolle, während Konrad Gesner oder Aegidius Tschudi die textuelle Gebirgsentdeckung repräsentieren.

---

ersten Male wirkliche Hochtouristen, Männer, welche aus Freude am Bergsteigen selbst bis zu den Höhen der Gletscher vordringen, ja Gipfelbesteigungen ausführen, welche wir auch heute noch als alpine Leistungen betrachten können. Unter diesen ist vor allem einer zu nennen, dessen Bergfahrten uns wohl deswegen überliefert worden sind, weil er zu den unsterblichen Größen der Menschheit gehört: Leonardo da Vinci. Es ist zweifellos, daß derselbe vom Jahre 1511 ab zahlreiche Touren in den Alpen gemacht hat. Zu den von ihm besuchten Bergen gehören die Tre Signori, der Monte della Disgrazia (3678 m), die Bernina (4050 m), wobei es allerdings zweifelhaft ist, ob er die Gipfel dieses Riesen erreicht hat." (12f.) Vgl. zum Kontext und zu Mosso: Felsch, Philipp: *Laborlandschaften. Physiologische Alpenreisen im 19. Jahrhundert*, Göttingen 2007.

49 Steinitzer, Alfred: *Alpine Sieger*, München 1917; [entspricht weitgehend:] ders.: *Die Bezwinger der Alpen. Denkwürdige Ersteigungsgeschichten und Erlebnisse*, hg. von Alfred Steinitzer, Leipzig 1928 (danach das Zitat im Text).

50 Ebd. S. 9.

51 Zebhauser, Helmuth (Hg.): *Frühe Zeugnisse: Die Alpenbegeisterung*, München 1986, S. 7.

52 Ebd.

Die Beispielreihe und die Variationen ließe sich fast beliebig und bis in die Gegenwart fortsetzen[53], wobei drei Aspekte die Differenzen begründen: Das Bild ist unterschiedlich, je nachdem ob Berge überhaupt (z.B. ‚heilige Berge' des Altertums) einbezogen werden oder ‚Die Alpen' im Zentrum stehen (dann ist erst die Renaissance die ‚Geburtsstunde'); ferner, ob es um die Wahrnehmung der ‚Schönheit' oder um tatsächliche Bergbesteigungen geht (was die Zahl der Vorläufer entschieden verringert); schließlich, ob bildliche Darstellungen berücksichtigt werden oder nur textuelle Zeugnisse den ‚Präalpinismus' belegen sollen. Während sich die Bedeutung einzelner Autoren der Frühen Neuzeit – wie Tschudi, Gesner, Simler[54] oder Scheuchzer[55] – daher je nach Perspektive unterscheidet[56] (d.h. sie entweder noch alten Vorstellungen von ‚Drachen' anhangen sollen oder aber die aufklärerisch-naturkundliche Erschließung beginnen), bleibt der entscheidende Schritt all dieser Versionen der ‚Großen Erzählung' die Erstbesteigung des Montblanc 1786 und die Besteigung im Folgejahr durch Horace-Benedict de Saussure, der 1760 einen Geldpreis auf diese Besteigung dieses höchsten Bergs der Alpen ausgesetzt hatte.[57] Mit ihm

---

53 Vgl. Bonington, Chris: *Triumph in Fels und Eis. Die Geschichte des Alpinismus*, Stuttgart 1995 (*The Climbers*, 1992); Frison-Roche, Roger; Jouty, Sylvain: *Histoire de l'Alpinisme*, Paris 1996; Perfahl, Jost: *Kleine Chronik des Alpinismus*, Rosenheim 1984. Noch der Historiker Peter Grupp identifiziert in seiner umfassenden Geschichte des Alpinismus diverse „Vorformen des Alpinismus", wobei nach antiken und mittelalterlichen „Vorläufern" erneut Dante, Petrarca und Leonardo erscheinen (Grupp, Peter: *Faszination Berg. Die Geschichte des Alpinismus*, Köln, Weimar, Wien 2008, S. 15ff.).

54 Josias Simlers (1530–1576) Werk *De Alpibus Commentarius* (1574) wurde für die „Gesellschaft alpiner Bücherfreunde" in München von Alfred Steinitzer 1931 sogar erstmals ins Deutsche übersetzt und ediert; eine Neuausgabe erschien als Band 1 der „Alpinen Klassiker" 1984 in München (Simler, Josias: *Die Alpen. De Alpibus Commentarius*, hg. vom Deutschen Alpenverein, München 1984).

55 Johann Jacob Scheuchzer (1672–1733), Zürcher Arzt und Universalgelehrter, war Verfasser der *Naturgeschichte des Schweitzerlandes* (1706) und der *Itinera Helvetiae alpinas regiones fakta annis 1702–11*. Die Abbildung von Drachen, unter anderem in seiner Schweizer-Karte, soll laut Wyß (Wyß, Georg von: Johann Jacob Scheuchzer. In: *ADB*, XXXIV, Leipzig, 1892, 710–715, hier S. 713) Scheuchzers Glauben an solche Alpen-Drachen belegen („In angebrachten Abbildungen zeigt sie übrigens, daß S. (wenigstens damals noch) von den Irrthümern seiner Zeit, wie vom Glauben an die einstige Existenz von Drachen u. dgl. nicht frei war."), von der Steinitzer (vgl. das obige Zitat) und seither alle möglichen Alpin-Geschichten schreiben; dieser Glaube kann allerdings auch bezweifelt werden (vgl. Bernet, Claus: Johann Jacob Scheuchzer, in: http://www.avibushistoriae.com/Scheuchzer%20Johann%20Jakob%20(Jacob).htm (zuletzt: 12.3.2012)).

56 Vgl. als umfassendste Darstellung der frühneuzeitlichen Texte zu den Bergen: Peskoller, Helga: *Berg-Denken. Eine Kulturgeschichte der Höhe*, 2. A. Wien 1998.

57 Vgl. Fleming, Fergus: *Nach oben. Die ersten Eroberungen der Alpengipfel*, Frankfurt a.M. 2002 (*Killing Dragons*, London 2000), S. 28–93.

Allerdings sind vor allem in den letzten Jahren eine ganze Reihe historiographischer und kulturwissenschaftlicher Arbeiten zum Alpinismus, zu Alpenbildern und Aspekten der historischen Entwicklung erschienen, die teilweise ganz andere Perspektiven entwickelten.[67] So haben eine Reihe von sozial-, kultur-, vereins- und diskursgeschichtlichen Untersuchungen zunächst in Bezug auf den Alpinismus im engeren Sinn dessen Bedingungen und Kontexte in verschiedenen Ländern neu erschlossen.[68] Für den Untersuchungszeitraum relevant sind dabei die Arbeiten zur politischen Dimension des organisierten Alpinismus[69] und zur kritischen Vereinsgeschichte[70], zur Kulturgeschichte des Bergsteigens außerhalb Europas[71], besonders aber die diskurs- und geschlechtergeschichtlichen Monographien von Dagmar Günther[72] und Tanja Wirz[73], die für den deutsch-österreichischen resp. den schweizerischen alpinen Diskurs eine Vielzahl bisher vollkommen unbeachteter Aspekte untersucht haben. Für den im weiteren Verlauf dieser Arbeit relevanten Diskurs des Himalaya-Bergsteigens ist die grundlegendste diskursgeschichtliche Untersuchung die Dissertation von Dominik Siegrist[74], die weit über die untersuchten Expeditionsberichte hinaus für die narratologischen Fragen der Gebirgserfahrung relevant ist. Hinzu kommen einige Bände, die einzelne Berge ins Zentrum rücken; neben einer ganzen Reihe von Arbeiten zum Montblanc[75]

---

der Giganten. Von der Erstbesteigung des Montblanc bis zum Freeclimbing, München 2000; Bonington, *Triumph in Fels und Eis*; Fleming, *Nach oben*.

67 Weitere Literatur findet sich bei den einzelnen Kapiteln.

68 Vgl. u.a. Grupp, *Faszination Berg*; Pastore, Alessandro: *Alpinismo e storia d'Italia. Dall'Unità alla Resistenza*, Bologna 2003; Mathieu, Jon: *Geschichte der Alpen 1500–1900. Umwelt, Entwicklung, Gesellschaft*, Wien, Bonn, Weimar 2001; Scharfe, Martin: *Berg-Sucht. Eine Kulturgeschichte des frühen Alpinismus, 1750–1850*, Wien, Köln, Weimar 2007; Manzenreiter, Wolfram: *Die soziale Konstruktion des japanischen Alpinismus: Kultur, Ideologie und Sport im modernen Bergsteigen*, Wien 2000.

69 Amstädter, Rainer: *Der Alpinismus. Kultur – Organisation – Politik*, Wien 1996.

70 *Berg Heil! Alpenverein und Bergsteigen 1918–1945*, hg. vom Deutschen Alpenverein, vom Oesterreichischen Alpenverein und vom Alpenverein Südtirol, Köln, Weimar, Wien 2011.

71 Märtin, Ralf-Peter: *Nanga Parbat. Wahrheit und Wahn des Alpinismus*, Berlin 2002; Hamann, Christoph, Honold Alexander: *Kilimandscharo. Die deutsche Geschichte eines afrikanischen Berges*, Berlin 2011.

72 Günther, *Alpine Quergänge*.

73 Wirz, *Gipfelstürmerinnen*.

74 Siegrist, Dominik: *Sehnsucht Himalaya. Alltagsgeographie und Naturdiskurs in deutschsprachigen Bergsteigerreiseberichten*, Zürich 1996 (zugl. Diss. Univ. Zürich 1996).

75 Vgl. schon Engel, Claire-Eliane (ed.): *Le Mont Blanc. Vu par les écrivains et les alpinistes. Préface et choix de textes par C-É.E.*, Paris: Plon, 1965; Unsworth, Walt: *Savage Snows. The Story of Mont Blanc*, London 1986; Joutard, Philippe: *L'invention du Mont Blanc*, Paris 1986; Giudici, Nicolas: *La philosophie du Mont Blanc. De l'alpinisme à l'economie immatérielle*, Paris 2000.

gilt dies vor allem für die Alpin-, Kultur-, Medien- und Politikgeschichte verbindenden ‚Bergmonographien' Daniel Ankers und Emil Zopfis;[76] ebenso sind einige neuere Ausstellungen und alpinen Museen von weit über die alpine Ereignisgeschichten hinausgehenden Interessen geprägt.[77]

In analoger Weise wurden in den vergangenen Jahren zunehmend auch geistes-, kultur- und wahrnehmungsgeschichtliche Fragen in Bezug auf die Alpen erforscht.[78] Neben der klassischen Untersuchung von Marjorie Hope Nicholson zur Entstehung der neuzeitlichen Faszination am Gebirge im Kontext der Entdeckung der Erdgeschichte[79] sind hier die kulturanthropologische Relektüre der (nahezu gesamten) frühneuzeitlichen Gebirgsliteratur durch Helga Peskoller[80] und die außerordentlich inspirierende Geschichte moderner Gebirgsvorstellungen hervorzuheben, die Robert Macfarlane vorgelegt hat.[81] Ebenfalls andere Blicke auf die montane Kultur entwickelten eine ganze Reihe neuerer Arbeiten aus Philosophie und allgemeiner Kulturwissenschaft[82],

76 Vgl. u.a. Anker, Daniel (Hg.): *Eiger. Die vertikale Arena*, Zürich 1998 (= Bergmonographie 3); Anker, Daniel (Hg.): *Finsteraarhorn. Die einsame Spitze*, Zürich 1997 (= Bergmonographie 2); Anker, Daniel (Hg.): *Jungfrau. Zauberberg der Männer*, Zürich 1996 (= Bergmonographie 1); Anker, Daniel (Hg.): *Piz Bernina. König der Ostalpen*, Zürich 1999 (= Bergmonographie 4); Zopfi, Emil (Hg.): *Tödi. Sehnsucht und Traum*, Zürich 2000 (Bergmonographien, 6).

77 Vgl. v.a. Felsch, Philipp; Gugger, Beat; Rath, Gabriele (Hg.): *Berge. Eine unverständliche Leidenschaft*, Katalog zur Ausstellung des Alpenverein-Museums in der Innsbrucker Hofburg, Bozen, Wien 2007; *Découverte et sentiment de la montagne 1740–1840. Conservatoire d'Art de d'Histoire de la Haute-Savoie*, Ausstellung 1986, Annency 1986; Anker, Valentina; Bianchi, Metteo et al.: *Viaggio verso le Alpi. Le voyage vers les Alpes. Die Reise zu den Alpen*, Ausstellungskatalog, Bellinzona 1997; Kunz, Stephan, Wismer, Beat, Denk, Wolfgang (Hg.): *Die Schwerkraft der Berge: 1774–1997*, Ausstellungskatalog zu den Ausstellungen im Aargauer Kunsthaus Aarau und der Kunsthalle Krems 1997, Basel; Frankfurt am Main 1997.

78 Oppenheim, Roy: *Die Entdeckung der Alpen*, Frauenfeld 1975; Seitz, *Wo Europa den Himmel berührt*; Broc, Numa: *Les Montagnes au Siècle des Lumières. Perception et Représentation*, Paris 1991; Bertrand, Gilles (Hg.): *Discours sur la montagne (XVIIIe–XIXe siècles). Rhétorique, science, esthétique*, Bern u.a. 2003; *Die Alpen! Les Alpes! Zur europäischen Wahrnehmungsgeschichte seit der Renaissance. Pour une histoire de la perception européenne depuis la Renaissance*, hg. von Jon Mathieu und Simona Boscani Leoni, Bern 2005.

79 Nicolson, Marjorie H.: *Mountain Gloom and Mountain Glory*.

80 Peskoller, Helga: *Berg-Denken. Eine Kulturgeschichte der Höhe*, 2. A. Wien 1998.

81 Macfarlane, Robert: *Berge im Kopf. Die Geschichte einer Faszination*, Zürich 2005.

82 Vor allem: Böhme, Harmut: Das Steinerne. Anmerkungen zur Theorie des Erhabenen aus dem Blick des „Menschenfremdesten", in: Pries, Christine (Hg.): *Das Erhabene. Zwischen Grenzerfahrung und Größenwahn*, Weinheim 1989, S. 119–143; ders.: Kontroverspredigt der Berge, in: Kunz, Stephan, Wismer, Beat, Denk, Wolfgang (Hg.): *Die Schwerkraft der Berge: 1774–1997*, Ausstellungskatalog zu den Ausstellungen im Aargauer Kunsthaus Aarau und der Kunsthalle Krems 1997, Basel; Frankfurt am Main 1997, S. 231–233; ders.: Berg, in:

europäischer Ethnographie und Volkskunde[83], Wissens- und Wissenschaftsgeschichte[84] und Höhenmedizin.[85]

Ferner ergeben sich für die vorliegende Arbeit notwendig Überschneidungen mit neueren Forschungen zur Wahrnehmungs- und Darstellungsgeschichte der Landschaft[86], der Natur als erhabener[87] sowie zur Reiseliteratur und zum Tourismus.[88] Eine lange Tradition hat die Reflexion kulturgeschichtlicher

---

Wörterbuch der philosophischen Metaphern, hg. von Ralf Konersmann, Darmstadt 2007, S. 46–61; Großklaus, Götz: Der Berg- und Alpen-Mythos: Utopischer Ort – ‚Schöne Aussicht' – Leerer Raum, in: ders.: *Natur – Raum: von der Utopie zur Simulation*, München 1993, S. 97–118.

83 So u.a. Niederer, Arnold: Die alpine Alltagskultur. Zwischen Routine und der Adoption von Neuerungen, in: *Schweizerische Zeitschrift für Geschichte* 29 (1979), S. 233–259; Becker, Siegfried; Dieterich, Claus-Marco (Hg.): *Berg-Bilder: Gebirge in Symbolen – Perspektiven – Projektionen*, Marburg 1999; Tschofen, Bernhard: *Berg – Kultur – Moderne. Volkskundliches aus den Alpen*, Wien 1999; Straub, Wolfgang: *Willkommen. Literatur und Fremdenverkehr in Österreich*, Wien 2001; Risi, Markus (Hg.): *Alpenland. Terrain der Moderne*, Münster 2011.

84 Vgl. v.a. die Arbeit von Felsch, *Laborlandschaften*.

85 Simons, Elisabeth; Oelz, Oswald: *Kopfwehberge: Eine Geschichte der Höhenmedizin*, Zürich 2001. Vgl. a. Gramminger, Ludwig: *Das gerettete Leben. Die Geschichte der Bergrettung*, hg. von Hans Steinbichler, München 1986. Eigentümlich wenig weiterentwickelt hat sich der Diskurs im Bereich der Psychologie; nach wie vor als einzige relevante Untersuchung ist hier die (ihrem Gegenstand wenig distanziert gegenüberstehende) Arbeit von Aufmuth zu nennen: Aufmuth, Ulrich: *Zur Psychologie des Bergsteigens*, überarb. und erg. A. Frankfurt a.M. 1994.

86 Kanonisch ist: Ritter, Joachim: Landschaft – Zur Funktion des Ästhetischen in der modernen Gesellschaft, *in*: ders.: *Subjektivität – Sechs Aufsätze*, Frankfurt am Main 1974, S. 141–163, 172–190; Ritter, Alexander (Hg.): *Landschaft und Raum in der Erzählkunst*, Darmstadt 1975; vgl. ferner Koschorke, Albrecht: *Die Geschichte des Horizonts. Grenze und Grenzüberschreitung in literarischen Landschaftsbildern*, Frankfurt am Main 1990; Apel, Friedmar: *Deutscher Geist und deutsche Landschaft. Eine Topographie*, München 1998; Frank, Hilmar; Lobsien, Eckhard: Art. „Landschaft", in: *Ästhetische Grundbegriffe*, hg. von Karlheinz Barck u.a., Bd. 3, Stuttgart, Weimar 2001, S. 617–665; Kaufmann, Stefan: *Soziologie der Landschaft*, Wiesbaden 2005; Jost, Erdmut: *Landschaftsblick und Landschaftsbild. Wahrnehmung und Ästhetik im Reisebericht 1780–1820*, Freiburg im Breisgau 2006; neuerdings: Trepl, Ludwig: *Die Idee der Landschaft. Eine Kulturgeschichte von der Aufklärung bis zur Ökologiebewegung*, Bielefeld 2012.

87 Begemann, Christian: Erhabene Natur. Zur Übertragung des Begriffs des Erhabenen auf Gegenstände der äußeren Natur in den deutschen Kunsttheorien des 18. Jahrhunderts. In: *DVjs* 58 (1984), S. 74–110; Groh, Ruth; Groh, Dieter: Von den schrecklichen zu den erhabenen Bergen, in: *Vom Wandel des neuzeitlichen Naturbegriffs*, hg. von H-D. Weber, Konstanz 1989, S. 53–93; allgemein: Zelle, Carsten: *Angenehmes Grauen. Literaturhistorische Beiträge zur Ästhetik des Schrecklichen im achtzehnten Jahrhundert*, Hamburg 1987.

88 Vgl. Bausinger, Hermann; Beyrer, Klaus; Korff, Gottfried (Hg.): *Reisekultur. Von der Pilgerfahrt zum modernen Tourismus*, München 1991; Brenner, Peter J. (Hg.): *Der Reisebericht. Die Entwicklung einer Gattung in der deutschen Literatur*, Frankfurt a.M. 1989; Buzard, James:

Fragen zudem in der Kunst- und Mediengeschichte der Alpen und des Alpenbildes: Neben der Kunstgeschichte[89], in der die Arbeit Wozniakowskys[90] noch immer als grundlegend gelten kann, erschienen in den letzten Jahren eine Vielzahl von Studien zur Fotografie-, Film- und Musikgeschichte des Alpinen.[91]

Für die *Literatur*geschichte dokumentiert sich die Bedeutung des alpinen Raums außer in einer Vielzahl von Anthologien[92] und Untersuchungen zu einzelnen Autoren in einer Reihe früher Arbeiten zur deutschsprachigen,[93]

The Beaten Track. European Tourism, Literature, and the Ways to Culture 1800–1918, Oxford, 1993; Hachtmann, Rüdiger: *Tourismus-Geschichte*, Göttingen 2007; Seeber, Hans Ulrich: *Mobilität und Moderne. Studien zur englischen Literatur des 19. und 20. Jahrhunderts*, Heidelberg 2007; Greenblatt, Stephen: A mobility studies manifesto, in: ders. et al. (Hg.): *Cultural Mobility: A Manifesto*, Cambridge, 2010.

89 Vgl. aus den vielen kommentierten Sammlungen schon Steinitzer, Alfred: *Der Alpinismus in Bildern*, 2. A. München 1924; Christoffel, Ulrich: *Der Berg in der Malerei*, Bern 1963; Weber, Bruno (Hg.): *Die Alpen in der Malerei*, Rosenheim 1981; zuletzt Hausler, Bettina: *Der Berg. Schrecken und Faszination*, München 2008; vgl.a. Zimmermann, Gisela: *Die Hochgebirgslandschaft im 18. und frühen 19. Jahrhundert. Joseph Anton Kochs Alpenlandschaften und die Alpen in der zeitgenössischen Dichtung und Literatur*, Wetzlar 1998; Kos, Wolfgang (Hg.): *Alpenblick. Die zeitgenössische Kunst und das Alpine*, Katalog Kunsthalle Wien 1998, hg. von Wolfgang Kos und der Kunsthalle Wien, o.O. [Basel; Frankfurt am Main] 1998 (= trans alpin 2).

90 Wozniakowski, Jacek: *Die Wildnis. Zur Deutungsgeschichte des Berges in der europäischen Neuzeit*, Frankfurt a.M. 1987.

91 Vgl. u.a. Holzer, Anton: *Die Bewaffnung des Auges. Die drei Zinnen oder Eine kleine Geschichte vom Blick auf das Gebirge*, Wien 1996; Rapp, Christian: *Höhenrausch. Der deutsche Bergfilm*, Wien 1997; *Schweizer Töne. Die Schweiz im Spiegel der Musik*, hrsg. von Anselm Gerhard und Annette Landau, Zürich 2000; Senici, Emanuele: *Landscape and Gender in Italian Opera: The Alpine Virgin from Bellini to Puccini*, Cambridge 2005.

92 Vgl. z.B. Faessler, Peter (Hg.): *Bodensee und Alpen. Die Entdeckung einer Landschaft in der Literatur*, Siegmaringen 1985; Messner, Reinhold (Hg.): *Reinhold Messners Lesebuch*, München 1985; Loquai, Franz (Hg.): *Die Alpen. Eine Landschaft und ihre Menschen in Texten deutschsprachiger Autoren des 18. und 19. Jahrhunderts*, München 1996; Ritten, Jan (Hg.), *Dem Himmel entgegen. Geschichten für alle, die Berge lieben*, München 2000; Wellmann, Angelika (Hg.): *Was der Berg ruft. Das Buch der Gipfel und Abgründe*, Leipzig 2000; Hächler, Beat (Hg.): *Das Klappern der Zoccoli. Literarische Wanderungen im Tessin*, 4.A. Zürich 2004; Bellasi, Andreas (Hg.): *Höhen, Tiefen, Zauberberge. Literarische Wanderungen in Graubünden*, Zürich 2005; Hervé, Florence (Hg.): *Sehnsucht nach den Bergen. Schriftstellerinnen im Gebirge*, Berlin 2008; Hosemann, Jürgen (Hg.): *Über allen Gipfeln. Eine literarische Reise durchs Gebirge*, Frankfurt a.M. 2010.

93 Hervorzuheben ist: Weiss, Richard: *Das Alpenerlebnis in der deutschen Literatur des 18. Jahrhunderts*, Horgen, Zürich, Leipzig 1933.

englischen[94] und französischen[95] Literatur, in Sammlungen[96] zum Teil beeindruckenden Umfangs[97] sowie einigen (in Hinblick auf die deutschsprachige Literatur) zentralen Untersuchungen: Hervorzuheben sind hier die Arbeit von Petra Raymond zur Wechselwirkung von Alpenreise-Schilderungen und der Erzählprosa der Goethezeit[98], die Arbeit von Matthias Stremlow zu touristischen Alpenbildern[99] und die Habilitationsschrift von Wolfgang Hackl zum alpinen Tourismus und seinen literarischen Reflexionen.[100] Allerdings hat keine dieser Arbeiten eine im engeren Sinn ästhetikgeschichtliche Zielsetzung; eine literarische Wahrnehmungsgeschichte der Alpen im 20. Jahrhundert fehlt.[101]

Aus der produktiven kulturwissenschaftlichen Neuperspektivierung alpiner Themen kann die vorliegende Arbeit jedoch einige Aspekte aufgreifen, die in

94 Vgl. u.a. Spindler, Robert: *Die Alpen in der englischen Literatur und Kunst*, Leipzig 1932; Bates, Robert H.: *Mystery, Beauty, and Danger. The Literature of the Mountains and Mountain Climbing Published in English Before 1946*, [Ph.D. Thesis, Pennsylvania State Univ.], Portsmouth, New Hampshire 2000.

95 Vgl. die noch immer grundlegende Arbeit von Engel, Claire-Eliane: *La littérature alpestre en France et en Angleterre aux XVIIIe et XIXe siècles*, Chambéry 1930; ferner Ballerini, Michel: *Le roman de montagne en France*, Paris, Grenoble 1973; Lacoste-Veysseyre, Claudine: *Les Alpes romantiques. Le thème des Alpes dans la littérature française de 1800 à 1850*, Geneve 1981; Broc, Numa: *Les Montagnes au Siècle des Lumières. Perception et Représentation*, Paris 1991.

96 Bayerle, Georg (Hg.): *Lesespuren im Gebirge. Die Berge und die Dichter*, Kempten 2003; Schwedler, Wilfried: *Schreibtisch mit Gipfelblick. Wie Schriftsteller das Gebirge erleben*, Köngen 1997; Zopfi, Emil: *Dichter am Berg. Alpine Literatur aus der Schweiz*, Zürich 2009.

97 Vgl. den im Ansatz enzyklopädischen Band von Besson, Françoise (ed.): *Mountains Figured and Disfigured in the English-Speaking World*, Newcastle upon Tyne 2010.

98 Raymond, Petra: *Von der Landschaft im Kopf zur Landschaft aus Sprache. Die Romantisierung der Alpen in den Reiseschilderungen und die Literarisierung des Gebirges in der Erzählprosa der Goethezeit*, Tübingen 1993.

99 Stremlow, Matthias: *Die Alpen aus der Untersicht. Von der Verheissung der nahen Fremde zur Sportarena. Kontinuität und Wandel von Alpenbildern seit 1700*, Bern, Stuttgart, Wien 1998.

100 Hackl, Wolfgang: *Eingeborene im Paradies. Die literarische Wahrnehmung des alpinen Tourismus im 19. und 20. Jahrhundert*, Tübingen 2004.

101 Nach Abschluss des vorliegenden Manuskripts erschienen folgende Sammelbände und Studien: Lughofer, Johann (Hg.): *Das Erschreiben der Berge. Die Alpen in der deutschsprachigen Literatur*, Innsbruck 2014; Geist, Kathrin: *BERG-SEHN-SUCHT. Der Alpenraum in der deutschsprachigen Literatur*, Paderborn 2018; Silber, Leonie: *Poetische Berge. Alpinismus und Literatur nach 2000*, Heidelberg 2019; Ireton, Sean; Schaumann, Caroline (eds.): *Heights of Reflection. Mountains in the German Imagination from the Middle Ages to the Twenty-First Century*, Rochester, N.Y. 2021. Ergebnisse dieser Arbeiten konnten nur teilweise noch in den folgenden Kapiteln berücksichtigt werden.

der literarischen Auseinandersetzung mit dem alpinen Diskurs in der Moderne als Konstituenten des alpinen *imaginaire* relevant werden. Sie betreffen – ohne systematischen Anspruch – die Fragen der (Raum-)Semantik: Höhe, Sakralität, Wildheit; jene der Praxis von Bewegungen und Wahrnehmungsmustern: Aufstieg, Horizont, Perspektivität; die innere Ausdifferenzierung des Kulturraums Alpen und schließlich die medialen Repräsentationen des Alpinen selbst.

1.3. Elemente einer Wahrnehmungsgeschichte des Alpinen

Höhe und Sakralität, Ferne und Wildheit

Es gehört zu den Eigentümlichkeiten des Diskurses über Berge, dass deren Phänomenalität die Sprache zu grundieren scheint, in der über sie gesprochen wird. Wenn Hartmut Böhme in einer neueren grundsätzlichen Reflexion des ‚Berges' als absoluter Metapher, deren Ausfaltung er von der antiken Mythologie bis in die Geistesgeschichte des 18. Jahrhunderts hinein verfolgt, schreibt: „Auf allen Kontinenten der Erde spielen Berge in den Religionen einen überragende Rolle"[102], verdankt sich das Adjektiv „überragend" schon der von ihm analysierten „primordiale[n] Weltordnung [...], die der Raumordnung von Oben und Unten entnommen ist". Auf deren Basis würden „nahezu kulturunabhängig", so Böhme, positive Werte – wie das Gute, Schöne, Göttliche, Herrscherliche – *oben*, deren jeweilige Gegenteile jedoch „unten angesiedelt"[103]. Eben das schlägt sich aber, wie man selbst Böhmes Text noch ablesen kann, auch sprachlich nieder; ob „überragend", „heraus-" oder „hervorragend", „eminent"[104], „prominent"[105] oder auch „exzellent"[106]: Die vertikale Differenz des ‚höher-als' und der Superlativ des „Höchsten" scheinen fundamental[107] (wenn

102 Böhme, Hartmut: Berg, in: *Wörterbuch der philosophischen Metaphern*, hg. von Ralf Konersmann, Darmstadt 2007, S. 46–61, hier S. 47.

103 Ebd.

104 Kluges etymologisches Wörterbuch erläutert: „‚bedeutsam, groß, herausragend', [...] (17. Jh.). Entlehnt aus frz. *éminent*, dieses aus l. *eminens* (*-entis*), dem *PPräs.* von l. *eminere* ‚herausragen', zu l. *minae* ‚Zinnen, hochragende Spitzen', das zur Sippe von l. *mons* (*montis*) ‚Berg' gehört [...]" (*Kluge. Etymologisches Wörterbuch der deutschen Sprache*, bearbeitet von Elmar Seebold, 24. A. Berlin/New York 2002, S. 243.).

105 Vgl. ebd. S. 723 („von l. *prominere* ‚hervorragen, hervortreten', zu l. *minere* ‚ragen'").

106 Vgl. ebd. S. 268: „Entlehnt aus frz. *excellent*, dieses aus l. *excellens*, dem *PPräs.* von l. *excellere* ‚herausragen', das mit l. *culmen* ‚Gipfel' verwandt ist."

107 Umgekehrt ist die sprachliche Beschreibung kultureller Bedeutungssysteme möglicherweise auf Metaphern angewiesen (oder jedenfalls, wie der vorliegende Text, davon durchzogen), welche deren ‚Aufbau' in Raumsymboliken des *Basalen*, des Grundes oder Fundaments formulieren.

nicht universal) für kulturelle Axiologien zu sein. Als solche aber finden sie eine ihre real-symbolischen Grundmetaphern im Berg als im Wortsinn *prominenten* Phänomen.

Im Sinn von Blumenbergs Metaphorologie wäre die „absolute Metapher"[108] des Berges daher zwar als Form der Uneigentlichkeit und Unbegrifflichkeit unvermeidlich und insofern auch nicht restlos in begriffliche Explikation überführbar, und als primäre Symbolisierung können Berge daher auch in schriftlosen Kulturen Gegenstand religiöser Vorstellungen und ritueller Praktiken werden. Als Paradigma[109] ist diese Metapher aber zugleich in Symbolordnungen größter historischer und kultureller Varianz ausdifferenzierbar und liegt stets in solchen spezifischen lokalen und geschichtlichen Ausprägungen vor.

Diese Metaphorik ist, wie Böhme erläutert, zunächst eine religiöse, was „mit anthropologischen Grundgegebenheiten"[110] zusammenhänge. Die Erhebung der Hominiden zum aufrechten Gang hätte nicht nur die Freiheit der Hand und des Blickfelds ermöglicht, sondern den Orientierungen der Horizontalen die vertikale Raumachse hinzugefügt, in der die Differenz oben/unten zugleich eine primordiale Hierarchie bildete. „Dem entspricht auch die Hierarchie von Geist und Materie: Nach oben strebt der Geist, nach unten die Materie."[111] Daher sei die Grundgeste des Religiösen nach oben gerichtet, und für diese „grundlegende Topographie" sind Berge aus mehreren Gründen bedeutsam: Sie begrenzen den Blick und scheiden dadurch Sicht- und Unsichtbares; sie markieren – als physische Schranken im Raum – Lebens- und Kultursphären[112], sie sind aber auch Vermittlung von unten *und* oben und weisen eine „nach oben führende Lineatur" auf, der sie zu visuellen Medien des Aufstiegs und der Transgression mache. Und als solche besäßen sie eben „überragende Bedeutung [...] in allen Religionen"[113].

108 Böhme, Berg, S. 48.

109 Vgl. Blumenberg, Hans: *Schiffbruch mit Zuschauer. Paradigmen einer Daseinsmetapher*, Frankfurt a.M. 1979.

110 Böhme, Berg, S. 47.

111 Ebd.

112 Das gelte besonders für die „Raumriegel" der Gebirge wie die Alpen, Pyrenäen oder den Kaukasus, ebd. S. 48; die Alpen würden daher auch als Schutz – als *moenia Italiae* – betrachtet. (Die Formel bezieht sich auf Livius, *Ab urbe condita* 21, 35, 9: „praegressus signa Hannibal in promunturio quodam, unde longe ac late prospectus erat, consistere iussis militibus Italiam ostentat subiectosque Alpinis montibus Circumpadanos campos, moeniaque eos tum transcendere non Italiae modo sed etiam urbis Romanae").

113 Ebd. S. 48. Eine Sammlung von etwa 400 solcher religiös oder mythologisch bedeutsamen Berge bietet: Gratzl, Karl: *Mythos Berg. Lexikon der bedeutenden Berge aus Mythologie, Kulturgeschichte und Religion*, Purkersdorf 2000; ders.: *Die heiligsten Berge der Welt*, Graz

Ob man so weit gehen will wie Böhme mit der Annahme, dass es daher „für alle Kulturen, also universell, unvermeidlich [ist], Berg-Metaphern zu kreieren, damit überhaupt Grundstrukturen der kulturellen und religiösen Ordnung gebildet werden können“[114], sei dahingestellt; *für* religiöse Codierungen von Bergen ist aber die von Böhme konstatierte „grundlegende Ambivalenz“[115] einleuchtend: Gerade insofern sie unzugänglich, unwirtlich, fern und schreckerregend sind, können sie zugleich das Göttliche oder Heilige repräsentieren oder als *Ort* des Göttlichen imaginiert werden. Für den diskursgeschichtlichen Zusammenhang der folgenden Analysen ist allerdings auffällig, dass auch das Argumentieren mit dieser universalen, religiösen Bedeutung von Bergen schon in den genannten Texten des alpinen Diskurses um 1900 zu konstatieren ist. So schreibt Heinrich Steinitzer in einem bemerkenswerten Text *Zur Psychologie des Alpinisten*, der 1907/08 (allerdings an eher entlegenem Ort[116]) erschien:

> Der Berg besitzt eine symbolische Bedeutung, er ist das Bindeglied zwischen Himmel und Erde, der Wohnung der Götter und dem Aufenthaltsorte der Menschen: die Säule des Himmels (Pindar). Zuerst rötet das Licht die Gipfel der Berge, und „der Lichthunger der Menschen ist so gewaltig, dass ihm das Licht das natürliche Symbol des Göttlichen ist“ [...]. So versetzte der Mensch allüberall auf der ganzen bewohnten Welt die Götter auf die erhöhten Punkte der Erdoberfläche und heiligte ihnen zu Ehren die Berge, denn „gegenwärtiger sind die Götter auf Höhen“ (Hölderlin). Es gibt, sagt Frhr. v. Andrian, „kaum ein hervorragendes Gebirge, welches nicht unter irgend einer Form Gegenstand einer religiösen Verehrung gewesen wäre“; und Ratzel „scheint die Bergverehrung zu den einfachsten Gefühlen des Menschen zu sprechen“. In China, Japan, Persien, Indien, den Alpen, Amerika, Polynesien, dem alten Griechenland und besonders in Babylonien und den von semitischen Völkern bewohnten Gebieten gab und gibt es heilige Berge, die nur von Priestern oder unter Einhaltung besonderer Zeremonien betreten werden durften.[117]

Die von Steinitzer in dieser kurzen Passage angefügten (und hier weggelassenen) 13 Fußnoten verweisen auf ein reiches Schrifttum der zeitgenössischen Ethnologie, Geographie, Psychologie und Religionswissenschaft[118] – und damit dar-

1990; vgl. auch: Huber, Paul: *Heilige Berge. Sinai, Athos, Golgotha. Ikonen, Fresken, Miniaturen*, Köln 1980; Bernbaum, E.: *Sacred Mountains of The World*, Berkeley 1997.

114 Böhme, Berg, S. 49.

115 Ebd. S. 48.

116 Nämlich in den Graphologischen Monatsheften, die Ludwig Klages herausgab; Steinitzer, Heinrich: Zur Psychologie des Alpinisten, in: *Graphologische Monatshefte* 8 (1907), S. 73–107; 9 (1908), S. 21–58.

117 Ebd. S. 76f., Zitation hier ohne Fußnoten (vgl. unten).

118 Darunter Groos, Karl: *Die Spiele der Menschen*, Jena 1899; Andrian, Ferdinand von: *Der Höhencultus asiatischer und europäischer Völker*, Wien 1891; Ratzel, Friedrich:

auf, dass bereits die Versuche alpinistischer Selbstvergewisserung um 1900 die eigene ‚Sakralisierung' von Bergen universalistisch und anthropologisch zu begründen versuchten. Wieder aufgenommen wird diese Reaktivierung eines ‚ursprünglichen', religiösen Bedeutungshorizonts im 20. Jahrhundert vor allem im Kontext außereuropäischer Expeditionen beispielsweise in den Himalaya, in denen – von den Bergnamen (wie Chomolungma, ‚Göttinmutter der Erde/des Landes' oder Kangchenzönga, ‚Fünf Schätze des großen Schnees') angefangen – beispielsweise tibetische oder nepalesische Vorstellungen zitiert werden, die so das Numinose der Berge charakterisieren.

Die These der Universalität von „heiligen Bergen" kann auf reiche religionsgeschichtliche wie jüdisch-christliche Evidenzen verweisen – so u.a. in der megalithischen Kultur, der minoisch-kretischen, mykenischen und altgriechischen Kultur, in frühen Kulturen Japans, Chinas, Indiens usw. Alttestamentlich erscheinen u.a. Hermon, Tabor, Horeb, Sinai, Sion als zentrale Verkündigungsorte; teils direkt darauf bezogen ist ihre Wiederaufnahme an zentralen Stellen des Neuen Testaments (so die Bergpredigt als Gegensatz zur Gesetzgebung am Sinai; Ölberg, Berg Golgatha). Besondere – und ebenfalls typologische – Varianten stellen die Motive der Versuchung und der Verklärung Christie auf dem Berg dar: In den Evangelien nach Matthäus und Lukas führt der Teufel Christus auf einen hohen Berg „und zeigte ihm in einem Augenblick alle Reiche der Erde"[119], doch dieser widersteht der Versuchung weltlicher Herrschaft. Am Hermongebirge erfolgt andererseits biblischer Überlieferung nach die Transfiguration des Herrn und für die begleitenden Apostel die Offenbarung seiner Heiligkeit.[120] Letztere Episode wird v.a. in der ostkirchlichen ikonographischen Tradition wichtig; beide Szenen finden sich, in byzantinischer Tradition stehend, beim Sieneser Maler Duccio di Buoninsegna und mit ihnen frühe malerische Repräsentationen von Bergen im 13. Jahrhundert.

In der religiösen Semantik des Montanen lassen sich ferner mit Böhme einige Typen differenzieren[121]: So können Berge *kosmologische* Bedeutung besitzen und in Kosmogonien eine zentrale Rolle spielen (Atlas, Himalaya); noch die Vorstellung von Dantes *Commedia*, das Paradies sei am Ende der Welt auf einem ungreifbar hohen Berg angesiedelt, spiegelt diese kosmologische

---

Anthropogeographie, Stuttgart 1882; Beer, Rudolf: *Heilige Höhen der alten Griechen und Römer. Eine Ergänzung zu Frhr. v. Adrians „Höhencultus"*, Wien 1891, Winckler, Hugo: *Himmels- und Weltenbild der Babylonier als Grundlage der Weltanschauung und Mythologie aller Völker*, Leipzig 1901 u.a.

119 Lk. 4,5; vgl. Mt. 4,8f.

120 Vgl. Matth. 17, Mk. 9 und Lk. 9; zur Deutung vgl.: Krüger, Manfred: *Die Verklärung auf dem Berge. Erkenntnis und Kunst*, Hildesheim, Zürich, New York 2003.

121 Vgl. zum folgenden Böhme, Berg, S. 49ff.

Abb. 5
Duccio di Buoninsegna, Verklärung Christie (1308–11)

Relevanz. Ferner können sie als ‚Wohnorte' der Götter mit Tabus belegt, mit der Aura des Numinosen, Majestätischen oder Mysteriösen belegt werden (Olymp) und so eine Ambivalenz von *tremendum* und *fascinosum* auslösen; schließlich sind sie potentiell Orte der Kommunikation mit dem Göttlichen, Orte der Offenbarung oder Theophanie (Sinai, Klosterberge). Erkennbar präfigurieren diese verschiedenen religiösen Bergmythologien ästhetische Konzeptionen in der Neuzeit, welche – wie die ‚Erhabenheit' – die grundlegenden Ambivalenzen dieser Semantiken als Kategorien subjektiver Erfahrung reformulieren können.[122]

Neben dieser im Religiösen fundierten Ambivalenz, für deren Konstituenten die morphologischen Eigenschaften (Größe und Höhe, Unzugänglichkeit und Unzerstörbarkeit, Vertikallineatur und Horizontbegrenzung) von Bergen grundlegend erscheinen, lässt sich seit der Antike (und vergleichbar in manchen außereuropäischen Kulturen) jedoch eine weitere Ambivalenz ausmachen: In den ‚horizontalen' kulturellen Raumorientierungen können Berge als das Außen kultureller Ordnung symbolisierende Orte und Gebirge als *Wildnis* schlechthin gelten. Gerade für die römische Kultur besitzen insbesondere die Alpen „alle Züge des Schrecklichen und Barbarischen"[123] und wird ihre Durchquerung durch Hannibal und seine Truppen in Livius' Schilderung zum Signum der *foeditas alpium*.[124] Andererseits werden schon in der

122 Vgl. Jakob, Michael: Das Gebirge, das Heilige und das Erhabene, in: Kunz, Stephan, Wismer, Beat, Denk, Wolfgang (Hg.): *Die Schwerkraft der Berge: 1774–1997*, Ausstellungskatalog zu den Ausstellungen im Aargauer Kunsthaus Aarau und der Kunsthalle Krems 1997, Basel; Frankfurt am Main 1997, S. 75–81.

123 Böhme, Berg, S. 53.

124 Livius, *Ab urbe condita*, 21, 58.

Bukolik Theokrits und der antiken Stadtkritik beispielsweise Vergils Topoi ländlicher Einfachkeit und landschaftlicher Abgeschiedenheit formuliert, in denen mindestens Hügel und sanfte Berge als Elemente des Pastoralen und Zufluchtsräume aus den Zentren der Städte erscheinen. In vielen Varianten wird seit der Renaissancebukolik auch diese Semantik wieder aufgegriffen; allerdings wird erst mit Hallers Alpendichtung[125] auch das Hochgebirge in die Idyllen stadtferner Landschaften integriert. Spätestens damit aber erscheinen Gebirge auch in der Neuzeit potentiell als Gegenraum der Kultur, als Orte der Freiheit im Gegensatz zu territorialstaatlicher Beherrschung und als Elemente einer Idylle ‚natürlicher Sittlichkeit'.

Aufstieg, Horizont und Perspektive

In der Wahrnehmungsgeschichte des Alpinen werden Berge jedoch nicht nur in den genannten Dimensionen als *Orte* codiert, sondern es kommen ebenso elementar die *Bewegungen* in Hinblick auf diese Orte, also der Aufstieg und der Abstieg (oder Absturz) ins Spiel. Auch hierbei ist die real-symbolische Qualität dieser Bewegung für die historischen Varianten des Motivs grundlegend. In seinen „Studien zum Motiv der Erhebung in der Lyrik"[126] hat Karl Pestalozzi schon 1970 auf die Differenz hingewiesen, welche die moderne lyrische Gestaltung der *elevatio* – beispielsweise bei Meyer, Mallarmé, Baudelaire oder George – als „Bewegungen des Ich über die wirkliche Welt hinaus, in eine andere Sphäre"[127] von historischen Motivgestaltungen trennt, in denen religiöse, kosmologische und philosophische Basismodelle jeder vermeintlichen Erlebnis-Orientierung vorangehen und allegorische Lesarten nahelegen. Die Stationen von Pestalozzis ‚Vorstudien' reichen dabei von Dante – insbesondere sind die Darstellung des *purgatorio* als Berg in der *Divina Commedia* und die Aufstiegsbewegung dort und im *paradiso* zu nennen – über Petrarca, Giordano Bruno, die deutsche Barocklyrik bis zu Schiller. Was sich dabei abzeichnet, ist einerseits eine immer stärkere ‚Entmetaphorisierung' der Aufstiegs-Metapher und Betonung der Individualität der Ich-Erfahrung im Aufstieg,[128] andererseits wird die Emblematik – beispielsweise des Adlers – und Sinnbildlichkeit eines Aufstiegs (als soziale Erhebung oder Selbstapotheose) auch negativ als

125 Haller, Albrecht von: *Die Alpen. 1729*, in: ders.: *Versuch Schweizerischer Gedichte*, 9. Aufl. Göttingen 1762. Vgl. dazu grundlegend: Achermann, Eric: Dichtung. In: Steinke, Hubert; Boschung, Urs; Proß, Wolfgang (Hg.): *Albrecht von Haller. Leben – Werk – Epoche*, Göttingen 2009, S. 121–155.

126 Vgl. Pestalozzi, Karl: *Die Entstehung des lyrischen Ich. Studien zum Motiv der Erhebung in der Lyrik*, Berlin 1970.

127 Ebd. S. XI.

128 Vgl. ebd. S. 41.

superbia gefasst.[129] Die maligne Elevation hat dabei ihrerseits den erwähnten biblischen Prätext in der Versuchung Jesu durch den Satan auf einem hohen Berg in den Evangelien nach Matthäus und Lukas[130]; als Folie ist diese Versuchung als Bild von Hybris und ‚Verstiegenheit' noch weit in der Neuzeit und selbst im alpinistischen Diskurs präsent.

Vor allem aber grundiert sie, vielen ‚modernisierenden' Lektüren zum Trotz, den mutmaßlich prominentesten Bergbesteigungstext der europäischen Geistesgeschichte, Francesco Petrarcas Epistel über die Besteigung des *Mont Ventoux* im Jahr 1336.[131] Der von der Auseinandersetzung mit Augustinus geprägte und nach Meinung mancher sogar fiktive, in jedem Fall aber hochgradig stilisierte Bericht[132] scheint in der Retrospektive zentrale Motive neuzeitlicher Subjektivität und Naturästhetik zu formulieren; die „Begierde, die ungewöhnliche Höhe dieses Flecks Erde durch Augenschein kennenzulernen"[133], erweist sich vor dem Hintergrund der mittelalterlichen Theologie freilich als Kennzeichung der *cupiditas videndi*, der Weltverfallenheit im Schauen, und der Brief, mitsamt der Wendung zur Introspektion nach der Lektüre der „überzufällig aufgeschlagene[n] Textstelle aus Augustin"[134] folgt dem Modell einer *confessio* im Augustinischen Sinn.[135] Ungeachtet dieser basalen

---

129 Details dieser Geschichte können hier nicht differenziert werden; eine weitere, von Pestalozzi unberücksichtigte Dimension der Aufstiegs-Bildlichkeit des gelehrten Diskurses ist sicherlich die in der Renaissance wiederentdeckte *tabula cebetis*. Vgl. dazu: *Die Bildtafel des Kebes. Allegorie des Lebens*, eingeleitet, übersetzt und mit interpretierenden Essays versehen von Rainer Hirsch-Luipold, Reinhard Feldmeier u.a., Darmstadt 2005.

130 Mt. 4,1; vgl.a. Lk. 4, 1–3.

131 Petrarca, Francesco: Ad Dyonisium de Burgo Sancti Sepulcri ordinis sancti Augustini et sacre pagine professorem, de curis propriis (1336), in: *Opere*, a cura di Emilio Bigi, Milano 1968, S. 731–742; dt.: An Francesco Dionigi von Borgo San Sepolcro in Paris, in: *Dichtungen, Briefe, Schriften*, Auswahl und Einleitung von Hanns W. Eppelsheimer, Frankfurt am Main 1980, S. 88–98. Auf die ausufernde Forschungsgeschichte zu diesem Brief kann hier nicht eingegangen werden; für die neuere Rezeption grundlegend wurde Joachim Ritters Lektüre des Textes als Ausdruck neuzeitlicher Subjektivität: Ritter, Landschaft; vgl. dagegen u.a. Kablitz, Andreas: Petrarcas Augustinismus und die Ecriture der Ventoux-Epistel, in: *Poetica* 26 (1994), S. 32–69.

132 Vgl. Böhme, Berg, S. 53f.; ferner Konersmann, Ralf: Überblick, in: *Wörterbuch der philosophischen Metaphern*, hg. von Ralf Konersmann, Darmstadt 2007, S. 485–498, hier S. 489.

133 Petrarca, An Francesco Dionigi, S. 88.

134 Böhme, Berg, 53. Sie lautet bekanntlich: „Und es gehen die Menschen, zu bestaunen die Gipfel der Berge und die ungeheuren Fluten des Meeres und die weit dahinfließenden Ströme und den Saum des Ozeans und die Kreisbahnen der Gestirne, und haben nicht acht ihrer selbst." (Petrarca, l.c. S. 96).

135 Vgl. schon Billanovich, Giuseppe: Petrarca und der Mont Ventoux, in: Buck, August (Hg.): *Petrarca*, Darmstadt 1976, S. 444–463.

Verpflichtung auf die Vorstellung, dass „Allsicht ein Privileg der *visio absoluta*“[136] ist, inauguriert der Text in seiner *ecriture* jedoch mehrere Momente *moderner* Weltverhältnisse: Ist der Aufstieg auf den Berg, den Petrarca mit seinem Bruder und einem einheimischen Begleiter unternimmt, noch in seinen Irrwegen und Versuchen der Schwierigkeitsvermeidung eine Allegorie des beschwerlichen Aufstiegs zum ewigen Leben[137], so wird der „Gipfelblick Petrarcas die erste literarische Ausformulierung des aperspektivischen Panoramablicks, der die Tiefenstaffelung der Horizontale auf einen subjektiven Sehpunkt hin organisiert“.[138] Ebenso wie diese – in der augustinischen Perspektive sündige Weltverfallenheit kennzeichnende – panoramatische Sicht in der Neuzeit und zumal seit dem 18. Jahrhundert zum ästhetisch erhebenden Gipfel-Erlebnis umcodiert wird, kann die ‚Betäubung‘, die Petrarca auf dem Gipfel zunächst befällt, seine Wendung in Erinnerung und Introspektion und damit die Auszeichnung des Gipfels als Wendepunkt des Lebenswegs retrospektiv als „Emanzipation eines ästhetischen Weltverhältnisses“[139] und damit neuzeitlicher Subjektivität gelesen werden.

Berge, Tiefenzeit und Erhabenheit

Während Petrarcas Ventoux-Epistel damit auf der Grenzlinie mittelalterlicher und neuzeitlicher Codierungen des Bergs bzw. der Bergbesteigung und ihrer allegorischen oder literalen Deutungen situiert ist oder zumindest als Projektionsfläche solcher Codierungen dienen kann, werden Berge – und hier nun besonders die Alpen – erst in der Neuzeit zum Schauplatz elementarer *Zeiterfahrung*. Als Ausgangspunkt kann man dabei die Nichtintegrierbarkeit des Gebirges und zumal der wüsten, gewaltigen, nicht mehr durch Vegetation überdeckten Gipfel zu Seiten der (wenigen und gefährlichen) Pässe in Vorstellungen kosmischer Regelhaftigkeit und Harmonie der Schöpfung ansehen: Als ‚Tumore‘ und Auswürfe, als Warzen und Inbegriffe des Regellosen, Hässlichen und Schrecklichen werden sie zu Bildern einer „aus der Schöpfungsordnung gefallenen Natur (*natura lapsa*)“[140] und Anstoß geognostischer Spekulationsbildung.

---

136 Konersmann, Übersicht, S. 489.

137 „Was du heute so oft bei Besteigung dieses Bergs hast erfahren müssen, wisse, genau das tritt an dich und an viele heran, die da Zutritt suchen zum seligen Leben“ (Petrarca, l.c. S. 91). Vgl. zur weiteren Geschichte der moralisierenden Allegorie des beschwerlichen Wegs auf den Berg – dem „Y-Modell des christlichen *homo viator*“ – Böhme, Berg, S. 54.

138 Böhme, Berg, 54.

139 So noch Konersmann, Übersicht, S. 489; die Stelle lautet: „Zuerst stand ich, […] durch einen ganz freien Rundblick bewegt, einem Betäubten gleich.“ (Petrarca, l.c. S. 93)

140 Böhme, Berg, 55.

Mit der von Thomas Burnets These, dass die Gebirge übriggebliebene Trümmer der erdgeschichtlichen Katastrophe der Sintflut wären, und seiner Spekulation des *mundan egg* ausgelösten Kontroverse beginnt eine schrittweise Emanzipation geologischer Theoriebildung von dogmatisch-religiösen Vorstellungen, die gerade im Alpenraum ihr Bestätigungsfeld findet. Die ästhetische Negativierung wird dabei noch keineswegs aufgegeben; 1710 schreibt der Burnet-Leser, Theologe, Geologe und Paläontologe David Sigismund Büttner beispielsweise:

> Die Gebirge in ihrer jetzigen Gestalt sind nicht aus des Schöpfers Hand hervorgegangen, sondern sind nur das felsichte Sceleton, das bei der Abschwemmung übrig- und bei der allgemeinen Erschütterung, welche die Sündflut hervorrief, in Trümmern stehenblieb. [...] Die meisten von besagten Gebürgen sind zerborsten, zerbrochen, als Mauern abschüssig, überhängend, durchlöchert, unersteiglich, verbrannt, mit Schnee und Eis behangen, schädlich, tödlich.[141]

Doch beginnt damit die Rekonstruktion einer erdgeschichtlichen Zeit vor dem Menschen, die letztlich in die Entdeckung der „Tiefenzeit“ münden wird,[142] und sie bewirkt seit dem 18. Jahrhundert eine Konjunktur geologischer und paläontologischer Forschungen[143], die gerade Gebirge, die in ihnen zutage liegenden Gesteinsschichten und zutage tretenden Fossilien zum Gegenstand nehmen und auch literarisch folgenreich werden.[144]

---

141 Büttner, David Sigismund: Rudera diluvii testes, i. e. Zeichen und Zeugen der Sündfluth in Ansehung des itzigen Zustandes unserer Erd- und Wasser-Kugel, insonderheit der darinnen vielfältig auch zeither in Querfurtischen Revier unterschiedlich angetroffenen, ehemahls verschwemten Thiere und Gewächse, bey dem Lichte natürlicher Weisheit betrachtet, Leipzig 1710, hier zit. nach Hölder, Helmut: *Kurze Geschichte der Geologie und Paläontologie. Ein Lesebuch*, Berlin, Heidelberg, New York, London, Paris, Tokyo 1989, S. 45.

142 Vgl. Rudwick, Martin: *Worlds before Adam. The Reconstruction of Geohistory in the Age of Reform*, Chicago 2008; Gould, Stephen J.: *Die Entdeckung der Tiefenzeit. Zeitpfeil oder Zeitzyklus in der Geschichte unserer Erde*, München 1990 [EA 1987]; Heringman, Noah: *Romantic Rocks. Aesthetic Geology*, Ithaca, London 2004;

143 Vgl. grundlegend: Oldroyd, David R.: *Die Biographie der Erde. Zur Wissenschaftsgeschichte der Geologie*, a.d.Engl. von Michael Bischoff, Frankfurt a.M. 1998, 2.A.2007.

144 Vgl. u.a. Helmut Hölder: Goethe als Geologe, in: *Goethe-Jahrbuch 111* (1994), S. 231–245; Braungart, Georg: Apokalypse in der Urzeit. Die Entdeckung der Tiefenzeit in der Geologie um 1800 und ihre literarischen Nachbeben, in: Leinsle, U.G.; Mecke, J. (Hg.): *Zeit – Zeitenwechsel – Endzeit. Zeit im Wandel der Zeiten, Kulturen, Techniken, Disziplinen*, Regensburg 2000, S. 107–120; Haberkorn, Michaela: *Naturhistoriker und Zeitenseher. Geologie und Poesie um 1800. Der Kreis um Abraham Gottlob Werner (Goethe, A.v.Humboldt, Novalis, Steffens, G.H.Schubert)*, Frankfurt a.M. u.a. 2004; Schnyder, Peter: Die Dynamisierung des Statischen. Geologisches Wissen bei Goethe und Stifter, in: *Zeitschrift für Germanistik. Neue Folge* XIX/3 (2009), S. 540–555.

Allerdings finden sich bereits weit früher vereinzelte Zeugnisse einer Positivierung der Gebirgswahrnehmung, beispielsweise in den Schriften Konrad Gesners (1516–1565), Josias Simlers (1530–1576)[145] oder des Historikers Ägidius Tschudi (1505–1572), die sich mit diesem neuen Interesse verbinden konnten.[146] Die Bedeutung der Alpen als Raum, in dem auf diese Weise die Zeit, ja Zeitlichkeit überhaupt lesbar und zugleich die Natur ästhetisch erfahren werden kann, hebt gewissermaßen zusammenfassend der berühmte Naturforscher und spätere Montblanc-Besteiger Horace-Benedict de Saussure 1779 hervor:

> Besonders das Studium der Gebirge vermag den Fortschritt der Theorie der Erde zu beschleunigen. Denn die Ebenen sind zu einförmig [...]. Um aber Zusammenhänge zu verfolgen, muß man die festen Straßen verlassen und auf die erhabenen Gipfel steigen, von denen ein einziger Blick eine Vielzahl von Erscheinungen zu erfassen erlaubt. Man hat große Ermüdung auszuhalten und auch ziemliche Gefahren zu gewärtigen. Aber welche Worte könnten die Empfindungen schildern und die Gedanken ausmalen, mit denen der Anblick der großen Erscheinungen die Seele des Philosophen erfüllt![147]

Auffällig ist hier neben der Betonung der Mühe und Gefahr des Gipfel-Besteigens die Verbindung von Geologie und *Erhabenheit*, welche die ästhetische Recodierung des Gebirges, die völlige Umwertung der ‚großen Erscheinungen' und ihrer *maiestas* greifbar macht, die sich vor allem im 18. Jahrhundert vollzieht. Im Folgejahr 1780 schreibt Wilhelm Heinse in diesem Sinn von einer Reise durch die Alpen an Gleim:

> Aus dem grauen Altherthume der Welt, aus den Ruinen der Schöpfung schreib ich Ihnen, geliebter Vater Gleim, wogegen die Ruinen von Griechenland und Rom zerstörte Kartenhäuserchen kleiner Kinder, und nicht einmal das sind. Ach! ich wandle auf und wandle ab, und hoch schlägt mir das Herz. Es ist Mitternacht, mit ihrem ewigen Sonnenfeuer funkeln und strahlen im heitren Aether am südlichen Himmel Sirius und Orion, rund um mich rauschen die Quellen des Ticino, und mit ihren kühlen Fittigen umwehen mich Boreas und Notus, die sich hier

145 Mit *De Alpibus Commentarius* schrieb Simler die erste umfassende Darstellung der Schweizer Alpen (Simler, Josias: *Vallesiae descriptio, libri duo: de alpibus commentarius*. Zürich 1574.)

146 Vgl. Peßkoller, *BergDenken*; zuletzt Awe, Jens: Berge mit Licht- und Schattenseiten. Über die Anfänge einer positiven Bergwahrnehmung vom Beginn der Neuzeit bis zum 18. Jahrhundert, in: Regel, Walter; Köhler, Hartmut (Hg.)… . *Hoch gerühmt, fast vergessen, neu gesehen ... Der italienische Maler und Poet Salvator Rosa. Studien zur Neubewertung*. Königshausen & Neumann, Würzburg 2007, S. 75–108.

147 Saussure, Voyages dans les Alpes, I, 1779, hier zit. n. Hölder, *Kurze Geschichte der Geologie*, S. 64.

> oben von Italien u Deutschland her brüderlich umarmen. Mit einem Wort, ich bin auf der Höhe des Alpenpatriarchen Gotthardt, und mich umgeben seine Eis und Felsengipfel, erhaben über Europa, und über die halbe Welt.[148]

Mit der ‚Erhabenheit' wird ein aus der Rhetorik kommendes Konzept seit dem späten 17. und frühen 18. Jahrhundert zunächst in der philosophischen Ästhetik adaptiert[149] und entfaltet dann eine außerordentliche Produktivität sowohl in der künstlerischen Praxis wie in der Formulierung widersprüchlicher Empfindungen von Schrecken und Faszination vor Erscheinungen der Natur.[150] Seine kanonische Formulierung in der Philosophie erfährt es in Kants *Kritik der Urteilskraft* allerdings als eine neue Matrix des Subjektiven, in der Idee nämlich, dass das Individuum in der Anschauung der „Natur als einer Macht" Autonomie als Vernunftwesen gerade aus der inneren Bewältigung ihrer vorgestellten Bedrohlichkeit und überwältigenden Größe zu gewinnen vermöchte.[151] Kant rechnet in diesem Sinn auch „[k]ühne, überhangende, gleichsam drohende Felsen", Vulkane, Orkane oder Ozeane zu Gegenständen, die diese Empfindung des Erhabenen auslösen könnten – freilich unter einer Voraussetzung: „[I]hr Anblick wird nur um desto anziehender, je furchtbarer er ist, wenn wir uns nur in Sicherheit befinden".[152]

Insofern hier eine *Distanz* zum als erhaben empfundenen Gegenstand notwendig ist – „Wer sich fürchtet, kann über das Erhabene in der Natur gar nicht urtheilen" (Kant)[153] – ist damit allerdings eine innere Grenze der Assoziation von Erhabenheit mit der Erfahrung alpiner Landschaft vorgezeichnet, insofern

---

148 Heinse, Wilhelm: Die Reise nach Italien. In: *Aufzeichnungen. Der Frankfurter Nachlaß*, hg. von Markus Bernauer u.a., 5 Bde., München 2005, Bd. 1, S. 435–1318, hier S. 481. Vgl. zu einer weiteren Interpretation dieser Aufzeichnungen Böhme, Berg, S. 55.

149 Zu den wichtigsten Stationen nach Addison und Shaftesbury zählen zweifellos Bodmer und Breitinger sowie Burke, der erstmals systematisch das Schöne vom Erhabenen unterscheidet (Burke, Edmund: *Philosophische Untersuchungen über den Ursprung unserer Ideen vom Erhabenen und Schönen*, übersetzt von Friedrich Bassenge, hg. von Werner Strube, Hamburg 1980 (= *A Philosophical Enquiry into the Origin of our Ideas of the Sublime and the Beautiful*, 1757, dt.)); vgl. zur Begriffsgeschichte allgemein Heininger, Jörg: Erhaben, in: *Ästhetische Grundbegriffe. Historisches Wörterbuch in sieben Bänden*, hg. von Karheinz Barck u.a., Bd. 2, Stuttgart, Weimar 2010 [2001], S. 275–310, hier v.a. 280ff.; zur Bedeutung für die Gebirgswahrnehmung Hope Nicholson, *Mountain Gloom*; zur neueren Konjunktur des Erhabenen Pries, Caroline (Hg.): *Das Erhabene. Zwischen Grenzerfahrung und Größenwahn*, Weinheim 1989.

150 Vgl. Begemann, Zur Übertragung; Zelle, *Angenehmes Grauen.*

151 Vgl. Kant, Immanuel: Kritik der Urteilskraft, in: *Akademie-Textausgabe*, Bd. V, Berlin 1968, S. 260ff. Eine philosophische Erörterung der Kantschen Analytik des Erhabenen muss hier außer Betracht bleiben.

152 Ebd. S. 261.

153 Ebd.

deren Betrachtung – vor allem von Gipfeln aus – die Gewärtigung „ziemliche[r] Gefahren" (Saussure) auf dem Weg dorthin bedingen wird. Es deutet sich eine Dynamisierung der Landschaftserfahrung selbst an, die im Verlauf der alpinistischen ‚Eroberungsgeschichte' der Alpen immer deutlicher zwischen Momenten ästhetischer Erfahrung des Raums und Phasen förmlich anästhetischer, existenziell-korporaler Aussetzung an diesen Raum wechseln wird. Doch erfolgt diese Assoziation der Erhabenheit mit dem Alpinen in der Regel nicht als philosophische Reflexion, sondern entweder, wie in unzähligen Beispielen der Gebirgsmalerei seit dem 18. Jahrhundert[154], als bildliche Reinszenierung, oder, wie bei Saussure oder Heinse, in der erzählerischen Wiedergabe von Gesehenem oder Erlebtem. Im selben Jahr wie Saussure beschreibt auch Goethe in der 2. Schweizerreise die Aussicht von einem Berg des Juras zu den Savoyer Hochalpen, dem Montblanc zu, in signifikanter Weise.

> Es sind keine Worte für die Größe und Schöne dieses Anblicks, man ist sich im Augenblick selbst kaum bewußt, dass man sieht, man ruft sich nur gern die Namen und alten Gestalten der bekannten Städte und Orte zurück, und freut sich in einer taumelnden Erkenntnis, dass das eben die weißen Punkte sind, die man vor sich hat.
>
> Und immer wieder zog die Reihe der glänzenden Eisgebirge das Aug' und die Seele an sich. Die Sonne wendete sich mehr gegen Abend und erleuchtete ihre größern Flächen gegen uns zu. Schon was vom Schnee auf für schwarze Felsrücken, Zähne, Türme und Mauern in vielfachen Reihen vor ihnen aufsteigen! wilde, ungeheure, undurchdringliche Vorhöfe bilden! wenn sie dann erst selbst in der Reinheit und Klarheit in der freien Luft mannigfaltig da liegen; man gibt da gern jede Prätension an's Unendliche auf, da man nicht einmal mit dem Endlichen im Anschauen und Gedanken fertig werden kann.
>
> Vor uns sahen wir ein fruchtbares, bewohntes Land, der Boden worauf wir stunden, ein hohes, kahles Gebirge, trägt noch Gras, Futter für Tiere, von denen der Mensch Nutzen zieht. Das kann sich der einbildische Herr der Welt noch zueignen; aber jene sind wie eine heilige Reihe von Jungfrauen, die der Geist des Himmels in unzugänglichen Gegenden, vor unsern Augen, für sich allein in ewiger Reinheit aufbewahrt.[155]

Zur Rhetorik, die hier „Erhabenheit" indiziert, gehört wie bei Saussure der Unsagbarkeitstopos, ferner die emphatische Ekphrasis und schließlich die Steigerung, die von der Tiefe (Städte und Orte) über die Flächen und

---

154 Vgl. Zimmermann, Gisela: *Die Hochgebirgslandschaft im 18. und frühen 19. Jahrhundert. Joseph Anton Kochs Alpenlandschaften und die Alpen in der zeitgenössischen Dichtung und Literatur*, Wetzlar 1998.

155 Goethe, Johann Wolfgang: Briefe aus der Schweiz. 1779, in: ders.: *Erstes Weimarer Jahrzehnt*, 1775–1786, Bd. 2, hg. von Hannelore Schlaffer u.a., München 1987 (= *Sämtliche Werke nach Epochen seines Schaffens*, Münchner Ausgabe, Bd. 2.2), S. 595–647, hier S. 604f.

aufsteigenden Mauern bis zu den Gletscherregionen den Fokus des Blicks nach oben führt und dabei dem Geschauten die Attribute des Unendlichen, Ungeheuren, Unerreichbaren und Göttlichen assoziiert.

Explizit kommt bei Goethe auch die *gender*-Dimension ins Spiel, in der Metaphorik der „heiligen Jungfrauen" zur Beschreibung der höchsten Gipfel. Doch diese Metaphorik ist nicht eindeutig und schlägt sogar ins Gegenteil um, denn diese „Jungfrauen" stehen inmitten einer als Festung – „Türme und Mauern" – geschilderten alpinen Landschaft, die sich dem Ansturm verweigert. Man kann auch in der späteren Imaginationsgeschichte des Gebirges ein Oszillieren zwischen diesen beiden Vorstellungen von Virginität und Gewalt und damit einer potentiell *zugleich* weiblichen und männlichen Codierung des Raums feststellen: Der Berggipfel symbolisiert ein Objekt männlichen Begehrens, der Berg wird aber zugleich ein männlich konnotierter ‚Feind', den es zu bezwingen gilt, um auf diese höchsten Gipfel männlichen Glücks zu kommen.

Alpiner Raum und hochalpine Zone

Goethes Text artikuliert ferner eine Spannung innerhalb der Wahrnehmung der alpinen Landschaft, die sich ebenso schon früher abzeichnet und im 19. Jahrhundert deutlicher ausprägen wird: Die stufenweise aufsteigenden Differenzen von fruchtbarem, bewohntem Land mit Ortschaften in den Tälern, hohen, ‚kahlen' Gebirgen, die aber immerhin noch Gras für Tiere, also Räume ökonomischer Nutzung bieten, und schließlich den „unzugänglichen Gegenden" „ewiger Reinheit" in der Gletscherregion. Diese vertikal differenzierte Topographie bildet die basale Matrix einer Logik semantischer Attribuierung, welche die Totalität des alpinen Raums in immer neuen Variationen ausfaltet: So gehört seit den frühesten Zeugnissen die Mannigfaltigkeit und Gegensätzlichkeit der landschaftlichen Elemente[156] oder die Konzentration der Klimate im alpinen Raum zu dessen Charakteristika; der Arzt und Naturforscher Konrad Gesner schreibt schon im 16. Jahrhundert:

> Eine so große Mannigfaltigkeit aber wie in den Bergen wird sonst nirgends in einem kleinen Raum beisammen gefunden: da kann man, um von allem andern

156 „Die Augen aber werden durch den wunderbaren und ungewohnten Anblick der Berge, Joche, Felsen, Wälder, Täler, Bäche, Quellen und Matten erfreut, weil mit prächtigen Farben alles grünt und blüht und weil, was die Gestalt derjenigen Dinge betrifft, die vor das Auge treten, das Ansehen der Felsen, Klüfte und Schluchten und der andern Gegenstände wunderbar und seltsam ist und sowohl nach Gestalt als nach Gröpe und Höhe bewundernswert". Gesner, Konrad: *Besteigung des Frakmont, bei Luzern in der Schweiz* [*Descriptio montis fracti juxta Lucernam* [...]] [1555], hier zit. nach: Zebhauser, Helmuth (Hg.): *Frühe Zeugnisse: Die Alpenbegeisterung*, München 1986, S. 141–148, hier S. 142. Vgl. u.a. dazu Awe, Berge mit Licht- und Schattenseiten, 87ff.

> zu schweigen, die vier Jahreszeiten Sommer, Herbst, Winter und Frühling an einem Tage sehen und erleben.[157]

Auch diese Konzentration der Jahreszeiten ist natürlich eine vertikal differenzierte, und in der für die Verbreitung der Alpenbegeisterung bis in die Romantik maßgeblichen Schilderung seiner Wanderungen im Wallis in den *Confessions* wird Rousseau ebenso die Vielfalt landschaftlicher Elemente (wie Schluchten, Wasserfälle, Abgründe) wie diese Vertikaldifferenzierung von bukolischer Landschaft in den Tälern und erhabener Größe und Unerreichbarkeit der Gipfel in neuer, subjektivierter und emotionalisierter Form wieder aufgreifen.[158]

An der Vertikaldifferenz *innerhalb* des alpinen Raums orientiert sich ebenfalls schon seit dem frühen 18. Jahrhundert eine Darstellungsdifferenz. So sind *Die Alpen* in Hallers Gedichtzyklus von 1729/32, dem neben Rousseaus Texten wichtigsten Initialtext der Alpenbegeisterung, vor allem ein naturaffiner Kulturraum, in dem zwar das „Schreckhorn", „Gotthards Haupt" und das „verewigt Eis" der Gletscher genannt werden, aber als Elemente einer poetisch inszenierten Ideallandschaft, deren Beschreibung vor allem den „Sitten" gilt.[159] Dagegen beschreiben Berichte wie der von einer „Bergreis", die der Prättigauer Pfarrer Nicolin Sererhard 1730 auf die Schesaplana unternahm, schon die Begehung des Eises, auf dem man „allerorten nichts anders sehen konnte, als Himmel und Schnee".[160] Auch seine Beschreibung des Gipfelblicks macht die Besonderheit der hochalpinen Zone greifbar:

> Auf dem obersten Gipfel sahen wir mirabilia, finde diesen Gipfel der höchsten einen zu seyn [...]. Man siehet rings umher etliche hundert hoche Gebirge mit ihren hervorragenden Gipfeln, welche meistens weiß bekappet oder mit weißen Gletscher=Flecken versehen. Solcher Gebirgen siehet man von danen vier bis fünf Reyen hinter einandern in einer recht wundersamen concatenatio, daß man von weitem meinte, diese concatenatio zieche sich bei jedem Reyen recht circul=weiß rings umher. Man siehet so weit als das Aug ertragen mag, nichts als Bergen und Berge, eine unglaubliche Weite rings umehr, außert bey einer

157 Gesner, Besteigung, S. 144.

158 Vgl. Rousseau, Jean-Jacques: *Die Bekenntnisse*, übers. von Alfred Semerau, München 1978. Vgl. dazu und zur weiteren Differenzierung auch den Abschnitt „Zur Kulturgeschichte der Bergbesteigungen und des Gipfelblicks" in: Hamann, Honold, Kilimandscharo, S. 11–40.

159 Haller, *Die Alpen*, XLIV, XXXII, IV, XLVI.

160 Ich zitiere nach dem Wiederabdruck des Textes: Nicolin Sererhard, [Die Erstbesteigung der Scesaplana], in: Steinitzer, *Die Bezwinger der Alpen*, 12–16. „Wir marschirten weiterhin über den entsezlich großen Gletscher, und betrachteten auch mit Verwunderung die ungeheuren Gletscher=Spält. Bey einem diesern, in welchen die Sonne hinein glänzete, legte ich mich auf den Bauch und schaute in die Tiefe hinab, bis mir das Gesicht vergieng, konnte doch den Grund des abyssi mit dem Gesicht nicht erreichen." (12f.)

> einzigen Oeffnung über den Lindauer See hinaus ins Schwaben=Land, da präsentirt sich das schönste Ansehen von der Welt.[161]

Es sind gerade die Gletscher, die – neben den Felsgebieten über aller Vegetation – hier und auch in der frühen touristischen Aneignung die Besonderheit der hochalpinen Zone markieren, an der sich die Unvergleichbarkeit der alpinen Raumerfahrung nicht nur in der „concatenatio" der Berge rings um den Beobachterstandpunkt, sondern auch als Erfahrung der anderen Zeitlichkeit von „ewigem Eis" und als Gegensatz zur kultivierbaren Sphäre einer harmonischen Natur ablesen lässt.[162] Vom *locus horribilis* wird der Gletscher zum bevorzugten Ort erhabener Anschauung; und die ‚Eismeere', vor allem jenes von Chamonix, werden zu den meistbesuchten Orte jener Schweizerreisen, die seit der 2. Hälfte des 18. Jahrhunderts eine Berührung mit dieser hochalpinen Zone auch jenseits von Gipfelbesteigungen erlauben und auch in der Malerei von Caspar Wolf[163] bis William Turner ein bevorzugtes Sujet werden.

Abb. 6 Caspar Wolf, Der Rhonegletscher von der Talsohle bei Gletsch gesehen, 1778

161 Ebd. S. 13.

162 Vgl. Wagner, Monika: Das Gletschererlebnis – Visuelle Naturaneignung im frühen Tourismus, in: Großklaus, Götz; Oldemeyer, Ernst: *Natur als Gegenwelt. Beiträge zur Kulturgeschichte der Natur*, Karlsruhe 1983, S. 235–263.

163 Vgl. Zumbühl, Heinz J.: „Der Berge wachsend Eis …" Die Entdeckung der Alpen und ihrer Gletscher durch Albrecht von Haller und Caspar Wolf, in: *Mitteilung der Naturforschenden Gesellschaft in Bern*, 66 (2009), S. 105–132.

Reisekulturen, Texte und Bildmedien

Die beiden winzigen Reisenden im Vordergrund von Caspar Wolfs Bild des Rhonegletschers setzen die überwältigende Größe des geschauten Gegenstands zum Betrachter ins Verhältnis, die das Bild *als* Bild freilich nicht anders als in solcher inneren Reflexion inszenieren kann. Damit wird indirekt eine Diskrepanz der bildlichen Repräsentation des alpinen Raums zu seiner unmittelbaren Anschauung greifbar; die Konjunktur der Reisen in die Schweiz und der Texte darüber bietet unendliches Material für die sich ausbildende Topik der Beschreibung (also Vermittlung) gerade dieser Unmittelbarkeit.[164] Bei Sophie von La Roche[165] sind Schrecken und Schwindel, Höhenangst und Ohnmacht ebenso mit der Reiseerfahrung verknüpft wie die „größten, reinsten Gefühle"[166]; am Montanvert über dem Eismeer von Chamonix ist selbst die

> Stille auf diesem Berg [...] zwischen dem Getöse, das von Zeit zu Zeit durch Eisfälle entsteht, so tief und so feierlich, daß das mindeste [Geräusch] stutzend macht. Der Eindruck des Ganzen auf die Seele ist unmöglich zu beschreiben, das Auge staunt und starrt gleichsam auf die Gegenstände, welche alle den Gedanken des großen Allmächtigen geben.[167]

Stille, Größe, Kälte, Unbeschreiblichkeit, Erhabenheit und Ferne von aller Kultur charakterisieren eine Zone im alpinen Raum, die in diesem Sinn nur unmittelbar, korporal und sinnlich erfahren, nicht aber in einfacher Weise repräsentiert werden kann. Der in dieser oder anderer Form beschriebene, allerdings bald auch erwartete[168] ästhetische Eindruck bildet den einen und

---

164 Vgl. Raymond, *Von der Landschaft im Kopf.*

165 La Roche, Sophie von: *Tagebuch einer Reise durch die Schweiz, von der Verfasserin von Rosaliens Briefen*, Altenburg 1787.

166 Ebd. S. 248.

167 Ebd. S. 259.

168 Wie sehr diese Erwartung enttäuscht werden konnte, zeigt eine deprimierte Schweizreisebeschreibung Hegels aus dem Jahr 1796: „So nahe wir uns diesen Gebirgen befanden und ungeachtet wir sie von ihrem Fuße bis zu ihrer Spitze übersahen, so machten sie doch schlechterdings nicht den Eindruck, so erregten sie nicht das Gefühl von Größe und Erhabenheit, wie wir erwartet hatten. [...] Wir sahen heute diese Gletscher nur in der Entfernung von einer halben Stunde und ihr Anblick bietet weiter nichts Interessantes dar [...]. Nach unten ist das Eis sehr schmutzig und zum Theil ganz mit Koth überzogen, und wer eine breite, bergabgehende, kothige Straße, in der der Schnee angefangen hat, zu schmelzen, gesehen hat, kann sich von der Ansicht des untern Theils der Gletscher, wie sie von fern sich darstellt, einen ziemlichen Begriff machen und zugleich gestehen, daß dieser Anblick weder etwas Großes noch Liebliches hat. Weiter hinauf erscheint das Eis in Pyramiden, die ein reineres Blau haben und die man in Vergleich mit dem untern schmutzigen Eis, wenn man will [!], schöner nennen kann." „Die Vernunft findet in dem Gedanken der Dauer dieser Berge oder in der Art von Erhabenheit, die man ihnen zuschreibt, nichts, das ihr imponirt, das ihr Staunen oder Bewunderung abnöthigte. Der

dominanten Pol in einem Spektrum von Reise- und Bewegungskulturen, der sich im Lauf des späten 18. und 19. Jahrhunderts in den Alpen entwickelte, zu dem andererseits neben den touristischen Reisen aber auch frühe Besteigungen der Gletscher und Gipfel gehörten.

Die meist wissenschaftlich motivierten Berichte hierüber verbinden Explorationen des unbekannten, oft nur von einheimischen Jägern oder Hirten betretenen Areals mit einer Diskursivierung sowohl der eigenen Körper-Erfahrung (Atemnot, Schwindel, Müdigkeit) wie der erhobenen Daten (wie Siedepunkt- und Temperaturmessungen, Gesteinsbestimmungen, Sammlung letzter Pflanzen oder Insekten) wie schließlich der ästhetischen Erfahrungen der Naturphänomene.[169] Dieses Ineinander von wissenschaftlichen und ästhetischen Dimensionen enthält in der Frage nach Ausrüstung, Besteigungstechnik und den Gefahren aber auch bereits Elemente der in alpinistischen Texten seit Mitte des 19. Jahrhunderts sich ausprägenden Bewegungskultur des Bergsteigens und Kletterns um seiner selbst willen. Andererseits rekurrieren selbst solche Besteigungsberichte auf die künstlerischen und literarischen Inszenierungen des alpinen Raums, wie sie zumal in der englisch- und deutschsprachigen Literatur um 1800 zu finden waren. So beginnt der Bericht über die erste Besteigung des Jungfrau-Gletschers im Berner Oberland durch die Brüder Meyer mit dem Verweis auf Baggesens Versepos *Parthenais*:[170]

> Das im Oberlande des Kantons Bern gelegene Gebirge der Jungfrau, von der Baggesen in seiner Parthenais singt:
>
> Hoch in dem Himmel das strahlende Haupt, den Fuß in den Abgrund,
> Hell, im Gewand des Schnees, mit ewigem Eise gepanzert,
>
> ward bisher für unersteiglich gehalten, weil sich noch niemals ein Sterblicher in den Mittelpun kt jener über den Alpen ausgelagerten Eismeere wagte. Die

Anblick dieser ewig todten Massen gab mir nichts als die einförmige und in die Länge langweilige Vorstellung: *es ist so*" (Hegel, Georg Wilhelm Friedrich: Bericht über eine Alpenwanderung (1796), in: ders., *Gesammelte Werke*. Bd. 1, *Frühe Schriften 1*, hg. von Friedhelm Nicolin und Gisela Schüler, Hamburg 1989, S. 379–398, hier S. 384f., 392).

169 Diese Mischung bestimmt auch wesentlich den wohl berühmtesten Besteigungsbericht des 19. Jahrhunderts von Alexander von Humboldts Chimborazo-Besteigung mit Aimé Bompland 1802. Die außerordentliche Edition der Texte hierüber durch Oliver Lubrich und Ottmar Ette (Humboldt, Alexander von: *Ueber einen Versuch den Gipfel des Chimborazo zu ersteigen*. Hg. und mit einem Essay versehen von Oliver Lubrich und Ottmar Ette, Frankfurt a.M. 2006) hat erstmals die Tagebücher veröffentlicht und dabei auch die sprachliche Inszenierung des Scheiterns an einer „Spal-" „te" lesbar gemacht (vgl. ebd. S. 16f., 87, 96).

170 Baggesen, Jens: *Parthenais oder Der Jungfrauen Wallfahrt. Ein episches Gedicht in neun Gesängen*, Hamburg 1803.

> Hrn. Meyer von Aarau, Söhne des durch sein Relief und seinen von ihm veranstalteten Atlas der Schweiz rühmlichst bekannten Hrn. Rudolf Meyer, unternahmen, was bisher für unmöglich geachtet ward, und warfen zuerst den Blick in eine Gegend, die im Mittelpunkt der kultivirten Welt, bei einem Flächenraum von fast hundert Geviertstunden, bisher noch ganz ungekannt dalag. Schon in dieser Hinsicht wird ihr kühnes Unternehmen Epoche in der Geschichte der Alpenreisen machen, aber es ist nur Vorbereitung zu einem größeren gewesen (...).[171]

So wie hier der Text der Fiktion der realen Besteigung vorausgeht, zirkulieren seit dem frühen 19. Jahrhundert Namen, Zeichen, Bilder und Vorstellungen des alpinen Raums zwischen fiktionalen und faktualen Texten, erscheinen in Briefen[172] und Romanen[173] ebenso wie in (multi-)medialen Inszenierungen wie den Panoramen[174] oder wissenschaftlichen Schriften und Sammlungen.[175] Es beginnt sich eine Interferenz von Autopsie, medialer Repräsentation und kultureller Vorstellungsbildung abzuzeichnen, in die die tradierten Codierungen der Gebirgswahrnehmung zwar integriert werden, die sich in der Moderne aber unabsehbar ausdifferenzieren wird.

---

171 Meyer, Johann Rudolf und Hieronymus: *Reise auf den Jungfrau-Gletscher und Ersteigung seines Gipfels*, Aarau 1811. [Separatdruck aus den *Miszellen für die neueste Weltkunde* 68/69, 24./28.8.1811.] S. 11.

172 Vgl. als Beispiele unter vielen: Droste-Hülshoff, Annette von: Brief aus Eppishausen im Thurgau, 1835. In: *Die Briefe der Annette von Droste-Hülshoff. Gesamtausgabe*, hg. von K.S. Kemminghausen, Bd 1, Jena o.J.; Büchner, Georg: *Werke und Briefe. Münchner Ausgabe*, hg. von Karl Pörnbacher u.a., 8.A. München 2001 (Vogesen-Brief); Fontane, Theodor: Brief vom 9. August 1875 (l.c.). Dort heißt es beispielsweise: „Ich hätte nicht geglaubt, daß nach allem, was ich in meinem Leben gesehn habe, ich noch so mächtig von Dingen dieser Art bewegt werden könnte. Zum Teil mag es daran liegen, daß meine Schweizer-Eindrücke aus früherer Zeit her, schon wieder verblaßt waren, während die Eindrücke, die Italien giebt, doch von ganz andrer Natur sind. Neapel beispielsweise ist auch großartig; aber es ist eine großartige *Schönheit*, in der doch zuletzt das Großartige im Schönen untergeht. In der Tamina-Schlucht hingegen und fast noch mehr in der via mala, wird die Großartigkeit ganz rein verzapft; wenn sie einen Beisatz hat, so ist es der des Schrecklichen, der zum Imposanten und Gewaltigen au fond besser paßt als das Schönheitliche. Das Wesen der Schönheit ist das Maß, das in einer Art Gegensatz zum Großartigen steht." (42f.)

173 Wie beispielsweise in der Gletschertour in Stifters *Nachsommer:* Stifter, Adalbert: Der Nachsommer. Eine Erzählung. In: *Werke und Briefe. Historisch-kritische Gesamtausgabe*, hg. von Alfred Doppler und Wolfgang Frühwald, Bd. 4, 1–3, hg. von Wolfgang Frühwald und Walter Hettche, Stuttgart usw. 1997–2000.

174 Vgl. Oettermann, Stephan: Berge weiten den Blick, in: Kunz u.a. (Hg.): *Die Schwerkraft der Berge*, S. 49–55.

175 Vgl. z.B. *Alpina. Eine Schrift, der genauern Kenntniß der Alpen gewidmet*, herausgegeben von Carl Ulisses von Salis in Marschlins und Johann Rudolph Steinmüller, Bd. I, Winterthur 1806; es erschienen bis 1809 noch drei weitere Bände.

1.4. Poetik der Höhe

Fragehorizonte

Aus den hier nur skizzierten Elementen, die weniger eine lineare Wahrnehmungsgeschichte ergeben als Dimensionen der Vorstellungen des Alpinen greifbar machen, lassen sich zunächst einige Fragehorizonte der folgenden Abschnitte ableiten.

Zum einen ist noch einmal zu fragen, mit welchen Kategorien die einleitend bereits angesprochene Spezifik des ‚Raums' der Alpen auch methodisch genauer zu fassen wäre. Denn obwohl die Raum-Kategorie außer in der Philosophiegeschichte seit der Antike schon im frühen 20. Jahrhundert auch kulturtheoretisch bedeutsam wurde (u.a. bei Cassirer, Simmel und Heidegger), bezog sich die neuere Proklamation eines *spatial turn* eher auf Arbeiten Michel Foucaults[176], Henri Levebvres[177] oder des Theoreme von beiden aufgreifenden, den Begriff prägenden amerikanischen Stadtsoziologen Edward Soja;[178] die darin entwickelten Raum-Kategorien sind jedoch für die Fragen der vorliegenden Arbeit oft zu allgemeiner Art.[179]

Aussichtsreicher – um eine alpin wichtige Metapher zu verwenden – ist die für den *topographical turn* grundlegende These, dass Medien (wie Bilder, Karten und Texte) nicht einfach gegebene (z.B. geographische oder natürliche)

---

176 Michel Foucault hatte in einem berühmt gewordenen Text mit dem Titel „Des espace autres" die Epoche der Orientierung auf Geschichte kurzerhand als beendet erklärt und eine ‚Epoche des Raums' ausgerufen (Vgl. Foucault, Michel: Des espaces autres [1967/1984], in: *Dits et Ecrits*, Bd. 4, Paris 1994, S. 752–762; dt. u.d.T. Von anderen Räumen, aus dem Französischen von Michael Bischoff, in: M.F., *Schriften in vier Bänden. Dits et Ecrits*, Bd. 4, hg. von Daniel Defert/Francois Ewald, Frankfurt a.M. 2005, S. 931–942). Die Ironie dieser Geste – die mit der „Beendigung" der „Geschichte" ja eine historische Zäsur apostrophierte und insofern ein Moment, das diesem „Ende" selbst widersprach – wurde allerdings oft übersehen. (Analoges gilt, wie Agamben gezeigt hat, für den vermeintlichen Totenschein für „den" Autor in *Qu'est c'è un auteur?* Agamben, Giorgio: Der Autor als Geste, in: *Profanierungen*, Frankfurt a.M. 2005, S. 57–69). Vgl. auch: Foucault, Michel: *Die Heterotopien. Der utopische Körper. Zwei Radiovorträge*, Frankfurt a.M. 2005.

177 Vgl. Levebvre, La production de l'espace.

178 Vgl. Soja, Edward W.: *Postmodern Geographies. The Reassertion of Space in Critical Social Theory*, London/N.Y. 1989.

179 Tatsächlich ließe sich z.B. der von Foucault entwickelte Begriff der *Heterotopie* – eines Orts, der nicht jenseits des Existierenden wie eine Utopie, sondern paradoxerweise *innerhalb* der kulturellen Ordnung ein *‚Außen'* markiert – zwar in sehr vager Weise auf das Gebirge (als ein ‚Außen' der Kultur und ihrer Funktionen) übertragen, doch bliebe diese Übertragung so allgemein und unspezifisch (das Gleiche gälte z.B. für Wüsten oder Steppen), dass sie wenig produktiv erscheint. Foucault selbst hat den Begriff bekanntlich nur temporär gebraucht und nie systematisch weiterentwickelt.

Räume abbilden, sondern sie medienspezifisch performativ herstellen.[180] In der Analyse von Kulturtechniken der Raum-Repräsentation (wie z.B. der Kartographie) werden dabei sowohl deren mediale Bedingungen als auch ihre Realitäts-Effekte und Implikationen (z.B. die eurozentrische Repräsentation kolonialer Räume oder, wie eingangs bei Zweig, die kulturelle Vorstellung der Alpen als des „klassischen Gebirges") ‚lesbar'.

In diesem Sinn wurde die Frage der Topographie auch literaturwissenschaftlich relevant. Hartmut Böhme hat in seiner Einleitung zum Band *Topographien der Literatur*[181] allerdings darauf beharrt, dass das Denken in und von „Raumkonstruktionen" „keine Erfindung des jüngst ausgerufenen *topographical turn* [...], sondern geradezu der Beginn der Philosophie"[182] selbst sei. In einer anthropologisch fundierten Bestimmung[183] der Kulturbedeutung der Topographie betont er ferner, dass „*Bewegung* – als Eigenbewegung, Bewegtwerden und als Wahrnehmung von Bewegung – [...] diejenige Kategorie [ist], die Raum und Zeit gleichermaßen konstituiert"[184]:

> Raum und Räumlichkeit muß, um überhaupt gedacht werden zu können, erfahren werden. Dies bedeutet: die Bewegungen, die wir *mit* unserem Körper und *als* Körper im Raum vollziehen, erschließen erst das, was wir historisch, kulturell, individuell als Raum verstehen.[185]

Die Hervorhebung von Bewegung und Korporalität ist dabei nicht als Re-Essentialisierung des Raums zu verstehen, sondern eher als Einwand gegen eine primär epistemologische oder die optische Raumwahrnehmung privilegierende Vorstellung kultureller Raum-Konstruktion.

> Raum ist diejenige Größe außer uns, durch die sich oder anderes zu bewegen ‚Mühe und Arbeit' bedeutet. Die Dinge lasten. Wir selbst, als homo erectus,

180 Vgl. – auf den Sprechakt bezogen – den grundlegenden Aufsatz von Miller, Joseph Hillis: Die Ethik der Topographie, in: Stockhammer, Robert (Hg.): *TopoGraphien der Moderne. Medien zur Repräsentation und Konstruktion von Räumen*, München 2005, S. 161–196 (im Original 1995).

181 Böhme, Hartmut: Einleitung: Raum – Bewegung – Topographie, in: ders. (Hg.): *Topographien der Literatur. Deutsche Literatur im transnationalen Kontext*, Stuttgart/Weimar 2005, S. IX–XXIII.

182 Ebd. S. XII.

183 Sie geht, wie Böhme selbst anmerkt, vom Konzept Arnold Gehlens aus, der „die elementaren anthropologischen Bestimmungen vom bewegt-bewegenden Körper herleitet und begründet" (ebd. Fn. 14); vgl. Gehlen, Arnold: *Der Mensch. Seine Natur und seine Stellung in der Welt*, Frankfurt a.M. 1993.

184 Ebd. S. XIV.

185 Ebd. S. XV.

> erfahren in jedem Augenblick, daß wir unseren Leib ‚aufrecht' halten und uns noch mehr anstrengen müssen, wollen wir den Raum durchqueren. Dies eigentlich ist der ‚Grund' des Raumes. Raum ist dasjenige, das die Kompaktheit und Trägheit, die Widerständigkeit und Schwere der Dinge und unserer selbst erfahren läßt. Dies ist der Grund, warum ich dagegen argumentiere, Raum als bloße Form der Anschauung zu konstruieren. Im Raume leben, heißt: Schwere erfahren.[186]

Unabhängig davon, ob diese anthropologische Korrelation von Raum und Bewegung im Zeitalter von Bergbahnen oder Flugzeugen noch ohne weiteres als dieselbe anzusehen wäre, wird über die Kategorie der *Bewegung* jedenfalls eine korporale Dimension der Topographie erfassbar, und Topographie selbst nicht als nachträgliche, mediale Konstruktion eines ‚erfahrenen' Raums, sondern als Praxis einer performativen Markierung *im* Erfahren selbst verstehbar. Die Bedeutung des folgenden (singulären) Beispiels in Böhmes Text für die in der vorliegenden Arbeit verhandelten Fragen ist evident – und es ist gewiss kein zufälliges:

> Der Gebirgspfad ist die Kerbung des Raums durch die Mühsal all derer, die ihn vor mir gegangen sind und den Pfad erst dadurch gebildet, artikuliert haben.[187]

Topographie ist in Böhmes Ansatz also als *Praxis* einer Raum-Schrift zu verstehen, und Kultur selbst als „die Entwicklung von Topographien. Das gilt, auch wenn es noch keine ‚Graphie' im Sinne von Schrift gibt".[188] Entscheidend für den alpinen Raum und seine kulturelle Codierung ist damit die Untersuchung der Relation von Raum und Bewegung, wie es auch an Frischs Beispiel überdeutlich ist.[189]

Zum zweiten geben die genannten Beispiele Anlass, die Repräsentation des Gebirges in Schrift- oder Bildmedien, ja das *Verhältnis von Gebirge und medialer Repräsentation* überhaupt zu hinterfragen: Weit entfernt davon, sich einer Ordnung des Sichtbaren und als ‚Motiv' Repräsentierbaren einfach einzugliedern, scheint das Hochgebirge vielmehr – wie es Georg Simmel 1911

---

186 Ebd. S. XVI.

187 Ebd. (Böhme, Einleitung) S. XVII.

188 Ebd. S. XVIII.

189 Die Relation von Raum und Bewegung ist inzwischen auch weiteren Sammelbänden diskutiert und auf mediale Fragen erweitert worden; vgl. Dünne, Jörg; Doetsch, Hermann; Lüdeke, Roger (Hg.): *Von Pilgerwegen, Schriftspuren und Blickpunkten. Raumpraktiken in medienhistorischer Perspektive*, Würzburg 2004; ferner Hallet, Wolfgang; Neumann, Birgit (Hg.): *Raum und Bewegung in der Literatur. Die Literaturwissenschaften und der Spatial Turn*, Bielefeld 2009.

auch systematisch beschreiben wird[190] – ein kategorialer Problemfall von Repräsentierbarkeit zu sein, nämlich schon allein seiner schieren Größe und des entscheidenden Anteils wegen, den diese am ästhetisch überwältigenden Eindruck der Alpen besitzt. Insofern lässt sich die Frage stellen, wie die tatsächlich inflationäre Abbildung von Gebirgen, wie sie sich seit dem 18. Jahrhundert in Malerei, Grafik, Kartographie, Panoramatik, Fotografie und Film einerseits und einer Vielzahl sprachlicher Medien andererseits entwickelte, mit dieser gegenständlichen Komplikation der Repräsentation zusammenhängt. Zu fragen wären in diesem Sinn nach der Relation medialer Abbildungen zur Faszinationsgeschichte der Alpen als eines Erfahrungsraums, der *jede* Repräsentation stets überschreitet.

Zu befragen ist ferner die reale und die metaphorische Rolle des Berges in der Konstituierung des Konzepts moderner *Subjektivität*, insofern das Subjekt in der neuzeitlichen Philosophie stets eng mit dem Feld von optischer Wahrnehmung und Perspektive verknüpft war. Während Petrarcas Ventoux-Epistel den panoramatischen Gipfelblick mit Assoziationen einer (vermeintlich) modernen Subjekt-Erfahrung korreliert, wird im 18. und frühen 19. Jahrhundert Erhabenheit eine Matrix von Subjektivität und gewinnt zudem die Vorstellung eines (im übrigen männlichen und als autonom vorgestellten) (Erkenntnis-) Subjekts, das sich in rationaler Betrachtung und heroischer Tat die Welt aneignet, in den Figuren der Naturwissenschaftler Horace-Benedict de Saussure, der den Montblanc, und Alexander von Humboldt, der den Chimborazo (fast) bestieg, geradezu ikonische Gestalten. Zu fragen ist damit jedoch nach der weiteren Entwicklung solcher Subjekt-Konzepte, nachdem sich wissenschaftliche, ästhetische und ‚sportlich'-alpinistische Praxis ausdifferenziert haben, ferner nach ihrem Zusammenhang mit medialen Praktiken (des Schreibens, Zeichnens, Fotografierens usw.) bis hin zu Figuren ‚authentischer' Selbsterfahrung und ‚grenzgängerischer' Selbstverwirklichung im Expeditionsbergsteigen und seinen medialen Zeugnissen.

Mit den oben andeuteten Anfängen von Alpenreise-Kulturen und Bergbesteigungspraktiken steht viertens das ambivalente Verhältnis des wissenschaftlichen und sportlichen Alpinismus zu Prozessen der Dynamisierung, Mobilisierung und Expansion der Moderne selbst infrage. Denn auffällig ist, dass die „Eroberung der Alpen" parallel mit dem Prozess der kolonialistischen Expansion, der Erkundung und Eroberung neuer, vom Westen noch unerschlossener Räume und Territorien der Erde verlief: Sie vollziehen scheinbar eine analoge Erschließung und Eroberung nach *innen* bzw. nach *oben*. Den zeitlichen Überschneidungen zum Imperialismus und zum kolonialen

190 Vgl. Kapitel 2.2.

Zeitalter entsprechen auch rhetorische und symbolische Überschneidungen wie jene, dass nach der Taufe auf den Namen „Kaiser-Wilhelm-Spitze" durch den Erstbesteiger Hans Meyer der Kilimandscharo 1889 kurzzeitig gar zum höchsten ‚deutschen Berg' wurde.[191]

Zugleich integrieren sich alpinistische Praktiken aber nicht einfach in die ökonomische Logik der europäischen Expansion, sondern markieren eher deren symbolische Inszenierung, die in einer „Eroberung des Nutzlosen"[192] förmlich in An-Ökonomie umschlägt. Und ferner ist ebenso bemerkenswert, dass die unmittelbar körperlichen Mobilitäts-Praktiken des Bergsteigens und Kletterns ungewöhnliche und geradezu anachronistische Residuen im Zeitalter technischer Mobilisierung darstellen: Die Begehung des Unwegsamen und Unbetretenen gewinnt offenbar gerade in dem Maß an Faszination, in dem sich mit dem Bau von Eisenbahnen, Straßen und Bergbahnen einerseits und der Aviatik seit dem ersten Aufstieg einer Montgolfiere 1783 andererseits eine technische Eroberung des Raum anbahnt und das Gebirge von Infrastrukturen der Bewegung durchzogen wird. Es zeigt sich also mindestens ein Spannungsfeld von ‚modernen' und dezidiert ‚antimodernen' Dimensionen des Alpinismus und alpiner Bildlichkeit, deren Entwicklung im 20. Jahrhundert zu untersuchen ist.

Eine fünfte, für die Textlektüren zentrale Frage ergibt sich aus den Ambivalenzen und Widersprüchen der geschilderten kulturellen Codierungen. So sind Berge, zugespitzt formuliert, potentiell sowohl heilige Orte wie materielle Gesteinshaufen, erhaben und grauenhaft, ‚jungfräulich' und unbesiegbar, Bücher aus Stein (in denen die Erdgeschichte lesbar ist) und ewig und unveränderlich (in aller Geschichte); sie können ebenso sakralisiert wie als Feinde in einem imaginären Kampf mit der Natur vorgestellt, ebenso als Orte zivilisationsferner Reinheit imaginiert und quasi-kolonialistisch erobert werden. Die damit ins Spiel kommenden kulturellen Zuschreibungen und ihre Voraussetzungen selbst bleiben jedoch vielfach nur implizit, z.B. in Beschreibungsmetaphoriken, erkennbar; sie überschneiden und widerstreiten sich und ergeben häufig auch ästhetische Bruchlinien, denen die Lektüren zu folgen versuchen.

---

191 Vgl. Hamann, Honold, *Kilimandscharo*; ferner schon Honold, Alexander: Kaiser-Wilhelm-Spitze. Wie der Kilimandscharo zum höchsten Berg Deutschlands wurde, in: *Die Namen der Berge*, 2001, online-Publikation des INST: http://www.inst.at/berge/perspektiven/honold.htm [11.5.2007].

192 Der Ausdruck stammt von dem berühmten französischen Alpinisten Lionel Terray: *Les Conquérants de l'inutile*, Paris 1961, und wurde seither zu einer stehenden Formel im (Extrem-)Alpinismus. Im Deutschen übernahm sie Werner Herzog weit später für den Titel seines Buchs über den Fitzcarraldo-Film (München 2004).

Ein letztes spezifisches Interesse der folgenden Kapitel richtet sich schließlich auf die Bedeutung jener Raum-Dimension für die moderne Gebirgsfaszination, die in fast schon trivialer Weise mit ihm verbunden ist – eben der Dimension der *Vertikalität*. Wenn die geologische Eigenschaft von Bergen, ‚prominente' Erhebungen der Erdkruste zu sein, sie unvermeidlich mit der vertikalen Raumachse und den damit je verbundenen kulturellen Codierungen (von grundlegender Auf- und Abwertung, Überlegenheit, Sakralität, Transzendenz) korreliert, werden die Bewegungen und die Vektoren der Mobilität im Alpinismus zum universal scheinenden Bildfeld für Lebenswege und Subjekt-Karrieren, das „Auf und Ab" historischer Verläufe oder gar den „Aufstieg" und „Fall" von Mächten und Mächtigen. Aufgrund dieser scheinbaren Universalität ist jedoch die Untersuchung der Gebirgswahrnehmung gerade aus einer literaturwissenschaftlichen Perspektive vielversprechend. Literarische Texte – und keineswegs nur solche des „Höhenkamms" – vermögen die Codierungen und Recodierungen des Vertikalen zwischen innerweltlich-religiöser Seelen-Erhebung, bürgerlicher Aufstiegs-Phantasie, Selbstermächtigung in der Überwindung der Schwerkraft und Grenzenlosigkeit des empirischen Blickfeldes, mit denen das Gebirge verbunden werden kann, zugleich zu inszenieren, intertextuell zu explorieren und subversiv oder kritisch zu reflektieren. In diesem Sinn geht es im Folgenden um eine ‚Poetik der Höhe', von der insbesondere die Literatur der Moderne geprägt ist und zu der sie beiträgt.[193]

Poetik der Höhe

Kehrt man unter dieser Voraussetzung zum oben beschriebenen Text zurück, ergibt sich folgendes Bild: Der Essay Frischs nimmt offenkundig auf die kulturelle Imagination des Gebirges und die Praxis des Bergsteigens Bezug, aber nicht einfach als deren „Darstellung" und ebenso wenig als kritische Subversion des alpinen Diskurses. Man könnte eher davon sprechen, dass – in einer klassisch gewordenen Metapher der Diskursanalyse – Frischs Text vom alpinen Diskurs ‚durchzogen' oder ‚gekreuzt' wird (indem z.B. bestimmte Topoi der Emphase, der alpinen Ästhetik und Praxis ‚zitiert' werden), andererseits jedoch, dass er ihn bewusst in ein kulturdiagnostisches Schreiben investiert und die Poetik seines Textes auf die ästhetischen Valenzen dieses alpinen Diskurses zurückgreift.

193 Man könnte ihre allgemeinere Zielsetzung mit dem Stichwort ‚Poetik des Imaginären' bezeichnen, womit in diesem Feld der Naturwahrnehmung neuere wissen(schaft)sgeschichtliche Untersuchungen vielleicht zu ergänzen sind; vgl. zu letzteren vor allem: Vogl, Joseph: Für eine Poetologie des Wissens, in: *Die Literatur und die Wissenschaften 1770–1930*, hg. von Karl Richter, Jörg Schönert und Michael Titzmann, Stuttgart 1997, S. 107–127.

Frischs Text ist insofern ein Beispiel für die *Interferenz* literarischer Texte und des alpinen Diskurses, zugleich aber ein Beispiel für das Auseinandertreten von sich als dezidiert modern verstehender Literatur und diesem Diskurs in der Moderne. Im Folgenden soll versucht werden, in der Analyse solcher Interferenzzonen Elemente einer ‚anderen' Geschichte der Moderne und ihrer Imaginationslogiken zu erkunden. Auf der Ebene des alpinen Diskurses und seiner Praktiken geht es im 20. Jahrhundert um Logiken der sozialen Distinktion und kulturellen Kompensation, der explorierenden und medialen Bemächtigung, der riskanten Körperpraktiken und Risikokalküle im „Extremen", schließlich des Fortschreitens und der Selbsterfahrung in der „Vertikalen". Zugleich lassen sich aber an literarischen Reinszenierungen dieses Diskurses, in Essays und anderen reflexiven Texten poetische Strategien analysieren, in denen diese Logiken transparent gemacht oder auch radikal in Frage gestellt werden. Die Lektüren gelten insofern der kulturellen Faszinationsgeschichte des Gebirges und der literarischen Ver- und Bearbeitung des alpinen Diskurses gleichermaßen.

Die Dimensionen einer Faszinationsgeschichte des Alpinen lassen sich heuristisch als *Wahrnehmung, Bewegung, Darstellung* und *Imagination* abgrenzen. Es geht in der Untersuchung des alpinen Diskurses mithin um eine Rekonstruktion des Zusammenspiels von kulturellen Codierungen (Wahrnehmung), sozialen Praktiken (Bewegung), medialen Repräsentationen (Darstellung) und imaginären Besetzungen des alpinen Raums. Andererseits gilt ihr Interesse literarischen ‚Poetiken der Höhe', die auf diese diskursiven Konstellationen gerade nicht einfach zurückzurechnen sind. Sie zielt mithin auf eine genauere Beschreibung der Interferenz diskursiver Raumsemantiken und literarischer (Re-)Inszenierungen. Ein Anknüpfungspunkt ist dabei der Begriff der Faszination bzw. der Faszinationsgeschichte selbst: Insofern Gegenstände kollektiver Faszination immer wieder repräsentiert werden, bilden sie Kristallisationspunkte kultureller Produktionen; in diesen zeigt sich andererseits jedoch auch das soziale Imaginäre der Kollektive und die Ambivalenz ihrer latenten Konflikte und Entwicklungsdynamiken.

Einen Reflexionsraum bilden die folgenden Kapitel schließlich in Hinblick auf die eingangs mit Adorno genannten kulturellen Bewertungen (etwa der Differenz der ‚Niederungen' von Kitsch und trivialer Heimatkunst zu den „Gipfelwerken" des literarischen Kanons oder „Höhenkamms"). Denn wie sich in diesen Ausdrücken zeigt, ist die Grundierung der Sprache durch montane Metaphoriken der Vertikalität keineswegs auf das „Prominente" oder „Überragende" beschränkt, sondern findet sich auch in der kulturellen Axiologie und sogar Epistemologie. So ist die Metapher des „Höhenkamm"[194] ihrerseits schon eine zur Katachrese erstarrte Übernahme aus einem alpinen Diskurs, in welchem sie schwere Erreichbarkeit, Unzugänglichkeit, ja Exklusivität konnotiert. Genau umgekehrt signalisiert die literarhistorische Bezeichnung der Opposition zum „Höhenkamm" im alpinistischen Sinn die Reizlosigkeit: „Trivialität", vom Lateinischen *trivialis* („jedermann zugänglich", „gewöhnlich"[195]), enthält mit *tres* und *via* im wörtlichen Sinn die Erreichbarkeit oder Zugänglichkeit für ‚jedermann' auf mehreren ‚Wegen'; man könnte auch sagen: die Plattheit.

Unter diesen sprachlichen Voraussetzungen kann es weder methodische Devise noch Ziel der folgenden Studien sein, lediglich einige „Gipfelwerke" der Literaturgeschichte zu untersuchen, noch, andererseits, eine panoramatische „Überblicksdarstellung" alpiner Literatur von ihren trivialen Untiefen bis zum Höhenkamm zu bieten. Vielmehr wechseln sie bewußt die ‚Höhenniveaus'; vor allem aber sollen sie exemplarisch untersuchen, was im jeweiligen Zusammenhang als „Höhe" verstanden, imaginiert und inszeniert wird.

---

194 Der Ausdruck „Höhenkamm" ist in der deutschsprachigen Literaturwissenschaft erst in den 1960er Jahren als Übernahme aus der formalistischen Evolutionstheorie Sklovskijs und Tynjanovs gebräuchlich geworden; vgl. Striedter, Jurij: Einleitung, in: Vodicka, Felix: *Die Struktur der literarischen Entwicklung*, hg. von der Forschungsgruppe für strukturale Methoden [...] an der Universität Konstanz, München 1976, S. VII–CIII, hier S. XXX. Das prominenteste und wahrscheinlich wirkmächtigste Zeugnis dieser Übernahme findet sich in Hans Robert Jauß' Konstanzer Antrittsvorlesung, welche in Bezug auf die formalistische Schule Folgendes ausführt: „Das Literarische der Literatur" sei dieser zufolge „nicht nur synchronisch durch die Opposition von poetischer und praktischer Sprache, sondern auch diachronisch durch die Opposition zum Vorgegebenen der Gattung und zu der vorangegangenen Form in der literarischen Reihe bedingt. [...] In jeder Epoche existieren nach Viktor Sklovskij und Jurij Tynjanov mehrere literarische Schulen zur gleichen Zeit, wobei eine von ihnen den kanonisierten Höhenkamm der Literatur darstellt; die Kanonisierung einer literarischen Form führt zu ihrer Automatisierung und fordert in der unteren Schicht [!] die Bildung neuer Formen heraus, die den Platz der älteren erobern, zur Massenerscheinung anwachsen und schließlich selbst wieder an die Peripherie verdrängt werden." (Jauß, Hans Robert: *Literaturgeschichte als Provokation*, Frankfurt a.M. 1970, S. 165f.; Hervorhebung im Original. Der auf der Antrittsvorlesung basierende Abschnitt erschien schon 1967 in den Konstanzer Universitätsreden).

195 *Der kleine Stowasser. Lateinisch-deutsches Schulwörterbuch*, München 1980, S. 473.

KAPITEL 2

Ins Extreme. Die Alpen und die Moderne

> Je ruheloser, ungewisser, gegensatzreicher das moderne Dasein wird, desto leidenschaftlicher verlangt uns nach Höhen, die jenseits unseres Guten und Bösen stehen, zu denen wir aufsehen, die wir sonst das Emporblicken verlernt haben.
>
> Georg Simmel, *Alpenreisen* (1895)

2.1. Der alpine Diskurs 1911. Ein Panorama

Für eine Vergegenwärtigung, in welchen Dimensionen, Textsorten, Praktiken und Medien die Formierung des alpinen Diskurses um die Jahrhundertwende sich vollzieht, welche Themen dabei eine Rolle spielen und welche soziale Virulenz dieser Diskurs besitzt, bietet sich an, zunächst ein Panorama zu betrachten. Das Inhalts-Verzeichnis der seit 1901 erscheinenden *Deutschen Alpenzeitung*[1] führt im ersten Halbband des Jahres 1911 unter anderem folgende Reise- und Besteigungsberichte auf:[2]

> **I. Touristische Aufsätze, Reiseschilderungen etc.**
> Aus den Grajischen Alpen. Josef Ittlinger
> Im Ballon über das Karwendelgebirge. Fritz Miller […]
> Eine Gewitternacht auf dem Meijegrat. Max Gnann
> Eine Bergfahrt im nördlichen Peru. Dr. Otto Schlagin[t]weit
> Bergwanderungen am Gardasee. Paul Hakenholz […]
> Der Südgrat des Zwölferkofels. Otto Oppel […]
> Auf der neuen Dolomitenstraße von Cortina nach Bozen. Franz Ramsauer
> Der Adangkamin. Walter Schmidkunz […]

1 Die *Deutsche Alpenzeitung* (Wien-München: Verlag der deutschen Alpenzeitung, 1901ff., seit VI (1906/07): München: Verlag v. Gustav Lammers, seit IX (1909/10): München: Verlag der Deutschen Alpenzeitung, seit XIV (1914/15): München: Münchner Buchgewerbehaus, etwa seit XVI (1920): München: Bergverlag Rother)) war eine der wichtigsten alpinistischen und alpenkundlichen Publikationen jenseits der Zeitschriften der Alpinen Vereine.

2 *Deutsche Alpenzeitung* XI (1911/1912), 1. Halbband, Inhaltsverzeichnis (s.p.).

 DOI:10.30965/9783846767788_003

Neben diesen ‚touristischen' Texten von Autoren, von denen einige in Kreisen des Alpenvereins schon klangvolle Namen hatten oder erwerben sollten,[3] erscheinen in einer weiteren Rubrik reflexivere Texte:

> **II. Volkskunde, Kunst, kulturhistorische, naturwissenschaftliche, technische Aufsätze und anderes**
> Erzherzog Johann und die obersteierischen Trachtenbilder aus dem Anfange des 19. Jahrhunderts von Ruß, Gauermann und Loder. Anton Schlossar
> Die Berge der Phantasie. Dr. Ernst Bertram [...]
> Alpines von Anno Dazumal. H.St. [...]
> Martin Greifs Lyrik. Dr. Ernst Bertram [...]
> Waldbrände und die Möglichkeit ihrer Bekämpfung. Dr. E. O. Rasser
> Von der Perspektive. Dr. Ernst Bertram [...]
> Kuhkämpfe im Kanton Wallis. Joh. Wolfg. v. Garvens-Garvensberg [...]
> Kleine Ausrüstungskniffe für Touristen
> Im nördlichen Karwendel. Heinz von Ficker [...]
> Vom Horizont. Dr. Ernst Bertram
> Künstliche Hilfsmittel auf Hochtouren. Paul Preuß [...]
> Alpenfreude und Alpensport. Alfred Steinitzer
> Nietzsche und die Berge. Dr. Ernst Bertram
> Vom Bau der Mittenwalderbahn und ihrer Zukunft. R.W. Poliska
> Auf den Spuren Petrarcas. Albert Bencke
> Hygiene und Alpinismus. Dr. J. Spier[4]

Schließlich finden sich noch zwei Rubriken mit „Gedichten" (u.a. von Arthur Schubart, Ewald Silvester und Eugen Stangen) sowie „Erzählungen, Märchen, Skizzen etc.", darunter der in zwölf Teilen abgedruckte Roman *Pilatus* von Heinrich Federer.[5]

---

3 Das gilt einerseits für Josef Ittlinger, der 1908 in der „Miniatur-Bibliothek für Sport und Spiel" die Schrift *Alpinismus. Ein Ratgeber für Hochtouristen* (Leipzig 1908) veröffentlicht hatte, 1913 das *Handbuch des Alpinismus* herausgab (Leipzig 1913) und nach dem ersten Weltkrieg zwei weitere Alpinbücher schrieb (*Führerloses Bergsteigen. Das Gehen auf Fels, Schnee und Eis*, Leipzig 1922; *Ewige Berge. Erlebnisse und Gesichte* [sic], München 1924); andererseits für den später sehr bekannten Alpinjournalisten Walter Schmidkunz; vgl. ders.: *Vom Krieg in den Südtiroler Bergen*, Berlin 1917; zus. mit Luis Trenker: *Meine Berge. Das Bergbuch*, Berlin 1931; *Berg-Vagabunden. Ein Hans-Ertl-Buch*, Erfurt 1937; zu Schmidkunz: Grimm, Peter: *Walter Schmidkunz. Ein Klassiker im Hintergrund*, München 1989.

4 *Deutsche Alpenzeitung* XI (1911/1912), 1. Halbband, Inhaltsverzeichnis (s.p.).

5 Cf. ebd. S. 25ff.; als Buch: *Pilatus. Erzählung*, Berlin 1913. Heinrich Federer, 1866 in Brienz geboren, katholischer Priester, seit 1900 Redaktor der *Neuen Zürcher Nachrichten* und 1902 in einem zweifelhaften Prozess wegen Päderastie verurteilt, wurde 1911 u.a. mit dem Roman *Berge und Menschen* einer der bekanntesten Schweizer Autoren. Vgl. zu ihm: Meier, Pirmin: *Der Fall Federer. Priester und Schriftsteller in der Stunde der Versuchung. Eine erzählerische Recherche*, Zürich 2002.

Auffällig an dieser Zusammenstellung ist zunächst die außerordentliche Streuung der Beiträge. Die Themen der „touristischen“ Aufsätze reichen von schwierigsten Klettertouren und Wanderungen bis zu Auto- und Ballonfahrten, die bereisten Gebiete vom Karwendel über die Westalpen bis Peru; in weiteren Beiträgen geht es um Kuhkämpfe, Ausrüstung, Trachtenbilder, Bergbahnbau, Hygiene oder Waldbrände. Es finden sich aber auch Aufsätze des nachmals berühmten Germanisten Ernst Bertram[6] sowie eine Nacherzählung von Petracas Ventoux-Epistel;[7] und die Produktivität des Alpinen für die Literatur und Kunst der Gegenwart scheint durch die Gedichte und Erzählungen ebenso belegt zu werden wie durch die reiche Bebilderung der *Alpenzeitung*, in der auch „Kunstblätter“, Photographien und zahlreiche Jugendstil-Vignetten Ansichten alpiner Landschaften vermitteln und die Beiträge illustrieren.

Blickt man über die *Alpenzeitung* und andere alpine Zeitschriften hinaus, wird die kulturelle Bedeutung des alpinen Raums, die soziale Virulenz des Alpintourismus und Bergsteigens und schließlich die künstlerische Produktivität – auf denkbar verschiedensten Niveaus – des alpinen Diskurses auch jenseits einer ‚alpinistisch‘ interessierten Leserschaft überdeutlich. 1910, im Vorjahr, war bereits ein Band des Kunsthistorikers Ernst Wilhelm Bredt über *Die Alpen und ihre Maler* erschienen und ebenso eine Schrift des Alpinisten Heinrich Steinitzer mit dem Titel *Sport und Kultur. Mit besonderer Berücksichtigung des Bergsports*[8]; wiederum 1911 kommt das Buch *Alpenfreude und Alpensport*[9] des Münchner Schriftstellers und Leiters der Alpenvereins-Bibliothek Alois Dreyer

6 Die m.W. einzige Arbeit, die kurz auf diese „Nebenarbeiten“ Bertrams eingeht, ist: Jappe, Hajo: *Ernst Bertram. Gelehrter, Lehrer und Dichter*, Bonn 1969, S. 55. Neben den im Inhaltsverzeichnis schon genannten (vgl. dazu unten) gehören dazu: Briefe aus der Schweiz. Briefe des Dichters Fr. Matthisson an Freunde, in: *Deutsche Alpenzeitung* 1910 (2. September- und Oktober-Heft); Schilderungen deutscher Mittelgebirgslandschaften aus der romantischen Zeit (1800–1848), ebd. 1. Oktoberheft und 1. Dezemberheft 1911; Kuriositäten aus einem Reisetaschenbuch für Bayern und Tirol 1836, ebd., 1. Septemberheft 1912; Bergtouren aus einer Schweizerreise vom Jahre 1777 (Ramond), ebd., 1. u.2. Augustheft 1913; vgl. das Werkverzeichnis bei Jappe S. 349–355, hier 349f.

7 Albert Benkes Aufsatz „Auf den Spuren Petrarcas“ (Untertitel „Wie ein Dichter vor 600 Jahren eine Bergbesteigung vollführte“, *Deutsche Alpenzeitung* XI (1911/1912), S. 296f.), kann hier unberücksichtigt bleiben, denn er ist von vollständiger Blindheit für die allegorische Dimension des Textes geschlagen; so wenn er die Wegsuche kommentiert: „Die Mulde aber führt, wie ihm [sc. Petrarca] wohl jeder halbwegs geübte Bergsteiger heute sagen würde, nicht zum Gipfel“ (ebd. 297). Entsprechend meint er „in diesem seligen Versenken in die Schönheiten der Natur [...] das charakteristische Motiv zu finden, das auf eine neue Zeit deutet“ (ebd. S. 296).

8 Bredt, Ernst Wilhelm: *Die Alpen und ihre Maler*, Leipzig 1910; Steinitzer, Heinrich: *Sport und Kultur. Mit besonderer Berücksichtigung des Bergsports*, München 1910.

9 Dreyer, Alois: *Alpenfreude und Alpensport*, München 1911.

auf den Markt. Im Juni desselben Jahres verkündet das *Neue Wiener Journal*, dass Richard Strauss' neue Komposition „Eine Alpensymphonie" „ihrer Vollendung entgegen" gehe[10]; im Herbst wird ein Aufsatz Georg Simmels mit dem Titel *Die Alpen* gedruckt, den man als die bedeutendste philosophische Reflexion der Ästhetik des Alpinen ansehen kann.

In der *Zeitschrift des Deutschen und Oesterreichischen Alpenvereins* erscheint im selben Jahr 1911 zudem ein fast 50seitiger Aufsatz, der die gesamte Literatur über die neuerdings unternommenen *Ballonfahrten* über die Alpen schildert und mit eigenen Reflexionen erweitert: Zum ersten Mal erscheint es in größerem Maße möglich, die Höhen der Alpen *von oben* zu betrachten, wodurch sich ihrer Ästhetik eine weitere Dimension erschließt. In zweiter Auflage erscheinen 1911 so gegensätzliche Texte wie der Erfolgsroman *Excelsior! Ein Bergsteigerleben* von Georg von Ompteda und die auf Jahre hinaus maßstabgebende Lehrschrift *Gefahren des Kletterns* des „Kletterpapstes" Franz Nieberl.[11] Und die kulturelle Bedeutung des Alpinen dokumentiert sich schließlich auch im zentralen Medium kulturellen Wissens, der Enzyklopädie. Der *Kleine Brockhaus* von 1911 enthält neben einer Karte der „Alpenländer", die „Erhebungen" über 200, 500 und 2000 Meter sowie die „Gletscher- und Schneeregion" farblich unterscheidet und Ausschnittsvergrößerungen der Montblanc- und der Glockner-Gruppe sowie des Gotthart umfasst, eine Beilage „Berge", welche alle Berge der Welt nach Kontinenten geordnet ihrer Höhe nach verzeichnet, sowie eine Bildstrecke zu den „Alpenländern", die Alpenübergänge und ‚touristische' *highlights* im Wortsinne abbildet.[12]

Der zugehörige Artikel bestimmt die „Alpen" als „das vom Rhônetal im W. bis zur Donauebene im O. in weitem Bogen Norditalien umziehende, umfangreichste Hochgebirge Europas"[13] und referiert die Haupt-Gebirgsregionen sowie wichtige Pässe.[14] Neben den geographischen Verhältnissen treten die klimatischen, botanischen und sprachlichen Merkmale des Alpenraums

10 Jurinek, Josef M.: Neue Pläne von Richard Strauß, *Neues Wiener Journal*, 24. Juni 1911, S. 3. Die Ankündigung war etwas vorschnell– das Werk wurde erst 1915 uraufgeführt.

11 Ompteda, Georg Freiherr von: *Excelsior! Ein Bergsteigerleben*, Berlin 1909, 2. A. 1911; vgl. unten Kapitel 2.4.; Nieberl, Franz: *Das Klettern im Fels*, München 1909, 2. A. 1911, wieder 1921, 1926, 1950, 1960 u.ö.

12 Vgl. *Brockhaus' Kleines Konversationslexikon*, fünfte Auflage, Leipzig 1911, Bd. 1, hier nach: http://www.zeno.org/Brockhaus-1911/A/Alpen; die Beilage: http://www.zeno.org/Brockhaus-1911/M/Beilagen/Berge. Meyers Konversationslexikon hatte schon 1905 eine ähnliche Karte enthalten, vgl. http://www.zeno.org/Kategorien/T/Meyers-1905?fr=Alpen (zuletzt aufgerufen: 12.3.2012).

13 Ebd. (Brockhaus 1911) S. 47.

14 „Die Alpenpässe, entweder nur für den sichern Tritt der Maultiere gangbare Saumwege oder zu befahrende Straßen, sind zum Teil von Eisenbahnen (Alpenbahnen)

Abb. 7 Alpenländer-Karte des Kleinen Brockhaus, 1911

Abb. 8 Alpen-Bildstrecke des Kleinen Brockhaus, 1911

gegenüber früheren Lexika stark zurück: Die Alpen erscheinen hier also primär als Naturraum und touristisches Gebiet, für das politische Binnengrenzen irrelevant sind. Von ‚ewigem Schnee' bedeckte Gipfel bilden denn auch den Horizont fast aller Bilder, die im Lexikon die basale Ikonografie des Alpinen veranschaulichen.

Eine Vielzahl unterschiedlichster Texte und Abbildungen inszeniert um 1911 einen optisch spektakulären, touristisch bis an die Grenze ‚reiner Natur' erschlossenen Naturraum – die Liste der Texte wäre lange und vor allem in die wissenschaftliche Literatur hinein[15] fortsetzbar. Inszeniert werden die Alpen damit aber als imaginärer Erfahrungs- und Bewährungsraum des modernen (und männlichen) Subjekts, und der Diskurs darüber wird zum Echo-Raum kulturkritischer und vitalistischer Diskurse der Jahrhundertwende. Dies soll im Folgenden auf verschiedenen Niveaus dieses Text-Panoramas verfolgt werden – von den Höhenphilosophien der Jahrhundertwende über die Diskussionen der alpinistischen Praxis bis zu Beispielen trivialliterarischer und ‚hochliterarischer' Reflexe des alpinen Diskurses.

2.2. Höhendenker

Philosophie des Höhersteigens: Nietzsche in Sils Maria

Als ‚Einstieg' – um nach dem ‚Höhenkamm' eine weitere Metapher des alpinen Diskurses zu zitieren[16] – bietet sich Ernst Bertrams 1911 erschienener Essay „Nietzsche und die Berge" an.[17] Bertram schreibt mit diesem knappen Text im

überschritten (Brennerbahn, Pontebbabahn, Semmeringbahn) oder durch riesige Eisenbahntunnel untergraben (Mont Cenis, Sankt Gotthard, Arlberg, Simplon)." (ebd.)

15 Das gilt neben der Geologie und Kartographie auch für die Physiologie, in der in den 10er Jahren des 20. Jahrhunderts das „Höhenlabor" des Hochgebirges entscheidende Bedeutung gewinnt; vgl. als monumentale Zusammenfassung der Forschungen Zuntz, N[athan], Loewy, A.; Müller, Franz; Caspari W.: *Höhenklima und Bergwanderungen in ihrer Wirkung auf den Menschen. Ergebnisse experimenteller Forschungen im Hochgebirge und Laboratorium,* Berlin usw. 1906; im Jahr 1912 erscheint Zuntz, Nathan: *Zur Physiologie und Hygiene der Luftfahrt*, Berlin 1912. Vgl. zum Kontext: Felsch, Philipp: *Laborlandschaften. Physiologische Alpenreisen im 19. Jahrhundert*, Göttingen 2007. Eher obskur sind an Volkstumsforschungen anschließende physiologisch-physiognomischen Studien wie Ried, Hans August: *Beiträge zur Kraniologie der Bewohner der Vorberge der Bayrischen Alpen*, München 1911.

16 Im alpinistischen Sinn ist der „Einstieg" die Stelle, an der eine Kletterroute beginnt, während man die Einstiegsstelle selbst wandernd und ohne Seilsicherung oder Helm erreicht.

17 Bertram, Ernst: Nietzsche und die Berge, in: *Deutsche Alpenzeitung* XI (1911/1912), 1. Halbband, S. 279–282. – In den Kriegsjahren sollte Bertram die in Deutschland der

alpinistischen Kontext der *Deutschen Alpenzeitung* einen Topos der Nietzsche-Rezeption aus, der schon im späten 19. Jahrhundert entstand und sich mit der kultisch werdenden Verehrung des Philosophen seit Nietzsches Tod im Jahr 1900 weiter verstärkte – das Bild des ‚Höhendenkers', der in der Gebirgseinsamkeit des Oberengadin zu seiner eigentlichen Philosophie vorstößt, und in von dieser Höhe inspirierten Werken, vor allem in *Also sprach Zarathustra*, wiederum aus Metaphern des Gebirges seine Philosophie speist.[18]

Der Topos ‚Nietzsche in Sils Maria'[19] impliziert dabei eine Art Kurzschluss zwischen Leben und Philosophie.[20] Bertram nennt gleich im zweiten Satz das zentrale Konzept, das diese Verbindung augenfällig macht – das Konzept der Landschaft:

> Es gibt Landschaften, die auf eine Art von Geistern eine magische und unentrinnbare Anziehung ausüben, vorherbestimmte Landschaften gleichsam, die wie Symbole oder Versteinerungen bestimmter seelischer Zustände und seelischer Kräfte wirken.[21]

Für den Zusammenhang von „Geist" und „Landschaft", der desto stärker werde, „je höher ein Mensch in die Sphäre des Genialen hinaufreicht", gäbe es aber in der neueren Geistesgeschichte „kaum ein Beispiel von gleicher extremer Deutlichkeit"[22] wie dasjenige Nietzsches.

Zwischenkriegszeit einflussreichste Nietzsche-Monografie verfassen (welche auch das Nietzsche-Bild beispielsweise Thomas Manns nachhaltig prägte): Bertram, Ernst: *Nietzsche. Versuch einer Mythologie*, Berlin 1918.

18 Vgl. zu einer anderen Perspektive auf Nietzsches Texte im Kontext von geographischen Raum- und Landschafts-Konzeptionen: Günzel, Stephan: *Geophilosophie. Nietzsches philosophische Geographie*, Berlin 2001.

19 Von 1881 bis 1888 verbrachte Nietzsche sieben Sommer in Sils; vgl. zu seiner Biographie Janz, Curt Paul: *Friedrich Nietzsche. Biographie*, 3 Bde., München 1978–1979; ferner: Safranski, Rüdiger: *Nietzsche. Biographie seines Denkens*, München 2000. Eine anregende Darstellung mit vielen Textbeispielen aus Werken und Briefen findet sich bei Hüser, Andreas: *Wo selbst die Wege nachdenklich werden. Friedrich Nietzsche und der Berg*, Zürich 2003.

20 Nietzsche hat dem natürlich selbst Vorschub geleistet, so wenn er die „Grundconception des Werks" (sc. des *Zarathustra*) in *Ecce homo* an den „mächtigen pyramidal aufgetürmten Block unweit Surlei" am Silvaplana-See im Sommer des Jahres 1881 datiert, „mit der Unterschrift: ‚6000 Fuß jenseits von Mensch und Zeit'". Vgl. Nietzsche, Friedrich: Ecce homo. Wie man wird, was man ist, in: *Werke Bd. 2*, hg. von Karl Schlechta, S. 1063–1159, hier S. 1128.

21 Bertram, Nietzsche und die Berge, S. 279.

22 Ebd.

> Hier ist ein Geist, wie vorherbestimmt für das Hochgebirge und für alles, was in physischer wie in übertragenster seelischer Bedeutung gebirgshaft ist. Nietzsche ist ein Bergwanderer im großartigsten Sinn. […] Höhenluft ist in all seinen Werken und in der tragischen Legende seines persönlichen Lebens.[23]

In diesem emphatischen Beginn von Bertrams Aufsatz werden gleich mehrere Differenzen aufgehoben: Subjekt und Natur im Konzept der „Landschaft“[24]; „Geist“ und Materie („Versteinerungen“) in der „seelischen Bedeutung“; „Leben und Schaffen“ in der „Höhenluft“; Freiheit („Bergwanderer“) und Vorherbestimmtheit in der „tragischen Legende“. Aufgehoben werden sie allerdings im Wortsinn: *Höhe* ist das semantische Zentralregister des Textes, so wie der Superlativ das grammatische; in der Höhe finden Hochgebirge und die „Sphäre des Genialen“ einen vertikalen Fluchtpunkt. So seien Nietzsches Schriften

> ganz erfüllt […] mit Bildern und Gleichnissen aus diesen Bergen. Eine Bergphantasie ohne Gleichen ist hier überall wirksam, und jener Geist des Hochgebirges, der Einsamkeit und des Eises, der tiefen, reinen, unbewölkten Luft ist allenthalben gegenwärtig.[25]

Neben dem Gebirge sei es nur noch die Riviera, vor allem Nizza und Rapallo, die als Landschaft vergleichbaren Stellenwert für Nietzsche gehabt hätte; *im* Gebirge allerdings auch nur das Oberengadin („halb Eis und halb Süden, die Nähe Spitzbergens gleichsam und des südlichen Meeres zugleich ahnen lassend“[26]), während ihm zum Beispiel Tirol oder Kärnten „unbedeutend“ und „blödsinnig“ erschienen wären. Das Engadin aber, wo – in Nietzsches Worten – „Italien und Finnland zum Bunde zusammengekommen sind“, erfülle die „reiche Welt von Nietzsches Gleichnissen mit seiner Bildlichkeit“.[27] Selbst in „ganz entlegenen abstrakten Gedankengebieten“ leuchteten „kleine Bergbilder“ oder „alpine Erinnerungen“ auf. Bertram führt in Folge Zitat um Zitat an, um die Produktivität dieses Bildfeldes in den philosophischen Schriften und Gedichten Nietzsches zu belegen; seinen Höhepunkt findet das Verfahren in einer regelrechten Zitat-Kaskade aus dem „Zarathustra“, in dem „die Gebirgsbildlichkeit“ von Nietzsches Sprache am Großartigsten „gesteigert“ sei.

---

23 Ebd.

24 Joachim Ritter wird 1963 diesem Zusammenhang seine kanonische Formulierung geben; vgl. ders.: Landschaft. Zur Funktion des Ästhetischen in der modernen Gesellschaft, in: ders.: *Subjektivität. Sechs Aufsätze*, Frankfurt a.M. 1974, S. 141–163, v.a. 150.

25 Bertram, Nietzsche und die Berge, S. 279.

26 Ebd.

27 Ebd. S. 280.

Strukturen solcher „Gebirgsbildlichkeit“ lassen sich allerdings an einigen Zitaten nachvollziehen. So heißt es in „Schopenhauer als Erzieher“:

> Ueber sich hinauf zu sehen und nicht hinauf zu können! Den Weg zu kennen und fast zu betreten, der zu jenem unermeßlichen Freiblick des Philosophen führt, und nach wenigen Schritten zurück zu taumeln! [...] So hoch zu steigen, wie je ein Denker stieg, in die reine Alpen- und Eisluft hinein, dorthin, [...] wo die Grundbeschaffenheit der Dinge sich rauh und starr, aber mit unvermeidlicher Verständlichkeit ausdrückt![28]

Der „Nachgesang“ *Aus hohen Bergen* in „Jenseits von Gut und Böse“ enthält die Strophen:

> Ich suchte, wo der Wind am schärfsten weht?
> Ich lernte wohnen,
> Wo niemand wohnt, in öden Eisbär-Zonen,
> Verlernte Mensch und Gott, Fluch und Gebet?
> Ward zum Gespenst, das über Gletscher geht?
>
> Ihr alten Freunde! Seht! Nun blickt ihr bleich,
> Voll Lieb und Grausen!
> Nein, geht! Zürnt nicht! Hier – könntet *ihr* nicht hausen:
> Hier zwischen fernstem Eis- und Felsenreich –
> Hier muß man Jäger sein und gemsengleich.[29]

Schließlich zwei bezeichnende Einträge in „Also sprach Zarathustra“:

> Ich bin ein Wanderer und ein Bergsteiger, sagte er [Zarathustra] zu seinem Herzen, ich liebe die Ebenen nicht, und es scheint, ich kann nicht lange still sitzen.
>
> Und noch Eins weiß ich: ich stehe jetzt vor meinem letzten Gipfel und vor Dem, was mir am längsten aufgespart war. Ach, meinen härtesten Weg muß ich hinan! Ach, ich begann meine einsamste Wanderung![30]

Mehrere Merkmale sind auffällig und auch in den von Bertram angeführten weiteren Beispielen auszumachen (auch wenn er selbst eine analytische Perspektive gerade nicht einnimmt). Zum einen erscheint die Gebirgslandschaft in Nietzsches Texten kaum je als ‚geschilderte‘, gesehene Landschaft, sondern stets als Bildspender für einen anderen, übertragenen Zusammenhang – sei es die Höhe philosophischer Reflexion und Klarsicht, die Einsamkeit in einem

---

28 „Schopenhauper als Erzieher“, zit. ebd.

29 „Jenseits von Gut und Böse“, zit. ebd.

30 „Also sprach Zarathustra“, zit. ebd. S. 281. (Aus: Dritter Teil, *Der Wanderer*)

menschenleeren Gebiet oder einsamen Lebensabschnitt, oder als Metapher der existentielle Probe oder der Lebenswanderung des ‚Übermenschen'. Zum zweiten wird über die Metaphorik des Wanderers und Bergsteigers dem Abstraktum eine zugleich optische und korporale Dimension verliehen: Es geht um Aufstieg und Abstieg, Kälte, Eis, Wind, Gefahr, Schwindel, Klarheit der Luft und des Blicks – und mithin um den schieren Gegensatz zur abstrakten, unkörperlichen Welt der Schulphilosophie. Zum dritten schließlich ist die zentrale Dimension des Subjekts bzw. des „Ich" in diesen Texten unverkennbar die Vertikale, im Auf- und Absteigen, „Gipfel und Abgrund", sogar im Sprechen („hinab will ich meine Rede stürzen in die Täler"[31]) und schließlich im vertikalen Begehren noch jenseits des „Steigens" – „fliegen allein will mein ganzer Wille".[32]

Diese „Gebirgsbildlichkeit" wird allerdings in Bertrams Darstellung nicht etwa hinterfragt, sondern zitierend zelebriert. Nietzsche, der bekanntlich eher Spaziergänger war, wird so unversehens zum Bergsteiger-Philosophen, ohne je Bergsteiger gewesen zu sein. Eine Differenzierung einer der beiden Seiten von „Leben" und „Werk" liegt nicht in Bertrams Absicht, und die ohnehin aphoristisch zugespitzten Stellen aus Nietzsches Texten werden zitierend noch weiter dekontextualisiert. Bezeichnend ist das Motto über Bertrams Text:

> Immer Wenigere steigen mit mir auf immer höhere Berge:
> ich baue ein Gebirge aus immer heiligeren Bergen.[33]

Es stammt aus dem 19. Abschnitt des Kapitels *Von alten und neuen Tafeln* des dritten Teils von *Also sprach Zarathustra*; allerdings kürzt es Bertram um seinen Beginn und seine Fortsetzung. Bei Nietzsche heißt es:

> Ich schließe Kreise um mich und heilige Grenzen; immer wenigere steigen mit mir auf immer höhere Berge: ich baue ein Gebirge aus immer heiligeren Bergen. –
> Wohin ihr aber auch mit mir steigen mögt, o meine Brüder: seht zu, daß nicht ein *Schmarotzer* mit euch steige.[34]

Diese Dekontextualisierung gibt dem Text Bertrams in gewisser Weise die Methode vor: Die Bewegung der ‚Schließung' und ‚Grenzziehung', von der

---

31 Ebd. 282.

32 Ebd.

33 Bertram, Ernst: Nietzsche und die Berge, in: *Deutsche Alpenzeitung* XI (1911/1912), 1. Halbband, S. 279–282.

34 Vgl. Nietzsche, Friedrich: Also sprach Zarathustra. Ein Buch für alle und jeden, in: *Werke Bd.* 2, hg. von Karl Schlechta, S. 275–561, hier S. 454.

der Abschnitt bei Nietzsche noch ausgeht, wird dadurch in reine Aufwärtsbewegung verwandelt; andererseits wird die anschließende Opposition zum *Schmarotzer* getilgt, die Distinktion von einem abjekten, ‚niederen' Anderen („Schmarotzer: das ist Gewürm, ein kriechendes, geschmiegtes, das fett werden will an euren kranken wunden Winkeln"[35]). Es geht Bertram offenbar um Nietzsches Gebirgsphilosophie in ihrer ‚Reinheit', und als solche wird sie – unausgesprochen – den Lesern der *Alpenzeitung* in einer literalen Lesart angeboten.

Das wird besonders in jener Stelle aus *Ecce homo* deutlich, die Bertram als erste längere Passage zitiert:

> Wer die Luft meiner Schriften zu athmen weiss, weiss, dass es eine Luft der Höhe ist, eine s t a r k e Luft. Man muss für sie geschaffen sein, sonst ist die Gefahr keine kleine, sich in ihr zu erkälten. Das Eis ist nahe, die Einsamkeit ist ungeheuer – aber wie ruhig alle Dinge im Lichte liegen! wie frei man athmet! wie viel man u n t e r sich fühlt! – Philosophie, wie ich sie bisher verstanden und gelebt habe, ist das freiwillige Leben in Eis und Hochgebirge – das Aufsuchen alles Fremden und Fragwürdigen im Dasein ...[36]

Gerade Nietzsches explizite Übertragung der Gebirgsmetaphorik auf die eigenen „Schriften" sollte eigentlich warnen, diese in irgendeinem Verstand als Texte *über* das Gebirge zu lesen; vielmehr werden sie offenkundig selbst zum Gebirge, in dem man sich „erkälten" kann. „Der Text ist", wie Florian Schneider zur Ästhetik der Landschaft bei Nietzsche schreibt, „buchstäblich die Eislandschaft, die er darstellt, und wenn sich daher hier überhaupt noch von Metaphern sprechen läßt, dann jedenfalls von solchen einer absoluten Ästhetik, die die Landschaft als Text realisiert."[37]

Dieser tendenziellen Auflösung der ‚realen' Landschaft zum Text aber arbeitet Bertrams Lektüre rhetorisch gerade entgegen. Ihm zufolge sei es nicht die „Luft der Höhe", die in den Schriften zu „athmen" ist, sondern überall spräche hier „Höhenstolz und Höhensehnsucht, ein Gipfelheimweh, das dem Himmel näher sein will, dem ungeheuren, schwarzen, schweigsam über schweigsamen Zinnen gewölbten Himmel des Urgebirges."[38] Abgesehen davon, dass wortreicher kaum über Schweigsamkeit geschrieben werden kann, markiert hier

35 Ebd.

36 Bertram, Nietzsche und die Berge, S. 279; hier nach KGW VI/3, Colli/Montinari, 253–273, hier 256.

37 Schneider, Florian: Zur Ästhetik der Landschaft bei Nietzsche, in: *Nietzsche und Frankreich*, hg. von Clemens Pornschlegel und Martin Stingelin, Berlin/New York 2009, S. 449–465, hier S. 464.

38 Bertram, Nietzsche und die Berge, 282.

die Ausblendung der Metaphorizität des Sprechens das Phantasma der gerade in den philosophischen Schriften angeblich hörbaren Einheit von Leben und Werk, eben des „Lebenswerks", das nun seinerseits alpin metaphorisiert werden kann:

> Nietzsches Lebenswerk selbst liegt vor uns Heutigen da gleich einer großartigen, tragischen Hochgebirgslandschaft, düster, steildrohend, oft unzugänglich, mit trügerischen Perspektiven berückend, und reich an Abgründen und allerlei Wildwassern der Seele.[39]

Damit ist Nietzsche endgültig als Philosoph des Hochgebirges beglaubigt; dieselben erhabenen Erfahrungen, die der Bergsteiger in der Hochgebirgslandschaft machen kann, vermag er solcherart in Nietzsches Schriften nachzuerleben, die umgekehrt diesem Erleben Sprache verleihen. Bertram steht damit zumindest in diesem Punkt in einer Linie mit ‚lebensphilosophischen' Lektüren Nietzsches seit der Jahrhundertwende, welchen die unsystematische, wuchernde, bild- und gleichnisgesättigte *ecriture* von dessen Schriften nicht etwa fragwürdig ist, sondern gerade ihre philosophische Dignität und Modernität verbürgt. Nietzsches ‚Philosophie des Lebens' ist in diesem Sinn eine des *genitivus subjektivus*, aus dem Leben kommende Philosophie; bei Bertram wird daraus eine Philosophie des Bergsteigens. Und dass sie – in Form jener ‚begleitenden Lektüre', die Nietzsches Zarathustra auch in die Tornister von Weltkriegssoldaten gelangen ließ[40] – auch in die Rucksäcke zumal intellektuell interessierter Alpinisten gelangte, lässt sich am alpinen Diskurs der kommenden Jahre immer wieder zeigen.[41]

---

39 Ebd.

40 Vgl. die monumentale Arbeit zur Rezeptionsgeschichte von Krummel, Richard Frank: *Nietzsche und der deutsche Geist*, unter Mitwirklung von Evelyn S. Krummel, 4 Bde. Berlin/New York 2.A. 1998 und 2006 (hier vor allem Bd. 2, Ausbreitung und Wirkung des Nietzscheschen Werkes im deutschen Sprachraum vom Todesjahr bis zum Ende des Ersten Weltkrieges). Als prominentes fiktionales Beispiel dieser Art von Nietzsche-Rezeption kann man Walter Flex' Kriegsfreiwilligen Ernst Wurche ansehen: „Er saß mir gegenüber und kramte aus seinem Tornister einen kleinen Stapel zerlesener Bücher: ein Bändchen Goethe, den Zarathustra und eine Feldausgabe des Neuen Testaments" (Flex, Walter: *Der Wanderer zwischen beiden Welten. Ein Kriegserlebnis*, München o.J. [EA 1916], S. 8).

41 Ein Beispiel mag auch hier genügen: Rudolf Peters, 1912 geboren, Mitglied der „Hochtouristengruppe" der Sektion „Oberland" des Alpenvereins und 1935 einer der zwei Erstdurchsteiger der Grand-Jorasses-Nordwand, trug „in seiner Jugend stets eine Ausgabe von Nietzsches *Zarathustra* bei sich" (Mailänder, Nicolas: Spitzenbergsport, in: *Berg Heil! Alpenverein und Bergsteigen 1918–1945*, hg. vom Deutschen Alpenverein, vom Oesterreichischen Alpenverein und vom Alpenverein Südtirol, Köln, Weimar, Wien: Böhlau Verlag, 2011, S. 87–173, hier S. 122).

Perspektivenwechsel und Blickregime

In einigen der im Nietzsche-Aufsatz zitierten Aphorismen deuten sich jedoch Perspektiven an, die auch für Bertrams weitere und weitaus originellere Aufsätze des Jahres 1911 Anstoß gegeben haben könnten. Im Abschnitt „Vogelperspektive" aus *Menschliches, Allzumenschliches* heißt es:

> Diese Gegend ist gar nicht zu malen, es sei denn, daß man wie ein Vogel in der freien Luft über ihr schwebe. Hier ist einmal die sogenannte Vogelperspektive nicht eine künstlerische Willkür, sondern die einzige Möglichkeit.[42]

Und förmlich zweifelnd ist eine Stelle aus dem *Zarathustra:*

> Und all mein Wandern und Bergsteigen: eine Not war's nur und ein Behelf des Unbeholfenen: – fliegen allein will mein ganzer Wille, in dich hinein fliegen![43]

Der Himmel, auf den sich das „dich" hier im Kontext von „*Vor Sonnen-Aufgang*" zweifellos bezieht[44], wird in den anderen Aufsätzen Bertrams zwar ebenso wiederkehren wie die „Vogelperspektive"; insgesamt aber erproben diese Texte, von denen drei im Folgenden kurz umrissen werden sollen, eine von Nietzsche weitgehend unabhängige, Kulturphilosophie und Wahrnehmungspsychologie verbindende Perspektive Bertrams auf das Gebirge. Ihre Titel künden Grundsätzliches an, und die Essays enttäuschen diese Erwartung auch nicht: Sie lauten *Die Berge in der Phantasie, Von der Perspektive* und *Vom Horizont.*

Der erste Text dieser Reihe beginnt mit einer förmlich kulturanthropologischen Herleitung der Vorstellungen von erhabenen Bergen.

> Wenn es wahr ist, daß allein wir es sind, die von uns aus die unbelebte Natur mit den Eigenschaften des Beglückenden und Erhabenen beschenken, so existieren im Reiche der nichtorganischen Natur keine Gebilde, welche diese unsere Geschenke mit solcher Dankbarkeit hinnehmen und wieder an uns verschwenden, wie die Berge.[45]

---

42 Bertram, Nietzsche und die Berge, S. 280.

43 Ebd.

44 „O Himmel über mir, du Reiner! Tiefer! Du Licht-Abgrund! Dich schauend schaudere ich vor göttlichen Begierden. / In deine Höhe mich zu werfen – das ist *meine Tiefe!* In deine Reinheit mich zu bergen – das ist *meine* Unschuld!" (Nietzsche, Also sprach Zarathustra, S. 414.)

45 Bertram, Ernst: Die Berge in der Phantasie, in: *Deutsche Alpenzeitung* XI (1911/1912), 1. Halbband, S. 18–20, hier S. 18.

Selbst in den ältesten Kultvorstellungen nämlich fänden sich Berge als „natürliche Altäre des geahnten Göttlichen", in welchen die Ehrfurcht vor dem Überpersönlichen zugleich ein „Sinnbild" fand und es verklärte und distanzierte.

> Das völlig Einzigartige in der Erscheinung des Gebirges: daß es, wie losgelöst von der sonst alles beherrschenden Horizontale des Erdbodens, aufragt in eine Region des Unirdischen; daß es alle Jahreszeiten und Zonen, wie ungehorchend allen Gesetzen des Irdischen, zugleich kennen kann und seine Gipfel doch in einer Sphäre wohnen, wo Unwandelbarkeit ist; daß sein Reich nicht von dieser Welt ist und doch Wurzeln hat in ihr, daß es dem Himmel nicht angehört und doch zu Zeiten aus seiner Höhe leuchtet wie Gestirne zwischen Gestirnen – dies alles wurde nun im Geistigen zu einem Abbild solcher Kräfte, die zwischen den ewig getrennten Welten vermittelnd thronen, den Menschen fremd, aber Erde aus ihrer Erde, der Gottheit nahe, und doch nicht wie diese unnahbar.[46]

Der Absatz konzentriert in äußerster Verdichtung die im alpinen Diskurs sonst meist als beiläufige Codierung fassbare Markierung von Bergen als Übergangszone zum Heiligen, als allen sonstigen Zeit- und Raumgliederungen enthobene „Sphäre". Die religionsgeschichtlich elementare, mythengenerierende Kraft von Bergen sei, fährt Bertram fort, nun zwar „erloschen"; als „Gewalt", nämlich als „Phantasie der Generationen", sei sie aber auch in der historischen Zeit am Werk – in Bergnamen, Sagen, Gemälden und Dichtungen, der Schwärmerei des 18. und dem „Bergsport" des 19. Jahrhunderts und schließlich sogar in der „Philosophie des Einsiedlers von Sils Maria".[47] Damit ist Bertram bei seinem eigentlichen Gegenstand, der Spiegelung dieser Phantasietätigkeit in der bildenden Kunst, welche Berge seit den Anfängen der neuzeitlichen Malerei nicht etwa abbilde, sondern in charakteristischen und veränderlichen Weisen *umbilde*.

Auffällig sei zum Beispiel in altniederländischen oder altdeutschen Gemälden der Kontrast detaillierter, „‚naturalistischer Treue' des Vordergrundes" zu den „wie gewaltsam emporgetrieben, vielzackig übertürmt" erscheinenden Bergen des Hintergrunds; ähnlich frappierend sei der „rätselhafte Hintergrund höchst seltsamer und unwirklicher Dolomitberge", den Leonardo da Vinci seiner *Mona Lisa* oder der *Felsgrotten-Madonna* gegeben habe. Es handle sich jedoch nicht etwa um ein „malerisches Hintergrundproblem": „Es ist der g l e i c h n i s h a f t e Charakter der Berge, ihr bedeutungsvolles ‚zweites Gesicht', was in diesen stilisierten und aufgehöhten Gebilden der Künstler deutlicher wiederzugeben versucht."[48]

---

46 Ebd. S. 19.
47 Ebd.
48 Ebd.

Das entscheidende Stichwort ist „Stilisierung“. Auch durch die folgenden Epochen, in denen Berge zwar nicht mehr rein ‚typisiert‘, gleichsam als „platonische Idee“, sondern konkreter in der Malerei erschienen, verfolgt Bertram die künstlerischen Darstellungen des Gebirges als in diesem Sinn phantastische Umgestaltungen bis hin zur Romantik; stets sei das ‚Natürliche‘ nur „Vorwand“. Einen vorübergehenden Einschnitt erleide diese Entwicklung zwar durch den „Beginn des ‚photographischen Zeitalters‘“[49], doch die „Kontrolle eines nicht-menschlichen Auges“ erzeuge letztlich nur „neue Möglichkeiten der Stilisierung“, welcher sich die „modernste Gebirgsmalerei“ beispielsweise eines Segantini bediene.

Worauf diese – in Details überraschend differenzierte – Genealogie zielt, wird schließlich im letzten Abschnitt klar: An diesen gerade nicht maschinell supplementierten malerischen Gebirgs-Darstellungen ließen sich nämlich die „psychologischen Gesetze“ der Wahrnehmung von Bergen sozusagen in Anwendung studieren, die auch „außerhalb rein künstlerischer Wiedergabe noch Geltung“ hätten. Die Stilisierungsmethoden entsprächen den typischen „Erinnerungstäuschungen“ in der Wahrnehmung selbst, und deren erste, mit einem Goethe-Zitat beglaubigte, sei die „Ueberhöhung der Vertikale im Verhältnis zur Horizontale“[50]. Eine weitere fände sich in der Typisierung der Formen „bis zur völligen Unwirklichkeit des gegebenen ‚Bergmodells‘“, weitere schließlich in der „Enthaltsamkeit“ in der Kolorierung (der „Zurückführung aller realistischen Buntheit auf den Gegensatz schwarz-weiß“) oder in der Verbergung des Bergsockels in Wolken. Was damit in der bildenden Kunst bis hin zu Segantini und seiner religiösen Deutung der Berge „als Zeugen und ewigen Gefährten von unser aller gleichem und unentrinnbarem Geschick“[51] noch am Werk sei, wäre die Kraft der Kunst, die „Fälschungen unseres Beobachtens“ und unser „unzulängliches Aufnahme- und Erinnerungsvermögen“ zu Hilfsmitteln bewussten Gestaltens umzuwandeln – und sie damit ihrerseits zu Mitteln der Sinngebung des Natürlichen zu erhöhen.

---

49 Ebd. S. 20.

50 Ebd. Das (in anderem Kontext berühmte) Goethe-Zitat stammt aus der *Italienischen Reise* und besagt, dass „die Einbildungskraft aller Menschen durchaus Gegenstände, wenn sie sich solche bedeutend vorstellen will, höher als breit imaginiert und dadurch dem Bilde mehr Charakter, Ernst und Würde verschafft. […] Einbildung und Gegenwart verhalten sich wie Poesie und Prosa, jene wird die Gegenstände mächtig und steil denken, diese sich immer in die Fläche verbreiten. Landschaftsmaler des sechzehnten Jahrhunderts, gegen die unsrigen gehalten, geben das auffallendste Beispiel“ (Goethe, Johann Wolfgang: *Italienische Reise*, Wiesbaden 1959, S. 315 (2. Teil, Eintrag vom 11. Mai 1787)).

51 Ebd.; Bertram betrachtet Segantinis Triptychon „Werden, Sein, Vergehen“ von 1899 als „die großartigste Gebirgsdeutung der neueren Kunst“ (ebd.).

Vordergründig ist der Aufsatz somit eine Apologie der Kunst im Zeitalter der photographischen Abbildbarkeit der Natur, und zwar am Beispiel der Gebirgsmalerei. Dass es Bertram allerdings mit der Erörterung wahrnehmungstheoretischer Momente Ernst ist, erweisen die beiden komplementären Essays *Von der Perspektive* und *Vom Horizont*, die in den Folgeheften der *Deutschen Alpenzeitung* abgedruckt sind. Auch die *Perspektive* zähle zu den „Täuschungen der Natur, die uns beglücken, indem sie uns verblenden“[52], und ihre Reflexion als Wahrnehmungsbedingung gehöre zu den „ungeheuren Entdeckungen des Geistes“:

> Der kindliche Geist weiß nichts von ihr. Gleich nah und gleich weit sind ihm alle Dinge des Seins, das ihn umgibt. [...] Und die Anschauungen der Naturvölker, die Vorstellungen der Sage und des Märchens spielen beständig mit den wunderlichsten Verzerrungen und Verkürzungen der perspektivischen Grundgesetze [...].[53]

Die Erkenntnis, dass das Größer- oder Kleinerwerden der Dinge nach ihrem Abstand ein „Phantom“ der eigenen Wahrnehmung sei, dadurch aber das „wirkliche Sein“ der Dinge stets unfaßlich bleibe, da sie notwendig immer in perspektivischer Verzerrung gesehen würden, hätte, so Bertram, wohl anfangs ein „Erdbebenschreck des Geistes“ sein können, „der den Menschen befällt, wenn er am Sichersten seines Denkens irre wird, das Grausen vor der Auflösung aller gewohnten Formen des Anschauens und Vorstellens.“[54] Auch diese Negativität aber deutet Bertram in eine Glücksmöglichkeit um: „[...] ein Funke dieses Blitzes glimmt in Jedem, der heute von einer Höhe sein Wesen in die endlos blauende Weite hineinversinken läßt. Und auch ein Glücksgefühl von Dankbarkeit ist in solchem Schauen, daß man die Täuschung nicht zu durchblicken braucht, daß man nur leise fühlt, wie diese sichere Gegenwart, diese holde Gegenständlichkeit des Bildes ein Gespinst unserer Sinne ist“.

Das bedeutet nun eine – gerade am Beispiel eines Gipfelblicks illustrierte – eigentümliche Verschränkung der traditionellen und bis in die gegenwärtigen Kulturwissenschaften reichenden Zweipoligkeit der Reflexion von „Perspektive“, die stets als epistemologisches und zugleich als ästhetisches Phänomen diskutiert wurde, als Reflexionsmoment der Standortgebundenheit aller Wahrnehmung und als „Entdeckung“ der perspektivischen Darstellbarkeit

52 Bertram, Ernst: Von der Perspektive, in: *Deutsche Alpenzeitung* XI (1911/1912), 1. Halbband, S. 139–141, hier S. 139.

53 Ebd; die Parallele von „kindlichem Geist“ und „Naturvölkern“ ist für die Kulturphilosophie der Jahrhundertwende bezeichnend.

54 Ebd.

der äußeren Welt seit der Kunst der Renaissance.[55] Bertrams Ausgangspunkt ist eine, wenn man so will, proto-epistemologische Krise, die durch die Entdeckung der Standortgebundenheit von optischer Weltwahrnehmung ausgelöst worden sei; sie verkehre sich aber in der ästhetischen *Betrachtung* der Welt in Glück. Wäre die Perspektivität anthropologisch zunächst „Notwehr", „Wohltat der Sinne an uns, daß uns das räumlich Fernere ‚nichts angeht'"[56], so entschädigt diese Erkenntnis-Beschränkung dafür mit „Möglichkeiten des Schönen" in der Betrachtung. Die Perspektive sei

> über die bloße Bedeutung einer psychologischen Abwehrfunktion hinaus eine Ursache und Vorbedingung dessen, was wir die Schönheit des Natürlichen nennen. Und je höher die Formen dieser Schönheit, desto bedeutungsvoller wird der Anteil des Perspektiv-Gesetzes daran. Für die höchste Form des Naturschönen, für die Landschaft ist sie zuletzt das Eigentliche, das Wesen geradezu.[57]

Komparativ und Superlativ lassen hier schon ahnen, welche Richtung Bertrams Argumentation einschlagen wird; denn im Gegensatz zu gleichbleibenden Horizonten von Meeren oder Ebenen gewinne die stilisierende Wirkung der Perspektive auf einzelne Gegenstände erst in gegliederten Horizonten Kraft. Und

> so sind naturgemäß vor allem Berge diejenigen Formen, an denen wir die künstlerisch-gestaltende, die schaffende Kraft der Perspektive erleben. Sie sind die eigentlichsten Magnete für die unbeschreibbare Sehnsucht der landschaftlichen Empfindung; sie haben jene seltsame Anziehungsgewalt, die entgegengesetzt allen physischen Gesetzen mit der wachsenden Entfernung nur immer zunimmt.[58]

Die im letzten Satz anklingende Paradoxie deutet an, dass es Bertram keineswegs um eine ästhetische Valorisierung von Gipfelblicken als solchen geht. Im Gegenteil – es sei vielmehr die *Distanz*, aus denen der Blick auf Berge jene beglückende Perspektiv-Erfahrung gewinne; seine Beispiele sind denn auch das „unendlich feingezogen am Horizont entlang" wahrgenommene Profil der

---

55 Vgl. zuletzt den Band *Perspektive – die Spaltung der Standpunkte. Zur Perspektive in Philosophie, Kunst und Recht*, hg. von Gertrud Koch, München 2010; ferner Boehm, Gottfried: *Studien zur Perspektivität. Philosophie und Kunst in der frühen Neuzeit*, Heidelberg 1969; der kanonische Text in diesem Zusammenhang ist Erwin Panowskys Studie: Die Perspektive als ‚symbolische Form' [1927], in: ders.: *Deutschsprachige Aufsätze*, Bd. 2, Berlin 1998, S. 664–757.

56 Bertram, Von der Perspektive, S. 139.

57 Ebd. S. 140.

58 Ebd.

Berner Alpen, wie sie von den „südlichen Schwarzwaldhöhen aus" zu sehen sind, der Blick auf die Alpen vom Böhmerwald aus, die „Vision des Montblanc vom Jura aus, des Monte Rosa von der lombardischen Niederung her"[59]. Von (kleineren) Bergen auf Berge blickend erst gewännen diese „phantastischen Gebilde" eine Magie, „welche kein Panorama dieser Bergmassive aus unmittelbarer Nähe auch nur annähernd so ausübt."

Erst in großer Ferne, erst dadurch, dass sie *trotz* dieser Ferne noch erkennbar sind, obwohl sie schon unter die Linie des physikalischen Horizonts hinabzusinken beginnen, erweise sich somit die „eigentliche Schönheit" (Bertram) der Hochgebirge.[60] Sie liegt für ihn folglich nicht in der Fülle der Details, die das Betrachtersubjekt von einem Standpunkt aus erfassen kann; sie liegt ebenso wenig in der durch die Höhe möglichen Totalität der Welterfassung, wie sie in ästhetischen Landschaftskonzepten bis Joachim Ritter formuliert wurde; sie liegt eher in der paradoxerweise noch *in der Distanz* wahrnehmbaren Größe und Erhabenheit über den Horizont.

Und hier liegt der Anknüpfungspunkt für die Schlußwendung des Aufsatzes, der jenseits der ästhetischen noch eine ethische Dimension der Perspektive erkennen will, ihre „Gerechtigkeit". Denn erst die Distanz führe dazu, dass das Verhältnis der „Sockelberge" und „Grate" zum „Hauptgipfel" erkennbar wird, der „immer ragender, immer riesiger aus dem Gewirr der Spitzen heraustritt", je weiter man sich entfernt; auch hier lasse erst die Entfernung die „Idee des Berges" erkennen. Bertram greift sogar zu einer Analogie mit der Geschichte: „Was man in der Zeit die Gerechtigkeit der Nachwelt nennt, ist die der Fernwelt im Raume: sie ist der unerbittlichste Richter, aber auch der klärende und verklärende Künstler". Die Perspektive schenke so, in ihrer ganzen Ambivalenz, eine, ja „die größte Wohltat unseres Daseins: die Möglichkeit einer Ferne."[61]

In analoger Weise behandelt schließlich der dritte Aufsatz Bertrams den *Horizont*, auch hier ausgehend von einer kulturanthropologischen

---

59 Ebd.

60 Man könnte vermuten, dass Bertram dies in Übereinstimmung mit der Ästhetisierung der Alpen bei Stifter schreibt, über den er promoviert hatte (Bertram, Ernst: *Studien zu Adalbert Stifters Novellentechnik*, Dortmund 1907). Denn auch in dessen Werk erscheinen die Alpen meist in dieser Distanz; W.G. Sebald vermerkt in seinem Stifter-Aufsatz: „Den wahren Horizont der Landschaften Stifters stellt doch immer das Hochgebirge, das man ‚gleichsam wie in einem sanften Rauch schwimmend' am äußersten Bildrand sehen kann" (Sebald, W.G.: Bis an den Rand der Natur. Versuch über Stifter, in: ders.: *Die Beschreibung des Unglücks. Zur österreichischen Literatur von Stifter bis Handke*, Frankfurt am Main 1994, S. 15–37, hier S. 27f.).

61 Bertram, Von der Perspektive, S. 141.

Reflexion[62] – der Bannung des Individuums durch seinen Gesichtskreis, seine „furchtbarste Schranke [...], weil sie jeden Moment von ihm selber neu gebildet wird. Der Himmel über uns wechselt, nicht sein Rand."[63] Erkennbar geht es hier nicht lediglich um den physikalischen oder astronomischen Horizont, sondern um eine optische Symbolisierung, um den Horizont als „Schicksalslinie"; ihr entspräche, so Bertram, eine eigentümliche „Horizontangst"[64], die sich in Ebenen zu einem übermächtigen Einsamkeitsgefühl, ja zum „Wüstenschreck", „Seegrausen" und „Steppenwahn" steigern könne. Umgekehrt resultiere daraus aber das „Streben nach Kulissen", welche die reine, unabsehbare Randlinie „verkleiden" würden; und als natürliche derartige Kulissen könnten vor allem Berge fungieren, welche die Illusion des Kreises zugunsten einer unregelmäßigen Grenze aufhöben und daher etwas wie „Heimat" bedeuten könnten.

Dieses „Gesetz der Horizontflucht als eine der Grundbedingungen menschlicher Landschaftsanschauung und –Anpassung" habe aber in der Neuzeit eine langsame Veränderung erfahren: So sei die Schönheit des Gipfelrundblicks und des Hochgebirgspanoramas entdeckt worden, ebenso jene der „Eintönigkeit des Ozeanhorizonts", von Heide-, Steppen oder Wüstenlandschaften. Sie zeigten letztlich die Fähigkeit, „das ursprünglich Feindliche, grauenhaft Ueberwältigende der Naturgewalten und Naturbilder durch die zäh und unnachgiebig wirkende Macht des Intellekts zu entwaffnen".[65] Der Gipfelblick und seine Erweiterung des Horizonts wäre dann – „wie die Tragödie" – eine Form, „die Furchtbarkeit des allgemeinen Menschengeschicks auf dem Umweg über den furchtlos schauenden und gestaltenden Willen zu einem großartigen Genuß werden zu lassen, der über das ‚Reich des Zwanges' hinaushebt."[66]

In dieser Beschreibung der Gegenstrebigkeit von Schrecken und Genuß konvergiert Bertrams Betrachtung wieder mit dem klassischen Erhabenheitsdiskurs seit Burke und Kant. Auch wenn dieser Aufsatz die Koordinaten der ‚touristischen' Landschaftsästhetik daher nicht in derselben Weise verschiebt wie die beiden anderen, sind Bertrams kulturphilosophischen Reflexionen des Gebirges gleichwohl bemerkenswert: Im Gegensatz zu seinem Text

62 Der Aufsatz ist weniger komplex, vor allem aber in seinen gedanklichen Wendungen weniger interessant als die beiden zuvor behandelten; vgl. zum Horizont-Motiv: Koschorke, Albrecht: *Die Geschichte des Horizonts. Grenze und Grenzüberschreitung in literarischen Landschaftsbildern*, Frankfurt am Main 1990.

63 Bertram, Ernst: Vom Horizont, in: *Deutsche Alpenzeitung* XI (1911/1912), 1. Halbband, S. 230–233, hier S. 139.

64 Ebd. S. 231.

65 Ebd. S. 233.

66 Ebd.

über Nietzsche schreiben sie bestimmte Stereotype der alpinen ‚Erhabenheit' nicht einfach fort, sondern untersuchen die ästhetische Faszination des Gebirges – anhand der Malerei und des ästhetischen Eindrucks selbst – als Resultat von Reaktionsbildungen, von Umwandlungen defizitärer oder bedrohlicher Erfahrungen oder Verzerrungen. Auch wenn sie allesamt in Apologien münden, sei es der künstlerischen Alpendarstellung oder der Praxis ästhetischer Naturbetrachtung, implizieren sie so eine reflexive Distanznahme. Und schon die gewissermaßen kompensationstheoretische Grundanlage, vor allem aber die Fluchtlinie des *Perspektiven*-Aufsatzes, dass nämlich erst die *Distanz* der Wahrnehmung, die Ferne vom Gebirge die ästhetische Bedeutung des Gebirges enthüllt, führen damit zur Frage zurück, welcher ästhetische Eindruck hier eigentlich erfahren wird – und wie er künstlerisch reproduziert oder evoziert werden könnte.

Der andere Pol: Die Alpen bei Georg Simmel

Genau dies ist letztlich auch die Frage von Georg Simmels bereits erwähntem *Alpen*-Aufsatz, der ebenfalls 1911 erschien. Allerdings ist es nicht der erste Text des Berliner Philosophen und Soziologen zu den Alpen: Bereits die frühesten Veröffentlichungen Simmels besaßen einen – wenngleich etwas skurril anmutenden – Bezug zu einem alpinen Thema. Sein allererster publizierter Text waren die 1878/79 im *Jahrbuch des Schweizer Alpenclub* veröffentlichten „Fragen über das Jodeln".[67]

Sie standen im Kontext von Simmels Forschungen über den Zusammenhang von Gesang und Sprache, genauer seiner Kritik einer an Darwins *Descent of Man* orientierten Theorie des Sprachursprungs aus „musikalischen Lauten" (gleich dem Gesang der Vögel).[68] Dieser Theorie zufolge basierten die Laute auf geschlechtlicher Erregung und dienten der Lockung des Weibchens; der Gesang der Vögel entspräche allerdings nicht primär „der articulirten [sic]

---

67 Vgl. Simmel, Georg: Fragen über das Jodeln, in: *Georg-Simmel-Gesamtausgabe* Bd 1, hg. von Klaus Christian Köhnke, Frankfurt am Main 1999, S. 88–89 [Erstdruck: *Jahrbuch des Schweizer Alpenclub* 14 (1878/79), S. 552–554]: „Um Beantwortung nachstehender Fragen ersuche ich im Interesse einer anthropologischen Forschung, welche der merkwürdigen Erscheinung des Jodelns in der Geschichte der menschlichen Empfindungsäusserungen den gebührenden Platz anweisen möchte." (S.88) Die Fragen im Einzelnen lauten dann beispielsweise: „ Gibt es an einem und demselben Orte specifisch verschiedene Arten des Jodelns und welche?" oder „Ist etwa das Vergnügen am Spiele des Echo's ein Moment zur Ausbildung des Jodelns?" (ebd.).

68 Vgl. Simmel, Georg: Psychologische und ethnologische Studien über Musik [1882], in: *Georg-Simmel-Gesamtausgabe* Bd 1, hg. von Klaus Christian Köhnke, Frankfurt am Main 1999, S. 45–87 [ED: *Zs. für Völkerpsychologie und Sprachwissenschaft* 13 (1882) H.3, S. 261–305.]

Wortsprache […], sondern ganz genau dem unarticulirten, wortlosen Jodeln des Menschen".[69] Simmel wendet sich indessen grundsätzlich gegen die Vorstellung der Priorität des Gesanges vor der Sprache.

> Würde […] beim Menschen, wenn der wortlose Gesang ihm […] soviel natürlicher wäre als die Sprache, […] er sich dann nicht wenigstens auf der niedrigsten Culturstufe als Ueberbleibsel erhalten haben, so dass er irgendwie einmal in jenes ‚wortlose Jodeln' ausbricht? Aber außer dem Jodeln unsrer Gebirgsvölker, über das nachher zu sprechen ist und das mit der Geschlechtssphäre in gar keinem strengen Zusammenhang steht, ist davon […] nirgends auf der Welt die Rede.[70]

Dieses Jodeln erklärt sich Simmel nämlich als Verständigungszeichen unter kommunikativ schwierigen Gebirgsbedingungen, „als ein zur Kopfstimme umgeschlagner Schrei, dessen häufiges Vorkommen Veranlassung wurde, ihn zu einer kunstmäßigen Art auszubilden."[71] Da er „nur bei Alpenvölkern beobachtet", ferner „mit Vorliebe schon in dem Alter von 8–14 Jahren getrieben wird, wo von geschlechtlichen Momenten noch nicht die Rede sein kann", und schließlich nach Simmels alpinen Umfrageergebnissen gerade kein „Verständigungszeichen zwischen Bursch und Dirne" sei, könne ein „Causalnexus" von Geschlechtstrieb und Jodeln ausgeschlossen werden. Ja „in einem Bericht an mich heißt es: ‚Je vereinsamter der Bergbewohner ist, um so ungekünstelter ist sein Jodeln *und desto weniger erinnert es an Gesang*.'"[72]

Stehen in diesen frühen Schriften offenkundig noch deszendenztheoretische und „völkerpsychologische" Fragen im Vordergrund, für die das Phänomen des einsam jodelnden Bergbewohners gleichermaßen einen empirischen Prüfstein und ein Rätsel darstellt, geraten die Alpen wenige Jahre später unter einem ganz anderen Blickwinkel in Simmels Überlegungen. Der in der Wiener Wochenschrift für Politik, Volkswirtschaft, Wissenschaft und Kunst „Die Zeit" 1895 erschienene Aufsatz „Alpenreisen" analysiert nämlich den „Großbetrieb des Naturgenusses", zu dem die Konjunktur des alpinen Tourismus die vormals einsamen Gebirgsgegenden inzwischen verwandelt habe; von diesem Text wird gleich noch zu sprechen sein.[73] Vor allem aber gilt das für den Aufsatz mit

69 Ebd. S. 46.

70 Ebd.

71 Ebd. S. 86.

72 Ebd. S. 87, Hervorhebung im Original.

73 Simmel, Georg: Alpenreisen. In: ders.: *Aufsätze und Abhandlungen 1894–1900*, hg. von Heinz-Jürgen Dahme und David P. Frisby, Frankfurt am Main 1992, S. 91–95 (= Gesamtausgabe Bd. 5).

dem schlichten Titel *Die Alpen*, den Simmel 1911 in der Essaysammlung *Philosophische Kultur* veröffentlichte.[74]

Der Text beginnt zunächst abstrakt mit der Reflexion einer Größe, die in der Ästhetik gegenüber dem Begriff der *Form* oft vernachlässigt worden sei – der Größe des „Größenmaß[es]" selbst nämlich, der *Quantität*, in der eine Form sich darbiete. Nur in einem bestimmten Spielraum der Quantität besitze eine Form ästhetischen Wert, und die Größe dieses Spielraums wiederum sei signifikant für das „ästhetische[] Wesen"[75] einer Form:

> Indem vor allem die Übertragung der Naturformen in das Kunstwerk dies ersichtlich macht, stellt sich eine Stufenleiter von Formen her, anhebend mit denjenigen, die in sehr mannigfaltigen Größen noch immer ästhetischen Wert besitzen, und mit solchen endend, die diesen Wert ausschließlich an ein einziges Quantum ihrer Darbietung knüpfen. An jenem einen Pole steht die menschliche Gestalt. Wo wir nämlich den Sinn einer Gestalt von innen her durch Miterleben ihres Lebens ergreifen, da wird der Künstler verhältnismäßig leicht um die Verschiebungen, die Akzente und Abschwächungen wissen, deren es bedarf, um bei veränderten Massen [sic] die rechte Bedeutung und Einheit der Form ungeändert wirken zu lassen: der Mensch – und er allein, da wir kein anderes Wesen so tief kennen als ihn – ist deshalb in der Kunst ohne weiteres ebenso als Kolossalfigur wie als Miniatur darstellbar. Am anderen Pol der Reihe stehen die Alpen. (A 296)

Die Begründung für diese – einigermaßen überraschende – Opposition von „Mensch" und „Alpen" als Grundpolarität des ästhetischen Formenspektrums folgt unmittelbar. Die Alpen, fährt Simmel fort, versagten ihren Bildern gerade jenes „Wesentliche" des Gegenstands, das im Kunstwerk, „wie umgebildet auch immer", lebendig sein müsse. Denn keines ihrer Bilder

> erreicht den Eindruck der überwältigenden *Masse* der Alpen, und die größten Alpenmaler, Segantini und Hodler, suchen sich dieser Aufgabe durch raffinierte Stilisierung, Akzentverschiebung, Farbeneffekte mehr zu entziehen als sie zu lösen. Die Formen haben hier offenbar nicht den ästhetischen Eigenwert, der die Änderung ihres Quantums überlebt, sondern er bleibt an dessen natürliches Maß gebunden. (A 297)

---

74 Simmel, Georg: Die Alpen [1911]. In: ders.: *Hauptprobleme der Philosophie. Philosophische Kultur*, hg. von Rüdiger Kramme und Otthein Rammstedt, Frankfurt am Main 1996, S. 296–303 (= Gesamtausgabe Bd. 14); im Folgenden im Text mit der Sigle A zitiert. Die Ausgabe bietet den Text der 2. Auflage von 1918. Der Aufsatz ist die leicht überarbeitete Fassung des im Januar desselben Jahres publizierten Essays „Zur Ästhetik der Alpen", der seinerseits die Summe dessen darstellte, was Simmel in verschiedenen Zusammenhängen über Jahre hinweg zur Ästhetik der alpinen Landschaft notiert und publiziert hatte. Zu den weiteren Publikationen Simmels zu alpinen Themen vgl. unten.

75 Ebd. S. 296.

Die Konsequenz daraus ist so evident, dass Simmel sie unausgesprochen lassen kann: Die Alpen sind, als „anderer Pol“ der menschlichen Gestalt im Spektrum quantitativer Variierbarkeit von Abbildungen derselben Form, ausschließlich in *einer*, nämlich *ihrer eigenen* Größe abbildbar, wenn denn ihr ästhetischer Eigenwert im Kunstwerk erhalten bleiben soll. Und das bedeutet: Sie sind es offenbar überhaupt nicht.

Abb. 9 Ferdinand Hodler, Landschaft am Genfersee (ca. 1906)

Die Alpen sind folglich eigentlich *undarstellbar* – jedenfalls in der bildenden Kunst.[76] Dieser theoretische Befund steht offenbar im eklatanten Widerspruch zur malerischen Praxis, in der spätestens seit dem 18. Jahrhundert die alpine Landschaft zu einem außerordentlich populären Sujet geworden war, und er berührt sich mit Bertrams oben erwähnter Beobachtung einer Krise der künstlerischen Darstellung des Gebirges seit dem Aufkommen der Fotografie. Freilich kann, wie monumental die größten Gebirgsbilder auch sein mögen, offenbar keines (und auch keine Fotografie) dem von Simmel genannten Kriterium genügen, den Eindruck der überwältigenden Masse der Alpen selbst erfahrbar zu machen: Ästhetischen Wert besitzen die Alpen nur in der Autopsie.

Wie ist dieses Missfallen, dieser für Simmel ungewöhnliche theoretische Einspruch selbst den zeitgenössisch avanciertesten Alpenmalern Segantini

76 Vgl. zum weiteren zeitgenössischen Kontext dieser Frage: Behnke, Kerstin: Krise der Repräsentation, in: *Historisches Wörterbuch der Philosophie*, hg. von Joachim Ritter und Karlfried Gründer, Bd. 8, Basel 1992, S. 846–853.

und Hodler[77] gegenüber, erklärlich? Der Grund liegt offenbar in der Qualität dieses ästhetischen Eindrucks selbst, den der Aufsatz im Folgenden ausführlicher und in immer neuen Wendungen zu fassen sucht. Zentral sind dabei zunächst die Kategorien von *Form* und *Masse*: Während die zufälligen Gestalten der Berggipfel „jeder eigentlichen Formeinheit" entbehrten, werde dieses „Irritierende der Form [...] durch die Massigkeit, durch die ungeheure Schwere des materiellen Quantums gewissermaßen dominiert und bis zur Genießbarkeit beruhigt" (A 297). Das „Chaos" der willkürlichen Gipfelprofile würde so durch die „lastende Materialität" des Stofflichen ausbalanciert und zu einem Eindruck verbunden, „in dem sich Erregtheit und Frieden einzigartig zu durchdringen scheinen" (A 298).

Damit ist dieser Eindruck aber offenbar noch nicht zureichend beschrieben. Zwar rückt das Gegeneinander von Formenchaos und materieller Schwere „den Eindruck der Alpen unter letzte seelische Kategorien" (A 298); in ihm zeige sich die „ungefüge Masse des Gestaltlosen", des Zufälligen, ja „das Geheimnis der Materie schweigt heraus, von der man an den Konfigurationen der Berge mehr mit einem Blick erfaßt, als in irgendeiner anderen Landschaft." (A 298) Das eigentlich Interessante liegt für Simmel jedoch jenseits von Form und Masse:

> Andrerseits aber sind die übergroß aufsteigenden Felsen, die durchsichtigen und schimmernden Eishänge, der Schnee der Gipfel, der keine Beziehung mehr zu den Niederungen der Erde hat – alles dies sind Symbole des Transzendenten, den seelischen Blick aufführend, wo über dem mit höchster Gefahr noch Erreichbaren das liegt, zu dem keine bloße Willenskraft mehr hinauflangt. (A 298)

Der Text wechselt an dieser Stelle auffällig das Register: Über die zuvor beschriebene Opposition von Formenchaos und Schwere schiebt sich eine Differenz von Materialität und „Seele" (bzw. „Transzendenz") und wird mit einer *räumlichen* Opposition orchestriert. Der „Schwere" des Materiellen, der „lastenden", also nach *unten* gerichteten Stofflichkeit steht das „Aufsteigen" der Felsen, das „Aufführen" des „seelischen Blick[s]", die „höchste Gefahr" und schließlich das gegenüber, was über allen Gipfeln und allem menschlichen Willen zu liegen scheint. Alle mit dem Transzendenten verbundenen Beschreibungen führen den Index des *Hohen* oder nach *oben* Gerichteten mit sich. Und diese Höhe wird im Weiteren auch die Perspektive des Textes bestimmen.

---

77 Viel später wird sich dieser Einspruch in der vielleicht wichtigsten kunsthistorischen Arbeit zum Gebirge wiederholen, wenn Jacek Wozniakowski schreibt, er könne „dem verbreiteten Lob für Hodler nicht beipflichten, der in vielen seiner Werke für mich einer der Vorläufer der kitischigen Bergwelt ist" (*Die Wildnis*, S. 8).

Zuvor aber kommen mystische Erfahrungen („das Geheimnis der Materie schweigt heraus") und der Körper des Betrachters ins Spiel: Das Transzendente wird bestimmt als das, zu dem „keine bloße Willenskraft mehr *hinauflangt*" (A 298[78]). Und zwei Ausdrücke signalisieren, in welche Regionen des ästhetischen Diskurses Simmel die Reflexion über die Alpen fast unvermerkt überführt hat: Die „übergroß aufsteigenden Felsen" und die „höchste[] Gefahr" des Noch-Erreichbaren konnotieren fast wörtlich jene Simmel zweifellos vertraute Stelle aus Kants *Kritik der Urteilskraft*, in der das Konzept des Erhabenen in der Natur seine kanonische Formulierung gefunden hat. Kant schreibt:

> Kühne, überhangende, gleichsam drohende Felsen, am Himmel sich aufthürmende Donnerwolken, mit Blitzen und Krachen einherziehend, Vulcane in ihrer ganzen zerstörenden Gewalt, Orkane mit ihrer zurückgelassenen Verwüstung, der grenzenlose Ozean, im Empörung gesetzt, ein hoher Wasserfall eines mächtigen Flusses u.d.gl. machen unser Vermögen zu widerstehen in Vergleichung mit ihrer Macht zur unbedeutenden Kleinigkeit. Aber ihr Anblick wird nur um desto anziehender, je furchtbarer er ist, wenn wir uns nur in Sicherheit befinden; und wir nennen diese Gegenstände gern erhaben, weil sie die Seelenstärke über ihr gewöhnliches Mittelmaß erhöhen und ein Vermögen zu widerstehen von ganz anderer Art in uns entdecken lassen, welches uns Muth macht, uns mit der scheinbaren Allgewalt der Natur messen zu können.[79]

Wie zur Bestätigung dieses Kant-Bezugs wird der andere, kanonische Topos des Naturerhabenen neben dem Gebirge – das offene Meer – sogleich in Simmels Text erscheinen. Zuvor jedoch bestimmt dieser die „seelische" Dimension des Hochgebirgs-Eindrucks noch einmal anders – und auf charakteristische Weise abweichend von Kant. Wolken nämlich würden den beschriebenen Eindruck zunichte machen:

> Erst wenn nichts als Himmel über ihnen [sc. den Schneebergen] ist, weisen sie grenzenlos und ununterbrochen in das Überirdische hinauf und können einer anderen Ordnung als der der Erde angehören. Soweit man von einer Landschaft sagen kann, daß sie transzendent wäre, gilt es von der Firnlandschaft – freilich nur dort, wo nur noch Eis und Schnee, aber kein Grünes, kein Tal, kein Pulsschlag des Lebens mehr besteht. Und weil das Transzendente, das Absolute, in dessen Stimmung uns diese Landschaft verwebt, über alle Worte hinaus ist, so liegt es auch, wenn es nicht kindlich vermenschlicht wird, über aller Form. (A 298f.)

78 Hervorhebung M.O.
79 Kant, Immanuel: Kritik der Urteilskraft, in: *Akademie-Textausgabe*, Bd. V, Berlin 1968, S. 260ff. (Vom Dynamisch-Erhabenen der Natur), hier S. 261.

Diese erneute Verschiebung lässt das gerade aufgerufene Konzept des Erhabenen für das beschriebene ästhetische Phänomen als unzureichend erscheinen. Zwar wird hier mit dem Unsagbarkeitstopos („über alle Worte hinaus") der Text selbst in die Evokation des überwältigenden Eindrucks einbezogen; doch anders als bei Kant spielt die *Bedrohlichkeit* des erhabenen Phänomens, seine potentiell vernichtende Macht, welche in der Umkehrung gerade das Selbst-Gewahrwerden des Subjekts in der Anschauung des Erhabenen hervortreibt, trotz der zitierten (imaginierten) „Gefahr" der Bergsteigerei offenbar keine entscheidende Rolle.

Denn statt der Relation zum Betrachtersubjekt – das in Simmels Text ohnedies eher in eigentümlichen Passivkonstruktionen oder Begriffen wie „Eindruck" oder „Stimmung" figuriert – sind für ihn offenbar die Relationen in der betrachteten Landschaft selbst ausschlaggebend, nämlich die *symbolische* Relation zum „Leben" und die *räumliche* Relation zum „Oben". In symbolischer Hinsicht ist der erwähnte Parallelbezug zum Meer aufschlussreich:

> In dieser Entferntheit vom Leben liegt vielleicht das letzte Geheimnis des Eindrucks der Hochalpen. Der Gegensatz zum Meere verdeutlicht dies. Allenthalben wird das Meer als das Symbol des Lebens empfunden: seine ewig formwandelnde Bewegung, die Unergründlichkeit seiner Tiefen, der Wechsel zwischen Glätte und Aufgewühltsein [...] – alles dies gestattet der Seele, ihr eigenes Lebensgefühl in das Meer zu transponieren. (A 299)

Im Gegensatz zu diesem symbolischen Potential des Meers sei das Leben im Hochgebirge jedoch

> von etwas umfangen und irgendwie in etwas hineingewebt, das stiller und starrer ist, reiner und höher als das Leben je sein kann. In den Ausdrücken, die durch Worringer für die prinzipielle Entgegengesetztheit der Kunstwirkungen aufgebracht sind: das Meer wirkt durch Einfühlung des Lebens, die Alpen durch Abstraktion vom Leben. (A 300)[80]

In symbolischer Hinsicht sind die Alpen dem „Leben" folglich inkommensurabel – jenem „Leben", das um 1900 bekanntlich zum Zentralbegriff philosophisch-weltanschaulicher Diskurse avanciert war. Sie sind aber auch

80 Simmel spielt auf Wilhelm Worringers *Abstraktion und Einfühlung* (München 1908) an; wobei der Clou dieser Anspielung natürlich darin besteht, dessen ausschließlich an Werken der Kunst exponierten Kategorien auf ein Phänomen der Naturästhetik zurückzuübertragen, dessen künstlerische Nicht-Reproduzierbarkeit er eben beschrieben hatte. Vgl. zu Worringer und den Diskursen um 1900: Öhlschläger, Claudia: *Abstraktionsdrang. Wilhelm Worringer und der Geist der Moderne*, Paderborn 2005.

> nicht das Sinnbild der Verneinung des Lebens – denn diese steht noch immer in der Ebene und unter der Voraussetzung des Lebens –, sondern seines „Anderen" schlechthin, der Unberührtheit von der zeitlichen Bewegtheit, die die Form des Lebens ist. (A 300)

Die Alpen sind also nicht Sinnbild des Todes, sondern stehen jenseits – oder besser: über – der Differenz von Leben und Tod selbst. Diese „Abstraktion vom Leben" ist jedoch in räumlicher Hinsicht radikal an die Höhe gebunden:

> Und noch einmal steigert sich diese Wirkung von der Felslandschaft aufwärts zu der reinen Firnlandschaft. An den Felsen spüren wir noch irgendwie die entgegengesetzt gerichteten Kräfte: die aufbauenden, die das Ganze gehoben haben, und die zernagenden, wegspülenden, abwärtsrollenden [...]. Die Firnlandschaft aber läßt kein Spiel dynamischer Faktoren mehr fühlbar werden. Was von unten her aufgebaut ist, ist durch den Schnee- und Eisbezug völlig überdeckt. Das Zustandekommen der Form durch Schneefall, Abschmelzen, Getscherbildung ist an der zustandegekommenen nicht mehr zu empfinden. (A 300)

Rhetorisch ist nunmehr der Modus, in dem jener „Eindruck der Hochalpen" empfangen wird, endgültig im Bereich des „Spürens", „Fühlens" und „Empfindens" angesiedelt, verlässt also den Bereich des Äußerlich-Optischen. Und die ‚absolute' Höhe, die diesen ästhetischen Eindruck erzeugt, macht die Gletscherregion nicht nur zum ‚Anderen' des Lebens, sondern auch der Geschichte:

> Das Firnrevier ist sozusagen die absolut „unhistorische" Landschaft; hier, wo nicht einmal Sommer und Winter das Bild wandeln, sind die Assoziationen mit dem werdenden und vergehenden Menschenschicksal abgebrochen, die alle anderen Landschaften in irgendeinem Maße begleiten. (A 300f.)

Es ist bemerkenswert, dass in Simmels sonst stark von Relationalität und einem Differenzdenken *avant le lettre* geprägten Philosophieren hier gleich zweimal in nahem Zusammenhang der Begriff des „Absoluten" erscheint: Das transzendente „Absolute, in dessen Stimmung uns diese Landschaft verwebt", und das „absolut ‚[U]nhistorische'", die „Zeitlosigkeit der Firnlandschaft" (A 298f., 300, 301). Und als würde er dieser Besonderheit selbst gewahr, gilt schließlich der lange Schlußabsatz des Alpen-Essays, der zu den Kategorien des Anfangs zurückkehrt, genau dieser Frage.

> Nun aber bestimmen alle Quantitäten sich nur gegenseitig, es gibt ein Großes nur, weil es ein Kleines gibt und umgekehrt, ein Häufiges, weil es ein Seltenes gibt und so fort. Jedes Ding mißt sich an seinem anderen, jedes ist Pol zu einem Gegenpol, und so kann sich jede Wirklichkeit nur zu einem Eindruck in uns gestalten, indem dieser ein relativer ist [...]. Es liegt auf der Hand, wie

> eindringlich gerade die Berglandschaft hierdurch charakterisiert ist, und wie sie dem ihre Einheit verdankt. Denn indem jedes Oben nur durch ein Unten, jedes Unten – als ein solches – nur durch ein Oben möglich ist, sind diese Teile unvergleichlich enger aufeinander angewiesen, als die Stücke der Flachlandschaft, deren jedes herausgeschnitten werden [...] könnte. Durch ihre Relativität verknüpfen sich die Teile der Berglandschaft zu einer Einheit des ästhetischen Bildes, die der organischen Gestalt, mit der vitalen Wechselwirkung ihrer Teile, verwandt ist. Und nun ist es das Wunderbare, daß das ganz Hohe und Erhabene der Alpen gerade erst fühlbar wird, wenn in der Firnlandschaft alle Täler, Vegetation, Wohnungen der Menschen verschwunden sind, wenn also kein Niederes mehr sichtbar ist, das doch den Eindruck des Hohen zu bedingen schien. (A 300f.)

Die „Berglandschaft" also, in der es Unten und Oben nicht nur gibt, sondern in der sie die Einheit des landschaftlichen Eindrucks allererst hervorrufen, ist für Simmel deutlich von der „Firnlandschaft" geschieden, in der keine Beziehung nach unten – und sei es durch vorgestellte Baumwurzeln – mehr vorhanden ist; einer Landschaft, in der „das Unten sein Recht an die Dinge verloren zu haben [scheint]" (A 301).

> Wenn der Talboden völlig verschwunden ist, stellt sich die reine Beziehung nach oben her, d.h. wir sind nicht mehr relativ sondern schlechthin „hoch", nicht mehr soundso viele Meter über einem Tieferen. Die mystische Erhabenheit dieses Eindrucks ist darum mit dem, was als die „schöne" Alpenlandschaft gilt, gar nicht zu vergleichen: in der die Schneeberge nur als Krönung einer niederen, leichtlebigen Landschaft mit Wald und Matten, Tälern und Hütten dienen, in deren Heiterkeit sie hineingezogen sind. Erst wenn man dies alles hinter sich gelassen hat, ist das prinzipiell, das metaphysisch Neue gewonnen: eine absolute Höhe, ohne die dazu gehörige Tiefe [...]. Dies ist die Paradoxe des Hochgebirges: daß alle Höhe auf der Relativität von Oben und Unten steht, bedingt ist durch die Tiefe – und hier nun doch als das Unbedingte wirkt, das nicht nur die Tiefe nicht braucht, sondern gerade erst, wenn diese verschwunden ist, sich als volle Höhe entfaltet. Hier gründet sich das Gefühl des Erlöstseins, das wir der Firnlandschaft in feierlichsten Augenblicken verdanken, am entschiedensten auf dem Gefühl ihres Gegenüber-vom-Leben. (A 302f.)

Im Ausschreiben dieser „Paradoxe" scheint der Essay am Schluß bereitwillig seine eigenen Voraussetzungen in Frage zu stellen: Nicht nur gibt es jetzt doch eine „schöne" (und folglich doch wohl abbildungsfähige, wenn auch anscheinend etwas clichéhafte) Alpenlandschaft; vor allem wird die Relativität von allem, und insbesondere allem Hohen und Tiefen, weiterhin behauptet, zugleich jedoch ihre Aussetzung im „absolut Hohen" zum Äquivalent metaphysischer Erfahrung erhoben. Erklärlich ist dies, will man Simmel nicht mutwillige Unsystematik unterstellen, eigentlich nur dadurch, dass sein Text jene ästhetische Erfahrung der alpinen Gletscherwelt auch *als Text*, genauer:

als Gedankengang ‚nach oben' evozieren soll, in dem er jene ‚erdgebundene' Relationalität hinter (bzw. unter) sich läßt, die sein Ausgangspunkt war. Und wenn schon vorher gelegentlich mystische Anklänge in Simmels Text verwoben waren, wird mit der „mystische[n] Erhabenheit" und den „feierlichsten Augenblicken" in der Schlusspassage eine unbestimmt-religiöse Dimension unübersehbar. Worin das „Gefühl des Erlöstseins" allerdings bestehen und, mehr noch: *wovon* diese Erlösung eigentlich erfolgen soll, überlässt Simmels Essay der Intuition seiner Leserinnen und Leser.

„Offenbarung der Höhen": Andere Bergphilosophien

Wenn mit Nietzsche als (vermeintlichem) Bergphilosophen sowie mit Ernst Bertrams und Georg Simmels Texten der philosophische ‚Höhenkamm' des alpinen Diskurses um 1911 bezeichnet werden kann, insofern sich zumindest die beiden letzteren dem Problem der Ästhetik des Alpinen auf grundsätzliche Weise widmen, wären eine Reihe weiterer Namen zumindest zu nennen, die in verschiedener Weise ‚praktische Philosophie' in den Bergen betreiben oder ihre alpinistische Praxis doch in einflussreichen reflexiven Texten begleiten und kommentieren. Dazu zählen vor allem der zentrale Stichwortgeber des „Schwierigkeits- und Gefahrenalpinismus" Eugen Guido Lammer, von dem sogleich zu sprechen sein wird; ebenso der von Lammer stark beeinflusste Geologe, Paläontologe, Lyriker und Alpinschriftsteller Oscar Erich Meyer, dessen Sammlung früher veröffentlichter Vorträge und Essays unter dem Titel *Tat und Traum. Ein Buch alpinen Erlebens* 1920 zu einem alpinen Erfolgsbuch werden sollte[81]; ferner der Alpinist, Psychologe und Graphologe Heinrich Steinitzer, der sich mit Lammer einen erbitterten Streit um die Frage des extremen Bergsteigens und die Psychologie des Alpinismus lieferte; schließlich der Geologe, Bergsteiger und Schrifsteller Henry Hoek, der 1901 die zweite deutsche Skiweltmeisterschaft gewann, maßgeblich das Bergsteigen mit Skiern (auch im hochalpinen Bereich) einführte und seit 1906 viele Texte zum Skifahren[82], ab 1919 aber auch andere sehr einflußreiche alpine Bücher veröffentlichte (*Wege und Weggenossen*, 1919; *Der denkende Wanderer* (1920); *Wanderungen und Wandlungen* (1924)).[83]

Auffällig ist bei all diesen Autoren, dass sie die ästhetische Faszination am Alpinen nicht systematisch reflektieren, stattdessen aber, oft verbunden mit eigenen Besteigungsberichten gewissermaßen performativ vorführen und

---

81 Vgl. Meyer, Oscar Erich: *Jacques Balmat und der Montblanc*, Breslau 1908; ders.: *Sucht und Sehnen. Ein Buch Gedichte*, Breslau 1908; ders.: *Die Lieder des leisen Lebens*, München 1910; ders.: *Tat und Traum. Ein Buch alpinen Erlebens*, München 1920.

82 U.a. eines der ersten Ski-Lehrbücher: *Wie lerne ich Schi-Laufen?* München 1909.

83 Vgl. zu Hoek: Günther, *Alpine Quergänge*, 227ff.

nachvollziehbar machen. Exemplarisch zeigen kann dies der historisch ausgreifende Vortrag „Jacques Balmat und der Montblanc" Oscar Erich Meyers von 1907, der die kulturgeschichtliche Nacherzählung der ersten Montblanc-Besteigung durch Jacques Balmat im Jahr 1786 mit der Beschreibung einer eigenen Montblanc-Besteigung verbindet.[84] Ausgangspunkt ist auch bei Meyer die in der alpingeschichtlichen Literatur Topos gewordene, ästhetische Geringschätzung der alpinen Landschaft bis zum 18. Jahrhundert, für die er als Beispiel Tavernier[85] anführt: Dieser habe zwar den oberen Teil des Genfer Sees als „den herrlichsten Punkt der Welt" bezeichnet, „den er je geschaut"[86], doch in diesem Schauen den „montagnes inhospitalières" gerade den Rücken zugewandt. Dagegen assoziiere man selbst, diese Einschätzung bestätigend, doch eher den „Blick hinauf zu den zackigen Gipfeln der Dent du Midi und dem ewigen Eise der Berge um den Großen St. Bernhard" damit.[87]

Meyer rekapituliert dann die Veränderung dieser Naturwahrnehmung durch den (in Genf naheliegenden) Hinweis auf Rousseau, die Engländer Windham und Pococke (1741), um schließlich mit Saussure und Balmat zum Montblanc zu gelangen. Ab diesem Punkt parallelisiert der Text seine eigene Montblanc-Besteigung im Jahr 1906 mit der hundertzwanzig Jahre früheren, er beginnt jedoch mit der Evokation eines Fernblicks (vom einem Gipfel der Savoyer Alpen aus), der seinen eigenen Wunsch erklärt, den Berg zu besteigen:

> Mit schweren grauen Wolken trieb ein starker Wind sein Spiel. Bald schlangen Nebel ihre grauen Schleier um uns, bald gaben sie den Blick auf die nächsten halbverhüllten Berge frei. [...] Stumm mache ich den Freund mit erhobenem Arme aufmerksam: Grau in grau liegt der Horizont ringsum; schier über uns aber glänzt ein kreisrundes Stück tiefblauen Himmels und mitten auf diesem dunkelblauen Grunde in grauem Rahmen schwimmt ruhig und klar eine blendendweiße Firnkuppel in rätselhafter Höhe. Das ist die „Calotte", der Gipfel des Montblanc.[88]

---

84 Der Bauer und Bergkristall-Sucher Jacques Balmat hatte gemeinsam mit dem Arzt Michel-Gabriel Paccard am 8. August 1786 als erster den Gipfel des Montblanc erreicht; zuvor hatte er am 8./9. Juni bei einem gescheiterten Besteigungsversuch eine Nacht ungeschützt auf über 4000 m Höhe verbracht, die heute als erste „Höhenbiwak" der Alpingeschichte gilt. Balmat führte am 3. August 1787 auch Horace-Benedict de Saussure auf den Gipfel des Montblanc.

85 Gemeint ist Jean-Baptiste Tavernier (1605–1689), dessen *Six Voyages* 1676 erschienen.

86 Meyer, Oscar Erich: Jacques Balmat und der Montblanc. Ein Vortrag (1907), in: ders.: *Tat und Traum*, S. 15–33, hier S. 16. Der Text ist dem Nachwort zufolge gegenüber dem tatsächlichen Vortrag gekürzt.

87 Ebd.

88 Vgl. ebd. S. 18f.

Mit dem Bild des zerreißenden Nebel- oder Wolken-Vorhangs als „Rahmen" ruft Meyer einen Topos auf, der seit den Schweizerreise-Berichten des 18. Jahrhunderts den rhetorischen Impuls einer emphatischen Ekphrasis gibt. Hier und in anderen Texten der Jahrhundertwende[89] ist die Beschreibung des ‚gerahmten' Blicks auf den strahlenden Gipfel aber nicht mehr nur ästhetische Valorisierung, ja Sakralisierung des Geschauten, sondern wird als initial für ein von nun an unentrinnbares Begehren gekennzeichnet, in dieses Bild ‚einzutreten': Neben der „stillen Bewunderung", schreibt Meyer, „überfiel uns ein zügelloses Wollen". „In dieser Stunde verfielen wir dem Weißen Berge".[90]

Meyer vergisst in der Nacherzählung von Balmats „Sieg" über den Montblanc zwar nicht die historische Distanz, assoziiert dessen Begehung aber zugleich mit einer Art ritterlichem Kampf gegen einen unbekannten Feind (oder Drachen) und mit der Entdeckung Amerikas:

> Vermessenheit, nachempfinden zu wollen, was dieser Mann in dieser Stunde fühlte! Was ist eine Ersteigung des Montblanc in unseren Tagen gegenüber dem, was Balmat tat! Wir wissen, wie wir den Schild halten müssen, um die Waffen des Hochgebirges zu parieren. Balmat zog in eine unbekannte Welt, von der phantastische Vorstellungen herrschten. Den ‚Christoph Columbus von Chamonix' hat ihn Alexandre Dumas genannt, aber selbst dieses Gleichnisses Fassungsvermögen ist zu klein. Columbus wußte, daß das, was er tat, möglich war, und er brach nach einem bekannten Lande auf – Balmat eroberte Neuland und ging nach der Meinung der Zeit in den Tod.[91]

Die Reflexion der historischen Besteigung – als „Gedanken" an einem Abend in der Hütte in den eigenen Besteigungsbericht eingeschoben – lässt auch insofern die Distanz ermessen, als Meyer am Schluss der eigenen Besteigung der Firnschneide nicht etwa den Gipfel erblickt, sondern „das ‚observatoire Janssen'"[92].

---

89 Vgl. unten den Abschnitt zu „Excelsior!", 2.3.

90 Ebd. S. 19. Der Montblanc geistert in dieser Weise übrigens durch fast alle Texte Meyers,

91 Ebd. S. 23. Alexandre Dumas hatte den damals 70jährigen Balmat 1832 in Chamonix besucht und darüber in den *Impressions de Voyage* einen Bericht geschrieben, der die Rolle von Michel-Gabriel Paccard, der Balmat begleitet hatte, herunterspielte, Balmat dagegen heroisierte; vgl. Dumas, Alexandre: *Impressions de Voyage*, Paris 1840, S. 159ff.; Balmats Erzählung dort S. 170ff.; der Ausdruck „C'est le Christoph Colomb de Chamouny" ebd. S. 158.

92 Meyer, Jacques Balmat, S. 32. Der Astronom Jules Janssen (1824–1907) hatte 1893 auf dem Gipfel des Montblanc ein Observatorium errichten lassen, noch über der Beobachtungsstation, die der Privatgelehrte Joseph Vallot 1890 installiert hatte. Nach Janssens Tod verfiel das Observatorium rasch, an der Stelle von Vallots Observatorium steht heute eine Biwakschachtel. Eine Wetterstation, die der Vallot-Hütte entspricht, ist übrigens zentral im ersten Tonfilm des Bergfilm-Pioniers Arnold Fanck, der 1930 in die Kinos kam (*Stürme über dem Montblanc*, D 1930, R: Arnolt Fanck, D: Sepp Rist, Leni Riefenstahl, Ernst Udet u.a.), vgl. dazu Kapitel 3.5.

Dass er trotzdem anschließt: „Der Montblanc war unser"[93], lässt sich – außer als unfreiwillige Ironie – als Hinweis darauf lesen, dass die ‚Eroberung' nunmehr nur noch eine des Blickes und Horizonts ist:

> Einzig in seiner Art wie der Berg ist der Blick von seinem Gipfel. Die Aussicht von anderen Höhen tritt, losgelöst von der Zinne, auf der wir gerade stehen, wie ferne Gemälde [!] an uns heran. Der Rundblick vom Montblanc ist nur eine einzige Riesenfolie für die Erhabenheit des Berges selber. – Es ist, als riefe einem der Berg selber jubelnd zu: Sieh, ich allein b i n – alles andere lebt nur von meinem Lichte. – Und wahrlich: all die Berggestalten, zu denen wir von unten bewundernd aufgeschaut haben, versinken nun selbst in die Tiefe. Dienend knien die Riesen des Oberlandes, des Wallis, ja selbst das Matterhorn und die sonst himmlische Krone des Monte Rosa vor ihrem Herrn. Unaufgehalten schweift der Blick über der Gipfel fern verebbendes Meer, um alle Fäden der Bewunderung nur immer wieder zurückzuschlingen um den einen Berg, auf dem wir stehen, der allein ungebeugter Sieger geblieben ist …
>
> So ist mir in den Bergen der Montblanc einer Wahrheit tiefstes Sinnbild geworden: Je höher wir uns erheben, um so tiefer sinken in ihre eigene Kleinheit Ziele zurück, die wir erstrebten, als wir selbst noch tiefer standen, und um so weiter können wir die Kreise schlingen, die erweiterte Ziele aufzunehmen fähig sind.[94]

Auch wenn man an einen Text wie den Vortrag Meyers nicht die Kohärenzmaßstäbe einer philosophischen Abhandlung anlegen muss, ist das assoziative Arrangement dieses Schlusses erstaunlich.[95] Der Gipfelblick ist grenzenlos – „[u]naufgehalten" –, wird aber durchzogen von Phantasien anderer Gipfelblicke (die aber „Gemälden" gleichen), und ist schließlich „Riesenfolie" für die Erhabenheit „des Berges selber". Zugleich wird der Montblanc in einer halb feudalen („Zinne"), halb sakralen („Und wahrlich", „himmlische Krone") Semantik als Herr über andere „knien[de]" „Riesen" metaphorisiert, zu denen man einst „bewundernd aufgeschaut" habe, während man jetzt aber auf jenem steht, der „Sieger geblieben ist" (obwohl er doch „unser" ist). Und diese an sich schon durch solche Supplementierungen und weitere Metaphern („der Gipfel fern verebbendes Meer", „Fäden der Bewunderung") eigentümlich delirierende Beschreibung wird am Ende in eine erbauliche Allegorie des

93 Ebd.

94 Ebd. S. 32f.

95 Meyer war immerhin an präzise Beschreibungen gewohnter Geologe und stammte aus einer Gelehrtenfamilie; sein Vater war Physikprofessor in Breslau, die älteren Brüder Arnold Oscar Meyer und Herbert Meyer Professoren für Geschichte und Rechtsgeschichte (am Ende beide in Berlin und beide mit deutlicher Affinität zum Nationalsozialismus). Oskar Erich Meyer selbst wurde 1922 Geologieprofessor in Breslau und starb 1939 an den Folgen eines Bergunfalls.

Höherstrebens überführt, bei der endgültig unklar ist, ob der Berg selbst oder der Bergsteiger Subjekt dieser Erhebung ist.

Als Fluchtpunkt dieser erhebenden Erfahrung wird, wie hier bei Meyer und auch bei anderen der genannten Alpinschriftsteller erkennbar ist, jedenfalls zunehmend das Konzept des „Erlebens" und „Erlebnisses" wichtig: Die eigenen Bergfahrten, auch die Erstdurchsteigungen, werden weniger im Narrativ von überwundenen äußerlichen Schwierigkeiten, Gefahren und ‚Gipfelsiegen' erzählt, als im Hinblick auf das ‚innere Erleben' in diesem Tun, ja den „Traum" – will sagen: das alpinistische *imaginaire* – und seine sprachliche Revokation. In der „Vorrede" der Buchausgabe mit dem sprechenden Titel *Tat und Traum. Ein Buch alpinen Erlebens* von 1920 fasste Meyer dies so zusammen:

> Neben dem Kampf um die Höhen spiegelt dies Buch ein zweites Streben: Mit Worten zu sagen, was mir die Berge sind. Da Viele, nur weil sie den Pickel zu führen wissen, sich auch zum Worte berufen glauben, ist das alpine Schrifttum seit langem in der Minderwertigkeit sportlicher Massenerzeugung versunken. Es war mein Streben, zu zeigen, daß auch der Bergsteiger sein Erleben mit Worten gestalten kann, die künstlerisch gewertet sein wollen und können. So spiegelt auch in dieser Hinsicht mein Buch einen Weg: von der Abhängigkeit der herkömmlichen Art zum freien Endziel des eigenen Stils […].[96]

Konkret äußert sich diese Bedeutung der Erlebnisdimension schon in frühen Texten wie „Die Aiguilles Rouges" von 1907 so, dass Meyer im Bericht von einigen Besteigungen dieser „Roten [Fels-]Nadeln"[97] (darunter einer Erstbesteigung) zwar noch topische Elemente alpinistischer Texte (wie die Beschreibung von Schlüsselstellen oder des Gipfelpanoramas[98]) aufruft, dann aber vom Blick auf den Montblanc zur Erinnerungsperspektive übergeht („Und ich dachte eines längst vergangenen Tages", „und ich fühlte noch einmal den Jubel, als mich der Gipfel des Montblanc wie die Gondel eines Luftballons hochhob über den Bodenzug der Alpen"[99]), um schließlich in einer kommunikativen Paradoxie zu enden:

> Ich habe von dem einsamsten Gipfel der Aiguilles Rouges erzählt und den besuchtesten vergessen: den Brévent. Wenn es mich nie auf seinen Gipfel zog, so tragen die Schuld der sonnendurchglühte Zickzackweg, die Eisenstangen in

96 Ebd. S. 7.
97 Vgl. ebd. S. 35–44, hier S. 35.
98 Ebd. S. 41, ein „sohlenbreiter Riß" durch einen senkrechten Felsabbruch"; andererseits der Gipfel, auf dem ein „Steinmann" und ein „blitzzerspellter Bergstock" von früheren Besteigungen zeugen, in den Meyer „als vergängliches Siegeszeichen ein weißes Stück Papier [klemmt], das unseren Proviant geborgen hatte" (ebd. S. 42).
99 Ebd. S. 43; zur – 1907 – höchst aktuellen Elevationsmetapher des Ballons vgl. unten.

> der „Cheminée“ und das Gasthaus auf dem Gipfel, besonders aber der Turistenstrom, dessen Fluten breit an dem geduldigen Berge emporbranden. Mag dem Bedürftigen die Ursprünglichkeit des einen Gipfels geopfert werden – mein Feld sind Hochgebirge und Einsamkeit. Wer inmitten lärmender Schar um die Offenbarung der Höhen wirbt, wird vergeblich werben.
>
> Zu dem Einsamen aber spricht vernehmlich das laute Schweigen.[100]

Deutlich wird zwar, dass dieser einsam erlebende Hochtourist sich im Gegensatz zum „lärmenden“ „Turistenstrom“ sieht und erlebt, doch entsteht damit die Schwierigkeit, dass seine Texte – die in den großen alpinen Journalen und Zeitschriften erscheinen – ja offenkundig genau von jenen „Turisten“ gelesen werden sollen. Oder anders und in Meyers eigene Paradoxie gewendet: Wenn seine Texte etwas von jenem vernehmlichen „laute[n] Schweigen“ hörbar machen wollten, das auf den Gipfeln nur zu „dem Einsamen“ spricht und ihm eine – mindestens parareligiöse – „Offenbarung der Höhen“ zuteil werden lässt, müssten sie als Texte selbst verstummen. Das allerdings können sie, diese „Offenbarung“ verkünden wollend, nicht, und so tendieren sie immer mehr in Richtung einer alpinen Erbauungsliteratur.

Immerhin wird ihre Form immer kürzer; so versammelt ein Kapitel „Bilder aus dem Hochgebirge“ Denkbilder und Prosagedichte[101]; weitere, im Krieg und kurz danach entstandene Texte weisen auf die immense Bedeutung hin, welche der Weltkrieg für den alpinistischen Diskurs gewinnen wird[102]; und schließlich greift ein 1917 geschriebenes Prosagedicht[103] „Die Wenigen“ das Thema des selbst unter Alpinisten „innerlich Einsamen“ auf. Deren „Seele“ wäre nur „in e i n e m Land in Traum und Taten heimisch […]: in Fels und Firn“; sie seien „die Ewig-Fremden in den großen Städten“[104] und wären besessen von einer „Leidenschaft, die kein Maß und keinen Namen hat.“[105] Durchrhythmisiert und metaphernsatt führt der Text über die Entfremdung schließlich in „Die Erlösung“:

---

100 Ebd. S. 43f. Ähnlich pathetische Stellen oder Passagen, die Möglichkeiten reflektieren, das Erleben „im Spiegel des Wortes“ (S. 132) zu erfassen, finden sich auch in den weiteren Aufsätzen.

101 Vgl. ebd. S. 175–186.

102 Vgl. ebd. S. 187–202, 203–212, dazu unten Kapitel 3.1. und 3.2.

103 Für diese Gattungsbezeichnung sprechen die durchgehende Rhythmisierung und gegenüber der diskursiven deutlich überwiegende metaphorische Kohärenz; Beispiel: „Du [angesprochen ist ‚Der Berg‘] stehst wie einst und tausend Meilen fern von mir und jenem Tag. Noch hat kein Sturm und keine Sonnenglut nur eine Falte deines Mantelwurfs verändert. Und ob du einst zerbröckelnd in die Ebne strömst: […]“ (S. 225).

104 Ebd. S. 223–227, hier S. 223f.

105 Ebd. S. 223.

> So gehen sie hin in Tat und Traum, von Berg zu Tal, von Tal zu Berg. Ein jedes Ringen mit dem Fels ringt mit den Rätseln ihrer Welt. Kein Gipfel macht die Sehnsucht satt, doch jeder leuchtet hell wie das Gelobte Land.[106]

Man könnte das als belanglosen neoromantischen Schwulst bezeichnen, doch zählt Meyer mit solchen Texten zu den zentralen Stichwortgebern der alpinistischen Selbstverständigung in den Jahren vor und nach dem Ersten Weltkrieg. Vor allen stil- oder ideologiekritischen Erwägungen wäre daher zu prüfen, inwiefern diese Texte Aporien der alpinistischen Selbstverständigung offenbaren, die in der alpinistischen Praxis und ihren Codierungen der hochalpinen Zone selbst verankert sind: Mit dieser wird bei Meyer offenbar in traditioneller Weise „Erhabenheit", ferner deutlich Sakralität, Erhebung, Weltentrückung, ja Erlösung („gelobtes Land") assoziiert. In der „alpinen Tat" („Des Bergsteigers letztes, bestes Erkennen bleibt die alpine Tat"[107]) ist diese Sphäre aber auch Bühne der Männlichkeit („der sportliche Kampf" sei den ‚wenigen' richtigen Alpinisten „eine selbstverständliche Äußerung des Mannes [...] wie dem Kinde das Spiel, dem Tiger der Raub"[108]), Schauplatz der Todesverachtung, Ort einer unnennbaren Sehnsucht und schließlich eine Bühne der Konkretheit an Stelle der Unendlichkeit der Wege „geistigen Schaffens"[109]. Ins Pathetische gesteigert, ist der „Erlösungsgedanke" von Simmels Reflexion der alpinen Ästhetik hier nicht mehr weit entfernt – nur freilich, ganz im Gegensatz zu Simmel, ins praktisch, nämlich alpinistisch Erreichbare gewendet; oder, in Meyers Worten – „So wohnt in den Bergen ein ewiger Trost für die Tragik des Lebens."[110]

2.3. Hochtourismus: Diskurse des Extremen

Die Bedeutung dieser Texte läßt sich allerdings erst im Bezug auf ihren sozialen Resonanzraum erkennen, im Blick auf die soziale Verbreitung des Alpinismus, seine Selbstbilder und Selbstverständigungsmedien um die Jahrhundertwende.[111] Schon im letzten Jahrzehnt des 19. Jahrhunderts war der „Deutsche und Oesterreichische Alpenverein" zu stattlicher Größe angewachsen, 1895

106 Ebd. S. 226.

107 Meyer, „Zur Entwicklung des Bergsteigers" (1913), ebd. S. 214–222, S. 222.

108 Ebd. S. 220.

109 Ebd. S. 222. „Die Tat des Bergsteigers allein ernstet den vollen Lohn, der keiner Kunst und Wissenschaft blüht, den Lohn des Siegerwortes: Nichts mehr über mir!"

110 Ebd.

111 Der folgende Abschnitt bezieht sich wesentlich auf die Diskurse in Deutschland und Österreich; zur teilweise abweichenden Entwicklung in der Schweiz vgl. Wirz, *Gipfelstürmerinnen*, passim.

hatte er immerhin schon weit über 30.000 Mitglieder.[112] Organisiert war der Verein in Sektionen, in denen das eigentliche „Vereinsleben" stattfand; von den Generalversammlungen abgesehen, zu denen die Sektionen Delegierte entsandten, war das Kommunikationsmedium im Gesamtverein daher im Wesentlichen die Schrift. Es ist insofern erklärlich, wenngleich in der Höhe doch erstaunlich, dass der Verein anfangs 70 Prozent seines Budgets und selbst kurz vor dem Ersten Weltkrieg immer noch rund 50 Prozent davon für die Vereinspublikationen ausgab.[113] Im Gegensatz zu den Vereinssektionen, bei deren Aktivitäten neben der ‚alpinen Schulung' der Mitglieder der Wege- und Hüttenbau in den Alpen im Vordergrund stand, dominierten im Hauptverein somit literarische, wissenschaftliche und publizistische Interessen – Überbau statt Hüttenbau sozusagen.[114]

Neben der *Zeitschrift des Deutschen und Oesterreichischen Alpenvereins*, einem gebundenen, reich bebilderten[115], repräsentativen Periodikum, in dem vorwiegend Aufsätze, Expeditionsberichte, wissenschaftliche Abhandlungen aus allen erdenklichen Disziplinen und nur gelegentlich Vereinsinterna veröffentlicht wurden, erschienen seit 1875 zweiwöchentlich die *Mittheilungen des Deutschen und Oesterreichischen Alpenvereins*, die neben kürzeren Aufsätzen eine Fülle „Vermischtes" aus diversen Bereichen enthielten.[116] Neben diesen Medien, welche die Spannbreite des Vereins zwischen wissenschaftlichen Ambitionen und aktuellen ‚touristischen' Bedürfnissen zeigen, und den verschiedenen anderen Periodica[117] sind jedoch auch die Führerliteratur, Ratgeber und Handbücher von Interesse, in denen – zum Teil heftig umstritten – der alpinistische *state of the art*, die jeweilige ‚Erschließung' von Gebieten (z.B. durch „Normalrouten") und nicht zuletzt das Selbstverständnis und die Spannungen des alpinistischen Selbstbilds sichtbar werden. Darüber hinaus bieten

112 In den vierzig Jahren von der Vereinigung des Österreichischen mit dem Deutschen Alpenverein 1874 bis zum Ausbruch des Ersten Weltkrieges stieg die Mitgliederzahl von 4.074 auf 102.092 um das Fünfundzwanzigfache. Vgl. Gidl, Anneliese: *Alpenverein. Die Städter entdecken die Alpen*, Wien, Köln, Weimar 2007, S. 83.

113 Vgl. ebd. S. 102.

114 Hinzu kamen Aktivitäten in der Führer-Ausbildung und für wissenschaftliche Unternehmungen (Gletschermessungen, meteorologische Untersuchungen), Rettungswesen, die Zentralbibliothek usw. Vgl. ebd. S. 103.

115 Die Plurimedialität (Texte, Bilder, Karten, Skizzen) und die medienhistorischen Veränderungen dieser Abbildungen in der *Zeitschrift* wären eine Spezialuntersuchung wert, die hier freilich nicht geleistet werden kann.

116 Eine vorzügliche Analyse beider Publikationen sowie teilweise der des *Schweizer Alpen-Clubs* bietet die Arbeit von Günther, *Alpine Quergänge*.

117 Vor allem die *Deutschen Alpenzeitung* (1901/1902–1932), die *Österreichische Alpenzeitung* und Sektionsnachrichten etc.

sie selbst an ihren ‚Rändern' – z.B. in Werbeanzeigen – kultur- und alltagsgeschichliches Anschauungsmaterial in Fülle.

Abb. 10
Werbung der Firma Frey (‚Loden-Frey')
im Jahr 1900

Im Folgenden sollen anhand einiger dieser Publikationen exemplarisch drei zentrale Fragenkomplexe des alpinen Diskurses um 1900 darstellt werden: Das Selbstverständnis der extremen Bergsteiger im Gewahrwerden der ‚Dialektik der alpinistischen Aufklärung' (Günther); die Diskussion um den Gefahren- und Schwierigkeits-Alpinismus als Reflex der sozialen und kulturellen Modernisierung; und schließlich die Diskussion um die ‚Psychologie' des Bergsteigers und die Verbindung oder Differenz von Alpinismus und Sport.[118]

Touristen und Hochtouristen

Im Jahr 1908 erschien in Wien ein kleines Buch eines Prof. F. Niedermayr mit dem Titel *Der Hochtourist. Ein Handbuch für Anfänger.* Es versteht sich als Anleitung oder Schulungsschrift insbesondere für „jene jungen Touristen [...], die sich als führerlose Hochtouristen zu betätigen gedenken", doch beginnt es mit grundsätzlichen Ausführungen:

118 Der folgende Abschnitt erweitert Überlegungen meines Aufsatzes: Todeszonen. Über Denkräume des Extremen im frühen Extremalpinismus, in: *Zeitschrift für Ideengeschichte* H.II/3 (2008), *Extremes Denken*, S. 55–70.

> Zwei Erscheinungen der Natur haben von jeher das Gemüt des Menschen auf das tiefste [sic] erregt, das Meer und das Hochgebirge. In beiden sehen wir gigantische, menschenfeindliche Kräfte an der Arbeit, beide vereinigen mit grauenhaften Schrecknissen strahlende Schönheit. [...] Erst schüchtern und zaghaft, dann immer kecker und mutiger steuerte der Mensch hinaus in die unendlichen Wüsten des Meeres, entschlossen, den Wogen und Stürmen zu trotzen. Längst war er des Meeres Herr geworden, als er die Firnen und Felsen des Hochgebirges zu belagern und zu erobern begann.
>
> Heute sind die Alpen unterworfenes Land. Nur auf wenige Zinnen dieser Riesenfestung hat der Mensch bis jetzt seinen Fuß noch nicht gesetzt.[119]

So topisch der Beginn des Textes die elementaren Naturbereiche von „Meer" und „Hochgebirge" als erhabene charakterisiert, so deutlich wechselt er das Register, wenn er zu seinem eigentlichen Gebiet kommt. Das Verhältnis „des" Menschen zum Gebirge wird als *aktives* und in einer semantischen Mischung aus Trivialromantik („Zinnen der Riesenfestung") und kolonialem Diskurs („unterworfenes Land") beschrieben. Allerdings ist das sentimentale Bedauern unüberhörbar, dass die Alpen im Jahr 1908 kaum mehr unerobertes Terrain bieten. Doch gilt zu bedenken, dass nicht jeder, der in die Alpen fährt, schon ein solch entschlossener Eroberer ist; der Text fährt fort:

> Alljährlich, wenn die ersten heißen Tage den Sieg des Sommers verkünden, beginnt die große Völkerwanderung in die Alpen. Zu Tausenden und aber Tausenden [sic] streben sie dem Gebirge zu, die stillen, einsamen Täler füllen sich mit Menschen, die Bergführer holen Pickel und Seil hervor, die Schutzhütten öffnen ihre gastlichen Räume, nicht lange, und die Felsenwege und Gletscherpfade beleben sich und von den Gipfeln hallt der Schrei fröhlicher Menschen zu den Almen nieder.
>
> Aber nicht alle, die im Sommer in die Alpen pilgern, haben das gleiche Ziel. Vielmehr lassen sich in dem Heere der Alpenwanderer schon bei oberflächlicher Betrachtung drei voneinander scharf geschiedene Typen feststellen.[120]

Die meisten nämlich – die „Überzahl" – würden sich auf die „Bewunderung der Berge von unten" beschränken und in „Kurorten" und „Sommerfrischen" ein beschauliches, allenfalls von „Toilettensorgen" bestimmtes Leben führen. „Wir können Sie", fährt Niedermayr kategorisch fort, „mit dem besten Willen nicht als Alpinisten ansehen und scheiden sie aus unseren Betrachtungen von vornherein aus"[121]. Anders aber stünde es mit den „ausübenden Touristen, den Bergsteigern". Auch hier aber gäbe es eine Unterscheidung: Die einen, und wiederum „die meisten", fänden ihre „Befriedigung darin, den Gipfeln auf

119 Niedermayr, F.: *Der Hochtourist. Ein Handbuch für Anfänger*, Wien und Leipzig 1908, S. 1.
120 Ebd. S. 1f.
121 Ebd. S. 2.

guten Wegen zuzustreben"; es ginge ihnen im Wesentlichen um das „Genießen einer herrlichen Aussicht". Dies sei nun nicht zu verachten und immerhin mit körperlicher Anstrengung und Leistung verbunden. Doch bleibt es eigentlich nur Kontrastfolie für die dritte, die letzte Gruppe:

> Die Hochtouristik, des Alpinismus höchste Vollendung, beginnt dort, wo die Wege und Steige aufhören. Durch gefährliche Schnee- und Eisrinnen, über exponierte Wände, durch Kamine und Risse geht es hinauf zum zackengekrönten Grat, zum Gipfel. Jeder Meter muß erkämpft, ertrotzt werden, in hundert Gestalten lauert der Tod auf die Verwegenen, fürwahr, ein mühseliges, gefährliches Handwerk. Und doch leuchtet aus den Augen der Mutigen, wenn sie nach vollbrachter Arbeit in die Hütte treten, eine heimliche, innige Freude. Sie kommen aus dem Allerheiligsten der Natur, sie haben etwas Großes erlebt, etwas, das sich nicht mit Worten sagen läßt, aber unauslöschlich in die Seele haftet. Und kaum dem Tode entronnen, treten sie ihm von neuem entgegen. Dieser Alpinismus ist ein wahrer Dämon, wen er erst einmal hat, den läßt er nimmer los.[122]

Diesen „Hochtouristen"[123], die nicht nur „hoch" wollen, sondern auch in seiner Bewertung hoch stehen als „des Alpinismus höchste Vollendung", gilt des Verfassers Begeisterung und Sorge; ihnen gelten die Hinweise zur Ausrüstung, Ernährung, zur Technik des Felskletterns und Skifahrens und zu den alpinen Gefahren, die das Buch dann ausführt. Ihnen aber mißt er, und damit endet die Einleitung, auch eminente Kulturbedeutung zu.

> Die letzte Wurzel des Alpinismus ist ein im tiefsten Grunde der Menschenseele schlummerndes Verlangen nach Abenteuern, eine unbezwingbare Freude am Kampfe gegen die Titatenkräfte einer herrlichen, aber dem Menschen feindlichen Natur, ohne Zweifel eine letzte, verdämmernde Erinnerung an die verschollenen Zeiten der Urwelt, da der Mensch, nackt und frei und ungebändigt, das Land durchstreifte. So ist der Alpinismus als eine Art Renaissance des verwegenen, kraftstrotzenden Urmenschentums, bewußt oder unbewußt, die heftigste Reaktion gegen die Dekadenz der Gegenwart mit ihren lächerlichen Menschenkarikaturen. Darin liegt die kulturelle Bedeutung des Alpinismus, daß er der Kraft, der Schönheit und der Freiheit des Menschen dient. Er ist kein Sport sondern ein Bekenntnis.[124]

Unschwer erkennbar sind hier einige Schlüsselworte der Epoche wie das „Erlebnis" („Sie haben Großes erlebt"), aber vor allem die „Dekadenz", und

122 Ebd. S. 3.

123 Seit ca. 1880 werden „Hochtouristen" als eigene Gruppe innerhalb der Bergsteiger geführt. Vgl. z.B. Dent, C.T. (Hg.): *Hochtouren. Ein Handbuch für Bergsteiger*, dt. hg. von Walther Schultze, Leipzig 1893.

124 Ebd.

Niedermayrs Text steht damit, wie gleich zu sehen sein wird, im alpinistischen Diskurs ebenso wenig allein wie mit der Einschätzung, dass der Alpinismus „kein Sport" sei, sondern mehr als dieser.

Wichtig sind aber zunächst zwei Aspekte. Zum einen vollzieht der Text gleich zu Anfang eine mehrfache Differenzierung: Den „Heeren" der Kurgäste und Sommerfrischler im Tal steht die Minorität der eigentlichen „Bergsteiger" gegenüber; diese teilen sich wiederum in die Majorität wandernder Touristen, die auf markierten Wegen zu Aussichtsgipfeln steigen, und jene Elite der „Hochtouristen", die Niedermayr an einer Stelle – Reflex der geschilderten ‚Höhendenker' – denn auch als die „Übermenschen unter den Bergsteigern"[125] bezeichnet. Damit vollzieht der Text aber gleich doppelt eine „interne Spaltung" des Tourismus, wie sie Jonathan Culler in seinem Essay *The Semiotics of Tourism* beschrieben hat.[126] Culler analysiert dort den Umstand, dass in der westlichen Kultur gewissermaßen *alle* Touristen *sind* und zugleich alle anderen *als* Touristen verachten (da diese nämlich immer in ‚Herden' aufträten, während man selbst dagegen als *Reisender* individuell erlebt). Sowohl die elitäre Seltenheit des ‚eigentlichen' Reisens als auch der Distinktionsgewinn erscheinen nun im Gebirge verdoppelt: Die einst stillen Täler füllen sich allsommerlich mit Heeren von Kurgästen; die einst einsamen Gipfel bevölkern sich mit vielen, die auf gesicherten Steigen zu ihnen emporstreben.

Als Refugium bleiben dem „Hochtouristen" daher nur gefahrvolle, noch unbegangene Touren durch Eis-Wände, Rinnen, Kamine und Risse, wo noch „Großes" erlebt werden kann. In seiner „Theorie des Tourismus" hat Hans Magnus Enzensberger die Paradigmatik und die Paradoxie auch und gerade dieses Tourismus folgendermaßen beschrieben:

> Eine Schlüsselrolle in der Geschichte des Tourismus fällt den Bergsteigern zu. [...] Die Schlüsselrolle des alpinistischen Vorstoßes beruht darauf, daß er die romantische Ideologie des Tourismus besonders rein verkörpert. Er richtet sich auf das „Elementare", das „Unberührte", das „Abenteuer". Unter welchem Namen das Ziel auch verstanden wird, ändert an der Dialektik des Vorgangs nichts: indem es nämlich erreicht wird, ist es auch schon vernichtet.[127]

Diese Dialektik ist hier jedoch als performativer Widerspruch mit Händen zu greifen: Einerseits wird eine Art Elite-Tourismus verkündet, der sich offensiv gegen die touristischen Maximen von Bequemlichkeit, Komfort und Sicherheit

125 Niedermayr, Der Hochtourist, S. 4.

126 Vgl. Culler, Jonathan: The Semiotics of Tourism, in: Ders.: *Framing the Sign. Criticism and its Institutions*, London, 1988, S. 153–167.

127 Enzensberger, Hans Magnus: Eine Theorie des Tourismus [1958], in: ders., *Einzelheiten I. Bewußtseins-Industrie*, Frankfurt am Main 1964 [1958], S. 179–205.

stellt, doch andererseits verkündet das Büchlein dieses Elitebewußtsein eben in Form eines „Handbuchs für Anfänger".

Ein zweiter Aspekt ist die kulturkritische Grundierung dieser Besonderheit: Im „Hochtouristen" reinkarniere sich gar der frei und nackt herumstreifende, verwegene und kraftstrotzende „Urmensch", während der Sommerfrischler mit seinen „Toilettensorgen" gerade die Dekadenz verkörpert, vor der jener flieht. Verschärft wird diese Opposition noch dadurch, dass dem kletternden Urmenschen sein massentouristischer Widerpart sozusagen im selben Areal begegnet; nur wird das Nacheinander und Nebeneinander von erlebenden Individualisten und Touristenhorden förmlich in ein *Über*einander umgeschrieben. Dabei steht der *Hoch*tourist nicht nur *über* dem „normalen" Touristen, sondern ist überhaupt durch seine Vertikalorientierung ausgezeichnet: alpinistisch *hoch* ist er zugleich seelisch ganz *tief*.

Es gehört nun zu den Besonderheiten des kleinen Buchs, dass es diese Vertikalorientierung auch performativ, als eine Art ‚Bildungserlebnis' vermittelt, nämlich in der Folge der Fotografien, die es illustrieren: Sie beginnen im Tal, auf flachen Wegen und bei liegender Rast, und zeigen dann sowohl immer steileres Gelände als auch steilere Aufstiegsbewegungen, bis am Schluß der Gipfel eines Felsturms erreicht ist.

Abb. 11a–c Der Weg des Hochtouristen nach oben

Niedermayrs Charakteristik der Situation allerdings ist exemplarisch; die Differenzierung von Alpen-Touristen und ‚Hochtouristen' findet sich in dieser oder anderer Form vielfach, oft als Unterscheidung von Gelegenheitsbergsteigern und ‚eigentlichen Bergsteigern'.[128] Sie artikuliert jedoch ein Dilemma gerade der deutschen und österreichischen Alpinisten: Denn die meisten der

128 Vgl. Ittlinger, Josef: *Alpinismus. Ein Ratgeber für Hochtouristen*, Leipzig 1908, S. 12 (vgl. Abb. unten).

zwischen 1860 und 1874 gegründeten kontinentalen Alpenvereine[129] hatten sich ja, im Gegensatz zum auf die exklusive Mitgliedschaft bergsteigender *gentlemen* beschränkten britischen *Alpine Club*, die Verbreitung der Alpenbegeisterung in weiten Bevölkerungsschichten gerade zum Ziel gesetzt; und ihre „Erschließungsarbeit", die Anlage von Wegen, Schutzhäusern und Hütten, hatte daher die stetig wachsenden Konjunktur von Bergfahrten und Alpenreisen mit in Gang gebracht. In Verbindung mit der Erschließung des Kontinents durch Eisenbahnen[130] und der Anlage von Hotels und Sanatorien veränderte dies nicht nur die Erfahrung und Wahrnehmung des alpinen Raums grundlegend, sondern provozierte permanente Fragen nach dem alpinistischen Selbstbild und Selbstverständnis.

I. Abschnitt.

Der Alpinismus.

Begriff und Wesen.

Seit Bestehen des Alpinismus haben sich Theoretiker und alpine Praktiker bemüht, das eigentliche Wesen dieser epochalen Erscheinung zu ergründen. Noch ist ihnen das nicht ganz gelungen, denn immer wieder taucht die Frage auf. Im Anfange, als der Alpinismus in der Hauptsache die Erschließung der Alpen erstrebte, und wissenschaftliche Zwecke der verschiedensten Art im Vordergrunde standen, schien es, als ob der Alpinismus eine Wissenschaft oder doch wenigstens wesentlicher Bestandteil einer solchen sei. Aber gar schnell wurde diese Frage durch die Anhänger der alpinen Sache selbst in ver-

II. Abschnitt.

Der Alpinist.

Allgemeiner Begriff.

Aus den Leuten, die Berge besteigen, lassen sich zwei Klassen bilden: die Gelegenheitsbergsteiger und die eigentlichen Bergsteiger, die aus einer dauernden Neigung heraus immer wieder das Gebirge aufsuchen. Nur letztere kann man als Alpinisten bezeichnen. Während die ersteren meist keine Ahnung haben, wie man einen Berg besteigt, handeln diese bei ihren Unternehmungen nach den feststehenden alpinen Regeln unter Benützung aller Hilfsmittel, die dem Menschen zur Überwindung der Schwierigkeiten und Gefahren des Hochgebirges zur Verfügung stehen.

Abb. 12a und b Alpinismus und Alpinist, Begriff und Wesen (1908)

129 Sie entstanden alle in einem kurzen Zeitraum: Alpine Club (GB) 1857/58; Österreichischer Alpenverein 1862; Club Alpino Italitano 1863; Schweizer Alpenclub 1863; Deutscher Alpenverein 1869; Club Alpin Français 1874, um nur die größten zu nennen.

130 Die Alpen sind ein eklatantes Beispiel der Neukonstruktion des Raums und seiner Erfahrung durch den Eisenbahnbau; vgl. Schivelbusch, Wolfgang: *Geschichte der Eisenbahnreise. Zur Industrialisierung von Raum und Zeit im 19. Jahrhundert*, Frankfurt am Main 1979.

Ein aufmerksamer Beobachter dieser Entwicklung war nun wiederum Georg Simmel. In einem Beitrag für die Wiener *Zeit* schrieb er 1895 über „Alpenreisen“:

> Zu Zielen, die sonst nur einsamer Wanderung zugängig waren, führen jetzt Eisenbahnen, die sich in rascher Folge accumulieren; wo die Steigungen zu steil sind, um Fahrstraßen zu bauen, wie nach Mürren oder Wangernalp, baut man eine Eisenbahn; schon scheint die Bahn auf den Eiger gesichert, und so viele Bergsteiger bisher überhaupt die schwierige Höhe erstiegen haben – ebensoviele wird die Bahn vielleicht an einem einzigen Tag hinaufbringen. Der Faust'sche Wunsch: ‚Stünd' ich, Natur, vor dir, ein Mann allein!‘ wird immer seltener erfüllt, und deshalb immer seltener gesagt. Es war ein pädagogischer Wert der Alpenreisen, ihre Genüsse nur um den Preis zu gewähren, daß man äußerlich und innerlich auf sich selbst stand; nun aber lockt die Bequemlichkeit der Heer- und Herdenstraßen.[131]

Hier finden sich, auch bei Simmel, wieder die „Heere“ und „Herden“; die Animalisierung der Touristen gehört, wie Culler beschrieben hat,[132] ja zu den Topoi ihrer Verächtlichmachung. Und auch hier findet sich der Bezug auf Nietzsche; den Gegensatz zu den Bequemlichkeiten von Eisenbahnen, Heer- und Herdenstraßen bilden auch für Simmel die „einsame Wanderung“ auf „Höhen, die jenseits unseres Guten und Bösen stehen“[133].

Während Simmel den alpinen Massentourismus also ebenfalls kritisch sieht, empfindet er den von Alpinisten behaupteten ‚Bildungswert‘ des Bergsteigens aber als fragwürdig. Das Bergsteigen gäbe zwar „dem Empfinden eine ungeheure Spannung und Schwellung“; „die große Natur in ihrer unvergleichlichen Verschmelzung von düsterer Kraft und strahlender Anmuth erfüllt uns im Augenblicke der Betrachtung mit sonst unerreichten Gefühlsintensitäten“.[134] Doch diese Empfindungen seien, ähnlich den von Musik ausgelösten, nur temporär und hätten nichts mit wirklicher Persönlichkeitsbildung zu tun. Genau dies aber würden nun Vertreter des „Hochalpensports“ behaupten:

> In den Kreisen des Alpenclubs gilt die Vorstellung, das Ueberwinden der lebensgefährlichen Schwierigkeiten sei sozusagen sittlich verdienstvoll, als ein Triumph des Geistes über den Widerstand der Materie, als ein Ergebnis ethischer Kräfte: des Muthes, der Willensstärke, des Aufgebotes alles Könnens für ein ideales Ziel. Und über diesen wirklich eingesetzten Energien vergißt man, daß sie hier nur

131 Simmel, Georg: Alpenreisen, in: *Aufsätze und Abhandlungen 1894–1900*, hg. von Heinz-Jürgen Dahme und David P. Frisby, Frankfurt am Main 1992 (Gesamtausgabe Bd. 5), S. 91–95, hier S. 91. Erschien zuerst in: *Die Zeit. Wiener Wochenschrift für Politik, Volkswirtschaft, Wissenschaft und Kunst*, 4. Bd. 1895, S. 23–24 (13.7.1895).

132 Culler, The Semiotics of Tourism, S. 153ff.

133 Simmel, Alpenreisen, S. 91.

134 Ebd. S. 92.

> als Mittel für ein völlig sittlichkeitsfremdes, ja, oft unsittliches Ziel aufgehoben werden, für den momentanen Genuß, der aus solcher Anspannung aller Lebenskräfte, aus dem Spiele mit der Gefahr, aus der Ergriffenheit durch das erhabene Bild fließt.[135]

Simmel reagierte damit, obwohl er selbst fast jeden Sommer in die Alpen reiste und die ästhetischen Genüsse der Alpen zu den „höchsten"[136] zählte, kritisch auf eine entscheidende Entwicklung vor allem im deutschen und österreichischen Alpinismus. Schon seit den frühen 1860er Jahren hatten einige Alpinisten begonnen, im Unterschied zu den britischen Bergsteigern, die ihre Touren fast immer mit einheimischen Bergführern unternahmen, *ohne* Führer (und nicht selten ganz ohne Begleiter) zu klettern; man bezeichnete dies als „führerloses" Bergsteigen, und genau für diese „führerlosen Hochtouristen" schreiben Niedermayr und andere nach der Jahrhundertwende ihre Anleitungen und Handbücher. Eine 1924 erschienene monumentale Studie Wilhelm Lehners über „Die Eroberung der Alpen" begründet diese Entwicklung in der Rückschau damit, dass man die Abhängigkeit vom Führer abstreifen wollte; es mußte, so Lehner,

> den jungen deutschen Alpinisten unwürdig erscheinen, auch weiterhin noch ausschließlich in den Fußtapfen [sic] der Führer zu wandeln. Selbst wollten sie sich ihr Werk schmieden, selbst das Werkzeug nach allen Regeln der Kunst beherrschen. Es ist gewiß kein Zufall, daß dieser Entwicklungsgang in die Zeit fällt, zu der im Deutschen mit dem zunehmenden Volksreichtum auch das Volksbewußtsein und weltpolitische Denken kräftig Wurzeln zu schlagen begann. Auf allen Gebieten regte sich kraftvoll der deutsche Geist und forderte den ihm zustehenden Platz an der Sonne. […] Was Wunder also, daß auch im Alpinismus der auf eigenen Füßen stehende, von fremder Beihilfe unabhängige Bergsteiger, der Führerlose, entstand.[137]

Es ist von einiger Ironie, daß in dieser nationalistischen (Alpin)-Geschichtsschreibung, die das alpinistische Erobern des Gebirges mit dem kolonialistischen Streben nach einem „Platz an der Sonne" parallelisiert, ausgerechnet die Emanzipation der Bergsteiger von „Führern" zur „große[n] Kehre der hochalpinen Entwicklung"[138] erklärt wird. Doch in der Sache war diese Emanzipation folgenreich: Verstärkt wurden nun alpine Touren unternommen, die zuvor von einheimischen Bergführern aus Selbstschutz oder Verantwortungsgefühl als undurchführbar bezeichnet worden waren; und ganze

135 Ebd. S. 93.
136 Ebd. S. 94.
137 Lehner, Wilhelm: *Die Eroberung der Alpen*, Leipzig, Zürich 1924, S. 188.
138 Ebd. S. 189.

Gebiete der Alpen, die außerhalb der touristisch schon erschlossenen Regionen lagen, wurden nun von ‚Pionieren' wie beispielsweise Hermann von Barth, den Brüdern Zsigmondy oder Ludwig Purtscheller neu „erobert".[139]

Damit kam nun jene Differenzierung im Alpinismus selbst in Gang, von der oben die Rede war: Während ein größerer Teil der Bergsteiger sich weiter auf Führer verließ und die Annehmlichkeiten besserer Erschließung genoß (wie sie Simmel beschrieben hatte), wurden von einer alpinistischen Elite genau diese Zivilisierungen kategorisch abgelehnt und immer schwierigere Besteigungen angegangen. Ferner suchte man nicht länger die einfachsten Anstiege auf den Gipfel, sondern im Gegenteil besonders ausgesetzte Grate, Wände oder Überschreitungen als besondere Herausforderungen. Die Entwicklung der „führerlosen Tur" wurde so zur Bedingung der Möglichkeit alpinistischer Avantgarden.

Gefahrenalpinismus

Sowohl die immer weitere Verbreitung des Bergsteigens als auch die zunächst auf wenige ‚Extreme' beschränkte Praxis des ‚führerlosen' Alpinismus und der Begehung immer schwierigerer Routen brachten in den letzten beiden Jahrzehnten des 19. Jahrhunderts jedoch das Thema der alpinen Unglücksfälle ins Zentrum der Diskussion. So stürzte – paradoxerweise im Erscheinungsjahr seiner Lehrschrift „Die Gefahren der Alpen" (1885) – mit dem erst 23jährigen

139 Dass dadurch auch eine Wahrnehmungs-Änderung des alpinen Raums vorbereitet wird, in der nunmehr ein Kampf oder Ringen mit „der" Natur im Vordergrund steht, wird vor allem bei dem Geologen Hermann von Barth sichtbar, der seit den späten 1860er Jahren die Berchtesgadener Alpen und das Karwendel erschloss; vgl. Barth, Hermann von: *Aus den nördlichen Kalkalpen. Ersteigungen und Erlebnisse in den Gebirgen Berchtesgadens, des Algäu* [*sic!*], *des Innthales, des Isar-Quellengebietes und des Wetterstein. Mit erläuternden Beiträgen zur Orographie und Hypsometrie der Nördlichen Kalkalpen geschildert von Hermann von Barth*, Gera 1874. [ND: München 1984, mit einem Nachwort von Albert von Schirnding]. In dessen Einleitung heißt es beispielsweise: „Werth der Beachtung, werth des Besuches der Bergfreunde sind sie in der That, diese Kalkalpen. Und *einen* Vorzug besitzen sie vor den begletscherten Gebirgen, – ein Vorzug freilich, der in den Augen der alpinen Welt wohl eher als das Gegentheil eines solchen angesehen werden möchte: auf sein eigenes Können *allein* gestützt, vermag der Alpenwanderer ihren Firsten zu nahen, und nur dem, der dies vermag, öffnet sich das Allerheiligste ihres Tempels. Preiset nicht das begeisterte Wort kühner Hochgebirgsdurchforscher das Ersteigen seiner Gipfel als die Bethätigung der Ueberlegenheit menschlicher Kunst, menschlicher Kraft, gelenkt von selbstbewusstem Willen, über den starren Widerstand der Materie, – als Besiegelung der Herrschaft des Menschen im ganzen Reiche der Natur? – Wo möchte die Ueberlegenheit schärfer zum Ausdrucke gelangen, wo möchte Siegesfreude und Siegeszuversicht gewaltiger emporlodern als da, wo der einzelne Mensch für sich allein den Kampf besteht, – kein Mehr kein Weniger, – das *Ganze* des Erfolges durch eigenes Thun errungen hat?" (ebd. S. 12)

Emil Zsigmondy ein prominenter „führerloser" Bergsteiger tödlich an der Meije ab.[140] Die selbstgewählten Gefahren bildeten aber nur den einen Pol des alpinistischen Risikospektrums; schon die zunehmende Zahl von Alpentouren teils unerfahrener und unbekümmerter ‚Normalbergsteiger' verursachte eine stetig wachsende Zahl von Unfällen. Sind es, wie die Beschreibungen in den *Mitteilungen des Deutschen und Österreichischen Alpenvereins* 1890 ausweisen, in diesem Jahr 17 Fälle, vervielfacht sich die jährliche Zahl im folgenden Jahrzehnt, und seit 1898 erscheinen regelmäßig Artikel in den *Mitteilungen*, welche diese zu analysieren versuchen.[141] In einem weiteren Handbuch für Hochtouristen heißt es bereits im Jahr 1900:

> Mit großer Aufmerksamkeit verfolge ich seit längerer Zeit die Reihe der alljährlich wiederkehrenden Unglücksfälle im Hochgebirge. Hierbei stelle ich regelmässig fest, dass eine nicht unbedeutende Anzahl dieser Katastrophen lediglich auf Mängel und Fehler in der Ausrüstung der betreffenden Touristen zurückzuführen ist. So hätte, um nur einige Beispiele aus den letzten zwei Jahren aufzuführen, die Mitnahme der Fäustlinge und genügender Lebensmittel den Tod des Dr. Schmitt an der Zugspitze sicher verhindert, [...] ein zu kurzes Seil verursachte den Tod des Prof. Nasse am Piz Palu [...].[142]

Doch trotz der Banalität mancher Unglücksursachen geriet durch die wachsende Zahl von Unglücken das Bergsteigen insgesamt unter Legitimationsdruck: Diese Abstürze schienen nun *seine* „Dekadenz" geradezu wörtlich zu illustrieren und es als Praxis zu erweisen, die allen bürgerlichen Sicherheitsbedürfnissen Hohn sprach. Umso nachdrücklicher wurde in den Alpenvereinen darum ein Legitimationsdiskurs geführt, der die ‚ideale' Seite des Alpinismus betonte und dessen positive, ‚charakterprägende' Seiten hervorkehrte. Ludwig Norman-Neruda verteidigte in einer Abhandlung über „Die alpinen Unglücksfälle des Jahres 1894" den Alpinismus damit,

> dieser [habe] in seiner *idealen* Bedeutung das den meisten Sports vor, daß er den Menschen zwingt, dort seine Kräfte zu versuchen und zu stählen, wo die Natur am erhabensten und am grossartigsten ist, daß er nicht den Tod auch nur des kleinsten Thierchens bezweckt, daß er diejenigen, die ihn ausüben, nicht untereinander zum Wettbewerb antreibt, daß er seinen Anhängern weder Preise noch Medaillen verschafft, daß er die Selbstlosigkeit fördert, ja die Aufopferung des Einen für den Anderen geradezu verlangt.[143]

---

140 Vgl. zu Zsigmondy: Günther, *Alpine Quergänge*, S. 164f.

141 Vgl. z.B. Becker, Gustav: Die Hochalpenunfälle 1899, in: *MDÖAV* Bd. 26 (1900), Nr. 5, S. 51–54 sowie in den Folgeheften; hierzu Günther, *Alpine Quergänge*, S. 166f.

142 Simon, J.: *Die Ausrüstung des Hoch-Touristen*, 3.A. München 1900, S. 3.

143 Ludwig Norman-Neruda: Die alpinen Unglücksfälle des Jahres 1894 [ersten Teil], in: *MDÖAV* Bd. 21 (1895), Nr. 3, S. 28–31, hier S. 29. – Drei Jahre nach Erscheinen des Aufsatzes stürzte übrigens auch dessen Autor tödlich ab.

Und es war offenkundig dieser Diskurs über die sittliche, persönlichkeitsbildende Bedeutung von Schwierigkeit und Gefahr, auf welchen Simmel in seinem Artikel über die „Alpenreisen" kritisch reagierte.

Unter anderem auf Simmel reagierte in derselben Zeitschrift aber wiederum der Wortführer des „führerlosen Bergsteigens", der Wiener Gymnasialprofessor Eugen Guido Lammer[144]. Hatte er bereits vorher in den *Mitteilungen* das ‚führerlose' Gehen damit propagiert, dass der „Einzelkampf mit schwierigem Hochgebirge" „alle Kräfte des Körpers und sehr viele des Geistes"[145] mehr fordere als irgendeine andere menschliche Tätigkeit, war der äußerer Anlaß seines Artikels 1896 die in diesem Jahr ausgetragene und zeitgenössisch ebenfalls umstrittene erste Olympiade der Neuzeit. Doch aus Lammers Sicht ist eben „[d]as wahre *enfant terrible* des scheidenden Jahrhunderts [...] der Bergsport":

> Wie auf ein rotes Tuch fährt auf ihn der Bullenzorn des Philisters los [...]. Und in der Tat, der Alpinismus ist des Jahrhunderts echtestes Kind. Als Rousseau vor 140 Jahren entdeckte, daß die Alpen schön seien, da hatte ihn ein großer Ekel fort aus der Welt des Puders und der Seidenstrümpfe in die abgelegensten Winkel getrieben. Auch jetzt wieder faßt viele eine unsägliche Kulturmüdigkeit; mitten aus dem Raffinierten und Übernervösen, aus dem Räderwerk komplizierter Maschinen, aus dem Getöse und Gehaste heraus tönt immer brünstiger der Sehnsuchtschrei nach Stille und Einfachheit. Und wo könnten unsere gemarterten Nerven diese schneller und leichter finden als im Hochgebirge?[146]

Es ist bemerkenswert, daß unter den Antrieben des Bergsports mit der Nervosität sogleich ein Zentralmotiv der Epoche erscheint;[147] und hier schon sind einige Zauberworte und Leitdifferenzen vitalistischer Zivilisationskritik des *fin de siècle* – Müdigkeit, Maschinenkultur, Beschleunigungsangst, Stadt

---

144 Lammer, Eugen Guido: Der Bergsport, in: *Die Zeit*, Wien 1896, Nr. 94; hier zit. nach ders.: *Jungborn. Bergfahrten und Höhengedanken eines einsamen Pfadsuchers*, Wien 1922, S. 209–217. Vgl. zu Lammer Walkner, Martin: Zur Entstehung des Alpinismus im Wien des Fin de Siècle. Die Bedeutung von Eugen Guido Lammer, in: *Zeitgeschichte* 23 (1996), S. 291–305; ferner zum späteren Konflikt mit Steinitzer den Aufsatz von Märtin, Ralf-Peter: Talschleichen oder Gipfelstürmer. Der Streit zwischen Heinrich Steinitzer (1869–1947) und Eugen Guido Lammer (1863–1945) über Alpinismus, Sport und Kultur, in: *Jahrbuch der Deutschen Gesellschaft für Geschichte der Sportwissenschaften* 2006, S. 60–75.

145 Lammer, Eugen Guido: Führerloses Alleingehen im Hochgebirge, in: *Mittheilungen des deutschen und oesterreichischen Alpenvereins* Bd. 15 (1884), S. 284f.; wieder (überarbeitet) in ders.: *Jungborn*, S. 200–204.

146 Lammer, Bergsport, S. 210f.

147 Vgl. Radkau, Joachim: *Das Zeitalter der Nervosität. Deutschland zwischen Bismarck und Hitler*, München 1998. So schreibt Lammer 1894 auch, der Drang zu Gefahren und Schwierigkeiten im Gebirge steige „spontan aus den Nerven des Geschlechtes der [sic] *fin de siècle* empor" Lammer, Eugen Guido: Großvenediger [1894], wieder in: *Jungborn*, S. 44–69, hier S. 69.

vs. Natur, Lärm vs. Stille, Raffinesse vs. Einfachheit – erkennbar, die dann auch in Grundsatzerwägungen alpinistischer Handbücher wie des oben genannten Beispiels Eingang finden. Fast schon psychoanalytischen Klartext spricht nun Lammers Fortsetzung, die ebenfalls deutlich als Quelle des oben zitierten Textes erkennbar ist:

> Und wie wohl uns wird, wenn wir den nackten Fels mit der nackten Faust packen, statt all der Maschinen dort drunten höchstens einen schlichten Eispickel oder ein Seil als Gehilfen! ‚Steh' ich, Natur, vor dir ein Mann allein, da ist's der Mühe wert, ein Mensch zu sein.' In solchen einsamen Augenblicken wird uns dann so wildkatzenhaft zu Mute, wir fühlen uns fast wie die stolzen und freien Menschentiere der Urzeit […]. Ja, viele von uns sind kultursiech geworden. Und darum sind die echten Alpinisten geschworene Feinde aller Bergbahnen, aller Höhenhotels mit Schwalbenschwanzkellnern, aller Verkünstelung der rauhen Bergnatur.[148]

Indem er denselben Goethe-Vers zitiert wie Simmel, ihn aber in den Realis umdichtet[149], unterstreicht Lammer sowohl sein authentisches Erleben als auch den Bildungsanspruch des akademischen Alpinisten. Umso deutlicher muss er – Stichwort ‚Urmensch' – allerdings dem Verdacht eigenen Philistertums[150] vorbeugen: Hier hält keine kultursieche Hand Goethes „Faust", sondern die nackte Faust nackten Fels oder einen Eispickel; an der animalischen Männlichkeit dieses „stolzen und freien Menschentier[s] der Urzeit" soll offenbar kein Zweifel aufkommen dürfen.

Jedoch stand Lammer zunächst mit dieser Position und seiner alpinistischen Praxis des Alleingehens wirklich recht alleine da;[151] ging er anfangs in den Bergen noch mit Begleitern, begann er bald Eiswände, Lawinenrinnen und steinschlag-gefährdete Bergflanken allein zu durchsteigen. So bis zur Verrücktheit waghalsig Lammers Touren – wie die Alleindurchsteigung der Großvenediger-Nordwestwand im Winter – in den Augen seiner Zeitgenossen waren, so provokativ waren andererseits seine Texte; und sie kreisten, wie der Bergsport-Aufsatz, immer wieder um die Gefahr. Denn Gefahr, so argumentierte Lammer, rufe „immer neue Reserven der Leibes- und Seelenkräfte" herbei, „nur um nicht zu sterben"; sie verlange den „ganzen Einsatz" – und sie

148 Lammer, Bergsport, S. 211.

149 Der von Simmel richtig (an)zitierte Vers lautet: „Stünd' ich, Natur, vor Dir ein Mann allein / Da wär's der Mühe wert, ein Mensch zu sein" (Johann Wolfgang Goethe, Faust II, Vs. 11406f., HA III, S. 343).

150 Der Vorwurf des Philiströsen ist umgekehrt ein Topos in der Konstruktion des „Antialpinismus" aus der Sicht der kritisierten Bergsteiger selbst; vgl. Günther, *Alpine Quergänge*, S. 157–161.

151 Vgl. zum Kontext Günther, *Alpine Quergänge*, S. 161–170, hier S. 169.

werde dadurch zum völligen Gegenpol der „moderne[n] Teilung der Arbeit", die gerade *keinen* solchen Einsatz des Ichs mehr verlange. Das gelte ebenso von der Industriearbeit – „Maschinenwartung" – wie vom Tun des „sogenannte[n] geistige[n] Arbeiter[s]", der „beim Licht betrachtet, gewöhnlich eine Art Lokomotivführer" sei, „eingeschnürt in tausend Normen, die für ihn des Denkens besten Teil besorgen; dem Beamten, dem Lehrer, dem Handelsangestellten schraubt sich die Unfreiheit immer enger um die Kehle, ein Zerbrechen der Schablone wird immer schwerer". Selbst der moderne Krieg sei „meist nur eine Massenbewegung von Schachfiguren", und Lammer sieht die Gesellschaft „scheinbar rettungslos in das ärgste Chinesentum hineinsteuern".[152]

Es ist nicht zu übersehen, dass Lammer um die Auratisierung des Gefahrenmoments eine ganze Reihe von Elementen versammelt, wie sie Diagnosen der Moderne von Max Weber bis Ernst Jünger bestimmen werden: Entindividualisierung und Entfremdung durch die moderne Arbeitsteilung, Maschinenhaftigkeit der Existenz, Entzug selbst noch von Möglichkeitsräumen traditionellen Heroismus' wie im Krieg. All dem steht der Asylraum des Gebirges und dort die Intensivierung des Lebens im Augenblick der Gefahr gegenüber.[153] Selbst wenn Lammer in der Folge zunehmend „Ganzheitlichkeit" und „hellenische Harmonie" an die Stelle des Gefahrenideals setzte, wird er damit für die alpinistische Folgegeneration äußerst einflußreich: Lehner bezeichnete ihn 1924 als „Nietzsche extremen alpinen Sports"[154].

Empor! Avantgarden in der Vertikalen

Die von Lammer und – in verschiedenen Schattierungen – von anderen propagierte Praxis eines Schwierigkeits- und Gefahrenalpinismus provozierte in den Jahrzehnten um die Jahrhundertwende jedoch einen Grundsatzkonflikt zwischen ‚alpin-conservativen Kreisen'[155] und einer sich diesen gegenüber als ‚junge Generation' positionierenden Elite, die im Lauf der Diskussion die Deutungshoheit gewann.[156] Das bedeutet nicht unbedingt, dass die kulturkritischen Elemente beispielsweise von Lammers Texten Allgemeinverständnis wurden; *in* diesem Konflikt aber rekurrierten die Positionen auf

152 Alle Zitate ebd. S. 214f.

153 Vgl. zu Jünger in diesem Zusammenhang Encke, Julia: *Augenblicke der Gefahr. Der Krieg und die Sinne, 1914–1934*, München 2006, hier S. 64ff.

154 Lehner, Eroberung, S. 204; er greift damit die Einleitung des im folgenden dargestellten Buchs über Georg Winkler von 1906 wörtlich auf (S. 13: „Lammer war der gedankenschwangere Nietzsche extremen alpinen Sports").

155 Der zeitgenössische Ausdruck zit. bei Günther, *Alpine Quergänge*, S. 169.

156 Zur kultursoziologischen Interpretation des Konflikts vgl. ebd. S. 169f.

aktuelle Diskursmuster, und die Debatte wird dadurch ein Echoraum moderner Kulturkritik.

Ein frühes (und extremes) Beispiel eines führerlosen Kletter-Avantgardisten kann sowohl diese Praxis als auch die Entwicklung des Diskurses darüber illustrieren. Der 1869 geborene Münchner Gymnasiast Georg Winkler, ein hervorragender Turner, hatte als Elfjähriger auch mit dem Bergsteigen begonnen und war wenig später dazu übergegangen, immer anspruchsvollere Routen in den Dolomiten und im Kaisergebirge zu klettern; so gelangen ihm mehrere Erstbesteigungen und die Erschließungen neuer Routen, darunter der Cima della Madonna und am Zwölferkogel in den Dolomiten. Als Höhepunkt seiner alpinistischen Karriere kann die Erstbesteigung eines Turms in der Vajolet-Gruppe des Rosengartens 1887 gelten, der später nach ihm „Winkler-Turm" benannt wurde; kurz nach dem Abitur brach er ins Wallis auf, bestieg das Zinalrothorn (4262 m), stürzte aber beim Besteigungsversuch des Weisshorns (4505 m) in dessen Westwand mit neunzehn Jahren tödlich ab.[157]

Abb. 13 ,Winkler-Turm' (Bildmitte)

Die alpinistischen Leistungen Winklers, aber mehr noch sein früher Tod erregten heftige Diskussionen in den Alpenvereinen; von Traditionalisten wurden die Gefahr der Touren und des Alleingehens betont und Lammer als der wichtigste Propagandist dieser Praxis, der mit Winkler korrespondiert hatte,

157 Daten nach: http://de.wikipedia.org/wiki/Georg_Winkler (3.4.2012). Winklers Leichnam blieb verschollen, bis er 1956 vom Gletscher freigegeben und von zwei Bergsteigern gefunden wurde; er konnte anhand einer Hotelrechnung identifiziert werden.

Abb. 14
Georg Winkler 1888 als Alpinist im Foto-Studio

heftig kritisiert. Fast 18 Jahre nach Winklers Tod aber erschien 1906 ein alpinistischer Jugendstil-Prachtband mit dem bezeichnenden Titel *„Empor!"*, der als Erinnerungsbuch an Winkler konzipiert war und außer seinen – wenigen – eigenen Texten und Tagebüchern (in Faksimile!) auch Texte anderer, ähnlich ambitionierter Alpinisten, darunter auch Lammers selbst, enthielt.[158] Der reich illustrierte, über 330 Seiten starke Quartband beginnt mit einer Einleitung Georg Jacob Wolfs unter der Überschrift „Ein Wort zur Psychologie des Bergsteigers":

> Dieses Buch ist den Manen Winklers geweiht. Jenes Winkler, der in jungen Jahren sein Leben ließ, dessen Name aber trotzdem unvergeßlich bleiben wird [...]. Das Buch umschließt Winklers Biographie, sein Tagebuch, seine Briefe. Aber nicht allein der bergtechnischen Forschung soll damit Material an die Hand gegeben sein. Denn in jedem wahrhaften Bergsteiger sitzen noch tiefere, schönere Gefühle und Regungen, psychische Momente eigener Art blitzen auf. Gerade in Winkler schlummerte diese merkwürdige, feine Art, bei der Schilderung seiner kühnen Touren mehr als die physischen Kämpfe, die er zu bestehen hatte, die seelischen Regungen zu schildern. Und so wollen auch die Arbeiten und Studien, die, aus den Federn hervorragender, erfolgreicher Alpinisten geflossen, sich den Schriften Winklers in diesem Buche anreihen, in erster Linie ein Bild davon

158 König, Erich (Hg.): Empor! Georg Winklers Tagebuch. In memoriam. Ein Reigen von Bergfahrten hervorragender Alpinisten von heute, Leipzig 1906.

> geben, wie es in Hirn und Herz des Bergsteigers aussieht, wenn er zu den ragenden Felsen- oder Eishöhen sich emporringt.[159]

Damit deutet sich eine weitere Entwicklung, die in den Folgejahren nicht zuletzt in den Texten der Alpinisten (wie Touren- und Ersteigungsberichten) wichtig wird: Die Begehungen immer extremerer Routen können zugleich als *Innenwelt*-Erkundungen verstanden werden und das Bergsteigen dadurch als Subjektivierungspraxis in Zonen der Ausgesetztheit und Gefahr auf einem metaphorischen Weg „empor". Die *Texte* lesen sich damit zugleich als Ausdruck dieser Subjektivität wie als Material für einen psychologischen Blick auf den Menschen in Extremsituationen. Wolfs Parallelbeispiele sind bezeichnend:

> Man hat über die Psyche des Soldaten in der Schlacht Bücher geschrieben. Man hat untersucht, was in der Seele des Selbstmörders, des Spielers, des Milliardärs, des Weintrinkers vorgeht, man hat Psychologie überall hingetragen und anwenden zu müssen geglaubt: Nur über den Bergsteiger hat sich die psychologische Wissenschaft bisher so gut wie ausgeschwiegen. Und doch ist dieser ein interessanter, isolierter Typus, der weder in das Gebiet des Abenteurers, noch in das Gebiet des Sportsman schlechthin eingereiht werden kann.[160]

Für den wahren Bergsteiger seien demnach idealistisches Abenteurertum und das „stürmische Sehnen, Neuland zu betreten, dahin zu gelangen, wo noch keines Menschen Fuß gewandelt", ebenso charakteristisch wie „Naturgefühl", „Unerschrockenheit" sowie – vor allem – der „Drang, hinauf, empor zu gelangen"[161]. Diese Beschreibung ist jedoch vergleichsweise noch nüchtern gegen die emphatische zweite Einleitung des Herausgebers Erich König:

> Ein Felsenadler, der zur Sonne flog; ein Tatenmensch, kein Stürmer ohne Kraft; ein Horstersieger [sic!]: Georg Winklers war's. Im Morgenrot des Sports stieg er zur Sonne....
>
> Bei seinem Tod – nur ganz Einzelne legten einen Lorbeer auf seinen Sarkophag. Auch ich war einer von ihnen. Und wußte damals schon: Für die Herde bedurfte es noch mancher Jahre, ihn zu erkennen. Es war so. Sieben Jahre nach seinem Tod, Georg Winkler wachte auf [sic!!], er fing an, Mode zu werden. […]
>
> Sie konnten sich auf einmal gar nicht genug tun, die guten Leute, die ihn bei seinen Lebzeiten und nach seinem Tod gesteinigt. Manch ein Herdentier erstieg jetzt seinen Turm – auch etwas von seinem Abglanz zu haben. […]
>
> War es sein zwingender Geist, der im All noch herrschend schwebte, lange nachdem den warmen, jugendfrischen Körper der Eissarkophag der starren Walliser Riesen als Grab umschloß? …

159 Ebd. S. XI.
160 Ebd. S. XIf.
161 Ebd. S. XII.

> Ein einziger Wipfel, ragend über dem großen Wipfelwald, als Felskletterer Bahn–, Bannbrecher, ein schillernd aufsteigendes, viel bewundertes, plötzlich entschwindendes Phänomen, ein leuchtend Meteor, ein strahlender Stern, so standst du, Georg Winkler, da, impulsiver Kraft- und Geistesmensch, in dessen Wiege Jupiter einen blendenden Blitz warf.[162]

Ähnlich pathetisch fährt der Text noch fünfzehn Seiten fort; König schreibt seinen Nachruf auf einen neunzehnjährigen kletternden Gymnasiasten wie eine Hymne auf einen jungverstorbenen, genialischen und zu Lebzeiten verkannten Dichter.[163] Diese Idealisierung steht offenbar im Kontext des Jugend-Diskurses um 1900, in dem sich unter den Stichworten von unbedingtem Idealismus, Naturverklärung und (‚züchtigem') Körperkult ein neues kulturelles Leitbild von Jugend mit bürgerlichen (Re-)generationsphantasien verband.[164] Außergewöhnlich ist hier aber die Korrelation von Taten und Worten: Nicht nur werden Winklers alpinistische ‚Siege' detailliert beschrieben, sondern es wird tatsächlich jedes Wort von ihm dokumentiert. Alles aber steht unter der Überschrift des „Empor!", einer phantasmatischen Stilisierung idealistischen Höherstrebens; der Band erscheint fast als Vorwegnahme des Themas der letzten Rede, die kurz vor seinem Tod der 70jährige Karl May 1912 in Wien halten sollte – „Empor ins Reich der Edelmenschen"[165].

Allerdings wurde *Empor!* nach seinem Erscheinen in den *Mittheilungen* des Alpenvereins heftig kritisiert; teils der „unerträglichen Überschwenglichkeiten" von Königs Einleitung halber, teils wegen der Richtung der anderen Beiträge. „[J]eder Autor glaubte, ein möglichst schauerliches Erlebnis wiedergeben zu müssen; so entsteht eine Häufung extremster Bergfahrten." Die Schilderung von Unfällen würde geradezu Selbstzweck; „eine ganze Reihe von Aufsätzen bieten die mehr oder weniger farbenreiche Ausmalung von gelungenen oder nazu gelungenen Abstürzen." Und schließlich sei der Stil ungenießbar; „man

162 Ebd. S. 1–3.

163 Vor allem erinnert natürlich die „Meteor"-Metapher daran: „Lenz jedoch, als ein vorübergehendes Meteor, zog nur augenblicklich über den Horizont der deutschen Literatur hin" (Goethe, Dichtung und Wahrheit, 14. Buch).

164 Vgl. den Überblick bei Hepp, Corona: *Avantgarde. Moderne Kunst, Kulturkritik und Reformbewegungen nach der Jahrhundertwende,* München 1987; allgemein: Koebner, Thomas; Janz, Rolf-Peter; Trommler, Frank (Hg.): *„Mit uns zieht die neue Zeit". Der Mythos Jugend,* Frankfurt am Main 1985. Lammer selbst war übrigens ein begeisterter Anhänger des „Wandervogels" und führte „Horden" in die Alpen; vgl. Lammer, *Jungborn*, S. 198f.

165 Vgl. zu dieser (nicht als Manuskript überlieferten) Rede: Scholdt, Günter: ‚Empor ins Reich der Edelmenschen'. Eine Menschheitsidee im Kontext der Zeit, in: *Jahrbuch der Karl-May-Gesellschaft* (2000), S. 94–111. Scholdt verweist auf eine Parallele des Mayschen „Empor" mit C.F. Meyers Formel „Empor ins Licht" (vgl. ders., *Huttens letzte Tage*, LX, Die Menschheit).

ringt nach großartigen Worten, um das Großartige zu sagen und zu schildern; doch die Kraft versagt. Man meistert die Sprache nicht, also vergewaltigt man sie."[166]

Auffällig ist jedoch ein weiterer Kritikpunkt: Der „hypermodernen ‚psychologischen' Schule" wird vorgeworfen, die „Entartung des alpinen Gedankens" zu fördern, indem sie den Alpinismus in Gegensatz zum „häßlichen Getriebe der Menschen im Tal"[167] stelle.

> Schwächlicher Feminismus, ein Erbübel unserer modernen Zeit [!], tritt in unerfreulicher Weise hervor; man läßt sich beispielsweise von seinen Gefühlen und Nerven meistern. […] Man vergießt wie ein hysterisches Mägdelein während der höchsten Spannung Tränen. Ja ein hysterischer Zug mit all seinen Kennzeichen von der peinlichsten Gefühlssezierererei bis zum unleidlichsten Weltschmerze weht durch den Alpinismus, wie ihn die modernste Schule will, durch den Alpinismus, der doch als Sport der Gesunden gesund und frisch und kräftig aufgeblüht ist […].[168]

Mit „Entartung", ‚Hysterie', ‚Schwächlichkeit', ‚Nervosität' und femininer „Gefühlssezierererei" wird ein ganzes Arsenal von Dekadenz-Stereotypen als Opposition zum „Gesunden", Frischen und Kräftigen der ‚wahren Bergsteigerei' in Anschlag gebracht. Lammers Antwort ließ allerdings nicht lange auf sich warten; an selber Stelle schreibt er zwei Monate darauf:

> Herr E. möchte nun der sogenannten „modernsten Schule" im Gegensatz zu dem gesunden W i n k l e r einen „schwächlichen Feminismus" als Etikette aufkleben. Jedermann wird über dies unglückliche Wort lachen, wenn er irgendwo einen Aufsatz der Schärfsten liest, wenn er z.B. im „Empor" überall die komprimierteste Mannestat vor Augen hat. Ist der klare A m p f e r e r feminin oder der ruhig zielbewußte D e l a g o oder der gereifte P i c h l oder der urgesunde I t t l i n g e r […][?] Und wenn Herr E. mich dabei im Auge hatte so ist sein Vorwurf der Hysterie ein Lufthieb. Mein Tun entspringt einer mystischen Weltanschauung, zu deren Kern Herrn E n z e n s p e r g e r s Gerede von giftigen Blumen nicht vordringen kann.[169]

Abgesehen davon, dass man (nicht nur hier) den Eindruck erhält, einer sehr verspäteten und verschobenen Neuauflage der Diskussionen beizuwohnen,

---

166 Enzensperger, Ernst: Der neue alpine Stil. Eine Kritik zu E. Königs „Empor", in: *MDÖAV* 33 (1907), S. 16–18; darauf antwortete wiederum Lammer, Eugen Guido: Von alpiner Tat und alpinem Stil. Entgegnung, ebd. S. 47–48.

167 Ebd. S. 17.

168 Ebd.

169 Lammer, Eugen Guido: Von alpiner Tat und alpinem Stil. Entgegnung, in: *MDÖAV* 33 (1907), S. 47–48, hier S. 47.

die im 18. Jahrhundert zwischen den Vertretern des ‚Sturm und Drang' und konservativen Kritikern wie Nicolai ausgefochten wurden[170], steht hier offenbar wiederum eine Identitätsfrage im Zentrum, nur diesmal aus umgekehrter Perspektive: Das Gefahrenbergsteigen bringe Texte hervor, in denen man die „komprimierteste Mannestat vor Augen" habe und gerade keine feminisierte „Gefühlssezierererei". Männlichkeit erscheint so als Fluchtpunkt *beider* Positionen. Darüber allerdings schien eine weitere Diskussion sinnlos: Die Debatte wurde auf „Anordnung des Zentralausschusses" des Alpenvereins für „abgeschlossen" erklärt.[171]

Psychologie, Sport und Mauerhaken

An den bisher genannten Beispielen alpinistischer Texte sind drei Momente bemerkenswert: Das Hochgebirge und vor allem die Zone schwierig zu erkletternder Gipfel und die Gletscher- und Eisregionen wird von den alpinistischen ‚Avantgarden' nicht mehr primär als Ort ästhetischer *Anschauung* erhabener Berge[172] und ebensowenig länger als ‚Eroberung' von Gipfeln als solchen konzipiert, sondern als Raum handelnder Subjekt-Erfahrung im ‚Kampf' mit der Natur und der Aussetzung an Gefahren. Die Gefahr wird, kurz gesagt, von den Extrembergsteigern *avant la lettre* nicht mehr nur in Kauf genommen, sondern regelrecht gesucht, um *sich selbst* in ihrer ‚Bewältigung' zu erfahren

170 Lammer war nicht umsonst promovierter Germanist; aufschlußreich ist z.B. die folgende Passage: „Ganz unbegreiflich wird der Tadel, wenn er [d.i. der Kritiker Enzensperger] die Ehrlichkeit im Schildern arger und entsetzlicher Situationen angreift sowie das Erschließen unserer Stimmungen. Ob dies letztere unkeusch ist, darüber sind wir die alleinigen Richter, aber das erstere ist geradezu das einzige Mittel, die Alpengefahr wahrhaft kennen zu lernen. […] Herr E. meint, derlei solle man entweder im Innern bergen oder als kostbare Lehre scheu der Welt preisgeben. *Also Goethe hätte z.B. den Werther nicht schreiben sollen, sondern nur die kostbare Lehre: ‚Mitbürger, hüte dich vor jedem Zuviel an Empfinden und Liebesleidenschaft!'* Das ist der fatale Pharisäergeist, der sich breitbeinig über jeden Abgestürzten hinstellt und lieblos mit dem Finger an der Nase sagt: ‚Ja, ja, das kommt von das!'" (ebd., Hervorhebung MO). Tatsächlich sind Parallelen auffällig: Eine ‚antibürgerliche', extreme Gefühlslagen beschreibende, die ‚Natur' als Fluchtraum und Spiegel des Innern konzipierende Position steht einer anderen gegenüber, die Vernunft anmahnt, Exaltiertheit und stilistische Ungenießbarkeit kritisiert und vor allem die Gefahr der Nachahmung betont, welche wie das Wertherfieber lauter junge Tote hervorbringe.

171 Ebd. S. 48 (Anmerkung der Schriftleitung).

172 Vgl. die Opposition, die Lammer zwischen ‚passivem', ‚weiblichem' Aussichtsgenuß und ‚männlicher' alpiner ‚Tat' entwickelt: Mönch [1886], in ders.: *Jungborn*, S. 146–155; vgl. dazu Günther, *Alpine Quergänge*, S. 196f.

und zu bestätigen; das ‚Ringen' mit der Natur an ihren unzugänglichsten Punkten wird zu einer Praxis der Subjektivierung.[173]

Diese Subjektivierung konstituiert sich, zum zweiten, zugleich in *Texten*, deren Stilistik[174] und Qualität nicht von ungefähr heftig umstritten ist: Wenn die Subjekterfahrung – das, was das handelnde und schreibende „Ich" ausmacht – durch die Gefahr, ihr Erleben und ihre Revokation in der Schrift konstituiert wird, ergibt sich einerseits eine Art auto-biographischer Rückkopplungskreis von Klettern und Schreiben, Berg und ‚Ich', der alle Ekstasen des Pathos ausmessen kann; und seine höchste Steigerung erlebt diese Subjektivierung offenbar darin, dass sie dem Berg nicht nur die Namen der Subjekte (als Besteigungsroute) einschreibt[175], sondern die Felsnadel oder der Turm sogar nach dem Erstbegeher benannt wird: Der „Winkler-Turm" ist in diesem Sinn ein autogeneratives Phantasma.

Andererseits ist der Fluchtpunkt dieser Praxis – gemäß der Dynamik: je höher die Gefahr, desto intensiver das Erleben und desto spektakulärer die Schrift – aber tatsächlich die „Sturzgrenze", der tödliche Unfall, durch den dieser Kreis allerdings zusammenbrechen muss. Lammer schreibt sich mehrfach an diese Grenze heran; so heißt es in einem Bericht über einen zweihundert Meter tiefen Sturz nach einem Lawinenunfall am Matterhorn: „Ich habe den grausen Flug mit bewußten Sinnen getan und kann euch künden, Freunde: Es ist ein schöner Tod. Ein Nadelstich schmerzt mehr als der Absturz."[176] Dass solche Sätze nicht nur Traditionalisten seltsam vorkommen mussten, liegt auf der Hand; der Fluchtpunkt der Texte wäre eine Beglaubigung ihrer Wahrheit durch den Tod, den man überlebt hat und dadurch beschreiben kann – also eine Fiktion.

Die Praxis der extremen „Hochtouristen" gewinnt schließlich drittens den Charakter einer Initiation, und das Gebirge darin das Gepräge einer liminalen

---

173 Vgl. den anregenden Aufsatz von Kaufmann, Stefan: Moderne Subjekte am Berg, in: *Vernunft – Entwicklung – Leben. Schlüsselbegriffe der Moderne. Festschrift für Wolfgang Eßbach*, hg. von Ulrich Bröckling, Axel Paul, Stefan Kaufmann, München 2004, S. 205–233, hier S. 212ff.

174 Lammer selbst schreibt 1893 einen Aufsatz „Vom alpinen Stil", in dem nicht etwa ein Kletterstil, sondern der Schreibstil gemeint ist; vgl. *Jungborn*, S. 306–324.

175 Diese Praxis beginnt im 19. Jhd. – durch die akribische Verzeichnung der Erstbesteiger und ihrer Routen in den alpinen Journalen – und setzt sich im ‚Gefahren'- und Schwierigkeitsalpinismus fort.

176 Lammer, Eugen Guido: Matterhorn [1888], in: ders.: *Jungborn. Bergfahrten und Höhengedanken eines einsamen Pfadsuchers*, Wien 1922, S. 107–115, S. 112; vgl. auch die Beschreibung des Sturzes in eine Gletscherspalte in ders.: Thurwieserspitze, ebd. S. 83–102 (der Text ist jener aus dem Band *Empor!* und enthält als „Nachspiel" die oben zitierte Erwiderung auf die Kritik daran, ebd. S. 99–102), v.a. S. 90f.

Zone der Existenzerfahrung: In ihr erweisen insbesondere junge und aller Zweckrationalität abschwörende Männer in einem Raum fern aller zivilisatorischen Sicherheit durch alpinistische „Taten" ihre Männlichkeit.[177] In der Diskursivierung und Legitimation dieser Praxis wird die antimodernistische Kulturkritik aufgegriffen und diese Praxis in Opposition zur ‚modernen' Kultur profiliert, weshalb die Distinktion zu den zivilisationsgeprägten ‚Touristenhorden', aber auch zu den Bergsteigern traditioneller Prägung so elementar ist. Aus der Sicht der Letzteren werden die „Extremen" aber dadurch ihrerseits ein Dekadenz-Symptom – und ihre textuellen Innenwelterkundungen ein Ausdruck ‚hypermoderner' psychologischer Selbstanalyse, welche die ‚Gesundheit' des wahren Alpinismus untergräbt.

Diese Neuausprägung wird nun allerdings zeitgenössisch ihrerseits schon beobachtet und diskursiviert – und wenn im Erinnerungsbuch für Georg Winkler schon die „Psychologie des Bergsteigers" ins Blickfeld kommt, so wird sie im Folgejahr in ungleich differenzierterer Weise aufgegriffen. Die bereits oben zitierte Abhandlung Heinrich Steinitzers[178] erkundet nämlich eine ganze Reihe weitere Aspekte dieser ‚Psychologie', zunächst ausgehend von klassischen Bestimmungen des ‚Erhabenen': Kant und Schiller vermochten die Erhabenheit – verstanden als überwältigende physische Größe – des Gebirges laut Steinitzer dadurch zu ‚überwinden', dass sie diese in verschiedener Weise ins Innere des Menschen (die Vernunft oder die innere Natur) verlegt hätten. Es gäbe aber „noch einen Weg, die phyische Erhabenheit des Berges zu überwinden, nämlich ihn zu besteigen. Damit ist der Berg nicht nur symbolisch besiegt, sondern auch tatsächlich. Seine ästhetische Erhabenheit ist verschwunden, er liegt unter dem Besteiger, der höher ist wie er."[179] Allerdings wäre diese Überwindung nicht von Dauer, und eben deshalb entstehe der „moderne Alpinismus, der von Gipfel zu Gipfel eilt und erst befriedigt wäre, wenn er auch die letzte Spitze auf Erden bestiegen hätte."

Nach einer ausführlichen Revision bisheriger Alpinismusgeschichtsschreibung kommt Steinitzer aber auf weitere Dimensionen dieses offenbar unstillbaren Begehrens zu sprechen.

---

177 Vgl. Girtler, Rainer: Bergsteigen als Initiationsritual und die Suche nach dem Außeralltäglichen, in: König, Eugen; Lutz, Ronald (Hg.): *Bewegungskulturen. Ansätze zu einer kritischen Anthropologie des Körpers*, St. Augustin 1995, S. 141–150. Diesen Aspekt betont – gestützt durch eine große Zahl anderer Textbeispiele – auch Günther, *Alpine Quergänge*, S. 211ff.; gerade deshalb ist übrigens in den stark männerbündisch geprägten Alpenvereinssektionen die Existenz kletternder Frauen eine schwer verdauliche Tatsache; vgl. auch Wirz, *Gipfelstürmerinnen*.

178 Steinitzer, Heinrich: Zur Psychologie des Alpinisten.

179 Ebd. S. 79.

> Die letzte Phase im Alpinismus wurde darin gefunden, dass der Gipfel, d.h. die höchste Spitze des Berges als dessen Symbol, repräsentative Verkörperung angesehen wird. Der Berg wird durch einen Akt, die Besteigung seines höchsten Punktes, erobert, besiegt, in Besitz genommen. (Der Gipfel ist „unser" geworden, ist eine stehende Phrase.) Dergleichen symbolische Akte gab es in früheren Zeiten viele, in unseren Tagen hat sich vornehmlich und allgemein jener erhalten, durch welchen der Besitz des Weibes gekennzeichnet wird. Dass es sich in beiden Fällen um symbolische Akte handelt, ist klar. Weder kann ein dreidimensionales Gebilde, wie der Berg es ist, durch Begehung einer Linie von der Basis zum Scheitelpunkte in Besitz genommen werden, noch ein organisches beseeltes Wesen wie das Weib, durch Vornahme einer physischen Handlung. Das Wesentlichste dieses symbolischen Aktes wird in seiner Singularität erlebt, das Weib kann nur einmal wirklich in Besitz genommen werden von dem ersten, dem es sich hingibt, und ebenso der Berg von dem ersten, der ihn besteigt. In der ersten Besteigung eines Berges wird der Wille zur Macht des Menschen über die Erde ganz besonders tief empfunden, denn tatsächlich ist er das einzige räumliche Gebilde der Erdoberfläche, das man durch Vollziehung eines einzigen Aktes in Besitz nehmen kann.[180]

Abgesehen von der für bürgerliche Geschlechterdiskurse paradigmatischen Verkoppelung von Allgemeinheit und Differenz im Maskulinen – der „Mensch", dessen Wille zur Macht über die Erde sich im Berge-Besteigen manifestiere, ist implizit immer ein Mann – ist gegenüber einer (schlichten) psychoanalytischen Lesart, derzufolge das ‚Besteigen' des Berges den Koitus symbolisiert[181], auffällig, dass hier *beide* Vorgänge als symbolische Akte gesehen werden – und zwar beschränkt auf die Erstmaligkeit, die ‚Entjungferung'.

Damit entsteht nun allerdings in der Gegenwart ein Problem. Es ginge um eine Handlung, „die in dieser Form zu vollziehen nun keinem Menschen weiter möglich sein wird"[182]. Mit dem Seltenwerden unbestiegener Berge hätte man darum die Begehung bestimmter Routen und Überschreitungen mit dem Nimbus des Erstmaligen ausgestattet und sie und die Namen der Erstbegeher „sorglich registriert."

> Allein auch die neuen Routen sind numerisch begrenzt, ihre Anzahl steht in keinem Verhältnis zu der täglich wachsenden Masse der Bergsteiger. Da tritt nun ein neues Moment in den Vordergrund, das der Schwierigkeit und Gefahr.[183]

Neben die historisch zuende gehende Möglichkeit der ‚Erstbesteigungen' – die Alpen sind eben „erobertes Land" (Niedermayr) – tritt damit Steinitzer zufolge

180 Ebd. S. 95f.
181 Vgl. dazu unten Kapitel 2.5.
182 Ebd. S. 96f.
183 Ebd. S. 97.

als neues Element das Aufsuchen von Gefahren, und dies gehorche vor allem der sozialen Distinktionslogik, sich durch „Kraft, Mut, Geschicklichkeit" von anderen zu unterscheiden. Das Bergsteigen wird in dieser Hinsicht „Wettkampf", und als „Gegner wird der Berg empfunden"[184]. In der Übertragung des sozialen Kampfs ins Alpine würde aber der Berg zugleich ‚vermenschlicht' und in einer Art animistischer Operation mit Geist und Seele, Waffen und Macht ausgestattet. Der ‚Kulturmensch' werde bergsteigend wieder zum ‚Wilden', empfinde Ekstase und Schrecken, aber vor allem „Ichräusche"[185] – und spätestens hier ist Steinitzer wieder beim frei herumstreifenden Urmenschen und in seinen Referenzen wieder bei den Autoren des „Empor!" angelangt.[186]

Anhand von außerordentlich vielen Beispielen diskutiert er dann weiter die Aspekte des ‚Heroismus' oder der Askese, die für bestimmte bergsteigerische Typen charakteristisch sind, der ästhetischen Erfahrung des Panoramas (das Isolation und Einsamkeit, aber auch Weltverbundenheit impliziere), und kommt zu dem Schluß: „Alles beim Bergsteigen zielt auf Erhöhung und Bereicherung des Ich". Diese Erfahrung jedoch ließe sich zwar im Bergsteigen machen, aber auch nur im Bergsteigen selbst bestätigen, weshalb „der Nichtalpinist dem Alpinisten so viel Unverständnis, ja Übelwollen"[187] entgegenbringe.

In einer ausführlichen und grundsätzlich begeisterten Besprechung des Textes[188] moniert Lammer an Steinitzers Ausführungen allerdings die mangelnde Differenzierung jener, die *mit* dem Berg ‚kämpfen', von denen, die *an* ihm vor allem gegen *einander* kämpfen. Letztere bilden einen der weiteren Hauptfeinde Lammers: Sie sähen Bergsteigen als ‚Sport', und dieser ist für Lammer schon dadurch diskreditiert, dass er als ‚hygienische' Praxis und als eine der ‚Regeneration' und ‚Rekordsucht' exakt die entfremdende moderne Rationalität und die Maschinenwelt der Städte spiegelt, der gegenüber Lammer das ganzheitliche Höhenerleben in der Gefahr profilieren will. Diese Kritik weist auf weitere Auseinandersetzungen voraus, die den alpinistischen Diskurs in den Folgejahren prägen werden: Die Frage der Qualifizierung des Alpinismus als *Sport*[189], welche von Extrembergsteigern aus genau diesem Grund abgelehnt

184 Ebd. S. 97.

185 Ebd. s. 100.

186 Vgl. ebd. S. 101f. die Fußnoten.

187 Ebd. S. 107.

188 Lammer, Eugen Guido: Zur Psychologie des Bergsteigens. Eine Besprechung, in: *MDÖAV* 34 (1908), S. 47–49, hier S. 48.

189 Von Bedeutung ist hier Steinitzers Abhandlung *Sport und Kultur. Mit besonderer Berücksichtigung des Bergsports*, München 1910; vgl. dazu Märtin, Talschleichen oder Gipfelstürmer; zum Kontext vgl. Günther, *Alpine Quergänge*, S. 104ff. Nicht berücksichtigt werden können hier die um 1900 beginnenden Praktiken des „Schneeschuh"- bzw. Skisports.

wird, ferner (und damit zusammenhängend) die Frage, wie die Gefahren und Schwierigkeiten, die von den ‚Extremen' als subjektive Erfahrungen geschildert werden, objektiviert und *skaliert* werden könnten, und schließlich das Problem der Zurichtung der ‚Natur' beim Klettern zum Zweck der Sicherung.

Die letztgenannte Debatte, der sogenannte „Mauerhakenstreit", begann mit eben jenem Aufsatz „Künstliche Hilfsmittel auf Hochtouren", den Paul Preuß[190] im Jahr 1911 in der *Deutschen Alpenzeitung* veröffentlichte. Er erklärt darin zum Grundsatz sowohl des Alpinismus wie des Klettersports[191] den Verzicht auf „künstliche Hilfsmittel"; so seien „die Sicherung durch eingetriebene Mauerhaken, in vielen Fällen sogar Sicherung überhaupt, sowie das Abseilen und alle anderen Seilmanöver" „vom Standpunkt des Alpinisten wie des Klettersportlers" nicht „einwandfrei";[192] denn ein „Kampf, der mit ungleichen Waffen geführt wird", sei „unritterlich-unsportlich".[193] Preuß reagierte damit auf die immer weitere Verbreitung der – inzwischen ausgefeilten – Sicherungstechniken der Seilschaften beim Klettern und auf die Tatsache, dass beliebte Touren inzwischen vielfach durch zurückgelassene „Mauerhaken" gewissermaßen markiert waren; diese Risiko-Minimierung und die Domestizierung des Gebirges selbst vermindert nicht nur die Möglichkeit des Gefahren-Erlebens, sondern erzeugten einen ‚unreinen' technischen ‚Stil', für Preuß eine Unsitte. Daher sei sein Vorschlag eines Kletterns ohne Hilfsmittel nicht etwa „eine zu extreme, hypermoderne Klettertechnik", sondern „eine Rückkehr zu dem im Niedergang begriffenen Alpinismus reinsten Stils."[194]

Auch dieser Aufsatz löste nun allerdings eine erregte Diskussion aus: Im ihrem Zentrum stand erneut die Gefahr, welche, so die Kritiker, durch Preuß' alpinistische Ideale insbesondere für weniger Geübte immens wachsen würde. Nach dem berühmten Bergführer Tita Piaz widersprach vor allem Franz

---

190 Paul Preuß (1886–1913), aus jüdischer Familie stammend und in Wien aufgewachsen, war mutmaßlich der beste Felskletterer vor dem 1. Weltkrieg; er führte bei über 1200 Berg- und Skitouren mehr als 150 Erstbesteigungen teilweise schwerster Routen aus und stürzte als 27jähriger tödlich im Dachsteingebirge ab. Seine ‚Klettergrundsätze' wurden später zur Geburtsurkunde des Freikletterns erklärt; vgl. Messner, Reinhold: *Der Philosoph des Freikletterns. Die Geschichte von Paul Preuß*, München 2011.

191 Die Differenz ist für Preuß die zwischen der Schwierigkeit einer bestimmten Kletter-Route und der alpinistischen Bedeutung (z.B. der ‚idealen Linienführung') einer (erstmaligen) Bergbesteigung.

192 Preuß, Paul: Künstliche Hilfsmittel auf Hochtouren, in: *Deutsche Alpenzeitung* XI (1911/1912), 1. Halbband, S. 242–244, hier S. 242.

193 Ebd. „Einem Berg ist ja die Jungfräulichkeit nicht genommen, wenn man zwar frei hinauf, nicht aber wieder herabgekommen ist, – im Gegenteil!" (ebd. S. 242f.)

194 Ebd. S. 244.

Nieberl, selbst extremer Kletterer und Autor einer vielgelesenen Lehrschrift über „Das Klettern im Fels“[195]:

> Herr Preuß mag ein Ideal anstreben, das glaube ich ihm gern, es ist aber ein kaltes, starres, frostiges Ideal. Schon dem Kletterer vom alten, guten Schlag folgt Freund Hein auf Schritt und Tritt [...]. Wie wird sich der Sensenmann erst freuen, wenn er einmal die Anhänger der Schule Preuß scharenweise ausrücken sieht, um ‚hilfsmittellos‘ in die Berge zu eilen![196]

Dass ausgerechnet der Autor einer Lehrschrift so polemisch reagierte, mochte neben echter Besorgnis damit zusammenhängen, dass Preuß mit seiner Kritik einen neuralgischen Punkt berührt hatte. Denn aus dem Bergsteigen war, in den Touristenorten zumal, inzwischen endgültig eine Art Massenbewegung und ein Markt geworden, der zunehmend alle Kalküle jener durchrationalisierten Gesellschaftsordnung aufwies, aus der man doch gerade ins Hochgebirge hatte entfliehen wollen.[197] Auch deshalb erschien dem Extrem-Kletterer Preuß die „Enttechnisierung“ des Kletterns, also der Verzicht auf technische Errungenschaften und die Minimierung der alpinen Gefahren, als einzig möglicher Ausweg.[198] Für den Kritiker Nieberl allerdings trägt dieses Ideal – insofern es kühl den Tod nachkletternder Anhänger in Kauf nehme – ein „kaltes, starres, ja frostiges“ Gesicht. Und er verwendet damit just jene Kältemetapher, die – folgt man Helmut Lethen – in den Jahrzehnten zwischen 1910 und 1930 zentral für die Selbstverständigung der Avantgarden werden sollte, ja als förmlicher „Kältekult“ ein Spiegelbild der entfremdenden (und als solcher auch akzeptierten)

---

195 Nieberl, Franz: *Das Klettern im Fels*, München 1909, 2.A. 1911, 11. A. 1966. [!]

196 Nieberl, Franz: Künstliche Hilfsmittel auf Hochturen [sic], in: *MDÖAV* 37 (1911), S. 265–267, hier S. 286f. Nieberls Vorwurf – neben der verantwortungslosen Gefährdung der Bergsteiger durch Preuß' Maximen – ist, daß Preuß ausschließlich „Kletter-Sport“ propagiere und der Alpinismus dadurch zum „rohen Sportsbetrieb“ herabsinke (ebd. S. 265).

197 In gewisser Weise konzediert dies Nieberl auch, wenn er von verächtlichen „Mißbräuchen“ der Hilfsmittel (Seil und Mauerhaken) spricht und schreibt, das Seil, „gewissermaßen ein äußeres Zeichen des untrennbaren Zusammenhalts wackerer Bergkameraden, das ‚moralische Placet‘ ernster Hochturen“, sei „vielfach zum Transportmittel menschlicher Mehlsäcke, zum Lasso für widerspenstige Bergzacken, alias ‚Gipfel‘, zum Turnapparat herabgesunken“; ebenso werde „mit Mauerhaken greulicher Unfug getrieben“. Vgl. ebd. S. 265.

198 In der Antwort auf Nieberl (Preuß, Paul: Künstliche Hilfsmittel auf Hochturen [sic], in: *Mitteilungen des deutschen und österreichischen Alpenvereins* 37 (1911), S. 285–284) stellt er daher einige entsprechende Regeln auf („Bergturen, die man unternimmt, soll man nicht gewachsen, sondern überlegen sein“ usw.; ebd. S. 283).

Moderne: Das scheinbar ungerührte Risikokalkül des alpinen Gefahrensuchers ist ein Vorschein der kühlen Sachlichkeit extremer Denker.[199]

Für andere aus der Kletterer-Elite wie Hans Dülfer bestand der Ausweg allerdings umgekehrt in der Weiterentwicklung der Technik, um sich gerade mit ihrer Hilfe neuen, größeren Gefahren stellen zu können. Dülfer, der seit 1911 in München studierte, erfand eine später nach ihm benannte Abseiltechnik (den sogenannten Dülfer-Sitz) und eine spezielle Stemmtechnik in Felskaminen; seine Klettertouren im Wilden Kaiser konfrontierten ihn aber auch mit der Frage, wie die Schwierigkeit von Kletterrouten sinnvoll zu beschreiben sei.[200] Von ihm stammt eine der frühesten Skalierungen der Kletterschwierigkeiten, wobei er insgesamt fünf Stufen vorschlug, deren härteste er „Äußerst schwierig" nannte; auch diese Frage führte aber zu einer intensiven Diskussion in Alpenvereinskreisen – denn sie schien die im subjektiven Erlebnis wahrgenommenen Größen „Gefahr" und „Schwierigkeit" wieder in ein objektives und zudem ‚sportlichen' Messungen vergleichbares System zu überführen.[201]

An beiden – konträren – Enwicklungen und den in den Jahren um den Weltkrieg intensiv geführten Diskussionen – über technische Sicherungen und über die Skalierung der Kletterschwierigkeiten und ihr Maximum – läßt sich damit eine „avantgardistische" Dynamisierung des Extremen ablesen. Sowohl die bewußte Beschränkung als auch die Weiterentwicklung von Sicherungstechniken implizierte eine Erhöhung der Schwierigkeit und damit der Exklusivität möglicher Routen – die dann allerdings durch die nachströmenden „Massen" alsbald erneut bedroht wurde. Ebenso forderte die

---

199 Vgl. Lethen, Helmut: Lob der Kälte. Ein Motiv der historischen Avantgarden. In: Dietmar Kamper/ Willem van Reijen (Hg.): *Die unvollendete Vernunft. Moderne versus Postmoderne*, Frankfurt am Main 1987, S. 282–325; ders.: *Verhaltenslehren der Kälte. Lebensversuche zwischen den Kriegen*, Frankfurt am Main 1994.

200 Vgl. *Hans Dülfer. Bergsteiger, Markstein, Legende*, hg. von Franz Schmitt, München 1984, S. 266. Dülfer schlug allerdings noch kein „objektives" System vor, sondern bezog die Qualifikation des Kletterers ein; „äußerst schwierig" ist bei ihm ein relativer Wert. Die Diskussion über Skalierung oder Gradierung der Kletterschwierigkeiten setzte sich dann in den 20er Jahren fort und ist bis heute unabgeschlossen; vgl. die Übersichten s.v. „Gradings of difficulty" in: Unsworth, Walt: *Encyclopaedia of Mountaineering. Enlarged and updated edition*, London, Sydney, Auckland 1992, S. 138ff.; s.v. „Rating Systems" in: Child, Greg: *Climbing. The Complete Reference*, New York 2001, S. 181ff.

201 Vgl. die Diskussion in der *Österreichischen Alpenzeitung* XXXVI (1914), H. Nr. 897–912: Über die Bezeichnung von Kletterschwierigkeiten. Von *Karl Planck* in München, S. 81–82; Die Bezeichnung von Kletterschwierigkeiten. Von *Hans Dülfer* in Kufstein, S. 166–169; Begriff und Bezeichnung von Kletterschwierigkeiten. Von *Karl Planck* in München, S. 219–221; Zur Bezeichnung der Kletterschwierigkeiten. Von *Richard Heiß* in München, S. 221–222; Zum Kampf um die Bezeichnung von Kletterschwierigkeiten. Von *Hans Dülfer* in Kufstein, S. 242–243.

Festlegung von Schwierigkeitsgraden immer neue Versuche heraus, mit neuen Techniken oder Sicherungen über die schon erreichten Grenzen hinauszugehen. Sowohl die praktische Bewältigung als auch die deskriptive Bewertung des jeweils „Äußersten" provozierten seine Dynamisierung in die Richtung, in welche Alpinisten seit jeher strebten – nach oben.

Abb. 15
Was jetzt?

Andere Bewegungen und andere Blicke

Nur angedeutet werden können in diesem Rahmen schließlich einige weitere Entwicklungen und Diskussionen, die aus der massentouristischen Eroberung der Alpen resultierten oder auf technischen Neuerungen beruhten. War die alpinistische Erschließung des Gebirges anfangs die Erkundung von Wegen in die ‚unberührte' Natur und auf nie betretene Gipfel gewesen, so wurden diese Wege in der Erschließungstätigkeit der alpinen Vereine zunehmend fixiert, markiert und gesichert; und neben dem Wegebau war eine der Hauptbeschäftigungen der Vereinssektionen der Bau von Hütten und Schutzhäusern, die im späten 19. Jahrhundert schon die Dimension von Hotels annehmen konnten.[202] Im letzten Jahrzehnt des 19. Jahrhunderts steigert sich die

202 Der Bau der Berliner Hütte in den Zillertaler Alpen begann beispielsweise 1878, im Folgejahr wurde sie vorläufig eröffnet und dann bis 1912 immer weiter ausgebaut; ab 1899 war

Bautätigkeit aber dermaßen[203], dass sich um 1900 bereits deutlicher Protest gegen die weitere Erschließung formierte; besonders die „Bequemlichkeit" und leichte Erreichbarkeit der Hütten wurde im eklatanten Bruch mit dem Bild wahrgenommen, das der hochalpine Raum doch eigentlich bieten sollte – einen schwer zugänglichen, unberührten Gegenraum zur Zivilisation. Für die Alpenvereinssektionen blieben die Hütten allerdings von hoher symbolischer Bedeutung, da sie – „als eine Art Totem"[204] – die Kollektive und ihre Kräfte bündeln und eine Art imaginäre Landnahme gerade der ‚Flachland'-Sektionen in den Alpen darstellten.

Die Diskussion um eine weitere ‚Erschließung', die Anlage gesicherter Wege auf Gipfel oder zwischen den Hütten und um Größe, Kommerzialisierung und Komfort der Hütten selbst hat dabei verschiedene Dimensionen: Neben den Interessen der ‚ernsten' Bergsteiger, die sich durch Touristen be- und verdrängt fühlen, stehen Positionen, die den ‚volksgesundheitlichen' Nutzen und wirtschaftlichen Gewinn der Erschließung für oft arme Bergregionen betonen, und schließlich sind frühe Naturschutzbewegungen zu nennen.[205] Ein Skandalon bieten für diese neben den Touristen-Massen vor allem die Bergbahn-Bauprojekte, die, nachdem in den 1870er Jahren vor allem in der Schweiz die ersten Bahnen auf Berge gebaut wurden, nach der Jahrhundertwende auch in den Ostalpen forciert wurden.[206] Zum Brennpunkt wird diese Frage dort allerdings erst nach dem Ersten Weltkrieg, als man 1925 die erste Zugspitzbahn plant (wogegen der Alpenverein entschieden Stellung nimmt) und 1933 sogar eine Seilschwebebahn auf den Gipfel des Großglockner projektiert. Ebenfalls nach dem Ersten Weltkrieg wird die Naturschutzfrage schließlich in Forderungen münden, ganze Gebiete der Alpen zu Naturschutzgebieten zu erklären, weitere Straßen-, Bahn- oder Hüttenbauten zu verbieten und bestehende zurückzubauen. Das Stichwort lautet hier „Ödland": Es wird gefordert, die

---

sie mit einem Telefon und 1906 mit einer Poststation ausgestattet und bot in Haupt- und Nebengebäuden 180 Schlafplätze. Der Bau durch die Berliner Alpenvereinssektion spiegelt auch architektonisch das Repräsentationsbedürfnis des Kaiserreichs. Vgl. Schröder, Bernd: Hüttenporträt – 125 Jahre Berliner Hütte, in: *Panorama – Mitteilungen des Deutschen Alpenvereins*, 56 (2004), Nr. 5, S. 38–41.

203 Die Zahl der Hütten steigt zwischen 1888 und 1898 um 71%; vgl. – auch zum folgenden – Günther, *Alpine Quergänge*, S. 88–96.

204 Günther, *Alpine Quergänge* S. 92.

205 1900 wurde auf der Straßburger Hauptversammlung des DOeAV die Gründung des „Vereins zur Pflege und zum Schutz der Alpenpflanzen" beschlossen, 1902 in München der sog. „Isartalverein" gegründet. Vgl. zum Kontext: Schmoll, Friedemann: *Erinnerung an die Natur. Die Geschichte des Naturschutzes im deutschen Kaiserreich*, Frankfurt/Main 2004.

206 Vgl. zur Schweiz: König, Wolfgang: *Bahnen und Berge. Verkehrstechnik, Tourismus und Naturschutz in den Schweizer Alpen 1870–1939*, Frankfurt a.M. 2000.

gesamte alpine Zone über der Almregion von jeglicher Bautätigkeit auszunehmen. Prägnant formuliert es erneut der inzwischen 65jährige Eugen Guido Lammer: „Das ganze alpine Ödland muss ein ungeheureres, herrliches Naturschutzgebiet bleiben oder wieder werden."[207] In der eigenartigen Semantik des ‚Ödlands' artikuliert sich allerdings nicht nur die Zivilisationsferne einer ‚Einöde', welche die hochalpine Zone gemäß dieser Programmatik (wieder) auszeichnen sollte, sondern auch die *ästhetische* Besonderheit dieser Zone: Sie bietet wenig mehr als eine Wüste von Fels, Eis und Schnee in ihrer Nacktheit, also genau jene Charakteristik des Nicht-mehr-Schönen und nur noch Erhabenen, in der – gemäß Simmels obiger Beschreibung der ‚Firnregion' – der Bezug zum ‚Leben' abgeschnitten erscheint.

Ein ganz anderer Blickwinkel auf diese Region wird aber 1911 erstmals ausführlicher diskutiert: Darauf deutet die große Abhandlung „Über Alpenluftfahrten" Margarete Grosses, mit der die *Zeitschrift des Deutschen und Österreichischen Alpenvereins* des Jahres 1911 eröffnet wird.[208] Sie rekapituliert nicht nur akribisch alle bekannten Alpen-Ballonfahrten bis zum Jahr 1910[209], reflektiert über Ausrüstungsfragen[210], Meteorologie und die Erfolge des Ballonfahrpioniers Eduard Spelterini, dessen jüngste Fahrten (1908–1910) geradewegs zu den berühmtesten Hochalpenregionen der Schweiz geführt hatten.[211] Für den vorliegenden Zusammenhang am Interessantesten sind Grosses Reflexionen über die Relation von Bergsteigen und Ballonfahren: Zunächst *fehle* dem Alpenballonfahren ganz wesentlich einiges von dem, was Bergsteigen ausmache, vor allem *körperliche* Betätigung (der Ballonfahrer „steht an der

---

207 Lammer, Eugen Guido: Unbedingter Naturschutz des alpinen Ödlandes, *Mitteilungen des DÖAV* 1928 S. 1–5; zitiert nach Welsch, Walter: *Geschichte der Sektion Bayerland des Deutschen Alpenvereins*, München 2010, S. 155 (dort zum Kontext der Ödland-Debatte: S. 151–161).

208 Grosse, Margarete: Über Alpenluftfahrten, in: *Zeitschrift des Deutschen und Österreichischen Alpenvereins* XLII (1911), S. 1–50.

209 Die erste Alpenballonfahrt erfolgte demnach eher unfreiwillig Mitte des 19. Jahrhunderts, als ein Sturm einen in Marseille aufgestiegenen Ballon über die Seealpen bis Turin trieb; vgl. ebd. S. 11. Die erste absichtliche und vorbereitete Ballonfahrt aber sei erst durch Eduard Spelterini 1898 erfolgt. Vgl. zu Spelterini: *Eduard Spelterini: Fotografien des Ballonpioniers*, hg. von Hubertus von Amelunxen, Alex Capus u.a., Zürich 2007; *Eduard Spelterini und das Spektakel der Bilder*, hg. von Hilar Stadler, Zürich 2010. Spelterini wurde auch Titelheld des Theaterstücks von Suter, Lukas B.: Spelterini hebt ab, in: *Theater heute* 26 (1985) H. 4, S. 42–52 /UA Berliner Schillertheater 1985).

210 Neben der eigentlichen Ballonfahrer-Ausrüstung ist es nötig, sich auch alpin auszurüsten, da der Ballon in hochalpinem Gelände landen kann, vgl. ebd. S. 3.

211 Die ersten Ostalpenfahrten erfolgten nur wenige Jahre nach Spelterinis ersten Fahrten seit 1900.

Korbwand, stundenlang auf demselben Fleck"[212]), ferner die Zielgerichtetheit einer Bergtour (dagegen sei Ballonfahren unter Umständen „ziellose[s], willenlose[s] Treiben im Winde"[213]), und schließlich die Auflösungsfähigkeit des Blicks: Die Details wären, obwohl überraschend oft gut erkennbar, für den Ballonfahrer nicht festzuhalten – außer auf einer Fotografie.

Abb. 16 Eduard Spelterini, Das Matterhorn von oben (1910)

Verwandt an Bergsteigen und Ballonfahren sei dagegen die „Schönheit und Großartigkeit der Alpennatur"[214] und die Notwendigkeit von Orientierung; schwierig sei in beiden Fällen auch die innere Verarbeitung des Bildeindrucks, wie er sich dem Bergsteiger z.B. im Gipfelpanorama bietet. „Wie viel größer muß die Anstrengung beim Ballonfahren sein! Im Fluge reiht sich Bild an Bild in schier endloser Folge! Die ersten Tage nach unserer Fahrt z.B. faßte es uns oft wie ein Taumel."[215]

212 Ebd. S. 30.
213 Ebd. S. 31.
214 Ebd. S. 33.
215 Ebd. S. 34.

Das „ganz Neue“[216] des Ballonfahrer-Blicks auf die Alpen wären aber vor allem Wahrnehmungen der Berge, die dem Alpinisten unsichtbar blieben, da er nur verkürzte oder verschobene Perspektiven darauf gewinnen kann. „Auch die Gruppierung der Berge ist neu, oft so anders, dass dem Bergsteiger ein bekanntes Gebiet im ersten Augenblick fremd erscheint. Dazu ist der Reichtum an Bildern beim Ballonfahren über das Gebirge ganz unerschöpflich.“[217] Neu sei zudem das rasche Vorübergleiten der Bilder durch die Bewegung des Ballons bei schnellen, tiefen Fahrten, zumal die Ballonfahrer „von ihrem eigenen Vorwärtsrücken nichts [merken],“ da sie mit dem Wind fliegen. Ähnliches geschehe „bei plötzlichem Sturz und Wiederaufstieg“[218]. Und „wie ganz neu erscheint die Bergwelt auch bei einer Fahrt über den größten Gipfeln hin! Fernen erschließen sich da dem Luftschiffer, die dem Bergsteiger ewig verschlossen bleiben.“[219]

Auch Fritz Millers Bericht über die Ballonfahrt übers Karwendelgebirge in der *Deutschen Alpenzeitung* von 1911 betont die Differenzen:

> Ich wurde später öfters gefragt, was das eigentlich für ein Gefühl sei, wenn man zum erstenmale im Ballon aufsteigt. Stets mußte ich antworten: gar keins. Man hat wirklich kein spezifisches Gefühl dafür. Auch keine Spur von Schwindel oder sonstigem Unbehagen verspürt man beim Hinuntersehen. Obwohl ich eigentlich nicht weiß, was Höhenschwindel ist, sah ich doch bei sehr exponierten Wandklettereien manchmal erst dann auf den Karboden hinab, wenn eine schwierige Stelle bezwungen war. Aus dem Ballon hingegen schaut man so seelenruhig hinab auf die hunderte von Metern tief drunten liegende Erde, wie aus den Fenstern einer Wohnung im ersten Stock auf die Straße.[220]

Defizient erscheint ihm, dass durch das Fehlen jeglichen Vordergrunds die ‚Vermittlung‘ von Beobachterposition und Landschaft fehlt, und ebenso der ‚unvermittelte‘ Blick senkrecht in die Tiefe die untenliegenden Erhebungen wie zusammengedrückt erscheinen läßt. Der Fluchtpunkt des Ballonfahrerblicks ist demzufolge nicht etwa begeisternde ‚Tiefe‘ oder ‚Höhe‘, sondern unumschränkte ‚Ferne‘. Und auch Miller hebt die Bewegungsdimension

216 Ebd. S. 35.

217 Ebd.

218 Ebd.

219 Ebd. Grosse verweist auf den Unterschied zum Überfliegen der „Mittelgebirge“: Dort liege die Erde „wie eine Landkarte unter den Fahrenden“; diese ‚Verflachung‘ aber stelle sich im Hochgebirge nicht ein, „noch immer war es ein wildes Spitzenmeer, das wir nicht ohne Ergriffenheit betrachten konnten“ (edb. S. 36).

220 Miller, Fritz: Im Ballon über das Karwendelgebirge, in: *Deutsche Alpenzeitung* XI (1911), S. 14–16, hier S. 14.

der gesehenen Landschaftsbilder hervor, gebraucht dabei aber einen bezeichnenden Vergleich:

> Jetzt kommt Bewegung in die Landschaft. Wie in einem geräuschlos arbeitenden, flimmerfreien Kinematographen zieht sie an uns vorüber, die wir ruhig hoch darüber zu stehen scheinen, losgelöst von allem Irdischen.[221]

Es wird noch einige Jahre dauern, bis tatsächlich kinematographische Bilder von Alpenflügen entstehen.[222] Das Ballonfahren bedeutet mithin eine entschiedene Ausweitung der Wahrnehmungszone der Alpen – es erlaubt Blicke von oben, in die Ferne, horizontal auf Wände und Grate, die aus keiner alpinistisch erreichbaren Position möglich sind; und die neue Raumerfahrung potenziert sich durch die Bewegtheit des Beobachters, die als ungehindertes Gleiten, Fallen oder Steigen, also jener Mühe und Beschwernis enthoben empfunden wird, die der Alpinismus erfordert. Die Beschreibungen der Alpenballonfahrten gehören zu den frühesten Zeugnisse der Wahrnehmungsänderung der ‚hochalpinen Zone', wie sie Max Frischs Text *Nach einem Flug* bestimmen wird; der optischen Überlegenheit steht freilich auch hier schon die Abhängigkeit von der Technik des Ballons, der Verlust körperlicher Anstrengung gegenüber: Der Ballonfahrer ist gewissermaßen körperloses Auge.

Eben darum kann allerdings die – in Grosses Aufsatz nicht gesondert diskutierte – Fotografie diesen Blick scheinbar supplementieren; der Text ist von 15 teils spektakulären Aufnahmen (meist von Spelterini) begleitet, welche diese ‚verfremdete' Sicht auf das Bekannte dokumentieren. Das Matterhorn (vgl. Abb. oben) ragt nicht mehr in den Himmel, der Beobachter im Ballon – und der Leser der *Zeitschrift des deutschen und österreichischen Alpenvereins* – befindet sich nun imaginär über seinem Gipfel.[223]

2.4. In höheren Regionen. Literarische Inszenierungen und Reflexe

Die skizzierte Ausdifferenzierung des alpinen Diskurses bilden den Bezugsraum von Reflexen dieser Entwicklungen, die im folgenden Abschnitt an exemplarischen Texten der deutschsprachigen Literatur nach 1900 anaylsiert werden sollen. Derartige Reflexe gibt es in großer Zahl; allerdings findet sich der größte Teil in mehr oder minder schematischen – allerdings darum

221 Ebd. S. 15.

222 Balloonatic, Buster Keaton, USA 1922.

223 Vgl. zur Veränderung des Alpenbilds durch Aviatik und Kartographie: Schnetzer, *Bergbild und geistige Landesverteidigung*, S. 77–84.

nicht minder erfolgreichen – Texten der Trivialliteratur oder in Akzentverschiebungen in bereits seit dem 19. Jahrhundert etablierten Genres. Zu diesen zählen – wobei die Gattungsgrenzen nicht immer klar zu ziehen sind – einerseits Texte der sogenannten Heimatliteratur, die – keineswegs auf alpine Regionen beschränkt – als Reaktion auf Urbanisierung und Industrialisierung und getragen von der Leitopposition Stadt-Land Bilder idyllischer, nicht entfremdeter Naturlandschaften inszenierten;[224] das prominenteste Beispiel sind Johanna Spyris *Heidi*-Romane, deren erster nicht umsonst in Frankfurt am Main beginnt.[225] Ebenfalls aus dem 19. Jahrhundert datieren Dorf- und im gegebenen Zusammenhang Bergbauern-Sujets, die in einem Gattungsspektrum von Tragödien bis Schwanks und von ‚Geschichten' bis zu Romanen[226] die ‚rauhe' und zugleich elementar-schöne Bergwelt als Kulisse ebenso elementarer Sozial(melo-)dramen aufrufen. Auf die Analyse entsprechender Erzähltexte beispielsweise Peter Roseggers[227] oder Ludwig Ganghofers[228] muß hier ebenso verzichtet werden wie auf die der Weiterentwicklung der Trivialdramatik durch die Betonung ‚alpinistischer' oder ‚sportlicher' Motive.[229]

Von Bedeutung für die weitere Entwicklung vor allem, aber nicht nur der Schweizer Literatur sind allerdings Texte wie Johann Jakob Heers *Der König der Bernina*, den Peter Utz als einen „der strahlendsten Gipfelpunkte der schweizerischen Alpinliteratur"[230] bezeichnet hat: Im Jahr 1900 erschienen, wird der Roman um die unerfüllte Liebesgeschichte eines ‚Jägerkönigs' und

224 Vgl. Rossbacher, Karlheinz: *Heimatkunstbewegung und Heimatroman. Zu einer Literatursoziologie der Jahrhundertwende*, Stuttgart 1975.

225 Der erste Band – *Heidis Lehr- und Wanderjahre* – erschien 1880. Vgl. Spyri, Johanna: *Heidi. Vollständige und ungekürzte Ausgabe in einem Band*, Frankfurt a.M. 1978; dazu zuletzt: Hackl, *Eingeborene*, S. 76ff.

226 Einige Beispiele: Achleitner, Arthur: *Bilder aus den deutschen Alpen. Erzählungen*, Stuttgart 1892; ders.: *Geschichten aus den Bergen*, Bd. 1–5, Leipzig [Reclams Universal-Bibliothek]o.J.; Beispiele aus der Schweiz sind neben den Werken von Johanna Spyri jene von Ernst Zahn (*Albin Indergand*, 1901), Jakob Christoph Heer oder Alfred Huggenberger.

227 Z.B. Rosegger, Peter: *Das ewige Licht. Erzählungen aus den Schriften eines Waldpfarrers*, Leipzig 1897; vgl. dazu: *Peter Rosegger im Kontext*, hg. von Wendelin Schmidt-Dengler und Karl Wagner, Wien 1999.

228 Vgl. u.a. Ganghofer, Ludwig: *Der Jäger vom Fall. Ein Hochlandroman*, München 1883.

229 Vgl. z.B. Ballin, Fritz: *Föhn. Schauspiel in 3 Aufz.*, Berlin 1913; Meinicke, Bernhard: *Die Bergführer von Hohendorf. Volksstück in 3 Akten*, Zürich 1914; Ruederer, Joseph: *Der Schmied von Kochel*, Tragödie in 4 Akten, München 1911; Reichenwallner, Leopold: *Alpenzauber. Berglegende und Volksschauspiel in 4 Aufzügen*, Wien 1906; Hering, Johannes: *Die bekehrte Schi-Feindin. Sportlustspiel in 2 Aufzügen*, München 1912.

230 Utz, Peter: Alpen auf dem Papier. Literarische Erosionsformen des Alpenmassivs bei Robert Walser, in: *Erfundene Schweiz. Konstruktionen nationaler Identität / La Suisse imaginée. Bricolages d'une identité nationale*, hg. von Guy P. Marchal und Aram Mattioli, Zürich 1992, S. 313–326, S. 317.

Bergsteigers, die in unmittelbarer Nachbarschaft des Piz Bernina spielt und die Bedrohung und glückliche Zukunft eines Bergdorfs ebenso verhandelt wie die Funktion der Heimatliteratur und Heimatkunst selbst, ein Bestseller.[231] Erzählerisch komplexer wird das Gebirge als Gegenwelt zur Stadt in Heinrich Federers Roman *Pilatus* inszeniert, dessen Vorabdruck in der Alpenzeitung oben erwähnt wurde:[232] Er verbindet es deutlich mit der um 1910 virulenten Adoleszenz-Thematik, die in Schul- oder Internatsgeschichten Fragen des Bewußtseins, der Sexualität und der Entfremdung von der Erwachsenenwelt verhandelt.[233] Ausgehend von einem ähnlichen Beispiel fiktionaler bergsteigerischer Trivialprosa[234] soll im Folgenden ein Spektrum derartiger Reflexe auf sehr verschiedenen Ebenen literarischer Produktion in den Blick genommen werden.

231 Er ist mit einer Auflage von fast 750.000 Exemplaren eines der dreißig meistgelesenen Bücher der deutschen Literatur; vgl. *Killys Literaturlexikon* (1990), Bd. 5, S. 96f. Heer produzierte reihenweise Hochgebirgsromane wie *An heiligen Wassern* (1898), *Der König der Bernina* (1900), *Der Wetterwart* (1905), die auch auf dem deutschen Markt sehr erfolgreich waren; vgl. Petzold, Klaus (Hg.): *Geschichte der deutschprachigen Schweizer Literatur im 20. Jahrhundert*, Berlin 1991, S. 26ff.; Utz, Alpen auf dem Papier, S. 315ff.

232 Federer, Heinrich: Pilatus. Ein Roman aus den Bergen, in: *Deutsche Alpenzeitung* 11 (1911), in Fortsetzung, Beginn S. 25. Um einen Eindruck dieser zugleich emphatischen und ‚gebrochenen' Perspektive zu geben, der Beginn: „Genau im Süden, am Brünnigjoch, senkte sich unser Vorgebirge rechts und links und ließ ein Stück der Berner Hochalpen wundersam aus dem Hintergrund schimmern. Die steilen Wetterhörner voran mit ihrem schwarzen Fels, – dann die Spitze des Schreckhorns, rund und blendend weiß wie ein himmlischer Zuckerstock. Dann kann der verschlossene, grüblerischer Mönch und hinter ihm in duftiger Ferne, aber nur bei durchsichtiger Föhnluft, die finstere, wie eine Lanze gegen den Himmel gezückte Spitze des Finsteraarhorns. [...] Das war die Welt unserer Träume. Dort hinten wollten wir einmal durch knirschenden Schnee und über die hallenden, grünen Eisplatten der Gletscher wandeln, viertausend Meter hoch über aller Gemeinheit und Alltäglichkeit, auf jenen unbesudelten Straßen, wo nur Uebermenschen [!] gehen können und rechts und links die unendliche Ewigkeit uns mit ihren eisgrauen Augen anstarrt. O wir wollten, wir wollten, – und füllten unsere Kinderaugen mit dem Sehnsuchtsglanz jener freien, göttlichen Hochwelt, bis uns leider ein fallendes Lineal oder das zusammengeklappte Buch des Professors wieder in die schmale Sklaverei der Schulbänke zurückrief." (S. 25) Der Roman, der eine homoerotisch getönte Gymnasiasten-Geschichte erzählt, erschien als Buch Berlin 1913. Vgl. auch dazu Utz, Alpen auf dem Papier, S. 318.

233 Vgl. Grotzer, Peter: *Die zweite Geburt. Figuren des Jugendlichen in der Literatur des 20. Jahrhunderts*, 2 Bde. Zürich 1991.

234 Weitere, die hier nicht berücksichtigt werden können, wären u.a. Ott, Adolf: *Der Bergführer. Ein Hochgebirgsroman*, Berlin s.a. [1909]; Vinke, Gisbert Freiherr von: *Der Todesweg auf den Piz Palü*, Berlin 1905; Wichmann, Franz: *Die Alpinisten*, 2 Tl., Berlin 1900.

Excelsior! Ödipus am Matterhorn

In Reinform zum Ausdruck kommen die Entwicklungen des alpinen Diskurses in einem inzwischen praktisch vergessenen, lange Zeit aber vielgelesenen Werk, dem 1909 erschienenen Roman *Excelsior! Ein Bergsteigerleben*[235] des ehemaligen Offiziers, Maupassant-Übersetzers und Verfassers zahlloser Novellen und Romane Georg Freiherr von Ompteda. *Excelsior* sollte sein bekanntester Roman werden und erschien bis in die fünziger Jahre in immer neuen Auflagen.[236] Es ist vor allen Dingen ein – über 400 Seiten starker – Entwicklungsroman, der das Leben und titelgemäße Aufwärtsstreben eines bergsteigenden Idealjünglings bis hin zu seinem frühen Tod schildert.

Abb. 17
Ompteda, Excelsior

Eine genauere Analyse der Handlung erübrigt sich aus Gründen, die sogleich zu sehen sein werden; seine erzählerische Faktur allerdings ist signifikant. Der Roman beginnt nach einer knappen Einführung folgendermaßen:

---

235 Ompteda, Georg Freiherr von: *Excelsior! Ein Bergsteigerleben*, Berlin 1909.

236 Nämlich – mindestens – 1911, 1914, 25. A. Berlin 1920, 1926, 1930, 1935, 1936, 1937, 1957. Weitere alpine Romane Omptedas sind: Ompteda, Georg Freiherr von: *Aus großen Höhen. Alpenroman*, Berlin 1903 u.ö. [u.a. 1910, 1918, 1921, 1924, 1929, 1937, 1940]; ders., *Der jungfräuliche Gipfel. Roman*, Stuttgart 1927; *Die kleine Zinne. Roman aus den Bergen*, Berlin 1931. Zum Text: *Bergkrieg*, Berlin 1932 vgl. unten.

> In allen Träumen stand es vor seiner jungen Seele, an allen Wänden des Knabenzimmers hing es in seiner steilen, unnahbaren Pracht. Und er redete davon, der blonde, hochaufgeschossene Bursch, wie von ferner Sehnsucht, und doch wieder von einem sicheren Besitz. Während anderen seiner Jahre irgend eine Flamme im Herzen brannte, heute blond und morgen braun, der Jüngling sich im Blute regte mit scheuem Triebe, glitten seine deutschen Augen, blau wie Gottes reiner Himmel, hinweg über die Lieblichkeit all derer mit der süßen Stimme und dem langen Haar, empor zu den weißen Wolkenwänden, die blendend über der endlosen, flachen Tiefebene standen. Ihm war, als ragte dort die Riesenkette der Hochalpen. [...] Dann lehnte er im Fenster, starrte hinauf und suchte, wie der Wind leise die fernen Nebelgebilde verschob, nach dem, das in allen Träumen vor seiner jungen Seele stand und an allen Wänden seiner Stube hing in seiner steilen, unnahbaren Herrlichkeit: dem Matterhorn.[237]

Im Zentrum des Textes steht, wie unschwer zu erkennen ist, ein imaginärer Berg (die „endlose, flache Tiefebene" befindet sich übrigens in Berlin), ein Phantasma, das die Träume und Blicke des Helden beherrscht und all seine libidinösen Energien im Wortsinn sublimiert. Dass dieses mit „es" eingeführte Phantasma das Matterhorn ist, erfährt man erst am Ende des ersten Absatzes; die Erklärung für die Fixierung folgt mit der Erzählung von einem Erweckungserlebnis in Zermatt, wo der Protagonist – der den sprechenden Namen Ernst Sturm trägt – als Schüler mit den Eltern im Urlaub weilte und an einem trüben Tag eher widerwillig zum Gornergrat wandern musste. Doch dann geschieht im „ewigen Nebel" eine Offenbarung:

> Sattes Blau strahlte durch der Wolken zerrissenes Gewand. Und des faulen Jungen Augen weiteten sich. Plötzlich klaffte breit der Spalt [...]. Dem Knaben war es unter dem hellen Lichtschein der einfallenden Sonne, als hätte rund um ihn finstere Nacht gelegen. [...] Das Wort beim Verscheiden des Erlösers kam ihm wieder gleich einer Notwendigkeit: „Und der Vorhang des Tempels zerriß mitten entzwei!"
>
> Er riß entzwei. Die Wolken taten sich auf von der dunklen Erde bis hinan in des Himmels stahlblaue Pracht. Mitten darin, umrahmt von Schleiern und Dünsten, leuchtete es, gleich der Herrlichkeit des ersten Tages. Da stand über dem Tal auf einem Sockel grüner Matten und schwarzen Gesteins, von gleißenden, erstarrten Strömen Eises umflossen, ein Wundergebilde sondergleichen, eine Felsensäule, furchtbar gewaltig, ein Obelisk mit steilen, grauenvollen Flanken, weiß bestäubt von neuem Schnee dieser letzten bösen Tage, ein Berg, schreckhaft fast, unwahrscheinlich und herrlich doch in einem, unsäglich wunderbar! Stand ganz allein empor sich reckend in den Himmel: das Matterhorn!
>
> Und dem Knaben wurden die Augen aufgetan [...].[238]

237 Ompteda, *Excelsior*, S. 5.
238 Ebd. S. 9.

Die wichtigsten Strukturen des Texts sind hier schon erkennbar: Zum ersten ist er von einem pathetisch ‚hohen Stil' geprägt, der sich mittels Adjektivreichtum und repetitiv vorangestellter Genitive („der Wolken zerrissenes Gewand", „des faulen Jungen Augen") der Erhabenheit des geschauten Gegenstands sprachlich assimiliert; dass dessen „Schau" über den Topos zerreißender Wolken motiviert wird, ist nur das erste von kaum zählbaren schematischen Evokationen erhabener Ansichten des Gebirges. Zweitens wird diese Epiphanie des Matterhorns durch eine im Text dominante interne Fokalisierung des heterodiegetischen Erzählers imaginativ mitvollziehbar gemacht, die den ganzen Roman konstituiert und später nur dezent durch ironisch-psychologische Brechungen ergänzt wird. Unübersehbar sind drittens biblische Assonanzen, die einen parareligiösen Resonanzraum schaffen;[239] und schließlich wird der Protagonist durch diese ‚Erweckung' gewissermaßen zum keuschen Mönch am Berg – „seine Liebe gehörte den Bergen, wie einer fernen Braut, nie gekannt und doch in unbestimmter Sehnsucht ihr versprochen."[240]

Er erlernt darauf im nächsten Sommerurlaub in Berchtesgaden tatsächlich das Klettern, besteigt, von einem Führer und seiner Mutter begleitet, den ersten Gipfel (das Hocheck), und

> [a]ls Ernst die Augen aufhob, sah er über dem steinernen Meer Spitze an Spitze, Gipfel neben Gipfel, dass der Anblick ihn fast verwirrte und er leise stöhnte:
> – Ah ... Ah ...
> Denn da drüben über den Karrenfeldern lagen blendende Streifen von Schnee, glitzernder Firn, bläuliche Eiswände, zerrissene Gletscher, und hoch darüber Riffe und Hörner und Zinken und Zacken sonder Zahl und Maß [...] nimmer endend, erst begrenzt durch des schwachen Menschenauges Sehkraft.[241]

Doch es ist nicht nur die Autopsie immer neuer Hörner, Zinken und Zacken, die Ernst Sturm schließlich zum führerlosen Hochtouristen werden läßt, sondern es sind auch Lektüren. Zurück in Berlin verwandelt er sich in einen fanatischen Turner, Schwimmer, „muskelbepackte[n]" „jungen Siegfried"[242] – und Leser:

239 Auch diese Sakralisierung ist übrigens eklektisch; später kommen Gralsburg, nordische Sagen, Helios (S. 95) oder der Gipfel als zerborstner Tempel (195) als Alternativen ins Spiel.

240 Ebd. S. 11.

241 Ebd. S. 20.

242 Ebd. S. 26.

Von den klassischen Werken der Bergsteiger fehlte keines. Die „Erschließung der Ostalpen“[243] las er Zeile um Zeile. Paul Güßfelds hohe Auffassung und reiner Stil[244] erschienen ihm, als solle er daraus denken und reden lernen; über Theodor von Wundts[245] Bildern und Worten saß er jeden Abend, und Emil Zsigmondys „Gefahren der Alpen“ wurden ihm ein Quell des Lernens Tag um Tag[246]. Er hatte Tränen in den Augen bei Josef Enzensbergers Ende, drunten auf den Kerguelen, fern von der Heimat Bergen;[247] er studierte Ludwig Purtschellers[248]

243 Gemeint ist die 1893–94 erschienene Sammlung dieses Titels von Eduard Richter, München.

244 Dies bezieht sich auf den Forschungsreisenden und Alpinisten Paul Güßfeldt, der in den 1870er und 1880er Jahren zuerst Äquatorialafrika und dann Südamerika bereiste und in den Anden wie in den Alpen zahlreiche Erstbegehungen vollzog, u.a. des Peuterey-Grats am Mont Blanc. Vgl. Güßfeldt, Paul: *In den Hochalpen. Erlebnisse aus den Jahren 1859–1885*, Berlin 1886; ders.: *Reisen in den Andes [sic] von Chile und Argentinien*, Berlin 1888; ders.: *Der Montblanc. Studien im Hochgebirge, vornehmlich in der Montblanc-Gruppe*, Berlin 1894.

245 Theodor Wundt (1858–1929) Offizier, Bergsteiger und Autor, gilt als ein Pionier der Gebirgsfotografie; hier gemeint könnten sein: *Wanderbilder aus den Dolomiten*, Stuttgart 1894, *Das Matterhorn und seine Geschichte*, Berlin 1896; *Die Jungfrau und das Berner Oberland*, Berlin 1897. Ab 1913 verfasste Wundt übrigens eine Reihe von trivialen Romanen und Dramen: *Hinauf!*, Stuttgart 1913; *Disziplin*, Stuttgart 1915; *Matterhorn*, Berlin 1916. In der autobiographischen Prosa *Ich und die Berge* (Berlin 1917) findet sich im übrigen eine dem Beginn von Omptedas Roman exakt parallele Passage mit einem Erweckungserlebnis am Matterhorn; ob dies schon zuvor publiziert wurde (und insofern: wer *wem* als Quelle diente), konnte nicht verifiziert werden: „Da, als wir gedankenlos durch die Nebel nach Zermatt zurücktrotteten, ereignete sich etwas, das mich jäh aus meiner Harmlosigkeit aufrüttelte, mich an jene andere Welt von tieferem Gehalt erinnerte und mir beinahe wie zur Offenbarung wurde. Plötzlich zerriß das Gewölk und das Matterhorn stand in seiner ganzen Größe und Wucht im Schneegewand vor uns. Es war ein völlig unerwarteter Anblick, so märchenhaft und unbegreiflich, daß es mich einfach überwältigte. Und ehe ich mich auch nur einigermaßen von dem Staunen erholt hatte, war der Schleier schon wieder vorgezogen und lichtete sich nicht mehr. Mir aber hatte es das Matterhorn angetan. Durch die Jahrzehnte habe ich es mit mir herumgetragen, und es ist in mancher Hinsicht bestimmend für mich geworden, so wenig ich damals daran dachte, daß ich je einmal den Riesen bezwingen könnte. Ja weit verstiegen sich meine Gedanken nicht, aber das Bild lebte in mir und mit ihm ein merkwürdiges Sehnen, ein Gefühl, das unbewußt drängte und trieb, ohne daß ich es mit meiner Schulweisheit zu rubrizieren vermochte. Es war das erste wirkliche Erlebnis, ein überwältigendes Durchschauertsein von höheren Mächten.“ (S. 15)

246 Zsigmondy, Emil: *Die Gefahren der Alpen. Praktische Winke für Bergsteiger*, Leipzig 1885. Vgl. dazu oben (III.3).

247 Dies bezieht sich auf den Bergsteiger und Meteorologen Josef Enzensberger, der einer der Mitbegründer des Münchner akademischen Alpenvereins war; vgl.: ders.: *Ein Bergsteigerleben. Eine Sammlung von alpinen Schilderungen nebst einem Anhang: Reisebriefe und Kerguelen-Tagebuch*, o.O. 1905, erneut 1924. Enzensperger war im Februar 1903 bei der Überwinterung in einer Forschungsstation der Drygalski-Expedition auf den Kerguelen in der Antarktis an Beriberi gestorben.

248 Ludwig Purtscheller war neben von Barth und den Brüdern Zsigmondy der wichtigste alpinistische ‚Erschließer‘ der Ostalpen; gemeint ist hier vermutlich: Purtscheller, Ludwig: *Über Fels und Firn. Bergwanderungen*, hg. von Heinrich Hess, München 1901.

> Hochtourenverzeichnis mit glühendem Kopf, als müsse er all die hunderte und aberhunderte von Gipfeln jenem besten deutschen Steiger nachtun. An der Jungen Verwegenheit begeisterte er sich, und in der reinen Luft der großen Höhen, die aus all den Schriften ihm entgegenschlug, gleich dem Atemhauch von Eis und Firn, blieb auch des Jünglings Seele hoch und rein.[249]

Die das Zitat abschließende Parallelführung von Schrift, Höhenluft und ‚hoher, reiner Seele' ist bezeichnend für das alpinistische Aufschreibesystem um 1900; was man hier vor sich hat, ist aber vor allem das Literaturverzeichnis des Autors, denn an vielen dieser Texte orientieren sich jene alpinistischen ‚Taten' des Helden, die auf den folgenden 400 Seiten des Romans geschildert werden. Im nächsten (Dolomiten-)Urlaub wird Ernst Sturm von einem jungen Führer („Arcangelo Colli"[250]) zum Alpinisten geschult, beginnt, selbständig große Gipfel der Alpen zu erklettern, erwirbt und verliert danach (durch Absturz) ähnlich gesinnte Bergfreunde, studiert nach dem Abitur auf des Vaters Wunsch Jura, klettert dann als Soldat eifrig weiter, wechselt zum Medizinstudium und klettert auch dabei weiter, und am Ende rettet er nach einer Besteigung des Matterhorns seine Freunde aus einem Wettersturz, stirbt aber in der Nacht, da er kurz vor dem Erreichen der Hütte erschöpft einschläft und erfriert.[251]

Die folgende Lektüre beschränkt sich auf drei Dimensionen des Textes. Zum einen reflektiert der Roman bis in kleinste Details die geschilderten Diskursentwicklung; bergsteigerische Theorie und Praxis des Helden werden in deutlicher Opposition zum mondänen Leben in Sommerfrische-Hotels und zu mühsamen Führertouren meist fettleibiger, aber großsprecherischer Gelegenheits-Alpinisten entwickelt. Darauf bezogene Passagen rekapitulieren treulich die (jüngste) Eroberungsgeschichte einzelner Gipfel[252], das Spektrum alpinistischer Fragen – ‚führerlose Bergsteiger', Gefahren-Alpinismus,

---

249 Ompteda, *Excelsior*, S. 25f.

250 Ebd. S. 42. Mit diesem ‚Erzengel der Hügel', wie man den Namen paraphrasieren könnte, besteigt der Held die ersten schwierigen Gipfel (wie die Kleine Zinne), von wo sie „dicht aneinandergeschmiegt" (48) in die Tiefe schauen; der Text ist schon in diesen Passagen mehr oder minder homoerotisch geprägt (Ernst Sturm freut sich z.B. „des Segens [...], [d]aß wir dem Körper abringen, dessen [sic] er an letzten Enden [!] fähig ist, uns höhend zu Männern [!]" (50); beim Abschied sprechen er und Colli „wie junge Mädchen fast, die sich Geheimnisse mitteilen" (52); allerdings stürzt dieser kurz vor dem Wiedersehen im nächsten Sommer von seinem Hausdach, was Ernst „Tränen" in die Augen treibt (vgl. S. 55).

251 Ich skizziere nur die gröbsten Etappen; letzte Stilprobe: „Die Stunden schlichen, und die Kälte wuchs. Eisige Nacht fiel über des Matterhornes Hänge, nieder auf den Schläfer, den es bei Schneesturm zwei Tage nicht bezwungen, denn die Berge waren ihm freund, den aber Opfermut und Kameradschaft, den Bergsteigertreue für jenen, den er geschworen hinabzubringen, niedergerungen in der Eiseskälte der Nacht." (S. 411)

252 Z.B. bei der Besteigung der Kleinen Zinne, vgl. ebd. S. 48f.

Sicherungen und Seilgebrauch – wird ebenso verhandelt wie das Milieu der alpinen Vereine[253], und als leicht verspäteter Nachfahre Georg Winklers (am ‚Winkler-Turm' verunglückt ein Freund des Protagonisten) gelingt dem Helden sogar die Erstbesteigung einer ‚Felsnadel' in der Brenta, die entsprechend „Torre Sturm" getauft wird.[254]

Dieser Vertrautheit mit den Diskursen und der detailgenauen Beschreibung alpinistischer Praktiken und Erfahrungen – von Abseilmanövern, Gewittern auf ausgesetzten Graten, Stürzen in Gletscherspalten oder nächtlichen Biwaks („Beiwacht") – verdankt der Text offenbar seine große Resonanz in Alpinistenkreisen: Er scheint ihre eigenen subjektiven Erfahrungen zu verschriftlichen. Doch ist der Text, zweitens, nicht nur durchsetzt von Wahrnehmungs-Stereotypen des alpinen Diskurses, sondern – schon durch den Titel – intertextuell auch sehr deutlich auf einen einzelnen ‚sinntragenden' Prätext bezogen, das Gedicht „Excelsior" des amerikanischen Lyrikers Henry Wadsworth Longfellow aus dem Jahr 1841.[255] Es lautet:

Excelsior.

The shades of night were falling fast,
As through an Alpine village passed
A youth, who bore, 'mid snow and ice,
A banner with the strange device,
Excelsior!

His brow was sad; his eye beneath
Flashed like a falchion from its sheath,
And like a silver clarion rung
The accents of that unknown tongue,
Excelsior!

In happy homes he saw the light
Of houshold fires gleam warm and bright;
Above, the spectral glaciers shone,
And from his lips escaped a groan,
Excelsior!

---

253 Vgl. S. 53f. und 226ff; Sturm hört in der „Akademischen Sektion" Vorträge, wird zu deren (‚geistigem') „Führer" (S. 228) und (fiktiven) Autor der „Mitteilungen des Deutschen und Österreichischen Alpenvereins", wo er über „Technik des Felskletterns" oder „Sinn und Zweck der Hochtouren" schreibt (ebd. S. 229).

254 Vgl. S. 202ff.

255 Vgl. zum Kontext des Folgenden: Zuberbühler, Rolf: „Excelsior!" Idealismus und Materialismus in Kellers und Fontanes Altersromanen „Martin Salander" und „Der Stechlin", in: *Gottfried Keller und Theodor Fontane: Vom Realismus zur Moderne*, hg. von Ursula Amrein und Regina Dieterle, Berlin 2008, S. 87–111.

„Try not the pass!" the old man said:
„Dark lowers the tempest overhead,
The roaring torrent is deep and wide!"
And loud that clarion voice replied
Excelsior!

„Oh stay," the maiden said, „and rest
Thy weary head upon this breast!"
A tear stood in his bright blue eye,
But still he answered with a sigh,
Excelsior!

„Beware the pine-tree's withered branch –
Beware the awful avalanche!"
This was the peasant's last good night,
A voice replied, far up the height,
Excelsior!

At break of day, as heavenward
The pious monks of Saint Bernard
Uttered the oft-repeated prayer,
A voice cried through the startled air,
Excelsior!

A traveller, by the faithful hound,
Half buried in the snow was found,
Still grasping in his hand of ice
That banner with the strange device,
Excelsior!

There in the twilight cold and gray,
Lifeless, but beautiful, he lay;
And from the sky, serene and far,
A voice fell, like a falling star,
Excelsior![256]

Das Gedicht über einen alle Warnungen und Verlockungen in den Wind schlagenden emporstrebenden Jüngling, der in eisigen Bergeshöhen erfriert, wurde schon 1842 von Freiligrath ins Deutsche übertragen[257] und die Übersetzung im

256 Zit. nach Longfellow, Henry W. et al.: *Voices of the True-Hearted*, Philadelphia 1846, S. 1. Zuberbühler weist darauf hin, dass im Hintergrund des Titel-‚Mottos' auch das Siegel des Staats New York steht (Zuberbühler, Excelsior, S. 87); zu einer Interpretation des Gedichts und seiner Bezüge u.a. zu Matthisson und Schiller vgl. Pestalozzi, Karl: *Die Entstehung des lyrischen Ich. Studien zum Motiv der Erhebung in der Lyrik*, Berlin 1970, S. 102–116.

257 Freiligrath hatte Longfellow 1842 in Marienberg kennengelernt und übersetzte eine Reihe seiner Gedichte; die Übertragung von „Excelsior!" wurde im Marienberger *Morgenblatt*

19. Jahrhundert ein überaus bekannter Text; es finden sich Spuren davon bei Nietzsche (ein Aphorismus aus der fröhlichen Wissenschaft[258]), aber auch bei Gottfried Keller, dessen *Martin Salander* ursprünglich den Titel „Excelsior" tragen und in einer Katastrophe auf einem Berg enden sollte.[259] Eine Anspielung findet sich sogar in Fontanes *Stechlin*, der einmal sagt: „Aber jeder will heuzutage hoch 'raus. Das ist, was sie jetzt die ‚Signatur der Zeit' nennen."[260]

Während der Jüngling der Ideenballade Longfellows offenbar eine Allegorie des unbeirrbaren idealistischen Höherstrebens ist, wird das „hoch 'raus" bei Fontane zur Diagnose sozialer Aufsteigermentalität. Omptedas Roman aber schreibt die Allegorie in einen Bergsteigerroman um, der in einer fiktionalen biographischen Erzählung den Komparativ des *Excelsior!* literal versteht: Um welches ‚Ideal' es in diesem ‚Höher!' dabei gehen sollte, bleibt vorerst unklar.

Ein Hinweis ergibt sich daraus, dass *Excelsior!* drittens schließlich auch ein Adoleszenz- und Entwicklungsroman ist. Sein Thema sind nicht nur einzelne

---

im August 1842 publiziert (vgl. Longfellow, Samuel: *Life of Henry Wadsworth Longfellow: With Extracts of his Journals* ..., [1887], Chicago 2003, S. 430f.) und erneut in Freiligrath, Ferdinand: *Werke in neun Bänden*, Bd. 7, Berlin und Leipzig 1846, S. 7. Die letzte Strophe lautet hier: „Dort, in des Zwielichts kaltem Wehn, / Dort lag er, leblos, aber schön; / Herab vom Himmel, klar und fern / Fiel eine Stimme, wie ein Stern: / *Excelsior!*"

258 „Excelsior! – „Du wirst niemals mehr beten, niemals mehr anbeten, niemals mehr im endlosen Vertrauen ausruhen – du versagst es dir, vor einer letzten Weisheit, letzten Güte, letzten Macht stehen zu bleiben und deine Gedanken abzuschirren – du hast keinen fortwährenden Wächter und Freund für deine sieben Einsamkeiten – du lebst ohne den Ausblick auf ein Gebirge, das Schnee auf dem Haupte und Gluthen in seinem Herzen trägt – es giebt für dich keinen Vergelter, keinen Verbesserer letzter Hand mehr – es giebt keine Vernunft in dem mehr, was geschieht, keine Liebe in dem, was dir geschehen wird – deinem Herzen steht keine Ruhestatt mehr offen, wo es nur zu finden und nicht mehr zu suchen hat, du wehrst dich gegen irgend einen letzten Frieden, du willst die ewige Wiederkunft von Krieg und Frieden: – Mensch der Entsagung, in Alledem willst du entsagen? Wer wird dir die Kraft dazu geben? Noch hatte Niemand diese Kraft!" – Es giebt einen See, der es sich eines Tages versagte, abzufliessen, und einen Damm dort aufwarf, wo er bisher abfloss: seitdem steigt dieser See immer höher. Vielleicht wird gerade jene Entsagung uns auch die Kraft verleihen, mit der die Entsagung selber ertragen werden kann; vielleicht wird der Mensch von da an immer höher steigen, wo er nicht mehr in einen Gott ausfliesst." Nietzsche, Friedrich: *Die fröhliche Wissenschaft*, 2. A. Leipzig 1887, S. 285.

259 Vgl. Zuberbühler, Excelsior, S. 87.

260 Fontane, *Der Stechlin*, S. 432. Ein weiteres „alpines" Beispiel ist die Gedichtsammlung von Lüthi, Gottlieb: *Excelsior. Lieder eines Bergwanderers*, Samaden 1903, dort S. 93 das Gedicht „Excelsior!" („Wenn König Lenz mit Jubeln und mit Singen / Im blütenüberstreuten Prunkgewand / Durchschreitet im Triumph das grüne Land, / Dann hör' ich's rauschen rings auf Föhnesschwingen / Durch Wipfel, frischbelaubt, in mächt'gem Chor: / Excelsior!"; es folgen 4 ähnliche Strophen zu den anderen Jahreszeiten und zum ganzen Jahr).

psychologische Motive des Bergsteigens, sondern er gibt vor, die psychologische Entwicklung eines Helden entlang dieser Motive zu schildern. Dabei wird, wie schon in *„Empor!"*, deutlich der Jugend-Diskurs nach 1900 und vor allem dessen idealistische Stilisierung von Jugend investiert:[261] So wie dieser von vage-romantischen Naturkonzepten[262] (als Opposition zu Industrialisierung und Urbanisierung) geprägt ist, erscheinen auch hier Städte als Orte „voll Verweichlichung und Verderbnis"[263], „Dunst und Stickluft"[264], und die Natur bzw. „Hochnatur"[265] (!) als ihr Gegenteil; wie der „Wandervogel" angeblich eine neue soziale Bindung (von „Horden" und Kameraden) jenseits sozialer Differenzen schafft, wird hier eine Art klassenlose Alpinistengesellschaft angedeutet;[266] imaginiert wird hier wie dort ein neues, ‚freieres' Geschlechterverhältnis (‚Kameraden' bzw. Gefährt/inn/en)[267] und inszeniert wird vor allem ein modernes, ‚sportliches' Körperbild, das zugleich als Revitalisierungsphantasie im ‚völkischen' Kampf ums Dasein dienen kann.[268]

Allerdings wird eben aufgrund dieser Idealisierung im Roman auch deren Kehrseite lesbar; gehören zu ihr im Roman doch nicht nur ‚Körperzucht', Sport, Antialkoholismus und Tabakverzicht, sondern auch die sich schon in den ersten Zeilen andeutende Keuschheit des „Jünglings", dessen einzige, übergroße Liebe *außer* den Bergen nämlich seiner überaus schönen Mutter gilt. Nimmt man hinzu, dass der Vater – als Ministerialrat vor allem eine Verkörperung von Autorität – ebenfalls als „Alpinist" und Alpenvereinsmitglied[269] (wenngleich traditioneller Sorte) figuriert, wird hinter der idealen Stilisierung der Hauptfigur eine ganz andere psychologische Dynamik lesbar – ein ödipal-alpiner Generationskonflikt. Ernst Sturm erscheint von Beginn an als eine Art Ödipus am Matterhorn, die Epiphanie des Bergs potentiell als Ersetzung einer anderen

261 Überdeutlich wird das im Vorwort („Zuvor:", S. 1–4), wo es ganz explizit um die „deutsche Jugend" geht, die „des eigenen Leibes Gesundheit, Kraft und damit Schönheit" entdeckt habe (S. 1f.).

262 Vgl. Neubauer, John: Romantische Wandervögel, in: *Jugend. Ein romantisches Konzept?* Hg. von Günter Österle, Würzburg 1997, S. 333–348.

263 Ebd. S. 192.

264 Ebd. S. 2.

265 Ebd. S. 135.

266 Vgl. ebd. S. 3; ebenso wie in der anfangs ausschließlich bürgerlichen Jugendbewegung ist dies aber auch im Roman erkennbar eine Selbststilisierung (vgl. die ‚Verbrüderungen' mit einheimischen Bergführern, z.B. S. 245ff., S. 260f.).

267 Im Roman v.a. S. 139ff, S. 230f., S. 269.

268 Vgl. ebd. S. 74f., 84f., 415f. u.ö.

269 Vgl. S. 12: „Der Geheimrat, Mitglied des Deutschen und Österreichischen Alpenvereins, mehr als deutscher Pflicht als aus wilder Begeisterung für die Berge, trug sein Alpenvereinsabzeichen am Hut. Ernst betrachtete scheu das silberblinkende Edelweiß".

‚Urszene'[270], die erste eigene Bergbesteigung mit der Mutter (der Vater bleibt in der Berghütte zurück) als initiale Sublimierung[271] des ödipalen Begehrens, und die oben zitierte Aussicht auf ein Meer von Gipfeln, Zacken, Hörnern usw. ein Versprechen auf ebensoviele weitere ‚Höhepunkte'. Inmitten des Romans führt der Held die Mutter im übrigen auf den Gipfel des Großglockner.[272]

Ohne dass aus solchen Beobachtungen nur im Entferntesten eine generelle psychoanalytische Theorie des Bergsteigens abzuleiten wäre[273], ist dieser Subtext im Roman so dominant, dass die gelegentlichen Ausführungen des Erzählers von „des Jünglings Seele" förmlich Deckphantasien der eigentlich geschilderten psychodynamischen Entwicklung des Helden gleichen.[274] Der Vaterkonflikt entschärft sich in dem Moment, als dieser, aus dem Dienst entlassen (also entmächtigt), einen Herzanfall erleidet[275], und endet schließlich, als der Vater – bezeichnenderweise, während Ernst Sturm auf einer Bergtour ist – am nächsten Infarkt stirbt.[276] Umgekehrt dauern sämtliche Versuchungen Ernst Sturms durch andere Frauen[277] allenfalls Tage, werden von ihm umstandslos der Mutter gebeichtet und sind spätestens mit der nächsten Bergtour vergessen. Stattdessen entwickelt sich der Held zu einem „Hünen",

---

270 Vgl. zur Freudschen Konzeption der ‚Urszene': Döring, Tobias: Urszene. Was der Wolfsmann sah und wovon Hamlet zeugt, in: *Urworte. Zur Geschichte und Funktion erstbegründender Begriffe*, hg. von Michael Ott und Tobias Döring, München 2012, S. 221–240.

271 Ich verstehe den Begriff hier im Freudschen Sinn als Erhöhung/Umlenkung von libidinöser Energie; vgl. zur Komplexität und einer weiteren Fassung des Begriffs: Goebel, Eckart: *Jenseits des Unbehagens. „Sublimierung" von Goethe bis Lacan*, Bielefeld 2009.

272 Ompteda, Excesior, S. 236ff., am Gipfel (S. 257) heißt es von Mutter und Sohn, die Arm in Arm stehen: „sie fühlten nichts anderes, als Höhenrausch und Glück. Doppelt schien ihre Sehnsucht ihnen erfüllt, weil sie zusammen hier standen".

273 Vgl. zu den eher schwierigen Versuchen einer solchen den nächsten Abschnitt (Kapitel 2.5.); die Schwierigkeit bestünde offenkundig schon darin zu entscheiden, ob das Bergsteigen – strukturell ein körperlich anstrengender Aufstieg zu einem ersehnten, aber kurzen Höhepunkt (Gipfel) – in dieser Analogie einen Koitus *symbolisiert* oder (wie im vorliegenden Text) ein erotisches Begehren eher sublimiert.

274 Beispiel: „Des Jünglings Seele ging auf. Bei Tisch wurde vom Sommer gesprochen, von Urlaub und Reiseplänen. Da leuchteten Mamas und Ernsts Augen ineinander, als die Rede von den Bergen ging." (S. 29)

275 Die Mutter bricht im selben Zeitraum mit der Schwester des Helden zu Abendbällen auf, ist also wieder ‚aktiv'; der Sohn wird jetzt zum geduldigen Zuhörer des auch politisch entmächtigten, passiv daheim sitzenden Vaters, der ihm Politik und Lebensweisheit einschärft.

276 Vgl. ebd. S. 129ff.

277 Es gibt genau drei davon (147f.; 179ff.; 285ff.) und lediglich eine führt wenigstens zu einem Kuß, während dem Ernst Sturm übrigens der „Pickel" aus der Hand fällt (!) (S. 181); alle drei aber werden mit (tätiger) Mithilfe von „Mama" (wie der Text die Mutter praktisch immer bezeichnet) in kurzer Zeit beendet (vgl. vor allem S. 291f.).

dessen Attraktivität *auf* Frauen der Text ebenso oft betont wie seine Mißachtung eben dieser potentiellen Versuchungen; anstelle von Frauen (außer der Mutter) ist das Beziehungs- und Gefühlsleben des Helden ausschließlich von Männerfreundschaften innigster Art geprägt.[278]

Der Preis, den der Text für die Stilisierung des jungen Helden zum sexuell asketischen alpinistischen Heros zahlt, ist also nicht nur eine penetrante eigene Prüderie, sondern größte Zweideutigkeit dessen, was hier eigentlich erzählt wird.[279] Hinzu kommt noch eine ebenso verschwommene wie unmotivierte politische Dimension, die dieses Höherstreben des Jünglings beläufig gewinnt. In einem Gespräch mit dem Vater heißt es: „Ein Berg, ein einsamer, alle überragender, stieg, gleich der Gestalt des Matterhorns aus Fels und Eis, Bismarck empor [!]"[280]; in der Brenta wird Erstbesteigern gedacht, die „deutscher Mut und deutsche Kraft zuerst hinaufgeführt"[281], in der Schweiz hören die Bergsteiger ergriffen und nationalstolz Wagner[282], und bei der Rede am Grab, die ein akademischer ‚Bergkamerad' (gewissermaßen im Namen des Erzählers) dem Erfrorenen hält, heißt es am Ende:

> Er würde nicht trauern, denn er starb, wie er es sich gewünscht, in seinen Bergen. Starb für seine Berge, hat sein Leben gelassen für einen Gedanken, das Höchste, das es für uns Menschen gibt. Er sagte immer, wir Deutsche sollten unsere Jugend erfüllen mit männlichem Geist, für die Kriege, die uns nicht erspart bleiben werden. Dazu seien Berge das beste Erziehungsmittel. [...] Dieser Tote übte schärfste Selbstzucht. Er war ein rechter deutscher Mann: kein Kopfhänger, kein Schwächling sondern ein Mann der Tat, des Willens der Stärke [...] Glücklich wollen wir ihn preisen, der in der Vollkraft seiner Jahre ging, der das Welken nie an sich gekannt.[283]

---

278 Nach dem Führer Arcancelo Colli (s.o.) erscheint – übrigens auf einem Berggipfel – ein eigenbrödlerischer Intellektueller namens Dr. Gelinek, der nach einigen Touren ergänzt bzw. ersetzt wird durch den Kunstmaler Thomas Holtzer (188f.) (weshalb Gelinek – aus „Eifersucht" (S. 218) – allein geht und abstürzt.) Von Holtzer, den Sturm auf der Zugspitze (wieder) trifft, heißt es: „Und solche Liebe lag in dieser Kunst, und solche Liebe auch in des Malers Worten, so ähnlich war der beiden Streben, daß es Ernst dünkte, als habe er dem andern nicht erst jetzt die Seele behorcht, sondern er sei ihm längst bekannt. Der junge Mensch mit träumerisch nervöser Art und braunen Locken war ein Gegenspiel von Ernst Sturms blonder, ruhiger Kraft. [...] Sie redeten von den Alpen, wie zwei Männer, die ohne Eifersucht die gleiche keusche Frau mit dem stillen Werben ihrer Liebe umgeben" (188).

279 So ist von ständigen Umarmungen, Küssen und sonstigen Liebkosungen des Sohnes und der Mutter die Rede; vgl. z.B. S. 249f.

280 Ebd. S. 81.

281 Ebd. S. 194.

282 Ebd. S. 333.

283 Ebd. S. 416.

Spätestens hier könnte man sich an Ernst Wurche erinnert fühlen, die ebenso pathetisch stilisierte Hauptfigur aus Walter Flex' Kriegsroman *Der Wanderer zwischen beiden Welten*[284] von 1917; und spätestens hier dürfte klar sein, dass sich dieser Roman selbst als „Erziehungsmittel" in diesem politischen Sinn versteht und die Hauptfigur auch aus diesem Grund als Projektionsfigur opferbereiten, asketischen, jedes andere Begehren sublimierenden Heroismus inszeniert. Man kann die enorme Resonanz dieses Romans, der Dutzende rühmende Besprechungen (auch in alpinen Journalen) erhielt, vielleicht nur so erklären, dass hier ein soziales Imaginäres – und nicht etwa die ‚Realität' einer sozialen Praxis – in der Fiktion Gestalt annimmt: Darin bilden die Alpen eine ideale Bühne ebenso idealer deutscher Männlichkeit, Jugend und Tugend. Doch können sie das nur, weil sie auch einen Fluchtraum aus dem Generationskonflikt bieten: Wer Berge besteigt, muss keine Väter morden.[285]

Verfremdungen. Hesses Berg-Erzählungen

Eine vollkommen andere Richtung geben demgegenüber einige im gleichen Zeitraum entstehende Texte Hermann Hesses der Beschreibung alpinistischen Höherstrebens; von ihnen ist vor allem eine Erzählung erwähnenswert, die 1908 entstand und 1910, ein Jahr nach Omptedas Roman, erstmals im *Simplicissimus* erschien.[286] Hesse, der ein begeisterter Skifahrer war und, nachdem er 1907 auf dem Monte Verità den Naturpropheten Gusto Gräser kennengelernt hatte, sich auch in der eigentümlichen Praxis des Nacktkletterns versuchte, bestieg aufgrund seines Schwindels zwar nie höhere Berge;[287] die Erzählung *Der geheimnisvolle Berg* besitzt aber gleichwohl eine konkret alpinistische Dimension. Ihr Beginn beschreibt indessen den Antagonisten des Bergsteigers – eben

284 Flex, Der Wanderer zwischen beiden Welten.

285 Der Vatermord-Komplex ist bekanntlich ein wichtiges Thema der Dramatik und Kulturtheorie um 1900.

286 Hesse, Hermann: Der Monte Giallo, in: *Simplicissimus* 15 (1910), S. 125, 131, 135. Der Text erschien erneut 1913 in den *Basler Nachrichten* (Sonntagsblatt), 8 (1913), S. 65–66, ferner – unter verschiedenen Titeln („Der Berg", „Der geheimnisvolle Berg", „Der umworbene Berg", „Cesco und der Berg", „Der Sonderling" – und leicht verändert in verschiedenen Zeitungen, darunter auch in der *Deutschen Alpenzeitung* („Der Berg", DAZ 16 (1920), S. 5–8). Vgl. die Angaben in: Mileck, Joseph: *Hermann Hesse. Biography and Bibliography*, Berkeley and Los Angeles 1977, S. 317f. Ich zitiere nach der Ausgabe: Hesse, Hermann: Der geheimnisvolle Berg, in: ders.: *Sämtliche Werke in 20 Bänden*, hg. von Volker Michels, Bd. 9, *Die Märchen. Legenden. Übertragungen. Dramatisches. Idyllen*, Frankfurt a.M. 2005, S. 33–41.

287 Die recht bekannten Fotos, die Hesse dabei zeigen, entstanden allerdings erst im Jahr 1910; vgl. zu seinen Kletter-Erfahrungen: In den Felsen. Notizen eines ‚Naturmenschen', in: *Sämtliche Werke*, Bd. 11, S. 314–320. Vgl. hierzu und zu einigen der weiteren Texte Hesses auch Zopfi, *Dichter am Berg*, S. 56–75.

den Berg, und die Differenz dieses Erzähleingangs zum eben beschriebenen könnte größer nicht sein.

> Der Monte Giallo stand inmitten eines Kreises von schönen und berühmten Bergen wenig bekannt und ungeliebt. Er galt für unbesteiglich, doch reizte das niemanden, da ringsum Dutzende von leichten, schweren und ganz schweren Gipfeln standen. Man hatte ihn von jeher vernachlässigt, sein Name war nur in der nächsten Umgebung bekannt, die Zugänge waren weit und mühsam, der Aufstieg und auch die Aussicht wenig lohnend. Dafür war er durch Steinschläge, schlimme Windecken, schlechte Schneeverhältnisse und brüchiges Gestein in einen üblen Ruf gekommen. So stand er zwischen seinen berühmten Brüdern ungeschätzt und vergessen da, als ein ruppiger und langweiliger Steinhaufen ohne Schönheit und Anziehungskraft. Er blieb ohne Ruhm und Ehren, aber er blieb auch von Weganlagen, Hüttenbauten, Drahtseilen und Zahnradbahnprojekten verschont. An seinem südlichen Fuße gab es wohl einige Weiden und Sennhütten, an Touren oder gar an eine Besteigung war aber von dieser Seite aus nicht zu denken. Dort zog sich durch die ganze Bergseite in halber Höhe eine lange, senkrechte Wand von brüchigem Gestein, das im Sommer braungelb schimmerte und dem der Berg auch seinen Namen verdankte.[288]

Es handelt sich offenbar um einen Berg im Abseits der alpinistischen Entwicklung. Schon der wenig einladende Name scheint einen Kontrast zum ‚Montblanc' als dem Muster ‚schöner und berühmter' Berge zu bilden; mangels Schönheit oder alpinistischer Reize ist der „Monte Giallo" ungeliebt und „vergessen", eben deshalb aber auch ein letztes Relikt unerschlossenen Gebirges. Die nächsten Absätze antropomorphisieren diesen Berg zunächst in einem Maß, der die Einordnung der Erzählung unter die Rubrik *Märchen* zu rechtfertigen scheint[289]: „[A]tmend" liegt der Berg unter der Sommersonne, sieht „träumerisch" ins Tal und führt im Winter einen „Kampf" mit Wetter und Kälte.[290] Dann allerdings kommt der Protagonist ins Spiel:

> Der Sohn eines Uhrmachers im Dorf, Cesco Biondi, war ein leidenschaftlicher, aber ungeselliger junger Mensch, dem es nicht gelang, auf die übliche und richtige Weise seines Lebens froh zu werden. Namentlich vermochten die Mädchen ihn nicht zu fesseln und glücklich zu machen, obwohl er ihnen gefiel und Macht

288 Hesse, Der geheimnisvolle Berg, S. 33.

289 Unter dieser Rubrik erscheint der Text in der Werkausgabe. Bezeichnend ist: „Er [sc. der Berg] verharrte jedoch gleichmütig in seiner wilden Verlassenheit, sah der Beliebtheit seiner Nachbarn ungereizt und schweigend zu und meinte es mit niemande böse. Er hatte genug anderes zu tun. Der Kampf mit dem Sturm und dem Wasser, das Offenhalten der Steinrinnen und der Bäche, im Frühjahr das Hinwegschaffen des Schnees, das Lawinenrollen, das kümmerliche Pflegen der verzagten Arven und Legföhrne und das Beschützen der sorglosen, lachenden Blumenpracht, das ließ ihn nicht zu Gedanken kommen." (Ebd.)

290 Vgl. ebd. S. 33f.

> über sie hatte. Cesco war stolz und launisch; er griff nach den Mädchen, wenn die Lust ihn überfiel, herrisch und ohne zarte Werbung, und kaum hatte er eine im Arm gehabt und sich bei ihr ein wenig erleichtert und vergessen, so kam die Düsterkeit wieder über ihn, dass er kalt wurde und weglief.[291]

Dem isolierten und wenig geliebten Berg steht ein ebenso isolierter Held gegenüber[292], der gelegentlich auch als „Bergführer" arbeitet, aber vor allem einsam in den das Dorf umgebenden Bergen herumstreift, um „seine Kräfte zu fühlen und sich im Kampf mit Beschwerden und Gefahren zu bewähren"[293]. Als er dabei in das Gebiet des Monte Giallo kommt – „ein entlegenes, unberührtes Stück Land" –, wird ihm der Berg „allmählich lieb"; er erkundet ihn, sucht Blumen und Glimmer, und „der alte Berg ließ ihn still gewähren".[294]

Doch aus dem „halbvertraulichen Verhältnis" von Cesco und dem Berg entwickelt sich nach und nach ein „Kampf" des Mannes mit dem Berg, den er auskundschaftet, „um ihn eines Tages anzugreifen und zu unterwerfen"[295]; dann unternimmt er einen ersten Besteigungsversuch, bei dem er jedoch abstürzt und sich verletzt. Im Folgejahr erneuert er den Versuch mit einem Begleiter; und diesmal scheint er einen Weg zu finden.

> Frohlockend betrat er den schmalen Steig und ging behend und leicht wie eine Ziege voraus.
>
> Aber er war noch nicht oben. Die Wand machte eine Biegung; und im Augenblick, da Cesco um die Krümme [sic] schritt, fuhr ihm von jenseits unerwartet ein heftiger Sturmwind entgegen. Er wandte das Gesicht ab, griff nach seinem wegfliegenden Hut, tat einen winzigen Fehltritt und verschwand vor den Augen des Kameraden plötzlich in die mächtige Tiefe.[296]

Die Rettungsversuche des Begleiters sind vergebens; indessen liegt Cesco Biondi mit gebrochenen Beinen und Rippen am Fuß der Wand. Die abschließenden Passagen des Textes erzählen vom Sterben des Helden, der sich an sein Leben erinnert und dem plötzlich seine frühere Liebe zu dem Berg wieder einfällt:

> Unter Schmerzen wendete er den Kopf und schaute umher und in die Höhe, und der Berg sah ihm ruhig in die Augen. Cesco sah den alten Gesellen an, der in der

---

291 Ebd. S. 34.

292 Symbolistisch werden beide über Farben (Biondi – Giallo) aufeinander bezogen; ob im ‚Gelben' zudem eine Symbolisierung von Neid/Kampf gesehen werden kann, ist allein aus der Erzählung nicht auszumachen.

293 Ebd. S. 35.

294 Ebd. S. 36.

295 Ebd. S. 36f.

296 Ebd. S. 38.

> Abenddämmerung geheimnisvoll und traurig stand, mit verwitterten und zerwühlten Flanken, uralt und müde, in seiner kurzen Sommerrast zwischen den brausenden Todeskämpfen des Frühjahrs und den Schneewettern des Herbstes. Die Nacht kam, und in den Höhen dämmerte ein blasses Licht hinsterbend fort, eine ungeheure Fremde und Einsamkeit lag auf der steinernen Einöde.[297]

Sterbend nimmt der Bergsteiger zum ersten Mal etwas von der „Einsamkeit und traurigen Würde" des Berges selbst wahr, fühlt sich selbst nicht mehr „völlig einsam", und ist schließlich nicht mehr widersetzlich, sondern „mit seinem Sterben seltsam einverstanden."[298] Sein Leichnam wird nicht gefunden, und am Ende kommentiert der Erzähler: „Aber er ruhte im Gestein des Berges nicht schlechter und vollzog die Gebote der Notwendigkeit nicht anders, als wenn er nach einem langen und fröhlichen Leben im Schatten der heimatlichen Kirche begraben worden wäre."[299]

Man kann dieses Ende des Textes als Ausdruck monistischer Lebensphilosophie betrachten,[300] als Inszenierung einer Aufhebung der Welt- und Naturentfremdung durch das ‚Eingehen' des Protagonisten in die ‚Natur' im Tod; dabei wäre die Anthropomorphisierung des Berges das erzählerisch-perspektivische Äquivalent der Vorstellung, dass die Natur *per se* nicht mehr ein Außen, ein Gegenüber des Menschen, sondern innerlich mit ihm verbunden ist. Bezogen auf den alpinen Diskurs bedeutet diese Perspektive jedoch eine mehrfache Verschiebung und Verfremdung. Von Beginn an werden die Stereotypen der Gebirgswahrnehmung negiert – der Monte Giallo ist „ein ruppiger und langweiliger Steinhaufen ohne Schönheit und Anziehungskraft"[301]. Die ‚märchenhafte' Anthropomorphisierung des Bergs steht im Gegensatz zu seiner alpinistischen Metaphorisierung als ‚Gegner' (die vielmehr als interne, am Ende überwundene Perspektive des Helden aufscheint); Cesco Biondi selbst trägt zwar die Attribute alpinistischer Zivilisationsflucht (er entdeckt, erkundet und liebt das Gebirge); sein aufkeimender ‚Eroberungswille' des bisher unerstiegenen Bergs aber bringt den Umschlag ins Verhängnis. Die maximale Abweichung von alpinistischen Narrativen aber inszeniert die Erzählung im Sterben des Helden; es ist nicht der Landschaftsblick vom Gipfel, der zur Introspektion und Erinnerung der eigenen Geschichte führt und konstitutiv für das Subjekt wird, sondern der Blick im Sterben hinauf in die „Einöde". Konsequent

297 Ebd. S. 39.

298 Ebd. S. 40.

299 Ebd.

300 Vgl. zum Monismus Fick, Monika: Sinnstiftung durch Sinnlichkeit. Monistisches Denken um 1900, in: *Ästhetische und religiöse Erfahrungen der Jahrhundertwenden. II: um 1900*, hg. von Wolfgang Braungart, Gotthard Fuchs und Manfred Koch, Paderborn 1998, S. 69–83.

301 Hesse, Der geheimnisvolle Berg, S. 33.

ist dann nur, dass nicht die Bergung der Leiche und ein Beerdigungsritual am Ende steht, sondern das Eingehen in die Ordnung der ‚Natur': Dorf und Kirche sind (ebenso wie alpine Ästhetik und Alpinismus) Teil jener Entfremdung des Subjekts, aus der Cesco Biondi in seinem Sterben ‚erlöst' wird.

Gegenüber dieser Erzählung, die zwischen Parabolik und Sozialrealismus ebenso changiert wie zwischen ‚Märchen' und psychologischer Novelle, wählt die Erzählung „Der Berg"[302], die einige Jahre später entstand, eine reine Märchenform: Es erzählt – scheinbar – von der kleinen Stadt „Faldum" und dem darüber alterslos und unverändert liegenden Berg; gerade diese Vorstellung des Ewigen aber wird durch das Märchen dementiert, der Berg versinkt, zerstört die Stadt, stürzt schließlich sterbend ins Meer. Zur reinen Parabel wird umgekehrt die Bergbesteigung in der Erzählung „Der schwere Weg"[303]: In ihr geleitet ein „Führer" den Ich-Erzähler aus einer „grünen, wohligen Welt" durch eine Schlucht den Berg hinauf; der Text beginnt mit einem „dunkeln Felsentor"[304], der Weg hindurch und hinauf wird zu einer Angst- und Ekel-besetzten Passage, die sich relativ rasch als Parabel zu erkennen gibt, an überdeterminierten Symbolen wie sammet-schwarzen Blumen vorbeiführt und auf einen „sonderbare[n] Gipfel"[305] leitet: Auf diesem steht ein Baum, in diesem Baum sitzt ein Vogel und singt. Als er davonfliegt, springt zuerst der Führer in den Himmel und dann der Erzähler.

Man hat diese Erzählung – wohl mit Recht – als gleichnishafte Darstellung der Psychoanalyse verstanden, welcher sich Hesse seit 1916 bei einem Kollegen von C.G. Jung unterzogen hatte; der Analytiker figuriert als Bergführer, die Prozedur selbst als Trennung von allem Gewohnten, als schwieriger Weg zu einer neuen Sicht und zur Befreiung.[306] Auch sie verfremdet damit freilich alpinistische Bildlichkeit ins Parabolische – und zwar bezeichnender Weise gerade im Sinn der Infragestellung einer autonomen Subjekt-Konstitution, welche im Konzept ‚führerloser' Bergsteiger implizit mitverhandelt wird.

Sommerfrischen (I): Peter Altenberg

Eine wiederum andere Perspektive auf die diskursive Formation des Alpinen um 1900 bieten literarische Texte, in denen nun nicht die Praxis von Bergsteigern oder ‚Hochtouristen' im Zentrum steht, sondern die ‚Touristen'-Wahrnehmung

302 Hesse, Hermann: Der Berg, in: ders.: *Sämtliche Werke in 20 Bänden*, hg. von Volker Michels, Bd. 9, *Die Märchen. Legenden. Übertragungen. Dramatisches. Idyllen*, Frankfurt a.M. 2005, S. 109–114.

303 Ebd. S. 115–120.

304 Ebd. S. 115.

305 Ebd. S. 119.

306 Vgl. das Nachwort Volker Michels, ebd. S. 630.

selbst inszeniert oder verfremdet wird. Denn gerade die allsommerliche Überflutung bestimmter Alpenregionen – wie des Salzkammerguts oder der Dolomiten – durch die städtischen Bürger lassen die alpinen ‚Sommerfrischen'[307] nicht nur Orte gewissermaßen verbindlicher Natur-Erfahrung werden, sondern bieten ihrerseits einen Anschauungsraum der Gesellschaft, ihrer Hierarchien und Diskurse. Den Kontrast einer dörflichen Welt und seiner Lebenszyklen zu der Lebenswelt und Naturwahrnehmung der Städter faßt beispielsweise Hofmannsthals kurze Erzählung „Das Dorf im Gebirge" von 1896 in das Bild viereckiger Tennisplätze, welche die Besucher in den bäuerlichen Wiesen ausstecken und mit hohen Netzen umgeben:

> Wer innen steht, sieht die Landschaft wie auf japanischen Krügen, wo das Email von regelmäßigen feinen Sprüngen durchzogen ist: der blaugrüne See, der weiße Uferstreif, der Fichtenwald, die Felsen drüben und zu oberst der Himmel von der zarten Farbe, wie die blassen Blüten von Heidekraut, alles das trägt die grauen feinen Vierecke des Netzes auf sich.[308]

Texte wie dieser stehen im Zeichen eines Problematisch-Werdens von „Landschafts"-Konzepten in der Literatur der Jahrhundertwende.[309] Wenn zur Signatur insbesondere der Wiener Moderne die Artikulation von Krisen – der Kultur, der Sprache, des Subjekts – gehört, können literarische Inszenierungen von Landschaft, die ja geradezu der Inbegriff der gelingenden Koermergenz von schauendem Subjekt und gesehener Welt ist, davon nicht unberührt bleiben. Beispielhaft hierfür zeigen dies einige kurze Texte Peter Altenbergs, in denen er aus diversen Sommerfrische-Aufenthalten – am Semmering, in Gmunden, in den Dolomiten – ‚Ansichtskarten' (so der Titel eines der Stücke[310]) mitbringt. Signifikant ist bereits der frühe Text „Blick von der Rax":

---

307 Vgl. *Schreibtisch mit Aussicht. Österreichische Schriftsteller auf Sommerfrische*, hg. von Wolfgang Kos und Elke Kriasny, Wien 1995.

308 Hofmannsthal, Hugo von: Das Dorf im Gebirge, in: ders.: *Sämtliche Werke XXVIII, Erzählungen I*, hg. von Ellen Ritter, Frankfurt a.M. 1975, S. 33–36, hier S. 35.

309 Vgl. zur Landschaft in der Literatur der Wiener Moderne: Niefanger, Dirk: *Produktiver Historismus. Raum und Landschaft in der Wiener Moderne*, Tübingen 1993; ferner zuletzt: Schmidt-Dengler, Wendelin: Das weite Land der Seele. Landschaft in der Literatur der Jahrhundertwende, in: *Brücken schlagen. Studien zur deutschen Literatur des 19. und 20. Jahrhunderts*, hg. von Anton Schwob, Stefan Sienerth und Andrei Corbea-Hoisie, München 2004, S. 147–160. Schmidt-Denlger konstatiert, dass sich im *Fin de siècle* eher „eine Poetik des Innenraums" (150) entfalte, während Landschaft allenfalls in Ausschnitten, oft in Blicken aus Fenstern oder in Bücher wahrgenommen wird; Paradigma ist allenfalls der Garten (vgl. Hofmannsthals metapoetischen Essay *Gärten* von 1906).

310 Altenberg, Peter: *Auswahl aus seinen Büchern*, von Karl Kraus, Zürich 1963, S. 108–111.

> Grellweiße Steine. Gelbgrüne Wiese mit nassen Stellen. Schwarze Krumm-Kiefern. Hellgraue, vom Winde ausgelaugte Bäume. Hier werden keine kleinen Kinder malträtiert. Hier wünscht niemand, Sektionsrat zu werden. Hier fällt Regen, saust Wind. Hier fällt Schnee, braust Sturm![311]

Ist dies schon keine ‚schöne' Landschaft mehr, sondern nur im ironische Kontrast zur städtischen Welt von Sektionsräten gefasst, sind die „Rax" und der Schneeberg zwei Jahre später noch einmal Schauplätze in der kleinen Sammlung „Die Stätten unserer paradiesischen Kindheit" in *Märchen des Lebens*.[312] Dort finden sich zwischen Denkbildern und Kindheitserinnerung changierende Kurztexte, zB.:

> BAUMGARTNERHAUS
>
> Märchen des Lebens! Vom Mittagstische auf der Terrasse, Baumgartnerhaus am Schneeberg, sahen wir dich in Sonnennebeln, Rax! Wie ein weißer leuchtender Kreideberg erstandest du uns Kindern, während wir gierig in zehrender Bergluft aßen und tranken – – –.[313]

Erkennbar ist eine völlig andere Registrierung der hochalpinen Welt aber vor allem in der Sammlung *Semmering 1912*[314], die ihren Namen nach der Sommerfrische vor den Toren Wiens trägt, aber Denkbilder auch von anderen Reisen ins Gebirge enthält. Wie zuvor ist hier oft die Kindheits-Erinnerung der Ausgangspunkt:

> BERGESWELT
>
> Bergesregionen, dort wo „nichts mehr gedeiht" als Krummholz, sturmgebogen, ist seit jeher meine „Märchenwelt"! Nach 40 Jahren fand ich das wieder auf dem „Falzarego-Passe", „Tre Croce", „Pordoijoch-Paß". Weißgraue Felstrümmer, schwarze triefende Erde, Zirbelkieferwälder bis an die Hotels heranktriechend. Von Felsen träufelt, rieselt es, Nebelfetzen überall. Nichts will gedeihen als die Edel-Einsamkeit. Vor dem Pordoijoch-Hotel grauschwarze Wälder von dichtem Erlengebüsch, dem der Bergsturm nichts antut. Es braust nur und erschauert. Daß hier nichts mehr gedeiht, ist die Düster-Romantik der Bergeswelt. Keine Farbe einer Blume, kein Schrei eines Vogels, kein Schmetterling,

311 Ebd.

312 Altenberg, Peter: *Märchen des Lebens*, Berlin 1908.

313 Ebd. S. 31; vgl. auch „Bobsleighrennen am Schneeberg", ebd.

314 Vgl. zum biographischen Kontext: Barker, Andrew: Telegrammstil der Seele. Peter Altenberg – Eine Biographie, Wien, Köln, Weimar 1998, S. 227–250; ferner Wellering, Peter: Zwischen Kulturkritik und Melancholie. Peter Altenberg und die Wiener Jahrhundertwende, Stuttgart 1999, v.a. S. 142–169. Allerdings assoziiert Wellering „Falzarego-Pass-Höhe" mit „Gipfel" (144), über die Pässe bekanntlich selten führen.

> kein Käfer. Diese tönende Eintönigkeit! Eine schrieb ins Fremdenbuch ein: „Ohne Jemanden nicht leben können und wollen, selbst wenn man es vorher bestimmt geglaubt hatte – – – hier vergißt man darauf!“[315]

Hier ist alles niedrig und gebogen, nicht ragend und hoch, nicht erhaben, sondern in Trümmern, nicht strahlend, sondern düster. Es ist eine Todes-Landschaft von Beginn an, in der „nichts mehr gedeiht“. Und kann man die „Edel-Einsamkeit“ noch als ironischen Reflex auf die touristisch versprochene und gerade von Tourismus vereitelte Einsamkeit der „Bergesregionen“ lesen, so ist die „tönende Eintönigkeit“ unübersehbar Signal einer Wahrnehmungs-Diskrepanz – die „Märchenwelt“ ist eine Einöde, die nichts von romantischer Natur-Fülle und ‚schöner‘ Alpenidylle mehr besitzt. Wenn eine solche erwartet wird, betonen Altenbergs Texte allenfalls den Kontrast dazu:

> DOLOMITEN
>
> Ich hatte mein ganzes Leben lang von den Dolomiten gehört, einem „Märchen der Natur“. Nun kam ich, per Auto, halb 8 Uhr abends, 11. August, in Toblach an. Eine riesige, ungepflegte, ja verwahrloste Bergwiese, die ein feenhafter Berggarten leicht hätte sein können. Ich ging ein paar Schritte die Fahrstraße entlang, die ins Gebirge, Monte Cristallo, führt. Ich sah in die weiße Waldstraße hinein und war ganz ergriffen. Jahrelang im „Café Central“, Ecke Herrengasse–Strauchgasse, und nun am Eingang in die „Dolomiten“! Ich sah Wälder im Abendschatten und in der Ferne einen leuchtenden riesigen Felsen. Ich kehrte zurück und dachte mir die riesige, schrecklich ungepflegte Bergwiese vor dem Riesenhotel bewachsen mit Zirbelkiefer, Rhododendron, Speik, so ein botanischer Berggarten, mit Murmeltieren und Schneehasen. Aber Toblach begnügt sich, ein „Eingang“ zu sein, und selbst die Geschäftsläden erinnern an „Praterbuden“. Nur irgendwo sah ich in einer Ansichtskartenbude eine 14jährige Verkäuferin. Ich blickte sie an: „Du, du allein paßt in diesen Dolomiten-Märchen-Eingang!“ Da ich den schönen grauen Gems-Kaiser-Lodenhut auf hatte und sehr gebräunt war, blickte sie mich freudig-erstaunt an. [...] Am nächsten Morgen ging es nach Cortina. Rotgraue Bergwelt, sei bedankt, gesegnet! Es türmt sich auf, lichtgrau und rosig, es wächst ins Himmelblaue hinein und überall ist Friede – – –[316]

Wurde der erstmalige Blick auf einen „leuchtenden riesigen Felsen“ im Bergsteigerroman Omptedas zum Initialerlebnis einer lebenslangen Obsession stilisiert, wird er hier Anlass, unmittelbar umzukehren und das Mißverhältnis der „ungepflegten“ Bergwiese mit der eigentlich zu erwartenden Murmeltier-Idylle zu konstatieren. Ins Spiel kommt hier allerdings ebenso unmittelbar

---

315 Altenberg, Peter: Bergeswelt, in: *Semmering 1912*, Berlin 1913, S. 15. Vgl. auch das Stück „Falzarego-Paß-Höhe“, ebd. S. 178.

316 Altenberg, Peter: Dolomiten, in: *Semmering 1912*, Berlin 1913, S. 39–40.

Altenbergs eigentliche Obsession – mit jungen bis sehr jungen Mädchen, von denen in *Semmering 1912* ebenfalls häufig die Rede ist, und die eine libidinöse Besetzung des Gebirges selbst eher unwahrscheinlich werden lassen. Signifikant ist in dieser Hinsicht auch der Text:

> SEMMERING
>
> Es wurde wieder Winter, November 1912. Überflüssig, die Berglandschaft zu schildern. Das können Russen, Schweden, Dänen viel, viel besser. Sie kennen das Gepräge jedes Baumes, und wie der Schnee sich ansetzt, je nachdem. Sie kennen die Eintönigkeit und ihre Poesien, sie kennen die Melodie der Stille, und der Krähen Mißton wird ein schaurig-melancholisches Leitmotiv: Winter! Ich liebte den Sommer, weil ich gesund war, und seinen Symphonien von Farben, Düften lauschen konnte, unbeirrt durch etwas, was mich drückt und niederzwingt. Nun ist es Winter. Ich sehe alles nur so, wie wenn ein gütiges Schicksal den Abschied mir nicht schwer machen wollte. Eine einzige Begeisterung ist geblieben und ringt sich durch, wie wenn mein Bestes mir erhalten bleiben sollte. Ich sah meine kleine Heilige im roten Wintersportkostüm. Der Wintertag leuchtete auf ihrem geliebten Antlitz. Ich sah sie rodeln, ich hörte ihr geliebtes jauchzendes Gekicher, sie flog davon, den scharfen Kurven nach im weißen Fichtenwalde. Ich hatte sie gesehen! Ich ging zurück ins Zimmer und versank in düsteres Sinnen … Und es ward Winter 1912![317]

Wie aus diesen Beispielen deutlich wird, sind Altenbergs ‚Ansichtskarten' und Kurztexte von Sommerfrischen-Erfahrungen[318] alles andere als poetische Evokationen von Landschaften als solchen; allenfalls spiegelt sich in den Landschafts-Elementen seelische Befindlichkeit oder sie dienen einer sarkastischen Reflexion der sozialen Gebrauchsweise der ‚Sommerfrische' wie in der etwas längeren Skizze „Besuch"[319]. Der Text „Fahrt" zerschreddert einen anderen Topos der Gebirgserschließung, die Bahn:

> Ich erwachte und fuhr sogleich auf den Semmering zurück. Aus dem Dunst ins Gebirge. […] Die Lokomotive „pustete", wie man zu sagen pflegt, in die Bergweltkurven hinauf. Man glaubt immer, daß sie es nicht überwältigen wird. Aber

---

317 Altenberg, Peter: Semmering, in: *Semmering 1912*, Berlin 1913, S. 44; vgl. auch „Winter auf dem Semmering", ebd. S. 45.

318 Vgl. auch „Nachwinter" (ebd. S. 47f.), „Im Jänner, auf dem Semmering" (S. 53), „Ostermontag auf dem Semmering" (86–87); „Vor-Vorfrühling" (S. 93f.); „Ereignis" (S. 103).

319 Dort schreibt dem Erzähler ein Freund, er wolle „in den Frieden ‚der Berge flüchten', höchst moderne Ausdrucksweise", ist aber eigentlich auf der Suche nach Damen in „Berghotels": „Er meinte, er wolle gern den Wagen bezahlen, und wir sollten von einer zur anderen fahren. Auf dem Wege könne man ohne weitere Schwierigkeiten die Schönheit, den Frieden der Bergwelt, aber ohne Exaltationen über jeden einzelnen Baum, sondern in Bausch und Bogen genießen." Ebd. S. 61f.

> das ist ein laienhafter Irrum. Sie dazu geschaffen, konstruiert und ausprobiert. Gerade so ist es wie mit der „unglücklichen Liebe“. Unser Herz ist dazu konstruiert. Manchmal zerbricht es. Das sind „unvorhergesehene Fälle“, die auch der genialste Maschinentechniker nicht vorausberechnen kann. Die Luft wurde immer frischer, und ich gedachte des genialen Erbauers dieser Bahn, Ritter von Ghega, der sie in die Felsen mit Gewalt hineinbohrte, damit der Naturfreund alles genieße, Abgründe, Urwälder, Ausblicke, kurz die Dekoration der Bergeswelten![320]

Der Verweis auf die „Dekoration“ an dieser Stelle kennzeichnet das Gesehene nicht nur als künstlich; er entlarvt die „Bergeswelten“ der Sommerfrische als lediglich andere Theaterkulisse des Sozialen. In späten Texten, wie der Reflexion „Klettertouren“ in *Vita ipsa* von 1917, wird schließlich die alpinistische Praxis selbst Thema.

> Die Natur erobern durch Strapazen, durch „körperliche“ Opfer?
> Du eroberst sie doch hoffentlich momentan stets und überall
> durch Deine empfänglichen Augen, Deine empfängliche Seele,
> auch ohne direkt „angeseilt“ zu sein
> auf Schwindel-Platten?!?
> Wehe Dir, wenn Du erst „Mühe“ brauchst,
> um Das zu genießen, was Gott Dir
> ganz von selbst spenden wollte in seiner
> Gnade! An „versicherte Steige“ in Felswänden
> dachte der Allgütige freilich nicht![321]

Als letztes Beispiel die Parade von berühmten Stubai-Gipfeln in der Skizze „Innsbruck“:

> Eindrücke der ersten Woche: Gletscher-Luft inmitten einer Großstadt. [...]
>
> Sonntag, 7./10., Stubaital-Bahn. Ewiger Schnee, Lärchenwald, hohe schlanke Eisen-Viadukte, in Tulpmes holzgetäfelte niedrige Wirtsstube mit Tee und Alm-Käse. [...] Paula friert, der Doktor blickt sehnsüchtig auf seine „Kalkkögel“, den „Habicht“, das „Zuckerhütl“, den „Wilden Freiger“! Er sucht „Gefahren“, ich finde sie leider bereits überall in der Ebene![322]

So abbreviaturhaft, uneinheitlich und noch in ihren Sarkasmen sentimental diese Texte erscheinen mögen, so deutlich kennzeichnet sich in ihnen eine Negation: der Verzicht auf eine Schilderung von Landschaft überhaupt, und

320 Altenberg, *Semmering 1912*, 164f.

321 Altenberg, Peter: Klettertouren, in: *Vita ipsa*, Berlin 1919.

322 Altenberg, Peter: Innsbruck [ED in *Mein Lebensabend*, Berlin 1919], in: *Das große Peter Altenberg Buch*, hg. von Werner J. Schweiger, Wien, Hamburg 1977, S. 394.

zwar aufgrund der, mit Adorno gesprochen, „Erkenntnis, daß Natur, als ein Schönes, sich nicht abbilden läßt."[323] Denn, so weiter Adorno, „die Abneigung, von ihr zu reden, ist dort am stärksten, wo Liebe zu ihr überlebt."

> So hat der polemische Genius in Karl Kraus, vielleicht in Übereinstimmung mit dem modern style etwa Peter Altenbergs, dem Kultus großartiger Landschaft sich verweigert, offenbar kein Glück am Hochgebirge empfunden, wie es ungeschmälert wohl nur dem Hochtouristen zuteil wird, dem der Kulturkritiker mit Grund mißtraute.[324]

In der Prosa Altenbergs, aber auch in der wütenden Ablehnung alpiner Klischees durch Karl Kraus, wie sie Adorno hier zitiert, deutet sich ein mindestens gebrochenes Verhältnis gerade österreichischer Autoren und Autorinnen zur touristischen Landschaftsästhetik an, das bis in die Gegenwartsliteratur – beispielsweise Thomas Bernhards oder Elfriede Jelineks – dazu führt, dass der alpine Diskurs allenfalls in verschiedenartig gebrochener Form ästhetisch satisfaktionsfähig erscheint. Als erstes Beispiel, auch für die Frage nach der Psychologie des Bergsteigens, kann man ein sehr prominentes heranziehen: Arthur Schnitzlers Erfolgsdrama *Das weite Land.*

2.5. Höhenrausch. Berge im *Weiten Land*

Und ich möchte wieder einmal kraxeln.
ERNA in *Das weite Land*

Eine Spurensuche

Zu beginnen ist dabei an einem exzentrischen Punkt. In der Abhandlung *Arthur Schnitzler als Psycholog*, die der damals 25jährige Psychologe Theodor Reik 1913 veröffentlichte und seinem Lehrer Sigmund Freud widmete, erläutert er im Vorwort, wie „die psychoanalytische Methode in der Untersuchung gehandhabt"[325] würde: Seine Beobachtungen gingen „von psychischen Details, von scheinbar unwesentlichen Besonderheiten im Erleben der Schnitzlerschen Personen aus" und würden sich bemühen, „von hier aus zu deren tiefsten, kompliziertesten und verborgensten Regungen vorzudringen". Freud selbst hätte ihn „auf ein analoges Verfahren in der Kunstwissenschaft" aufmerksam

323 Adorno, Ästhetische Theorie, 106.

324 Ebd. S. 109.

325 Reik, Theodor: *Arthur Schnitzler als Psycholog*, Minden 1913, S. IV.

gemacht, nämlich die Methode Giovanni Morellis, die Zuschreibungen von Urheberschaft an Kunstwerken anhand eher unscheinbarer Details kritisch zu überprüfen, da die Beurteilung nach dem Gesamteindruck der Gemälde oft zu falschen Ergebnissen führe.[326]

Diese Methode einer ‚Spurensuche' anstelle der Beurteilung des ‚Totaleindrucks' (die unter dem Namen „Indizienparadigma" durch Arbeiten Carlo Ginzburgs in den 1980er Jahren Furore machen sollte[327]), das Verfahren also, „kleine Motive [zu] prüfen und vergleichen, um sie zur psychoanalytischen Aufklärung des Ganzen zu verwenden", führt Reik dann im ersten Kapitel „an einem Beispiel"[328] vor:

> Im „Einsamen Weg" [Schnitzlers 1904 uraufgeführtem Drama *Der einsame Weg*] kommt ein Arzt vor, der lange auf eine Berufung nach Graz gewartet hat. Schließlich verzichtet er auf seine Chancen aus einem eigentümlichen Grunde, wie aus folgendem Gespräch erhellt:
>
> Felix: „Ist also richtig ein anderer nach Graz berufen worden?"
>
> Dr. Reumann: „Das nicht, aber der andere, dem die Stelle so gut wie sicher war, hat sich auf einer Bergtour den Hals gebrochen."
>
> Felix: „Da wären doch jetzt Ihre Chancen die allerbesten? Wer außer Ihnen käme denn noch in Betracht?"
>
> Dr. Reumann: „Meine Chance wären jetzt gewiß nicht übel. Aber ich habe es vorgezogen, zu verzichten."
>
> Frau Wegrat: „Wie?"
>
> Dr. Reumann: „Ich nehme die Berufung nicht an."
>
> Frau Wegrat: „Sind Sie so stolz?"
>
> Dr. Reumann: „Keines von beiden. Aber der Gedanke, irgendeinen Vorteil dem Malheur eines anderen zu verdanken, wäre mir außerordentlich peinlich. Meine halbe Existenz wäre mir vergällt. Sie sehen, das ist weder Aberglaube noch Stolz, es ist ganz gemeine, kleinliche Eitelkeit."[329]

---

326 „Es ergab sich für Morelli daraus die Forderung, daß dem Totaleindruck nicht die Entscheidung über die Autorschaft zufallen dürfe, und er ersetzte ihn durch ein methodisches und minutiöses Studium der Bilderdetails. Er suchte die persönliche Art eines Malers nicht aus der Stoffwahl, aus der Farbengebung und Linienführung zu erkennen, sondern aus der jedem eigentümlichen Manier, die Fingernägel, die Ohrläppchen usw. zu gestalten. [...] Durch strenge Prüfung und Vergleichung dieser und ähnlicher Details gelang es ihm, bei vielen Bildern die Maler unwiderlegbar festzustellen. [...] Dabei ist es in den meisten Fällen nicht anzunehmen, daß der Maler sich dieser seiner speziellen Art [...] bewußt wäre. Es geschieht vielmehr ohne sein Wissen und Wollen – wir würden sagen: unbewußt." Ebd. S. 5.

327 Vgl. Ginzburg, Carlo: *Spurensicherung. Über verborgene Geschichte, Kunst und soziales Gedächtnis*, Berlin 1983; ders.: Indizien: Morelli, Freud und Sherlock Holmes, in: *Der Zirkel oder im Zeichen der Drei: Dupin, Holmes, Peirce*, hg. v. Umberto Eco u. Thomas A. Sebeok, München 1985, S. 125–179.

328 Reik, Arthur Schnitzler, S. 2.

329 Ebd. S. 3f.

Reik vermerkt zunächst das Ungewöhnliche in dieser Begründung eines Verzichts, sammelt aber vorerst weiteres „Material“ und findet ein ähnliches Motiv in Schnitzlers 1911 uraufgeführtem Drama *Das weite Land*.[330]

> Ein Freund des Hauses, der junge Korsakow, hat sich erschossen, weil Frau Genia seine Liebeswerbungen ablehnte. Im Gespräche erzählt Genia auch, daß ein früherer Freund ihres Mannes, ein gewisser Dr. Bernhaupt, vor einigen Jahren bei einer Bergtour direkt von der Seite ihres Gemahls abgestürzt und auf der Stelle tot geblieben sei. Eine junge Dame äußerte darauf, daß Friedrich Hofreiter nicht viel Glück mit seinen Freunden habe. Wie im Falle Dr. Reumann handelt es sich auch hier um den Tod durch Abstürzen bei einer Bergtour. Die Motive des Selbstmordes Korsakows und des Abstürzens des Dr. Bernhaupt scheinen sich zu verschlingen; sie stehen in irgendeinem, uns noch verborgenen Zusammenhang. Diese geheimnisvolle Verknüpfung wird klarer, wenn wir annehmen, daß es sich in beiden Fällen um den Tod eines Nebenbuhlers Friedrich Hofreiters handelt.[331]

Der psychoanalytische Spurenleser Theodor Reik findet im Vergleich der beiden Dramen also eine Fährte – abgestürzte Bergsteiger-Konkurrenten – und formuliert eine Hypothese; nun wird ein weiteres Indiz hinzugezogen:

> Eine rasch vorüberziehende Dialogstelle im selben Drama, allerdings in einem anderen Zusammenhang, fällt uns dabei ein. Der Dichter Albertus Rhon bemerkt zu dem allmählich alternden Bergsteiger und Don Juan Aigner: „Das muß doch ein recht eigentümliches Gefühl sein, so zu Füßen eines Turmes zu sitzen, den man als Erster bestiegen hat, und selbst nicht mehr in der Lage zu sein ... Man könnte hier einen Vergleich wagen ... den ich aber lieber unterlassen will ...“ Aigner antwortet etwas gereizt: „Wollen wir dieses Thema nicht lieber fallen lassen, Herr Rhon?“ Es ist kein Zweifel möglich, daß hier eine Anspielung auf das Liebesleben des Direktors vorliegt, und der Dichter durch seinen Vergleich auf eine Impotenz seines Gesprächspartners hinzielen wollte. Es wären demnach die beiden Motive (Tod Korsakows – Absturz Dr. Bernhaupts) im Unbewußten des Dichters verknüpft, sie sind psychologisch identisch (Motivdoublierung).[332]

Die ‚zweifellose‘ Impotenz-Anspielung wird schließlich mit einer Fußnote erläutert, die auf Freuds *Traumdeutung* hinweist:

> Das Symbol des Bergsteigens für den Sexualverkehr ist dem Psychoanalytiker wohlbekannt. Es findet sich in allen Produkten des Unbewußten. Freud konnte

330 Im Folgenden mit der Sigle WL zitiert nach Schnitzler, Arthur: *Das weite Land. Tragikomödie in fünf Akten*, hg. von Reinhard Urbach, Stuttgart 2002 (der Text folgt der Erstausgabe: *Das weite Land*, Berlin 1911).

331 Ebd. S. 4f.

332 Ebd. S. 5f.

> das Steigen als sicheres Koitussymbol in Träumen aufdecken. „Traumdeutung“, 3. Aufl., p. 210f. Volkslied, Sage und Dichtung zeigen dieselbe Symbolisierung. Ebenso die Sprache (vgl. „Steiger“, „nachsteigen“, „un vieux marcheur“) und der Witz.[333]

Man tut der Bedeutung von Theodor Reiks früher Abhandlung sicher keinen Abbruch[334], wenn man anmerkt, dass man hier an einem ihrer frühesten Beispiele neben dem Glanz auch die Fragwürdigkeit psychoanalytischer Literaturbetrachtung beobachten kann. Die Parallele des Motivs ‚früherer Absturz bei einer Bergtour‘ in den Dramen ist zweifellos markant, und das Motiv erscheint beiden Dramen eher ‚beiläufig‘, als Detail im Sinn der Methode Morellis. Auch die Schlußfolgerungen Reiks scheinen erhellend: So bestätige die Anspielung auf die Impotenz des „alternden Bergsteigers und Don Juan Aigner“ in *Das weite Land* die These Freuds, dass Bergsteigen Sexualität symbolisiere; und in Bezug auf den *Einsamen Weg* deutet Reik die Erinnerung Reumanns an den tödlich abgestürzten Konkurrenten und seine affektive Besetzung dieser Erinnerung als Indizien, dass er unbewußt dessen Tod wünschte und der spätere Verzicht auf die Arztstelle eine „Sühnung“ und „moralische Reaktionsbildung“ auf diesen eigenen, verdrängten Tötungswunsch darstelle.[335]

Doch bei genauerem Hinsehen gibt Reiks Eingangsbeispiel einige Rätsel auf. Denn wie passen diese „Details“ zusammen? Das Motiv ‚tödlicher Absturz bei der Bergtour‘ erscheint zwar in beiden Dramen, doch ist die Qualität *als* Absturz für Reiks Deutungen irrelevant: Im einen Fall markiert das Motiv lediglich den verdrängten Tötungswunsch, und auch im andern Fall ist die vermutete Parallele ‚Tod eines Nebenbuhlers‘ ganz unabhängig von der Todesart ‚Abstürzen am Berg‘. Vor allem aber ist in *Das weite Land* irgendeine Verzichtshaltung des Protagonisten Friedrich Hofreiter kaum zu erkennen, eher im Gegenteil;[336] so dass das Motiv des früheren Absturzes eines Freundes/Konkurrenten für

---

333 Ebd. S. 6, Fußnote 1.

334 Reiks Dissertation *Flaubert und seine „Versuchung des heiligen Antonius“* (1912) gilt als erste auf psychoanalytischer Grundlage stehende literaturwissenschaftliche Studie überhaupt; der Psychologe, Literatur- und Religionswissenschaftler arbeitete bis 1928 als Sekretär der Wiener Psychoanalytischen Vereinigung.

335 Reik, Arthur Schnitzler, S. 8. Die Analyse wird dann noch eine Stufe weitergeführt zum im Stück aktuellen inneren Konflikt Reumanns, der einen weiteren Verzicht übt; vgl. ebd. S. 8f.

336 Tatsächlich verzichtet er nach dem Tod Dr. Bernhaupts lediglich auf das Bergsteigen selbst, wie man gleich im ersten Akt erfährt („Frau Wahl. Ich hab gemeint, daß der Friedrich seit … seit … dem Unglück von damals das Bergsteigen ganz aufgegeben hat.“ (WL 16)); allerdings bricht er am Ende des 2. Akts gerade zum Bergsteigen auf. Von einer Konkurrenz zu seinem Freund Bernhaupt ist im übrigen nie im Drama die Rede.

dessen psychische Konstitution etwas völlig anderes bedeuten müsste als für jene des Dr. Reumann. Was aber könnte es bedeuten, wo doch der Text über eine andere Parallele (mit dem alternden Bergsteiger Aigner) die sexuelle Symbolik des Bergsteigens anspielt (die wiederum im *Einsamen Weg* keine Rolle spielt)? Und wenn es diese Symbolik gibt[337]: Was symbolisiert dann – im Vergleich zu Aigners Unfähigkeit, den Berg überhaupt noch zu besteigen (also der Symbolisierung von Impotenz) – ein Absturz?

Gibt schon die genauere Verbindung der Motive zu Fragen Anlaß, bleibt jedoch vor allem unklar, wen oder was Reik hier eigentlich psychoanalytisch untersucht. Geht es um das „Unbewußte" der „Schnitzlerschen Personen", wie angekündigt und bei Dr. Reumann auch vorgeführt, oder das des „Dichters" selbst (wie Reik ja explizit sagt)? Oder ist der „Dichter", in dessen „Unbewußtem" die Motive „Tod Korsakows – Absturz Dr. Bernhaupts" verknüpft sind, der im Stück selbst *auftretende* (allerdings offenkundig psychoanalytisch informierte) Dichter Rhon? Wie ist andererseits zu verstehen, dass der reale Dichter Schnitzler dem Protagonisten „Dr. Reumann" (!) einen *nom parlant* gibt, der erkennbar bewußt schon jenen Schuldkomplex konnotiert, den der Psychoanalytiker erst aus Motivdoublierungen rekonstruieren muss?

Man kann das weitere Fragen hier abbrechen. Es ist bekannt, dass Schnitzler selbst sich mit den Schriften Freuds und der im Entstehen begriffenen Psychoanalyse intensiv auseinandersetzte, bei allem Interesse aber viele von Freuds zentralen Annahmen skeptisch sah und in jenem kritischen Nahverhältnis zu

337 Es ist für den Nachvollzug von Reiks Argumentation zusätzlich erschwerend, dass in der *Traumdeutung* zwar tatsächlich viel vom „Steigen" die Rede ist, allerdings fast immer „Stiegen, Treppen, Leitern" gemeint sind, wo „die Stiege (und was ihr analog ist) ein sicheres Koitussymbol darstellt" (Freud, Sigmund: Die Traumdeutung, in: *Gesammelte Werke* Bd. II/III, Frankfurt a.M. 1962, S. 360, Fn. 1; vgl. auch die Beispiele S. 368f., 372f.). Auch die „Grundlage der Vergleichung" („in rhythmischen Absätzen, unter zunehmender Atemnot kommt man auf eine Höhe und kann dann in ein paar raschen Sprüngen wieder unten sein" (ebd.)) trifft beim Bergsteigen keineswegs so klar zu wie beim Treppensteigen. Das Bergsteigen selbst als Trauminhalt kommt in der *Traumdeutung* aber nur bei den Kinderträumen vor, nämlich in einem Traum von Freuds eigenem, damals „fünfeinvierteljährigen" Sohn, als dieser bei einem „Ausfluge nach dem schönen Hallstatt im Sommer 1896" die „herrliche Dachsteinaussicht" kennenlernt, die Simony-Hütte durch ein Fernrohr sieht, dann wünscht, dort hinzugelangen (was ihm erklärlicherweise verweigert wird) und schließlich davon träumt, dort zu sein (vgl. ebd. S. 132f.). Das Bergsteigen in diesem Traum (und seiner Deutung) ist hier in keiner Weise sexuell konnotiert, sondern schlechterdings das, was Freuds These zufolge Träume immer sein können: An Tagesreste anschließende Wunscherfüllungen.

ihr blieb, das er mit zahlreichen Autoren der literarischen Moderne teilte.[338] So ist auch seine kritische Reaktion verständlich, als er sich in Reiks Buch zwar *„als Psycholog"* gewürdigt, sein Werk und seine Person zugleich aber dieser Deutung auf der Basis eines unklaren Konzepts von ‚Unbewußtem' ausgesetzt sah. Am 31. Dezember (!) des Jahres 1913 schrieb er an Reik in einem Brief:

> Im Laufe der nächsten oder übernächsten Woche hoffe ich Sie zu sehen und mit Ihnen über Ihr Buch zu reden, das ich mit wirklichem starken Interesse, gar nicht selten auch mit sachlicher Zustimmung natürlich keineswegs ohne lebhaften Einwand gelesen habe. Sie haben insbesondere Beziehungswerthe in meinen Arbeiten gesehen, geschaut, erkannt, an denen die meisten Berufskritiker achtlos vorbeigegangen sind; und wo Sie innerhalb des Bewußten bleiben, gehe ich oft mit Ihnen. Über mein Unbewußtes, mein halb Bewußtes wollen wir lieber sagen –, weiß ich aber noch immer mehr als Sie, und nach dem Dunkel der Seele gehen mehr Wege, als die Psychoanalytiker sich träumen (und traumdeuten) lassen. Und gar oft führt ein Pfad noch mitten durch die erhellte Innenwelt, wo sie – und Sie – allzufrüh ins Schattenreich abbiegen zu müssen glauben.[339]

Wenn Reiks Abhandlung hier gleichwohl zitiert wurde, dann weil sie tatsächlich einen zeitgenössisch offenbar deutlich wahrgenommenen[340], von den meisten gegenwärtigen Lektüren aber weitgehend ignorierten Aspekt von

---

338 Vgl. Worbs, Michael: *Nervenkunst. Literatur und Psychoanalyse im Wien der Jahrhundertwende*, Frankfurt a.M. 1983; allgemein: *Psychoanalyse in der literarischen Moderne, Bd. 1: Einleitung und Wiener Moderne*, hg. von Thomas Anz und Oliver Pfohlmann, Marburg an der Lahn 2006.

339 Schnitzler, Arthur: *Briefe 1913–1931*, hg. von Peter Michael Braunwarth, Richard Miklin, Susanne Pertlik und Heinrich Schnitzler, Frankfurt a.M. 1984, S. 35f.

340 Neben Reik betrifft dies vor allem Karl Kraus' ‚Metakritik' (Kraus, Karl: Bergführer und Hopf oder Beginn einer Razzia auf Literarhistoriker, in: *Die Fackel* 336–337, 23. Nov. 1911, S. 15–21), die sich an der auf die „touristische" Dimension fixierten und ihm überhaupt unerträglichen zeitgenössischen Kritik polemisch abarbeitet – so sei er „fest entschlossen, den nächsten Sommer mich an Herrn Minor anseilen zu lassen", und Herrn Wittmann sähe er „auch lieber im Gebirge" als im Parkett (ebd. S. 18). Auch in zeitgenössischen Kritiken selbst – wie jener von Felix Salten im *Lloyd* – wird stark auf die alpine Dimension abgehoben: „Herr Friedrich Hofreiter [...] ist ein Meister auf allen Sportplätzen, er klettert auf die gefährlichsten Bergspitzen. Dies alles geht aber nur nebenher und füllt ihn nicht aus. [...] Ein anderer, ihm ähnlicher Mann, der ihm nur aus dem dämmerigen Pfad nach abwärts ein ziemliches Stück voraus ist, der Herr Dr. v. Aigner, [...] hat als erster die kühnsten Bergbesteigungen unternommen, hat die Herrlichkeit der Dolomiten für die Welt erschlossen, hat hier herum prächtige Hotels gebaut, und ‚in diesen Tälern, diesen Bergen', mit brünstigem Lebensunband [sic!] gehaust wie Don Juan in Spanien. Jetzt ist er stiller, resignierter als der Friedrich Hofreiter [...]". Zit. nach *Arthur Schnitzler. Sein Leben und seine Zeit*, hg. von Heinrich Schnitzler, Christian Brandstätter und Reinhard Urbach, Frankfurt a.M. 1981, S. 97.

Schnitzlers Drama *Das weite Land* zum Ausgangspunkt nimmt, eben dessen Thematisierung des Bergsteigens.[341] Auch die folgende Lektüre wird einer Spurensuche abseits des ‚Totaleindrucks' der „Eitelkeits- und Ehrenkomödie" (WL 128) gleichen, denn vordergründig dominant sind alpine Motive im Drama nicht; sie gilt allerdings weniger einer psychoanalytischen Deutung solcher Spuren als dem Gleiten von deren Signifikaten[342] zwischen dem ‚Halb-Bewußten' (Schnitzler) der Protagonisten, den kulturellen Codierungen des Bergsteigens im diskursiven Kontext und schließlich der raumzeitlichen Struktur und der Poetik des Dramas selbst.[343]

Verwandtschaft mit einer Felsenspitze

Den Ausgangspunkt der Lektüre kann jedoch tatsächlich jener schon für Theodor Riek merkwürdige abgestürzte „Dr. Bernhaupt" bilden, der vom ersten Akt an durch die Diskurse der Protagonisten geistert.[344] Die meisten Interpreten des Dramas bis hin zu Rudolf Denk[345] betonen die beiden anderen Todesfälle, die Anfangs- und Endpunkt des 1911 an neun großen Bühnen gleichzeitig

---

341 Weitere Werke Schnitzlers (wie *Der einsame Weg*) können hier nicht einbezogen werden; ebenso wenig seine eigenen Alpenwanderungen (z.B. im August 1900 mit Richard Beer-Hofmann, Alfred Kerr und anderen).

342 Dies ist weniger im Sinn einer (Lacanianischen) Psychoanalyse zu verstehen als aus dem Text des Dramas. Dort fragt im 4. Akt Otto: „Was wirst du tun, wenn ich fort bin? / GENIA. Ich weiß es nicht. Heute weiß ich's nicht. Was wußten wir zwei vor wenigen Wochen, vor Tagen! … Man gleitet. Man gleitet immer weiter, wer weiß wohin." (WL 104)

343 Nur ein Jahr später erschien eine weitere psychoanalytische Abhandlung speziell zum „Weiten Land" (Furtmüller, Curt: Schnitzlers Tragikomödie „Das weite Land". Ein Versuch psychologischer Literaturbetrachtung, in: *Zentralblatt für Psychoanalyse und Psychotherapie, Monatsblatt für Seelenkunde* 4 (1914), S. 28–40.) Der Adler-Schüler Furtmüller unterscheidet deutlicher als Reik „zwei Standpunkte" (Ebd. S. 29) psychologischer Literaturbetrachtung, je nachdem ob der Dichter oder die Gestalten der Dichtung Objekt der Analyse sind; seine Analyse gilt dann im Wesentlichen der Figur Hofreiters, den er als „unter der Herrschaft eines intensiven männlichen Protestes" stehend sieht (ebd. S. 39). Der von Adler geprägte Begriff bezeichnet Haltungen aggressiver Männlichkeit als Bewältigung von Unsicherheit und Bedrohung. Die Bergbesteigung ist in dieser Sicht nur ein Männlichkeitsbeweis unter vielen (vgl. ebd. S. 34f.)

344 Das ist wörtlich zu verstehen; Anspielungen oder direkte Thematisierungen finden sich nach der im folgenden analysierten Passage WL 15ff. noch S. 23 (1. Akt), 50f. (2. Akt), 72, 84, (3. Akt), 101 (4. Akt).

345 Denk, Rudolf: Arthur Schnitzlers *Das weite Land:* Theater und Film im Medienvergleich, in: *Arthur Schnitzler und der Film*, hg. von Achim Aurnhammer, Barbara Beßlich und Rudolf Denk, Würzburg 2010, S. 271–296.

uraufgeführten[346] Dramas markieren: Den Selbstmord des Pianisten Korsakow, der sich aus unerfüllter Liebe zur Gattin des Glühbirnenfabrikanten Hofreiter erschossen hat und an dessem Beerdigungstag das Drama einsetzt, und den Tod des jungen Otto von Aigner, den Hofreiter am Ende im Duell erschießt. „Zwei junge Menschen müssen sterben, damit eine bereits lange korrumpierte, verlogene Ehe endgültig auseinander bricht. Darin liegt das Tragische und zugleich Komische dieser neuartigen Gesellschaftskomödie" (Denk).[347]

Bereits in der dramaturgisch hochkomplexen Exposition im ersten Akt[348], die in einem das Stück prägenden Rhythmus von Gruppen- und Zweier-Szenen[349] die Protagonisten, ihre Verhältnisse und ihre Diskursmasken vorführt, erscheint jedoch nicht nur eine Andeutung des Duells[350], sondern in einer Vorausdeutung auf den dritten Akt des Stückes, der im Gebirge spielen wird, auch jener ‚dritte Tote' des Stückes.

> ERNA. Sie müssen aber bald kommen, Doktor, im Juli reisen wir nämlich nach Tirol, an den Völser Weiher.
> MAUER. Ah!
> FRAU WAHL. Wir haben dort Rendezvous mit dem Gustl. (*Zu Otto*) Das ist nämlich mein Sohn [...].
> ERNA. Und ich möchte wieder einmal kraxeln.
> MAUER. Da trifft man sich vielleicht auf irgend einer Felsenspitze. Mich zieht es nämlich auch in die Dolomiten. (*Zu Genia.*) Und ich will nicht verhehlen, gnädige Frau, daß ich große Lust hab, mir heuer den Friedrich dazu auszuborgen.

---

346 Nämlich am 14. Oktober 1911 in Berlin (Lessingtheater), Breslau (Lobe-Theater), München (Residenztheater), Hamburg (Deutsches Schauspielhaus), Prag (Deutsches Landestheater), Leipzig (Altes Stadttheater), Hannover (Schauburg); Bochum (Stadttheater), Wien (Burgtheater); vgl. WL S. 146f. Zur Wiener Uraufführung vgl. zuletzt Denk, Arthur Schnitzlers *Das weite Land*.

347 Denk, Arthur Schnitzlers *Das weite Land*, S. 282.

348 Vgl. zu einer eingängigen Interpretation des Dramas: Doppler, Alfred: Arthur Schnitzler: *Das weite Land*, in: *Interpretationen. Dramen des 20. Jahrhunderts*, Bd. 1, Stuttgart 1996, S. 69–92.

349 Vgl. Swales, Martin: Schnitzler's Tragi-comedy: A Reading of „Das weite Land", in: *Modern Austrian Literature*, 10 (1977), S. 233–245 (Special Arthur Schnitzler Issue), S. 237.

350 „ERNA. [...] Früher dacht ich nämlich, daß Korsakow einfach – sein [Hofreiters] Klavierspieler gewesen ist. / GENIA. Wie meinen Sie das ... sein Klavierspieler? / ERNA. Nun, so wie der Doktor Mauer sein guter Freund ist, Herr Natter sein Bankier, ich seine Tennispartnerin, der Oberleutnant Stanzides ... sein Sekundant. / GENIA. Oh ... " (WL S. 12). Zur Figuration des Duells und der Logik der Ehre im Drama vgl. den herausragenden Aufsatz von Laermann, Klaus: Zur Sozialgeschichte des Duells, in: *Arthur Schnitzler. Zur Diagnose des Wiener Bürgertums im Fin de siècle*, hg. von Rolf-Peter Janz und Klaus Laermann, Stuttgart 1977, S. 131–154.

GENIA. Zu Dolomitentouren –? ... Was sagt er denn dazu?
MAUER. Er scheint nicht gänzlich abgeneigt.
FRAU WAHL. Ich hab gemeint, daß der Friedrich seit ... seit ... dem Unglück von damals das Bergsteigen ganz aufgegeben hat.
MAUER. Aber doch nicht für immer.
GENIA (*zu Otto, erklärend*). Ein Freund meines Mannes, ein gewisser Doktor Bernhaupt, ist nämlich direkt von seiner Seite weg von einem Felsen abgestürzt und auf der Stelle tot geblieben. Es sind übrigens schon sieben Jahre her.
OTTO (*zu Genia*). So? An dieser Partie hat Ihr Herr Gemahl teilgenommen?
ERNA (*nachdenklich*). Man muß sagen ... er hat nicht viel Glück mit seinen Freunden.
GENIA (*zu Otto*). Sie wissen von dieser Geschichte?
OTTO. Sie blieb mir begreiflicherweise im Gedächtnis, da sie gerade auf dem Felsen passiert ist, den – mein Vater vor mehr als zwanzig Jahren als allererster bestiegen hat.
GENIA. Richtig, der Aignerturm war es.
MAUER. Der Aignerturm ... Man hat wirklich schon vergessen, daß der nach einem lebendigen Menschen so heißt.
(*Kleine Pause.*)
ERNA. Das muß doch eigentlich ein sonderbares Gefühl für Sie sein, Herr Fähnrich, daß da in den Dolomiten ein Felsen steht, mit dem Sie gewissermaßen verwandt sind.
OTTO. Das ist gar nicht so sonderbar, Fräulein. Beide sind mir nämlich ziemlich fremd, der Felsen und mein Vater. Ich war ein Bub von vier oder fünf Jahren, als sich meine Eltern von einander trennten ... (WL S. 15ff.)

Um die erste Erwähnung des tödlichen Absturzes vor sieben Jahren versammelt die im gesellschaftlichen Plauderton gehaltene Passage fast schon alle semantischen Codierungen und Relationen, in denen das Gebirge im Drama erscheinen wird: Es ist einerseits Ort der Sommerfrische, wie seit einigen Jahren in Wiener Aristokratie und Großbürgertum üblich, doch andererseits auch Ort riskanter „Touren" auf „Felsenspitze[n]", die tödlich enden können.

In dieser Doppelcodierung entspricht es jedoch exakt der Spannung von kultiviertem gesellschaftlichem Umgang mit Essenseinladungen, Kurparkbesuchen und Tennisspielen, der in Baden bei Wien gepflegt wird, und der hinter dieser Fassade erahnbaren Sphäre riskanter erotischer Verhältnisse und drohender Duelle, besonders der betroffenen Ehemänner mit den jeweiligen Liebhabern. Auch die „Dolomitentouren" sind mit „Lust" besetzt, und für Mauer (der in Erna verliebt ist, wie man rasch erfährt) sind sie auch Ort eines potentiellen „Rendezvous". Ungewöhnlich ist allerdings, dass Erna als junge Frau in die (wie das Duell) eigentlich Männern vorbehaltene Domäne des ‚Kraxelns' eindringt; jedenfalls noch so ungewöhnlich, dass im vierten Akt, nach ihrer Besteigung des ‚Aignerturms' in Begleitung von Mauer, Hofreiter und eines Bergführers, sogar die Zeitung davon berichtet[351]. Die „Partie"[352] rückt durch diese Bezeichnung und die Teilnahme der Frau zudem in die Nähe der im Stück – zum Verdruss z.B. Alfred Polgars – im 2. und 4. Akt fast ständig gespielten „Tennispartie[n]" (WL 39, 122) sowie der „Billardpartie" (WL 102) Hofreiters gegen Korsakov am Vorabend von dessen Tod; das Paradigma wäre hier ‚Spiel' – wobei ‚Spiel' allerdings bei Schnitzler auch die Bedeutung ‚Hasardspiel' annehmen kann[353].

Über den tödlichen Absturz des Dr. Bernhaupt wird hier sodann zum ersten Mal der eigentümlich übercodierte „Aignerturm" ins Spiel gebracht, jene „Felsenspitze", die als höchste Erhebung des Stücks fungiert. Er wurde nicht nur von Otto von Aigners Vater – vor „mehr als zwanzig Jahren" – zum ersten Mal erstiegen, sondern *heißt* seither auch nach ihm. Auf ihn wird im dritten Akt die „Partie" mit Erna führen (nun allerdings als ‚Führerpartie'); Otto selbst aber, obwohl er mit ihm „gewissermaßen verwandt" ist, bleiben der Turm wie sein Vater „ziemlich fremd". Schnitzler unterstreicht diese Opposition von Vater und Sohn Aigner wie beiläufig auch dadurch, dass der Sohn Marinefähnrich ist, also (im Gegensatz zum Gebirge) der Sphäre des Meers zugeordnet wird, und ferner zu einer dreijährigen „Expedition" aufzubrechen im Begriff steht, die „für Tiefseeforschung [!] ausgerüstet" ist (WL 40). Dies allerdings

351 „STANZIDES. Hört, hört! (*Er liest.*) ‚Wie uns vom Hotel Völser Weiher berichtet wird, hat dort vor wenigen Tagen eine junge Dame aus Wien, Fräulein Erna Wahl, in Begleitung zweier Wiener Touristen, des Fabrikanten Hofreiter und des bekannten Arztes Doktor Mauer den Aignerturm bestiegen, eine durch ihre Gefährlichkeit …' […]
FRAU WAHL. Wie heißt's denn weiter?
STANZIDES (*liest weiter.*) ‚Eine durch ihre Gefährlichkeit berüchtigte Felsenspitze in den südwestlichen Dolomiten. Dieselbe wo vor sieben Jahren ein junger Arzt, Doktor Bernhaupt, durch Absturz …'
FRAU WAHL. Ja, Frau Genia, auf solche Berge haben sie die Erna hinaufgeschleppt. So bös bin ich in meinem ganzen Leben nicht gewesen, wie auf den Doktor Mauer und auf Ihren Gatten." (WL 100f.)

352 So vor allem im 3. Akt: „Herr Hofreiter befindet sich seit gestern auf einer Partie" (WL 70) u.ö.; einmal fällt sogar der Ausdruck „Hofreiter-Partie" (WL S. 78). Im alpinistischen Schrifttum ist der Ausdruck „Partie" seit dem 19. Jahrhundert für ‚Besteigung in einer Gruppe oder Seilschaft' üblich und bezeichnet (ebenso wie ‚Führerpartie') öfter begangene Besteigungen – freilich nicht notwendig und nicht im Gegensatz zu „Tour". Vgl. z.B. Senn, Franz: Die Kreuzspitze bei Vent, in: *Zeitschrift des Deutschen Alpenvereins*, II (1870/71), S. 52–67, der am Ende (S. 66f.) alle (!) seit 1866 erfolgten Besteigungen verzeichnet („Im Jahre 1867 18 Partien von ca. 30 Touristen" usw.).

353 Vgl. die berühmte Novelle *Spiel im Morgengrauen* von 1926/27. Als allerharmloseste Form findet sich im *Das weite Land* dann auch noch das „Dominospiel" auf der „Hofbrandhütte" („AIGNER. Seit wann haben denn die da oben ein Dominospiel?" WL S. 81).

wird sein Duell-Tod verhindern; die vielleicht einzige Ähnlichkeit mit seinem Vater – dass er ein Verhältnis mit einer verheirateten Frau, in diesem Fall Erna Hofreiter eingeht – wird ihm zum Verhängnis, obwohl der chronisch fremdgehende Hofreiter Genia regelrecht zum Vorwurf gemacht hatte, mit Korsakov *kein* Verhältnis eingegangen zu sein und dadurch dessen Tod verursacht zu haben.

Die von Reik vermutete Verbindung von „Tod Korsakows – Absturz Dr. Bernhaupts"[354] ist also von der Handlung und den Diskursen des Stückes her weit komplexer als ein Nebenbuhler-Verhältnis. Der Absturz des Freundes vor sieben Jahren hatte, folgt man den weiteren Erwähnungen im Drama, eher traumatisierenden Charakter für Hofreiter:

> ERNA. Und wie ist das Unglück damals geschehn?
> MAUER. Offenbar dadurch, daß sich unter seinen Füßen ein Stein losgelöst hatte ... Es war beim Abstieg vom Aignerturm. Friedrich war voran. Da hört er das gewisse unheimliche Gepolter über sich. Gleich darauf sausen mächtige Blöcke an ihm vorbei und nach ihnen, knapp neben Friedrich, der arme Bernhaupt selbst. Friedrich spricht nicht gern davon. Wenn er nämlich auch tut, als wenn er über alles erhaben wäre, die Sache hat damals doch einen furchtbaren Eindruck auf ihn gemacht.
> ERNA. Sie glauben?
> MAUER. Der beste Beweis ist doch, daß er seither keine Bergtouren mehr unternommen hat. (WL S. 50f.)[355]

Mehr noch gilt das für die Stelle im 3. Akt, als Friedrich nach der (als verdeckte Handlung stattfindenden, aber von allen anderen Figuren im Hotel permanent beredeten Besteigung des Turms) daran erinnert wird:

> FRIEDRICH. [...] (*Zu Aigner.*) Also ich kann Ihnen mitteilen, daß sich da oben nicht das geringste geändert hat, auf der Spitze wenigstens. Die Wegverhältnisse sind allerdings wieder ein bißchen schlimmer geworden. Oder ist man nur älter? Jetzt ist es Lebensgefahr, hinaufzuklettern, – aber wenn das mit dem Abbröckeln so weiter geht, ist es der sichere Selbstmord.
> AIGNER. Ja, der Penn hat mir erzählt.
> FRIEDRICH. Wissen Sie, Aigner, wenn man in diese Rinne kommt, ungefähr dreihundert Meter unterm Gipfel ...

354 Reik, Arthur Schnitzler, S. 6.

355 Die Erzählung Mauers weicht von der Darstellung Genias im ersten Akt ab: Er ist genauer in Hinblick auf den Zeitpunkt („beim Abstieg"), vor allem aber ist ihm zufolge Bernhaupt nicht „direkt von seiner [Friedrichs] Seite weg" (WL S. 15), sondern über ihm und an ihm vorbei gestürzt. Die Differenz ist auffällig und verleitet zu weiteren Fragen (waren die Freunde eigentlich nicht angeseilt?), die das Stück freilich nicht beantwortet, sondern wie viele andere offenläßt.

> AIGNER (*unterbricht ihn.*) Bitte, erzählen Sie mir nichts. Abgetan ist abgetan. Wie hat sich denn die Kleine gehalten?
> FRIEDRICH. Erna? Einfach prachtvoll.
> AIGNER. Daß Sie sie da mirgenommen haben ... ich muß sagen ...
> FRIEDRICH. Sie hat uns mitgenommen. Ich hatte überhaupt nicht die Absicht, den Turm noch einmal in meinem Leben zu machen. Wo ist denn übrigens der Mauer?
> AIGNER. Ich hab ihn noch nicht gesehn.
> RHON. Sagen Sie, Herr Hofreiter, wie war's Ihnen eigentlich zumute, als Sie an der gewissen Stelle vorbeikamen?
> FRIEDRICH. An der gewissen Stelle? Mein Gott, sieben Jahre sind eine lange Zeit. Ich habe Dinge beinahe vergessen, die viel kürzere Zeit zurückliegen. Ich vergesse sehr rasch ... wenn ich will.
> RHON. Nun ja ... man kommt wahrscheinlich öfters an Stellen wieder vorüber, wo jemand neben uns hinabgestürzt ist, nur erkennt man sie manchmal nicht wieder. Glauben Sie nicht –?
> FRIEDRICH. Wenn Sie eine Ahnung hätten, wie wenig ich zum Philosophieren aufgelegt bin, Meister Rhon ... (WL 83f.)

Sowohl die von Mauer geschilderte wie die hier im Drama gezeigte Reaktion Hofreiters – er nennt Ernas unbedingten Wunsch, den „Aignerturm" zu „machen"[356], als Grund, ihn gegen seinen Willen noch einmal zu besteigen, und benennt das eigene Vergessen-Wollen explizit – scheinen dafür zu sprechen, dass die „gewisse[] Stelle" ein wunder Punkt für ihn ist. Allerdings ist diese Besteigung nun nicht etwa die ‚Durcharbeitung' eines Traumas, sondern Anbahnung seines nächsten Verhältnisses – eben mit Erna, wodurch Hofreiter mit Mauer einen weiteren Freund verlieren wird und die finale Katastrophe – das Duell mit Otto von Aigner, der genau während dieser Bergtourenwoche Hofreiters ein Verhältnis mit dessen Frau begonnen hat[357] – desto verhängnisvoller und zynischer wirkt. Der ‚Aignerturm' ist also nicht etwa ein Außen der gesellschaftlichen Verhältnisse, sondern eher der (im Stück unsichtbare) Punkt ihrer deutlichsten Sichtbarkeit, ihrer Zuspitzung.

Am ehesten in die Nähe dieses Turms gerät man im Stück noch im zentralen dritten Akt, der in der *„Halle des Hotels Völser Weiher"* spielt, wo aus *„hohen Glasfenstern"* der Blick auf eine *„Wald-, Berg- und Felsenlandschaft"* fällt

356 Vgl. zu dieser Sprachform auch WL S. 51: „ERNA. Also – der Aignerturm wird heuer gemacht."

357 Diese doppelte Konstellation spiegelt genau die Schnitzler biographisch bekannte Episode, die er in *Jugend in Wien* als atmosphärisch und in vielen Details grundlegend für *Das weite Land* beschrieben hat (in diesem Fall die Bergtour des Prokuristen Kniep, der während dieser Tour von seiner Frau mit Schnitzlers Freund Richard Tausenau betrogen wird). Vgl. WL S. 159ff.; Schnitzler, Arthur: *Jugend in Wien. Eine Autobiographie*, Wien, München, Zürich 1968, S. 271–274.

(WL 66). Allerdings galt dieser Akt Schnitzler selbst und den meisten Regisseuren und Interpreten als Retardation, als Komödienakt im tragischen Verlauf, dessen zahlreiche Episodenfiguren denn auch am ehesten gestrichen wurden[358]. Mehrere dieser Figuren aber illustrieren nun gerade das ‚touristische' Milieu dieser Sommerfrische: Der Portier Rosenstock, der dem Chefportier des Südbahnhotels am Semmering nachempfunden ist[359], der rat- und ahnungslose Tourist Doktor Meyer, der von Beginn an durch die Halle geistert[360], die zwei „jungen Touristen", die nach ihm den Portier belästigen (WL S. 67ff.), der Führer mit dem bezeichnenden Namen „Penn"[361] und schließlich der Tragödien-Dichter Rhon samt Frau, die immerhin mit den anderen ‚Touristen' bis zur „Hofbrandhütte" (WL 67) mitgewandert war. Im Dialog von Rhon mit dem Hoteldirektor fällt jene schon Theodor Reik merkwürdige Anspielung auf die Impotenz des Erstbesteigers, der jetzt nicht mehr „in der Lage" zu dieser Tour ist (WL S. 78), was als bösartiger Spott Rhons auf die von den anderen Anwesenden kommentierte erotische Attraktivität Aigners auf sämtliche

358 Vgl. Denk, Arthur Schnitzlers *Das weite Land.*

359 „PAUL. [...] Sie sind jetzt da? Was wird denn der Semmering ohne Sie anfangen?
ROSENSTOCK. Man steigt eben immer höher, Herr von Kreindl. Von tausend ... auf eintausendvierhundert ..." (WL S. 69). Vgl. zum Vorbildcharakter den Kommentar in WL S. 164f.

360 „MEYER (nachdem er eine kleine Weile gewartet hat.) Herr Portier ...
ROSENSTOCK (liebenswürdig, aber nicht ohne eine gewisse Überlegenheit.) Bitte, Herr Doktor?
MEYER. Ich wollte mir nur die Frage erlauben, Herr Portier ... ich habe nämlich die Absicht, morgen eine Tour zu machen, und da wollte ich mir die Frage erlauben, ob man zur Hofbrandhütte einen Führer benötigt.
ROSENSTOCK. O, gewiß nicht, Herr Doktor. Der Weg ist nicht zu fehlen, gut markiert.
MEYER. Und wenn ich dann von der Hütte eine Spitze mitnehmen würde? Zum Beispiel den Aignerturm.
ROSENSTOCK (*lächelnd.*) Aignerturm?! ... Aignerturm ist die schwerste Tour in der ganzen Gegend, wird sehr selten gemacht. Nur von ausdauernden, schwindelfreien Kletterern. Heuer ist er überhaupt noch nicht gemacht worden.
MEYER. Pardon, ich meinte nicht den Aignerturm. (*Mit der Karte.*) Die Rotwand meinte ich. – Die ist doch nicht so schlimm?
ROSENSTOCK. Gewiß nicht. Da kann jedes Kind hinauf.
MEYER. Noch nie was geschehn?
ROSENSTOCK. Ja, gelegentlich sind auch schon von der Rotwand Leute heruntergefallen.
MEYER. Wie! –
ROSENSTOCK. Das ist schon nicht anders im Gebirge. Es gibt eben überall Dilettanten ...
MEYER. Hm. Also ich danke vorläufig bestens, Herr Portier.
ROSENSTOCK. Bitte sehr." (WL S. 66f.)

361 „AIGNER. Aber oben war's schön.
PENN. Sell wissen ja der Herr Direktor. Oben is immer schön. Und gar auf dem Aignerturm." (WL 80)

weiblichen Hotelgäste verstanden werden kann. Zentral aber ist der Dialog Friedrichs mit Aigner, in dem später auch der oft zitierte Ausdruck vom „weiten Land" der „Seele" (WL S. 88) fällt:

> AIGNER. Wissen Sie, wann ich die Erstbesteigung dieses Turmes unternahm, von dem Sie eben herunterkommen? – Es war sehr bald, nachdem ich mich von ... meiner Frau getrennt hatte.
> FRIEDRICH. Wollen Sie damit sagen, daß da – ein Zusammenhang bestand?
> AIGNER. Gewissermaßen ... Ich will ja nicht eben behaupten, daß ich den Tod gesucht habe – der wäre einfacher zu haben gewesen – aber viel am Leben lag mir damals nicht. Vielleicht auch, daß ich eine Art Gottesurteil herausfordern wollte.
> FRIEDRICH. Hören Sie, wenn alle Ehemänner in einem solchen Fall auf Felsen klettern wollten ... die Dolomiten würden einen possierlichen Anblick bieten. Sie haben doch schließlich nichts Schlimmeres getan als mancher andere auch.
> AIGNER. Es kommt immer nur darauf an, wie so etwas von dem andern Teil empfunden wird ... Meine Gattin hatte mich sehr geliebt.
> FRIEDRICH. Das hätte ein Grund mehr für sie sein sollen, nicht unversöhnlich zu bleiben.
> AIGNER. Möglich. Aber auch ich hatte sie sehr geliebt. Hier liegt das Problem! (WL S. 87f.)

Wie nirgends sonst ist hier deutlich, dass Aigner – der im übrigen ebenfalls einer realen Figur, nämlich dem Südtiroler Hotelier Theodor Christomannos[362] nachempfunden war – als innere Spiegelungs- und Kontrastfigur von Hofreiter fungiert: Bergsteiger und Unternehmer wie dieser ist er vor allem auch ein Don Juan wie dieser, aber ein sowohl vom Bergsteigen als auch vom

362 Vgl. WL 159. Der Südtiroler Politiker, Hotelier und Vorsitzender der Meraner Alpenvereinssektion, der sich für Hotel- und Hüttenbau und die Verkehrserschließung (Dolomiten-Paßstraßen, Bahnstrecken) einsetzte, starb im Jahr der Uraufführung 1911; vgl. neben den von Reinhard Urbach angeführten Nachrufen (vgl. ebd.) auch jenen in den *Mitteilungen des Deutschen und Oesterreichischen Alpenvereins* 37 (1911), Nr. 3, S. 33–35. Dort wird übrigens berichtet, Christomannos habe schon als Student in Innsbruck „durch seine Begabung, durch die Schönheit seiner Erscheinung [!] und durch seine Leutseligkeit Aufsehen" erregt (ebd. S. 34), habe sich allerdings als Corpsstudent bei einer Mensur die rechte Hand verstümmelt, „was ihm bei seinen späteren Bergwanderungen die Eisarbeit oft recht sauer, das Klettern im Fels fast zur Unmöglichkeit machte". Ferner habe er einen eigenen Typ Alpenhotels (das „Suldenhotel") geschaffen; „sie sollen nicht exklusiv nur für das vornehme, reiche Publikum sein, sondern auch der einfache Bergwanderer und Hochturist soll dort gute, aufmerksame und dabei billige Aufnahme finden." Als Alpinist habe er vor allem im Ortler-Gebiet „die schwierigsten Turen" bewältigt, sei außerdem publizistisch aktiv (u.a. Alpenvereins-Zs 1899/1900) und ein gefeierter Vortragsredner (ebd. S. 35) gewesen. Fast all diese Dimensionen werden bei Schnitzler angespielt; er hatte Christomannos im Juli 1901 am Karersee kennengelernt (vgl. WL S. 159), wo dieser das Grandhotel Karersee betrieb; vgl. dazu unten.

Zynismus abgekommener, sozusagen geläuterter Don Juan[363]. Hofreiter hatte ihn, wie er im Stück früher selbst erzählt, „grad ein paar Tag“ kennengelernt, „nachdem die Geschichte mit dem Bernhaupt passiert ist“ (WL 23), und Aigner hätte „damals eine gute Zeit gehabt. Jedenfalls war er besser aufgelegt wie ich“ (ebd.).

Höhenrausch

Nimmt man nun im Sinn der Detail-Analyse *diese* Stellen zusammen, ergibt sich folgender psychologischer Assoziationsraum, der von demjenigen Reiks deutlich abweicht: Aigner hatte vor „mehr als zwanzig Jahren“ seine (von ihm geliebte) Frau betrogen, die sich daher von ihm trennte und ihm den Sohn entzog; daraufhin („sehr bald“) und vermutlich deshalb wäre Aigner zur Erstbesteigung des Felsturms aufgebrochen, vielleicht „um eine Art Gottesurteil heraus[zu]fordern“. Er hatte diese Probe aber nicht nur heil überstanden, sondern damit seinen *Namen* in das Gebirge eingeschrieben, so dass der auf seinen Namen getaufte Felsen gewissermaßen den Sohn ersetzte.[364] Dadurch aber wird er in seiner männlichen Potenz überdeutlich bestätigt (und seine Beschreibung durch Hofreiter ist vielsagend: „Die neuen Dolomitenstraßen wären ohne ihn nie gebaut worden. Und diese Riesenhotels und die Automobilverbindungen, eigentlich alles sein Werk! Und nebstbei hat er in jedem Tiroler Dorf mindestens ein Kind.“ (WL S. 23)), und genau in dieser optimalen Verfassung traf ihn Hofreiter Jahre später, aber nur wenige Tage nach dem tödlichen Absturz des Dr. Bernhaupt, welcher „einen furchtbaren Eindruck“ (WL 51) auf ihn selbst gemacht und ihn bewogen hatte, ganz mit dem Bergsteigen aufzuhören: Der Gegensatz könnte größer nicht sein.

Betrachtet man das Bergsteigen nicht vereindeutigend im Sinn Reiks (oder Freuds) als Symbolisierung des Koitus, sondern als Praxis, bedrohte männliche Identität in der Gefahr zu bewähren oder zu beweisen, war Aigner darin also extrem erfolgreich; er wurde sogar „Präsident im Touristenclub“ (WL 23) und

---

363 Vgl. zu dieser Dimension des Donjuanismus, vor allem aber der Vermittlung dessen durch Søren Kierkegaard den erhellenden Aufsatz von Benne, Christian: *Das weite Land. Schnitzlers kierkegaardsche Bilanz des Ästhetizismus*, in: *Modern Austrian Literature*, 33/34 (2000), S. 29–53. Aigner und Hofreiter entsprechen Benne zufolge den beiden von Kierkegaard in *Entweder-Oder* kontrastierten Don-Juan-Typen; entsprechend seiner These, das ganze Stück sei eine Abrechnung mit dem Ästhetizismus im Geiste Kierkegaards, liest er das finale Duell als eines von Hofreiter mit Aigner selbst, dessen Sohn Hofreiter erschießt, während der seine überlebt.

364 Hofreiter lädt Aigner am Ende des 3. Akts sogar ein, den Sohn bei ihm in Wien wiederzutreffen, was dieser immer vermieden hatte – aber vor dieser Wiedervereinigung von Vater und Sohn erschießt er den Sohn beim Duell.

,hauste' nun erst recht als Don Juan.[365] Für Hofreiter war diese Praxis aber seit dem Absturz Bernhaupts mit tödlicher Gefahr assoziiert, und erst in der Krise seiner Ehe mit Genia, die ihn ebenso verlassen könnte wie Aigners Frau diesen verließ, besteigt er erneut den ,Aignerturm'. Dass er *danach* von Aigner dessen Beweggrund für die Erstbesteigung erfährt – eben den Verlust von Frau und Sohn – macht diese ,Partie' aber hoch ambivalent für ihn: Einerseits hat er Aigner gewissermaßen kopiert und sogar überboten, indem er *während* der Tour mit Erna ein Verhältnis begann, andererseits aber nun seine eigene (noch existierende) Ehe in noch größere Gefahr gebracht. Das läßt sein ambivalentes Verhalten danach sowohl verständlich als auch maximal zynisch erscheinen: Denn er macht Erna einen regelrechten Heiratsantrag, um sie nach dem Kuß bei der Tour nun auch sexuell zu verführen (vgl. WL S. 95, S. 97f.), doch reist er nach der Liebesnacht unvermittelt ab, distanziert sich von ihr und duelliert sich mit dem Liebhaber seiner Frau.

Vor allem jedoch reinterpretiert Hofreiter die Szene der Bergtour selbst zweimal als irrational, „eine Art von Rausch", jedoch von verschiedenen Personen; einmal, noch im 3. Akt und gewissermaßen als Test auf die Ehrlichkeit ihres Gefühls, Erna gegenüber:

> ERNA. Warum Sie von unglücklicher Liebe reden?
> FRIEDRICH (*ernst.*) Wozu sich täuschen, Erna! Das gestern abend ... überhaupt diese ganze Partie, der Augenblick auf dem Gipfel oben, der Händedruck, dieser Wahn des Zusammengehörens, dieses ungeheure Glücksgefühl, es war wohl alles nur eine Art von Rausch, von – Bergrausch. Wenigstens für Sie. Hängt mit den dreitausend Meter Höhe zusammen, mit der dünnen Luft, mit der Gefahr. Aber ich persönlich habe wohl die geringste Rolle gespielt in Ihrer Stimmung. (WL S. 94)

Fast mit denselben Worten, aber auf sich bezogen, spielt er Mauer gegenüber, als er ihn in der Villa bei Wien wiedersieht, die Bedeutung der Szene herunter:

> FRIEDRICH. [...] Wir müssen uns aussprechen. Ich versichere dich, daß du dich irrst. – Ich habe sie geküßt, ja. Einmal ... Das leugne ich nicht. So eine Umarmung im Freien, bei schönem Wetter, in zweitausend Meter Höhe hat gar nichts zu bedeuten. Das nenn ich ... Höhenrausch ...
> MAUER. Na ... wenn du's nur so nennst ... dann ist ja alles gut. (WL 114)

---

365 „RHON. [...] Ja, das ist ein Mensch! Haben Sie denn eine Ahnung, wie der in der Gegend hier gehaust hat? Sagen Sie, gnädige Frau, ist Ihnen zum Beispiel noch nicht die Ähnlichkeit unseres Oberkellners mit Aigner aufgefallen?
FRAU WAHL. Sie glauben? Sie halten diesen Oberkellner für seinen Sohn?
RHON. Mindestens für seinen Neffen. Ja, das ist so ein Wüstling, – daß ihm auch die Neffen ähnlich sehn." (WL S. 76f.)

„Bergrausch" und „Höhenrausch" sind beidesmal Sprachmasken, denn Hofreiter begehrt erkennbar ein Liebesgeständnis Ernas und andererseits will er Mauers Freundschaft nicht verlieren, weshalb er die sexuelle Affaire zu einem einzigen Kuß im Freien verharmlost. Im „Höhenrausch" aber spricht er selbst – im Schnitzlerschen Sinn halb-bewußt – die Irrationalität der Handlung aus, in der Bergsteigen und Verführung, tödliche Gefahr und Begehren verbunden sind.

‚Aignerturm' und Bergtour fungieren im Stück also als sprachliche Verdichtungen einer imaginären Assoziation: Schnitzler arbeitet sehr bewußt mit den sexuellen Konnotationen des Bergsteigens, von Turm, Gipfel und Höhe, die Reik ansatzweise wahrgenommen hatte. Fast nach Art der Traumlogik von Verschiebung und Verdichtung werden dabei auch ‚Realitätsreste' wie die ‚Urbilder' (Schnitzler) der Figuren integriert. Und das gilt nicht nur für Hofreiter und Aigner, die Villa in Baden bei Wien oder den Hotelportier Rosenstock/Rostler; das könnte sogar für das Hotel gelten, denn im Grandhotel Karersee, das das Aigner-Vorbild Christomannos gegründet hatte und das 1896 zusammen mit der neuen Straße zum Karerpaß eingeweiht worden war, war seither die beste Wiener (und europäische) Gesellschaft zu Gast, darunter auch Schnitzler selbst.

Abb. 18
Grand-Hotel Karersee, Zeichnung von 1896

Und von diesem Hotel, das in Blickweite des Rosengarten liegt, ist nicht nur die die „Rotwand", die direkt über dem Hotel zu sehen und von der Südwestseite tatsächlich unschwierig zu erreichen ist (wie im Stück der Portier dem Touristen Meyer erklärt), sondern sind auch jene Vajolettürme nicht weit entfernt, deren einer nach dem erwähnten Erstbegeher Georg Winkler „Winklerturm“ heißt,[366] ein weiterer „Stabelerturm“ und ein dritter „Delagoturm“. Die Besteigungen (1887, 1892 und 1895) lagen erst kurz zurück, ebenso Winklers Tod 1888. Wie ein traumlogisch präzises Detail nimmt *Das weite Land* diese Assoziation auf, ohne jedoch darin aufzugehen.

Schnitzlers Drama spiegelt also – in der Komödiendimension – den alpinen Tourismus, die Erschließung durch Straßen, Bahnen und Grand Hotels, der Sommerfrischler mit Wäschesorgen, der Sensationsmeldungen in Zeitungen;[367] es reflektiert jedoch auch Aspekte jenes irrationalen Gefahrenalpinismus seit dem ausgehenden 19. Jahrhundert, und es reflektiert ganz sicher das Bergsteigen als hoch ambivalente Bewältigungspraxis krisenhaft erfahrener männlicher Identität. Vor allem aber integriert *Das weite Land*, ohne im Mindesten ein Bergsteiger-Drama zu sein oder die Psychologie von Alpinisten zu untersuchen, das Bergsteigen in die psychologisch präzise Diagnose des Wiener Bürgertums der Jahrhundertwende, in der Irrationalität, Todeswunsch, Dekadenz und Höhenrausch eng beieinander liegen. Die Berge und ihre Aignerspitzen gehören zum „weiten Land der Seele“; vom „Aignerturm“ zurückkehrend sagt Erna zu eben diesem Aigner:

> ERNA. Es war die schönste Stunde, Herr von Aigner, die ich je erlebt habe.
> AIGNER. Ja, dort oben! ... Und doch hoff’ ich, Sie werden noch schönere erleben, Erna.
> ERNA. Das halt ich für schwer möglich. Daß das Leben einem wieder einmal geradeso schön vorkommt, das könnte sich ja vielleicht ereignen. Aber daß einem der Tod zu gleicher Zeit so vollkommen gleichgültig ist, das passiert einem gewiß nur bei solchen Gelegenheiten. Und das ... das ist das Wundervolle! ... (WL S. 90)

366 Vgl. oben.
367 Vgl. hierzu im *Weiten Land* auch Hackl, *Eingeborene im Paradies*, S. 84–90, v.a. S. 88f.

KAPITEL 3

Gratwanderungen. Alpiner Diskurs und Literatur nach dem Ersten Weltkrieg

Krieg. Auf einer Bergspitze. Tal friedlich wie auf einer Sommertour.
Hinter der Sperrkette der Wachen geht man wie ein Tourist.
Robert Musil, 1915[1]

3.1. Kriege in der Höhe

Der gesprengte Berg

„Wir haben das schwarze Los gezogen"[2]: So beginnt der Aufsatz „Alpenverein und Weltkrieg", den Heinrich Menger im Jahr 1919 in der *Zeitschrift des Deutschen und Österreichischen Alpenvereins* veröffentlichte. Eigentlich ist die Publikation ein Jubiläumsband zum 50jährigen Bestehen der Vereinigung.[3] Doch über den stolzen Berichten zur „Förderung der Wissenschaft", Hütten- und Wegebau, Bibliothek und Museum, Alpenpflanzenschutz, Führerwesen, Bergrettung und Unfallversicherungen liegt unübersehbar der Schatten des Kriegs.

Schon das Vorwort des Bandes von Julius Mayr beginnt düster: „Schwer lastet der Zeiten Drang auf deutschem Gemüt."[4] Mayr parallelisiert in der Rückschau die Gründung des Alpenvereins mit der politischen Reichsgründung, welche „die deutschen Urlande" geeint hätte, und seine stürmische Entwicklung mit dem Fortschritt von „Kunst, Wissenschaft und Technik", in welchem „deutscher Geist zum Aufstieg [!] sich rüstet". Noch einmal erscheinen als Folie die bekannten kulturkritischen und politischen Topoi: Gegen die Tendenzen der Zeit, ihre „Hast, die an Blut und Nerven zehrende Todfeindin gesunden Schaffens", und die politische Zerrissenheit, habe der Verein eine Therapie erschlossen: „Dort in den Bergen, auf der erhabensten Bühne der Natur, öffnete sich die Heilquelle den Geschwächten"; und die Alpen wären

1 Musil, Robert: *Tagebücher, hg.* von Adolf Frisé, Reinbek 1976, S. 303 (Heft I, etwa 1915–1920, erster Eintrag). Robert Musil war seit 1915 als Landsturmhauptmann in Südtirol stationiert.
2 Menger, Heinrich: Alpenverein und Weltkrieg, in: *ZDOeAV* 50 (1919), S. 168–194, hier S. 168.
3 Zur Vereinsgründung 1869 vgl. Gidl, *Alpenverein.*
4 Mayr, Julius: Vorwort, in: *ZDOeAV* 50 (1919), S. 1–4, dies und die folgenden Zitate S. 1.

 DOI:10.30965/9783846767788_004

zum „Treffpunkt, ja [...] zum Tempel der gegenseitigen Erkenntnis der deutschen Stämme" geworden.

Zudem hätten die Alpen sich als Ort unerhörten Tatendrangs erwiesen: „Kein Gipfel blieb unerstiegen, keine Wand undurchklettert [...], die Technik des Bergsteigens schwang sich zu einer Höhe auf [!], die alles Menschenmaß zu übertreffen schien." Daher wären nun, „im grausigsten aller Kriege", auch Leistungen vollbracht worden, „wie man sie für unmöglich hielt, und die nur aus in den Bergen gestählten Körpern, aus dort unbeugsam gewordener Willenskraft kommen" hätten können. Aber alles scheint nun umsonst; Mayr beendet seine Aufstiegsgeschichte mit einem rhetorischen „Und jetzt –?"[5]

Diese Ratlosigkeit nach der Kriegsniederlage und dem Untergang der Monarchien ist symptomatisch.[6] Mehr als viele diskursive Kontinuitäten vermuten lassen[7], stellte der Krieg und vor allem der Gebirgskrieg für den alpinen Diskurs und die Imagination des alpinen Raums einen Einschnitt dar, und zwar praktisch allen Hinsichten, in denen diese bisher betrachtet wurden. Der Krieg bewirkte eine stärkere *politische* Codierung des Gebirges unter ‚völkischen' Vorzeichen, wobei die Südtirol-Frage und der Antisemitismus zentral wurden;[8] zugleich veränderte sich auch die Wahrnehmung der hochalpinen ‚Zone', die im Krieg von einer ‚rhetorischen' individuellen zur realen kollektiven Kampfzone mutiert war. Selbst die alpinistischen Praktiken vom Klettern bis zum Skifahren wurden dabei ‚kriegswichtig'; zugleich erstarrte aber die Bewegung von Auf- und Abstieg zur Besetzung einer Linie von Frontstellungen, die entlang des Alpenhauptkamms verlief, vergletscherte Gebiete querte und sogar über den Gipfel des Ortlers führte.

Ganz gegen alle alpinistische Praxis waren diese Stellungen durch alle Jahreszeiten und selbst bei arktischen Temperaturen im Winter gehalten worden; und schließlich war der ‚Bergtod' im Krieg nicht mehr eine Frage von Gefahren geblieben, denen man sich ‚männlich-heroisch' aussetzte, sondern kontingent, massenhaft und unvorstellbar grausam geworden.

5 Ebd. S. 2. Es ist für ein Vereinsjubiläum erwartbar, dass es dabei nicht bleiben kann: Mayr gibt sich selbst die Antwort: „Jetzt erst recht!" (ebd. S. 3).

6 Vgl. Schivelbusch, Wolfgang: Die Kultur der Niederlage. Der amerikanische Süden 1864, Frankreich 1871, Deutschland 1918, Berlin 2001.

7 Solche Kontinuitäten betont stärker Günther, *Alpine Quergänge*, S. 243–276; ihre Untersuchung der Texte zum Weltkrieg in Publikationen des DÖAV gilt eher sozial- und geschlechtergeschichtlichen Aspekten.

8 Vgl. zuletzt zusammenfassend: Achrainer, Martin; Mailänder, Nicholas: Der Verein, in: *Berg Heil! Alpenverein und Bergsteigen 1918–1945*, hg. vom Deutschen Alpenverein, vom Oesterreichischen Alpenverein und vom Alpenverein Südtirol, Köln, Weimar, Wien 2011, S. 193–318, zum Antisemitismus S. 226–249; Trojer, Florian: Südtirol, ebd. S. 329–382.

Abb. 19 Frontstellung am Gipfel des Ortler

Die Kämpfe im Hochgebirge, die mit dem Kriegseintritt Italiens im Mai 1915 begannen und bis zum Herbst 1918 dauern sollten, wurden schon von den Zeitgenossen als etwas „Unvergleichliches, Unerhörtes, Niedagewesenes“[9] wahrgenommen. Einige Schlachten an der von Istrien über die Karnischen Alpen und Dolomiten bis zum Ortler reichenden Front wurden zu regelrechten Mythen: Der Gipfel des Col di Lana beispielsweise, eines 2462 m hohen Berges in den Dolomiten bei Belluno, den italienische Truppen über Monate unter riesigen Verlusten vergebens zu erstürmen versucht hatten, wurde schließlich durch Stollen unterminiert; die österreichische Besatzung auf dem Gipfel hörte tagelang die Bohrungen und Sprengungen für die Mine, doch die vorgesetzten Kommandanten lehnten eine Räumung der Stellung ab. In der Nacht vom 17. auf den 18. April 1916 wurde der gesamte Gipfel durch 5000 kg Nitrogelatine mitsamt der österreichischen Besatzung in die Luft gesprengt.

Diese künstliche Verwandlung eines Dolomitengipfels in einen Vulkan[10] ist nur ein – oft erzähltes – Beispiel unter vielen.[11] Sowohl die ‚realen‘ Ereignisse

9 Vgl. von Dellmensingen, General Krafft: Vorwort, in: Langes, Gunther: Front in Fels und Eis. Der Weltkrieg im Hochgebirge. Mit einer Einleitung von Gen.d.Art. a.D. Konrad Krafft von Dellmensingen, München 1933 [3. A. 1941], S. IX–XIII, hier S. XII.

10 Vgl. Langes, *Front in Eis und Fels*, der referiert: „Die Offiziere der Besatzung baten ihre vorgesetzten Kommanden, die Stellung räumen zu dürfen. Offiziere und Mannschaft verpflichteten sich mit ihrem heiligsten Ehrenwort, den Col di Lana nach der Sprengung wieder zu stürmen […]. Man möge ihnen nur dieses Schildwachstehen auf dem Vulkan ersparen, das mit jedem Tag mehr aus den kaltblütigsten Leuten ein zitterndes Nervenbündel mache. Die Kommanden lehnten ab“ (S. 9).

11 Andere sind der Gletscherkrieg auf der Marmolata, die Kämpfe in den Sextener Dolomiten, am Ortler, den Tofane oder am Monte Piano. Vgl. Langes, *Front in Eis und Fels*, passim.

wie ihre zeitgenössische Wahrnehmung und ihre Darstellung in Texten während und nach dem Krieg weisen viele Parallelen, aber auch charakteristische Unterschiede zu Ereignissen an anderen ‚Fronten' des Weltkriegs und Texten darüber auf. Einige dieser Texte[12] sollen hier zunächst in Hinblick auf die Besonderheit des Gebirges für Strategie und Kriegsführung betrachtet werden, dann in Hinblick auf die Spezifik der Wahrnehmung und des ‚Erlebnisses' des Gebirgskriegs und schließlich unter dem Aspekt der längerfristigen Veränderung alpinistischer Selbstbilder und der Wahrnehmung des alpinen Raums.[13]

Ausweitung der Kampfzone

1979 erschien ein Buch des Journalisten, Film- und Musikproduzenten und Schriftstellers Uwe Nettelbeck mit dem Titel *Der Dolomitenkrieg* bei Zweitausendeins, das in einer hundertfünfzig Seiten langen beklemmenden Collage Texte über den Gebirgskrieg unkommentiert zusammenstellte.[14] Zu den – ungenannten – Quellen Nettelbecks zählt vor allem eine Textsammlung, die der Südtiroler Alpinist und Journalist Gunter Langes 1933 unter dem Titel *Front*

12 Eine textorientierte Untersuchung zum Gebirgskrieg gibt es – von dem Kapitel bei Günther abgesehen (*Alpine Quergänge*, S. 243–276) – bisher erstaunlicherweise nicht, obwohl die (militär-)historische Forschung ausufernd ist. Vgl. exemplarisch die grundlegende Arbeit von Lichem, Heinz von: *Gebirgskrieg 1915–1918*. 3 Bde., Bozen 1980/81, wieder 1996/1997; zum deutschen ‚Alpencorps' Hebert, Günther: *Das Alpenkorps. Aufbau, Organisation und Einsatz einer Gebirgstruppe im Ersten Weltkrieg*, Boppard 1988; Jordan, Alexander: *Krieg um die Alpen. Der erste Weltkrieg im Alpenraum und der bayrische Grenzschutz in Tirol*, Berlin 2008 (= Zeitgeschichtliche Forschungen, Bd. 35); zur Bedeutung für Italien: di Martino, Basilio: *La grande guerra sul fronte dolomitico. La 4. armata italiana (1915–1917)*, Valdagno 2007; Thompson, Mark: *The White War. Life and Death on the Italian Front 1915–1919*, London 2008; zur weiteren Entwicklung in Deutschland: Aichner, E. (Hg.): *Deutsche Gebirgstruppen vom Ersten Weltkrieg bis zur Gegenwart*, Ingolstadt 1983.

13 Es muss betont werden, dass die Untersuchung exemplarisch ist; eine ganze Reihe von Texten kann nicht oder nur am Rand berücksichtigt werden. Vgl. u.a. Niehans, Paul: *Fünfzehn Monate im Kampfgebiet der Dolomiten*, Bern 1918 [Niehans wurde später als Erfinder der ‚Frischzellentherapie' berühmt]; Pichler, Cletus: Der Krieg in Tirol 1915/1916, Innsbruck 1924; Lempruch, Moritz Erwin von: *Der König der deutschen Alpen und seine Helden. Ortlerkämpfe 1915/1918*, Stuttgart 1925; Feurstein, Valentin: *Dolomitenkämpfe. Ein Beitrag zur Darstellung der Verteidigung Tirols im Weltkriege*, Wien 1925; Czant, Hermann: *Alpinismus, Massenwintersport und Weltkrieg*, München 1929; Weber, Fritz: *Feuer auf den Gipfeln. Südtiroler Alpenkrieg*, Regensburg 1932; ders.: *Granaten und Lawinen*, Leipzig, Wien, Berlin 1932; Burtscher, Guido: *Die Kämpfe in den Felsen der Tofana*, Bregenz 1933. Ein Beispiel italienischer Texte ist Gaspari, Paolo: *Marmolada e Col di Lana. La prima estate di guerra nel racconto di Ricciotti Garidaldi e di altri ufficiali della brigata alpi*, Udine 2008.

14 Nettelbeck, Uwe: *Der Dolomitenkrieg*, Frankfurt a.M. 1979 [zuerst in: *Mainz wie es singt und lacht. Texte 1969–1976*, Frankfurt a.M. 1976].

in Fels und Eis erstmals herausgegeben hatte.[15] Nicht nur wegen der Drastik der dort beschriebenen Kriegserfahrungen bot dieser Band Nettelbeck anschauliches Textmaterial, sondern auch wegen der Einleitung, die Konrad Krafft von Ellmensingen – von Mai 1915 bis Februar 1917 Kommandeur des ‚Deutschen Alpenkorps'[16] – beisteuerte.[17] Der General beginnt militärisch knapp und grundsätzlich:

> Das Hochgebirge galt in den Kriegen früherer Zeiten meist nur als Durchzugsland. Die Kämpfe spielten sich an den Paßstraßen und auf den sie unmittelbar begleitenden Höhen ab. Ein längeres Verweilen inmitten des Gebirges fand selten statt.
>
> In diesen Verhältnissen hat der Weltkrieg gründlich Wandel geschaffen.[18]

Die Ursachen dieses Wandels liegen auf der Hand. Gegenüber der Situation noch des frühen 19. Jahrhunderts hätte, so der General, die Erschließung durch Wege und Bahnen das Gebirge bereits zugänglicher gemacht; ferner hätte „die Entwicklung des Alpinismus dazu geführt, daß es unzugängliche Stellen selbst in den höchsten, schroffsten und unter ewigem Eis liegenden Gebirgsteilen so gut wie gar nicht mehr gab."[19] Im selben Zeitraum hätte sich auch die Waffentechnik den Gebirgsbedingungen angepasst, so dass nunmehr auch Geschütze schwerster Kaliber in größter Zahl eingesetzt werden konnten. Die früher aufgrund des Geländes leicht zu verteidigende ‚natürliche Grenze' erfüllte unter

15 Langes, Gunter: *Front in Fels und Eis. Der Weltkrieg im Hochgebirge. Mit einer Einleitung von Gen.d.Art. a.D. Konrad Krafft von Dellmensingen*, München 1933, 3. A. 1941. Dem Status der Texte nach kann Langes, der selbst an verschiedenen Frontabschnitten des Gebirgskriegs Dienst tat, nicht alle selbst verfasst haben. Langes gehörte nach dem Ersten Weltkrieg zu den wichtigsten alpinistischen Erschließern der Pala-Gruppe in den Dolomiten, arbeitete später als Journalist – unter anderem während des Faschismus als Chefredakteur des *Bozner Tagblatts* – und gilt auch als Skipionier (er soll die Disziplin des Riesenslaloms erfunden haben). Vgl. zur Biographie Langes: http://www.historisches-alpenarchiv.org/data/dokumente/main/31/00131170_m.pdf (4.10.2012).

16 Die Aufstellung einer eigenen Gebirgstruppe, über die Deutschland bis zum Ausbruch des 1. Weltkriegs nicht verfügte, wurde für notwendig erachtet, als nach dem Kriegseintritt Italiens (Mai 1915) eine bedrohliche Lage entstand (die für die Landesverteidigung im Hochgebirge vorgesehenen österreichischen Gebirgsjäger befanden sich großteils an der Front in Galizien, die italienischen *Alpini* waren deutlich überlegen). Das Alpenkorps wurde daher bis Herbst 1915 zur Stärkung der Österreichischen Truppen vor allem in den Dolomiten eingesetzt, später an der Westfront bei Verdun, in Rumänien und an der Isonzo-Front. Vgl. Hebert, *Das Alpencorps.*

17 Gleich der zweite Eintrag in Nettelbachs Collage stammt daraus; vgl. Nettelbeck, *Dolomitenkrieg*, S. 5.

18 Dellmensingen: Vorwort, in: Langes, *Front*, S. IX.

19 Ebd.

solchen Bedingungen diese Funktion nicht länger; auch das zwischen den Pässen liegende Hochgebirge wurde folglich zum Kriegsgebiet.

Der General rekapituliert dann noch einmal die Notwendigkeit einer Hilfe durch das „Deutsche Alpenkorps", einer improvisierten Truppe, die „aus den Schützengräben des Westens beschleunigt nach Tirol geworfen" worden sei; aufgrund der anfänglich klaren Überlegenheit der italienischen Seite hätte das Alpenkorps sogar „von der deutschen Heeresleitung zur Vorsorge den ersten Auftrag erhalten, möglichst die Gebirgslinie nördlich des Inns zu behaupten!" Doch aufgrund des zögernden Vorgehens der italienischen *Alpini* wäre es schließlich im Tiroler Hochgebirge „längs der vorbereiteten Abwehrlinie zum langewährenden Stellungskampf" gekommen.[20]

Entschieden weniger knapp, aber dafür mit deutlich stärkerem Akzent auf den Alpinismus setzte sich von militärstrategischer Seite Hermann Czant in *Alpinismus und Weltkrieg* 1926 mit dem Gebirgskrieg auseinander.[21] Seine über 350seitige Publikation beabsichtigte, erstmals die „Bedeutung des Alpinismus […] seit seinem übermächtigen Auftreten in diesem Kriege" zu würdigen, denn die „ganze militäralpine Entwicklung des Gebirgskriegs [habe] auf den Erfahrungen des Alpinismus beruht"[22]. Czant betont – als nachträgliche Legitimation eigener Vorkriegsanstrengungen[23], aber auch zur strategischen Vorbereitung künftiger Kriege[24] – nicht zuletzt das Skifahren und die Skiausbildung. Tatsächlich aber war während der Kämpfe auch anderes alpinistisches Wissen – Seilsicherung, Klettern, Gletscher- und Lawinenkunde, Frei-Biwaks, Orientierung im weglosen Gelände – in einem Maß bedeutend geworden, dass umgekehrt die sich vor dem Krieg oftmals als verkannt oder stigmatisiert empfindenden Alpinisten darin eine nachträgliche Legitimation ihrer Praxis als kriegswichtige sahen.[25] Und dabei kamen natürlich besonders jene schon vor dem Krieg bestehenden, wenngleich hoch umstrittenen Positionen zur Geltung, die nicht nur die ‚technische' Bewältigung des Gebirges, sondern auch die

20 Ebd. S. IX–XI.

21 Czant, Hermann: *Alpinismus und Weltkrieg. Massentouristik, Massenskilauf, Wintersport, Militäralpinistik und die 9700 Kilometer [sic!] Gebirgsfronten im Weltkrieg*, Berlin 1926.

22 Ebd. S. 11.

23 Czant war als Alpinist und k.u.k.-Offizier schon vor dem Ersten Weltkrieg mit Schriften wie *Militärgebirgsdienst im Winter. Die Beherrschung des hohen Schnees* (Wien 1907), *Die Verwendung von Maschinengewehren bei hohem Schnee* (Wien 1910) und *Transport von Gebirgsgeschützen auf gewöhnlichen Skiern* (Wien 1911) hervorgetreten; vgl. zu ihm Jordan, *Krieg um die Alpen*, S. 182.

24 Sein Buch schildert die Hauptgeschehnisse der Front, dann „militäralpine und kriegsalpine taktische und strategische Lehren aus diesem Riesenstoffe" und schließlich „Ausbildungsnotwendigkeiten", ebd. S. 12.

25 Vgl. Günther, *Alpine Quergänge*, S. 243–276, hier S. 250ff.

mentale Bewältigung der Todesgefahr zum eigentlichen Kern alpinistischen Tuns stilisiert hatten, womit Bergsteigen als eine Art natürliche ‚Vorschule des Krieges' gesehen werden konnte.[26]

Die Besonderheit *dieses* Krieges in der Erfahrung der Teilnehmer kommt erneut in der Schrift von Langes zum Ausdruck, dessen Buch „vom Leben und Kampf an dieser unwahrscheinlichsten aller Fronten erzählen" will.[27]

> Die Bühne des Krieges im Hochgebirge war das Ödland der Alpen, das Land über jener Grenze, an der fast alles Leben erstorben ist, das Land, das allem Leben und auch dem Menschen feindlich ist. Dieses Ödland beginnt dort, wo die Berge über 2000 m allmählich felsig und eisig in den Himmel wachsen. [...] Höchster Friede und höchste Gewalt der Natur sind das wunderbare und das furchtbare Merkmal dieser Alpenhöhen. Das eine wurde den Soldaten des Hochgebirges zum versöhnenden Geschenk gegen den Krieg, das andere stellte übermenschliche Anforderungen an ihre Tugend der Pflichterfüllung.
>
> In diesem heldenmütigen Kampf gegen zwei Fronten, gegen den Feind und die Natur, erlebte der Hochgebirgskrieg den Gipfel [!] seiner Eigenart.[28]

Diese ihrerseits eigenartige Beschreibung macht den realen wie imaginären Umcodierungsprozess greifbar: Der Raum des „Ödlands" – die hochalpine Zone weit über der Baumgrenze, bis dahin das Refugium der Extremalpinisten, faszinierend durch ihre Lebensferne (Simmel) und Lebensgefahr (Lammer) – wird durch den Krieg in neuem Sinn „feindlich". Als temporär ‚friedliche', von ‚ewigem Eis' und zeitloser Erhabenheit geprägte Zone ist sie „wunderbar" – und zugleich als Kampfzone, in der nun dort Stellung bezogen wird, wo man zuvor allenfalls kurzzeitig blieb, „furchtbar". Die Rede von „zwei Fronten" – „den Feind und die Natur" – verweist dabei zugleich auf die Gefahren (im Gebirgskrieg starben, den Einschätzungen der Militärs nach, mehr Soldaten durch Lawinen, Abstürze und andere Unfälle als durch die Kampfhandlungen selbst) wie auf die Überlagerung der Konzepte ‚Natur' und ‚militärisch-politischer Feind' selbst, die sich im Blick auf einen feindbesetzten Gipfel bis zur Ununterscheidbarkeit übereinander schieben konnte. Diese Veränderung in der Wahrnehmung der alpinen Landschaft wird nicht zuletzt an programmatischen und erzählerischen Texten aus dem Krieg deutlich.

Gebirgskrieg als Erzählung und Bild

Die alpine Kriegspublizistik begann, wie nicht anders zu erwarten, bereits im Krieg selbst: Auch die alpinen Vereinigungen teilten 1914 die

---

26 Vgl. ebd. S. 249.

27 Langes, *Front*, S. XV.

28 Ebd.

„August-Begeisterung“[29], riefen zu Spenden und zur Teilnahme als Kriegsfreiwillige auf und sammelten schon für den Winterfeldzug 1914 in den Vogesen Skiausrüstungen. Mit dem Kriegseintritt Italiens und der neuen Front *im* Gebirge erhielt diese Kampfbereitschaft aber eine neue Dimension:

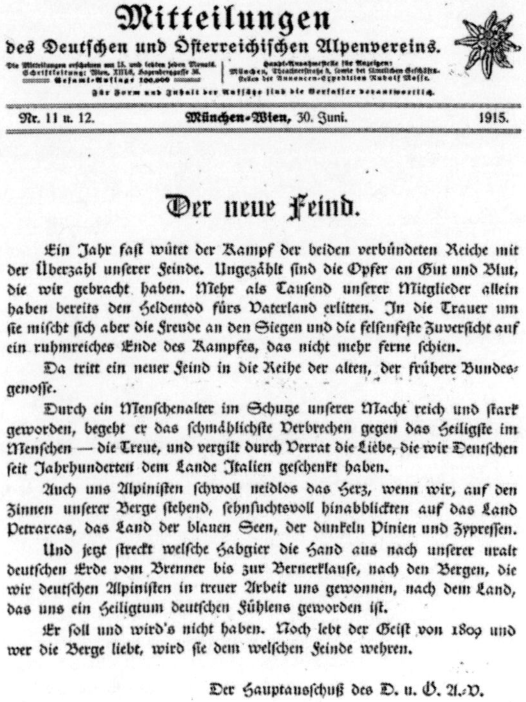

Mitteilungen
des Deutschen und Österreichischen Alpenvereins.

Die Mitteilungen erscheinen am 15. und letzten jeden Monats. Schriftleitung: Wien, XIII/8, Hagenberggasse 36. Gesamt-Auflage 100.000 | Haupt-Annahmestelle für Anzeigen: München, Theatinerstraße 8, sowie bei sämtlichen Geschäftsstellen der Annoncen-Expedition Rudolf Mosse.

Für Form und Inhalt der Aufsätze sind die Verfasser verantwortlich.

Nr. 11 u. 12. München-Wien, 30. Juni. 1915.

Der neue Feind.

Ein Jahr fast wütet der Kampf der beiden verbündeten Reiche mit der Überzahl unserer Feinde. Ungezählt sind die Opfer an Gut und Blut, die wir gebracht haben. Mehr als Tausend unserer Mitglieder allein haben bereits den Heldentod fürs Vaterland erlitten. In die Trauer um sie mischt sich aber die Freude an den Siegen und die felsenfeste Zuversicht auf ein ruhmreiches Ende des Kampfes, das nicht mehr ferne schien.

Da tritt ein neuer Feind in die Reihe der alten, der frühere Bundesgenosse.

Durch ein Menschenalter im Schutze unserer Macht reich und stark geworden, begeht er das schmählichste Verbrechen gegen das Heiligste im Menschen — die Treue, und vergilt durch Verrat die Liebe, die wir Deutschen seit Jahrhunderten dem Lande Italien geschenkt haben.

Auch uns Alpinisten schwoll neidlos das Herz, wenn wir, auf den Zinnen unserer Berge stehend, sehnsuchtsvoll hinabblickten auf das Land Petrarcas, das Land der blauen Seen, der dunkeln Pinien und Zypressen.

Und jetzt streckt welsche Habgier die Hand aus nach unserer uralt deutschen Erde vom Brenner bis zur Bernerklause, nach den Bergen, die wir deutschen Alpinisten in treuer Arbeit uns gewonnen, nach dem Land, das uns ein Heiligtum deutschen Fühlens geworden ist.

Er soll und wird's nicht haben. Noch lebt der Geist von 1809 und wer die Berge liebt, wird sie dem welschen Feinde wehren.

Der Hauptausschuß des D. u. Ö. A.-V.

Abb. 20
„Der neue Feind“

Der neue Feind **(1915)**

Die Stellungnahme des „Hauptausschusses“ zum Beginn des Gebirgskriegs dokumentiert die entschieden stärkere ‚völkische‘ Codierung des alpinen Raums; vor allem Südtirol und die Dolomiten erscheinen nicht mehr länger lediglich als „Treffpunkt […] der deutschen Stämme“ (Mayr), sondern selbst als „uralt deutsche Erde“, von „deutschen Alpinisten“ erobert, so dass das Gebirge ein „Heiligtum deutschen Fühlens“ sei. Ein eigentümliches Zeugnis der Kriegswahrnehmung bietet auch der Aufsatz „Alpenverein und Weltkrieg“, den Karl Müller, der Leiter des Alpinen Museums in München, 1915 in den *Mitteilungen* veröffentlichte. Wo jahrzehntelang „friedliche[] Wanderer“ den „höchsten Naturgenuß“ empfunden hätten, sei nun das

29 Vgl. Günther, *Alpine Quergänge*, S. 244–247.

> schimmernde Eis der Gletscher vom Blut heldenmütiger Vaterlandsverteidiger gerötet, die kühnsten Dolomitentürme aus Maschinengewehren Tod und Verderben speiend, manche liebe Hütte in Schutt und Asche!
>
> Jedes Herz krampft sich in Wut und Empörung bei diesen schrecklichen Bildern zusammen. Die entsetzte Phantasie findet nur Halt an dem herrlichen Todesmut aller derer, die nun Tag für Tag, Nacht für Nacht ihr Leben einsetzen, nicht bloß für des Vaterlandes Schutz gegen welschen Verrat und Tücke, sondern auch für die Verteidigung des Liebsten, was ihnen die Erde bietet, für unsere Alpen.

Müller schlägt daher vor, zum Gedächtnis dieses Kampfs bereits jetzt „Andenken" an die Kriegszeit zu sammeln und dem alpinen Museum eine „kriegsgeschichtliche Abteilung" anzugliedern, welche die alpinen Leistungen der Krieger und umgekehrt die Leistungen des Alpinismus für die Kriegsführung dokumentieren solle.[30] Der Krieg hätte im übrigen sogar neue Anstiegsmöglichkeiten auf die Berge geschaffen; und „mancher Unterstand, der nur zu kriegerischen Zwecken geschaffen wurde, wird noch jahrelang bei eintretendem Unwetter zu Beiwachtzwecken nützlich sein oder vielleicht auch als dauernde Schutzhütte erhalten werden können." Zum vorgesehenen Heldengedenken bittet Müller schließlich, „das geplante Unternehmen, dessen Ausführung natürlich erst nach Beendigung des Krieges erfolgen soll, durch Spenden von Lichtbildern und Zeichnungen, durch Angabe über besondere alpine Leistungen und durch Überlassung von Gegenständen [...] zu fördern"[31]; besonders werden die „im Felde stehenden" Mitglieder ersucht, dass sie „jetzt schon ihr Augenmerk darauf richten. Mögen alle helfen, das Andenken unserer Tapferen zu ehren und eine würdige Schau zu veranstalten, wie welsche Raubgier und Tücke schmählich zerbarst am hehren Bollwerk unserer Alpen, an unserer Kraft und Treue!"[32]

Neben diese Mobilmachungen von Alpenvereinsfunktionären traten schon während des Krieges propagandistische Erlebnisbücher,[33] aber auch sachbezogenere Aufsätze von der Alpenfront selbst. So berichtete Gustav Renker 1916 in der *Zeitschrift* vom „Krieg in den Bergen"[34], 1917 am selben Ort über „Bergtage

30 Müller, C. [Karl]: Der Krieg und das Alpine Museum, in: *MDÖAV* 41 (1915), H. 19/20, S. 195–196.

31 Ebd. S. 196.

32 Ebd.

33 Vgl. z.B.: Ginzkey, Franz Karl: *Die Front in Tirol*, Berlin 1916; Strobl, Karl Hans: *Der Krieg im Alpenrot*, Berlin und Wien 1916.

34 Renker, Gustav: Der Krieg in den Bergen, in: *ZDÖAV* 47 (1916), S. 219–236. Im selben Heft auch ein Aufsatz von Leo Handl, Leo: Von der Marmolata-Front, ebd. S. 211–218, der mehrere Farbfotografien [!] enthält.

im Felde"[35] und in den *Mitteilungen* über den „Bergsteiger im Kriege"[36]. Renker beschreibt zwar auch die strukturellen Veränderungen des hochalpinen Raums durch den Krieg – den Wegebau zur Versorgung der Frontstellungen („Höhenwege, wie wir sie nie hatten!"), die Telefonverbindungen und Stromleitungen zwischen den Stellungen, schließlich die Anlage von Bahnen und Seilbahnen[37]; doch sei die „Urkraft des Krieges" weiterhin „der Mensch selbst"[38]. Dieser aber befinde sich im (oben benannten) doppelten Kampf:

> Der gleich grimme Feind wie die geistgebornen Vernichtungsmaschinen des Menschen stellte sich den Heeren in den Naturkräften der Berge entgegen. Als erbittertsten Gegner möchte ich da nach meinen Erfahrungen die Lawinen nennen. Sie bedrohten Hütten und Unterstände, sie vermochten wochenlang die Zufuhr abzusperren und vernichteten mühevoll gebaute Wege.[39]

Zum Beleg schildert Renker einen besonders grauenhaften Lawinenunfall an der Weißenbachspitze im März 1916. Eine erste Lawine hatte eine Tragtierkolonne getroffen und einen Mann sowie vier Tragtiere begraben. Während der sofort begonnenen Bergungsarbeiten, die Renker als „Alpinreferent" der nächstgelegenen Stellung leitete, löste sich im nächtlichen Schneesturm – „Stunden, wie ich solche furchtbarer nie erlebt hatte" – aber eine weitere Lawine:

> Da – es war gegen 9 Uhr abends – polterte und krachte es in den Wänden, ein orkanähnlicher Windstoß verlöschte mit einem Male sämtliche Fackeln und nun – was nun kam, dessen kann ich mich heute nicht mehr genau entsinnen. Ich weiß nur, daß es mir schien, ich säße in einer riesigen Trommel, die sich mit ungeheurer Schnelligkeit, donnernd und brausend, um mich und mit mir drehte. Den Begriff Zeit hatte ich verloren – erst Rufe von weiter unten erweckten mich aus der Erstarrung, ich wand mich aus dem Schnee, der mich bis über die Brust umhüllt hatte, los und traf unten auf ein Häuflein zitternder Menschen im Schutze eines Felsens. Zweiundzwanzig Leute, prächtige, mutige Kär[n]tnerburschen, aber lagen unter den weißen Massen. Wie wir später bei den Bergungsarbeiten sahen, waren die meisten von ihnen mehrere hundert Meter durch den Lawinenwind hinabgetragen worden, der jähe Flug und Fall

35 Renker, Gustav: Bergtage im Felde. Tagebuchblätter […], in: *ZDÖAV* 1917, S. 177–200.

36 Renker, Gustav: Der Berge Jugendland im Kriege, in: *MDÖAV* 47 (1916), S 74–80; vgl. a. Zönle, Adalbert: Der Krieg und der Alpinismus, ebd. 48 (1917), S. 1–2.

37 Als besondere Leistung der Technik nennt Renker übrigens die Sprengungen und Bohrungen im Fels: „Man entsinne sich auch der italienischen Meisterleistung der Minierkunst, die den Gipfel des Col die Lana in die Luft sprengte, eine Tat, die beinahe wie ein Märchen des Julius Verne klingt [sic], und der wir, wenn auch vom Feinde geleistet, doch unsere gerechte Anerkennung nicht versagen dürfen. Um so weniger, als ja dann […] auch die Unsrigen durch die Sprengung des Cimonegipfels bewiesen, daß uns der welsche Gegner in keiner Weise überlegen ist" [!] (Renker, Der Krieg in den Bergen, S. 230).

38 Ebd.

39 Ebd. S. 232.

> hatte sie betäubt und die nachkommende Lawine sie verschüttet. Drei von ihnen fanden wir nach ungefähr einem Monat in einem Knäuel zusammengeballt, ineinander gekrampft und verschlungen – so mochten sie sich gegen den Sturm gestemmt haben.[40]

In seltsamem Kontrast zu dieser bis hin zum Erinnerungsverlust genauen Schilderung einer traumatisierenden Verschüttung[41] stehen allerdings Renkers Ausführungen zur Frage, wie der Krieg den Alpinismus und die Alpen verändern werde: Gerade das Frontgebiet gehe, seiner Auffassung nach, „einer großen Zukunft entgegen", denn zur Schönheit der Berge kämen jetzt noch die „ganzen, gewaltigen Anlagen, die der Krieg geschaffen hat", eine „Sehenswürdigkeit ersten Ranges". Und nicht nur der Alpinismus vermag Renker zufolge offenbar zum Krieg zu ertüchtigen, sondern auch der Krieg zu neuem Alpinismus: „[A]uf neuen Wegen werden neue Menschen, ein kraftvolles, sieggestärktes Geschlecht, zur Höhe steigen".[42]

Wie schon die von Müller geplante „kriegsgeschichtliche Abteilung" des alpinen Museums ist auch diese Phantasie in ihrer imaginären Vorwegnahme der Erinnerung eines doch gerade erst stattfindenden Krieges eigentümlich: Sie scheint das aktuell erlebte Grauen und die Assoziation des Gebirges mit Tod und Traumatisierung wieder in ein ideales, alpinistisches Gebirgsbild integrieren und sie dadurch aufheben zu wollen. Die Siegeszuversicht – als Voraussetzung dieser Phantasie – ist jedoch schon in den Publikationen des Jahres 1917 geringer. In diesem Jahr erschien in erster Auflage das Erlebnisbuch *Krieg über den Gletschern* von Walter Schmidkunz[43], der vor allem die Kämpfe im Adamello-Gebiet aus eigener Anschauung darstellt. Es beginnt mit den Kriegsvorbereitungen der Grenzschutztruppe von Landsturmleuten, denen der Autor zugeteilt ist; der Abschnitt „Die Eiszeit" behandelt dann die Einrichtung der Front in der teils vergletscherten Region selbst, deren Schrecken

---

40 Ebd. S. 232f. Renker weist – wie viele andere Autoren – darauf hin, dass sich die Kriegsstrategen beider Seiten natürlich diese ‚alpinen Gefahren' ihrerseits zunutze machten, z.B. dadurch, dass man mit Artilleriebeschuss solche Lawinenabgänge auslöste.

41 Die Verschüttung durch Lawinen steht damit neben der in den Materialschlachten der Westfront zur massenhaften subjektiven Erfahrung werdenden Verschüttung durch Granateinschläge; vgl. zur kriegspsychiatrischen Diskussion darüber und einer literarischen Gestaltung der Folgen des Verschüttungstraumas: Mülder-Bach, Inka: Herrenlose Häuser. Das Trauma der Verschüttung und die Passage der Sprache in Hofmannsthals Komödie „Der Schwierige", in: *Hofmannsthal-Jb.* 9 (2001), S. 137–161; zum Traumabegriff im Kontext des 1. Weltkriegs: Mülder-Bach, Inka (Hg.): *Modernität und Trauma. Beiträge zum Zeitenbruch des Ersten Weltkrieges*, Wien 2000.

42 Renker, Der Krieg in den Bergen, S. 235.

43 Schmidkunz, Walter: *Der Kampf über den Gletschern*, München 1917; vgl. zum Verf. Fn.3 in Kapitel 2. Gegenüber den oben genannten von Ginzkey und Strobl ist Schmidkunz' Buch übrigens von nur dezentem Nationalismus geprägt.

ebenso anschaulich wie schonungslos geschildert werden.[44] Auf die „Eiszeit" folgt die „Eisenzeit"; dann allerdings, als der Text die Periode betrifft, in der die Frontstellungen eingerichtet sind, schwenkt er in eine Folge von anekdotischen Passagen um – über Gemsjagd[45], treue Köche, ebensolche Hunde und vor allem heroische und verwegene Taten Einzelner.[46] Man kann dies typisch für die Gebirgskriegstexte nehmen, die noch während und nach dem Krieg erschienen: Anders als in den Schützengräben der Westfront scheinen in diesen Texten die Soldaten nicht von vornherein zu ‚Material' degradiert; zum Selbstbild gehören ‚ritterliche' Züge – man kämpft gegen alpinistisch vorzügliche Gebirgstruppen um ‚Zinnen' – ebenso wie verwegenes Abenteuertum.[47]

Wie in Bezug auf den gesamten Weltkrieg erscheinen nach dem Krieg etliche faktuale wie fiktionale Publikationen darüber, ebenso wie Neufassungen früherer Bücher; allerdings enthalten weit mehr dieser Publikationen nun fotografische Illustrationen. Das Buch von Schmidkunz wurde beispielsweise 1934, mit 91 Fotografien Otto Steiners, des Verfassers selbst und etlicher anderer (auch italienischer) Fotografen ausgestattet, erneut aufgelegt.[48]

Sie stehen im Kontext anderer Publikationen über den Weltkrieg, in denen fotografische Zeugnisse die Authetizität der geschilderten Erfahrung bestätigen sollen, die jedoch vor allem den veränderten Wahrnehnungsraum der Soldaten im Ersten Weltkrieg zu erkennen geben.[49]

---

44 Nicht umsonst spricht Schmidkunz vom „Leidensweg" (S. 13): „Ich habe im Laufe der Jahre manch böses Abenteuer in den Bergen und auf fernen Fußreisen erlebt, hab oft biwakiert und bitter gefroren, bin naß geworden und ausgedörrt. Ach, die Summe all dieser Erlebnisse ist armselig und unbedeutend gegenüber der fürchterlichen Tragik auch nur einer e i n z i g e n solchen Nacht in diesen ersten Kriegstagen. Und es wurden Reihen von Nächten [...], bis wir erlöst wurden." Schmidkunz, *Der Kampf über den Gletschern*, S. 43.

45 Während diese Passage humoristisch ist, hatte der Autor zuvor die Mahlzeiten der ohne Versorgung fast verhungernden Truppen drastisch beschrieben: „Unser Küchenzettel wies nach wie vor als Hauptgang Gemsenfleisch auf: Gamsgoulasch, [...] Gemse gesotten, Gemse gebraten. [...] Der Magen wendet sich mir noch heute in revolutionärer Aufwallung, wenn ich an jene Gemsenmahlzeiten zurückdenke und ich bekomme kramfpartige Zustände, wenn ich Wild nur sehe oder rieche." (ebd. S. 41)

46 Vgl. „Die Gemsjagd", S. 80ff.; „Wenzel Navratil, der Koch", S. 217ff.; „Eskimus, der Gletscherhund", S. 155ff.

47 Vgl. Günther, *Alpine Quergänge*, S. 257–270.

48 Schmidkunz, Walter: *Der Kampf über den Gletschern. Ein Buch von der Alpenfront*, Erfurt 1934; der Text ist etwas erweitert, vor allem um Informationen zur Situation um 1915, die 1934 zum Verständnis nötig schienen.

49 Vgl. Encke, Julia: *Augenblicke der Gefahr. Der Krieg und die Sinne*, 1914–1934, München 2006.

Abb. 21
„‚Eiszeit'-Lager: Südliche Ortler-Gruppe"

Abb. 22
„Das ‚allerhöchste' Geschütz im Weltkrieg. (Ortlergipfel, 3904 m)"

Andere Beispiele für teils aufwendig illustrierte Bücher der Nachkriegszeit sind ein regelrechter Prachtband von Lempruchs über den Ortler[50] (1925), die illustrierte Ausgabe des Romans *Berge in Flammen, Kampf in den Bergen*[51] von Luis Trenker (1931) oder die Reportagensammlung *Bergkrieg* (1932), die der oben genannte Georg von Ompteda als sein letztes Buch fertigstellte.[52] In diesen Büchern wie auch im oben erwähnten *Front in Fels und Eis* von Langes, die in unterschiedlichem Grad von Nationalismus die Kriegserfahrung ‚durcharbeiten' und den Mythos ‚im Feld' (oder hier: ‚am Berg') unbesiegter Truppen bestätigen, sind die Abbildungen indessen mehr als nur Illustration: Als Ausdruck des massenhaften Gebrauchs privater Kameras, wie er zum ersten Mal nach 1914 in einem Krieg üblich wurde, authentifizieren sie die Texte und schaffen Anschauung des rein durch Texte Unvorstellbaren. Allerdings

50 Lempruch, Moritz Erwin von: *Der König der deutschen Alpen und seine Helden. Ortlerkämpfe 1915/1918*, Stuttgart 1925; der großformatige Band enthält über 200 Aufnahmen und zudem eine Karte des Ortlergebiets im Maßstab 1:5000, in die die Frontverläufe eingetragen sind.

51 Trenker, Luis: *Kampf in den Bergen. Das unvergängliche Denkmal der Alpenfront*, illustrierte Ausgabe des Buches „Berge in Flammen", Berlin 1931. Zum im selben Jahr erschienene Roman (Trenker, Luis: *Berge in Flammen. Ein Roman aus den Schicksalstagen Südtirols*, Berlin 1931 [zus. mit Walter Schmidkunz]) vgl. u.

52 Ompteda, Georg Freiherr von: *Bergkrieg*, Berlin 1932. Der Verfasser starb im Dezember 1931; im Vorwort Leopold von Schlözers heißt es: „Es war sein letztes Lied von der Herrlichkeit der Gebirgswelt, flammend im Kampf." (S. 9).

evozieren sie weniger ‚gefährlicher Augenblicke' oder apokalyptische Bilder der Kampfzone wie z.B. Fotografien von der Westfront;[53] stattdessen überblenden sie Kriegslandschaft und alpine Szenerie und *naturalisieren* damit den Krieg auf andere Art. Einerseits augenscheinliche Zeugnisse für die Absurdität des Krieges, integrieren sie Elemente der Landschaft als natürliche Markierungen der umkämpften Grenze. Im dem Maß, wie auch die begleitenden Texte die Ästhetik der alpinen Landschaft betonen – Ompteda beispielsweise tut dies ausgiebig – implizieren auch die fotografischen Aufnahmen damit eine förmliche Ineinssetzung von Krieg und Gebirge: Riesige Stacheldrahtverhaue und Schützengräben queren hier nicht ein amorphes ‚No-mans-land' zerschossener Wälder oder Dörfer, sondern die alpinistische Traumzone; am Ortler steht inmitten der phantastischen Schnee- und Eis-Landschaft ein Artillerie-Geschütz.

Abb. 23a und b Sandsackberge, Schützengräben, Drahtverhaue im Gebirge

Von besonderem Reiz scheinen für den Autor auch Schnee- und Gletscheraufnahmen, durch die Gletscher gebohrte Tunnel oder Zugangswege durch bizarr geformte Gletscherspalten: Hier kommt auch die Fremdheitserfahrung

53 Vgl. dazu Encke, *Augenblicke der Gefahr*.

der ‚Zone' und vor allem ihre textuell kaum vermittelbare *Kälte* ins Bild; und die Bildmotive selbst changieren zwischen der Abenteuerlichkeit verwegener Ausflüge und der fast futuristischen Ästhetik abstrakt wirkender, suggestiver Spiele mit Dunkel und Licht.

Abb. 24a und b Seilbahnen zur Kreilspitze (3389 m) und auf den Nardisgletscher

Abb. 25a und b „Wacht über den Gletschern" – „Der Weg unterm Eis"

Auch wenn es einer genauere Untersuchung als dieser kurzen Skizze bedürfte, um die Bild-Ästhetik, die Auswahl und die durchaus unterschiedliche Rhetorik der (offenbar auch konkurrierenden) Bücher zu analysieren, ist zu erkennen, warum sie sowohl im alpinhistorischen Bildgedächtnis als auch in der kollektiven Erinnerung an den Weltkrieg bedeutsam wurden: An wenigen Fronten dieses Kriegs ist die Widersprüchlichkeit zwischen Materialschlacht und der Bühne tradierter Krieger-Vorstellungen, zwischen technischer Organisation und individuellem, ‚naturnahen' Kampf, zwischen ‚Sinnfälligkeit' des territorialen Kriegs und vollkommener Absurdität des Stellungskampfs so augenfällig wie an „dieser unwahrscheinlichsten aller Fronten" (Langes), der *Front in Fels und Eis.*

Krieg und alpiner Diskurs

Die Auswirkungen des Kriegs auf den alpinen Diskurs sind indessen ebenso uneinheitlich wie seine literarischen Reflexionen jenseits der unmittelbaren Erlebnis-Prosa in fiktionalen Gestaltungen der Weltkriegserfahrung. Im alpinistischen Schrifttum findet sich – im Sinn des „Jetzt erst recht!" (Mayr) – eine Fortschreibung der scheinbar rein ‚technischen', jedenfalls aber nicht politisch signifikanten Vorkriegsdebatten (um Sicherungstechnik, bergsteigerisches Ethos, ‚Sport' oder das ‚Ödland') ebenso wie die Verschärfung der Kampfrhetorik und der mann-männlichen Selbstverständnisse[54]; andererseits werden – nach der Unterbrechung durch die wirtschaftliche und politische Krise der unmittelbaren Nachkriegszeit – die praktische ‚Nutzung' der Alpen als touristischer Erholungsraum und die Praxis des gefahrenorientierten Alpinismus verstärkt wieder aufgenommen.[55] Größere Bedeutung erhält gegenüber der Vorkriegszeit dabei das Skifahren (und die Diskussion darüber); implizit bleibt der Krieg aber in Bezug auf Südtirol präsent, dessen ‚Italianisierung' nach Kriegsende schon durch die Umbenennungspraxis der Orts- und Bergnamen (offiziell ab 1923)[56] und im Alpenverein durch den Verlust der Sektionshäuser und Schutzhütten immer wieder Thema war.[57]

---

54 Vgl. Günther, *Alpine Quergänge*, S. 270ff.; zum ‚Sport' S. 114ff.

55 Die Mitgliederzahl in den Alpenvereinen steigt nach Kriegsende bis in die dreißiger Jahre unvermindert weiter an; vgl. Gidl, *Alpenverein*, S. 38ff.

56 Auch dies hat im übrigen einen (leicht absurden) ‚alpinen' Hintergrund: Der Hauptakteur der ‚Italianisierung', der nationalistische Geograph und ‚Irridentist' Ettore Tolomei, hatte 1904 den Klocknerkarkopf im Ahrntal bestiegen und ihn – als vermeintlicher Erstbesteiger (der Berg war bereits neun Jahre früher bestiegen worden) in *Vetta d'Italia* umbenannt; diese – auf italienischen Vorkriegskarten bereits übernommene – Bezeichnung soll bei den Friedensverhandlungen nach dem Krieg eine Rolle gespielt haben. Vgl.: http://www.summitpost.org/klockerkarkopf-vetta-d-italia/154477 (2.4.2012); zu Tolomei: Framke, Gisela: *Im Kampf um Südtirol. Ettore Tolomei (1865–1952) und das ‚Archivio per l'Alto Adige'*, Tübingen 1987.

57 Vgl. Trojer: Südtirol, in: Berg Heil! Alpenverein und Bergsteigen 1918–1945, S. 329–382.

Wie sehr aber der Krieg selbst die scheinbar alltagsentlastende Gebirgswahrnehmung des Erholungstourismus veränderte, hat Anton Holzer schon vor einigen Jahren an Bildern – insbesondere Postkartenbildern – der „Drei Zinnen" gezeigt.[58] Seine Fallstudie dokumentiert, wie dieses erst im 19. Jahrhundert prominent werdende Dolomitenmassiv, dessen höchste ‚Zinne' 1859 der damals 21jährigen Wiener Paul Grohmann erstmals bestiegen hatte und der um die Jahrhundertwende zu einem beliebten Ansichtskartenmotiv geworden war, eine ikonographische Veränderung durchläuft: Waren um 1900 die drei wichtigsten Perspektiven auf die Drei Zinnen – von Nordwesten, Nordosten und von Süden – gleichermaßen „blickwürdig", verschwindet kurz vor dem Krieg die Südansicht – von Italien aus – von den meisten (deutsch beschrifteten und von österreichischen und deutschen Touristen versandten) Postkartenbildern. Die noch im 19. Jahrhundert als pittoreske „Ruine" konzipierte gewaltige Felsformation durchläuft, so Holzer, eine „Schule des Krieges": Durch den Krieg, dessen Front die Drei Zinnen quert, ist die Südansicht zur „Feindperspektive" geworden; die italienische Besatzung hatte sogar auf dem Gipfel der höchsten Zinne einen riesigen Scheinwerfer installiert, um das nördlich vorgelagerte Plateau ausleuchten zu können. Umgekehrt wird das Bild von der Nordseite, der Blick auf die Front, zur „Drei-Zinnen-Ikone in Kreisen des militanten (Nord-)Tiroler Südtirolpatriotismus nach dem Ersten Weltkrieg".[59]

Abb. 26 Kaiserschützen am Schwalbenjöchl, dahinter Paternkofel, Passportenkopf und die Drei Zinnen (ca 1917)

58 Holzer, Anton: *Die Bewaffnung des Auges. Die drei Zinnen oder Eine kleine Geschichte vom Blick auf das Gebirge*, Wien 1996.

59 Ebd. S. 22.

Holzers exemplarische Untersuchung der ‚haltbaren Ansichten' von Postkartenbildern, ihrer kaum wahrgenommenen Produktionsarbeit des Blicks auf das Gebirge und ihres impliziten politischen Aussagewerts veranschaulicht eine Entwicklung, die paradigmatisch für die Folgejahre konstatiert werden kann: In die bildmedial und diskursiv vermittelte Perzeption der Alpen nisten sich politische Codierungen selbst dort ein, wo der Vorstellung nach reine „Naturgebiete" abgebildet, alpinistisch erschlossen oder durchwandert werden. Das Gebirge wird damit ein Entlastungsraum von der – nicht nur durch bürgerliche Alpinisten – als deprimierend und verstörend empfundenen Nachkriegsrealität und paradoxerweise gleichzeitig ein Kampfplatz von Weltanschauungen, politischem Revanchismus und vor allem der ‚völkischen' Ideologisierung. In der Alpenvereinsgeschichte, aber auch in individuellen Biographien und der Wahrnehmung einzelner Persönlichkeiten zeichnen sich dadurch tiefe Brüche ab: So werden Positionen des, wie erwähnt, vermutlich besten Felskletterers vor dem Krieg, Paul Preuß, schon deshalb als „undeutsch" verworfen, weil er jüdischer Abstammung war; seit 1919 führen zuerst vereinzelte Alpenvereinssektionen – vor allem Graz und Wien – den „Arierparagraphen" ein; 1924 wird die daraufhin von jüdischen Bergsteigern gegründete Sektion „Donauland" von der Hauptversammlung nach heftigen internen Diskussionen als Ganze aus dem Alpenverein ausgeschlossen.[60] Umgekehrt scheitern Versuche, mit den seit den Vorkriegsjahren entstandenen sozialistischen Bergsteigervereinigungen, vor allem entsprechenden Gruppen der „Naturfreunde"[61], zu gemeinschaftlichen Abkommen z.B. in Bezug auf die Hüttennutzung zu gelangen. Und ganz explizit politisch motiviert sind schließlich Versuche, die nach dem Ersten Weltkrieg intensivierte Ausrichtung von Expeditionen in außereuropäische Gebirge neben den wissenschaftlichen Zielsetzungen auch zu nationalen Angelegenheiten zu machen.[62]

In den *literarischen* Reflexionen des Gebirgskriegs selbst sowie der weiteren Entwicklung in den 20er Jahren sind die Gegensätze ebenso groß. Die Zahl

---

60 Vgl. die wichtige Arbeit von Amstädter, *Alpinismus*; zum weiteren Kontext der jüdischen Kultur im Alpenraum, jüdischen Alpinisten und der Nachgeschichte des alpinen Antisemitismus den Ausstellungskatalog *Hast Du meine Alpen gesehen? Eine jüdische Beziehungsgeschichte*, hg. von Hanno Loewy und Gerhard Milchram, Hohenems, Wien 2009; zur internen Debatte im DOeAV: Achrainer, Martin; Mailänder, Nicholas: Der Verein, in: *Berg Heil! Alpenverein und Bergsteigen 1918–1945*, hg. vom Deutschen Alpenverein, vom Oesterreichischen Alpenverein und vom Alpenverein Südtirol, Köln, Weimar, Wien 2011, S. 193–318, hier v.a. S. 226–249.

61 Vgl. zu den 1895 in Wien gegründeten Naturfreunden: Günther, Dagmar: *Wandern und Sozialismus. Zur Geschichte des Touristenvereins „Die Naturfreunde" im Kaiserreich und in der Weimarer Republik*, Hamburg 2003.

62 Vgl. dazu das folgende Kapitel 4.

tatsächlich prominent gewordener literarischer Gestaltungen des Kriegs selbst ist sehr gering; als kanonisch zu betrachten ist in der deutschsprachigen Literatur allenfalls der ‚Fliegerpfeil' in Robert Musils *Die Amsel*.[63] In der italienischen Literatur wäre das (allerdings erst 1955 erschienene) Tagebuch Carlo Emilio Gaddas *Giornale di guerra e di prigionia* zu nennen.[64] Sehr viel prominenter sind auch hier die Reflexe des Kriegs in der Trivialliteratur: Außer autobiographisch grundierten Werken wie Gustav Renkers *Als Bergsteiger gegen Italien* (1918), das leicht verändert unter dem Titel *Bergkrieg. Kriegstagebuch eines Bergsteigers* 1936 erneut erschien und die abundante fiktionale Textproduktion Renkers einleitete[65], ist hier vor allem Luis Trenkers Roman *Berge in Flammen* von 1931 zu nennen, der die Grundlage seines gleichnamigen Films bildete.[66] Text und Film erzählen die dramatische, ‚erfundene', aber Trenker selbst zufolge ‚dokumentarisch belegte' Geschichte eines Ampezzaner Bergführers namens Florian Dimai, der mit seinem italienischen Freund Graf Arthur Francini seit Jahren schwere Dolomitentouren unternimmt. Bei einer Besteigung des Großen Lagazuoi am 1.August 1914 werden sie von der Mobilmachung überrascht, kommen als gegnerische Soldaten in denselben Frontabschnitt, und die italienische Führung beschließt, den „Col Alto" – die Stellung Dimais – zu

63 Musil, Robert: Die Amsel, in: ders.: *Nachlass zu Lebzeiten* [1936], in: *Gesammelte Werke*, Bd. II, *Prosa und Stücke, Kleine Prosa, Aphorismen* […], hg. von Adolf Frisé, erw. A. Reinbek b.H. 2000, S. 548–562, hier S. 554ff.; vgl. auch den Nachlaßtext „Ein Soldat erzählt" [1915/16], ebd. S. 571ff., in dem der Kontext noch ‚landschaftlicher' ist: „Wir konnten uns nicht rühren. Aber wenn ich die Nase herausstreckte, sah ich die Brentagruppe hell himmelblau wie aus Glas steil gefältelt. […] In dieser für ein froheres Ereignis geschaffenen Landschaft [!] erhielt ich meine Feuer Taufe und wurde in die unsichtbare Kirche aufgenommen." (S. 752). Vgl. zum Kriegskontext: Encke, *Augenblicke der Gefahr*.

64 Gadda, Carlo Emili: *Giornale di guerra e di prigionia*, Milano 1955 (nuova ed. accresciuta 1965).

65 Vgl. Renker, Gustav: *Als Bergsteiger gegen Italien*, München 1918 (Neuausgabe: *Bergkrieg. Kriegstagebuch eines Bergsteigers*, Graz, Leipzig, Wien 1936). Danach erschienen: *Einsame vom Berge. Roman*, München 1919, *Heilige Berge. Ein Alpenroman*, Zürich 1921, *Der sterbende Hof. Roman*, Leipzig 1927, *Bergkristall. Roman*, Basel 1930; *Dämon Berg. Roman*, Graz 1935 usw. – Verzichtet wird hier auf weitere Beispielanalysen von Berg- bzw. Bergsteigerromanen, die sich spätestens ab den 1930er Jahren auch ganz explizit der Blut-und-Boden-Propaganda verschreiben; ein wichtiger Autor ist hier der (österreichische) Nationalsozialist Karl Springenschmid (vgl. ders.: *Helden in Tirol*, 1934; *Die Front über den Gipfeln*, 1935); Springenschmid, der auch das Pseudonym „Christian Kreuzhakler" (!) verwendete, war der Hauptverantwortliche für die Salzburger Bücherverbrennung 1938. Vgl. Laserer, Wolfgang: *Karl Springenschmid. Biographie*, Graz 1987.

66 Vgl. Trenker, Luis: *Berge in Flammen. Ein Roman aus den Schicksalstagen Südtirols*, Berlin 1931; der Film (*Berge in Flammen*, R: Karl Hartl, Luis Trenker D 1931) kam im selben Jahr in die Kinos. Ghostwriter des Romans wie des Drehbuchs war im übrigen Schmidkunz, vgl. Grimm, *Walter Schmidkunz*, S. 322f.

unterminieren und zu sprengen, was erkennbar die oben erwähnte Sprengung des Col di Lana und vergleichbare Kriegsereignisse aufnimmt. Dimai kann jedoch den genauen Termin auskundschaften und dadurch heroisch seine Kameraden retten; der Film endet versöhnlich mit einer gemeinsamen Besteigung des Col Alto durch Francini und Dimai 12 Jahre nach dem Krieg. So völkerverständigungsbetont der Film konzipiert scheint,[67] so ambivalent bleibt freilich seine Inszenierung insbesondere des alpinen Heroentums: Sie überdeckt die – tatsächlich ins Bild gefasste – Realität der alpinen Materialschlacht mit einer individuellen und heimattümelnden Heldengeschichte.

Um diese Ambivalenz fassen zu können, verfolgen die weiteren Abschnitte zuerst die Diskursentwicklung im alpinistischen Bereich und an zwei Beispielen prominenter Essayisten weiter, gehen dann zu einem Spektrum literarischer Reflexe über und versuchen, einen weiteren diskursiven Umbruch an einer Fallstudie sichtbar zu machen. Am Ende kurz reflektiert werden soll aber – unter der Annahme, dass gerade hier die paradoxe Wirkung des Gebirgskriegs auf den alpinen Diskurs ihren Ausdruck findet – die Ausbildung des Bergfilms in den zwanziger Jahren, der mit Trenkers *Berge in Flammen* so gesehen zu seinem Ausgangspunkt zurückkehrte.

3.2. Alpinismus und alpiner Raum in der Nachkriegszeit

Es ist im folgenden nicht möglich, die Militarisierung oder mindestens die Martialisierung des Extremalpinismus der Nachkriegszeit ausführlich zu dokumentieren; dass der Krieg allerdings nationalistische Perspektiven auch auf die Alpinismusgeschichte förderte, ist an bereits erwähnten Buchtiteln wie Steinitzers *Alpine Sieger* (1917) oder der monumentalen Studie Wilhelm Lehners *Die Eroberung der Alpen* von 1924 zur Genüge ablesbar.[68] Von Interesse in Hinblick auf die Diskursentwicklung nach dem Krieg ist jedoch das Gesamtbild alpinistischer Selbst- und Geschichts-Reflexion und die Vorstellung des alpinen Raums, die sich in Ernst Enzenspergers enzyklopädischem Handbuch *Bergsteigen* von 1924 abzeichnen: Es ist der 6. Band des „Handbuchs der

---

67 Tatsächlich *ist* er es jedenfalls in Relation zu einem weiteren, offen militaristischen und nationalistischen Gebirgskriegs-Film des Diplomaten, Schriftstellers und NS-Kulturfunktionärs Bossi-Fedrigotti; vgl. dessen Roman: Bossi-Fedrigotti, Anton Graf: *Standschütze Bruggler*, Berlin 1934; *Standschütze Bruggler*. Spielfilm, D 1936, Regie Werner Klingler, Kamera Sepp Allgeier u.a., Tonlicht-Film GmbH Berlin.

68 Vgl. Lehner, *Die Eroberung*; zum Kontext Günther, *Alpine Quergänge*, S. 273ff.; deutliche Beispiele im Diskurs des Expeditionsbergsteigens analysieren die folgenden Kapitel 4.3 und 5.2.

Leibesübungen", welches von Carl Diem, dem mutmaßlich berühmtesten deutschen Sportfunktionär des 20. Jahrhunderts, herausgegeben wurde.[69]

Raum und Geist alpiner Leibesübungen

Entsprechend grundsätzlich ist das Werk angelegt. Ein „erster Teil" von über 100 Seiten fasst, noch vor den ‚praktischen Anleitungen' und einer ‚Ethik des Bergsteigens'[70], Erwägungen zu „Grundlagen und Entwicklung des Bergsteigens" zusammen. Der Abschnitt „Von den Bergen" beginnt mit „flußdurchrauschten Wäldern" und „dem deutschen Bergwald" noch in eher niedrigen Regionen, steigt dann aber in charakteristischer Beschreibung von Höhenzonen auf: Über den Genannten käme als Zwischenbereich zunächst die „Almregion, die vielbesungene, die im arbeitsreichen, aber auch arbeitsfrohen Sommerleben weniger Monate köstliche Bräuche und echtes Volkstum rein erhält". Weiter oben erreicht man jedoch sogleich die „Kampfregion" [!], „wo das organische Leben im ewigen Lebenskampfe mit unerbittlichen Naturgewalten ringt". Die Rhetorik dieses Abschnitts ist ohne die Entwicklung des deutschen Wald- und Forst-Diskurses kaum erklärbar, die seit den Arbeiten Riehls und unter Aufnahme sozialdarwinistischer Diskursmuster die Beschreibung von Vegetationsräumen ‚geopolitisch' grundiert[71]: Es „klettert die Pflanzenwelt im siegreichen Kampf die felsdurchsprenkelten Hänge hinauf, […] Kampf und Anpassung ist das Losungswort"; die Anstrengung endet aber bei den „Arme[n]

69 Enzensperger, Ernst: *Bergsteigen*, unter Mitwirkung von Eugen Roeckl, Wilhelm Welzenbach und A. Ziegler, Berlin 1924 (Handbuch der Leibesübungen, Bd. 6). Es wurde hier auch deshalb gewählt, weil Dagmar Günthers im übrigen sehr gründliche Arbeit gerade dieses aufschlußreiche Kompendium nicht erwähnt. Enzensperger war der Kombattant von Lammer in der Auseinandersetzung um „Empor!", vgl. oben Kapitel 2.3.

70 Dieser geradezu lyrische Abschnitt (S. 337–357) wäre eine eigene Untersuchung wert; er beginnt: „Der echte Bergsteiger wächst im Schauen der Bergschönheit, im Genuß der Bergfreuden, im Kampfe mit den Berggefahren zum vollen, reifen Menschen"; in ähnlich hohem Ton geht es fort („Wie sie vor Jahrtausenden waren, sind heute noch die hohen Berge"; „Der Berg soll frei bleiben von den Kleinlichkeiten des Alltags"; „Der Berg soll hinaufheben zu den Höhen des Lebens" usw.; aber auch: „Trinkgelage, Tanzorgien sind Verbrechen am Leben in den Bergen" (347)). Es folgen „Zehn Merksprüche des Bergsteigers" (wie: „Du sollst dich in der Hütte bescheiden betragen") und „Zwölf Gebote für Schneeschuhläufer" (350ff.). Das wichtigste Gebot folgt am Ende: die „Treue gegen den Freund auf Leben und Tod" (357).

71 Vgl. Riehl, August Wilhelm: *Die Naturgeschichte des Volkes als Grundlage der deutschen Socialpolitik*, Teil I: Land und Leute, Augsburg und Stuttgart 1854. Vgl. ferner übergreifend zum Diskurs über den Wald: *Der Wald – Ein deutscher Mythos? Perspektiven eines Kulturthemas*, hg. von Albrecht Lehmann und Klaus Schriewer, Berlin und Hamburg 2000; Schneider, Florian: Waldsterben. Zur Mediengeschichte des deutschen Waldes, in: Archiv für Mediengeschichte 7 (2007), S. 23–47.

streitmüder, toter Wettertannen", die im Höhenkampf unterliegen. Nicht tun dies die Bewohner der nächsthöheren Region – die Alpenblumen; doch wieder nur eine davon – natürlich das Edelweiß – gelange in diesem Kampf bis ganz nach oben, „ins lebensfeindliche, starre Herrscherreich der Steine, der Felsen, von ewigem Eis und Schnee."[72]

Damit endet, von einsamen Murmeltierpfiffen und verirrten Schmetterlingen abgesehen, tierisches und pflanzliches Leben: „Nun ist der Mensch allein."[73] Diese Hochregion ist nur noch geographisch zu klassifizieren in „Kare", „Grate", „Gipfel", „Schneeberge" und „Gletscher" (7f.). Doch über allem liegt

> Totenstille! Wie ein ungeheurer geweihter Friedhof der Natur möchten zu manchen Stunden die hohen Berge scheinen, wie eine geweihte Stätte, in der das Leben vernichtet und der Tod der Herrscher und jede Äußerung unseres armseligen, erdgebundenen Daseins Entweihung ist.[74]

Ohne Zweifel greift dieser Abschnitt auf auch andernorts gebrauchte Codierungen des alpinen Raums und seiner Höhengliederung zurück, doch ist die Assoziation des Raums mit Kampf, Vernichtung und Tod frappierend: Schon ohne Lebensgefahr ist die hochalpine Zone zur Todeszone geworden; die Sakralität (‚geweihte Stätte') kippt in die Assoziation von ‚Vernichtung' und Gewalt.

Demgegenüber beginnt Enzenspergers „Entwicklungsgeschichte des Alpinismus" noch konventionell; es paradieren auch hier Petrarca, Haller, Rousseau und Goethe, und beginnend mit der Montblanc-Erstbesteigung erzählt das Buch die kanonische Heroengeschichte des Alpinismus. Von Interesse ist allerdings die Begründung für dessen plötzliche Ausbreitung in der 2. Hälfte des 19. Jahrhunderts: Sie beruhe auf „Kultur"; diese schuf nämlich die Neigung „zu steter Steigerung der Leistung"; sie „schuf in ihrer bis zur Unerträglichkeit gesteigerten Verfeinerung und Verflachung jene grimme Stimmung der Starken, die für ihre unverbrauchten Kräfte ein freies Kampfgebiet [!] suchten"[75]; die Kultur schuf aber auch Alpenstraßen, Alpenbahnen, „Buch und Zeitung", die „Herolde der neuen Zeit"[76]. Auch die historische Entwicklung ist hier „Kampf" nach oben, der Kampf mit der Natur aber zugleich Kampf mit und gegen Entwicklungen der Kultur.

---

72 Enzensperger, *Bergsteigen*, S. 6f.

73 Ebd. S. 7.

74 Ebd. S. 8.

75 Ebd. S. 19.

76 Ebd.

In der Entwicklungsgeschichte hervorgehoben werden sodann „die dämonische Gestalt des Matterhorns“[77] und der Katastrophe von 1865, dann der Beginn des „Führerlosen Bergsteigens“ und die Zeit Purtschellers und der Brüder Zsigmondy, die „dem deutschen Alpinismus die Überlegenheit und unbestrittene Führung [!] schenkt“[78]; insbesondere Lammer steht für die „Subjektivierung“ des alpinen Diskurses, und bezeichnenderweise ambivalent erscheint die Entstehung und „Demokratisierung“ [!] der „Hochtouristik“[79]. Damit ist der Autor bei den „modernsten Erscheinungen des Alpinismus“ angelangt, zum einen der reinen Felskletterei (doch ihr fehle „der großzügige Geist, der bisher dem alpinen Streben die höchste Weihe gab“[80]), ferner dem ebenso heroischen, aber ebenso ambivalenten „Schneeschuh“-Alpinismus und endlich der Praxis außereuropäischer Expeditionen, die Hochregionen neuer Kämpfe verspricht. Der Krieg schließlich habe in „unerhörten Leistungen“ auf Fels und im Eis gezeigt, „was die Hochtouristik an Können und an Werten schuf“; die „Schrecken des Krieges wetteifern mit jenen der Natur“, und die „Berge der Kampfzone werden für den Krieg erschlossen, wie es niemals durch die Vereine geschah.“[81] Vor allem aber beklagt der Autor die „Zweiteilung der Erde in Parias und Herrenmenschen“, nämlich aufgrund der Währungskrise, die größere Auslandsfahrten verhindert, und vor allem des politischen Verlusts der „herrlichsten Gebiete“ für die deutschen Alpinisten.

„Doch der Deutsche in seinen edelsten Vertretern verinnerlicht sich stets unter wachsendem Druck.“[82] Auch die „Erscheinungen der Entartung“, welche der „gesunden“ Höher- und Weiterentwicklung kontrastiert werden, können säuberlich national unterschieden werden: „Die gesellschaftliche Neigung des Italieners treibt ihre höchste Blüte in Massenbesuchen“ auf Bergen; der „äußerlich veranlagte Franzose greift zur Verstiegenheit von Wettrennen auf die Berge.“ „Der gründliche, methodische Deutsche richtet im fleißigen Übereifer die Berge als hohen Tummelplatz der Allgemeinheit her.“[83] Unter dem Stichwort ‚Entartung‘ wird entsprechend der ostalpine Massentourismus in großen Höhen beklagt, und vor allem das „Geflirte und zärtlich weibisches Getu […] in der Hütte von Gruppen und Grüppchen, die kaum mehr die urwüchsige

77 Ebd. S. 27.
78 Ebd. S. 35.
79 Ebd. S. 43f.
80 Ebd. S. 50.
81 Ebd. S. 61f.
82 Ebd. S. 62.
83 Ebd. S. 75.

Kraft der Freundestreue, nur mehr den Anreiz des gemischt geschlechtlichen Wanderns kennen".[84]

Auch wenn der eher konservative Enzensperger vielleicht nicht repräsentativ für den gesamten Diskurs im Alpenverein ist, sind die Muster seiner Raum- und Geschichtsbeschreibung signifikant: ‚Gesunde' und ‚natürliche' Höherentwicklung steht gegen „Entartung"; Alpingeschichte ist Nationalgeschichte; Hauptfeinde sind „Verflachung" und „Vermassung", und eklatant bedrohlich ist die geschlechtliche Durchmischung der bislang vorwiegend homosozialen alpinistischen Praxis. Ihr Leitwert aber ist, auf allen Ebenen, „Kampf" – ein von der Kriegserfahrung geprägter und in gewisser Weise bestätigter Kampf ums alpine Da- bzw. Obensein.

Sommerfrischen (II): Kracauers ‚großes Gelbhorn'

Einen ganz anderen Blick auf die Kriegsspuren, aber vor allem eine denkbar lakonische Bestandsaufnahme des alpinen Nachkriegs-Tourismus in den „Sommerfrischen" der Alpen bieten dagegen einige praktisch gleichzeitig entstandene Feuilletons, die Siegfried Kracauer in den Jahren 1924 und 1925 für die *Frankfurter Zeitung* verfasste.[85] „Aus den Grödner Dolomiten" berichtet Kracauer im Sommer 1924 noch fast im Stil einer Fremdenverkehrsbroschüre:

> Eine kleine Schmalspurbahn, die als Hauptnachschublinie für die österreichischen Kampfstellungen im Jahre 1915 erbaut wurde, führt von Klausen in das Grödner Tal hinauf. Hauptfremdenort ist *St. Ulrich*, heute Ortisei genannt, ein richtiges Sommerfrischen-Städtchen mit guten Gasthöfen und Pensionen, als Ausgangspunkt für Hochtouristen und bequeme Erholungsbedürftige gleich sehr geeignet.[86]

Der Text referiert die „Fülle von Wandermöglichkeiten" und Aussichten, spricht vom „edelweißreichen *Vallunga*" und preist landschaftliche Schönheit;

---

84 Ebd. S. 79.

85 Man sollte vielleicht daran erinnern, dass Kracauers allererster Text für diese Zeitung, deren wichtigster Feuilleton-Journalist er in den 20er Jahren werden sollte, die 1906 veröffentlichte Skizze „Ein Abend im Hochgebirge" war – ein allerdings etwas eigentümliches Stimmungsbild, das abendliche Gespräche in der „Silvretta-Klubhütte" mit dem einsamen Blick auf ein in die Nacht sinkendes, erhabenes Hochgebirgspanorama kontrastiert. Vgl. Kracauer, Siegfried: Ein Abend im Hochgebirge [23.8.1906], in: ders.: *Werke*, Bd. 5.1, *Essays, Feuilletons, Rezensionen*, 1906–1923, hg. von Inka Mülder-Bach, Berlin 2011, S. 9–11 [auch in: *Frankfurter Turmhäuser. Ausgewählte Feuilletons 1906–1930*, hg. von Andreas Volk, Zürich 1997, S. 213–215].

86 Kracauer, Siegfried: Aus den Grödner Dolomiten, in: ders.: *Werke*, Bd. 5.2, *Essays, Feuilletons, Rezensionen*, 1924–1927 hg. von Inka Mülder-Bach, Berlin 2011, S. 112f. [auch in: *Frankfurter Turmhäuser*, S. 230f.]. Dies und die folgenden Zitate S. 112.

er erinnert aber auch an die „Kriegsstraße über das Sellajoch, von dem aus man den schönsten Blick auf die breiten Schneehänge der Marmolata genießt". Das Feuilleton erfüllte offenbar primär Informations-Zwecke für die Beilage *Bäder-Blatt*, in der es erschien; trotzdem dürfte die Erwähnung der Zugverbindung als ehemaliger (und eben auch jetziger!) „Hauptnachschublinie" so wenig Zufall sein wie die Verbindung von „Kriegsstraße" und schönstem Aussichtspunkt: Kracauer schreibt im vollen Bewußtsein der Veränderung der Landschaft durch den Krieg.

Das Feuilleton entstand auf einer Reise mit Theodor W. Adorno[87] und ist der erste einer kleinen Serie von Texten, die von Stationen dieser Fahrt von den Dolomiten über Klausen und Bozen bis zum Lago di Garda berichtet.[88] „Empfang in den Dolomiten" ist ein Gesellschaftsbild der italienischen Aneignung der „ehemals K.K. Österreichischen Dolomiten"; anläßlich des kurzen Aufenthalts in Klausen wird erneut der „im Krieg durch die Österreicher erbauten Schmalspurbahn" gedacht, und „Jenseits des Brenners" versammelt kurze Reisebilder der Weiterfahrt nach Süden. Eines betrifft indessen wieder den Krieg:

> Die Bahn nach Riva führt durch Kriegsgebiet. Hinter Rovereto mehren sich zerschossene Ruinen und durchlöcherte Kirchtürme, und statt der üblichen Steinmauern säumen Stacheldrähte die Felder ein. [...] Erschreckender noch als die menschlichen Verwüstungen sind die der Natur selber, die hier chaotisch und anorganisch sich gebärdet. Das Hochtal zwischen Mori und Arco ist mit Geröll und Felsblöcken übersät, als hätten mythische Wesen in dieser Gegend sich Entscheidungskämpfe geliefert. Drohend starren die unwirschen Halden auf die weiche Fläche des *Gardasees*, der allein dem befreundeten Himmel entgegenglänzt.[89]

Die geschilderte Irritation im Landschaftsbild wird noch größer, wenn man sie den anschließenden Passagen der Schiffahrt über den See vergleicht: Wird dort die Landschaft im Spiegel und als Kontrast der malerischen Aneignung beschrieben[90], ist die Kriegslandschaft nicht nur eine der Zerstörung, sondern

---

87 Vgl. den Kommentar ebd. (*Werke* Bd. 5.2) S. 113.

88 Kracauer, Siegfried: Empfang in den Dolomiten, in: ders.: *Werke*, Bd. 5.2, *Essays, Feuilletons, Rezensionen*, 1924–1927, hg. von Inka Mülder-Bach, Berlin 2011, S. 113–115; ders.: Station, ebd. S. 118–120; ders.: Jenseits des Brenners, ebd. S. 125–129 [alle auch in: *Frankfurter Turmhäuser*, S. 231–241].

89 Die Zitate S. 113, 118, 126.

90 „Da sind sie alle leibhaftig, die Motive, die in der ersten Hälfte des neunzehnten Jahrhunderts deutsche Maleraugen beglückten: schwindelnde Felsschluchten, verfallenes Gemäuer mit bizarr gekrümmten Olivenstämmen, Staffagefiguren, soviel man begehrt, und immer der Doppelspiegel von Himmel und See. Die Bilder jener Maler sind längst

der Krieg wird selbst zur Metapher einer offenbar erschreckenden, jedenfalls aber nicht pittoresken Landschaft.

Ungleich reflektierter und sarkastischer als in diesen Reisefeuilletons fällt die Beschreibung alpiner Landschaft jedoch in der ein gutes Jahr später veröffentlichten „Herbstbetrachtung" (so der Untertitel) „Die Sommerfrischen-Länder" aus. Der Text, in dem nun die Assoziation des Gebirges mit dem Krieg keine explizite Rolle mehr spielt, beginnt so:

> Im Sommer reisen die Städter in die Sommerfrischen-Länder, wo die kecken Berge stehen, mit den Almen und Tälern darunter. Sie werden zur Erholung benutzt, weil die Arbeit unsere Kräfte verzehrt, deren wir zum Aufbau bedürfen. Das große Gelbhorn ragt im Baedeker hinter Hotel Minerva unmittelbar idyllisch 3157 m hoch, die Natur bleibt doch immer erhaben.[91]

Es kann nach diesem Anfang wenig verwundern, dass es das „große Gelbhorn" von 3157 m Höhe in der Realität nicht gibt.[92] Der ganze Text bezieht sich im wesentlichen auf halb-fiktive Versatzstücke alpiner Ortschaften, ihre ‚Vorzüge' und touristischen Rituale:

> Die Sommerfrischen-Länder eröffnen sich in jedem Sommer neu: Abgeschabte Berge werden angestrichen, Violetten in die Beete gesteckt, Panoramen nach Reklamevorlagen ringsum errichtet. Unter Leitung der Direktion beginnt es in der mit Ozon beschickten Luft zu weben, die Bevölkerungsvereine erproben, ob sie noch schollenhaft seien. Lauter Natürlichkeiten.[93]

Die ankommenden Touristen erscheinen freilich ebenso standardisiert wie die Ortschaften ihrer Sommeraufenthalte; und da sie „sämtlich in die Einsamkeit geflüchtet sind, ist die ganze Landschaft mit Städtern bedeckt". Diese Städter üben „an den Sommerfrischenländern" „Beschäftigungen" aus, wie die Besteigung des Hauptaussichtsorts, der „Hochzeitskanzel" heißt, und sie „genießen die Bergwelt, die gebirgig ist." Wichtig für sie sind – neben dem schon erwähnten Baedeker – Medien:

---

verschollen, doch das vollendet durchkomponierte Original ist jung und frisch wie vordem. Solche Reife der Natur spottet künstlerischer Wiederholung überhaupt" (ebd. S. 126).

91 Kracauer, Siegfried: Die Sommerfrischen-Länder, in: ders.: *Werke*, Bd. 5.2, *Essays, Feuilletons, Rezensionen*, 1924–1927, hg. von Inka Mülder-Bach, Berlin 2011, S. 304–306, S. 304 [31.10.1925] [auch in: *Frankfurter Turmhäuser*, S. 245–247].

92 Ein „Gelbhorn" (ohne kleinen oder großen Gipfel) gibt es zwar in Graubünden, es ist aber nur 3035 m hoch und weder „ragt" es (es ist ein klassischer ‚buckliger' Skitourengipfel) noch ist irgendein Sommerfrischen-Ort auch nur in der Nähe.

93 Ebd. S. 304.

> Auch bringen sie Atlanten mit, um sich von der Richtigkeit des Erblickten zu überzeugen. Vielleicht sind die Orte zerstört, oder sie befinden sich nicht auf der Hochzeitskanzel. Auf jeden Fall photographieren sie sich, nur noch Mensch gleichsam, vor dem Naturgebiet und verschicken es an die Leute, die wiederum ihre Naturgebiete ihnen senden.[94]

Das im Kontext irritierende Wort „zerstört" könnte an tatsächlich im Krieg zerstörte Weganlagen, Almen und Hütten erinnern – allerdings findet sich im Text weiter kein Indiz der historischen Situation; es ist im Gegenteil eher die jährlich wiederkehrende Routine der Reisen ins Immer-Gleiche, die konstatiert wird. Neu an dieser sarkastischen Betrachtung ist indessen weniger die Kritik an – in diesem Fall alpinem – Tourismus, seinen clichéhaften Wahrnehmungen der Natur und vor allem der Illusion individuellen Erlebens, als vielmehr die Art dieser Kritik: Der Text scheint nur zu konstatieren, knapp, parataktisch und lakonisch; der verfremdende Sprachgebrauch aber schafft größere Distanz, als es eine explizit kritische Perspektive je könnte. Das gilt auch für die Betrachtung der ‚Hochtouristen', die in den Sommerfrischen ebenfalls zu sehen sind:

> Andere ergründen die Berge, unerbittlich, immer mit Seil. Wo nur leichte Wege führen, hauen sie Kamine aus; für die Muskulatur, von oben bis unten. Oder auch Platten, an denen sie klimmen. Gipfelskalps auf dem Hut, klettern sie über die Hochzeitskanzel hinweg. Aussicht sind sie sich selbst. Bei der Suche nach dem kleinen Gelbhorn, das es nicht gibt, sind schon viele ums Leben gekommen. Sie stehen mit Lettern in den alpinen Büchern verzeichnet.[95]

Knapper läßt sich die Differenz Touristen/Hochtouristen kaum konstatieren: Die einen suchen „Aussichten", die anderen „sind sie sich selbst". Der Rest des Textes gilt den Autofahrern, Hotelgästen und Liebespaaren der Sommerfrischen; das „große Gelbhorn leuchtet dämonisch" über ihnen. Aber zuletzt „sehnt sich jeder nach der Stadt" und sie reisen ab: „Verlassen stehen die Sommerfrischen-Länder umher, gar nicht mehr keck."[96]

Die Hochtouristen klettern allerdings eher wie beiläufig durchs Bild; Kracauers Text läßt sich vor allem als mikroskopische Ethnographie das Alpentourismus lesen, die touristische Beschreibungs-Stereotype in einer ‚teilnehmenden Beschreibung' wie beiläufig entleert. Er ist gerade durch das Aufgreifen des touristischen Jargons eine in jedem Wort präzise Analyse falschen Bewußtseins und der Degradierung der Natur zur Ansicht. Die scheinbare

94 Ebd. S. 305.
95 Ebd.
96 Ebd. S. 306.

„Natur" – „die Natur bleibt doch immer erhaben" – wird so im Wortsinn als ein Produkt von Prospekten lesbar; das Gebirge ist den Touristen ein „Naturgebiet", das man von „Hauptaussichtsorten" betrachtet und dessen Ansicht man in Photographien von sich selbst „vor Naturgebieten" anderen sendet, die wiederum dasselbe tun. Aus „[l]auter Natürlichkeiten" bestehend, erscheint das Gebirge ein einziges Wahrnehmungsstereotyp, ein soziales Konstrukt.

Gebirgsgegenbilder (I): Ernst Bloch

Direkt anschließen läßt sich dieser Diagnose Ernst Blochs Essay „Alpen ohne Photographie" von 1930 und seine Reflexion alpiner Wahrnehmungsstereotypen.[97] Allerdings ist Blochs Kritik nicht nur deutlicher auf Bildmedien und den Diskurs als auf die Touristen-Praxis als solche bezogen, sondern sie bildet die Folie des Versuchs, einen *anderen* Blick auf die alpine Landschaft zu begründen – ja sie zum Ausgangspunkt eines fremden Blicks auf die Kultur selbst zu stilisieren.

Zu diesem Zweck muss freilich die ‚Bekanntheit' des Gebirges selbst ausgeräumt werden: „Auch den Jungen, welche zum ersten Mal in die Alpen reisen, sind diese allzugrün, weiß, groß schon gezeigt worden."[98] Alpine Landschaft scheint das Produkt einer Verabredung und medialer Multiplikation zu sein:

> Das Gebirgswasser hat eine verabredete Farbe, sie kommt nicht von sich los. Die Tannen hängen aus dem neunzehnten Jahrhundert herein, aus tausend matten Bildern. [...] Ansichtskarten aus der schlechten Zeit decken eine Landschaft zu, indem sie unausrottbar abbilden. Es ist dieselbe Landschaft aus Wildwasser, steilen Matten, gezackten Alpen, die vor hundert Jahren noch Schrecken erregt hatte und seitdem aus den Kartengrüßen nicht herauskommt. Ja, sie hat im neunzehnten Jahrhundert gelitten wie kaum eine andere, vue par Defregger, [...] mit der Aussicht, die dem Jodelspießer alles lohnt. Und auch seitdem ist diese Landschaft so schwer von der Tünche des Geschwätzes zu befreien; keine zuletzt ist so leicht photographierbar geworden und so schwer zu malen. Obwohl Berg und Tal unberührt hinter dem Loden stehen, der sie zugehängt hat oder dermaßen bodenständig gemacht.[99]

Doch für Bloch zeichnen sich andere Bilder hinter den „Ansichtskarten" ab; dabei sei der Winter – „ein Zustand, worin das vorige Jahrhundert die Alpen

---

97 Bloch, Ernst: Alpen ohne Photographie, in: ders.: *Gesamtausgabe*, Bd. 9, Literarische Aufsätze, Frankfurt am Main 1965, S. 488–498. Der Text erschien 1933 ebenfalls in der *Frankfurter Zeitung*; vgl. ders.: *Der unbemerkte Augenblick. Feuilletons für die Frankfurter Zeitung 1916–1934*, hg. von Ralf Becker, Frankfurt a.M. 2007, S. 336–340.

98 Ebd. S. 488.

99 Ebd. S. 489.

kaum sah" – hilfreich, zumal im Skifahren „das umgekehrte Erlebnis des Bergsteigens, ein paradox befreiendes Erlebnis der Schwere" möglich würde. Auch ist für Bloch das Engadin – natürlich nennt auch er Nietzsche – von anderer Bildqualität als beispielsweise das Berner Oberland; dort wäre die Jungfrau ein „Schauding", das sich *ganz* darbietet, während die Berge im Engadin nicht mehr ‚majestätisch', sondern nur noch hoch und darum „desto ungeheurer" wirkten – diese Wahrnehmung entspricht genau Simmels Ästhetik der Alpen.

Als Muster einer anderen Wahrnehmung wird zunächst aber ein kleinerer Berg wie der Niesen am Thuner See vorgeschlagen, der sich „der Photographie, wegen Nichtklischees, entziehen konnte".[100] Von unten gesehen sei dieser „achtzehntes Jahrhundert", „eine Inkarnation von Aufklärung in der Natur"; als solche gleiche der Berg nicht dem wie hingestellt Großartigen, sondern sei unabgebildet, „unverkauft, unermessen". Auch bei der Beschreibung eines Aufstiegs auf diesen Niesen scheint Bloch das achtzehnte Jahrhundert wieder zu finden und seine Wahrnehmung hoher Berge als Welt „der Angst und des unmenschlichen Grauens"[101]:

> Gerade der Aufstieg im Leib des Gebirges zeigt, daß dies alte Grauen wahrer und ein echterer Reflektor der Gebirgswelt war als der Jubel des neunzehnten Jahrhunderts, als die Vermittlung einer Zeit, die dem Niemandsland ihre Sommerfrische unterlegte.[102]

Die Ausdrücke „Vermittlung" – was man hier wohl wörtlich mit „Medialisierung" übersetzen könnte – und „Niemandsland" sind gleichermaßen bezeichnend: Tatsächlich wird für Bloch der Berg aus eigener Anschauung ‚hinter' den Postkartenklischees Ort einer Ausgesetztheit, einer Grenzerfahrung, die auch den Schrecken des *No-mans-land* aufruft.[103] Und während die „Jungfrau" von unten

100 Ebd. S. 490.

101 Bloch folgt hier im übrigen der eingespielten Genealogie: Schon Cäsar habe die Alpen nicht sehen wollen, Winkelmann hätten sie bedrückt, selbst der angebliche Alpen-Entdecker Haller hätte sogar die Hügel um Heidelberg „unangenehm" hoch empfunden und wäre an Landschaft als solcher und noch gar an ihrer „Größe" nicht interessiert gewesen, sondern nur an Menschen, Sitten und reiner Bergluft. Vgl. ebd. S. 492.

102 Ebd.

103 Der Terminus ist um 1930 deutlich mit dem Krieg assoziiert; vgl. den wichtigen Antikriegsfilm *Niemandsland* von Victor Trivas (D 1931, die Hauptrolle spielte Ernst Busch, Musik stammte von Hanns Eisler). – Eine wortgeschichtliche Untersuchung zum ‚Niemandsland'/‚No-mans-land' fehlt m.W.; der Ausdruck entsteht offenbar im frühen 19. Jahrhundert als völkerrechtlicher Terminus (für *terra nullius*), wird im 1. Weltkrieg Bezeichnung für die Zone zwischen den Fronten und in den 20er Jahren bereits mehrfach zum Buch- bzw. Romantitel.

für Bloch offenbar das Muster eines dekorativ verkitschen Bergs darstellt, ist ihm die Erfahrung *auf* dem Jungfraujoch

> ein Stück Wende, das die untere Welt überhaupt nicht kennt. Das Berghaus ein Schiff auf dem Felsen vertäut, die Luft lebensfeindlich, die Landschaft nie in menschliche Geschichte eingegangen, nicht einmal in ein Symbol.[104]

In der Beschreibung gerät Blochs Essay hier freilich in derartige Emphase – der Berg liegt zwischen Erde und Himmel, er ist die Mündung des Styx, der Aletschgletscher der „Hafen des Toten", die Ebene der „Abgrund des riesigen Falls", die Phantasie ist im „Außer-Menschlichen unserer Natur"[105] – dass die abschließende Allusion an Kants Erhabenes fast notwendig, der Text aber auch nahezu unverständlich und chiffrenhaft wird.

Von diesem Höhepunkt des Textes (in jeder Hinsicht) aus wird nun erneut die Verniedlichung und Banalisierung der Landschaft durch den „Spießer", der „Metaphernkitsch" angegriffen. Dagegen stehen für Bloch indessen die *„echten Metaphern"*, welche die Bergwelt produziert habe, vor allem Bergnamen (wie „Hoher Göll", das „Steinerne Licht" oder das „Schreckhorn"), die keine Verniedlichung implizieren. Ein langer Durchgang durch mineralische Metaphorik, Gebirgsallegorik im *Faust* und schließlich die kulturgeschichtliche Zeitparadoxie des Gebirges (sie wird geschichtlich erkennbar als das Andere der Geschichte: „Wie je ragt die Steinwand des Parnass hinter Delphi"[106]) führt Bloch schließlich zur Folgerung, dass in der „echten Größe der Natur [...] Heimat bedeutet sein kann": „Die Alpe ist eine reale Chiffer, fast schon ein Symbol des Empor; außerhalb dieser Chiffer jedoch, in bloß verdinglichter und vergötzter Größe, ist solche Natur genau das Verstellende, von dem oben gesagt wurde, daß es ein *mehr als raumhaft-Ungeheures* verstellt, das recte an seinen Platz gehört."[107] Das Gebirge, könnte man paraphrasieren, wird gerade im Gegensatz zum Bildklischee utopischer Ort einer „Bergung"[108].

In ganz anderer Weise, aber erkennbar mit dem gleichen Ausgangspunkt wie bei Kracauer wird bei Bloch somit der ‚touristische Gebrauch' der alpinen Landschaft und ihre Zurichtung zu Ware und Klischeebild angegriffen. Inwieweit die Distanz zu den touristischen Stereotypen wie zu den alpinistischen

104 Ebd. (Bloch) S. 492.
105 Alle Zitate ebd. S. 493.
106 Ebd. S. 497.
107 Ebd.
108 In Bezug auf den *Faust* heißt es abschließend: „Abgrund, Gipfel, ausgespanntes Himmelszelt sind hier reale Gleichnisse einer möglichen menschlichen Ankunft, auch Bergung in dem Raum, worin das noch steht." (S. 498)

Gebrauchsweisen der Alpen bei beiden auch durch Erfahrung mitmotiviert war, dass diese inzwischen zum imaginär ‚deutschen' Terrain antisemitischer „Schollen"-Fanatiker geworden waren, ist den Texten nicht direkt abzulesen; seine zentrale literarische Gestaltung wird diese Austreibung von Juden aus den Alpen erst nach dem zweiten Weltkrieg finden, in Paul Celans *Gespräch im Gebirg*.[109] Bei Bloch wird allerdings der die historische Fremdheitserfahrung des Gebirges rettende Weg auf den (unbekannten) Berg und die Autopsie der hochalpinen Zone im Sinn des Erhabenheitsdiskurses als Gegenmodell *jeder* kulturellen Aneignung aufgerufen und das ‚unvermittelte' Gebirge so als ein Ort utopischer Versöhnung konzipiert. Deren Preis wäre indessen der radikale Verzicht auf jedes Klischee – und der in enigmatischen Anspielungen endende Text läßt sich als Versuch lesen, in der Rettung dieser Erfahrung nicht seinerseits zu Klischee (oder These) zu erstarren: Er unternimmt eine Gratwanderung zwischen Kritik und Emphase, Verurteilung und Geltendmachung des ‚Großartigen', die es seiner Funktionalisierung entziehen will.

3.3. Literarische Gebirgswahrnehmungen: Ein Spektrum

Unsichtbar das Gebirge [...].
Thomas Mann, *Der Zauberberg*

Bergkulissen und dunstiges Nichts

Weitgehend funktional, nämlich als signifikante Bühne fiktionaler Romanhandlungen, erscheint das Gebirge indessen in einer Vielzahl literarischer Texte der 20er Jahre; das mit Abstand prominenteste Beispiel, zugleich aber dasjenige, in dem diese ‚hintergründige' Stellung am deutlichsten wird, ist gewiß Thomas Manns *Der Zauberberg*.[110] Denn schon bei der Eisenbahnfahrt Hans Castorps hinauf auf diesen Zauberberg, die der idealtypischen touristischen Anfahrtsroute aus der norddeutschen Tiefebene in hochalpine Regionen entspricht, kommt diese Region zwar in den Blick, scheint aber sogleich wieder daraus zu verschwinden. Nachdem der Held in „Landquart, einer kleinen Alpenstation", in die Schmalspurbahn umgestiegen ist und es „allen Ernstes ins Hochgebirge"[111] hinaufgeht, heißt es gewissermaßen programmatisch:

109 Celan, Paul: Gespräch im Gebirg [1960], in: *Gesammelte Werke in sieben Bänden*, hg. von Beda Allemann und Stefan Reichert unter Mitwirkung von Rolf Bücher, Frankfurt am Main 2000, Bd. 3, S. 169–173; der Text wird unten im Zusammenhang mit Jelinek diskutiert (vgl. Kapitel 6.5.).

110 Mann, Thomas: *Der Zauberberg. Roman* [1924], Frankfurt a.M. 2001.

111 Ebd. S. 11.

> Großartige Fernblicke in die heilig-phantasmagorisch sich türmende Gipfelwelt des Hochgebirges, in das man hinan- und hineinstrebte, eröffneten sich und gingen dem ehrfürchtigen Auge durch Pfadbiegungen wieder verloren.[112]

Bezeichnend ist auch ein Dialog des Helden mit Joachim nach der Ankunft, als er die „entfernteren Bergkulissen, hinten am Ausgang, gegen den das Tal sich verjüngte"[113], begutachtet hat:

> „Nein, ich finde es offen gestanden nicht so überwältigend", sagte Hans Castorp. „Wo sind denn die Gletscher und Firnen und die gewaltigen Bergesriesen? Diese Dinger sind doch nicht sehr hoch, wie mir scheint."
>
> „Doch, sie sind hoch", antwortete Joachim. „Du siehst die Baumgrenze fast überall, sie markiert sich ja auffallend scharf, die Fichten hören auf, und damit hört alles auf, aus ist es. Felsen, wie du bemerkst. Da drüben, rechts von dem Schwarzhorn, dieser Zinke dort, hast du sogar einen Gletscher, siehst du das Blaue noch? Er ist nicht groß, aber es ist ein Gletscher, wie es sich gehört, der Scaletta-Gletscher. Piz Michel und Tinzenhorn in der Lücke, du kannst sie von hier aus nicht sehen, liegen auch immer im Schnee, das ganze Jahr."
>
> „In ewigem Schnee", sagte Hans Castorp.
>
> „Ja, ewig, wenn du willst. Doch, hoch ist das alles schon. Aber wir selbst sind scheußlich hoch, mußt du bedenken. Sechzehnhundert Meter über dem Meer. Da kommen die Erhebungen nicht so zur Geltung."[114]

Überwältigende Berge, wie sie Hans Castorp im Gebirge offenbar erwartet, gibt es dort, wo „Erhebungen nicht so zur Geltung" kommen, tatsächlich keine, und der „ewige Schnee" wird so beiläufig wie ironisch als Phrase kenntlich gemacht. Wie hier sind und bleiben die Berge im Roman wesentlich „Alpenkulissen"[115], ein nur gelegentlich angesprochenes Panorama, das allenfalls die Abschließung der selbst auf dem ‚Zauberberg' in der Höhe isolierten Gesellschaft in Szene setzt.

Einzig im berühmten *Schnee*-Kapitel spielt der Blick auf sie eine zentrale Rolle; denn während die tiefverschneite Landschaft in der Nähe eine „Gnomenwelt" ergibt, „lächerlich anzusehen und wie aus dem Märchen", so „waren es Empfindungen der Erhabenheit und des Heiligen, die der hereinschauende fernere Hintergrund, die getürmten Standbilder der verschneiten Alpen erweckten."[116] Doch wenn diese Alpen hier schon „Hintergrund" sind, wird die alpine Landschaft des *Schnee*-Kapitels bekanntermaßen gerade durch

---

112 Ebd. S. 13.

113 Ebd. S. 18.

114 Ebd.

115 Vgl. ebd. S. 370: „nahe und nüchtern lagen die Alpenkulissen des Ausgangs". Vgl. auch S. 76.

116 Ebd. S. 645.

den Schnee für Hans Castorp, nachdem er Skifahren gelernt und sie erstmals durchstreift hat[117], praktisch unsichtbar[118]:

> Die Beine bepudert, stöckelte er sich irgendwo bleiche Höhen hinan, deren Lakengebreite sich in Terrassen, absatzweise erhoben, höher und höher, man wußte nicht wohin; es schien, daß sie nirgends hinführten; ihre obere Region verschwamm mit dem Himmel, der ebenso nebelweiß war wie sie und von dem man nicht wußte, wo er anfing; kein Gipfel, keine Gratlinie war sichtbar, es war das dunstige Nichts, gegen das Hans Castorp sich emporschob, und da auch hinter ihm die Welt, das bewohnte Menschental, sich sehr bald schloß und den Augen abhanden kam, auch kein Laut von dorther mehr zu ihm drang, so war denn seine Einsamkeit, ja Verlorenheit, ehe er's gedacht, so tief, wie er sie sich nur hatte wünschen können, tief bis zum Schrecken, der die Vorbedingung des Mutes ist.[119]

Es gehört zu den oft beschriebenen Eigenarten dieser Passage, dass sie die Selbsterfahrung in der Landschaft gerade von deren Sichtbarkeit abtrennt („Man sah nichts; alles verschwamm vor den Augen"[120]). Gelegentlich erscheint – wie in der Zugpassage der Anfahrt zum ‚Zauberberg'[121] – das Gebirge wieder

117 Bei den ‚Übungsfahrten', die der Held vor dem Aufbruch zu seiner fatalen Tour unternimmt, heißt es noch: „Es war schön im winterlichen Gebirge, – nicht schön auf gelinde und freundliche Weise, sondern so, wie die Nordseewildnis schön ist bei starkem West, – zwar ohne Donnerlärm, sondern in Totenstille, doch ganz verwandte Ehrfurchtsgefühle erweckend. […] Er ließ sich auch mit seinen Hölzern von der Drahtseilbahn zur Schatzalp steil aufheben und trieb sich gemächlich dort oben, zweitausend Meter hoch entführt, auf schimmernden Schrägflächen von Puderschnee herum, die bei sichtigem Wetter einen hehren Weitblick über die Landschaft seiner Abenteuer boten." (S. 650f.) Die Assoziation mit „Dünenlandschaft" und „Seeluft" wiederholt sich später (S. 657), sie gehört zum Komplex der Erinnerung an ein Bad auf Sylt bei aufziehendem Gewitter, einer ersten Erfahrung der „begeisternde[n] Berührung mit der tödlichen Natur" (vgl. ebd. S. 652).

118 Schon früh im Kapitel heißt es: „Draußen war das trübe Nichts, die Welt, in grauweiße Watte, die gegen die Scheiben drängte, in Schneequalm und Nebeldunst dicht verpackt. Unsichtbar das Gebirge" (ebd. S. 644.)

119 Ebd. S. 654. Schon vor dem Aufbruch zur Skitour heißt es auch: „Gipfelkonturen verschwammen, vernebelten, verrauchten. Bleich beschienene Schneeflächen, die hinter- und übereinander aufstiegen, weiteten den Blick ins Wesenlose." (S. 644.)

120 Ebd. S. 655. Vgl. auch: „Er blieb stehen und sah sich um. Es war überall gar nichts und nirgends etwas zu sehen" (S. 654). Vgl. zu den Valenzen und Anspielungen dieses Kapitels Maar, Michael: *Geister und Kunst. Neuigkeiten aus dem Zauberberg*, München 1995, v.a. S. 147ff., sowie zusammenfassend Langer, Daniela: *Thomas Mann. Der Zauberberg. Erläuterungen und Dokumente*, Stuttgart 2009, S. 174–192.

121 „Castorps Skiwanderung ist eine gesteigerte Wiederholung der Reise zu Beginn des Romans. Sie führt ins Weglose und Hochgefährliche, in Zonen, wo Castorp noch nie geweilt hat" (Wysling, Hans: Der Zauberberg, in: *Thomas-Mann-Handbuch*, hg. von Helmut Koopmann, 3. A. Frankfurt a.M. 2005, S. 397–421, hier S. 412.)

momenthaft[122], freilich nur um bei der nächsten ‚Pfadbiegung' wieder aus dem Blick zu geraten. Der Text inszeniert so eine Art Inversion des klassischen Erhabenheitstopos der Gebirgswahrnehmung: Während die Grundkonstellation, das Subjekt gegenüber einer übermächtigen Natur, dieselbe bleibt, wird sowohl deren Sichtbarkeit – sonst Bedingung des ‚angenehmen Schreckens' – aufgehoben als auch ihre latente Personifikation (als ‚drohend') negiert, die sie als Gegenüber des Subjekts profiliert.

> Er hatte eben wieder angefangen zu steigen, als denn also –, wie zu erwarten gestanden, Schneefall und Sturm losgingen, daß es eine Art hatte, – der Schneesturm, mit einem Worte, war da, der lange gedroht hatte, wenn man von „Drohung" sprechen kann in Hinsicht auf blinde und unwissende Elemente, die es nicht darauf abgesehen haben, uns zu vernichten, was vergleichsweise anheimelnd wäre, sondern denen es auf die ungeheuerste Weise gleichgültig ist, wenn das nebenbei mit unterläuft. „Hallo!" dachte Hans Castorp und blieb stehen, als der erste Windstoß in das dichte Gestöber fuhr und ihn traf.[123]

Gerade das „Gleichgültig-Bedrohliche"[124] des Gebirges im Schneesturm – in einem analogen Oxymoron heißt es, Hans Castorp sei „umhüllt von wirbelnder, weißer Nacht"[125] – markiert den eminenten Stellenwert dieser Passage im Roman, denn es entzieht der Konstitution des ‚heroischen' Subjekts *in* der Gefahr wie beiläufig die Grundlage. Entsprechend ist es nur halb eine projektive Selbstberuhigung des Helden, halb aber poetologische Selbstreflexion, wenn Hans Castorp wenig später, inzwischen völlig erschöpft und mit sich selbst sprechend, denkt: „Das ist die modifizierte Erlebnisart von einem, der im Gebirge in einen Schneesturm gerät und nicht mehr heimfindet".[126]

Vor allem ist der Roman in dieser singulären Passage – es folgt bekanntlich ein längerer Südseetraum – eine vollkommen modifizierte ‚Erzählart' eines in der alpinistischen Prosa wie in fiktionalen Texten kurrenten Narrativs, der

122 „Hinter verschneiten Felshügeln […] lag eine Schräge, dann eine Ebene, dann großes Gebirge, dessen weich gepolsterte Schluchten und Pässe so zugänglich und lockend schienen. Ja, die Lockung der Fernen und Höhen, der immer neu sich auftuenden Einsamkeiten war stark in Hans Castorps Gemüt" (*Zauberberg*, S. 658).

123 Ebd. S. 659.

124 Ebd. S. 662. Vgl. auch hier schon die vorherige Reflexion: „Nein, diese Welt in ihrem bodenlosen Schweigen hatte nichts Wirtliches, sie empfing den Besucher auf eigene Rechnung und Gefahr, sie nahm ihn nicht eigentlich an und auf, sie duldete sein Eindringen, seine gegenwart auf eine nicht geheuere, für nichts gutstehende Weise, und Gefühle des still bedrohlich Elementaren, des nicht einmal Feindseligen, vielmehr des Gleichgültig-Tödlichen waren es, die von ihr ausgingen." (S. 651.)

125 Ebd. S. 662; vgl. auch „weil er […] nichts sah vor weißer Verfinsterung"; es „war das Nichts, das weiße, wirbelnde Nichts" (S. 660f.).

126 Ebd. S. 663.

Geschichte von Selbsterfahrung und –Bewährung in der lebensbedrohlichen, übermächtigen Natur. Hinsichtlich der „Berg"- bzw. „Alpenkulisse" des Romans bedeutet dies freilich, dass an dem einen Punkt, an dem der Protagonist das Gebirge nicht mehr nur als ferne Kulisse, sondern als ‚gleichgültiges Nichts' und elementare Lebensbedrohung erfährt, auch deren Funktion als Subjektivierungsmatrix kollabiert: Das Gebirge wird, ganz analog Blochs späterer Negation des „Schaudings", gleichsam dem Blick entzogen; es bleibt nichts als der Bezug des Protagonisten auf sich selbst, und damit eine zunehmende Auflösung und schließlich ein Kollaps seines Bewußtseins.

Diese Inszenierung hat, soweit zu sehen ist, kein Äquivalent in anderen Texten der 20er Jahre, welche die alpine Landschaft reflektieren; weder in der Grand-Hotel-Literatur, soweit sie sich auf die Alpen bezieht[127], noch in trivialliterarischen Texten, die – in einem ähnlichen Genre-Spektrum wie oben beschrieben – sowohl in der deutschen und österreichischen Literatur wie in jener der deutschsprachigen Schweiz entstehen.[128] Gerade in diesen dominiert stattdessen die Feier kämpferischer – und gelegentlich tragischer – Heroen am Berg: Außerordentlich prominent – und gewissermaßen das fiktionale Äquivalent zur Kampfrhetorik in der Alpingeschichtsschreibung Enzenspergers oder Lehners – wurde dabei der ‚Tatsachenroman' *Der Kampf ums Matterhorn* des Juristen Carl Haensel[129], der unter diesem Titel noch im Erscheinungsjahr von Mario Bonnard in einer Drehbuchfassung von Arnold Fanck verfilmt[130] und ein Jahrzehnt später Vorlage des mutmaßlich berühmtesten Bergfilms überhaupt wurde, Trenkers *Der Berg ruft* (1937).

Gegenüber diesen in doppelter Weise von ‚Monumentalität' geprägten Gebirgsinszenierungen, von denen einige später im filmischen Kontext diskutiert werden sollen, läßt sich jedoch eine Reihe alternativer Reflexe konstatieren – alternativ schon aufgrund der ‚kleinen Formen' der Texte, aber auch wegen der thematischen Fokussierungen und sprachlichen Verfremdungen in Bezug auf den alpinen Diskurs.[131]

127 Vgl. Seger, Cordula: *Grand Hotel. Schauplatz der Literatur*, Wien, Köln, Weimar 2005. Ein prominentes Beispiel ist: Inglin, Meinrad: *Grand Hotel Excelsior*, Roman, Zürich und Leipzig 1928.

128 Vgl. z.B. die oben (Fn. 70) genannten Romane von Gustav Renker.

129 Haensel, Carl: *Der Kampf ums Matterhorn*, Stuttgart 1928; der Roman wurde in über 30 Sprachen übersetzt. Haensel wurde 1933 zu einem willigen Juristen des Dritten Reichs; so schrieb er zusammen mit Richard Strahl ein *Politisches ABC des neuen Reichs. Schlag- u. Stichwörterbuch für die deutschen Volksgenossen*, 2 Tle., Stuttgart 1933, 1934.

130 *Der Kampf ums Matterhorn*, Deutschland 1928, R Mario Bonnard, Nunzio Malasomma, K Sepp Allgeier, D Luis Trenker, Marcella Albani u.a.

131 Nicht berücksichtigt werden kann im folgenden – da er nicht wirklich als ‚Gebirgsroman' betrachtet werden kann und dies zudem eine weit gründlichere Untersuchung im

„Hier wird's uns töten": Hans Morgenthalers Berg-Prosa

Nah an der alpinistischen Diskursivierung des Gebirges bleiben dabei noch einige Texte des Schweizer Autors Hans Morgenthaler. Er ist ein weitgehend unbekannter Schriftsteller geblieben, obgleich er in der kurzen Zeit seines Schaffens – er starb 1928 achtunddreißigjährig an Tuberkulose – durchaus wahrgenommen wurde und in der Radikalität seiner antibürgerlichen Existenz ebenso wie seiner Schriften als singulär in der zeitgenössischen Schweizer Literatur gelten kann.[132] Im Emmental aufgewachsen, hatte der Autor in Zürich Zoologie und Botanik studiert und war dort bald mit den ‚wilden' Extrembergsteigern des Akademischen Alpenclub Zürich in Berührung gekommen. Morgenthaler – von seinen Freunden Hamo genannt – war selbst seit früher Jugend ein begeisterter Alpinist: „In oder dicht neben dem Kinderwagen war's, da mir die Berge zum erstenmal auftauchten", heißt es in einem der ersten Texte des Bandes *Ihr Berge*, einer 1916 und erneut 1920 in Zürich erschienenen Sammlung kurzer Texte mit dem Untertitel „Stimmungsbilder aus einem Bergsteiger-Tagebuch"[133].

Auf den ersten Blick sind diese Texte Ausdruck emphatischer Bergleidenschaft. *Ihr Berge* beginnt mit einer Art Hymnus an die Berge selbst:

Werkkontext, hinsichtlich des Textstatus sowie des Komplexes ‚Heimatliteratur' erfordern würde, als es hier möglich ist – der ‚Bergroman' Hermann Brochs: vgl. Broch, Hermann: *Die Verzauberung. Roman*, Frankfurt a.M. 1998; vgl. dazu: Lützeler, Paul Michael: Hermann Brochs ‚Die Verzauberung' als politischer Roman, in: *Neophilologus* 61 (1977), S. 111–126.

132 Sein Roman *Woly. Ein Sommer im Süden* (1924) wurde zwar 1982 wieder aufgelegt (hg. von Charles Linsmayer, Zürich 1982), und schon 1970 erschien ein Band mit späten Gedichten, die der an Tuberkulose Erkrankte in verschiedenen Sanatorien geschrieben hatte: Morgenthaler, Hans: *Totenjodel*, hg. von Kurt Marti, Bern 1970. Weitere Werke sind: *Matahari. Stimmungsbilder aus dem Malayisch-Siamesischen Dschungel*, mit 24 Federzeichungen des Verfassers, Zürich 1921, 2.A.1923; *Ich selbst. Gefühle*, Zürich 1923; *In der Stadt. Die Beichte des Karl von Allmen*, aus dem Nachlaß hg. von Otto Zinniker, Grenchen 1950. Eine Sammlung erschien u.d.T. *Hamo, der letzte fromme Europäer. Sein Leben, seine Versuche und Anstrengungen. Ein Hans-Morgenthaler-Lesebuch*, hg. von Roger Perret, Basel 1982; vgl. ferner: *Der kuriose Dichter Hans Morgenthaler. Briefwechsel mit Ernst Morgenthaler und Hermann Hesse*, hg. v. Roger Perret, Basel 1983. Zur Biographie vgl. a. Siegrist, Christoph: Morgenthaler, Hans, in: *NDB* 18 (1997), S. 120f. (online: http://www.deutsche-biographie.de/sfz65450.html, 3.4.2012) – dort auch die Einschätzung der Singularität Morgenthalers; sein Nachlass befindet sich im Schweizer Literaturarchiv: http://ead.nb.admin.ch/html/morgenthaler.html (3.4.2012). Vgl. zu ihm auch den Abschnitt in Zopfi, *Dichter am Berg*, S. 76–95.

133 Morgenthaler, Hans: *Ihr Berge. Stimmungsbilder aus einem Bergsteiger-Tagebuch*, Zürich 1916, 2. A. Zürich 1920 (hiernach die folgenden Zitate), S. 8.

... Und Jahrhunderte sprudelten hervor aus dem unversieglichen Quell ... Stoßwellen der Ewigkeit. Neue kamen, alte gingen, eins ums andere heran, vorbei, dahin, und mit ihnen Euch zu Füßen zahllose Menschengeschlechter ...

Ihr Berge! Unverstanden, gefürchtet hieltet Ihr wehmütig Wacht, sehnsüchtig den endlich dämmernden Morgen Eures gütigen Eingreifens in's Schicksal der Menschen erwartend.

[...]

Endlich, da Ihr schon graue Ruinen, sind die Menschen zu Sinnen gekommen, endlich erwacht, Euch Burgen der Freiheit zu schätzen – rasend zu lieben.[134]

In der eigentümlichen Brechung der Perspektive – ein anonymer Sprecher teilt den Bergen die ‚endlich' einsetzende ‚rasende Liebe' der Menschen zu ihnen mit – findet zugleich eine Steigerung und Distanzierung statt:

Eure gefahrvoll gleißende Pracht, die von toddräuenden Gletschern gehüteten Rätsel, die der alte mied, wurden auf einmal dem jungen Menschen begehrenswerte Ziele. Sie zogen ihn plötzlich mit unwiderstehlicher Kraft. Das Erlebnis der Hochgebirgswunder hob ihn mit einem einzigen, gewaltigen Ruck aus seiner faden Lebenssphäre in die Regionen eines geadelten Daseins empor.

Ihr Berge! Wißt Ihr es, was Ihr vielen Menschen von heute bedeutet? Daß allein euer Sein schon ihr Leben inhaltsreich macht! [...]

Ihr seid ihnen Gott.[135]

Man sollte sich von den schlichten Oppositionen – die „jungen Menschen" stehen gegen die „alten", die „fade[] Lebenssphäre" unten gegen die hohen Regionen „geadelten Daseins" – nicht täuschen lassen: Der kurze Text schreibt nicht erneut die große Erzählung von den früher gefürchteten und heute geliebten Bergen und ihrer Eroberung, er inszeniert diese Liebe, die jetzige Bedeutung der Berge vielmehr als Riß, Plötzlichkeit und Bruch mit der Welt.

Nichts sonst auf dieser Welt ist ihnen heiliger. Von der Liebe zu Euch befallen, getroffen, läßt keiner je wieder von Euch. Ihr haltet ihn fest mit ehernen Zangen. Und ob Ihr auch Eure Abgründe öffnet und stäubet und donnert und tost, er preist Eure Liebe noch im lebenszermalmenden Steinschlag![136]

Entsprechend sind ‚Liebe', ‚Verfallenheit', ‚Getroffenwerden' und ‚Gefangensein' bei Morgenthaler die Grundmodi des Verhältnisses zu den Bergen; nicht von ungefähr ruft dies Grundelemente des romantischen Liebesdiskurses auf, und die Berge stehen damit in Parallele zu den – notorisch schwierigen – Beziehungen des Autors zu Frauen: Die Texte spielen mit entsprechenden

134 Morgenthaler, *Ihr Berge*, S. 5.
135 Ebd. S. 6.
136 Ebd. S. 7.

prekären Konnotationen der Bergbesteigung als Vatermord oder aber Entjungferung auch explizit.[137] Gerade diese Verfallenheit bedingt aber auch Entfremdung: Die „Heimatberge" des gleichnamigen Stücks sind – ganz ähnlich den von Federer in *Pilatus* fiktional geschilderten[138] – die aus dem Fenster der Schule gesehenen Berge, Zufluchtsort und Gegenraum der als erstickend und eng empfundenen Bürgerwelt. Im Gegensatz zu Federers Roman wird daraus bei Morgenthaler aber keine Erzählung; die „Stimmungsbilder" des Buchs sind Fragmente, heterogene Notate und zugleich Denkbilder. In den Blick kommen dabei vergessene Berge[139], die eigentümliche Wehmut, ein ‚Rätsel' wie eine neue Wanddurchsteigung ‚gelöst' zu haben[140] oder die Präparierung früher wilder Routen in der Erschließung der Berge[141]. Neben lakonische Beschreibungen eher bedenklicher Erfahrungen[142] stehen märchenhafte Texte[143], doch auch die Imagination eines Selbstmords im Gebirge[144]; ein ganzer Abschnitt aber gilt dem Tödi, an dem Morgenthaler seine schlimmste und prägende Erfahrung im Gebirge gemacht hatte.

Er hat sie selbst in einem Kapitel des 1926 abgeschlossenen, autobiographisch grundierten Romans *In der Stadt. Die Beichte des Karl von Allmen* geschildert, Emil Zopfi zufolge „sicherlich eine der stärksten Prosa schweizerischer Bergliteratur."[145] Bei einer ‚Probetour' des Akademischen Alpenclubs, geführt von einem in Zürich studierenden Australier namens Maxwell Finch und dem Schweizer Franz Obexer (er erscheint im Text mit seinem Kampfnamen ‚Overreckt') im März 1911, war man viel zu spät aufgebrochen und hatte erst um Mitternacht den Gipfel des Piz Russein (den höchsten Tödi-Gipfel) erreicht. Die anschließende Ski-Abfahrt im Schneesturm verwandelt die als Initiation in den elitären Club geplanten Tour in eine Initiation ins Sterbenmüssen, die in der Intensität ihrer Schilderung durchaus Parallelen zum *whiteout* des Schneesturms aufweist, in dem sich Hans Castorp verliert, auch wenn eine Ich-Erzählung vorliegt – und das erzählende Ich nicht allein ist.

137 Vgl. Zopfi, *Dichter am Berg*, S. 80–82.
138 Vgl. oben die Anmerkung S.
139 Vgl. „Berühmte Berge – vergessene Berge", Morgenthaler, *Ihr Berge*, S. 14–16.
140 Vgl. „Rätselberge", ebd. S. 17–20.
141 Vgl. „Arme Berge", ebd. S. 24–26.
142 Vgl. „Hotel zum Gletschertisch", ebd. S. 122–126.
143 Vgl. „Aus dem Leben der Schneeflocken", S. 58–60; „Der Gletscherfloh", S. 65–67.
144 Vgl. „Letzte Fahrt", ebd. S. 82.
145 Zopfi, *Dichter am Berg*, S. 80. Der Roman erschien erst 1950 aus dem Nachlass; der Abschnitt wurde 1925 vorabgedruckt.

> Noch ist die Nacht hell wie der Tag. Aber wie wir jetzt etwa um ein Uhr früh mit grimmig entschlossenem Mut kaum dreihundert Meter unterm Gipfel ins Bassin des Bifertengletschers, ins nächtliche Wolkentreiben eintauchen, fällt's grausam über uns her. Ozeanwellen von Staubschnee und Wolken hüllen uns ein, jedes Sehvermögen erlischt, brüllend schlägt Sturm von der Gliemspforte, von der Bifertenlücke, vom ganzen Urlaungrat auf uns herab; wie mit nassen Peitschen geschlagen, schmerzt das Gesicht, orangerot, gelb wie bengalisches Licht, rot wie Widerschein von Feuersbrunst leuchtet für ein paar letzte Minuten der Mond durch den wirbelnden Rauch. Noch vermag ich, gebückt durch den Sturm kriechend, schnüffelnd wie ein Jagdhund die Aufstiegsspur zu erraten. „Das Seil gut gestreckt!" Die Gletscherspalten kann man nicht einmal mehr ahnen. „He da! Aufgepasst!"
>
> „Sind wir auf der Spur?" fragt einer von hinten. „Nur zu und möglichst rasch, möglichst tief hinunter!"
>
> Skifahren am Seil ist bei Tage schon eine Kunst, die nicht jeder fertigbringt. Mit sturmblinden Augen, in tosendem Orkan, nachts auf dem Gletscher ist die Grenze des Menschenmöglichen bald erreicht. Hup, hup hüpft es davon ins Bodenlose, du hast die Bauchmuskeln steinhart gespannt, um Stösse zu parieren, ein Ruck durch das Seil und – schon liegst du im Schnee. „Auf, auf und hinunter!"
>
> Der Hintermann am zweiten Seil, beim Aufstieg schon erschöpft, ist völlig zusammengebrochen. Von Skikünsten keine Spur mehr. Der Australier schleift ihn wie am Lasso durch den Schnee. Es beginnt steiler zu werden. Wahnsinnig, denke ich, in diesen Eishängen skifahren zu wollen! Wir müssen schon nahe dem obern Rand des Abbruches sein ... „Aufpassen! Gestrecktes Seil! Vorsichtig!" Mit kleinen Tritten schräg vorwärts und abwärts kantend, fühle ich einen Ski in der Luft ... „Achtung, Schrund!" Jetzt stürmt der Australier gewaltsam heran, brüllt gute Räte in den Wind, der die Worte an die Bifertenwand hinüberschmeisst, wo sie ohnmächtig zerschellen.
>
> „Was brüllst du, Max?"
>
> „Deckung vor dem Sturm suchen in einem Schrund!" kommandiert auf einmal klar hörbar die eiserne englische Stimme von hinten. Ich stolpere vor, falle rückwärts, stehe auf, falle wieder. Ich versuche gehorsam zu tun, was man mir befiehlt, aber umsonst: „Max, willst nicht du vorangehen? Es tut mir leid, ich weiss beim besten Willen nicht, wie man das macht – Deckung suchen in einem Schrund."[146]

Auf der Suche nach Schutz im „Schrund" zwischen Gletscher und Fels stürzt der Australier dann allerdings selbst in die Spalte und kann nur mit größter Mühe geborgen werden, wobei der Erzähler – wie er beiläufig notiert – seine Handschuhe verliert. Im ‚dramatischen Präsens' erzählt der Text weiter, wie

146 Morgenthaler, Hans: *In der Stadt. Die Beichte des Karl von Allmen*, aus dem Nachlaß hg. von Otto Zinniker, Grenchen 1950; ich zitiere der Einfachheit halber – das Buch ist fast nicht greifbar – aus der Zitation dieser Passage in http://bergliteratur.ch/hier-wirds-unstoten/ (4.6.2012).

sich die Bergsteiger auf ihrer Aufstiegsspur mühsam nach unten zu tasten versuchen:

> „Hast du die Spur?"
> „Nein!"
> „Sie muss hier deutlich sein. Stufen im Eis kann der stärkste Sturm nicht verwehen."
> „Es geht nicht."
> Maxwell versucht's und – gibt auf: „Wir müssen den Morgen abwarten!"
> „Hier wird's uns töten," murmle ich.
> Glücklicherweise haben wir unsere Pickel. An dachjähem Eishang über dem Gletscherabbruch beginnen wir mühsam uns einzugraben. Eine horizontale Furche wird ins Eis geschnitten, langsam verbreitert, bergwärts ist sie nach einer halben Stunde schon einen Fuss tief.[147]

In diesem „Eisgrab", wie Morgenthaler es später in *Ihr Berge* nennen wird[148], versuchen die vier, den Sturm durchzustehen; die Erzählung wechselt ebenso schnell wie virtuos die Perspektiven des objektiven Schilderns und der Innensicht, von Bewußtsein und Körper.

> Schlotternd, die Arme vor den Gesichtern verschränkt, liegen vier Körper in pechschwarzer Nacht am blanken Eishang. Sturm heult, Orkan saust. Wollte man seine Hände in den Taschen bergen, waren diese zugefroren und voll Eis, und schützte man nicht in erster Linie seinen Kopf mit Hilfe der Ärmel, peitschte eiskörnerbeladener Sturm einem ins Gesicht, dass man erstickte. Grimmig drohten Sterben und Verderben. Seid ihr bereit?
>
> Eigentlich sollte ich noch weiterleben, eigentlich hätte ich allerlei wieder gutzumachen, abzuwarten, aber – meinetwegen zugrunde gehen. Und doch: „Nein!"
>
> „Redet, Kameraden, rührt euch!" brüllte Overreckt in den Sturm. „Nicht schlafen! Schlafen ist Tod!" [...] Ich versuchte es nochmals mit Fingerübungen. Die Gelenke versagten vollkommen. Schlimmstenfalls werde ich wenigstens frei vom Militärdienst, dachte ich. Wenn wir ganz einschlafen? Erfrieren? Wird man uns im Sommer finden? Keine grosse Wahrscheinlichkeit. Der Gletscher wird uns behalten. Wie Steine werden wir in ihm versinken und unsere Zukunft, unser Geheimnis, unsere – Schuld mit uns.
>
> Unvermindert brüllt der Sturm. Eng an das Eis geschmiegt, riskiert man doch, fortgerissen, in Nacht und Tiefe geschleudert zu werden. Manchmal stöhnt einer von uns wie ein verwundetes Tier [...]. Unerträglich wird die ganze Muskulatur durch das krampfhafte Zittern geschwächt, die Lungen schnaufen trotz des untätigen Liegens heftig. Eisgepanzert von unten bis oben, die Augenlider zugefroren, Eiszapfen in den Haaren, blind und halb ohnmächtig dem Wüten ausgeliefert, und doch nicht tot! Das Schlottern und Zähneklappern erwärmt, denke ich, selig hat einer sich ergeben und schläft mit langen Atemzügen. „He,

---

147 Ebd.
148 Morgenthaler, *Ihr Berge*, S. 21.

aufpassen, du dort irgendwo in der Nacht!" Ein anderer ruft von Zeit zu Zeit: „Mut, ausharren, alles hat schliesslich ein Ende!"

„… sogar das Leben."

Wenn es sein muss, ist Sterben nicht schwerer als Leben. Alles Schlafen ist wie Erlösung. Schlafen ist angenehmer, als gegen den Sturm sich wehren zu müssen. Alle liegen wir ruhig, keiner redet, keiner rührt sich. Auf einmal ahne ich wieder, was uns bedroht. „He, auf, Kameraden!" Mit Gewalt kratze ich das Eis aus den Augen, reisse die Lider auf, um sie vor Schmerzen sofort wieder zu schliessen. Sehen kann man übrigens nichts. Nochmals ein Versuch! Phosphorgelbes Licht, das blendet. Eine Helle wie in elektrisch erleuchtetem Saal, und dennoch nichts zu sehen. Ich ergebe mich in die Nacht. „Herrgott, Kameraden, lebt auch ihr noch?" Jetzt wird's ringsum ruhiger. Eintönig saust nur der Sturm. Das Sausen wird zur Musik, verliert sich, leiser werdend, wie in unermesslicher Ferne.

Es ist jetzt nicht mehr sehr kalt, ein unangenehmes, feuchtes Gefühl in den Kleidern hat mich geweckt. Fast schuhtief sind wir vom Neuschnee bedeckt. Ich wische die Augen mit den Armen aus. Es ist wieder Tag. „Auf! Und um Gotteswillen hinunter zur Hütte, bevor die neue Nacht kommt![149]

Auch hier ist die Un-Sichtbarkeit, die optische Täuschung blendenden Lichts in der Nacht Metapher der elementaren Grenzsituation. Schließlich gelingt es den vieren, „vom Kopf bis zu den Füssen verglast und vereist"[150] die Hütte zu erreichen, nach dreiunddreißig Stunden in Eis und Sturm.

Meine Hände, schneeweiss und steinhart, klingen gegeneinander wie Porzellan gegen Glas.

„Aufpassen, dass keine Finger abbrechen!"

[…]

Am nächsten Abend schwenkte ich meine Wunden in blauem Sublimatwasser der Klinik. Die drei ersten Wochen nach dem Unfall wohnte ich auf meiner Studentenbude und ging täglich zur Wundbehandlung in das Spital. Nach dieser Zeit war das Tote wirklich tot, und man durfte herzhaft abschneiden. Links kürzte man sämtliche Finger, ritsche ratsch, um zwei Glieder, rechts aber blieb ordentlich mehr, hauptsächlich ein schönes Stück Zeigefinger samt Nagel, vielleicht damit ich's nicht zu verdammt schwer haben sollte, diese fatale Geschichte noch aufzuschreiben.[151]

Diese gerade noch geretteten Fingerglieder der Schreibhand stehen im Roman sinnbildlich für das, was noch bleibt – das Schreiben, während diese Erfahrung des Eisgrabs selbst den Helden aus der Bahn wirft.[152] Allerdings gibt der autobiographisch grundierte Romanheld, der fortan zerrissen zwischen Stadt und

149 Morgenthaler, *Aus der Stadt*, a.a.O.

150 Ebd.

151 Ebd.

152 Vgl. zu einer weitergehenden Interpretation Zopfi, *Dichter am Berg*, v.a. S. 80–83.

Gebirge lebt – wie schon sein Name „von Allmen“ diese Zwischenstellung benennt – das Bergsteigen nicht etwa sogleich auf; auch der Autor selbst tat dies erst, nachdem er, malariakrank zurückgekehrt aus einem langen Aufenthalt in Siam, 1920 im Wallis nur noch „Hunde und Schweine“[153] in den Bergen vorgefunden und seine Ausrüstung in einem Moränenloch versenkt hatte.[154] Seine Texte zum Bergsteigen sind indessen gerade durch die Verbindung von eigener Erfahrung und leidenschaftlicher Beziehung zu den Bergen einerseits und der gebrochenen und distanzierten Darstellung andererseits ungewöhnlich; für die *Neue Zürcher Zeitung* ist er, in einer lobenden Rezension von *Ihr Berge!* von 1916, „der neue schweizerische Peter Altenberg im Hochgebirge“.[155]

Alpen en miniature: Robert Walser

Der Hintergrund dieser Einschätzung ist sicherlich die große Bedeutung, welche die Alpen für die politische Identitätsbildung der Schweiz spätestens seit der Jahrhundertwende gewonnen hatten: Sie rücken „ins Zentrum der helvetischen Integrationsideologie, die ihrerseits wieder in literarischen Bildern überhöht und gefestigt wird“[156], und Texte wie diejenigen Morgenthalers bieten eine – wenngleich prekäre – stilistische Modernisierung dieses Bilds. Mit dieser stärkeren Bedeutung wird jedoch auch eine bild- und diskurskritische literarische Tradition reaktiviert, die schon im 19. Jahrhundert, beispielsweise bei Gottfried Keller, die Realität der helvetischen Gesellschaft an dieser alpinen Überhöhung gemessen und gebrochen hatte.[157] Innerhalb dieser Traditionslinie sind Peter Utz zufolge auch die Reflexe auf den alpinen Diskurs in den Texten Robert Walsers zu sehen. Wenn es in einem der kleinen Prosastücke aus dessen *Kleinen Dichtungen* von 1914 heißt: „Wie schön, wie wohltuend ist eine

---

153 Zit. ebd. S. 87.

154 Vgl. allerdings Zopfis Hinweise auf spätere Bergtouren sowie essayistische Texte aus den 20er Jahren, ebd. S. 88f. Nachdem Tuberkulose diagnostiziert worden war, kam Morgenthaler in ein Lungensanatorium nach Arosa, wo er – natürlich von Thomas Manns *Zauberberg* beeinflußt – einen Sanatoriumsroman zu schreiben begann, der aber nie fertiggestellt wurde.

155 Zit. bei Zopfi, S. 86, der auch auf Morgenthalers große Wertschätzung für Altenberg hinweist; ob das Wortspiel (Altenberg/Morgenthaler) in der NZZ mitbedacht war, ist nicht zu entscheiden.

156 Utz, Peter: *Tanz auf den Rändern. Robert Walsers „Jetzzeitstil“*, Frankfurt a.M. 1998, S. 90f. Vgl. ferner zur neueren Forschung: Groddeck, Wolfram; Sorg, Reto; Utz, Peter; Wagner, Karl (Hg.): *Robert Walsers ‚Ferne Nähe‘. Neue Beiträge zur Forschung*, München 2007.

157 Vgl. Utz, *Tanz auf den Rändern*, S. 91f.; er nennt als Beispiel Kellers späte Novelle „Das verlorene Lachen“ von 1874, in der ein Wirtshaussaal mit einer Schweizer Landschaftstapete ausstaffiert wird, deren Berggipfel an der Decke zusammenstoßen und so den „begrenzten Horizont“ dieses Selbstbildes demonstrieren (ebd. S. 92).

Aussicht von einem hohen Berge“[158], wird darin mit dem erhebenden Ausblick vom Gipfel ein zentrales Element dieses Diskurses aufgerufen, zugleich aber durch Adjektivhäufungen, isolierte und gewissermaßen ungedeckte Emphasen sogleich zum Umkippen gebracht. Der Text fährt fort:

> Der Blick schweift in die weite, umflorte, helle Ferne und steigt nieder in die wohllüstige [sic], göttlich-schöne Tiefe. Wundersames Blau war am Himmel. Der Himmel zerfloß in süßem Blau, war ganz getränkt von Blau. Blau und grün und die goldene Sonne stimmen wunderbar zusammen, gleich einem süßen, milden, dreistimmigen, freundlichen Lied, wo jede Stimme sich um die andere schlängelt, wo jede Stimme die andere liebkost und küßt, wo alle drei seligen, glücklichen Stimmen einander umwinden und umschlingen. Ich kam nachher zu einer Bank, mitten im kühlen, grünen, hohen Tannenwald gelegen, und was sah ich darauf liegen? Einen Tannenzweig, ein Taschentüchelchen und ein Puppenkäppchen. Wie stimmte mich nun wieder dieser neue Anblick fröhlich, wo mich vorher der Anblick der Naturhöhe und -tiefe beglückt, berauscht und erheitert hatte.[159]

Die Ironie der Bezüge auf eine emphatische alpine Landschaftsästhetik ist kaum zu übersehen; zugleich gewinnen sie aber die Dynamik einer fragilen Rollenprosa, die in einer Art Übererfüllung der emphatischen Sprachgesten *vor* die von diesem Ich beschriebenen Anblicke „der Naturhöhe und –tiefe“ den Anblick des Diskurses und seiner Versatzstücke selbst stellt. Schon ein früher Text („Mein Berg“) aus *Fritz Kochers Aufsätzen* hatte dieses Prinzip etabliert, hier noch in der Maske des Schulaufsatzes[160]:

> [...] er ist der schönste Berg mit der schönsten Aussicht. Man sieht drei weiße Seen von seiner Höhe aus, viele andere Berge, Ebene nach drei Richtungen, Städte und Dörfer, Wälder, und das alles so schön in der fernen Tiefe, gleichsam eigens zum Anschauen da unten ausgebreitet. Von hier aus ist einem das Studium der Geographie und noch manches andere eine Lust.[161]

---

158 Walser, Robert: Tannenzweig, Taschentuch und Käppchen [1914], in: *Kleine Dichtungen. Sämtliche Werke Bd. IV*, hg. v. Jochen Greven, Frankfurt a.M. 1986, S. 135–36, hier S. 135.

159 Ebd. S. 135f.

160 Vgl. zum Konzept der Maske in diesem Kontext: Pornschlegel, Clemens: Der Autor und sein Double. Zur literarischen Maskerade in „Fritz Kochers Aufsätzen“ von Robert Walser, in: ders., Ethel Matala de Mazza (Hg.): *Inszenierte Welt. Theatralität als Argument literarischer Texte*, Freiburg 2003, S. 253–270.

161 Walser, Robert: Mein Berg [1902], in: *Fritz Kochers Aufsätze. Sämtliche Werke* Bd. I, hg. v. Jochen Greven, Frankfurt a.M. 1986, S. 32–34, hier S. 33. Der Schluß des Stückes lautet: „Von der Ebene drang Geklingel und Eisenbahnlärm herauf. Ich dünkte mich so fern von aller Welt. Ich betrachtete nichts, ich ließ mich so betrachten. Ein Eichhörnchen wenigstens tat es lange. [...] Oh wie ich mich gesehnt habe. Wenn ich nur noch wüßte, wonach.“ (Ebd. S. 34).

Peter Utz hat in seiner Studie über die „literarischen Erosionsformen des Alpenmassivs“ bei Walser allerdings auf den Umstand hingewiesen, dass diese Bezüge in Walsers Werk immer peripher und marginal bleiben, Berge gewissermaßen nur am Horizont aufscheinen und nie zum zentralen Thema beispielsweise der Romane Walsers werden. Sein Bild für die gleichwohl signifikante Stellung dieser Bezüge ist das „der Methode des ‚Rückwärtseinschnitts‘, in welcher der eigene Standort im Schnittpunkt der Visierlinien auf verschiedene markante Geländepunkte gesucht wird“[162]. Gerade insofern der alpine Diskurs in der politischen und kulturelle Topographie der Schweiz so zentral ist, können diese Randstellung und die ironisierende Verfremdung alpiner Topoi sowohl für die Distanz Walsers dazu als auch für die Produktivität dieser Distanz aufschlussreich sein.

Utz' Beobachtungen vor allem an Walsers Romanen lassen sich durch die Bezüge auf das Gebirge in einer ganzen Serie von kleineren Texten bestätigen;[163] allerdings findet sich in diesen auch eine spezifische Form sprachlicher ‚Theatralisierung‘ des Alpinen. Die Alpen erscheinen gelegentlich ganz explizit als Kulissen, so in der „Kleinen Wanderung“ –

> Ich lief heute durch das Gebirge. Das Wetter war naß, und die ganze Gegend war grau. [...] Die Berge waren groß, sie schienen sich zu drehen. Die ganze Gebirgswelt erschien mir wie ein gewaltiges Theater. Herrlich schmiegte sich die Straße an die Bergwände an.[164]

– aber Berge sind auch, wie in der oben zitierten Passage, immer wieder ‚Aussichtspunkte‘, die mit stereotypen Emphasen verbunden werden und nicht selbst als Versatzstücke oder „so flach wie das Papier“[165] erscheinen, auf denen sie beschrieben sind, sondern als Bühnen des Sprechens. In der Skizze „Der Berg“, ebenfalls in den *Kleinen Dichtungen*, wird dasselbe Repertoire wie oben in der Ansprache an ein „Du“ durchgespielt:

162 Utz, Tanz auf den Rändern, S. 93.

163 Utz bezieht sich, was hier nicht wiederholt werden soll, auf die *Geschwister Tanner*, den *Gehülfen* und eine Reihe kleinerer Texte u.a. aus der Berliner Zeit, den *Spaziergang* und einige der Mikrogramm-Texte; vgl. ebd. S. 103ff. Eine Sammlung teilweise anderer auf das Gebirge bezogener Texte hat Michel Jakob zweisprachig ediert: Walser, Robert: *Il mio monte. Piccolo prosa della montagna*, trad. di Mauro Formica, a cura di Michel Jakob, Verbania 2000.

164 Walser, Robert: Kleine Wanderung [1914], in: *Kleine Dichtungen. Sämtliche Werke Bd. IV*, hg. v. Jochen Greven, Frankfurt a.M. 1986, S. 141–142, hier S. 141.

165 Utz, Tanz auf den Rändern, S. 113.

> Göttlich schön mutet dich, lieber Freund, das Stehen auf der erstiegenen Höhe an, und du bildest dir ein, daß du im Genuß der süßen, hohen Bergesfreiheit ertrinken müssest. Ganz wie ertrunken im Meer der köstlichen Luft und im Meer des Bergsteigerglückes kommst du dir vor. Selig bist du, daß du hinabschauen kannst auf die Welt, die dir wie ein heiteres, reiches Gemälde zu Füßen liegt, die da unten liegt und tönt und duftet wie ein Lied, wie ein Gedicht, wie eine Illusion.[166]

Wie zuvor gehören zu der Passage, die – vorerst nur durch die Übersteigerung signalisiert – in Ironie umschlägt, die Synästhesie von Blick, Klang und Duft, der Kunst-Vergleich der Landschaft mit Gemälde und Gedicht – und schließlich die fast beiläufige Aufhebung: Die ‚Anmutung' wird zur ‚Einbildung' und schließlich zur ‚Illusion'; das „Schwelgen" („ein lustumschlungenes Gehen und Lustwandeln in Arkadien. Griechenland ist nicht edler und schöner"[167]) erweist sich als Schwelgen in Diskursversatzstücken. Auch das kleine Prosastück „Das Gebirge" folgt diesem Prinzip: Nach der akzelerierenden Häufung von Adjektiven ist auch hier das Umschwenken in einen Vergleich auffällig, vor allem aber die Zitation der bildungsbürgerlich zentralen Konzepte von ‚Schönem' und ‚Edlem', das sich doch in der Betrachtung dieser Idylle übertragen müsse:

> Ich mußte mich an die Stille erst gewöhnen, auch an die rauhe Bergluft. Alles atmete Einsamkeit und Reinheit, alles war Ruhe, Stille und Größe. [...] Die Berge wurden immer grüner und schöner, und es war süß für mich, im hellen warmen Sonnenschein über ihre weichen, milden und üppigen Weiden zu gehen, auf denen jetzt die lieben treuen Tiere friedlich und wonnig weideten. [...] Die ganze Bergnatur schien ein glückliches, liebes, fröhliches Kind zu sein, und ich ging jeden Tag, am Vor- oder am Nachmittag, zu diesem Kinde hin und schaute ihm in die glänzend-unschuldigen Augen. Mir war, als werde ich selber dadurch mit jedem Tag schöner. Muß mich nicht die Betrachtung und der sorgfältige Genuß von etwas Edlem und Schönem schön und edel machen? [...] indem ich so stand oder still davonging, war es mir, als spaziere und lustwandele ich in einem Gedicht, in einem tiefen, sonnenhellen, grünen und goldenen Traum herum, und ich war glücklich. [...] Tag und Nacht tönte es und duftete es. Ich habe einen solchen Frieden nie gesehen, und ich werde ihn nie wieder so sehen. Eines Tages reiste ich ab.[168]

166 Walser, Robert: Der Berg [1914], in: *Kleine Dichtungen. Sämtliche Werke Bd. IV* hg. v. Jochen Greven, Frankfurt a.M. 1986, S. 160–161, hier S. 160.

167 Ebd. S. 161.

168 Walser, Robert: Das Gebirge I [1914], in: *Kleine Dichtungen. Sämtliche Werke Bd. IV*, hg. v. Jochen Greven, Frankfurt a.M. 1986, S. 103–105.

Der „sorgfältige Genuß“: In einem einzigen Adjektiv läßt der Text die Emphase ironisch in sich zusammenstürzen, und der – wie oft in Walsers Prosaskizzen – aprupt abbrechende Schluß ist eine förmliche Negation des Vorherigen. „Ich habe einen solchen Frieden nie gesehen“ dementiert, wörtlich genommen, den bisherigen Text unmittelbar,[169] und die lakonische Konstatierung der Abreise läßt völlig offen, wie es sich mit dem vermeintlichen Glück im Gebirge jenseits des Textes verhalten mag.

Gleichwohl ist evident, dass diese (hier nur wenig gekürzt wiedergegebenen) Texte nicht lediglich ironische Parodien oder Brechungen des helvetischen Alpendiskurses sind, sondern zugleich spielerische Imitationen, die diesen Diskurs auch poetisch produktiv machen. Gerade die expliziten Vergleiche von Landschaft und Gedicht (oder, ebenfalls immer wiederkehrend, Traum) markieren zugleich die Artifizialität der Texte wie das Projekt einer anderen, eigenen Poetik, die aus einer spezifischen Reformulierung einer klassischen (bzw. romantischen) Sprecherposition des ‚wandernden‘, schauenden Ichs erwächst. In Texten aus den 20er Jahren fügt Walser diesen bis dahin rein die ‚schöne‘ Berglandschaft aufrufenden Kurztexten einige hinzu, die auch (zumindest indirekt) alpinistische Praktiken betreffen. In einer Passage aus *Die Rose* (1925) heißt es:

> Gestern stieg ich den Berg hinauf; der Aufstieg ging gut vonstatten, bis ich zu Glatteis kam und keinen Halt mehr fand. Nicht ein Bäumchen war da, an das ich mich hätte klammern können. Mit schöner Haltung war nichts mehr auszurichten. Da hatte ich eine übrigens ganz naheliegende Idee, ich ließ mich auf die Hände nieder, verlegte mich eine Zeitlang auf denkbar liebliches Kriechen; ich meine, man muß sich Situationen anzupassen wissen. In dem Kriechen lag Trotz, es galt ja hinaufzugelangen. Hätt’ ich mich nicht gebückt, so wär’ ich stehengeblieben. Auch Schmiegsamkeit kann Stolz enthalten. Mir lag am Wegzurücklegen; die damit verbundenen Schwierigkeiten zwangen mich zu nicht gerade schön aussehenden Verwandlungsmaßnahmen. Sah’s nicht aus, als verleugnete ich die ‚Kultur‘, wo mir’s um deren Beibehaltung zu tun war? Die Glätte des Bodens verlangte auch von mir eine Glätte, die ich meinem Charakter entnahm. Aus Stolz benahm ich mich unstolz, aus Zähigkeit weichlich. Es rief in einem fort in mir: „Hinauf!“[170]

169 Das Mittel gehört im übrigen zu den Walser ohne Zweifel bekannten abgründigen Paradoxien einiger Textschlüsse Kleists; die „Anekdote aus dem letzten preußischen Kriege“ endet z.B. mit dem Satz: „So einen Kerl, sprach der Wirt, habe ich zeit meines Lebens nicht gesehen.“ (Kleist, Heinrich von: *Sämtliche Werke und Briefe*, hg. von Helmut Sembdner, Bd. II, München 1987, S. 265.

170 Walser, Robert: *Die Rose* [1925], *Sämtliche Werke Bd. VIII*, hg. v. Jochen Greven, Frankfurt a.M. 1986, hier S. 60–61.

Gegenüber den vorherigen Beispielen scheint die Passage reflexiver, explizit (selbst-)ironisch und weniger durch ein rollenhaftes Sprecher-Ich konstituiert. Aus der Erzählung einer Bergbesteigung wird vielmehr eine ironische Parabel, ein paradoxes Denkbild: Die „Kultur" – hier: der aufrechte Gang – muss, um ihrer „Beibehaltung" – hier: des Aufstiegs – willen, verleugnet werden; heraus kommt ein „denkbar liebliches Kriechen", situationsangepaßt, das den alpinistischen Imperativ „Hinauf!" und sein Ideal von „schöner Haltung" und stolzem Schreiten einem Realitätstest unterzieht.

Ein förmlich alpinistisches Dramolett entwirft andererseits der späte Text „Der Jüngling in den Alpen" von 1929. Es spielt in einer „*Szenerie im Gebirge*"[171]:

> *Der jugendliche Bergsteiger:* Wie man sich hier oben in der gottvollen Luft stark, mutig, gesund vorkommt. Welches sichere Schreiten an Abgrunds Rand. Ringsumher stehen Gipfel zackig empor. (*Er gibt infolge seiner Begeisterung nicht acht und fällt herunter.*)[172]

Die von Omptedaschen (oder ähnlichem) Pathos geprägte Sprache („an Abgrunds Rand"!) gibt der auch in bzw. durch diese Sprache gestürzte Bergsteiger, in einer Schlucht erwachend, nicht etwa auf. Er projiziert sie vielmehr als Sprachklischee auf den Berg zurück: „Welche eindringlichmahnende Sprache die Felswände führen. Sie schauen mich wie mit vorwurfsvollem Gesicht an."[173] Ein anschließender Monolog buchstabiert die geläufigen Elemente alpiner Absturzgeschichten durch, zunächst die körperliche Selbstwahrnehmung („Am Kopf bin ich nicht verwundet, was mich vorläufig freut"[174]), die vage Frage nach Fehlern im bisherigen Leben, die Naturwahrnehmung („Die Schlucht hat übrigens etwas Tiefschönes."[175]), Erinnerungsbilder („Ich war also damals etwas wie Commis. Heute bin ich ein Verunglückter, der unerhörtes Glück hat"[176]) und Sorgen um die Sorgen der Mutter („Wie wird sie um meinetwillen die Hände ringen."[177]). Schließlich von Helfern gerettet, trifft der auf einer Bahre getragene „Jüngling" auf der Dorfstraße auf die Mutter und „*Ein*

171 Walser, Robert: Der Jüngling in den Alpen [1929], in: *Wenn Schwache sich für stark halten. Sämtliche Werke* Bd. XVII, hg. v. Jochen Greven, Frankfurt a.M. 1986, S. 427–29. [Zuerst erschienen in der *Prager Presse*, 1929]

172 Ebd. S. 427.

173 Ebd.

174 Ebd.

175 Ebd. S. 427f.

176 Ebd. S. 428.

177 Ebd.

Mädchen: Wie blaß er ist! Ich sah ihn noch nie so hübsch!"[178] Mit der Mutter gerät der abschließende Dialog indessen sofort ins Hochkulturelle:

> *Der Jüngling* (*zur Mutter*): Habe ich jetzt nicht etwas Alexander Moissihaftes an mir? Ich sah ihn einmal als Oswald in Ibsens „Gespenster".
> *Die Mutter:* Daß du mir nie wieder eine Gebirgstour machst.
> *Der Jüngling:* Es existiert ein Roman von Gontscharow, betitelt „Der Absturz".
> *Die Mutter:* Deine kontinuierlichen literarischen Notizen, dies eigensinnige Verweilen bei Bildungsangelegenheiten ist ein Beweis, daß du nicht so zärtlich zu mir bist, wie du solltest. Lies doch nicht so viel!
> *Der Jüngling:* Einmal las ich einen Gebirgsroman von Dickens, der mir überaus flott geschrieben zu sein schien.
> *Die Mutter:* Hier sind wir zu Hause.
> *Der Jüngling:* Die schöne Gefaßtheit, die Schicksalsbejahung, die ich dort in der Alleingelassenheit empfand! Beinahe sehne ich mich nach diesem kranken, seelengroßen Zustand. [...] Etwas in mir klagt um das Niewiedergefundenwerdenkönnen.
> *Die Mutter heftet besorgte, spähende, liebevolle, neidische Blicke auf ihn.*[179]

Die ins Absurde abgleitende Passage ist in jedem Wort präzise: Wenn der „Jüngling" vorher gewissermaßen alpinistische Rollenprosa gesprochen hat, sieht er sich nun in einer der Paraderollen Alexander Moissis, der seinerseits in den 10er und 20er Jahren der berühmteste Bühnen-Darsteller moderner Zerrissenheit und Morbidität war; er entpuppt sich als fanatischer Leser[180], so dass die Ermahnungen der Mutter konträre Richtungen („nie wieder eine Gebirgstour" – „Lies doch nicht so viel!") annehmen müssen; und der prekäre Zustand nach dem Sturz wird jetzt, gerettet, zu einem der ‚Schicksalsbejahung' stilisiert. Der kleine Text wird, bei aller Ironie, dadurch ein diagnostisches Spiel mit Sprachmasken, und man kann im übrigen auch davon ausgehen, dass die Konstellation ‚Bergsteigender Jüngling – bangende Mutter' 1929 selbst schon ein Reflex der Bergfilm-Inszenierungen genau dieser Konstellation ist, wie sie beispielsweise *Der Berg des Schicksals* von 1923 vorgeführt hat.[181]

Während Peter Utz an anderen Texten Walsers als poetisches Korrelat der Abbauarbeit am helvetischen Alpendiskurs eine Faszination an der ‚Horizontlinie' der Alpen – jener offenen Grenze zwischen Materiellem und

---

178 Ebd.

179 Ebd. S. 428f.

180 Iwan Gontscharovs Roman „Der Absturz" (*Obryv*, 1870) wurde übrigens 1930 bei Reclam auf deutsch verlegt.

181 Einen ähnlichen Reflex, diesmal auf ein bergsteigendes junges Paar, könnte man auch in der „Gebirgsgeschichte" sehen: Walser, Robert: Gebirgsgeschichte [1929], in: *Es war einmal. Sämtliche Werke Bd. IXX*, hg. v. Jochen Greven, Frankfurt a.M. 1986, S. 373–76; vgl. dazu Utz, *Tanz auf den Rändern*, S. 114.

Transzendenz, wie sie Georg Simmel 1911 beschrieben hatte – und den Versuch ihrer poetischen Übersetzung in eine „musikalische Horizontlinie“[182] aufzeigen konnte, tritt in diesen kleinen Texten eine weitere Variante des Poetischen daneben: Eine ‚theatralische‘ Freistellung von Elementen des Alpinen, die zwischen ironisierender Kritik helvetischer Stereotypen und der spielerischen Imitation des Diskursmaterials changiert und in programmatisch *kleinen* Texten eigene Wege auf alpine Höhen einschlägt.

Gebirgsgegenbilder (II): Ödön von Horváth

Als letztes Beispiel dieser Reihe von Reflexen des alpinen Diskurses kann man schließlich auf einige Texte Ödön von Horváths hinweisen, der wie Robert Walser zunächst vor allem kleine Formen dafür erprobte. Bei ihm stehen sie im Kontext seiner spielerisch-kritischen Auseinandersetzung mit dem Sportdiskurs der frühen Weimarer Republik; unter den „Sportmärchen“, die 1924 entstanden und teils in Zeitungen wie dem *Simplizissimus* publiziert wurden, beziehen sich einige auf das Bergsteigen und Klettern, das Horváth – seit 1918 Mitglied des Alpenvereins und ein ausgezeichneter Bergsteiger – aus eigener Praxis vertraut war.[183] Diese Texte, häufig Satiren im Märchenkostüm (etwa in der Art von Joachim Ringelnatz), gelten häufig der alpinen Ausrüstung[184], dem Skifahren oder Felsklettern[185]; ungewöhnlich ist in diesem Kontext allerdings der kurze Text „Begegnung in der Wand“.

> Als einst der geübte Bergsteiger von einer hehren Alpenzinne herabkletterte, begegnete er in der sich nach unten zu einem äußerst schwierigen Kamin verengenden plattigen Rinne dem ungeübten Bergsteiger.
>
> Der lag schon seit einigen Jahren an dieser Stelle. Kopfabwärts. Sein Rückgrat war gebrochen und lugte nun aus seiner Kehle wie eine schlechtsitzende Krawatte; dadurch hing sein Schädel hinten herunter als hätt er den Hals vergessen.[186]

Gerade die Lakonie dieser Beschreibung – dem Text liegt vermutlich ein reales Erlebnis Horváths zugrunde[187] – eröffnet den Wahrnehmungsraum einer

182 Utz, Tanz auf den Rändern, S. 121.

183 Vgl. Ott/Tworek, *SportsGeist*, S. 65–71; Bartsch, Kurt: *Ödön von Horváth*, Stuttgart 2000, S. 20–25.

184 Z.B. „Die Mauerhakenzwerge“, „Die Eispickelhexe“ oder „Die Beratung“, in: *Sportmärchen, andere Prosa und Verse. Gesammelte Werke* Bd. 11, hg. von Traugott Krischke unter Mitarbeit von Susanna Foral-Krischke, Frankfurt a.M. 1988, S.71, 72, 73f.

185 Z.B. „Der sichere Stand“, ebd. S. 49; „Der große und der kleine Berg“, ebd. S. 59f.

186 Horváth, Ödön von: Begegnung in der Wand, in: Horváth, *Sportmärchen*, S. 69f., hier S. 69.

187 Vgl. ebd. den Kommentar S. 274, der einen Jugendbekannten Horváths zitiert: „Als Alleingänger fand er einmal ein Skelett, entnahm dem halbverfaulten Rucksack und der Jacke

existentiellen Erfahrung: Die „Begegnung" konfrontiert den geübten Kletterer mit dem möglichen eigenen Schicksal; doch zugleich verunmöglicht die Situation das kulturelle Ritual, das sonst die Begegnung mit dem Tod organisiert – an eine Bergung des Toten oder eine Beerdigung ist nicht zu denken. Stattdessen beginnt im Text ‚märchenhafterweise' ein Dialog.

> Da nun der geübte Bergsteiger neben diesem Wesen an der Wand klebte, sprach er nach kurzem Gruße:
> „Wenn ein Ungeübter mit solch Schuhzeug (geschweige denn Kletterschuhe) hier herunterklettert, obendrein allein, so hab ich kein Mitleid!"
>
> „Verzeihen Sie – – – " erwiderte der ungeübte Bergsteiger „verzeihen Sie, daß als ich noch klein war über meinem Bette ein Gebirgsbild hing; denn seit jenen Jahren hört ich sie singen in mir: die Sehnsucht nach den blauen Bergen – – – ohne jemals auch nur einen Hügel erblickt zu haben. Und dies war meine erste – – – "
>
> „Man merkts", unterbrach ihn der Geübte und hielt sich die Nase zu.
>
> „Jaja!" nickte die Leiche und lächelte leise. „Sichere Kletterer behalten immer Recht: es duftet nicht nach Hyazinthen – – – jedoch ich hoffe Sie werden mir trotzdem einen Gefallen tun: wenn sie auch kein Mitleid mit mir haben. Aber ich sehe: Sie sind geübt und gelangen daher wieder heil hinab ins Tal. Und ich bitte: wären Sie nicht so liebenswürdig diese Postkarte, die ich bereits vor zwei Sommern an meine Mutter in Tilsit schrieb, mitzunehmen und in einen Briefkasten [zu] befördern?"
>
> „Warum nicht?"
> „Warum ja? – – – haben Sie Angst?"
> „Geben Sie die Karte her!!" schrie da der Sichere – – – und kaum fühlte er sie in der Hand, kletterte er fluchtartig, als drohten ihm Gewitterfinger, fort ohne Gruß von dem redseligen Leichnam.[188]

Dem Dialog ist seine imaginierbare Kehrseite, das Schweigen und die Beklemmung dieser Situation, förmlich noch abzulesen. Der „redselige Leichnam" kann dem „Geübten" anfangs noch nicht seine (Selbst-)Sicherheit nehmen; die Begegnung scheint jedoch unerträglich zu werden, wenn es um die Schrift des Toten und um das Klischee des Berg-Bildes geht – um jene Postkarte,

---

Papiere und Gegenstände um den Toten zu identifizieren, und brachte alles ins Tal auf die Polizeistation".

188 Ebd. S. 69f. Der Text endet schließlich mit einer Passage über den Toten in der Wand, der in der Nacht aus den Felsspalten eine „Führer" hervorzieht und liest, „welch Wand oder Grat seiner blauen Berge er noch nicht erklettert hat. Denn die Nächte gehören den Abgestürzten." (ebd.)

die die Wahrheit des Absturzes noch jenseits seines Todes dementiert.[189] Horváths kleiner Text läßt sich auch als Reflex auf diese Karte lesen, und ebenso als Gegen-Bild oder Unterbrechungsversuch jener Zirkulation des Imaginären, die zwischen dem Bild über dem Bett des Jungen, dem Sehnsuchtsbild in ihm und dem Postkarten-Bild seines letzten Grußes stattfand (nicht umsonst erfolgt der Abschied hier „ohne Gruß"): Der Text selbst ist die Umschrift dieses Postkartengrußes in eine märchenhafte, aber beklemmende Fiktion.

In ganz anderer Weise wird das Gebirge einige Jahre darauf Schauplatz eines weiteren Textes von Horváth: Es bildet den Schauplatz von dessen erstem Volksstück, das unter dem Titel *Revolte auf Côte 3018* 1927 in Hamburg uraufgeführt wurde; nach dem Mißerfolg dieser Premiere arbeitete Horváth es gründlich um und im Januar 1929 wurde es unter dem Titel *Die Bergbahn* an der Berliner Volksbühne erneut aufgeführt.[190] Hier jedoch ist der Kampf am Berg kein alpinistischer mehr, sondern Klassenkampf.

Den unmittelbaren Kontext des Stücks bildet die Eröffnung der Ehrwalder Zugspitzbahn im Juli 1926, der mehrere Todesfälle während des Baus vorausgegangen waren. Das Stück beginnt – in seiner veränderten Neufassung – in einer Arbeiterbaracke in großer Höhe, dem Quartier der aus acht Männern bestehenden Brigade, welche ein Kabel bis zur ‚Côte 3018' verlegen sollen, obwohl das Wetter umschlägt und Sturm droht. Ihre Gegenüber sind – in volkstheatergemäßer Typisierung – ein Ingenieur als Vertreter der technischen Intelligenz, der fanatisch von seinem Bau-Werk besessen ist, sowie der „Aufsichtsrat" der Bergbahn A.G., welche das Bergbahnprojekt vor allem als Spekulation auf maximalen Gewinn versteht. Hinzu kommen Veronika (als einzige weibliche Figur des Stücks) und ein arbeitsloser Friseur namens Schulz aus Stettin, der ausgerechnet hier nach Arbeit sucht und als Katalysatorfigur

189 In diesem Sinn ist der Text fast eine Illustration zum – einige Jahre darauf entstehenden, oben zitierten – Essay von Ernst Bloch und seinem Satz: „Auch den Jungen, welche zum ersten Mal in die Alpen reisen, sind diese allzugrün, weiß, groß schon gezeigt worden. [...]Ansichtskarten [...] decken eine Landschaft zu, indem sie unausrottbar abbilden. Es ist dieselbe Landschaft aus Wildwasser, steilen Matten, gezackten Alpen, die vor hundert Jahren noch Schrecken erregt hatte und seitdem aus den Kartengrüßen nicht herauskommt." (Bloch, Alpen ohne Photographie, S. 488)

190 Vgl. Horváth, Ödön von: Die Bergbahn. Volksstück in drei Akten, in: *Zur schönen Aussicht und andere Stücke, Gesammelte Werke*, Bd. I, hg. von Traugott Krischke unter Mitarbeit von Susanna Foral-Krischke, Frankfurt am Main 2001, S. 89–132; dort auch „Revolte auf Côte 3018", S. 45–88. Zur Aufführungs- und frühen Rezeptionsgeschichte vgl. Krischke, Traugott: *Horváth auf der Bühne. 1926–1938. Eine Dokumentation*, Wien 1991, hier S. 29–60; ferner: Hillach, Ansgar: Das Volksstück als Kosmologie der Gewalt. Psychologie und Marxismus in Ödön von Horváths „Revolte auf Côte 3018", in: *GRM* 55 (1974), S. 223–243; Hackl, *Eingeborene im Paradies*, S. 90–94.

das Stück in Gang bringt. Ist der Konflikt zuerst ein interner – Schulz macht dem kräftigsten Arbeiter namens Moser dessen Geliebte Veronika streitig und wird von ihm zusammengeschlagen –, eskaliert er nach Eintreffen des Aufsichtsrates, einer Art „Karikatur eines kapitalistischen Ausbeuters"[191], und wird zum Kampf der Arbeiter gegen ihre Degradierung zu Arbeitstieren. Das Stück verlagert sich entsprechend zuerst nach außen und dann immer weiter nach oben[192], das Wetter wird zunehmend schlechter, schließlich bricht, nachdem der unerfahrene Schulz abgestürzt ist und nach seiner mühsamen Bergung stirbt, der Ingenieur aber den Weiterbau der Bahn mit vorgehaltenem Revolver erzwingen will, eine Revolte aus, in der er wild um sich schießt und zwei Arbeiter tödlich trifft, schließlich aber selbst abstürzt.

In diesem überschaubaren dramatischen Verlauf sind neben dem Dilemma des Ingenieurs (der sich aus Ehrgeiz an das Kapital ‚verkauft', ohne selbst Kapitalist zu sein) offenkundig die Arbeiter – unter denen sich Kommunisten ebenso wie ‚unpolitische' Figuren und der pazifistische Kriegsheimkehrer Oberle befinden, den der Ingenieur als ersten erschießt – und ihre politischen Diskurse zentral; dabei gibt Horváth dem Ganzen – zum Mißfallen linker Kritiker – keine ‚kommunistische Tendenz' in dem Sinn, dass die spontane Revolte verurteilt würde.[193] Ebenso wenig wird der aufziehende Sturm – es gibt detaillierte Regieanweisungen, die Gewitter, Donner, Schnee und Wind als Steigerungselemente in Szene setzen – als politische Metapher genutzt; stattdessen läßt sich eine religiöse Referenzebene im Stück konstatieren, in die diese Elementargewalt integriert ist.[194] Die technische Bemächtigung des Gebirges durch den Bergbahnbau und die soziale Situation dieses Baus erscheinen so nicht nur als zugespitztes Sinnbild der Klassengesellschaft („Aufn Gipfel kimmt no a Hotel mit Bad und Billard", konstatiert der Kommunist Simon[195]), in der die einen rücksichtslos ausgebeutet werden und die anderen die ‚Bergnatur' genießen; sie erhält eine metaphysische Dimension und wird ohne politische Leitdoktrin buchstäblich zum elementaren Kampf

191 Bartsch, *Ödön von Horváth*, S. 49.

192 Der zweite Akt spielt auf einem „Breite[n] Gratrücken" (Horváth, Bergbahn, S. 107), wechselt dann auf einen „Steile[n] Grat" (ebd. S. 111), kommt nach einem Zwischenspiel vor der Arbeiterbaracke zur „Gratscharte" (im dritten Akt, S. 120), wo die „Revolte" stattfindet, und kehrt schließlich über eine Zwischenstation (Tod Mosers) vor die Arbeiterbaracke zurück.

193 Vgl. Krischke, *Horváth auf der Bühne*, sowie dessen eigene Einschätzung der Reaktion von Brecht und anderen: Ebd. S. 289.

194 Vgl. dazu Hackl, Eingeborene im Paradies, 94.

195 Horváth, Bergbahn, S. 113.

erhöht. Und dieser Kampf setzt – zumindest in der Figurenrede – auch die Kriegserfahrung fort:

> Maurer [...] Es is scho a wahre Sünd, was mit die Menschn gtriebn wird. Da turnst herum, wie kaum a gewiegter Turist, rackerst di ab mit Lawinen, Steinschlag, Wetter – und was erreichst? Grad daß die Essen hast und a Lager, wie an Unterstand, als hätt der Krieg kan End! Abgschnittn von der Welt.[196]

Horváth entwirft auch mit diesem Text also ein ‚Gegenbild': Dem Gebirge wird in der Erinnerung an den Krieg jede apolitische Idylle ausgetrieben; vielmehr ist seine tourismusindustrielle Eroberung ein Sinnbild kapitalistischer Ausbeutung. Zum Ausdruck kommt dieser Konflikt bezeichnender Weise nicht im ‚Dorf' als gattungstypischem Handlungsort dialektaler Volksstücke, sondern auf zunehmend ausgesetzten Graten der hochalpinen Zone. Es wird damit ein Muster kritischer Volksstücke, die – von Fleißer bis Sperr und Kroetz – gerade Orte vermeintlicher Idylle politisch recodieren; und nicht in der Form, aber in dieser Brechung eines primär ästhetischen Blicks auf das Gebirge werden auch spätere Texte wie Jelineks Theaterstück über Kaprun – *Das Werk* – an Horváth anschließen.[197]

3.4. Schwere Felsfahrt. Der Fall Leo Maduschka

„Junger Mensch im Gebirg"

In einem weiteren, unten ausführlich analysierten Stück Jelineks, *In den Alpen*, werden jedoch auch Texte aus den 20er Jahren unmittelbar integriert. Eine besondere Rolle spielt dabei ein Autor, dessen Texte für die Weiterentwicklung des alpinen Diskurses in den späten 20er und den 30er Jahren und ihre Reflexe der sozialen und intellektuellen Entwicklung höchst aufschlussreich sind und daher im folgenden exemplarisch untersucht werden sollen.[198]

Leo Maduschka war einer der besten Felskletterer der Zeit um 1930. 1908 geboren, hatte er mit vierundzwanzig Jahren gerade in München seine germanistische Dissertation über *Das Problem der Einsamkeit im 18. Jahrhundert*[199]

---

196 Ebd. S. 102.

197 Vgl. Jelinek, Elfriede: Das Werk, in: *In den Alpen. Drei Dramen*, Berlin 2002, S. 89–251.

198 Der folgende Abschnitt übernimmt einige Passagen meiner ausführlicheren Darstellung: Verf.: Schwere Felsfahrt. Leo Maduschka und der alpinistische Diskurs um 1930, in: Gugutzer, Robert (Hg.): *body turn. Perspektiven der Soziologie des Körpers und des Sports*, Bielefeld 2006, S. 249–262.

199 Maduschka, Leo: *Das Problem der Einsamkeit im 18. Jahrhundert im besonderen bei J.G. Zimmermann*, Weimar 1933.

abgeschlossen, als er im September 1932 bei einem Durchsteigungsversuch der berüchtigten Civetta-Nordwestwand während eines Wettersturzes erfror. Schon kurze Zeit später erschien unter dem Titel *Junger Mensch im Gebirg* eine vom erwähnten Walter Schmidkunz redigierte Sammlung von Erinnerungen, Tourenberichten, programmatischen Aufsätzen und Gedichten Maduschkas, die den Verfasser bald berühmt machte:[200] Seine Texte und sein früher Tod ließen ihn für eine ganze Generation junger Bergsteiger zu einer Art Ikone werden, vergleichbar vielleicht dem 1917 gefallenen Dichter Walter Flex für die Weltkriegsveteranen ein gutes Jahrzehnt zuvor.

Diese nahezu mythische Verehrung ist allerdings insofern erklärungsbedürftig, als Maduschkas Texte bei aller sprachlichen Gewandtheit häufig pathetisch, in den Naturbeschreibungen klischeehaft und in ihrer Bildlichkeit epigonal wirken.[201] Diese Befremdlichkeit aus heutiger Sicht darf jedoch nicht darüber hinweg täuschen, dass Maduschkas Texte von seinen Zeitgenossen gerade als Ausdruck eines „modernen" alpinistischen Selbstverständnisses und insofern im Gegensatz zu traditionellen Selbstbildern verstanden wurden. Seinen Status als „Kultbuch" verdankte *Junger Mensch im Gebirg* offenbar nicht zuletzt dem Umstand, dass es in diesem Sinn als zeitgemäßer Generationsausdruck gelesen wurde, und vor allem gab der frühe Tod Maduschkas dem Buch die Weihe eines Vermächtnisses – eines durch diesen Tod beglaubigten authentischen Sprechens vom Erlebnis des Gebirges.

Unabhängig von dieser, vor allem im Vorwort und den Grußworten von Freunden zum Ausdruck kommenden Eigentümlichkeit des Buchs bleiben Maduschkas Texte allerdings insofern exemplarisch für den alpinistischen Diskurs, als dieser sich vorwiegend an alpinistisch Aktive adressiert und zunächst als Selbstverständigungsdiskurs fungiert, in dem extremer körperlicher

200 Die Erstausgabe des Erinnerungsbuchs erschien 1932, das (undatierte) vorliegende Exemplar jedoch frühestens im Sommer 1937, da darin (S. XXXIV) vom Tod Martin Pfeffers berichtet wird, der 1937 am Nanga Parbat von einer Lawine verschüttet wurde. Nach dieser Ausgabe wird im Folgenden mit der Sigle JM mit Seitenzahlen im Text zitiert. Im Geleitwort zu einer Neuausgabe von Maduschkas Schriften schrieb Helmuth Zebhauser 1992: „‚Leo Maduschka – Junger Mensch im Gebirg' war in den dreißiger Jahren und bis etwa 1950 eines der Kultbücher junger, kritischer Bergsteiger" (Zebhauser, Helmut (Hg.): *Leo Maduschka. Bergsteiger, Schriftsteller, Wissenschaftler*, München 1992, S. 335).

201 Nur wenige Beispiele: „In wenigen Wänden noch hat die letzte Felseinsamkeit meine Seele tiefer ergriffen, haben die leisen Schauer der Verlassenheit mich eindringlicher überkommen als in dieser Mauer"; „Der Aufstieg: weiße Mondwiesen, vorbei an den schlafenden Höfen der Leutasch mit den singenden Brunnen, oben die bleichen Wände und darüber gebreitet die funkelnden Silberfluren des Herbsthimmels; Rauschen des Wassers ..." (JM S. 82, 95). – Zebhauser nennt als vergleichbare Texte Meyers „Tat und Traum", „Der denkende Wanderer" von Henry Hoek und als Gegensatz die „alpine[] Trivialliteratur des Luis Trenker" (Zebhauser (Hg.): *Leo Maduschka*, S. 302).

Erfahrung Ausdruck verliehen, zugleich aber symbolisches Kapital erworben wird. Kultursoziologisch betrachtet, finden sich in Maduschkas Texten daher zunächst Reflexe auf die (oben beschriebenen) zentralen Themen der alpinistischen Selbstverständigung, zugleich aber Markierungen ‚feiner Unterschiede' als Begründung eigener Positionen in diesem diskursiven Feld. Gleichzeitig werden aber dessen konstitutive Grenzziehungen nach außen anerkannt: Wenn Bergsteigen mit Präferenzen der Natur- und Landschaftsästhetik verbunden ist, ein eigenes Ethos von Kameradschaft und Treue entwickelt und im Extremfall von der Berufswahl bis zur Kleidung und vom sozialen Umfeld bis zur Sprache den Lebensstil und das Selbstverständnis seiner Anhänger vollständig bestimmt, formiert sich darin zwischen diskursiven und nichtdiskursiven Praktiken eine (mit Bourdieu) als *Habitus* zu beschreibende Lebens- und Wahrnehmungsform.[202] Schon um die Jahrhundertwende ist für den alpinistischen Habitus aber gerade die Grenzziehung zum nur als Ausgleich und Freizeitvergnügen verstandenen „Sport" konstitutiv; auch Maduschka schreibt in diesem Sinn:

> Gewiß, unser Tun, von äußerlich technischer Seite betrachtet, ist Sport. [...] Allein das Wort besagt hier gar nichts: Denen von uns, die es ehrlich mit ihrer Liebe zu den Bergen meinen, ist ihr Tun, an das sie viel von der schönsten Zeit ihres Lebens vergeben, jedenfalls mehr als das, was man so gemeinhin unter Sport versteht. (JM 149)

In den Formulierungen dieses ‚mehr als' wird die alpinistische Selbstverständigung aber dadurch geradezu ein Kreuzungspunkt der Kraft- und Konfliktlinien ihres Entstehungsfeldes, und in diesem Sinn sind die Texte Leo Maduschkas Echoräume heterogener zeitgenössischer Diskurse. Bezogen bleiben sie freilich (fast) alle auf das Bergsteigen als körperliche Praxis und vor allem als Praxis körperlichen Risikos; und Maduschka konnte, insofern er ein zugleich bergsteigender und schreibender Student und in gewisser Weise nichts anderes war, in den Augen seiner Um- und Nachwelt zur Inkarnation eines bestimmten Alpinistentypus, eben zu *dem* ‚jungen Menschen im Gebirg' werden.[203]

---

202 Vgl. Bourdieu, Pierre: *Sozialer Sinn. Kritik der theoretischen Vernunft*, Frankfurt a.M. 1993; ders.: *Entwurf einer Theorie der Praxis auf der ethnologischen Grundlage der kabylischen Gesellschaft*, Frankfurt a.M. 1976; ders.: *Soziologische Fragen*, Frankfurt a.M. 1993. Vgl. zur entsprechenden kultursoziologischen Theorie künstlerischer Felder: ders.: *Die Regeln der Kunst. Genese und Struktur des literarischen Feldes*, Frankfurt a.M. 1999.

203 Nicht berücksichtigt wird Maduschkas von Walter Brecht betreute Dissertation (vgl. aber: Zebhauser (Hg.): *Maduschka*, S. 273ff.), da sie eher wissenschaftsgeschichtlich von Interesse ist.

Lehrschriften und Felsfahrten

Seine bergsteigerische Laufbahn begann Maduschka Mitte der Zwanziger Jahre, als der Nachkriegs-Alpinismus wieder weitgehend etabliert war. Die alpinistischen Techniken des Fels- und Eiskletterns, der Sicherung mit Seil und Haken und des Verhaltens bei verschiedener Witterung waren in Fachliteratur und Lehrschriften beschrieben. Sie waren freilich auch mentale Lehrschriften:

> Als ich nach (...) Sommern voll von Bergschönheit und Einsamkeit, von Wandern und Erinnern wieder in die große Stadt kam, vermeinte ich, der nüchtern-graue Alltag müßte mich erdrücken. Und da die Berge in dieser Zeit gleichsam nur ein fernes Traumbild am Horizont meiner Wünsche waren, so trieb ich Bergsteigen eben in der Theorie: Franz Nieberls „Felsklettern" war das erste alpine Buch, das ich las – nein förmlich verschlang, während mir dabei schon die leuchtendsten Phantasiebilder von zukünftigen eigenen Klettertaten vor Augen schwebten. (JM 4)

Einige Jahre später sollte Maduschka selbst zwei Lehrschriften verfassen – *Neuzeitliche Felstechnik*[204] [sic!] und *Die Technik schwerster Eisfahrten*[205]. Zwischen der ersten Lektüre und der alpinen Schriftstellerei vollzog sich bei ihm die klassische bergsteigerische Sozialisation: Nachdem er in den Ferien im Allgäu die Berge für sich „entdeckt" und in den folgenden Sommern und Wintern Klettern und Skifahren gelernt hatte, wurde Maduschka mit Studienbeginn 1928 vom „Akademischen Alpenverein München" aufgenommen.

Diese exklusive Vereinigung, 1892 gegründet, verstand sich ähnlich dem Zürcher „Akademischen Alpenclub", in den Hans Morgenthaler aufgenommen wurde, als elitärer, akademischer Gegenpol der großen Alpenvereine, vor allem der riesigen Sektionen des Deutschen und Österreichischen Alpenvereins. Formal wie eine studentische Verbindung aufgebaut, entwickelte sich der ‚AAVM' vor allem in den Jahren nach dem Ersten Weltkrieg zu einem Zirkel herausragender Fels- und Eiskletterer: Zu den Vorgängern Maduschkas als Vorstand zählten unter anderem Wilhelm („Willo") Welzenbach, späterer Münchner Stadtbaurat, dessen Tourenbuch zwischen 1920 und 1933 „über 50 spektakuläre Erstbegehungen und 940 Gipfelbesteigungen"[206] verzeichnete, bevor er 1934 am Nanga Parbat erfror, und Karl („Carlo") Wien, der als Expeditionsleiter der nachfolgenden Nanga-Parbat-Expedition 1937 mit sechs weiteren

---

204 Maduschka, Leo: *Neuzeitliche Felstechnik*, München s.a. [ca. 1934]; erneut 1937, 1950, 1955, 1963, 1967; 1936 erschien sogar eine französische Ausgabe: *La technique moderne du roque*, Paris 1936. Auszüge enthält Zebhauser (Hg.): *Maduschka*, S. 223ff.

205 Maduschka, Leo: *Die Technik schwerster Eisfahrten*, München s.a. [ca. 1932].

206 Märtin, *Nanga Parbat*, S. 72.

europäischen Bergsteigern und neun Sherpa von einer riesigen Eislawine erschlagen wurde.[207]

In diesem Kreis war Bergsteigen „der härteren Gangart" das Ziel, und entsprechend wurden neue Mitglieder nur nach Probetouren aufgenommen und mußten jährlich Tourenberichte abgeben. Zum gemeinsamen Klettern kam ein geselliges Programm von Vereinsabenden, traditionellen Treffen und großen Tourenfahrten, von denen im Erinnerungsbuch häufig berichtet wird (JM 102ff., 135ff.); dadurch wurde die Mitgliedschaft im AAVM tatsächlich zu einer Art organisierter Lebensform mit deutlich männerbündlerischen Zügen. Es ist unschwer erkennbar, dass die Diskurse in diesem elitären Milieu sich auch in Maduschkas programmatischen Texten wiederfinden; doch erscheinen sie durch seine literarischen und geistesgeschichtlichen Interessen auch in charakteristischen Brechungen.

Der erste Gegensatz, in dem sich die akademischen Elite-Alpinisten selbst verstanden, war natürlich erneut derjenige zum „Sonntagsalpinismus", der auf befestigten Wegen immer mehr Touristen auf die inzwischen über 500 Schutzhütten in die Alpen brachte. Aus der Sicht der radikaleren Alpinisten und im Gefolge ihrer Vordenker wie Lammer wurde mit der Anlage gesicherter Wege und Steiganlagen, komfortabler Hütten und schließlich vor allem von Bergbahnen wie der Zugspitzbahn, die praktisch bis zu den Gipfeln führten, eben jene Ursprünglichkeit der alpinen Natur zerstört, deretwegen die Alpen für sie überhaupt faszinierend waren. Entsprechend war das Ziel der akademischen Vereinigung die Förderung des extremen Bergsteigens, möglichst ohne Hüttenbenutzung, und die entsprechende Einflußnahme in den alpinen Vereinen. Daher wird auch für sie die „Ödlandfrage" relevant. 1924 schrieb Welzenbach:

> Die vornehmste Aufgabe einer alpine Interessen vertretenden Vereinigung wäre es, ihr Arbeitsgebiet systematisch verkommen zu lassen, Weganlagen zu vernachlässigen, gekünstelte Steiganlagen zu entfernen. Unseren Alpen würde dadurch ihre Ursprünglichkeit wiedergegeben[208].

In Maduschkas Aufsatz „Der junge Bergsteiger von heute" liest sich dieses Programm einer systematischen „Verödung" (also Ent-Zivilisierung) dann so:

> Daß eine entscheidende Durchsetzung der Ödlandforderung eine unbedingte Notwendigkeit [ist], darüber sind wir jungen Bergsteiger uns alle einig. Wir wissen zwar, daß die einstige Einsamkeit der Berge unwiederbringlich ist, wir wissen auch, daß wir die Entwicklung nie werden zurückschrauben können – aber wir wissen auch, daß wir es als geschlossene Einheitsfront unternehmen

207 Ebd. S. 181.

208 Zit. n. Märtin, *Nanga Parbat* S. 69.

> können, den Kampf gegen das Kapital aufzunehmen, das heute bereits am Werk ist, die Ursprünglichkeit der Berge zu untergraben. [...] Bergbahnen im eigentlichen Hochgebirge lehnen wir ab; nicht weil wir Feinde der Technik sind, aber weil wir der Ansicht sind, daß es bereits genug gibt und einmal ein Ende sein muß. (JM 151f.)

Es ist evident, dass mit der Erwähnung von „Einheitsfront" und dem nötigen „Kampf gegen das Kapital" hier Elemente der politischen Rhetorik der späten Weimarer Republik ins Spiel gebracht werden; dabei ist allerdings der Antikapitalismus zeitgenössisch keineswegs eine exklusiv linke Position, und die „Einheitsfront" könnte auch als ironisches Zitat verstanden werden. Wichtig bleibt für Maduschka (in dessen Schriften ansonsten politische Anspielungen weitgehend fehlen) aber jedenfalls das Ziel, in den Bergen weiter einer Ursprünglichkeit begegnen zu können, die von der Anstrengungs- und Risiko-Minimierung der technisch-kapitalistischen Zivilisation bedroht ist: Gerade weil dieser Raum unzivilisiert und in diesem Sinn „öde" ist, gelte es ihn als Fluchtraum aus der Zivilisation zu retten. Jedoch ist, wie der Schluß des Zitats andeutet, seine Ablehnung des Technischen keineswegs absolut.

Denn natürlich sind auch die Münchner Elitekletterer mit der oben erwähnten sogenannten „Mauerhakenfrage" – also die Frage technischer Hilfsmittel beim Klettern selbst – intensiv befasst; in Ermangelung noch erstzubesteigender Gipfel begann man, den Schwierigkeits-Alpinismus immer weiter zu verschärfen, und nach den noch verhältnismäßig sicheren Grataufstiegen nun durch Wände, vor allem Nordwände und Eisflanken zu steigen. Bei den Extremkletterern der Münchner Akademiker stieß eine völlige Tabuisierung technischer Hilfsmittel, wie sie Paul Preuß gefordert hatte, aber auf Widerstand. Welzenbach hatte als erster Haken zur Sicherung bei schweren Eistouren verwendet, und im erwähnten Aufsatz schreibt Maduschka zur „Frage künstlicher Hilfsmittel":

> Jedermann weiß, daß Haken bei den meisten modernen Fahrten im Fels (und auch bereits bei vielen im Eis) heute eben unumgänglich notwendig sind. Und über Notwendigkeiten debattiert man nicht. Wir jungen Bergsteiger wollen nun einmal das Letzterreichbare in Fels und Eis leisten, und dazu haben wir – neben manchem anderen – eben auch die technischen Hilfen von Haken, Karabinern und Seilzug nötig. Und wir haben, wenn eine solche Fahrt hinter uns liegt, gar nicht das Gefühl einer bösen Tat oder einer ‚Entweihung', sondern im Gegenteil ein Hochgefühl der Befriedigung, das sicher ebenso stark und ebenso ehrlich ist wie das der Pfadfinder vor 50 Jahren nach ihren Siegen ohne Haken und Seilquergang. (JM 153)

Entscheidend ist hier, dass Maduschka den Gebrauch von Haken und Karabinern nicht etwa zur Risiko-Minimierung legitimiert, sondern gerade zur

„Durchführung schwerer und schwerster Fahrten“ (ebd. 154), ja des „Letzterreichbare[n] in Fels und Eis“.[209] Ebenso wendet er sich gegen die implizite Sakralisierung des Gebirges und die Vorstellung, dass dessen „Felskathedralen“ durch technisches Klettern profaniert würden. Es wird also ein durchaus positives Verhältnis zur Technik sichtbar; und dieses drückt sich ebenso in Maduschkas Faszination an Autos und Motorrädern aus, die seit Ende der 20er Jahre von den AAVM-Mitgliedern auch häufig verwendet werden:

> Alles Technische aus den Bergen zu entfernen, ist keineswegs unser Wille; wir grämen uns weder über elektrisches Licht, noch über ein kleines Grammophon auf der Hütte und benützen Motorrad und Auto, um unsere Turen [sic] immer weiter auszudehnen und immer unabhängiger gestalten zu können. Wir tun das, weil wir zu sachlich sind, um Maschinenfeinde zu sein. (JM 152)[210]

Das Stichwort hier ist offenbar „sachlich“: Für den mit den zeitgenössischen intellektuellen Debatten vertrauten Maduschka konzentriert sich darin Modernität und sein eigenes Generationengefühl.

> Heute bereits zum Schlagwort geworden, ist *Sachlichkeit* trotzdem das hervorstechendste Kennzeichen junger Menschen von heute. Sachlichkeit in allem. Sachlichkeit, die äußerlich bis zur Kälte und Nüchternheit geht. Sachlichkeit auf allen Gebieten, zu denen der junge Mensch irgendeine Beziehung hat: angefangen von seinem privatesten Leben bis in die großen Bezirke von Beruf, Sport, Staat, Wissenschaft, Kunst, Welt. [...] Sachlichkeit ist uns die wundervoll kühle Hülle, mit der wir unser Inneres gegen die Treibhausluft eines falschen Seelenkultes, gegen Gefühlschaustellung und alle verstiegene Verlogenheit und jegliche Prüderie, kurzum: gegen all dies und vieles andere uns Fremde einer früheren, anderen Zeit abgrenzen und schützen. (JM 147f.)

In seiner Studie „Verhaltenslehren der Kälte“ hat Helmut Lethen dargestellt, wie Habitus und Verhaltenslehren der Neusachlichkeit in der Weimarer Zeit die soziale Desintegration und den Zerfall von Tradition und traditioneller Moral auszutarieren versuchen.[211] Auch bei Maduschka wird das Stichwort der Sachlichkeit ein Abgrenzungs- und Kampfbegriff, den er dem „falschen Pathos“ (JM 152) nicht zuletzt der alpinistischen Literatur entgegensetzt. Indem er Sachlichkeit als Kennzeichen seiner Generation charakterisiert, wird eine

209 Es ist freilich erwähnenswert, dass er sich ebenso wie Welzenbach explizit gegen einen übermäßigen Gebrauch, das „Vernageln“ von Routen mit „Hakenleitern“ ausspricht; vgl. JM 153; Märtin, *Nanga Parbat*, S. 67f.

210 Auch ein begeisterter Bericht über ein Flugerlebnis spricht für Maduschkas Technik-Faszination: „Kleiner Rundflug über München“ (JM 194f.).

211 Lethen, Helmut: *Verhaltenslehren der Kälte. Lebensversuche zwischen den Kriegen*, Frankfurt a.M. 1994.

implizite Grenzziehung vor allem zu jenen Bergsteigern erkennbar, die, noch aus der „Frontkämpfer"-Generation des ersten Weltkriegs stammend, nun das Bergsteigen auch als ideellen Ersatz-„Kampf", als Restitution einer verlorenen Integrität ansahen und entsprechend ideologisch aufluden. Paul Bauer beispielsweise, ebenfalls AAVM-Mitglied und nach 1936 linientreuer „Führer des deutschen Bergsteigerverbandes", schrieb über seine Motivationen nach der deutschen Niederlage im Weltkrieg:

> Als wir das Gewehr aus der Hand geben mußten, tastete die verwaiste Hand nach dem Pickel. Der letzten Grundlage des Lebens scheinbar für immer beraubt, trieb es uns suchend nach neuem Boden hinaus in die Natur, dorthin, wo sie einsam, wild und unberührt ist. Dort hat uns der Kampf mit den Bergen das stolze Bewußtsein der Ehre und Wehrhaftigkeit wiedergegeben.[212]

Von der „Freude am scharfen Kampf mit dem Berg" (JM 148) ist auch bei Maduschka die Rede, doch ohne nationalen Implikationen; stattdessen wird das reine „Erlebnis des Kampfes" (JM 149) hervorgehoben. Zugleich verteidigt er aber die Sprödigkeit des Sprechens darüber, die „sachlich-kühle, gefühlskarge und strenge Haltung" und die „Zurückdrängung aller großen Worte" (JM 150). Die militaristische Rhetorik, welche die zeitgenössischen Berichte vor allem von vielen Himalaya-Expeditionen kennzeichnet, sucht man bei Maduschka vergebens.[213]

Die große Fahrt

Dagegen aktiviert sein Betonen der „Jugend" und der Begriffe von „junger Generation" und „Bergjugend" erneut das semantische Potential des Diskurses der Jugendbewegung seit der Jahrhundertwende, die einen förmlichen Kult der Jugend eingeleitet hatte und in den 20er Jahren zum Movens eines neuen Generationsgegensatzes wird.[214] Der in gewissem Sinn mythische Jugendbegriff ist insofern signifikant für die politischen und kulturellen Diskurse des frühen 20. Jahrhunderts, als sich darin eine vitalistische Aufbruchs-Geste

212 Zit. bei Märtin, *Nanga Parbat*, S. 104.

213 Vgl. zu diesen das folgende Kapitel 4.3.

214 Vgl. Koebner, Janz, Trommler, *Mit uns zieht ...*, passim; ferner: Aufmuth, Ulrich: *Die deutsche Wandervogelbewegung unter soziologischem Aspekt*, Göttingen 1979; Dahlke, Birgit: *Jünglinge der Moderne. Jugendkult und Männlichkeit in der Literatur um 1900*, Köln, Weimar, Wien 2006; Wedemeyer, Bernd: „Zum Licht". Die Freikörperkultur in der wilhelminischen Ära und der Weimarer Republik zwischen Völkischer Bewegung, Okkultismus und Neuheidentum, in: *Archiv für Kulturgeschichte* 81 (1999) H. 1, S. 173–198.

konzentrierte, die aber – als „Mission ohne Ziel"[215] – letztlich immer wieder ins Leere lief: „Aus grauer Städte Mauern" brachen die Wandervögel und später die „bündischen" Jugendgruppen zwar in die Natur, aber vor allem auch in unklare politisch-soziale Zielsetzungen auf; und spätestens mit dem Erreichen eines gewissen Alters wich die Sinnstiftung durch „Jugend" regelmäßig umso größerer Desorientierung.

Die neuromantischen – und insofern der neusachlichen Pathosvermeidung gerade entgegengesetzten – Züge dieses Diskurses, seine anti-zivilisatorische Naturverklärung und Betonung scheinbar überzeitlicher Erlebniskonstanten (wie Wandern, Kameradschaft, emphatisches Landschaftserleben), findet man nun in Texten Maduschkas häufig. Im Aufsatz „Bergsteigen als romantische Lebensform" (JM 155–171) versucht er den „romantischen" Aspekten und Motivationsgründen des Alpinismus zwar anfangs eine neu-sachliche Faszination gegenüberzustellen: Er beginnt mit einer parallelen Impression von rasenden Rennwagen, glitzernden Schienensträngen, Stromleitungen und Flugzeugen einerseits und einer nächtlichen Gebirgswanderung andererseits. Von der sich anschließenden Sammlung an Bestimmungen „des Romantischen" allerdings, die zwischen Ideen- und Literaturgeschichte und zeitgenössischer alpiner Literatur alles Erdenkliche zitiert, Ferne-Sehnsucht, Abenteuerlichkeit, Wanderlust und Tragik beschwört und reichlich unausgegorene Lesefrüchte wiedergibt („Und über allem Gestaltwandel der Geschichte und des Menschen hinweg lebt diese Mitgift germanischen, faustischen Geistes noch in den spätesten und jüngsten Enkeln: uns selbst im Blut" (JM 159)), ist schwerlich zu sagen, ob sie seinem eigenen Anspruch an sachliche Kühle und Pathosfreiheit standgehalten hätte.[216]

Sachlich-nüchtern freilich sind auf den ersten Blick umgekehrt jene Texte Maduschkas, die sich mit Kletter-Stil und Kletter-Technik beschäftigen. „Vom Stil des Felsgehers" erörtert in der Manier stilkundlicher Klassifizierung aus der Kunst- und Literaturgeschichte die „Bewegungsmethode" (JM 99) und die Grundkategorien („Ruhe und Bewegtheit, Technik und Kraft", ebd.) des

215 Ich übernehme den treffenden Ausdruck von Trommler, Frank: Mission ohne Ziel. Über den Kult der Jugend im modernen Deutschland, in: Koebner, Janz, Trommler, *Mit uns zieht …*, S. 14–49.

216 Die Berufung des „Germanischen" an dieser Stelle stellt, so weit zu sehen ist, eine Ausnahme in Maduschkas Texten dar; allenfalls einige Landschaftsbeschreibungen lassen noch einen „nationalen", aber sicher nicht nationalistischen Subtext erkennen (vgl. JM 196ff.). Vollständig fehlt im übrigen die zeitgenössisch in Kreisen des Alpenvereins und des AAVM weitverbreitete antisemitische Dimension; dabei ist allerdings wiederum nicht zu entscheiden, ob eine solche Gesinnung nicht ohnehin zu den unausgesprochenen Selbstverständlichkeiten im AAVM gehörte.

Felskletterns; mit der aus der Stilgeschichte erwartbaren, aber pragmatisch nicht unbedingt hilfreichen Pointe, dass daraus jeweils individuelle Kletterstile entstünden, deren Eigenart sich freilich erst mit zunehmender Schwere der zu kletternden Stelle deutlicher offenbare. So trocken der klassifikatorische Gestus dieser Texte erscheint, so deutlich sind allerdings im Vokabular – schon im Begriff des „Felsgehers", deutlicher noch in denen von „Felsfahrt" und „Eisfahrt" – Spuren des neuromantischen Diskurses präsent: Die „große Fahrt" – „Wir wollen zu Land ausfahren, über die Berge weit" – ist Inbegriff des Sehnsuchtsprojekts schon der Wandervögel.

Gänzlich pragmatisch, darum aber nicht weniger aufschlußreich sind andererseits die allgemeinen Anweisungen zum „Gehen im schweren Fels" aus der „Neuzeitlichen Felstechnik": „Mit den Augen klettern!" wird da empfohlen[217], „Kraft sparen!" oder „Mehr mit den Füßen als mit den Armen klettern!"[218], begleitet von kurzen Erläuterungen der Gründe, die dann in Kürzeln wie „Taylorisierung des Gehens"[219] nochmals zusammengefaßt werden.[220] Wichtig sind dabei vor allem die Forderung der Anpassung an die Felsformen und Gegebenheiten einer Stelle – also einer Art Flexibilisierung des „Stils"; sowie gegen Ende ein „psychotechnischer Ratschlag":

> Mach dich frei von allen Hemmungsvorstellungen, wie sie durch Ausgesetztheit und Luftigkeit hervorgerufen werden können, aber auch solche, die durch Urteile anderer entstehen" (E. Gretschmann). Dazu kommt noch etwas: sich durch keinen Zufall oder Unfall aus dem inneren Gleichgewicht werfen lassen, immer auf alles gefaßt sein und in kritischen Lagen eiserne Ruhe und Entschlossenheit bewahren. Es ist die einzige Möglichkeit, aus mancher Situation noch mit heiler Haut herauszukommen.[221]

Man muß nur die „Ausgesetztheit" und „Luftigkeit" in metaphorischem Sinne lesen, um auch diese Schulung alpinistischer Bewegungstechnik als neusachliche „Verhaltenslehre der Kälte" – oder eben der Höhe – zu entziffern: Das Bewußtsein der kritischen „Lage" – ein Zentralbegriff politisch-kultureller

---

217 Zebhauser (Hg.), *Leo Maduschka*, S. 223.

218 Ebd. 223f.

219 Ebd. S. 224.

220 Maduschka übernimmt die aus der Arbeitsökonomie übertragene Formel der „Taylorisierung" (will sagen: der Zerlegung und rationalen Optimierung von Abläufen) übrigens von Lammer. Vollkommen pragmatisch sind die Texte in Maduschkas anderer Lehrschrift, der „Technik schwerster Eisfahrten" (3.A. München 1934).

221 Zebhauser (Hg.), *Leo Maduschka*, S. 225.

Zeitdiagnose – hat Autonomie des Urteils, inneres Gleichgewicht und Kühle der Dezision eher zu forcieren als zu hemmen.

In seltsamen Kontrast dazu stehen freilich wieder die Fahrtenberichte Maduschkas, insbesondere die schwelgerischen Landschaftsbilder nach der Bewältigung kritischer „Lagen":

> In einem sonnbeglühten Graswinkel der Mittagsflanke lagerten wir uns, leicht müde wie immer nach schwerer Fahrt, ganz uns entspannend vom eingeprägten Erlebnis des Vormittags. Nichts ist schöner, als nach geendigter Tat so ruhend die Glieder zu lockern und sich selbst entäußernd ganz in die Landschaft hineinzuleben. Ein herrliches Motiv faßte wieder und wieder unsere Blicklinien wie in einem Brennpunkt zusammen: wie drüben im Osten aus der abgrundtiefen seespiegelnden Furche der Gosau der Dachstein aufragt. Firne hügeln sich schwellend zu seiner Gipfelkrone aus braunschwarzem Gefels auf; als rechte Bildkante aber zeichnet sich die Walhallburg des Torsteins gegen den Himmel ab, ungeheuer in ihrer emporstürmenden Steingewalt, ein felsgewordenes Symbol des nordischen Gottes ... (JM 76).

Diese nicht nur stilistischen Widersprüchlichkeiten in Maduschkas Texten – das Erinnerungsbuch präsentiert im übrigen auch einige sehr ‚rilkesche' Gedichte – geben indessen einen Hinweis, dass er in seinem Schreiben eng an verschiedenen zeitgenössischen Diskursen Darstellungsformen und Sinndeutungen des Bergsteigens erkundet, diese widersprüchlichen Erkundungen aber der bergsteigerischen Praxis selbst, dem „Erleben" des Kletterns, letztlich äußerlich und nachträglich bleiben. Romantizismus und Sachlichkeit sind gewissermaßen die Deckbegriffe, unter denen Maduschka in verschiedenen Genres – Fahrtenbericht, Aufsatz, Gedicht, Lehrschrift – sprachliche Ausdrucksformen der ‚modernen' Gebirgsbegeisterung sucht. So war vielleicht weniger die Konsistenz dieser Beschreibungsversuche für Maduschkas kletternde Zeitgenossen an dem Buch faszinierend, als vielmehr gerade diese heterogene Ausdruckssuche selbst, die die alpinistische Praxis begleitete.

Parallel zeigen im übrigen eine Vielzahl von Fotografien den „jungen Menschen im Gebirg" im Buch ganz unmittelbar: So entstand Anfang der 30er Jahre ein ganzer „Lehrfilm" über die Bewegung des Kletterns in der Südwand der Schüsselkar-Spitze (vgl. JM 96ff.). Auch in medialer Hinsicht modernisiert, gleichsam gedeckt durch die damit sichtbare authentische Erfahrung, und am Ende beglaubigt durch den Bergtod in der Civetta-Wand, konnten Maduschkas Leben und Schreiben so als eine Art imaginäre Einheit gelesen werden – als Erkundungsfahrt ins Unwegbare und letztlich Unausdrückbare des Gebirges gleichermaßen.

3.5. Die weiße Hölle. Exkurs zum deutschen Bergfilm

Maduschkas Texte entstanden in einem Zeitraum, in dem die kollektive Imagination des alpinen Raums längst durch ein anderes, auch in den alpinen Vereinen intensiv wahrgenommenes[222] Medium mitbestimmt wurde: In den Jahrzehnten nach dem Ersten Weltkrieg entwickelte sich in Deutschland mit dem *Bergfilm* ein neues und aus verschiedenen Gründen bemerkenswertes Filmgenre.[223] Auch wenn eine detaillierte Untersuchung dieses Genres und einzelner Filme hier nicht zu leisten ist, sollen mindestens ansatzweise einige seiner Strukturen und ihrer Entwicklung analysiert werden, da es das alpinistische *Imaginaire* in der Moderne nachhaltig verändern sollte.

Als Begründer und Pionier des Bergfilms in Deutschland gilt der in Freiburg geborene Geologe Arnold Fanck, der seit 1920 zunächst mit dokumentarischen ‚Bergsport'- bzw. Kultur-Filmen wie *Das Wunder des Schneeschuhs* (1920), *Im Kampf mit dem Berge* (1921) und *Eine Fuchsjagd auf Skiern durchs Engadin* (1923) für Furore sorgte.[224] „Das Außerordentliche dieser Filme", schrieb Siegfried Kracauer 1947 in *Von Caligari zu Hitler*,

> lag darin, daß sie grandiose Landschaftsbilder zu einer Zeit einfingen, als deutsche Filme im allgemeinen nicht mehr als Studioproduktionen boten. In den folgenden Filmen interessierte Fanck sich mehr und mehr dafür, Abgründe und Leidenschaften, unerreichbare Steilwände und unlösliche menschliche Dramen zu verbinden; jedes Jahr bescherte ein neues Drama in den Bergen.[225]

222 Vgl. zur Diskussion der Bergfilme in Alpinistenkreisen Günther, *Alpine Quergänge*, S. 132–149.

223 Vgl. die zusammenfassende Darstellung: Rapp, Christian: *Höhenrausch. Der deutsche Bergfilm*, Wien 1997; ferner Aspetsberger, Friedbert (Hg.): *Der BergFilm 1920–1940*, Innsbruck, Wien, Bozen 2003. Wenig beachtet wurde in der filmhistorischen Diskussion der frühe Schweizer Bergfilm; vgl. für eine erste Übersicht: Schnetzer, *Bergbild und geistige Landesverteidigung*, v.a. S. 108–129, zum ersten Schweizer Bergspielfilm *Der Bergführer* (1917) ebd. S. 134ff.

224 Vgl. seine Autobiographie: Fanck, Arnold: *Er führte Regie mit Gletschern, Stürmen und Lawinen. Ein Filmpionier erzählt*, München 1973; vgl. ferner zu Fanck: Horak, Jan-Christopher (Hg.): *Berge, Licht und Traum. Dr. Arnold Fanck und der deutsche Bergfilm*, München 1997; Fanck, Matthias: *Arnold Fanck. Weisse Hölle – weisser Rausch. Bergfilme und Bergbilder 1909–1939*, Zürich 2009.

225 Kracauer, Siegfried: *Von Caligari zu Hitler. Eine psychologische Geschichte des deutschen Films*, übers. von Ruth Baumgarten und Karsten Witte (= *Schriften*, hg. von Karsten Witte, Bd. 2), Frankfurt a.M. 1979 [engl. Orig. Princeton 1947], S. 119.

Tatsächlich drehte Fanck mit *Der Berg des Schicksals* (1923) erstmals[226] einen Bergfilm, der eine fiktionale Spielfilmhandlung besaß und mit professionellen (und zudem prominenten) Schauspielern realisiert wurde. Er wurde der Ausgangspunkt einer ganzen Serie von Filmen auch anderer Regisseure, doch besonders Fanck trieb die technische und dramaturgische Entwicklung voran. Einige seiner Filme wie *Die weiße Hölle vom Piz Palü* (1929) oder *Stürme über dem Montblanc* (1930) wurden außergewöhnlich populär und waren auch international erfolgreich. Durch Fancks Filme gelangten zudem Schauspieler wie Luis Trenker und Leni Riefenstahl zu Ruhm, die sich dann in den 30er Jahren von ihm lösten und bei eigenen Bergfilme Regie oder Co-Regie führten: Riefenstahl beispielsweise, noch vor ihren Parteitags- und Olympiafilmen, bei *Das blaue Licht* (1931/32), Trenker bei *Berge in Flammen* (1931), *Der verlorene Sohn* (1934), der Bergfilm und Auswandererdrama verbindet, und dem oben erwähnten, wohl bekanntesten Film des Genres, *Der Berg ruft* (1937).

Das Medium Film und seine Entwicklung erscheinen in drei Hinsichten signifikant für und von großem Einfluß auf den alpinen Diskurs der Zeit nach dem Weltkrieg: Erstens führte der Bergfilm die Dimensionen des Alpinismus als *Sport* (das heißt hier: des Kletterns, Tourengehens oder Skifahrens) und als *Kampf* von Subjekten mit dem Berg (also einer dramatischen existentiellen Erfahrung) einerseits in *bewegten* Bildern vor, die die korporale Bewegungspraxen imaginativ mitzuerleben erlaubten, er führte diese Dimensionen andererseits aber in fiktionalen Spielfilmhandlungen *zusammen*, die das Gebirge in dieser Doppelcodierung – als Spielplatz und Kampfzone, ‚unberührten Naturraum' und liminale Zone von Kampf- und Todeserfahrung – virtuos in Szene setzten. Zweitens spielte der Bergfilm die Dimensionen der Subjektivierung in diesem ambivalent codierten Raum in einem sich rasch entwickelnden Spektrum filmischer Erzählweisen – dokumentarisch, elementar-mythologisch, realistisch – und verschiedener Dramaturgien durch; zentral in

226 Außer Schweizer Filmen wie dem *Bergführer* (vgl. Schnetzer, *Bergbild*, S. 134ff.) gab es auch in Deutschland bereits einige fiktionale Spielfilmen mit ‚alpinen' Themen, die jedoch großteils im Studio entstanden und den Außenaufnahmen – soweit man das noch beurteilen kann – allenfalls Bedeutung als alternative Kulissen zumaßen; Beispiele: *Die Geier-Wally*, D 1921, Regie E.A. Dupont (in einer Kritik heißt es dazu: „Man kann schwerlich bessere Kulissen als das bayerische Hochgebirge finden, dessen Schönheiten und Stimmungszauber in satter Sommerpracht, in Nebel und tiefem Schnee, nächtlich von Fackellicht durchgeistert, dem Spiel urwüchsiger Leidenschaften zu einem wundervollen Rahmen wurde." (*Acht-Uhr-Abendblatt, Lichtbildbühne* 38 (17.9.1921), hier zit. nach http://www.filmportal.de/node/31639/material/630831 (3.7.2012)); ferner ein (nur fragmentarisch erhaltener) Film nach dem Roman von Richard Voss (1909): *Die Alpentragödie*, Österreich 1920, Regie Emil Leyde; vgl. dazu http://filmarchiv.at/show_content2.php?s2id=205 (3.7.2012).

der Inszenierung bergsteigender Subjekte werden aufgrund der Verbindung von Natur-Ästhetik und Melodramatik die *gender*-Konzepte des Alpinismus und die ambivalente *gender*-Codierung des Gebirges selbst. Drittens und vor allem aber kann man als Fluchtpunkt der kollektiven (und in bestimmten Aspekten auch von Kracauer geteilten) Faszination an diesen Filmen das Phantasma einer bis dahin beispiellosen *medialen* Eroberung des Gebirges ansehen, d.h. der Repräsentation nicht nur der Wahrnehmungsperspektive von Protagonisten, sondern einer filmisch vermittelten Totalität des Blicks auf den alpinen Raum: Dieser wird zur ‚Bühne' der Melodramen, sein wesentliches Element – eben ‚*der* Berg' – aber zugleich zum Protagonisten, zur Figur dieser Filme. Dieses Phantasma medialer Eroberung spiegelt sich deutlich im Titel von Fancks Autobiographie – „Er führte Regie mit Gletschern, Stürmen und Lawinen"[227].

Die doppelte Hypothese der folgenden Beobachtungen zu einigen dieser Bergfilme ist daher einerseits, dass diese einem traditionell mit ‚erhabener' Naturästhetik verbundenen Objekt der Anschauung eine neue, (film-)technisch evozierte Erhabenheit abgewinnen, eine technisch vermittelte Sichtbarmachung und Bewältigung eines überwältigend erscheinenden Naturraums; andererseits aber, dass – gewissermaßen auf dessen Rückseite, jedoch sichtbar bis in einzelne Elemente und Plot-Strukturen – der Bergfilm dadurch Imaginationen von ‚Bewältigung' in Szene setzt, die wiederum einen kollektiven kulturellen Resonanzraum besitzen – die Be- und Verarbeitung der als Katastrophe wahrgenommenen Weltkriegserfahrung. Daher ist, wie zu sehen sein wird, die Entwicklung der filmischen Technik als zunehmende ‚Eroberung' des Gebirges so zentral, die bis zu ihrer internen Spiegelung durch filmisch repräsentierte Flugzeuge reicht, welche der Weltkriegspilot Ernst Udet über das Gebirge steuert. Parallel dazu aber ist auch die filmästhetische und dramaturgische Strukturentwicklung zu berücksichtigen, die mit der Konstatierung von melodramatischem Gefühlskitsch tatsächlich nur unzureichend erfaßt ist. Zunächst sollen zur Begründung dieser Perspektive einige Linien der Forschungsdiskussion über den Bergfilm skizziert werden.

Bergfilm und Bewegungsbild

Für Siegfried Kracauer stellte der Bergfilm und sein Erfolg in Deutschland ein besonders wichtiges Beispiel für die Mentalitätsentwicklung im Vorfeld der NS-Diktatur dar. Heroische Ideale propagierend, eskapistisch gegenüber den sozialen und wirtschaftlichen Mühen der Ebenen, bieten sie ihm zufolge eine

227 Der Titel ist ein Zitat von Béla Balázs: Vgl. ders., Der Fall Dr. Fanck [1931], in: ders.: *Schriften zum Film*, München 1984, S. 287–291.

Mischung aus monumentalen und sentimentalen Elementen, die zugleich fanatischen Kampf- und Überlebenswillen feiert; die „Vergötzung von Gletschern und Felsen", schrieb Kracauer 1947 in *From Caligari to Hitler*, „[war] symptomatisch für einen Antirationalismus, den die Nazis ausschlachten konnten".[228]

Kracauers Einschätzung hat die Wahrnehmung dieser Filme lange Zeit bestimmt und wurde vor allem durch Susan Sontags Riefenstahl-Essay „Fascinating Fascism" fortgeschrieben.[229] Allerdings hat Eric Rentschler in einem wichtigen und viel rezipierten Aufsatz 1990 darauf hingewiesen, dass die Bergfilme in den zwanziger Jahren quer durch die politischen Lager beeindruckt bis begeistert aufgenommen worden seien[230] – so im *Berliner Tageblatt*, dem *Film-Kurier*, dem *Völkischen Beobachter*, aber eben auch im *Vorwärts* oder in der *Roten Fahne*, und dass sie sich folglich nicht einfach als proto-nazistische Phantasien abqualifizieren ließen: „Kracauer and others in his wake thereby overemphasize how the mountain film points ahead to the Third Reich and underestimate how it functions within the Weimar Republic."[231]

Auch kritisierte Rentschler an Kracauer neben grundsätzlichen Einwänden zur Methode, dass dieser viele Elemente der Filme vernachlässigt und beispielsweise die Rolle der Frauen oder der dargestellten Technik in den Spielfilmen so gut wie nicht kommentiert hätte. Das Besondere dieser Filme – dass sie, anders als die frühen (Winter-)Sport-Filme, Naturaufnahmen auch mit fiktionalen Spielfilmhandlungen und häufig melodramatischen Beziehungsdramen kombinierten, gerate so nur einseitig, nämlich als Kitsch und Verderben der eigentlich großartigen Naturästhetik durch schlecht gespieltes Gefühlspathos der Darsteller in den Blick.

Auch wenn Rentschlers Forderung nachvollziehbar ist, die Bergfilme stärker in ihrem film- und diskurshistorischen Kontext zu sehen – eine Forderung,

---

228 Kracauer, Von Caligari zu Hitler, S. 121.

229 Vgl. Sontag, Susan: Fascinating Fascism, in: *Under the Sign of Saturn*, New York 1980, S. 73–105 (zuerst in: *New York Review of Books*, February 6, 1976). Sie schreibt: „No doubt thought of as apolitical when they were made, these films now seem in retrospect, as Siegfried Kracauer has pointed out, to be an anthology of proto-Nazi sentiments. Mountain climbing in Fanck's films was a visually irresistible metaphor for unlimited aspiration toward the high mystic goal, both beautiful and terrifying, which was later to become concrete in Führer-worship." (S. 76).

230 Rentschler, Eric: Mountains and Modernity. Relocation the *Bergfilm*, in: *New German Critique* 51 (1990), S. 137–161 (dt.: Eric Rentschler: Hochgebirge und Moderne. Eine Standortbestimmung des Bergfilms. In: *Film und Kritik* 1 (1992) (Der Fall Dr. Fanck – Revisited), S. 8–27); erneut in: *Berge, Licht und Traum*, S. 85–103.

231 Ebd. (Mountains and Modernity), S. 138.

die man dann allerdings auch für die Bewertung von Kracauers Kritik stellen kann[232] –, ist sein Ausgangspunkt aber selbst ambivalent:

> These two instances of disturbance provide a challenge and a point of departure. Why does Kracauer so vehemently disavow his initial fascination for the mountain film? At what cost does his ideological analysis repress female presence in the *Bergfilm*?[233]

Abgesehen davon, dass es Kracauer nicht lediglich um eine Ideologiekritik der Bergfilme ging, sondern um deren beispielhaften Antirationalismus und die „psychologische[n] Dispositionen"[234] und Mentalitäten, von denen Filme aufgrund ihrer Produktions- und Distributionsbedingungen grundsätzlich eher Zeugnis gäben als „andere künstlerische Medien"[235], war seine gespaltene Reaktion – Begeisterung für die Bilder, Verurteilung der Sentimentalität und des „heroischen Idealismus"[236] – in der zeitgenössischen Kritik und gerade in Alpinistenkreisen nicht ungewöhnlich.[237] Ob umgekehrt die vorgebliche Unterdrückung weiblicher Figuren in Kracauers Kritik ein angemessener Ausgangspunkt ist, um die *gender*-Konstruktionen dieser Filme zu erfassen, wird noch zu diskutieren sein.[238]

---

232 So ignoriert die den Aufsatz tragende Kritik an Kracauer – dessen Darstellung der Bergfilme sei „not the most reliable guide", sie biete „only a partial and somewhat cloudy view" (S. 144) und enthalte „several peculiar lapses" (S. 139) – vollständig die Bedingungen des Exils (und damit des Angewiesenseins auf z.T. jahrzehnte lang zurückliegende Erinnerungen und eigene frühe Kritiken), unter denen Kracauers Buch überhaupt entstand; ‚somewhat cloudy' sind im übrigen auch einige von Rentschlers eigenen Beobachtungen (s.u.).

233 Rentschler, Mountains and Modernity, S. 141.

234 Kracauer, *Von Caligari zu Hitler*, S. 12. Der Ausgangspunkt von Kracauers Filmbuch ist ja die Beobachtung, dass Filme aufgrund ihres Kollektivcharakters (sowohl der Produktion als auch der intendierten Rezeption) nationale Mentalitäten, Faszinationen und Ängste deutlicher reflektieren als andere Künste; seine Lektüren sind insofern eher symptomatologisch als im engeren Sinn ideologiekritisch, vgl. die Einleitung ebd. S. 9–18.

235 Ebd. S. 11.

236 „Ihre Haltung [sc. der extremen Bergsteiger] lief auf einen heroischen Idealismus hinaus, der sich, aus Blindheit gegenüber substantielleren Idealen, in touristischen Heldentaten austobte. […] Fancks Dramen trieben diese Haltung so extrem auf die Spitze, daß der Ahnungslose dieser Mischung aus glitzernden Eispickeln und hochtrabenden Gefühlen hilflos ausgeliefert war." (Kracauer, *Von Caligari zu Hitler*, S. 120).

237 Vgl. die Kritik zum *Heiligen Berg* in der *Weltbühne* vom 11.1.27 (wieder abgedruckt in: Horak (Hg.): *Berge, Licht und Traum*, S. 208): „Mißbraucht wurden aber vor allem die wundervollsten Aufnahmen von Felsen und Eis […]. Alles das wird durch eine trübe und in jedem Sinne peinliche Liebesgeschichte zerstört, durch die schundigsten aller Schundtitel zerrissen […]".

238 Die Frauenfiguren werden im übrigen in Kracauers Kritiken sehr wohl diskutiert (vgl. *Von Caligari zu Hitler*, S. 272 (zu *Stürme über dem Montblanc*), 272f. (zu *Das blaue Licht*)

Tatsächlich ist der Ausgangspunkt der Genre-Entwicklung Fancks eigene Begeisterung sowohl für Bergsteigen und Skifahren als auch für die vergleichsweise junge Filmtechnik.[239] Sowohl *Das Wunder des Schneeschuhs* (1920) als auch *Im Kampf mit dem Berge* (1921) leben von der optisch spektakulären Inszenierung bergsteigerischer Praktiken; dabei werden allerdings auch ikonographische Anleihen an bildkünstlerische Traditionen gemacht.

Abb. 27a und b Friedrich und Fanck, Friedrichscher Wanderer und Fanckscher Alpinist über dem Nebelmeer

und 399f. (zu *Der heilige Berg*). – Von den weiteren Forschungsbeiträgen leidet die Dissertation von Rapp, *Höhenrausch* darunter, dass sie Rentschler nicht zur Kenntnis nimmt, während Kay Kirchmann (Szenen eines Kampfes. Die Wolkenbilder des Dr. Fanck, in: *Archiv für Mediengeschichte* Bd. 5 (2005) [Thema: Wolken], S. 117–129), der Rentschlers Kracauer-Kritik noch erweitert, wiederum Rapp nicht zur Kenntnis nimmt; die meisten anderen jüngeren Beiträge betreffen einzelne Filme oder Regisseure; vgl. u.a.: Loewy, Hanno: Das Menschenbild des fanatischen Fatalisten. Oder: Leni Riefenstahl, Béla Balázs und *Das blaue Licht*, online: http://kops.ub.uni-konstanz.de/bitstream/handle/urn:nbn:de:bsz:352-opus-5694/loewy02.pdf?sequence=1 (3.7.2012); zu Trenker: Audisio, Aldo; König, Stefan (Hg.): *Il mito della montagna in celluloide. Luis Trenker*, Torino 2000 (Ausstellungskatalog des Museo della Montagna, Turin, 2000). – Eine eigene Dimension der Visualisierung der Berge ist an den Filmplakaten der Bergfilme zu beobachten; vgl. dazu die hervorragende Dokumentation *Film delle montagne. Manifesti*, a cura di Aldo Audisio e Angelica Natta-Soleri, Scarmagno (Torino)/Ivrea 2008 (Raccolte die documentazione del museo nazionale della montagna). Die kommentierte Sammlung bezieht neben den ‚eigentlichen' Bergfilmen auch andere Genres, Katastrophen-, Action-, Tier- oder Heimatfilme, Softpornos, Yeti- und Alaska-Filme etc. ein.

239 Fancks erster kurzer Film – einer der frühesten Bergfilme überhaupt – datiert von 1913: *4628 Meter hoch auf Skiern, Besteigung des Monte Rosa*. D 1913 (Bildregie und Kamera: Sepp Allgeier, Darsteller: Arnolt Fanck und Hans Rohde); er ist – bis auf wenige Meter Filmrollen – ebenso verschollen wie die vollständige Version von *Das Wunder des Schneeschuhs* (1920), von dem nur 30 Minuten (meist outtakes) überliefert sind. Vgl. hierzu und zum Folgenden: Horak, Jan-Christopher: Dr. Arnold Fanck: Träume vom Wolkenmeer und einer guten Stube, in: Horak (Hg.): *Berge, Licht und Traum*, S. 15–67, hier S. 17ff.

Neben der Verbindung von Technik-Affinität und Romantizismus kennzeichnet schon die frühen Sport-Filme Fancks aber eine optische „Entfesselung der Landschaft“[240], welche die traditionelle, noch in der Gebirgsfotografie maßstabgebende Inszenierung des Landschaftsraums als relativ stabile Kulisse, die von einem idealen Aussichtspunkt aus komponiert wird, entgrenzt. Tatsächlich *sind* einige seiner Kameraeinstellungen in dieser Weise inszeniert und sogar ‚gerahmt‘ und zeigen zudem – Erbe romantischer Landschaftsmalerei – schauende Subjekte in Rücken- oder Seitenansicht; in den Skifilmen[241], aber auch in *Im Kampf mit dem Berge*, der eine gefährliche Gletscherquerung und die Besteigung eines schwierigen Kamms in den Walliser Alpen durch ein junges Paar zeigt,[242] wechseln solche landschaftliche Totalen aber mit Nahaufnahmen, Halbtotalen und Ausschnittskadrierungen, die mit der grafischen Qualität von Licht und Schatten operieren und Schneeflächen, Schritt- oder Ski-Spuren ornamentalen Charakter verleihen. Verbunden mit den wechselnden Proportionen von Figuren und Landschaftselementen und mit den gezeigten Gefahrenmomenten – Sprünge über Gletscherspalten, Querung von Schneebrücken – entstehen so filmische Inszenierungen alpinistischer Bewegungspraktiken von außergewöhnlicher Spektakularität. Sie reaktivieren gewissermaßen das Kino der Attraktionen:[243] Die ‚Handlung‘ des ganzen Films scheint eher Anlass überwältigender Bilder als Gegenstand einer Erzählung zu sein.

Der Zwischentitel gegen Ende benennt ganz explizit die nicht länger rein ‚alpinistische‘, sondern filmische Rekordleistung, die *Der Kampf mit dem Berg* performativ vorführt; und der Film thematisiert in einem „Zwischenspiel“ die Entstehungsbedingungen dieser Spektakularität selbst, indem er die Kamera und ihre Position ins Bild bringt: Bergsteiger und Kameraauge, Pickel und Stativ weisen in ihrer Parallele auf den Fluchtpunkt der medialen Eroberung des Gebirges, die an die Stelle der filmisch *gezeigten* ‚alpinistischen‘ getreten ist.

240 Zu den Bildern der ‚entfesselten Landschaft‘ vgl. Rapp, *Höhenrausch*, S. 71ff., zu den Sportfilmen v.a. S. 85–104.

241 Sie wurden Fancks Spezialität; 1930/31 drehte er mit *Der weiße Rausch* den bekanntesten Skifilm vor 1945.

242 *Im Kampf mit dem Berge*, Deutschland 1921, Regie Arnold Fanck, Kamera Sepp Allgeier und Arnold Fanck, Musik Paul Merano (= Paul Hindemith (!)).

243 Vgl. zum Begriff: Gunning, Tom: The Cinema of Attractions. Early Film, Its Spectator and the Avant-Garde, in: Elsaesser, Thomas (Hg.): *Early Cinema. Space – Film – Narrative*, London 1997, S. 56–62.

Abb. 28 a-h *Im Kampf mit dem Berge*

Abb. 29 Im filmischen Kampf mit dem Berge

Genderkonzepte oder *Der Bergfilm als anderer Western*

Auffällig im letztgenannten Film ist ferner, dass die gezeigte Zweierseilschaft aus einem Mann und einer Frau besteht – wobei er den erfahrenen Tourengeher, sie die am Seil geführte und vom Mann gesicherte Gefährtin darstellt.[244] Schon hier erscheint also das für die späteren fiktionalen Bergfilme charakteristische Geschlechterverhältnis, das zwar eine klare Hierarchie, ebenso aber ein modernes, ‚sportliches' Weiblichkeitskonzept impliziert. Wie schon in den diskursiven Verhandlungen und literarischen Inszenierungen des Bergsteigens ist freilich die Frage nach der Repräsentation von Geschlechterdifferenz auch im Film nicht auf die Figuren und ihre Rollen allein zu beschränken: Zur medienspezifischen Naturalisierung von Geschlechterdifferenz[245] und ihren Normierungseffekten durch das Massenmedium treten im Film einerseits genre-spezifische Topiken und andererseits kulturelle Raumsemantiken, die auf ambivalente Weise *gendered* sein können. Ein Vergleich mit einem anderen Genre kann das für den Bergfilm evident machen.

244 Die Schauspieler waren Hannes Schneider und Ilse Rohde; der Film betont in Zwischentiteln und erklärenden Sequenzen die Erklärungs- und Führungsrolle des Mannes ausgiebig.

245 Wie in der intensiven filmwissenschaftlichen gender-Diskussion oft gezeigt worden ist, liegt die Spezifik des Mediums Film in dieser Hinsicht darin, dass er (anders als beispielsweise die Literatur mit ihren unklaren Erzählstimmen) *Körper* männlicher oder weiblicher Schauspieler bildlich repräsentiert, die kulturellen gender-Konzepte und Normen sexuellen Begehrens, die mit diesen Körpern verknüpft werden, aber schon dadurch performativ naturalisiert. Vgl. Codell, Julie F. (ed.): *Genre, gender, race, and world cinema*, Malden, MA. 2007.

Das Genre „Western", klassischerweise vom Männer-Mythos des Western-Helden bestimmt, ist durch strenge *genre*-Konventionen und ein hohes Maß konventioneller Topik (von Westernstadt und Prärie, Innen- und Außenräumen usw.) gekennzeichnet. Die ebenso konventionalisierten *gender*-Konzepte werden in semantischen Oppositionen (gerecht-verbrecherisch, heldenhaft-feige, rauh-verfeinert usw.) inszeniert und durch Plots naturalisiert, die sich als Narrative der Entstehung, Bedrohung und Bewährung von Männlichkeit(en) fassen lassen.[246] Und obwohl Western in der Regel extreme Männer-Filme sind, ist das repräsentierte Begehren in ihnen bis auf wenige Ausnahmen und fast bis in die Gegenwart ausschließlich heterosexuell.[247] Gerade für diese *gender*-Konstruktionen des Western sind aber seine topischen Handlungsräume relevant: Schon die Situierung im amerikanischen Westen, an der Grenze zum Indianerland oder in Städtchen, wo nicht der Staat, sondern der Colt regiert, inszeniert den Raum des Western als Bühne *männlicher* Taten. Entsprechend sind die Innenräume – Hotel oder Ranch, wohin sich die meist von Männern bedrohten bzw. beschützten Frauen des Western flüchten müssen –, andererseits die öffentlichen Räume wie Saloon, Dorfstraße, Prärie, in denen die Männer kämpfen – deutlich geschlechterdifferent codiert. Und der Held des Western darf, wie Elisabeth Bronfen gezeigt hat, keineswegs am Ende daheim auf dem Balkon der Ranch sitzen – wo er nur noch Pantoffelheld wäre –, sondern muß wieder hinausreiten, der Sonne und neuen *bad guys* entgegen.[248]

Dieser Aspekt des Raums gewinnt nun auch im (fiktionalen) Bergfilm entscheidende Bedeutung. Denn ganz analog – und man könnte den Bergfilm tatsächlich in vielem als „anderen Western" ansehen[249] – gibt es hier eine klischeehafte, durch Oppositionen bestimmte Topographie von Stadt (wenn

---

246 Vgl. zu dessen Konstitution und Dekonstruktion den Aufsatz von Erhart, Walter: Männlichkeit, Mythos, Gemeinschaft. Nachruf auf den Westernhelden, in: Hißnauer, Christian; Klein, Thomas (Hg.): *Männer, Machos, Memmen. Männlichkeit im Film*, Mainz 2002, S. 75–110.

247 Die einzigen bekannteren Ausnahmen sind Andy Warhols Trash-Western *Lonesome Cowboys* (1968) und Ang Lees oskar-gekrönter Spielfilm *Brokeback Mountain* (2005).

248 Bronfen, Elisabeth: *Home in Hollywood. The Imaginary Geography of Cinema*, New York 2004, v.a. S. 95–127 (zu The Searchers).

249 Rentschler schlägt als Vergleichsgenre zum Bergfilm den Straßenfilm vor („Streets, roving males, and femmes fatales in the former correspond to the mountains, Alpine wanderers, and female intruders in the latter" (S. 151); „The *Bergfilm*, in short, is the *Straßenfilm's* double (S. 152)). Nicht nur wegen des vermeintlichen Hauptbelegs dieser Parallele – der Überblendung von Dolomiten und amerikanischen Wolkenkratzern in einem *match cut* in *Der verlorene Sohn* von Trenker (1934) – ließen sich in ihr allerdings eher die Differenzen bestimmen: Straßen bzw. Straßenschluchten *fehlt* ganz definitiv die Konnotation „Natur", ferner sind Stadt und Straße Orte von *Massen* (auch in *Der verlorene Sohn*) und prägnante Orte der *Moderne*, wogegen der Berg gerade als Gegenort von Moderne und Vermassung konnotiert ist. In beiden Hinsichten scheint mir die Parallele Bergfilm/

sie überhaupt vorkommt), Gebirgsdorf und Berg- und Gletscherwelt selbst; wobei die Berghütte (oder ein Observatorium) der letzte Posten der Zivilisation und zugleich der letzte Innenraum vor dem Offenen, der Ausgesetztheit von Gletschern, Eiswüsten und Felswänden ist. Topische Innenräume sind außerdem das Dorfwirtshaus (ein Männerort mit einzelnen Frauen, vergleichbar dem Saloon) sowie der heimatliche Hof (wo die Mutter oder die Verlobte des Helden bangend verharrt), und gelegentlich tritt der Raum eines *Grand Hôtel* voller skibegeisterter, aber schwächlicher Touristen hinzu, der entsprechend ebenso weiblich codiert ist.

Das Besondere an dieser Strukturierung des Raums ist beim Bergfilm nun aber dreierlei. Zum einen ist die Differenzachse (im Gegensatz zum Western) eine klar *vertikale*: Je höher der Raum liegt, desto deutlicher ist er männlich codiert, könnte man sagen.[250] Diese Achse besitzt zweitens die weitere semantische Differenz von *Zivilisation* – Ebene, Stadt – einerseits und *Natur* – Gletscher, Felswand, Gipfel – andererseits. Zum dritten aber ist der „Natur"-Raum des Gebirges in den Bergfilmen nicht einfach Kulisse eines dramatischen Konflikts oder wie im Western ein bedrohlicher Raum der Anomie (in dem Ordnung und Moral entsprechend individuell verkörpert und nicht institutionell abgesichert erscheinen)[251]; er ist weniger eine Bühne, auf der Protagonisten die Ordnung als Männer verteidigen und *sich* damit als solche bewähren, sondern der Berg ist selbst ein Protagonist, und ihm gegenüber – als einem Dritten der sozialen Relationen – konstituieren sich ganz wesentlich die Differenzen und Identitäten des humanen Personals.

Als solcher erscheint er in Fancks Filmen zum ersten Mal 1923/24 in *Der Berg des Schicksals*. Kracauer fasst den Plot so zusammen:

> In *Berg des Schicksals* (1924) betrachtet ein fanatischer Bergsteiger es als seine Lebensaufgabe, den unüberwindbaren Guglia del Diavolo zu bezwingen, und kommt dabei ums Leben. Sein Sohn verspricht der trauernden Mutter, sich niemals dem Berg des Schicksals zu nähern. Unglücklicherweise verschlägt es seine

---

Western instruktiver; dass vor dem 2. Weltkrieg in Deutschland keine Western gedreht wurden, muss einem Strukturvergleich der Genres nicht widersprechen.

250 Das steht nicht im Widerspruch zu der im Sportfilm gezeigten Bergbesteigung durch eine Frau: Erstens wird sie durch einen Mann geführt, zweitens übernimmt sie durch diese Handlung – bis in die Kleidung hinein – selbst ‚männliche' Züge; Ähnliches gilt für die bergsteigenden Frauen in *Die weiße Hölle* und *Stürme über dem Montblanc*.

251 Dies markiert eine entscheidende Differenz der Genres; während es männliche Grenzerfahrung bzw. Bewährung in Grenz-Räumen in beiden Genres gibt, fehlt die *rechtliche* bzw. staatliche Liminalität (der *frontier*-Komplex) im Bergfilm. Gekämpft wird nicht mit Eisenbahnräubern etc., sondern mit dem Berg selbst oder – wie in *Der Berg ruft* – mit anderen Bergsteigern *um* den Berg.

> Liebste dorthin, die sich prompt verirrt. Als man im Dorf ihre verzweifelten Signale wahrnimmt, entbindet die Mutter den Sohn von seinem Versprechen mit den Worten: „Wenn es dir gelingt, dieses Menschenleben zu retten, hatte der Tod deines Vaters einen Sinn". Der Sohn schafft es und verschafft dem Tod seines Vaters einen höheren Sinn noch dadruch, daß er inmitten eines furchtbaren Schneesturms den Fuß auf den Gipfel des teuflischen Guglia setzt.[252]

Die Anfangsszenen des Films zeigen den Mann im Außenraum, kletternd am Felsen, und – in beständigem Wechsel damit – Frau, Großmutter und kleinen Sohn im Innenraum, der Stube des heimatlichen Hofs. Der tödliche Absturz des Mannes scheint den Sohn ins Innen (und damit in den weiblich codierten Raum) zu bannen; erwachsen geworden – den Sohn spielt in seiner ersten Filmrolle übrigens Luis Trenker – muss er sich jedoch im Fels ‚bewähren', um die dorthin verirrte Geliebte zu retten: Der Film inszeniert einen Übergang vom mütterlichen Innen- zum männlichen Außenraum, der die Ablösung von der Mutter impliziert, und zugleich damit die Ersetzung des Buchs (der Bibel) durch ‚feindliche' Natur des Bergs als Medien der (geschlechtlichen) Subjektivierung.

Abb. 30a und b
Berg des Schicksals: Bangende Frau (innen) mit aufgeschlagener Bibel, kletternder Sohn (außen) im klaffenden Fels

Auffällig ist im *Berg des Schicksals* zudem die Zeitstruktur: Als ‚Generationendrama' zeigt er die Aufhebung der initialen Katastrophe, die den Vater betroffen hatte, durch den Sohn; während der Vater die Mutter des Berges willen verließ,

252 Kracauer, Von Caligari zu Hitler, S. 120f.

holt der Sohn die Geliebte gerade von der Bedrohung durch diesen Berg zurück; die ‚sinnlose' Kletterei des Vaters verwandelt sich durch die Rettung der Geliebten in Moral und gewinnt – wie Kracauer sarkastisch notiert – „höheren Sinn" noch durch die sozusagen beiläufige Besteigung der unbesteiglichen Felsnadel. Unübersehbar bleibt freilich ein latenter und am Ende unaufgelöster Mystizismus der Schicksals-Semantik und auch die filmtechnische bzw. –ästhetische Gegensätzlichkeit, die den Film bestimmt: Die Innen- sind zugleich Studioaufnahmen mit charakteristisch expressiver Stummfilm-Mimik und –Gestik; die Außenaufnahmen dagegen könnten auch einem Klettersportfilm entstammen und entsprechen in Kadrierung und bewegter Kamera genau der oben geschilderten Attraktionslogik des filmischen Bildes selbst. Entsprechend heterogen und unverbunden bleiben die Darstellungsmodi von Affekten, also ‚innerer' Bewegtheit, und Handlungen, also äußerer, korporaler Bewegung.

Der heilige Berg* oder *Gender und alpines male-bonding

Genau dies ändert sich mit Fancks Stummfilm *Der heilige Berg* von 1926, der diese Elemente in einem eindrucksvollen Szenario weiterentwickelt. Wie schon der Titel signalisiert, versteht sich auch dieser Film nicht als realistisch, sondern inszeniert sozusagen elementarmythologisch ein Melodram unerfüllbarer Liebe von Mann und Frau. Frau ist in diesem Fall die Tänzerin Diotima, verkörpert von Riefenstahl, die am Beginn des Films an der Meeresküste einen Ausdruckstanz vollführt und dabei in einer Vision – realisiert als eine der in diesem Film häufigen Überblendungen – ihren idealen Gefährten (verkörpert von Luis Trenker) erblickt, welcher auf einem Berggipfel steht. Hier sind also nicht Innen und Außen, sondern Meereshorizont und Felszacken die Pole des elementaren Raumspektrums, die der Film mit Frau und Mann assoziiert.

Damit daraus nun ein Drama werden kann, müssen sich die beiden aufeinander zu bewegen. Er jedoch steigt nicht nur herab, sondern tut dies – als er zum ersten Mal direkt zu sehen ist – am Seil und in Begleitung eines Freundes, womit die dramatische Konstellation des Films – eine Frau, zwei Männer mit Seil, ein Berg – auch schon nahezu vollständig und mit erwartbaren Konsequenzen beschrieben ist. Diotima ihrerseits gastiert, um ihrem Idealmann geografisch näherzukommen, nun als Tänzerin in einem luxuriösen Berghotel, in welchem die beiden Freunde sie auf der Bühne sehen und sich beide – unwissend voneinander – in sie verlieben.[253]

253 Vgl. zur Anfangssequenz Rentschlers ausführliche Lektüre (S. 153–155), der verschiedene Bilder nicht immer ganz plausibel vereindeutigt (so den initialen Close-up auf Diotimas

Abb. 31 a-d *Der heilige Berg*: Meer und Fels, Frau und Männer, mondänes Berghotel

Damit nimmt das Schicksal seinen Lauf oder besser Aufstieg: Die beiden Freunde trennen sich, der jüngere, Vigo, gewinnt die Aufmerksamkeit der Tänzerin durch ein Edelweiß und sportliche Triumpfe beim Skispringen und einem Skirennen, der ältere, der immer nur „der Freund" genannt wird, gewinnt freilich ihr Herz und geht allein in die Berge, um seine innere Bewegung zu bewältigen. Zurückkehrend entdeckt er jedoch die beiden in einer mißverständlichen Berührungspose, fühlt sich verraten und fordert Vigo auf, mit ihm die mörderische Nordwand des „Santo" zu besteigen. Im Sturm müssen sie biwakieren, er erfährt von Vigos Liebe zu Diotima, tritt auf diesen zu, der abstürzt und hilflos im Seil unter einem Überhang hängt. Obwohl aber Vigo in der eisigen Sturmnacht langsam erfriert, schneidet der Freund das Seil nicht durch, sondern opfert sich im Versuch, ihn zu retten. Am Ende steht Diotima, die vergebens eine Rettungsaktion organisiert hatte, schwarzverschleiert am Meer und vor der Erkenntnis, dass Frau und Mann so wenig zusammenkommen können wie Meer und Berg.

Gesicht mit geschlossenen Augen als ‚death mask', die Überblendung von Gebirge und Meer als ‚female fantasy', den ganzen Film aber als ‚male fantasy').

Diese hier grob skizzierte Handlung[254] wird nun ebenfalls in einem heterogenen filmischen Modus präsentiert: Pathetische Gesichtsausdrücke in Nahaufnahme stehen hart neben bedeutungsgeladenen Totalen der Gebirgslandschaft, unvermittelte Schnitte und befremdliche Studioszenen (wie die Sequenzen im Hotel) neben bildverliebten und für den Handlungsverlauf eher dysfunktionalen Außensequenzen (wie Skispringen und Skirennen). In den holzschnitthaften Kontrasten verändern und verkomplizieren sich aber gegenüber dem *Berg des Schicksals* die Oppositionen. Eine erste betrifft die Bewegungen: Während Diotima vor der Horizontale des Strandes bzw. Meeres tanzt – und diese Bewegung „reiner Ausdruck" ist: tatsächlich handelt es sich um Ausdruckstänze im Gefolge Mary Wigmans –, sind die Bewegungen der Männer bevorzugt vor Vertikalen zu sehen und selbst durch vertikale Bewegungsvektoren bestimmt (wie beim Skifahren oder Klettern), und sie sind primär reine Funktion statt Ausdruck. Als Ganzes freilich ist das männliche Streben nach oben gerade *der* Ausdruck, nämlich des Aufstiegs-Willens, den der Film weiterhin als scheinbar natürliches männliches Begehren in Szene setzt.

Auffällig ist zweitens, dass die Konzepte des Männlichen und Weiblichen ihrerseits gespalten sind. Die von den beiden Freunde verkörperten gegensätzlichen Aspekte – jugendlich-naiv und sportlich-aktiv der eine, männlich und ernst in seinem Tun der andere – repräsentieren gewissermaßen die oben genannten sportlichen und existentiellen Dimensionen alpinistischer Praktiken. Die Tänzerin wiederum hat als Gegenfigur die Mutter des Freundes, die das Übel durch die *femme fatal* kommen sieht, stets an den Innenraum des Hauses gebunden bleibt und im Übrigen wie ein Gespenst des expressionistischen Kinos durch den Film geistert. Als „weiblich" bzw. weichlich aber werden auch die Hotelgäste charakterisiert, die zu ‚feige' erscheinen, zur Rettung der im Schneesturm gefangenen Helden aufzubrechen. Und ihnen gegenüber ist wiederum Diotimas „Tat" – sie kämpft sich durch den Schneesturm hinauf auf die Hütte, wo die potentiell helfenden Skifahrer warten – als verzweifelte weibliche Mimesis männlichen Handelns zu lesen, die freilich die Katastrophe nicht abwenden kann.[255]

254 Von Bedeutung sind ferner die Vision einer Vereinigung der Geliebten in einem „Eispalast" – also die Verbindung von Wasser und eisigen Höhen, wenn man so will –, die der sterbende Freund hat; sie zählt zu den zahlreichen ‚phantastischen' Elementen des Films, die dieser in Trickaufnahmen und Überblendungen realisiert.

255 Gerade diese deutliche Differenzierung von biologischem Geschlecht und ‚weiblich' bzw. ‚männlich' codierten Verhaltensweisen kommt in Rentschlers Lektüre ebenfalls nicht vor, der dem Film eine Art Exorzismus des als bedrohlich (‚a zombie-like being') empfundenen weiblichen Charakters attestiert.

Zentral aber ist, dass der Film in dieser Katastrophe die *Treue* als höchste männliche Tugend inszeniert – sie ist buchstäblich das letzte Wort (im letzten Zwischentitel) des Films; und im Seil wird dieses *male bonding* dingsymbolisch in Szene gesetzt. Anders als die ambivalente Verpflichtung des Sohnes im *Berg des Schicksals* (Eid an die Mutter, Treue zur Geliebten) ist diese Verpflichtung fraglos und unbeeinträchtigt von der Konkurrenz um die Frau. Und die Treue schließt in gewissem Sinn auch den Berg als letzten Protagonisten mit ein; auch er ist ein Kämpfer („Die Wände werden lebendig", heißt einer der Zwischentitel), vor allem aber bleiben die männlichen Protagonisten ihrem Berg treu, während die weibliche ihrem Element entflieht und damit das Drama in Gang setzt.

Gegenüber dem *Berg des Schicksals* bedeutet der *Heilige Berg* eine mehrfache Weiterentwicklung, sowohl was die Dramaturgie als auch was die Filmtechnik betrifft: Integriert werden nun ‚wintersportliche', heitere Passagen, wie sie den früheren Sport-Filmen entsprechen, als Kontrast der melodramatischen Handlung; der zuvor sozusagen bewegungslosen Frau wird ein eigenes, ebenso verführerisches wie genuin weibliches Bewegungsrepertoire (Ausdruckstanz) zugestanden, das ebenfalls ‚Attraktionsbilder' des Filmes liefert; umso deutlicher werden hier nun aber die Räume geschlechterdifferent codiert und das Strukturmuster (Berg – zwei Männer – Frau) etabliert, das in vielen späteren Bergfilmen wiederkehren wird.

Die weiße Hölle oder *Trauma und Wiederholung*

Sind Figuren und Handlung im *Heiligen Berg* mythologisch und symbolisch überdeterminiert, wovon neben den Ausdruckstänzen Diotimas vor allem die fantastische Szenerie eines Eisdoms auf dem Gipfel zeugt, ist der nur drei Jahre später gedrehte Film *Die Weiße Hölle vom Piz Palü* von der Anlage her ungleich ‚realistischer', entwickelt im Sinn der neuen Sachlichkeit Filmsprache und dramaturgische Kohärenz deutlich weiter und operiert weit stärker mit Elementen des zeitgenössischen Geschlechterdiskurses, wie dem Bild der modernen, sportlichen jungen Frau.[256] Er steht „im Zeichen einer umfassenden Modernisierung des Genres".[257]

Vor allem aber beginnt der Film sogleich mit einer Personifizierung des Berges in einer Vorgeschichte, die das eigentliche Drama, das der Film zeigt, motiviert und strukturiert. In raschen Schnitten und Einstellungswechseln und fast

---

256 *Die weiße Hölle vom Piz Palü*, Deutschland 1929, Regie: Arnolt Fanck, Georg Wilhelm Papst. Der Film war einer der größten Erfolge Fancks, der zusammen mit Papst auch das Drehbuch schrieb. Vgl. zur Entstehung Rapp, *Höhenrausch*, S. 119–129.

257 Rapp, *Höhenrausch*, S. 127.

ausschließlich durch die Bilder erzählt der Beginn einen dramatischen Vorfall: Aufgrund seiner Selbstüberschätzung wird einem Bergsteiger (mit dem sprechenden Namen Johannes Krafft, wie man später erfährt) von einem Berg seine Frau (Maria) ‚geraubt', denn dieser Berg rächt die (gestisch überdeutlich gezeigte) Hybris, ihn zu unterschätzen. Eine Eislawine durchtrennt das Seil, das Krafft, einen Bergführer und Maria verbindet; sie wird in eine Gletscherspalte geschleudert und kann nicht mehr geborgen werden.

Der so eingeführte mörderische Berg trägt nun keinen symbolischen Namen wie *Giulia di diavolo* oder *Santo*, sondern ist der reale *Piz Palü*,[258] dessen charakteristische Ansicht von der Diavolezza-Hütte aus immer wieder in Großaufnahme ins Bild gerückt wird. Dieser Berg besitzt nicht nur einen Gipfel und gefahrvolle (und daher reizvolle) Wände, sondern auch unergründliche Spalten, die als unheimliche Abgründe zugleich größte visuelle Faszination ausstrahlen.[259] Der Berg erscheint hier also nicht länger als (phallische) Felsnadel oder schiere Höhe, die es zu besteigen gilt, sondern als uneindeutiger, ambivalenter Raum; er bleibt ein zu besiegender „Gegner", doch zu ihm gehört auch die Untiefe als Inversion des Gipfels, ihre Dunkelheit als Gegensatz des strahlend weißen Berges selbst und schließlich die „vaginale Morphologie"[260] der Gletscherspalte. Der Piz Palü ist also in viel grundsätzlicherer Weise als in den vorherigen Filmen ein bedrohliches, umfassendes *Außen* der kulturellen Ordnung und ihrer Differenzen.

Nach der Vorgeschichte beginnt der eigentliche Handlungsverlauf mit einem zweiten jungen Paar, das frisch verlobt dem Berg vorerst in sicherer Distanz an der „Diavolezza-Hütte" gegenübertritt. Mit diesen beiden und dem alsbald wieder auftauchenden Johannes Krafft, der seit dem tödlichen Unfall, an dem er sich schuldig fühlt, immer wieder an den Piz Palü zurückkehrt, ist die für den Bergfilm charakteristische Figurenkonstellation wieder hergestellt.

Es treten freilich noch zwei weitere männliche Figuren hinzu, der Bergführer Christian sowie der bekannte Weltkriegsflieger Ernst Udet, der dem Paar mit einer artistischen Flugeinlage einen Gruß abstattet und am Fallschirm eine Sektflasche abwirft: Die beiden Männer stehen für eine zwar

---

258 1929 ist der Piz Palü auch schon seit längerem ein einschlägig literarisch bearbeiteter Berg; so spielt er eine zentrale Rolle in Richard Voß' Brieferoman *Der Todesweg auf den Piz Palü* (Berlin 1910), in dem allerdings ein Mann zwischen zwei Frauen steht und am Ende mit einer davon Selbstmord begeht, indem er sich vom Gipfel des Piz Palü hinabstürzt: Die Plots haben keinerlei Parallele.

259 Die Gletscherspalten treten, wie Rapp ausführt, an die Stelle des „Eisdoms" im *Heiligen Berg* und zeigen damit, „daß die alpine Landschaft auch ohne Stilisierung ähnliches Pathos zu entfalten vermag" (ebd.).

260 Rapp, *Höhenrausch*, S. 126.

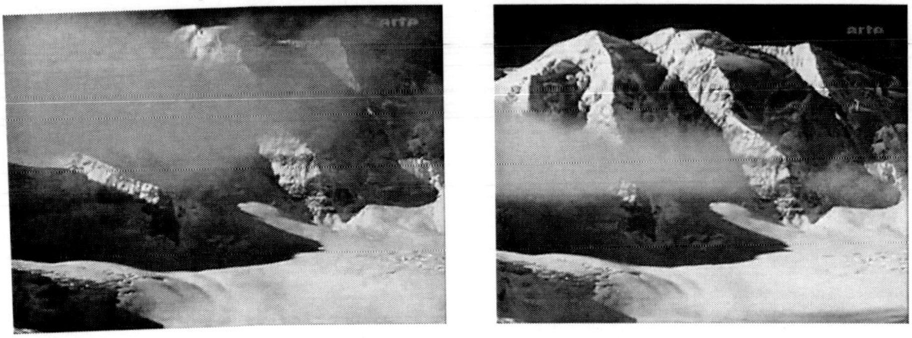

Abb. 32a und b Der Piz Palü enthüllt sich

kämpferische, doch emotional nicht involvierte Position dem Berg gegenüber; sie sind souveräne Subjekte, wovon vor allem Udets Blick aus dem Flugzeug zeugt; er muß den Berg nicht „bekämpfen" oder bezwingen, er ist ihm *per se* technisch überlegen.

Abb. 33a und b Junges Paar vor der Hütte, Flieger über dem Gipfel

Als diese beiden wieder verschwunden sind und sich die junge Frau, die ebenfalls Maria heißt, zunehmend zu dem schweigsamen, düsteren Krafft hingezogen fühlt, entwickelt sich zwischen den Männern eine Konkurrenzsituation, und sie agieren sie, wie nicht anders zu erwarten, als eine Art symbolisches Duell in der Besteigung der Nordwand des Piz Palü aus. Da sich Maria weigert, allein zurückzubleiben, brechen sie zu dritt auf. Trotz Kraffts Warnungen will sich der junge Mann beweisen, stürzt jedoch alsbald ab; Krafft kann ihn zwar retten, wird aber dabei seinerseits verletzt. Schließlich kommt auch hier der in Bergfilmen unvermeidliche Sturm auf; die Gruppe erstarrt mitten in der Wand in auswegloser Situation.

Parallelgeführt wird hierzu im Film als Nebenhandlung die Besteigung des Bergs durch eine Gruppe von Studenten, die, weil sie die Dreierseilschaft sehen, zu einer unvorsichtigen Direttissima verleitet und von einer Lawine in den Tod gerissen werden. Zu ihrer Rettung tritt ein ganzes Bauerndorf mit einem nächtlichen Fackelzug in Aktion; die Bergung der Toten aus einer Spalte wird dabei in einer sehr langen, bildverliebten Sequenz in einer ganzen Reihe fast abstrakt-surreal wirkender Aufnahmen gezeigt. Auf diesen katastrophalen Unfall spielt auch die Zeitungsanzeige über einen realen Absturz einer solchen Seilschaft an, mit der der Film beginnt, wodurch er ebenso wie mit dem Titel von Anfang an seine Verankerung im ‚Realen' markiert. Während dieser Bergungsaktion verzweifelt die Dreier-Gruppe in der Wand immer mehr; die Verunglückten können im eisigen Sturm nicht gefunden werden; schließlich opfert sich Krafft, indem er den anderen seine Kleidung gibt, und vereinigt sich im Tod im Eis mit seiner verlorenen Geliebten.[261] Durch den Rettungseinsatz des Fliegers Udet kann das junge Paar schließlich geortet und gerettet werden und überlebt so die „weiße Hölle am Piz Palü".

Der Film bietet in mehrfacher Hinsicht eine weitere Modernisierung des Genres: Er ist fast ausschließlich in der Gletscher- und Firnregion angesiedelt, deren Morphologie und Kontrastreichtum die Ästhetik des Films von Beginn an bestimmt; die junge Frau wird nicht, wie in den bisherigen Filmen, primär mit einem anderen Raum als dem des Gebirges assoziiert; sie bewegt sich vielmehr im ganzen Film zwischen traditionellen weiblichen Mustern (wovon das Feuermachen und Putzen in der Hütte und die großstädtischen Hausschuhe zwischen den Bergstiefeln zeugen) und der Rolle als moderner selbstbewußter Frau, zu der neben sportlichen Ambitionen auch laszives Räkeln unter phallischen und zudem tropfenden Eiszapfen gehört. Diese Zapfen, *pars pro toto* der phallischen Übermacht des Bergs, erinnern Krafft andererseits durch ihr insistierendes Tropfen permanent an das Trauma des Verlusts seiner früheren Frau und die Erfahrung der eigenen Unzulänglichkeit, die er im immer wiederholten Anrennen an den Berg vergebens durchzuarbeiten trachtete: Der Bergsteiger als Wiedergänger (er wird an einer Stelle als „Geist des Berges" bezeichnet) wird als Figur psychologisch damit ungleich komplexer motiviert als beispielsweise die Freunde in *Der heilige Berg*.[262]

Denn Krafft ist ein kämpferischer, doch zugleich verletzter, traumatisierter Held. Obwohl das ‚Selbstopfer' als zentrales Moment in beiden Filmen

261 Der Film betont das Selbstopfer in einem pathetischen Abschiedsbrief Kraffts an den Bergführer Christian; vgl. Rapp, *Höhenrausch*, S. 124.

262 Diese dramaturgische Komplexität wie die entschieden differenziertere schauspielerische Leistung verdankt sich offenbar auch der Mitwirkung von G.W. Papst, vgl. Rapp, ebd.

erscheint, steht in der *Weißen Hölle vom Piz Palü* im Mittelpunkt der Moral nicht mehr eine Treue, die den Tod in Kauf nimmt, sondern die Löschung der initialen Schuld und zudem eine Todessehnsucht, die als Vereinigung von Mann und Frau *im* Berg, im Innern des Eises ausphantasiert wird. Erkennbar zitiert der Film in dieser Geschichte und der im eisigen Grab unverändert schön konservierten Geliebten ein Märchenmotiv und ferner eine – seit Hebels „Unverhofftem Wiedersehen" und bis zu W.G. Sebald oder Paul Auster – auch literarisch immer wieder auftauchende Figuration,[263] welche die Erinnerung an ein traumatisches Ereignis mit der imaginären Stillstellung der geschichtlichen Zeit und schließlich mit dem Tod verbindet. *Die weiße Hölle am Piz Palü* erzählt darüber aber vor allem die Geschichte dieser Traumatisierung selbst: Der sportlich-alpinistischen Praxis der Studenten und ihrer Absturz-Katastrophe steht ein durch das Trauma des Verlusts motivierter, in der Präsenz und Wiederholung von Zeichen (Tropfen des Eises, Blick auf den Piz Palü) symbolisch stets präsenter *existentieller* Kampf des Helden mit dem Berg gegenüber; und in der Hölle des Schneesturms gelingt diesem schließlich die ‚Durcharbeitung' und Löschung des Traumas im Opfer für ein junges Paar, welches das ursprüngliche Paar gewissermaßen *ersetzt* (nicht umsonst heißen beide Frauen Maria und die beiden Männer Johannes und Hans[264]).

Durch die tage- und nächtelange Erstarrung des Kampfs in der Eiswand, das Verrücktwerden des jungen Mannes (der schließlich gefesselt werden muss, um ihn vor dem Hinabzustürzen zu bewahren), vor allem jedoch durch die Figur des Weltkriegsfliegers Udet wird diese Geschichte aber erkennbar auch mit Referenzen auf den Weltkrieg versehen. Die letztlich im Opfer gelingende Bewältigung des Traumas läßt sich daher auch als verschobene Repräsentation

---

263 Vgl. Hebel, Johann Peter: Unverhoftes Wiedersehen, in: *Schatzkästlein des Rheinischen Hausfreundes*, Tübingen 1811, S. 292–294; Sebald, W.G.: Dr. Henry Selwyn, in: *Die Ausgewanderten*, Frankfurt a.M. 1994, S. 5–37, hier S. 36f.; Auster, Paul: *Schlagschatten. Eine Erzählung*, Reinbek bei Hamburg 2001, S. 38f.; von den vielen Varianten des Motivs beziehen sich die von Sebald und Auster ganz explizit auf Bergsteiger und den Tod im Gletscher. Walter Benjamin hat im Erzähler-Aufsatz auf die überragende Bedeutung von Hebels Geschichte aufmerksam gemacht und vor allem die Bedeutung des Todes bei Hebel hervorgehoben, die wesentlich für das Erzählen überhaupt ist: „Der Tod ist die Sanktion von allem, was der Erzähler berichten kann. Vom Tode hat er seine Autorität geliehen" (Benjamin, Walter: Der Erzähler, in: *Gesammelte Schriften*, hg. von Rolf Tiedemann und Hermann Schweppenhäuser, Bd. II.2, Frankfurt a.M. 1980, S. 438–465, hier S. 463).

264 Die Namen nach der akribischen Dokumentation des Filmportals (http://www.filmportal.de/film/die-weisse-hoelle-vom-piz-palue_89ce9dceb87f4545bef53bcb3ee095f9 (3.7.2012)); Rapp (*Höhenrausch*, S. 119–127) spricht von „Heinz", wodurch diese Supplementierung nicht recht deutlich wird.

der Weltkriegs-Katastrophe und phantasmatische Löschung der initialen Verletzung lesen: Die Plot-Struktur verbindet eine katastrophale Vorgeschichte, das Insistieren des Traumas und schließlich eine dieses Trauma ausagierende Handlung. Andererseits verarbeitet *Die weiße Hölle vom Piz Palü* in den vier männlichen Figuren – Krafft, Hans, Bergführer Christian, Flieger Udet – verschiedene Facetten des traumatisierten, des schwächlich-unerfahrenen, des hilflos-treuen und schließlich des überlegenen, ‚technisch' gepanzerten männlichen Subjekts, denen die beiden zwar modernen, aber letztlich doch passiven, auf rettende Männer angewiesenen Frauenfiguren und der monumentale Berg selbst gegenüberstehen.

Es wäre daher aufschlußreich, diesen Film wie auch andere Bergfilme Fancks und Trenkers einerseits in Hinblick auf die „Männerphantasien" (Theweleit), die Phantasmen technischer Supplementierungen und ‚Panzerungen' verwundbarer Körper und ihren medialen Inszenierungen zu lesen[265], andererseits aber, sie im Kontext des Paradigmas des *shell shock cinema* weiter zu analysieren, das Anton Kaes für eine alternative Filmgeschichte der Weimarer Zeit vorgeschlagen hat.[266] In seiner Perspektive an Kracauer anknüpfend, versteht Kaes die Entwicklung des deutschen Films in den zwanziger Jahren gleichwohl weniger als proto- oder präfaschistisch denn als ‚post-traumatische' Filmästhetik, deren dynamische Entwicklung von den *wounds of war* angetrieben ist und sie in verschiedenen symbolischen Verschiebungen und latenten Verhandlungen von Kriegspsychosen und Schockzuständen inszeniert und sichtbar macht. Zu diesen zählen die Horrorbilder und Schreckensszenarien des expressionistischen Films, die als ästhetische Refigurationen der Wahrnehmungs-Schocks des Krieges deutbar sind. Doch auch die Szenarien tödlichen Kampfs in der „Weißen Hölle" ließen sich in diese Reihe stellen: Diese „Hölle" ist ein Ort unvermittelter, tödlicher Gefahr, wie sie die schockierende Anfangssequenz zeigt; sie ist zugleich aber Ort einer Wiedergeburt und Supplementierung in der Wiederholung und ‚Durcharbeitung' der Katastrophe.

Triumph des Filmens oder *Filmische Erhabenheit*

Eine ähnliche Erstarrung des „Kampfs" in eisigen Höhen steht im Mittelpunkt von Fancks nächstem Spielfilm *Stürme über dem Montblanc* (1930) (erneut mit

265 Vgl. Theweleit, Klaus: *Männerphantasien* [1977], München 2000.

266 Kaes, Anton: *Shell Shock Cinema: Weimar Culture and the Wounds of War*, Princeton 2009; Kaes behandelt den Bergfilm allerdings nicht. Vgl. auch schon ders.: *M*, London 2000, in dem diese These an Wienes *Das Cabinet des Dr. Caligari*, Murnaus *Nosferatu*, Langs *Niebelungen* und Langs *M* entwickelt wird.

Udet und Riefenstahl), der zugleich der erste Tonfilm des Genres ist[267]: Sein Hauptschauplatz liegt nun noch etwas höher, nämlich in einer Wetterstation am Gipfel des Montblanc; ursprünglich sollte der Film *Über den Wolken* heißen. Dieses Observatorium, in dem der Wetterwart, der sich von seiner Geliebten Hella mit seinem besten Freund betrogen glaubt, trotz der titelgebenden Stürme ausharrt und fast erfriert, wird als in höchster Höhe isolierter Ort auch dadurch kenntlich gemacht, dass die primäre Kommunikation in diesem Film eine technische ist – über Fernrohre (von Hella im Tal), Morsetelegrafie, Radio und schließlich über das Flugzeug, welches erneut Ernst Udet über die Gipfel steuert.[268] Der Film treibt aber nicht nur die Verbindung von monumentaler Naturästhetik – hier vor allem: der Wolken[269] – und technischer Moderne noch einen Schritt weiter als die vorherigen Filme, er inszeniert erneut den Weltkriegspiloten Ernst Udet als „deus ex machina"[270] im wörtlichen Sinn: Der prominenteste Vertreter der seit 1919 aufgelösten deutschen Luftwaffe wird zum Retter des Wetterwarts, der in dem vom Sturm fast zerstörten Observatoriums schon fast im Schnee verschwunden ist und ohne die Hilfe von oben verloren wäre.[271] Auch diese Filmhandlung erweist sich in den politischen und militärischen Konnotationen als symbolische ‚Durcharbeitung' der latent mitverhandelten Kriegskatastrophe; auch hier aber erscheint sie verschoben durch die melodramatische Geschlechterkonstellation, welche den nahezu tödlichen Stellungskampf in der Höhe und seine Dramatik motivieren soll.

Auch explizit zum Thema wurde der Gebirgskrieg schließlich ein Jahr darauf in Trenkers erstem eigenen Film *Berge in Flammen* (1931), der die oben

---

267 *Stürme über dem Montblanc*, Deutschland 1930, Regie und Drehbuch: Arnold Fanck. Der Film wurde noch als Stummfilm begonnen, der Ton nachträglich hinzugefügt (vgl. Rapp, *Höhenrausch*, S. 130–140).

268 Vgl. Rapp, *Höhenrausch*, 131.

269 Es sind diese Wolken, die Kracauer vor allem zu seinem Vergleich mit den Reichsparteitagsfilmen Riefenstahls anregten („Der Film schildert wieder Schrecken und Schönheiten des Hochgebirges, diesmal mit besonderem Nachdruck auf dem majestätischen Spiel der Wolken. (Dass in der Anfangssequenz des Nazi-Dokumentarfilms TRIUMPH DES WILLENS von 1935 ähnliche Wolkenmassen Hitlers Flugzeug auf auf seinem Flug nach Nürnberg umgeben, deckt die schließliche Verschmelzung von Gebirgskult und Hitlerkult auf [...].)" Kracauer, *Von Caligari zu Hitler*, S. 271). Vgl. zu einer hierzu kritischen Perspektive und alternativen Interpretation der Dominanz von Wolken in Fancks Filmästhetik Kirchmann, Szenen eines Kampfes, v.a. S. 124ff.

270 Die doppelt treffende Kennzeichnung bei Rapp, *Höhenrausch*, S. 136.

271 Vgl. dazu auch die in vielem parallele Dramaturgie von Fancks *SOS Eisberg!* (D 1932/33), der ein ähnliches Szenario im Grönlandeis inszeniert (mit teilweise denselben Darstellern wie Gustav Diessl, Leni Riefenstahl und Sepp Rist; auch die Rollen (Dr. Johannes Krafft, Hella Lorenz) stammen aus früheren Filmen, und auch hier taucht Ernst Udet als rettender Pilot auf).

bereits geschilderte Kriegsepisode um die Sprengung eines von den Österreichern gehaltenen Dolomitengipfels zum Thema hatte.[272] Kracauers Urteil über den Film fiel ebenso kritisch wie sarkastisch aus:

> Wo Pabsts *Westfront 1918* Kriegsschrecken aneinanderreiht, um den Pazifismus zu propagieren, huldigt Trenkers Kriegsfilm martialischen Tugenden. Der Krieg in *Berge in Flammen* bildet nur den Hintergrund für einen Bergsteiger, der sein natürliches Schicksal zu erfüllen scheint, wenn er zum Kriegshelden wird. Beide Filme, der pazifistische und der heroische, lassen die Ursachen des Ersten Weltkriegs außer acht; aber im Gegensatz zu Pabst ist Trenkers Ignoranz berechtigt, da er den idealen Soldaten verherrlicht und Soldaten sich nicht an Politik vergreifen sollen. Das Bild des Kriegshelden wird durch zwei Sequenzen komplett, die die eigentlichen Kampfszenen einrahmen. In der Anfangssequenz sieht man den österreichischen Offizier und den italienischen Kommandanten, seinen zukünftigen Feind, zusammen auf einer Exkursion im Gebirge, unmittelbar vor Ausbruch der Feindseligkeiten – zwei Freunde, die über nationalistische Vorurteile erhaben sind; im Finale, ein paar Jahre nach dem Krieg, nehmen die Exfeinde ihre alte Freundschaft wieder auf.
>
> Indem er persönliche Bindungen betont, provoziert der Trenkerfilm Chauvinismus noch energischer, als es Filme wie *Kreuzer Emden* und *U-9 Weddigen* taten.[273]

Doch nicht nur die ideologischen Ambivalenzen des Films sind von politischer Bedeutung. Sowohl die pazifistischen (Anti-)Kriegsfilme Papsts und vor allem Lewis Milestones, der 1930 Remarques *Im Westen nichts Neues* verfilmte[274], als auch Trenkers Bergkriegs-Film entwickelten ‚realistische' Repräsentationsweisen des Krieges, die erstmals eine Bildsprache für die völlig veränderte Wahrnehmung des Krieges, seiner Materialschlachten und seiner Entfesselung technischer Destruktionskräfte schuf und „vor allem in Bildern einer spezifischen ‚Überwältigungsästhetik' Ausdruck gefunden hat".[275] Sie verbanden diese zwar mit unterschiedlichen politisch-moralischen Aussagen – so verstand

---

272 Vgl. zur Entstehung, dem dahinter stehenden Streit mit Fanck, der eine Erzählung von Hans Schneeberger (einer von Fancks Kameramännern) über ein reales Kriegserlebnis selbst schon in einem Drehbuch verarbeitet hatte und Trenker des Plagiats bezichtigte, und schließlich zur detaillierten Interpretation des Films Rapp, *Höhenrausch*, S. 157–178.

273 Kracauer, *Von Caligari zu Hitler*, S. 273f. – Eine ähnlich ambivalente Verbindung der Feier von „martialischen Tugenden" und nur vermeintlichem Transzendieren national motivierter Kämpfe bietet schließlich Trenkers (Neu-)Verfilmung des Matterhorn-Dramas von 1865 nach Carl Haensels *Der Kampf ums Matterhorn* in *Der Berg ruft* von 1937, auf die hier nicht mehr eingegangen werden kann.

274 Vgl. *Westfront 1918*, Deutschland 1930, Regie G.W. Pabst; *All Quiet on the Western Front*, USA 1930, Regie Lewis Milestone.

275 Vgl. dazu den vorzüglichen Aufsatz von Winkle, Ralph: Der Schock und die Ästhetik des Erhabenen. Darstellungsformen des Weltkriegs in Filmen der zwanziger und dreißiger

Trenker *Berge in Flammen* als „Antwort auf Milestone“[276] und zeigte zwar einen Massen-Krieg, doch individuelles Heldentum –, etablierten damit aber einen die Differenz von Kriegs- und Anti-Kriegsfilmen tendenziell unterlaufenden Darstellungscode.[277] Zu diesem gehörte die filmische Inszenierung von spezifischen Handlungsräumen (wie den ‚Kriegslandschaften‘ des *no-mans-lands* z.B. in *All Quiet on the Western Front*, des Meers in den U-Boot-Filmen oder hier eben der Berge), vor allem aber die Entwicklung filmästhetischer Äquivalente zu den Schock- und Destruktionserfahrungen des Krieges.

Dabei verbindet sich die – zeitgenössisch von Walter Benjamin analysierten – grundsätzliche „Chockwirkung des Films“[278], die durch den „Wechsel der Schauplätze und Einstellungen“ entsteht, „welche stoßweise auf den Beschauer eindringen“[279], mit der unmittelbaren, die einzelnen Einstellungen bestimmenden Inszenierung der entfesselten Gewalt des ‚industrialisierten‘ Krieges. Es entsteht eine „filmische Ästhetik des Erhabenen“[280]: Die Überwältigung durch erschreckende, übermächtige Gewalten (in der ästhetischen Tradition seit Burke und Kant: der übermächtigen Natur; hier nun: der übermächtigen Zerstörungskraft), die auf den Betrachter eindringen und ihm vernichtend erscheinen müssen, wird durch die Beobachterposition selbst, in der diese Gewalten als Schauspiel erscheinen, austariert und damit der Schrecken in Lust verwandelt. Das ‚angenehme Grauen‘, zentrales Oxymoron der im 18. Jahrhundert entwickelten Ästhetik des (Natur-)Erhabenen, wird (film-)technisch restituiert.[281]

Während dies für die Kriegs- und Anti-Kriegsfilme der Jahre um 1930 gleichermaßen gilt[282], wird es in Trenkers *Berge in Flammen* auch explizit mit dem Hochgebirge als traditionellem Topos des Naturerhabenen verbunden.

Jahre, in: Chiari, Bernhard; Rogg, Matthias, Schmidt, Wolfgang (Hg.): *Krieg und Militär im Film des 20. Jahrhunderts*, München 2003, S. 319–342, hier S. 320.

276 Rapp, *Höhenrausch*, S. 160.

277 Vgl. Winkle, Der Schock, S. 320; auf Winkles Überlegungen beziehe ich mich auch im Folgenden.

278 Benjamin, Walter: Das Kunstwerk im Zeitalter seiner technischen Reproduzierbarkeit [*zweite Fassung*], in: *Gesammelte Schriften*, hg. von Rolf Tiedemann und Hermann Schweppenhäuser, Bd. I.2, Frankfurt a.M. 1980, S. 471–508, hier S. 503.

279 Ebd. S. 502.

280 Winkle, Der Schock, S. 323.

281 Vgl. Zelle, Angenehmes Grauen.

282 Tatsächlich gilt es vielleicht in noch weit grundsätzlicherer Weise für filmische Repräsentation von Destruktion, z.B. in Katastrophenfilmen; im Kunstwerk-Aufsatz schreibt Benjamin: „Die Menschheit, die einst bei Homer ein Schauobjekt für die Olympischen Götter war, ist es nun für sich selbst geworden. Ihre Selbstentfremdung hat jenen Grad erreicht, der sie ihre eigene Vernichtung als ästhetischen Genuß ersten Ranges erleben läßt.“ (Benjamin, Das Kunstwerk im Zeitalter seiner technischen Reproduzierbarkeit, S. 508.)

Sowohl diese Engführung als auch die in anderen Kriegsfilmen prägende Überwältigungsästhetik wird jedoch erst durch filmtechnische Entwicklungen möglich, die gerade für den Bergfilm schon in den 20er Jahren entstanden: So ließ Fanck, um „Bewegungsabläufe, die in einer großen Distanz zum Kamerastandpunkt stattfanden, einfangen zu können, [...] seit 1922 spezielle Kameraobjektive mit Brennweiten von 220 mm und 300 mm und später von 500 mm entwickeln, die als Teleobjektiv wirkten".[283]

Man könnte sagen: Die technischen Voraussetzungen der filmische Erhabenheitsästhetik werden zuerst im Gebirge und für jene Bergfilme entwickelt, welche die Entdeckung einer auch filmästhetisch spektakulären Landschaft vollziehen, aus der sich Überwältigungseffekte des Kinos selbst herausreizen lassen. Im Sinn der oben geschilderten Überlagerung von Kriegslandschaft und Naturlandschaft, welche die kollektive Imagination des Hochgebirges seit dem Gebirgskrieg prägte, ist damit im Bergfilm auch filmästhetisch schon jene Engführung von Natur-Erhabenem und Erfahrungsraum des Krieges vorgeprägt, der als entfesselte Destruktionskraft erscheint und zugleich überwältigende Bilder produziert. Nicht nur auf der Ebene der Plots, die als Verhandlung von Traumata, von Logiken des Opfers und Phantasmen technischer Bewältigung latent auch auf den Weltkrieg bezogen sind, sondern im Kern ihres eigenen ästhetischen Projekts, der filmischen Eroberung der erhabenen Natur, korrespondieren die Bergfilme der 20er Jahre daher mit dem kollektiven Trauma der Weltkriegskatastrophe.[284]

---

283 Winkle, Der Schock, S. 324.

284 Auf die weitere Entwicklung des Bergfilm-Genres (im Sinn fiktionaler Spielfilme) im 20. Jahrhundert kann hier nicht eingegangen werden; vgl. aber König, Stefan: Der Mythos vom heiligen Berg. Kleine genealogische Abhandlung in Sachen deutscher Bergfilmtradition, in: Horak (Hg.), *Berge, Licht und Traum*, S. 105–124. Vgl. ferner zur Seite des Expeditionsfilms den folgenden Abschnitt.

KAPITEL 4

Logiken der Expedition

Ich lernte wohnen,
Wo niemand wohnt, in öden Eisbär-Zonen
Nietzsche, *Jenseits von Gut und Böse*

4.1. Throne der Götter. Bergsteigen im Himalaya

Die „höchsten Zinnen der Welt"

Im Diskurs über die Veränderung des alpinen Raums durch die touristische Erschließung, durch „Vermassung" und „Verflachung" deuteten sich seit der Jahrhundertwende zwei „Auswege"[1] an: Die Schaffung von Reservaten für Hochalpinisten durch die Beendigung weiterer oder den Rückbau der bisherigen Erschließung (was, wie oben beschrieben, unter dem Stichwort „Ödlandfrage" diskutiert wurde); oder aber die Flucht aus dem eng gewordenen europäischen Gebirge auf ferne Gipfel anderer Kontinente. Besonders die letztere Wendung bot dem alpinen Heroismus neue Ziele und verhieß Fluchtwege aus dem historischen Dilemma einer Nachkommenschaft, die nur sentimental auf Pioniertaten früherer Generationen zurückblicken konnte. So schrieb der erwähnte Leo Maduschka in seinem Aufsatz „Der junge Bergsteiger von heute" 1931 einerseits:

> In den Alpen sind wir junge Bergsteiger von heute Epigonen. […] Unsere Leistungen sind denen der klassischen Zeit zum mindesten ebenbürtig, aber ihre Originalität nimmt von Jahr zu Jahr rapider ab. Die großen Probleme sind gelöst, selbst die meiste Kleinarbeit schon getan […] – praktisch ist heute ein Abschluß da.[2]

Diese Epigonalität ändere, so Maduschka, zwar nichts an der Erlebnisqualität des Bergsteigens für den Einzelnen, doch an historisch Neuem sei in den Alpen kaum noch etwas zu schaffen – „das ist eben Schicksal, in das wir uns zu fügen haben" (JM 151). Andererseits endet sein Text aber mit einer Art Vision:

1 Vgl. Günter: *Alpine Quergänge*, S. 100.

2 Maduschka, Leo: Der junge Bergsteiger von heute, in: *Deutsche Alpenzeitung*, April 1931, S. 121–126; hier zit. nach JM S. 146–154, hier S. 150.

 | DOI:10.30965/9783846767788_005

> Schauen wir aber vorwärts in die Zeit – so sehen wir ein fernes Bild: die silbernen Eisriesen Asiens, deren ungeheure Flanken uns rufen. Dort stehen die höchsten Zinnen der Welt, dort liegen Zukunft und Ziel. (JM 154)

Wie konkret vor allem die Kletter-Avantgardisten des Münchner Akademischen Alpenvereins diese Zielvorgabe verstanden, wird daran sichtbar, dass eine ganze Reihe von ihnen in den Folgejahren tatsächlich in den Himalaya fuhren. So nahm Leo Maduschkas letzter Seilgefährte Martin Pfeffer – Maduschka erfror, wie erwähnt, 1932 bei einem Wettersturz in der Nordwestwand der Civetta – an der von Karl Wien geführten Nanga-Parbat-Expedition 1937 teil – und wurde gemeinsam mit sechs weiteren deutschen Alpinisten und neun Sherpas in der Nacht vom 17. auf den 18. Juni 1937 von einer riesigen Eislawine am Rakiot Peak erschlagen.[3]

Die Möglichkeiten solcher Fahrten und damit eine Ausweitung des Alpinismus auf Gebiete außerhalb der Alpen waren allerdings erst seit dem späten 19. Jahrhundert ins Bewusstsein gerückt.[4] Zuvor gab es, wie erwähnt, einige berühmte frühe Beispiele von Bergbesteigungen oder Besteigungsversuchen auf anderen Kontinenten.[5] Die meisten jedoch fanden, wie schon die Besteigung des Chimborazo durch Alexander von Humboldt und Aimé Bonpland im Jahr 1802, eher am Rand von naturkundlichen oder anderen Entdeckungs- und Forschungsreisen statt und waren nicht deren primärer Zweck. In der zweiten Jahrhunderthälfte verbanden sich geographische oder naturkundliche ‚Pioniertaten' indessen immer häufiger mit Bergbesteigungen und Berichten darüber: So bei der dreijährigen Indien- und Himalayafahrt der Brüder Adolph, Hermann und Robert Schlagintweit, die zwischen 1854 und

---

3 Vgl. die Fußnote in JM, S. XXXIV; ferner Märtin, *Nanga Parbat* S. 182ff.

4 Vgl. zur Geschichte des Himalaya-Bergsteigens noch immer: Dyhrenfurth, Günther Oskar: *Zum dritten Pol. Die Achttausender der Erde*, Graz; Wien 1952; Mason, Kenneth: *Abode of Snow. A History of Himalayan Exploration and Mountaineering*, London 1955, NA 1987; sein Titel ist übrigens bereits Zitat eines historischen Reiseberichts (Wilson, Andrew: *The Abode of Snow. Observations from a Journey from Chinese Tibet to the Indian Caucasus, through the Upper Valleys of Himalaya*, Edinburgh 1875) und zitiert wie dieser die geläufige Übersetzung der Bezeichnung aus dem Sanskrit (Himalaya = Wohnstatt/Heimat des Schnees). Vgl. ferner Isserman, Maurice/Weaver, Steward: *Fallen Giants. A History of Himalayan Mountaineering from the Age of Empire to the Age of Extremes*, New Haven 2008.

5 Außer Betracht bleiben muss hier die Besteigungsgeschichte der nordamerikanischen Rocky Mountains, die ebenfalls erst seit den 1880er Jahren in größerem Umfang bergsteigerisch-geographisch erschlossen wurden; der Mount St. Elias (5489 m, an der Grenze von Kanada und Alaska) wurde 1897 durch den Duca degli Abruzzi (Luigi Amade di Savoya-Aosta) und den Bergführer Joseph Petigax erstmals erstiegen; der Mount McKinley (Denali) (6196 m), der erst seit 1897 als der höchste Berg Nordamerikas gilt, 1913 durch Hudson Stuck und Harry Karstens. Vgl. Unsworth, Walt: *Encyclopedia of Mountaineering*, new enl. and updated ed., London 1992, S. 11, S. 231f.

1856 unter anderem den westlichen Teil des Himalaya bereisten und beim Besteigungsversuch des 7756 m hohen Kamet immerhin einen neuen „Höhenweltrekord" (6785 m) aufstellten;[6] so bei der Winterbesteigung 1866 des Pik von Teneriffa durch den deutschen Zoologen Ernst Haeckel;[7] und so vor allem bei den wiederholten und international mit großer Aufmerksamkeit registrierten Versuchen, den Kilimandjaro zu ersteigen, was schließlich dem deutschen Geographen Hans Meyer und dem Salzburger Alpinisten Ludwig Purtscheller nach zwei vergeblichen Anläufen 1889 gelang.[8]

Neben den Anden[9], die seit Humboldts Südamerika-Reise fest im europäischen Vorstellungsrepertoire ferner Gebirge verankert waren, wurden im letzten Jahrhundert-Drittel vor allem die Gebirge Vorder- und Zentralasiens

---

6 Vgl. Schlagintweit, Hermann, Adolph und Robert: *Results of a scientific mission to India and High Asia*, Bd. I–III, Leipzig und London 1861–1863, *Atlas*, ebd. 1861; Schlagintweit-Sakünlünski, Hermann von: *Reisen in Indien und Hochasien*, 4 Bde. Jena 1869–1880; Kick, Wilhelm: *Adoph Schlagintweits Karakorum-Forschungsreise 1856*, München 1993 (Forschungsberichte des Deutschen Alpenvereins, Bd. 6); zum Nachlaß der Schlagintweits in der Bayrischen Staatsbibliothek vgl. Büchler, Anne; Schumacher, Rolf (Bearb.): *Die Nachlässe von Martius, Liebig und den Brüdern Schlagintweit in der Bayrischen Staatsbibliothek*, Wiesbaden 1990. Zu den Brüdern Schlagintweit vgl. ferner: Felsch, Philipp: Humboldts Söhne. Das paradigmatische / epigonale Leben der Brüder Schlagintweit, in: Neumann, Michael; Stüssel, Kerstin (Hg.): *Magie der Geschichten. Weltverkehr, Literatur und Anthropologie in der zweiten Hälfte des 19. Jahrhunderts*, Konstanz 2011, S. 113–129.

7 Häckel [sic], Ernst: Eine Besteigung des Pik von Teneriffa, in: *Zeitschrift der Gesellschaft für Erdkunde*, Bd. V., 1870, S. 1–28.

8 Vgl. Meyer, Hans: *Ostafrikanische Gletscherfahrten*, Leipzig 1890; ders.: *Der Kilima-Ndscharo*, Berlin 1900; dazu aus kulturwissenschaftlicher Sicht zuletzt die hervorragende Darstellung von Hamann, Christof/Honold, Alexander: *Kilimandscharo: Die deutsche Geschichte eines afrikanischen Berges*, Berlin 2011. Die Besteigung des Kilimandscharo ist im übrigen die erste, mit der sich auch völlig klar nationale Besitz- oder Gebietsansprüche verbanden; Meyer hißte am Gipfel die Reichsflagge und taufte einen der Kibu-Gipfel auf den Namen *Kaiser-Wilhelm-Spitze*.

9 Auf die bergsteigerische „Erschließung" Südamerikas kann hier nicht eingegangen werden; vgl. aber den Überblick von Brogiato, Heinz Peter: Die geographische Erforschung Südamerikas im Spiegel der Bestände des Archivs für Geographie im Leibniz-Institut für Länderkunde, in: ders. (Hg.): *Die Anden – geographische Erforschung und künstlerische Darstellung. 100 Jahre Andenexpedition von Hans Meyer und Rudolf Reschreiter 1903–2003*, München 2003 (Wissenschaftliche Alpenvereinshefte, Bd. 37), S. 19–39; Welsch, Walter: Die frühe Erschließung der Berge Ekuadors und die alpinistischen Unternehmungen Hans Meyers im Jahre 1903, ebd. S. 41–57. Ferner die Hauptreferenzen in: Neat, Jill: *Mountaineering in the Andes. A Sourcebook for Climbers*, 2.A. London 1994. Wichtige Stationen sind die Expeditionen von Karl von Steinen (ders.: *Durch Central-Brasilien. Expedition zur Erforschung des Schingú*, 1886); die Forschungsreise von Hans Meyer gemeinsam mit dem Maler Rudolf Reschreiter von 1903 (Meyer, Hans: *In den Hoch-Anden von Ecuador*, 1907); die Andenexpedition des Deutschen und Österreichischen Alpenvereins 1928 (Carl Troll/Friedrich Ahlfeld) und schließlich die Expedition zur „Kordillera Bianca" des DÖAV 1932 (Philipp Borchers; vgl. Borchers, Philipp: *Die weiße Kordillere*, Berlin 1935.)

zum Ziel von Expeditionen, zunächst der Kaukasus, später der Pamir und der Himalaya.[10] Dabei wurden die Forschungszwecke oft bereits mit alpinistischen Motiven verbunden; dies gilt besonders für die britischen Bergsteiger, deren Möglichkeiten aufgrund des britischen *Empire* entschieden bessere waren.[11]

Ausschließlich bergsteigerisch motivierte Himalaya-Fahrten waren aber im 19. Jahrhundert noch die Ausnahme. Als erste gilt die Indienfahrt, die der englische Alpinist William Woodman Graham 1883 zusammen mit drei Schweizer Bergführern unternahm, wobei er das Kangchendzönga-Gebiet erkundete sowie nach eigenem Bekunden den Kabru (7340 m) bestieg.[12] Verbreiteter waren sowohl geographisch als auch alpinistisch motivierte Expeditionen, wie etwa die Kaukasus-Fahrten des englischen Geographen und Alpinisten Douglas William Freshfield, der bereits 1868 den Ostgipfel des Mount Elbrus bestiegen hatte und in den 1880er Jahren erneut in den Kaukasus und schließlich 1899 an den Kangchendzönga fuhr. An letzterer Expedition nahm auch der berühmte italienische Fotograf Vittorio Sella teil, der zehn Jahre später auch zum Baltoro-Gebiet reiste: Seine Fotografien boten vielfach die ersten Abbildungen der von Maduschka als ferne Ziele anvisierten „silbernen Eisriesen" und waren von so überragender Qualität, dass sie teils noch Jahrzehnte später in entsprechenden Bänden erneut veröffentlicht wurden.[13]

Freshfield, der zeitweise Präsident des *Alpine Club* war, gleichzeitig aber als Generalsekretär, später Vizepräsident und schließlich Präsident der *Royal Geographic Society* fungierte, stand *in personam* für eine Verbindung von wissenschaftlichen und alpinistischen Expeditionszielen; gleiches gilt für

10 Vgl. den auch hier wachsenden Berg von Schrifttum, den zum Himalaya, Tibet und Nepal bis 1990 erfasst: Aschoff, Jürgen C.: *Tibet, Nepal und der Kulturraum des Himalaya (mit Ladakh, Sikkim und Bhutan). Kommentierte Bibliographie deutschsprachiger Bücher und Aufsätze 1627–1990*, Dietikon (CH) 1992.

11 Unter den deutschsprachigen Alpinisten, die sich die Asien-Erkundung zum Ziel setzten, wäre zumindest Gottfried Merzbacher (1843–1826) zu erwähnen, der 1891 eine erste Expedition in bis dahin unerforschte Regionen des Kaukasus unternahm (vgl. Merzbacher, Gottfried: *Aus den Hochregionen des Kaukasus*, 2 Bde. Leipzig 1901). Vgl. Kommission für Glaziologie der Bayrischen Akademie der Wissenschaften (Hg.): *Gottfried Merzbacher (1843–1926) als Alpinist und Glaziologe. Tagungsband zur Tagung am Mittwoch, 28. Oktober 2006*, München 2006.

12 Vgl. Unsworth, Walt: *Encyclopedia of Mountaineering*, new enl. and updated ed., London 1992, S. 140f.: „Graham […] became the first climber to specifically visit the Himalaya for purely climbing purposes" (141). Es wird vermutet, dass Graham, der kaum mit Karte und Kompass umgehen konnte, tatsächlich den um über 1000 m niedrigeren Forked Peak bestieg. Vgl. Märtin, *Nanga Parbat*, S. 18f.

13 Vgl. zu den Reisen: Freshfield, Douglas W.: *The Exploration of the Caucasus*, London 1896. ders.: *Round Kangchenjunga: A Narrative of Mountain Travel and Exploration*, London 1903; Abbildungen Sellas z.B. in Dyhrenfurths unten besprochenem *Dämon Himalaya*, s.d.

Abb. 34 Vittorio Sella, Gasherbrum (1909)

Martin Conway, dessen Karakorum-Expedition von 1892 die erste vollständige Karte der Region erbrachte – und eine Zeichnung des Nanga Parbat, an dem er vorüber gekommen war.[14] Deutlich anders lagen die Interessen aber schon beim vermutlich berühmtesten britischen Alpinisten des letzten Jahrhundertdrittels, Albert Frederick Mummery, der nach einer Reihe aufsehenerregender Erstbesteigungen in den Alpen schließlich 1895 zur ersten Expedition aufbrach, die explizit die Besteigung eines „8000ers" zum Ziel hatte – eben des Nanga Parbat. Er unterschätzte jedoch, obwohl er große alpine Erfahrung besaß und schon im Kaukasus geklettert war, die Gefahren des Berges und die Probleme des Kletterns in großer Höhe. Am 24. August 1895 trennte er sich am Fuß des Berges von den britischen Begleitern und verscholl mit zwei Gurkha-Trägern auf dem Weg zur Diama-Scharte an der Nordseite des Berges für immer.[15]

Expeditionsbergsteigen und Himalayismus

Dass Mummery bei dem Versuch ums Leben kam, den Nanga Parbat mit einer kleinen Mannschaft, im Stil und mit den Mitteln zu ersteigen, die im alpinen

14 Vgl. Conway, William Martin: *Climbing and Exploration in the Karakoram-Himalayas*, 2 Bde., London 1894.

15 Vgl. Märtin, *Nanga Parbat*, S. 51ff.

Klettern – zum Teil von ihm selbst[16] – entwickelt worden waren, hatte für das Bergsteigen im Himalaya und anderen Gebirgen Hochasiens in doppelter Hinsicht Konsequenzen: Zum einen setzte sich in der Folge „[m]ehr und mehr [...] die Auffassung durch, daß die großen Himalaya-Riesen nur durch große Expeditionen zu bezwingen seien und daß statt Spontaneität und Schnelligkeit ein schrittweises, systematisches Vorgehen den Erfolg verbürge."[17] Damit wurde das Expeditionsbergsteigen zum Gegenstand ausgedehnter Debatten über Organisation, erfolgversprechende Logistik, notwendige Vorbereitung und wissenschaftlich-technische Unterstützung; es entwickelte sich – zunächst in England, dann auch im deutschen Sprachraum[18] – eine Art Expertendiskurs innerhalb des alpinen Diskurses mit zum Teil deutlich verschobenen Argumentationen und Textsorten. Die wichtigsten davon sind die Expeditions- und Reiseberichte, die in den alpinen Journalen, aber auch als Bücher erschienen, und in denen sich die mindestens anfängliche Hybridform der Expeditionen zwischen wissenschaftlichen und bergsteigerischen Zielsetzungen am deutlichsten zeigt.[19]

Zum anderen erhielt durch den Tod Mummerys die Frage nach der Gefahr, dem Risiko und der Irrationalität der alpinistischen Praxis, die bereits bei der Entstehung des ‚führerlosen Alpinismus' für erregte Diskussionen gesorgt hatte, in Bezug auf dieses Expeditionsbergsteigen noch einmal neue Dringlichkeit. Tatsächlich ist er der erste einer ganzen Reihe von Himalaya-Bergsteigern,

---

16 Mummery gehörte zu den ersten Vertretern eines „reinen" Alpin-Kletterstils „by fair means", d.h. ohne weitere Hilfsmittel als Seil, Steigeisen und Pickel, zugleich aber eines rein sportlichen „Gefahrenalpinismus", was ihm die entschiedene Gegnerschaft eines Teils der etablierten und älteren britischen Alpinisten eintrug. Er entwickelte auch Teile der neuen Bergausrüstung, mit der britische Bergsteiger ab den 70er und 80er Jahren auch in „heimischen" Klettergebieten (Schottland, Wales, Lake District, Kreidefelsen der Küste) ihre Kletterkünste übten (u.a. das „leichte Mummery-Zelt, die Mummery-Nägel für die Bergschuhe bei Eistouren, dünnere Seile, Klettern in Tennisschuhen [...]" (Lutterjohann, Martin: Albert Frederick Mummery. Ein Portrait, in: Mummery, Albert Frederick: *Meine Bergfahrten in den Alpen und im Kaukasus*, NA München 1988, S. 323–333, hier 331). Die englische Erstausgabe von Mummerys Texten: *My Climbs in the Alps and Caucasus* erschien übrigens in seinem Todesjahr 1895 (London und New York).

17 Märtin, *Nanga Parbat*, S. 57.

18 Vgl. als jüngsten Überblick für die Zeit nach dem 1. Weltkrieg: Torma, Franziska: Auslandsbergfahrten, in: *Berg Heil! Alpenverein und Bergsteigen 1918–1945*, hg. vom Deutschen Alpenverein, vom Oesterreichischen Alpenverein und vom Alpenverein Südtirol, Köln, Weimar, Wien 2011, S. 431–458.

19 Die wichtigste – und eigentlich einzige – Untersuchung dieser Texte *als* Texte, wenngleich im wesentlichen beschränkt auf den deutschsprachigen Raum, ist die vorzügliche Dissertation von Siegrist, Dominik: *Sehnsucht Himalaya. Alltagsgeographie und Naturdiskurs in deutschsprachigen Bergsteigerreiseberichten*, Zürich 1996.

die in Schneestürmen, Lawinen und Abstürzen umkamen und deren Schicksal die Geschichte des Expeditionsbergsteigens bis in die Gegenwart skandiert – nicht zu sprechen[20] von den Sherpa, Gurkha und anderen Hochträgern, die ebenfalls reihenweise ums Leben kamen.

Charakteristisch für den Diskurs des „Himalayismus"[21] ist also in erster Näherung eine fast paradoxe Doppelcodierung. Einerseits ist er weit stärker als der auf alpine Gebiete bezogene Diskurs von einer Ratio planender Vorausschau und organisatorischer Logistik geprägt; die Berichte erzählen von oft jahrelanger Vorbereitung, Finanzierungsschwierigkeiten, Diskussionen um die Auswahl der Teilnehmer und genaue Zielsetzungen, von Machtkämpfen und Widerständen. Andererseits aber evoziert er – und damit wird er zum Erbe der alten Abenteurer- und Asien-Entdecker-Literatur von Marco Polo bis Sven Hedin – weit mehr als Berichte über alpinistische Unternehmungen die Aura der abenteuerlichen großen Fahrt, eines gefahrvollen Aufbruchs in bis dahin selten oder nie betretene Regionen der Erde. Dass diese Gefahr immer wieder mit dem Leben bezahlt wurde und die Entdecker-Helden in „Tragödien" zu Tode stürzten, erfroren, an exotischen Krankheiten starben oder für immer verschwinden konnten, stellte auf dieser Ebene des Abenteuer-Narrativs den Sinn der Unternehmen jedoch nicht infrage, sondern schrieb die Expeditionen in Gebirge Asiens umso deutlicher in die verlustreiche Geschichte europäischer Entdecker-Fahrten ein.

Diese Ambivalenz der Expeditionsunternehmen in Himalaya zeigt sich in den Texten bereits an den Konzepten des „Alpinismus" und der „Expedition", welche die polare Spannung der Projekte kennzeichnen. Wie sehr die Herkunft (auch der Geographen-Bergsteiger) aus Europa und der Erfahrung der Alpen noch ihre Wahrnehmung der Berge und des eigenen Tuns in den Gebirgen Asiens prägte, wird daran sichtbar, dass sie die Zielregionen anfangs noch als „alpine Gebiete" bezeichnen; so spricht Kurt Boeck, der in den 1890er Jahren viermal in den Himalaya gereist war, vom „Alpenland Sikhim", den

---

20 Das ist wörtlich zu nehmen: Tatsächlich wurden die Sherpa und anderen Hochträger erst relativ spät in der Bedeutung beschrieben, die sie für die Expeditionen wirklich besaßen; von der Ausnahme Einzelner abgesehen, figurieren sie in vielen Expeditionsberichten lediglich als Träger oder Bedienstete. Vgl. zur Geschichte und kritischen Analyse vor allem: Ortner, Sherry B.: *Life and Death on Mt. Everest. Sherpas and Himalayan Mountaineering,* Princeton 2001; Tenzing, Judy: *Im Schatten des Everest. Die Geschichte der Sherpa,* München 2005.

21 Ich übernehme diesen Begriff – der in der alpinhistorischen Forschung nicht systematisch eingeführt ist – von Dominik Siegrist; vgl. ders.: *Sehnsucht Himalaya,* S. 42ff. und passim; er ist insofern nicht völlig glücklich, als bei Siegrist – wie im Folgenden – auch Expeditionstexte zu anderen Gebirgsregionen wie dem Kaukasus und vor allem dem Pamir und dem Tien Schan mitgemeint sind.

„Alpenländern Kumaon und [...] Garhwal" und gar den „indischen Alpen"[22]. Wenngleich es zu den Topoi späterer Himalayabeschreibungen gehört, dass sie die Differerenz vor allem der Höhe, der klimatischen Verhältnissen usw. gegenüber den Alpen betonen, so bleibt doch das gesamte geographisch-alpinistische Vokabular – Gipfel, Wände, Grate, Kare, Scharten, Pässe, Flanken, Gletscherspalten usw. dasselbe – und bleiben diese Alpen selbst als Folie der Landschaftswahrnehmung stets präsent.[23]

Andererseits avanciert relativ bald im 20. Jahrhundert der Terminus „Expedition" zur typischen Beschreibung der Unternehmungen – in Deutschland ab den 1920er Jahren flankiert vom (übrigens bis heute gebräuchlichen) Ausdruck „Auslandsbergfahrten"[24]. In Meyers *Großem Konversationslexikon* wird 1904 „Expedition" als „ein zu einem bestimmten (kriegerischen oder wissenschaftlichen) Zweck unternommener Zug" definiert[25]. Stärker als etwa die Erlebnis-Orientierung noch des Terminus „Bergfahrt" impliziert der Ausdruck demnach eine klare Zwecksetzung, die Überbrückung räumlicher Distanz, ein imaginäres Zentrum (wie Europa oder mindestens „der Westen"), *von dem aus* der „Zug" unternommen wird, und schließlich einen Explorations- oder Eroberungs-Anspruch. Wie schon im ‚klassischen' Alpinismus geht es zwar auch hier primär um symbolische Inbesitznahme (wie z.B. das Hissen einer Flagge auf bisher noch nie betretenem Boden), *als* symbolischer Akt ist dieses Ziel aber charakteristisch für den Totalitätsanspruch des europäischen Expansionsstrebens – und zwar sowohl politisch wie wissenschaftlich.

Für den Terminus und das Konzept der *Expedition* um die Jahrhundertwende zentral und in der eben genannten Hinsicht mit den Himalaya-Fahrten am ehesten vergleichbar sind zudem die Polar-Expeditionen, welche – durch

22 Boeck, Kurt: *Indische Gletscherfahrten. Reisen und Erlebnisse im Himalaja*, Stuttgart u. Leipzig 1900, S. 5ff. Boeck wurde übrigens von einem Tiroler Bergführer namens Hans Karer begleitet, vgl. ebd. S. 6ff. Ein anderes treffliches Beispiel ist Falkenhorst, Carl: *Auf Bergeshöhen Deutsch-Afrikas*, Stuttgart, Berlin, Leipzig 1890, der von „unseren afrikanischen Alpengebieten" spricht (S. 5).

23 „Alpinism" oder „Alpinist" blieben im übrigen auch lange Zeit im anglo-amerikanischen Sprachgebrauch für das Bergsteigen bzw. Bergsteiger außerhalb der europäischen Alpen gebräuchliche Bezeichnungen, beispielsweise der Rocky Mountains.

24 Vgl. Mierau, Peter: *Nationalsozialistische Expeditionspolitik. Deutsche Asien-Expeditionen 1933–1945*, München 2006 [zugl. Diss. Univ. München 2003], S. 37ff.; Torma, Auslandsbergfahrten. Der Terminus ist mindestens insofern merkwürdig, als von Deutschland aus bereits der größte Teil der Alpen im „Ausland" liegt. Ein weiterer gern verwendeter Terminus ist „Kundfahrt".

25 *Meyers Großes Konversationslexikon*, 6.A. Leipzig/Wien 1904, Bd. 6, S. 220, Hinweis bei Mierau, ebd. S. 17.

Peary, Henson und vier Inuit 1909 am Nordpol, durch Amundsens Fram-Expedition 1911 am Südpol – solche symbolischen „Landnahmen“ erfolgreich vollzogen hatten[26]. Diese früher beginnende und teilweise von denselben Institutionen – wie der *Royal Geographic Society* – getragenen Unternehmungen[27] bilden einen spezifischen Kontext der Himalaya-Fahrten aufgrund bestimmter Ähnlichkeiten der Herausforderungen (extreme Kälte, Schnee, Ausgesetztheit, äußerste körperliche Anforderungen); sie werden zudem – spätestens mit dem „Wettlauf“ von Amundson und Scott – als nationale Wettkämpfe wahrgenommen, was sich ab den 1920er Jahren bei den „8000ern“ wiederholen wird; und sie werden, wie die ersten Everest-Expeditionen, von einer medialen Welt-Öffentlichkeit diskutiert (nicht zuletzt, weil sie selbst in einem medialen *off*, fernab jeder Erreichbarkeit oder „Hilfe von außen“ stattfinden). Zudem sind auch sie nicht nur Versuche, ‚Geschichte zu machen‘, sondern produzieren – wie das tödliche Ende der „Terra-nova-Expedition“ Scotts zum Südpol zeigte – ihrerseits Geschichten von tragischen Untergängen und vergeblichem Heroismus. Schließlich ist gerade der Himalaya noch aus einem weiteren Grund ein vergleichbares Ziel: Er ist – als das höchste Gebirge der Welt – wie die Pole ein scheinbar ‚natürlicher‘ Endpunkt; und diese symbolische Qualität des „Extremen“ zeigt sich in einigen seit den zwanziger Jahren in Gebrauch kommenden Metaphern: Der Himalaya ist das „Dach der Welt“[28] oder der „dritte Pol“.[29]

26 Vgl. Heitmann, Annegret/Eglinger, Hanna: *Landnahme. Anfangserzählungen in der skandinavischen Literatur um 1900*, München 2010.

27 Dass die Briten bei den Polarexpeditionen nicht erfolgreich waren, motivierte die britischen Everest-Expeditionen ab 1921 in hohem Maße mit; vgl. zu den Polarexpeditionen: Fleming, Fergus: *Neunzig Grad Nord. Der Traum vom Pol*, München 2003.

28 Der Ausdruck „Dach der Welt“ bzw. *roof of the world* geht auf den schottischen Forschungsreisenden John Wood zurück, der es – in wohl falscher Etymologie – auf die persische Bezeichnung für Pamir (Bam-i-dunya) zurückführte; vgl. *Encyclopedia Britannica* 1911, Vol. 20 p. 657. Inzwischen konkurrieren Pamir, Tibet, der Himalaya und der Mt. Everest um diese Bezeichnung.

29 Den frühesten Beleg für diesen Ausdruck fand ich bei Marcel Kurz (Die Erschließung des Himalaya, in: *Die Alpen* IX Nr. 7, 9, 10, 11 (1933), S. S. 241–259, 321–334, 361–378, 401–417); dort heißt es S. 329: „Geographisch bietet die Besteigung des Everest nicht mehr das mindeste Interesse [!]. Der Weg ist in allen seinen Teilen bekannt und kartographiert. Aber diese Besteigung muss einmal ausgeführt werden, und sie wird es. Der Mensch wird keine Ruhe haben, bis er den dritten Pol der Erdkugel betreten hat.“ Endgültig populär macht den Ausdruck Günther Oskar Dyhrenfurth; vgl. ders.: *Zum dritten Pol*; ders.: *Der dritte Pol. Die Achttausender und ihre Trabanten*, München 1960.

Abb. 35 Vittorio Sella, K2 (1909)

Throne der Götter. Exotismus und Kolonialismus

Für die Reflexionen des „Himalayaismus" und des Expeditionsbergsteigens in literarischen Texten, die im Folgenden untersucht werden, sind jedoch weniger die Expeditionen selbst als Strukturen der Diskurse darüber von Interesse. Dabei zeichnen sich eine Reihe von historischen Entwicklungen und nationalen Differenzen ab: Zum einen markiert die Wende zum zwanzigsten Jahrhundert den Beginn eines „erschließungsorientierten Imperialismus"[30]; das Zeitalter der letzten Entdeckungen und der Exploration, vor allem im Inneren Afrikas und zu den Quellen des Nil, erschien weitgehend abgeschlossen. Der Globus wirkte im Grundsatz bekannt, eher ging es nun darum, ihn durch den Ausbau von Kommunikations- und Verkehrswegen zu erschließen. „Im Zeitalter des Hochimperialismus korrespondierte die territoriale Kontrolle über den Globus mit neuen Strategien, ihn auch intellektuell zu erfassen."[31]

30 Torma, Franziska: *Turkestan-Expeditionen. Zur Kulturgeschichte deutscher Forschungsreisen nach Mittelasien (1890–1930)*, Bielefeld 2011, S. 31.

31 Ebd.

Diese nun zunehmende *Erschließung*, die auf systematische Erhebung genauer Daten (z.B. in der Kartographie) und wissenschaftlich sowie politisch relevanten Wissens zielte, ließ freilich umgekehrt „‚Entdeckung' als romantisches Relikt einer früheren Phase der Exploration außereuropäischer Länder"[32] erscheinen. In diesem Paradigmenwechsel bedeuteten die Hochgebirgs-Expeditionen und ihre Diskursivierungen insofern widersprüchliche Praktiken, als sie – zumal in ihren wissenschaftlichen Zielsetzungen – offenkundig Teil des westlichen Erforschungs- und Erschließungs-Projekt waren, andererseits aber – nun vor allem in der alpinistischen Faszination an fernen, scheinbar zivilisatorisch unberührten Hochgebirgsregionen – noch von ‚romantischen' Impulsen motiviert wurden, und das heißt auch: Von einem tiefgehenden Anti-Modernismus und der Sehnsucht nach einem ‚Außen' nicht nur Europas, sondern der Zivilisation.

Die Expeditionen wiederholen damit die Ambivalenzen der ‚Eroberung der Alpen', der Exploration des Unbetretenen im *Inneren* Europas, im *Außen*, in globalem Maßstab. Sie spiegeln zugleich eine der Paradoxien *ethnologischer* Erkundungen, welche jene „primitiven Kulturen", deren sie habhaft zu werden versuchten, im Moment des Kontakts und gerade durch ihn ihrer ‚Unberührtheit' beraubten und dadurch zu deren Untergang beitrugen.[33] Während jedoch die Ethnologie beispielsweise der Jahrhundertwende in der räumlichen Ferne zugleich die historische *Tiefe*, die Kultur der eigenen „Urzeit" zu erkennen vermeinte, ist das Raum-Zeit-Verhältnis in Bezug auf den Himalaya different: Dieser Raum erscheint nicht als ‚frühere Stufe' einer Fortschrittsentwicklung, sondern insgesamt als deren Gegenraum. Die fernen Gebirge sind also nicht nur ein „anachronistic space"[34], sondern als Fluchtraum aus dem schon eroberten (also modernen) Europa sozusagen ‚a-chronistic', ein letzter a-historischer Raum der *Höhe*. Damit erscheinen sie aber als imaginärer Gegenraum jener Moderne, die selbst die elementare Möglichkeitsbedingung der Expeditionen war.

Von derartigen Paradoxien sind fast notwendigerweise auch die Texte über die Expeditionen gekennzeichnet, wie gleich zu sehen sein wird. Neben den wissenschaftlichen Diskursen einerseits und den alpinistischen Narrativen

---

32 Ebd. S. 32.

33 Vgl. Kohl, Karl-Heinz: *Ethnologie. Die Wissenschaft vom kulturell Fremden*, München 1993, 3.A. 2011, S. 26ff.

34 So der treffende Ausdruck von Anne McClintock, der die Projektion von zeitlichen Achsen auf den Globus im Zug der europäischen Expansion beschreibt; vgl. McClintock, Anne: *Imperial Leather. Race, Gender and Sexuality in the Colonial Contest*, New York 1995, S. 40f.; dazu Torma, *Turkestan-Expeditionen*, S. 14ff.

andererseits, die sich hier z.T. verschoben wiederholen[35], sind sie zudem mindestens an den „Rändern" – in Berichten von der An- und Abreise, den politischen oder klimatischen Verhältnissen und Schilderungen der Bevölkerung, der Trägern und ihrer Sitten – auch von exotistischen, orientalistischen und kolonialistischen Diskursen durchzogen – was schon insofern kein Wunder nehmen kann, als Indien, von wo aus zahlreiche Expeditionen zu ihren eigentlichen Zielen aufbrach, Teil des britischen *Empire* war.[36] Wie einige britische Expeditions-Unternehmen richteten sich die von Deutschland aus organisierten Erkundungen zunächst allerdings auf den Kaukasus und später auf das Pamir und den Tian-Schan; deutsche Himalaya-Expeditionen wurden, im Gegensatz zu den britischen Everest-Expeditionen schon der frühen Jahre 1921–1924[37], bedingt durch die Folgen des Weltkriegs und die wirtschaftliche Lage erst ab Ende der 1920er und Anfang der 1930er Jahre ausgerüstet. Eine deutlich nationalistische Zielrichtung auch der Diskurse darüber bildete sich daher vergleichsweise spät aus, doch wurden die Himalaya-Fahrten dafür in den 30er Jahren umso stärker politisch motiviert und instrumentalisiert.[38]

Exotistische und kolonialistische Züge findet man – in unterschiedlicher Dichte und Brechung – allerdings auch im deutschen Diskurs. Im Jahr 1900 erschien das Erlebnis-Buch *Indische Gletscherfahrten. Reisen und Erlebnisse im Himalaja* des Weltreisenden Kurt Boeck, das folgendermaßen beginnt:

> Himalaja! Was für ein Glanz, was für eine strahlende Fülle von Wohlklang strömt doch aus diesem markigen Akkorde! Klingt er nicht wie ein feuriger Heroldsruf, der uns hinwegreißen möchte aus unserem, ach, so engen Dasein, weit, weit fort, über Land und Meer, zu Schönheit und Freiheit, zu Gefahren und Wundern?
>
> Schon während meiner Studienzeit im göttlichen Zürich, auf lehrreichen und stählenden Ausflügen in die Alpen war die Sehnsucht, mir einst auch die geheimnisvolleren Reize der indischen Hochgebirgswelt entschleiern zu dürfen, in mein schönheitsdurstiges Herz gezogen. Der Sirenengesang wuchs zur lockenden Fanfare.[39]

---

35 Vgl. hierzu v.a. Siegrist, *Sehnsucht Himalaya*, passim.

36 Es wäre lohnend, kann im Folgenden aber nur angedeutet werden, inwieweit die Texte der Himalaya-Expeditionen in einer (post)kolonialen Perspektive und in Hinblick auf die Wahrnehmungs- und Projektionsmuster des Orientalismus gelesen werden könnten; vgl. zu letzterem noch immer: Said, Edward: *Orientalism. Western Conceptions of the Orient*, New York 1978; hierzu kritisch und für die deutschen Orientalismen des 19. Jhd.s grundlegend: Polaschegg, Andrea: *Der andere Orientalismus. Regeln deutsch-morgenländischer Imagination im 19. Jahrhundert*, Berlin 2005.

37 Vgl. hierzu Bayers, Peter L.: *Imperial Ascent. Mountaineering, Masculinity, and Empire*, Colorado 2003. Die wichtigste Literatur zu den Mount-Everest-Expeditionen bis 1992 verzeichnet: Salkeld, Audrey; Boyle, John: *Climbing Mount Everest. The Bibliography*, Clevedon (GB) 1993.

38 Vgl. Torma, *Turkestan-Expeditionen*, passim.

39 Boeck, Kurt: *Indische Gletscherfahrten*, S. 1.

Ähnlich wie in dieser – alpinistisch wenig bedeutenden – Schrift ist zunächst der exotische „Wohlklang" der *Namen* ein wiederkehrendes Motiv auch späterer Expeditionstexte; die Berg-Namen wie Annapurna, Makalu, Kangchendzönga oder Siniolchu scheinen eine eigene Aura zu besitzen.[40] Ganz unmittelbar ins Spiel kommt zugleich die erotische Aufladung des exotischen Raums: Kaum ist der Student durch die Begegnung mit der Schweizer Bergwelt ‚belehrt' und ‚gestählt' (d.h. initiiert), beginnt er sich zu sehnen, „die geheimnisvolleren Reize der indischen Hochgebirgswelt entschleiern zu dürfen". Der Schleier, zentral in der *gender*-Codierung des Orientalismus und Exotismus, ist hier ebenso signifikant wie der „Sirenengesang": Der Reisende figuriert als männlicher Eroberer eines weiblichen, orientalisch-exotischen Gebietes.

Ebenso wie diese Erotik gehören zum Exotismus die Motive des Geheimnisvollen und Wunderbaren, die Fremdheit und Gefahr bedeuten – die Reise gilt „Gefahren und Wundern" (Boeck). Sichtbar wird dies unter anderem in der Beschreibung der Fremdheit von Tier- und Pflanzenwelt; ein späteres Beispiel des Alpinisten Hans Hartmann:

> In vierzig Stunden trägt uns der Zug durch Indien von Bombay nach Kalkutta. Vorbei geht's an Dörfern von Eingeborenen. Im Innern des Landes sind die halbnackten Bewohner von auffallend dunkler Hautfarbe – auf die Entfernung kaum von Negern zu unterscheiden. Sie sind viel kräftiger gebaut als die Inder von Bombay oder Kalkutta. Viel ließe sich von der langen Fahrt erzählen, von sumpfigen Reisfeldern und von öder Steppe mit rötlich-violettem Sand, von breiten Flußtälern und riesigen Brücken [...]. Am meisten staunte ich über den Reichtum und die Mannigfaltigkeit der Tierwelt, die einem der Blick aus dem fahrenden Zug hier in Indien bietet.
>
> Rinder in allen Größen und Farben, Zebus und Wasserbüffel kann man fast beliebig viele sehen. Die schwarzen glänzenden Wasserbüffel lieben es, in Tümpeln und Bächen zu liegen, so daß nur noch ihr Kopf herausschaut. Unter den Vögeln, die es hier gibt, kennt man sich gar nicht aus. [...] Wir fahren der Tista entlang aufwärts, auf schmalem Pfad windet sich der Zug durch den Urwald. Zum erstenmal sehe ich richtigen Urwald und staune über das Gewirr von Bambus [...], über das Durcheinander von riesigen Bäumen und Schlingpflanzen [...]. Einmal sehe ich zwei Affen sich von Baum zu Baum schwingen [...].[41]

40 Auch die Übersetzungen der Gipfelnamen werden häufig Thema oder Titel; z.B. von Nanga Parbat (Urdu, bzw. Sanskrit: „Nackter Berg") oder Kangchendzönga (tibetisch etwa: „Die fünf Schatzkammern des Schnees"). Im deutschen Diskurs setzt sich hierfür relativ bald die Kurzform „Kantsch" durch; vgl. u.a. Hartmann, Hans: *Das Kantschtagebuch*, hg. von Karl Wien, München 1934; Bauer, Paul: *Um den Kantsch. Der zweite deutsche Angriff auf den Kangchendzönga 1931*, München 1933.

41 Hartmann, *Das Kantschtagebuch*, S. 11ff. Welche Rolle Hartmann, der (Expeditions-) Arzt und ein hervorragender Physiologe war, in den Nanga-Parbat-Expeditionen eigentlich spielte, ist erst jüngst überhaupt in den Blick gerückt worden: Seit 1934 arbeitete er am neuerrichteten höhenmedizinischen Forschungsinstitut des Berliner Luftfahrtministeriums, wo er unter anderem mit flugmedizinischen Experimenten befasst war

Dem exotistischen Blick gelten „Eingeborene" ebenso wie Wasserbüffel oder Affen als berichtenswerte Sehenswürdigkeiten, die im raschen Durchreisen registriert werden. Duktus und Bewußtseinshorizont des Textes – es handelt sich um Tagebuch-Aufzeichnungen eines Mitglieds der Kangchengzönga-Expedition von 1931 – erinnern allerdings nicht von ungefähr an Romane Karl Mays: Der Verfasser Hans Hartmann wird von seinen AAVM-Freunden wohl nicht zufällig „Hatschi" genannt.[42]

Spezifisch ist der Exotismus in diesen Berichten insofern, als die Wahrnehmung von Urwäldern, Schlingpflanzen und fremd anmutenden Tieren auf die Durchgangsphase zu den Gebirgen beschränkt ist, während man ‚weiter oben' wieder in vertrautem Terrain anzukommen scheint; die Erleichterung darüber ist dem eben zitierten Text einige Seiten später abzulesen:

> Kurz vor Lachen geht's steil hinauf, es kommen die ersten Wiesen, es kommen Tannen wie in unseren Bergen. Es läßt mir keine Ruhe, ich sause voraus. Mir ists, als wäre ich im Wilden Kaiser beim Wochenbrunner und hätte noch eineinhalb Stunden bis zum Ellmauer Tor. Da ist Lachen (2800 m hoch). Wie ein Tiroler Alpendorf mit Steinen auf den Schindeldächern.[43]

Der Exotismus als Semantik der *Ferne* kontrastiert in diesen Texten also vielfach einer Semantik von *Nähe* und Vertrautheit, um dann bei der Beschreibung bergsteigerischer Aktionen vollends Wahrnehmungs-Muster des Alpinen zu reaktivieren. So wie hier ein „Tiroler Alpendorf" am Kangchengzönga entdeckt wird, entdecken andere die „Tiroler von Kamerun"[44]; die exotische Fremdheit wird gewissermaßen unten im Tal zurückgelassen.

Anders als der Exotismus bleibt die *kolonialistische* Dimension der Texte auch jenseits der Baum- oder Besiedlungsgrenze präsent; sie rückt besonders in den Blick, wo von einheimischen Trägern und „Kulis" die Rede ist. Konstitutiv für die soziale Dynamik der Expeditionen erscheinen durchgängig zwei Relationen: Die Autorität eines Expeditionsleiters (oder „Führers", wie es in

---

(welche auch mit späteren medizinischen Versuchen in Konzentrationslagern in Verbindung standen). 1937 nahm er erneut an einer Himalaya-Expedition zum Nanga Parbat teil, wurde aber – wie der Großteil der Expeditionsmannschaft – von einer Eislawine erschlagen. Vgl. dazu Höbusch, Harald: Ascent into Darkness: German Himalaya Expeditions and the National Socialist Quest for High-Altitude Flight, in: *The International Journal of the History of Sport* 24 (2007), Nr. 4, S. 520–540; zum Kontext: West, John B.: *High Life. A History of High-Altitude Physiology and Medicine*, New York and Oxford 1998.

42 Vgl. Karl Wiens Vorwort, ebd. S. 9.

43 Hartmann, *Kantschtagebuch*, S. 17.

44 So Falkenhorst, *Auf Bergeshöhen Deutsch-Afrikas*, S. 54ff.; dort bezieht sich die Vertrautheit auf Kühe, Rituale von „Geißbuben", „Sennerinnen" und überhaupt die Kultur der „Kameruner Alpen" (S. 56).

deutschen Texten meist heißt) gegenüber der (europäischen) „Mannschaft“[45], und das Verhältnis dieser Mannschaft zu den einheimischen Trägern und „Hochträgern“. Letzteres ist grundsätzlich ein Verhältnis von „Herren und Trägern“[46], wobei die Träger für die Hochlager aber nach den Maßgaben einer „Elitetruppe“ ausgewählt werden. Im Bericht über die deutsche Nanga-Parbat-Expedition 1934 heißt es z.B.:

> In Darjeeling, dem Ausgangspunkt der englischen Everest- und der Bauerschen Kantsch-Expeditionen, hat sich im Laufe der Jahre eine militärisch disziplinierte, bergsteigerisch schlagkräftige Trägergilde herangebildet, deren Qualitäten heute für jedes Himalaja-Unternehmen die unerläßliche Vorbedingung darstellen. [...] Die Merklsche Expedition 1932 litt immer wieder unter den Streiks, der Unfähigkeit und der Unzuverlässigkeit der Kulis aus dem Nanga Parbat-Gebiet und ist, nicht zuletzt, an diesem Trägerelend gescheitert.
>
> So reifte schon in der Heimat der Entschluß, weder Mühe noch Zeit und Mittel zu scheuen, um die „Tiger des Himalaja“ von Darjeeling nach Kaschmir zu holen. [...] Es war hochinteressant zu beobachten, mit welcher Feierlichkeit diese Elitetruppe ihre Zeugnisse vorwies. [...] Als dann Merkl [...] in Darjeeling eintraf und beim Trägerappell alle fünfunddreißig Mann verpflichtete, herrschte großer Jubel und eitel Freude. [...] Lewa [der ‚Trägerobmann‘] hielt noch eine zündende Ansprache und die „Tigers“ des Himalaja gelobten ihrem neuen Bara Sahib treue Gefolgschaft in unserem Kampf um den Nanga Parbat ...[47]

Der Ausdruck „Bara Sahib“, ‚großer Herr‘, wird als Bezeichnung des Expeditionsleiters durch die angeworbenen Träger auch von anderen Expeditionstexten verwendet und ebenso wie „Sahib“ von den Teilnehmern als Eigenbezeichnung übernommen.[48] Schon in diesen Benennungen wird damit ein hierarchisches Verhältnis naturalisiert, dessen Codierung ansonsten, wie zu sehen ist, zwischen ökonomischer Differenz der Klassengesellschaft („Streiks“ und Unzuverlässigkeit der Arbeiter-Kulis) und militärischer Organisation (Anwerbung von militärisch disziplinierten „Elitetruppen“ und ‚Fußvolk‘) changiert. Die in den Texten immer wieder auftauchenden Extreme dieses Verhältnisses von

45 Vgl. Karl Wien: „[Die Aufzeichnungen Hartmanns] zeigen uns den Führer Paul Bauer, der seine Mannschaft ausgewählt hat nach den Grundsätzen der Kameradschaft und des Zurückstellens der persönlichen Interessen für das gemeinsame Ziel [...].“ Vorwort, in: Hartmann, *Kantschtagebuch*, S. 8.

46 Ebd.

47 Bechtold, Fritz: *Deutsche am Nanga Parbat. Der Angriff 1934*, München 1935, S. 15ff. Vgl. hierzu unten. Den Ausdruck der „Tiger“ nimmt auf: Neale, Jonathan: *Tigers of the Snow*, New York 2002.

48 Vgl. nur beispielhaft: Dyhrenfurth, Günter Oskar (Hg.): *Dämon Himalaya. Bericht der Internationalen Karakoram-Expedition 1934*, Basel 1934, S. 15 und passim; Herzog, Maurice: *Annapurna. First Conquest of an 8000-m-Peak*, New York 1952, S. 113.

„Sahibs“ zu den Trägern sind entsprechend „Trägerelend“ (d.h. Revolten ‚störrischer‘ Kulis, die mehr Geld verlangen, von abergläubischen Vorstellungen geprägt, ängstlich, diebisch oder trunksüchtig sind) oder ‚Kameradschaft‘ wie zwischen Offizier und Mannschaftsmitglied. In der Nanga-Parbat-Expedition 1934 wurden sogar einzelne Träger „den Sahibs als persönliche Diener (Orderly) zugeteilt“[49]. Wie Kolonial-Offiziere mit ihren Ordonnanzen – und nicht selten mit Tropenhelmen – treten die Expeditionsteilnehmer so zum „Sturm auf die Throne der Götter“[50] an.

In dem gleichnamigen Buch Rudolf Skuhras von 1938, einer Art Summe bisheriger Expeditionen, wird die geschilderte Codierung nochmals als Bewegung fassbar:

> Aus der weiten ungeheuren Tiefebene Bengalens, aus der für Europäer niederdrückenden, jedes Empfinden lähmenden Hitze schlängeln sich die kleinen Wagen hinter der fauchenden Lokomotive der Darjeeling Himalayan Railway in die reinere, klare Luft der Vorgebirge empor. [...] die Europäer, die vor der Tiefebene flüchten, atmen befreit auf, als der Zug endlich in den Bahnhof von Darjeeling einfährt. Eine Höhe von über 2000 Meter ist erreicht. Weit liegen die zahlreichen Villen der Europäer und die niedrigen Hütten der Eingeborenen verstreut zwischen den Bäumen – große Teeplantagen umgeben den wohl malerischsten Ort der Welt. Eine herrliche Aussicht genießt man von hier aus [... .], in der Ferne, am nördlichen Horizont, strahlen die Throne der Götter, die höchsten Gipfel unserer Welt [...].[51]

Bengalen – *pars pro toto* für das durchquerte fremde Terrain – ist hier weit, ‚ungeheuer‘ und vor allem *tief* und seine Hitze „für Europäer“ *niederdrückend*; doch der Weg führt von der *Tiefebene* qua Eisenbahn in „reinere, klare Luft“ *empor*, eine erste *Höhe* „ist erreicht“. Dort wiederholen die „Villen der Europäer“ und „niedrige Hütten der Eingeborenen“ die vertikale Differenz im Sozialen. Die „herrliche Aussicht“ aber führt den Blick noch weiter nach oben, eben zu den „Throne[n] der Götter“, dem Ziel. Mit den Göttern kommt jedoch unversehens eine mythologische oder religiöse Dimension ins Spiel, die den Expeditionen nicht nur im Aberglauben ‚störrischer‘ Träger Schwierigkeiten bereiten, sondern als Frage – nach den „Dämonen“ des Himalaya – und als Mythos auch im Diskurs des Himalayismus immer wiederkehren wird.

---

49 Bechtold, Deutsche am Nanga Parbat, S. 19.

50 Vgl. Skuhra, Rudolf: *Sturm auf die Throne der Götter. Die Himalaja-Expeditionen der Nachkriegszeit*, Berlin 1938. Das Buch erschien 1950 – in der Büchergilde Gutenberg – erneut mit dem notwendigerweise veränderten Untertitel *Himalaja-Expeditionen 1921–1948* (Berlin 1950); dabei wurden unmittelbare Anspielungen auf den NS-Kontext, beispielsweise der „deutsche[n] Fahrt 1934“ (S. 144, in der Ausgabe von 1938: S. 153) gestrichen; vgl. unten.

51 Ebd. S. 9.

Logistik und Politik

Der Umstand, dass die fast feldzugsmäßig angelegten Unternehmungen schon aufgrund der Kosten, der Probleme der Anreise und logistischer Schwierigkeiten vor Ort eine ungleich längere und gründlichere Planung und Organisation erforderten als beispielsweise eine Westalpen-Tour, schlägt sich in den Expeditionstexten als legitimatorischer Grundton nieder: Sowohl die Zielsetzung – im Verhältnis zum bisher geographisch oder bergsteigerisch Erschlossenen – als auch Organisation, Finanzierung, die Auswahl des Leiters und der Mannschaft und schließlich die Ergebnisse, ob Erfolge oder Scheitern, mussten begründet und in Kosten-Nutzen-Relationen übersetzt werden. Damit kennzeichnet eine oben bereits angedeutete Paradoxie auch die Texte: Sie begründen einen ganz außerordentlichen Aufwand zur Erreichung eines Ziels, das selbst rational schlechterdings nicht begründbar schien; sprichwörtlich wurde dafür die lakonisch-tautologische Antwort, die George Mallory während einer Vortragsreise in den USA 1923 einem Reporter auf die Frage gab, warum er den Mount Everest besteigen wolle – „because it is there", „weil er da ist."[52]

In den britischen Diskursen um die Himalaya-Expeditionen der 20er Jahre ist diese Lakonie jedoch eher die Ausnahme; die Expeditionen ermöglichen vor allem, der kulturellen Krise im Großbritannien der Nachkriegszeit mittels neuer nationaler Heroenmythen in der Tradition der Entdecker- und Abenteurer-Fahrten zu begegnen, um so eine neue Identifikation mit dem *Empire* und seinen virilen Kämpfer-Tugenden zu generieren.[53] Francis Younghusbands *The Epic of Mount Everest*[54] von 1926 war in diesem Sinn ein Heldenepos, das den Tod von George Mallory und Sandy Irvine bei der dritten britischen Everest-Expedition 1924 als tragisches Ende im Kontext eines Abenteuer-Narrativs darstellte, irgendeine Frage nach Sinn aber nicht aufkommen ließ.

Auch in deutschsprachigen Texten seit Ende der 1920er Jahre nisteten sich in den Begründungsstrategien, die solche Paradoxien aufzulösen trachteten, politische Muster ein. Doch sie sind von einer anderen politischen Situation bestimmt: Hier ist nicht das brüchig gewordene und durch eine neue Großmacht bedrohte *Empire*, sondern der komplette Verlust politischer Vorkriegsidentifikationen maßgeblich. Paul Bauer, Weltkriegsteilnehmer (bei den Gebirgsjägern), Alpinist, Notar, mehrfacher Expeditionsleiter und nach 1933 für die Gleichschaltung des organisierten Bergsports im NS-Regime

52 Vgl. Märtin, *Nanga Parbat*, S. 94.

53 Vgl. Bayers, Peter L.: *Imperial Ascent. Mountaineering, Masculinity, and Empire*, Boulder, Colorado 2003. Bayers verfolgt auch die amerikanischen Diskussionen um die angebliche und dann 1913 erfolgende wirkliche Besteigung des Mt McKinley bzw. Denali.

54 Younghusband, Sir Francis: *The Epic of Mount Everest*, London 1926.

verantwortlich[55], schildert in seinem 1943 erstmals erschienenen Buch *Der Kampf um den Himalaya*[56] die Ausgangslage wie folgt:

> Nach dem tragischen Ausgang der Everest-Expedition 1924 war zunächst eine völlige Stille in dem Ringen um die höchsten Gipfel der Erde eingetreten. Es vergingen vier Jahre, ohne daß die Engländer oder eine andere Nation einen neuen Angriff gewagt hätten. Die Engländer hatten offenbar ihre besten Kräfte verbraucht. (15)

Es herrschte, so lässt sich unschwer assoziieren, Ruhe an der Front: Sowohl die „vier Jahre" als auch die – übrigens auch in britischen, italienischen, französischen oder schweizerischen Texten gebräuchliche – Redeweise vom „Angriff" auf die Gipfel stellen die rhetorische Verbindung zum Weltkrieg her, an dem eine ganze Reihe nicht nur der deutschen Himalaya-Bergsteiger aktiv teilgenommen hatte.[57] Dass die Engländer „offenbar ihre besten Kräfte verbraucht" hätten, stellt das Unternehmen Himalaya-Expedition zudem in den Kontext der Diskussion um die Ursachen der deutschen Niederlage, und Bauers Fortsetzung spielt mit diesem Assoziationshorizont:

> Wir in Deutschland hatten uns nach dem verlorenen Krieg mit den einfachsten Mitteln und ganz auf uns und unsere körperlichen und geistigen Kräfte gestellt nach und nach wieder Zugang zu sämtlichen Gebirgen Europas verschafft. In zahlreichen harten Bergfahrten und in Hunderten von Biwaknächten hatten wir der Natur ihre verborgensten Geheimnisse abgelauscht und hatten dadurch gelernt, die Berge in jeder Lage, bei Wind und Wetter, bei Nacht und Schnee zu meistern. Es war unter dem Einfluß des Krieges und der schweren Nachkriegszeit eine besonders harte und anspruchslose Generation herangewachsen.
>
> Wenn aus den Erfahrungen der Everest-Expeditionen ganz allgemein der Schluß gezogen wurde, daß der Mensch zu schwach sei, um sich in jenen Höhen mit einiger Sicherheit bewegen zu können, so war das ein Gedanke, der uns nicht einging. Es war für uns undenkbar, daß es dort eine Grenze geben soll, die der Mensch nicht überschreiten könne. Und wenn dies wirklich wäre, so mußte diese Grenze erkundet und festgestellt werden. Alles in uns drängte deshalb danach, in diesen Kampf einzugreifen. (15)

---

55 Vgl. zu Bauer: Mierau, Nationalsozialisitische Expeditionspolitik, S. 47ff.

56 Bauer, Paul: *Der Kampf um den Himalaja*, München-Ulm 1952 (EA München 1943); nach dieser Ausgabe Zitate im Text. Der Text nimmt wörtlich Passagen früherer Bücher Bauers auf, vor allem *Im Kampf um den Himalaja. Der erste deutsche Angriff auf den Kangchendzönga 1929*, München 1931, sowie *Um den Kantsch. Der zweite deutsche Angriff auf den Kangchendzönga 1931*, München 1933. Mit dem ersten davon wurde Bauer übrigens 1932 Olympiasieger im „Wettbewerb der Freien Künste", Rubrik Literatur, bei der Olympiade in Los Angeles.

57 Vgl. zu einer genaueren Analyse unten Abschnitt 3.

Auch hier ist die Spiegelung der Weltkriegserfahrung mit Händen zu greifen: Biwaknächte, Ausharren „in jeder Lage", Härte und Anspruchslosigkeit einer „Generation" scheinen die ganz auf sich gestellten Deutschen nun im Alpinismus wieder in Stand gesetzt zu haben, eine angebliche „Grenze [...], die der Mensch nicht überschreiten könne", also eine ‚Frontlinie', doch als durchdringbar anzusehen, sie zu ‚erkunden' und erneut in den „Kampf einzugreifen". Der Rekurs auf die Weltkriegsrhetorik, die Transformation des Kriegs in einen nicht minder national codierten Kampf um die „Gipfel der Welt" begründete damit eine Offensive, durch die der Weltkrieg – mit einiger Verspätung – zumindest imaginär doch noch gewinnbar schien. Allerdings setzte das Unternehmen noch andere Härte als jene voraus, die in Biwaknächten erworben wird. Bauer fährt fort:

> Eine solche Reise vorbereiten bedeutet eine monatelange, aufreibend vielseitige Arbeit. Wenn man dabei die Hauptkraft seinem Beruf, dem Studium oder einem Examen widmen muß, wie das bei uns allen der Fall war, so gehört eine reibungslose Zusammenarbeit aller Beteiligten und eine große Begeisterung dazu, um zu einem guten Ende zu kommen. Jeder einzelne bestand schon dabei die Feuerprobe [!]. Die Schreibmaschine klapperte bei mir in Nabburg Nacht für Nacht. Rundschreiben an die Teilnehmer, Gesuche um Geld, Anfragen nach Ausrüstung und Lebensmitteln, Briefe nach England, Indien, Nepal, Verhandlungen mit dem Alpenverein, der Bayerischen Regierung, dem Auswärtigen Amt, dem Foreign Office, der Indischen Regierung usw., auch die Abwehr von Angriffen und Intrigen [!], Literaturauszüge, Anmarsch-, Lasten-, Zeit- und Angriffspläne [!] auf verschiedene Ziele, Pläne für die wissenschaftlichen Nebenaufgaben und noch vieles andere war zu erledigen. Kurz, es war eine richtige, sehr sorgfältige Generalstabsarbeit [!] erforderlich. Mütter Schwestern, Tanten [!] nähten und flickten schon lange vorher allenthalben. (16)

Der Expeditionsleiter Bauer scheint Kanzler, Außen-, Wirtschafts- und Finanzminister, Generalstabschef und Sekretär in Personalunion werden zu müssen; wie im Krieg ist die Heimatfront der nähenden Frauen entscheidend, und nicht zuletzt sind „Angriffe und Intrigen" – man ist versucht zu sagen: Dolchstöße – innerer Gegner abzuwehren.[58]

Eine entscheidende Änderung bedeutet diese Formation des Expeditionsbergsteigens jedoch hinsichtlich der Einzelnen. Waren diese beim klassischen Alpinismus allenfalls in Seilschaften verbunden, die Avanciertesten stolz darauf, ohne „Führer" zu klettern und einige ganz bewusste „Alleingänger", geht es nun um die Eignung für das Kollektiv, um die Mannschaft:

58 Vgl. zu Bauer und den Auseinandersetzungen mit seinen Expeditionsunternehmungen Märtin, *Nanga Parbat*, S. 103–122, 137–143.

> Um eine Himalajamannschaft zu bilden, kann man aber nicht wie für einen sportlichen Wettkampf ‚die besten Bergsteiger' zusammenstellen – ganz abgesehen davon, daß es keinerlei Möglichkeit gibt, festzustellen, wer der beste, zweitbeste usw. unter den Bergsteigern ist. – Hier braucht man eine geschlossene Mannschaft, in der es nur und allein auf das Zusammenwirken ankommt, wo der Teil des einzelnen in selbstloser, bescheidener, disziplinierter und meist unscheinbarer Mitarbeit besteht, die sich über Monate erstrecken muß und die entbehrungsreich, hart und gefahrvoll ist. (19)

Ausführlich berichtet Bauer zudem von der Kalkulation und berichtet stolz, dass am Ende lediglich ein Defizit von „371,35" Reichsmark stand (18). Auch hieran wird eine neue Dimension dieser Art von alpinistischen Unternehmen erkennbar, denn aufgrund der ungleich höheren Kosten mussten sie entweder von größeren Institutionen – wie den alpinen Vereinen – oder von staatlicher Seite unterstützt werden, und zunehmend wichtig wurde – wie zu sehen sein wird – das ökonomische Kalkül auf die mediale Auswertung der Ergebnisse, die in Exklusivberichten, Expeditionsbüchern, Bildrechten oder Filmen zu erwarten standen.

Zumindest assoziativ wird in diesen Texten bereits vor 1933 aber vor allem eine Nationalisierung und Militarisierung des Diskurses erkennbar[59], an die eine politische Indienstnahme und die „nationalsozialistische Expeditionspolitik"[60] nach 1933 bruchlos anschließen konnten. Hinzu kamen später noch Verbindungen zur Tibet-Forschung des SS-Ahnenerbes[61]. Mit dieser politischen Funktionalisierung wird freilich die rhetorische Entparadoxalisierung der Expeditionsberichte noch auf eine andere Ebene gehoben: Das Scheitern der Expeditionen, ja gerade die Todesfälle und vor allem die Katastrophen der Nanga-Parbat-Expeditionen von 1934 und 1937, konnten als tragische Ereignisse, als Opfer selbstloser Krieger in einem schicksalhaften Kampf gedeutet werden. Am 26. Juni 1934 meldet der *Völkische Beobachter* die Bestätigung der Todesnachricht dreier deutscher Bergsteiger unter der Überschrift „Letzter

59 Zu den expliziten Gegnern von Bauer zählte fast logischerweise Gustav Oskar Dyhrenfurth, der als Geologe an der Universität Breslau gelehrt hatte, doch 1919 als „Nichtarier" angefeindet worden war und in der Schweiz lebte; seine Expeditionen 1930 und 1934 waren explizit *internationale* Expeditionen und Dyhrenfurth für Bauer schon darum ein Feindbild. In *Der Kampf um den Himalaja* wird er nur zweimal und negativ erwähnt (S. 115 und 179).

60 Vgl. Mierau, Nationalsozialistische Expeditionspolitik.

61 Vgl. hierzu: Greve, Reinhard: Tibetforschung im SS-Ahnenerbe, in: Hauschild, Thomas (Hg.): *Lebenslust und Fremdenfurcht. Ethnologie im Dritten Reich*, Frankfurt a.M. 1995, S. 168–199; insgesamt: Mierau, *Nationalsozialistische Expeditionspolitik*.

Hitlergruß nach Deutschland"[62]. Und Rudolf Skuhra beendet seinen Bericht über den „Sturm auf die Throne der Götter" 1938 wie folgt:

> Weit entfernt von der Heimat, im Eis des fremden Erdteils, liegen die deutschen Bergsteiger zur letzten Ruhe. Aber sie haben auch ein anderes Grab gefunden: in dem Herzen eines jeden Deutschen, ob Bergsteiger oder nicht. Für den Ruhm Deutschlands sind sie ausgezogen, für Deutschland sind sie gestorben. Eins ist gewiß: man wird sie nie vergessen, ihr Geist wird weiterleben, in ihrem Geist werden einst andere den Sturm auf die Throne der Götter siegreich zu Ende führen![63]

Die Medien des Himalaya

Nicht nur in der Wahrnehmung und Codierung des Gebirgsraumes und in der Logistik und Organisation der Besteigungsversuche unterschieden sich die Expeditionen von der früheren alpinistischen Diskurs- und Bewegungspraxis, sondern auch in Hinblick auf die mediale Praxis und das Mediensystem, auf dessen Basis und vor dessen Hintergrund sie durchgeführt wurden. So wurden schon in den dreißiger Jahren und noch verstärkt nach dem 2. Weltkrieg Möglichkeiten genutzt, die Kommunikation zwischen den Teilnehmern z.B. in den verschiedenen Hochlagern durch Funk- oder Kurzwellengeräte herzustellen: Die bergsteigerische Praxis wird selbst medial mitbestimmt. Allerdings blieb noch bis in die fünfziger Jahre eine direkte mediale Verbindung nach Europa aufgrund der Abgelegenheit der meisten Gipfelziele fast unmöglich.[64] Wichtiger als die mediale Kommunikation während der Expedition aber war, dass die mediale Verbreitung der Expeditionserfolge schon früh ins Kalkül gezogen wurde und insofern nicht mehr sekundär gegenüber diesen Erfolgen selbst war, sondern die Logik und konkrete Durchführung der Expeditionen mitzubestimmen begann.

Denn wenngleich schon seit der Besteigung des Montblanc eine enge Verbindung von alpinistischer und medialer Praxis bestand, da es kaum exzeptionelle alpinistische ‚Taten' gab, die nicht alsbald erzählerisch und oft auch bildmedial narrativiert wurden, so blieben diese Narrativierungen

62 Abbildung bei Märtin, *Nanga Parbat*, S. 165.

63 Skuhra, *Sturm auf die Throne der Götter*, Berlin 1938, S. 194. In der Nachkriegsausgabe lautet der Schlußabsatz bedeutend kürzer: „Weit entfernt von der Heimat, im Eis des fremden Erdteils, liegen die Bergsteiger zur letzten Ruhe. Eins ist gewiß: man wird sie nie vergessen, ihr Geist wird weiterleben, in ihrem Geist werden einst andere den Sturm auf die Throne der Götter siegreich zu Ende führen!" (1952; S. 183).

64 So spielte bei der Übermittlung der Nachricht von der gelungenen Besteigung des Mount Everest 1953 ein von einem Fahrraddynamo betriebener indischer Militärfunksender eine wichtige Rolle; vgl. Hunt, John: *The Conquest of Everest. With a Chapter on the Final Assault by Sir Edmund Hillary*, New York 1954, S. 215ff.

doch der Praxis nachträglich. Die wesentlichen Distributionsmedien waren Bücher, Aufsätze sowie die Publikationsorgane der alpinen Vereine und entsprechender Fachverlage. Und das Verfassen solcher Berichte gehörte zwar, vor allem in Großbritannien, elementar zum Erwerb von Namensprominenz im Alpinismus, und mit britischem *understatement* kommentierte dies bereits der erwähnte Albert Frederik Mummery, der 1895 sein Buch *My Climbs in the Alps and Caucasus* mit dem Satz einleitete: „Es scheint das Schicksal jedes Bergsteigers zu sein, daß er früher oder später ein Opfer des ‚furor scribendi' wird."[65]

Doch änderten sich diese Bedingungen durch die Expeditionspraxis in mehrfacher Hinsicht: Zum einen wurden, je höher die Ziele gesteckt waren, die weiteren medialen Bedingungen für die Expeditionen folgenreich, nämlich die zunächst vor allem durch die internationale Presse, später auch den Rundfunk erfolgende öffentliche mediale Begleitung und Verbreitung ihrer Zielsetzungen und Resultate. Anders als bei alpinistischen Projekten, die meist nur in Fällen von Katastrophen oder schweren Abstürzen auch die öffentliche Presse erreichten, standen die Expeditionsprojekte daher von Beginn an im medialen Fokus.

Wie Beau Riffenburgh ferner schon für die zweite Hälfte des 19. Jahrhunderts gezeigt hat, ist die öffentliche Wahrnehmung der „Entdeckungen" der Nilquellen oder der Arktis und Antarktis bis hin zu den Polarexpeditionen maßgeblich von den Heroenmythen geprägt, die in der populären Presse darüber verbreitet wurden;[66] und für den Sensationalismus der Berichterstattung spielten nicht nur die „exklusiv" – zum Beispiel über Telegraf – übermittelten Nachrichten aus unbekannten, ‚uneroberten' Weltgegenden als solche eine Rolle, sondern auch Bilder und insbesondere Fotografien. In analoger Weise galt dies für die Himalaya-Expeditionen nach dem Ersten Weltkrieg: Die Bilder werden in zunehmendem Maß selbst Zweck der Expeditionen.

Allerdings ergab sich dadurch ein Problem der Autorschaft und der Bedingungen des Berichtens: Durch die notwendige Zusammenstellung von Expeditionsmannschaften entstand bereits früh eine Kollektivierung, die stärker als in der alpinistischen Praxis von Seilschaften den Einzelnen in den Hintergrund drängte. Selbst prominente einzelne Bergsteiger waren jedenfalls in der ersten Hälfte des 20. Jahrhunderts auf Einladungen zu Expeditionen angewiesen, die durch Sponsoren und häufig durch die Verwertung von Text- und Bildrechten finanziert werden, was wiederum die Publikationsfreiheit der

65 Mummery, Albert Frederick: *Meine Bergfahrten in den Alpen und im Kaukasus*, a. d. Engl. v. C. Fischer, hg. vom Deutschen Alpenverein, München: Bruckmann 1988, S. 9.

66 Vgl. Riffenburgh, Beau: *The Myth of the Explorer. The Press, Sensationalism, and Geographical Discovery*, Oxford; New York 1994.

einzelnen Teilnehmer einschränkte.[67] Insofern es aber häufig doch Einzelne oder Zweier-Seilschaften waren, die als die konditionsstärksten Alpinisten für die Gipfelbesteigung prädestiniert schienen, ergab sich ein oft konfliktträchtiges Spannungsfeld zwischen Individuen und Kollektiv sowie Konflikte darüber, wer nach der Expedition in welcher Weise für sie sprechen und von ihr erzählen konnte. Von den englischen Everest-Expeditionen der 1920er Jahre über die Himalaya-Erstbesteigungen der 1950er Jahre bis in die Gegenwart wurden sowohl Erfolge wie (mehr noch) Katastrophen von dieser konfliktträchtigen Dynamik bestimmt, es kam zu Fällen divergenter Berichte, wie im Fall von Hermann Buhl 1953 oder in jenem der Nanga-Parbat-Expedition 1970, bei der Günther Messner ums Leben kam.[68]

Nur über Autorschaft an Zeitschriftenartikel, Dia-Vorträgen oder autobiographische Bücher schließlich vermochte sich ein Alpinist auch als singuläre Person zu inszenieren und eine unabhängige professionelle Existenz sichern. Insofern sind die medialen Resultate auch in diesem Fall nicht etwa nur Produkt, sondern geradezu Möglichkeitsbedingung der Expeditionspraxis.

Abb. 36
Kodak-Reklame mit dem Gipfelfoto der Mount-Everest-Erstbesteigung, Herbst 1953

67 In dieser Hinsicht sind die 3. Everest-Expedition von 1924 (vgl. dazu unten V.2 im Kontext von Bronnens Drama *Ostpolzug*) und die Nanga-Parbat-Expedition von 1953 besonders erhellend, die fast zu einem Drittel von der Deutschen London-Film finanziert wurde, welche Ertls Film produzierte; noch fast ein Zehntel der Kosten wurden durch die exklusive Berichterstattung in der *Revue* vorfinanziert. Vgl. Märtin, *Nanga Parbat*, S. 263f.

68 Vgl. dazu das Kapitel über Buhl (5.2) und die Anmerkungen im Ransmayr-Kapitel (6.4).

Daher aber werden die Medienstrukturen ein zentrales Element der Expeditionen und ihrer konkreten Praktiken, die oft in Hinblick auf spätere oder schon während des Verlaufs entstehende Veröffentlichungen zu sehen sind. Schon vor dem 1. Weltkrieg wurden Photoapparate mitgenommen (die freilich den speziellen Anforderungen großer Höhe und Kälte gewachsen sein müssen, was wiederum technische Weiterentwicklungen bedingte); umgekehrt warben Firmen wie Kodak mit der Expeditionstauglichkeit ihrer Produkte. Seit den 20er Jahren wurden zudem regelmäßig spezialisierte Expeditionsmitglieder zu photographischen Dokumentationen eingeteilt und ab 1924 bereits Filmkameras mitgenommen. Ferner wurden im Zug der immer engeren Bindung der Unternehmen an die mediale Auswertung teils schon während der Expedition Exklusivberichte verfasst; so wurde die britische Everest-Expedition 1953, bei der der Berg erstmals erstiegen wurde, von einem Reporter der Londoner *Times* bis ins Basislager begleitet. Vor allem aber mussten alle entscheidenden Momente bildmedial, also mindestens fotografisch festgehalten werden, besonders natürlich der Moment am Gipfel, wobei diese Gipfelfotos den Erfolg bezeugen und zugleich den Triumph inszenieren.[69]

Diese mediale Struktur impliziert eine ganze Reihe von Besonderheiten der Expeditionspraxis. So sind Gipfelfotografien (wie diejenige von Hermann Buhl auf dem Gipfel des Broad Peak, welche Kurt Diemberger 1957 aufnahm) eben außer als Darstellung auch als *Akte* medialer Aufzeichnung bedeutsam; sie dokumentieren nicht nur den Erfolg des Abgebildeten, sondern auch jenen des Fotografen, und sie dokumentieren potentiell auch dessen Gefährdung: Im Beispiel von Diembergers Fotografie verweisen die langen Schatten auf die schon gefährlich fortgeschrittene Zeit.[70]

Zu den bildmedialen Performativa, die man – in Analogie zu den Performativa der Sprechakttheorie – im alpinistischen Diskurs konstatieren kann, gehört zudem auch hier neben der Bezeugung die mediale Aneignung selbst: Es ist gerade das noch nie gesehene Bild, die spektakuläre Fotografie aus noch nie betretenen Zonen, welche in der publizistischen Auswertung Erfolg versprach und so die ökonomische Basis der Expeditionen wie den persönlichen Gewinn an Reputation garantierte. Man könnte, für die Phase der Himalaya-Erstbesteigungen, daher förmlich von einer medialen Kolonialisierung

69 Vgl. zu den im folgenden nur angerissenen Spezifika der Gipfelfotografie und des alpinistischen Mediensystems meinen Aufsatz: Mallorys Kamera. Mythos und Medium im Alpinismus, in: Dünne, Jörg; Friedrich, Sabine; Kramer, Kirsten (Hg.): *Theatralität und Räumlichkeit. Raumordnungen und Raumpraktiken im theatralen Mediendispositiv*, Würzburg 2009, S. 137–151.

70 Vgl. die Abb. in Buhl, Hermann: *Achttausend drüber und drunter*, hg. von Kurt Diemberger, München 2005, vor S. 241.

sprechen – gewissermaßen von einem ‚Verbrauch' des Raumes, der, einmal gezeigt, nie mehr nie-gesehen sein würde. Nachdem Ende der 60er Jahre auch die Phase weltweiter Erstbesteigungen abgeschlossen und auch hier eine Art *Posthistoire* erreicht war, nahm die Bedeutung der medialen ‚Erträge' eher noch zu, so dass in der Gegenwart gerade spektakuläre Körper-Inszenierungen die Bilder alpinistischer Selbstdarstellungen zu bestimmen scheinen.[71]

Eine spezifische Interferenz von alpinistischer und medialer Praxis ergibt sich in der frühen Phase schließlich durch den Film, da sich, wie oben gezeigt, schon in fiktionalen Spielfilmen ein Repertoire spektakulärer Inszenierungen hochalpiner Räume und entsprechende Erwartungen ausgebildet hatten. Die dadurch entstehenden Komplikationen soll im Folgenden an den medialen Zeugnissen zweier Expeditionen und an zwei Dramen exemplarisch weiterverfolgt werden, welche die gezeigten paradoxen Logiken der Expedition aufgreifen und umschreiben.

4.2. Mount Everest am Gendarmenmarkt. Bronnen, *Ostpolzug*

Am 29. Januar 1926 wurde am Staatlichen Schauspielhaus am Berliner Gendarmenmarkt Arnolt Bronnens *Ostpolzug*[72] uraufgeführt. Das Monodrama kann nicht nur als „die eigentümlichste dramatische Schöpfung"[73] des Autors gelten, sondern stellt auch einen unmittelbaren Reflex auf die Meldungen und Berichte von Himalaya-Expeditionen dar. Den Ausgangspunkt des Stückes bildete freilich ein anderer Plan, nämlich – wie es kurz zuvor auch der mit Bronnen befreundete Brecht erwogen hatte[74] – ein Versuch, den Alexander-Mythos zu dramatisieren. Bronnen selbst charakterisierte später die Entstehung des Textes als eine Abweichung von diesem Plan:

> Seit meiner Kindheit war mir die Figur des Makedoniers Alexandros immer schmerzlich nahe gewesen. Diese Unruhe, diese Gehetztheit, dieses „Weh dem,

71 Vgl. als Beispiel einer förmlich theatralen derartigen Inszenierung Ullrich, Thomas: *Eiger-Nordwand. Mit Nagelschuhen und Hanfseil auf den Spuren der Erstbegeher*, Zürich 2003.

72 Bronnen, Arnolt: Ostpolzug. Schauspiel, in: ders.: *Werke*, Bd. 2, hg. von Friedbert Aspetsberger, Klagenfurt o.J. [1989], S. 221–270; Zeugnisse zur Entstehung und Wirkung ebd. S. 304–318. *Nach dieser Ausgabe wird fortan mit der Sigle „O" und Seitenzahl im Text zitiert.*

73 Mayer, Hans: Nachwort, in: Bronnen, Arnolt: *Stücke. Vatermord/Die Exzesse/Ostpolzug/Gloriana/Die Kette Kolin*, hg. und mit einem Nachwort von Hans Mayer, Kronberg/Ts. 1977, S. 307–322, S. 316.

74 Vgl. Brecht, Bertolt: Alexander und seine Soldaten, in: ders.: *Werke. Große kommentierte Berliner und Frankfurter Ausgabe*, hg. von Werner Hecht u.a., Bd. 10, Berlin, Weimar, Frankfurt a.M. 1997, S.1085f.

> der seiner Väter nicht gedenkt" – das ließ mich immer wieder erstarren, wenn ich aus dem Spiegel des Stromes Euphrat das fieberbleiche Gesicht des 33jährigen auftauchen sah. Ich selber war damals knapp dreißig [...].
>
> Indessen enstand die Idee zu dem Schauspiel *Ostpolzug* abseits von den Gedanken-Ketten, die mich zu Alexander geführt hatten. An Alexander hatte mich das Menschliche bewegt, sein König-Werden über dem Morde an seinem Vater, sein Sterben über dem Plan, Griechen und Barbaren rechtlich gleichzustellen, über die ganze Welt hin die Humaniora zu bringen [!]. Aber der Plan verflachte [!!] sich in meiner Hand, Wesentliches ging auf dem Wege vom Hirn zur Schreibmaschine verloren, Neues entstand, von den Tasten aufspringend, im Rhythmus der Maschinerie. Aus dem Menschen-Schicksal wurde ein Forscher-Schicksal, aus dem Problem des Heutigen, heutig zu sein, während ihn die unendliche Kette der Vergangenen zu sich und in das bereits vorgeformte Schicksal hinabreißt, – wurde der leicht faßliche, die Grund-Probleme nur streifende Kampf um ein Ziel. Vielleicht war es wirklich Aktualitäts-Hascherei, wenn ich die tragischen Schicksale der britischen Himalaya-Expedition von 1924 meinem Thema, dem Thema meines Schicksals aufpappte; aber dann war wohl alles Aktualitäts-Hascherei, was die Beziehung zur Gegenwart suchte, um verständlicher zu werden.[75]

Die nur durch die aktuellen Schlagzeilen motivierte Verbindung des Himalaya-Themas mit einem zeitgenössisch diskutierten Mythos, in dem sich der Autor auf seltsame Weise auch biographisch spiegelt, ist tatsächlich eine recht präzise Beschreibung des Verfahrens, aus dem der Text wohl entstand;[76] und ebenso bezeichnend ist, daß dies offenbar geschieht, um der ‚Verflachung' des Projekts („der Plan verflachte sich in meiner Hand") abzuhelfen, dem Text also „im Rhythmus der Maschinerie" – was sowohl die Schreibmaschine als auch jene moderne Technik meinen kann, die im Text eine zentrale Rolle spielt – eine aktuelle ‚Höhe' zu geben. Bronnen amalgamiert in dem Stück eine Alexander-Figur aus Episoden der Historie des Makedonier-Königs einerseits – dem gewaltsamen Tod des Vaters[77], der Eroberung Babylons, der Ermordung des Kleitos, seinem eigenen Tod – und andererseits aus Etappen einer Himalaya-Expedition, die von einem „kleine[n], unbekannte[n] Forscher von heute"[78] durchgeführt wird, der ebenfalls Alexander heißt und schließlich den Mount Everest besteigt. In neun Szenen bzw. Bildern werden die beiden Geschichten

75 Bronnen, Arnolt: *arnolt bronnen gibt zu protokoll. beiträge zur geschichte des modernen schriftstellers*, Hamburg 1954, S. 145.

76 Vgl. zur Aktualität dieses Mythos in den zwanziger Jahren (und auch zu *Ostpolzug*): Cölln, Jan: Alexander der Große in Europa und Asien. Mythisierung von Geschichte und ihre Präsenz nach dem Ersten Weltkrieg, in: *Antike und Abendland* 52 (2006), S. 183–207.

77 Der Ausgangspunkt von *Ostpolzug* verbindet es mit dem *Vatermord*-Drama von 1920 (Bronnen, Arnolt: *Vatermord. Schauspiel*, Berlin 1920).

78 Bronnen, *protokoll*, S. 145.

abwechselnd parallelgeführt[79], wobei eine äußere Verbindung hergestellt wird, indem die Anfangsverse der neuen mit den Schlußversen der vorhergehenden Szene korrespondieren[80] – so dass der einzige Darsteller des Dramas, in der Uraufführung war es Fritz Kortner, über die Sprache von einer Ebene in die andere geführt wird.

Die Reaktionen auf die Uraufführung waren kontrovers – es sei ein „Ereignis des Theaters" (Herbert Jhering), „ein Wunder", „[e]iner der kühnsten Versuche, alles Weltgeschehen, alles menschliche Fortschreiten in der Inkarnation eines Menschen zu geben; einen kühnen Bogen zu spannen, der antikes und modernes Heldentum bindet" (Franz Köppen); aber auch: „ein Bluff zur rechten Zeit", „Die ‚Reise um die Welt in achtzig Tagen' ist gehaltvoller und gekonnter" (Alfred Kerr); „Arnolt Bronnen braucht die ganz große Geste des Eroberers, des Übermenschen, oder – wenn man so will – des Kraftmeiers. Er ballt die Jahrtausende zusammen, häuft sie zu einem Chimborazo verworrener Dialektik" (Richard Eisner)[81]. Ebenso hat sich in der Forschung kein rechter Konsens über die Einschätzung des Dramas eingestellt; Versuche, es in die dichterische Entwicklung Bronnens und seine Partnerschaft mit Brecht einzuordnen[82],

79 Der Rhythmus Antike-Moderne wird mit dem 7. Bild („Die Shimsha-Gletscher-Katastrophe") aufgegeben.

80 Sie stimmen anfangs wörtlich überein (I/II, II/III), um dann stärker den Kontrast zu betonen (zB.: V: „Ich ergebe mich dem Willen des Heeres." (247) / VI: „Aber sich ergeben dem Willen des Heeres bedeutet noch nichts." (250)); der letzte Szenenwechsel leitet von „Rettet mich, ein Übel, eine Krankheit, einen Aussatz, ein Nichts. (*Er stürzt hinunter* [...].)" über auf „*Die Spitze des Mount Everest.* [...] ALEXANDER: Ein Nichts, ein Aussatz, eine Krankheit, kroch ich herauf [...]. (O S. 266–268)

81 Vgl. die Zeugnisse in Bronnen, Arnolt: *Werke*, Bd. 2, hg. von Friedbert Aspetsberger, Klagenfurt o.J. [1989], S. 304–318, hier S. 309, 310, 311, 317. Wie unverständlich das Stück und wie wenig verbreitet genaue Himalaya-Kenntnisse selbst 1926 noch waren, ist daran abzulesen, dass selbst der Dramaturg des Schauspielhauses Eckart von Naso in seinen Erinnerungen schrieb, der moderne Alexander sei „ein amerikanischer Milliardär, der es sich in den Kopf gesetzt hat, den Gaurisankar zu erobern" (ebd. S. 307). Der Gauri Sankar ist ein 7145 m hoher ungewöhnlich schöner Berg an der chinesisch-nepalesischen Grenze, den Hermann Schlagintweit 1855 fälschlich mit dem „Peak XV" identifiziert hatte; daher hieß der Mount Everest um die Jahrhundertwende in den meisten deutschsprachigen Atlanten „Gaurisankar". Vgl. Dyhrenfurth, *Zum Dritten Pol.* S. 28f.

82 Vgl. Münch, Ursula: *Weg und Werk Arnolt Bronnens. Wandlungen seines Denkens, Frankfurt a.M.* usw. 1985, v.a. S. 116–120; Krüger, Michael: *Vom ordnenden Subjekt zur subjektgemäßen Ordnung. Studien zu Arnolt Bronnens Dramen*, Frankfurt a.M. usw. 1989, v.a. S. 105ff.; im Kontext seiner Biographie: Aspetsberger, Friedbert: *›arnolt bronnen‹. Biographie*, Wien, Köln, Weimar 1995, S. 344–354; Baureithel, Ulrike: Schicksal nur gegen Beweis. Bertolt Brecht und Arnolt Bronnen im literarischen Feld der Weimarer Republik. ‚Mann ist Mann' und ‚Ostpolzug', in: Delabar, Walter; Döring, Jörg (Hg.): *Bertolt Brecht 1898–1956*, Berlin 1998, S. 89–111.

stehen neben Kontextualisierungen bezüglich der Konzepte des „epischen Theaters“ und der Neuen Sachlichkeit[83]. Gegenüber den dabei diskutierten Aspekten der Sprache, der Form des Monodramas, von Pathos, neusachlicher Technik-Fetischisierung und konzeptioneller Verwegenheit blieben allerdings – erstaunlicherweise – die konkrete Logik der Parallel-Führung der beiden ‚Alexander-Züge‘ und ihre Voraussetzungen eher unterbelichtet, die in der folgenden Lektüre diskutiert werden sollen.

Konstitutiv für die Überblendung des antiken und des modernen Alexander in *Ostpolzug* ist offenkundig eine strukturelle Analogiebildung der beiden ‚Züge‘. Beide sind Grenz-Überschreitungen, bis dahin undenkbare Züge nach Osten; beides sind exemplarische Ausgriffe von Europa nach Asien, vom Okzident in den Orient; beide werden von einem einzelnen Helden geführt. Doch die Bilder des Stücks markieren auch gemeinsam einen Verlauf: Das erste Bild – „Über den Hellespont“ (O 215–221) – beruft die traditionelle Grenze zwischen Europa und Kleinasien; das zweite – „Der gordische Knoten“ (O 223–228) spielt in „Eski-Schehir“[84] auf dem Weg nach Bagdad und mit einem traditionellen Element des Alexander-Mythos; im dritten Bild („Sprung in Babylons Mitte“ (O 229–234)) ist Persien erreicht, im vierten („Der Sieg von Kabul“ (O 235–240)) Afghanistan; „Das äußerste Alexandrien“ (O 241–247; fünftes Bild) ist *„am Jaxartes-Fluß“* (Regieanweisung, O 242) angesiedelt, also am Syrdardja-Fluß, der in der Antike Jaxartes hieß und zwischen den Gebirgsmassiven des Tian-Schan und Alai aus dem Zusammenfluß mehrere Quellflüsse entsteht; mit dem sechsten Bild („Autokolonne durch Nepal“ (O 249–254) ist man im Himalaya angelangt. Das Bild „Die Shimsha-Gletscher-Katastrophe“ (O 255–260) leitet die Trennung der beiden ‚Alexander‘ ein, und während der antike in „Bablyon“ stirbt, ersteigt der moderne den Mount Everest.

Die Verbindung und imaginative Überblendung der beiden Expeditionen akzentuiert offenbar zugleich Parallelen und Oppositionen. Gemeinsam ist den Ausgangsszenen ein existentielles Dilemma der (jugendlichen) Helden, die sich nutzlos und isoliert fühlen; der eine ist ein von Enterbung bedrohter Königssohn, der sich machtlos in eine Zeit größter Möglichkeiten geworfen sieht:

83 Vgl. Mennemeier, Franz Norbert: *Modernes Deutsches Drama. Kritiken und Charakteristiken*, Bd. 1, 1910–1933, München 1973, v.a. S. 74ff.; Koebner, Thomas: Das Drama der Neuen Sachlichkeit und die Krise des Liberalismus, in: Rothe, Wolfgang: *Die deutsche Literatur der Weimarer Republik*, Stuttgart 1974, S. 19–46; Grimm, Reinhold: *Nach dem Naturalismus. Essays zur modernen Dramatik*, Königstein/Ts. 1978, v.a. S. 63ff.

84 O 224; Eskishehir ist eine Stadt in Anatolien, die im türkischen Befreiungskrieg (1918–1922) wegen ihrer Lage an der alten Bagdadbahn (bzw. der anatolischen Eisenbahn von Istambul nach Ankara) stark umkämpft war, was zeitgenössischen Zeitungslesern zweifellos bekannt sein konnte.

Die Größe meiner Zeit ist ungeheuer.
Hinter uns ein Reich zahlloser Städte, immenser Bauten, goldener Felsen, glänzend in Marmor wie ein anderes Meer.
Hinter uns ein Volk, wimmelnd wie Ameisen, strotzend von allen bekannten Schätzen, gierig nach allen unbekannten,
Eine Welt um uns, unfaßbar in ihrem Taumel, unermeßlich in ihrer Gewalt, tobend über die Meere, wallend über die Straßen, kein Himmel wird sie ersetzen,
Und ich bin zwanzig Jahr alt.
Nie werde ich einen Finger an sie rühren.
Ich sehe mich ja, [...]
Nutzlos geboren, um hoffnungslos zu stehen
Vor dem Hohn des Jahrtausends, dem ich zu spät kam. (O 217)

Gerade die Passivität, mit der er den Mord an seinem Vater tatenlos geschehen lässt („Ich halte in der Hand ein Schwert, das nichts tut, in der Hand, die nichts tun kann"; O 220), macht ihn aber zum König („Jetzt bin ich König geworden", O 221[85]), als der er nach Indien aufbrechen wird.

Der andere Alexander wird umgekehrt gleich in seinem ersten Auftritt unverkennbar als „Moderner" und Teil der „verlorenen Generation" charakterisiert:

Geboren im sechsten Stock, gesäugt mit Kondensmilch,
Mit drei Jahren unter den Rädern der Straßenbahn, mit sechs Jahren schwebend zwischen Bäumen und Bus-Verdecken,
Mit Objektiv und Universalfüllfeder, auch als Trillerpfeife benützbar,
Drehte ich, sechzehnjährig, die [sic] Sommeschlacht, achtzehnjährig allen Methoden den Rücken,
Und schlich langsam nach Osten, wobei ich nirgends ein Ende sah. (O 225)

Ihm bietet sich die Möglichkeit, für Geld zum Führer einer „wracken Himalayaexpedition" (O 224) zu werden:

Expeditionen sind gut. Der Himalaya ist besser. Die Welt ist zu klein. Sie muß größer werden. Im Osten ist der Ostpol. Dahin wollte ich immer. [...]
Vor einer Stunde schenkte ich Bier und las in den Zeitungen. Der Himalaya brach die dritte Expedition. Eis und Gletscher malten sich grünlich an die Wand. Ich sah Verwirrung kommen, aber ich scheute sie nicht. (O 226)[86]

---

85 Die „Fortsetzung" des Satzes am Beginn der nächsten Szene lautet: „König geworden, / Aber im wachen Bewußtsein dieses dritten Jahrtausends / Ist das nicht entscheidend, wissen Sie." (O 224)

86 Die Stelle ist die erste deutliche Anspielung auf den aktuellen Diskurs: Die vom Himalaya ‚gebrochene' „dritte Expedition" läßt sich auf die (dritte) britische Expedition von 1924 beziehen, die mit dem Tod von Mallory und Irvine endete; später spricht der Held vom „großen Gletscher des Jahres 1924" (O 239). Vgl. zu weiteren Bezügen unten.

Doch er lehnt das Angebot zunächst ab, widersteht der Versuchung, den – unsichtbaren – „Redner", der es ihm machte und nun im *„Wirtshauszimmer in Eski-Schehir"* (O 224) Bier trinkt, zu ermorden („Als ich Sie zuerst reden hörte, als Sie Geld boten, Stellung, Ruhm sogar, / Und ein fremder Mann weckte, was in mir seit drei Jahren lauert, / Da riefen tausend Stimmen in mir: Schlag ihn tot und nimm seine Pässe." O 227); doch als dieser am Ende der Szene plötzlich stirbt („Jetzt ist er wirklich tot. / Habe ich davon geträumt? Oder fange ich zu träumen erst an?" O 228), ergreift er die Gelegenheit:

> Ich bekomme Angst. Ein Weg ist offen. Das Land ist offen bis Persien hinunter. Weiter noch. Ich sehe es nicht bis zu Ende. In grünen Linien, Schicht über Schicht, wächst Eis über Eis. Türen! Türen! (*Er stößt mit dem Stock heftig die Tür auf. Ungeheuer helles Licht flutet über ihn herein*) (O 228)

Beide „Helden" treten ihre Bahn aus der Passivität heraus an; beide nutzen den Tod eines Mächtigen zur Selbstermächtigung.[87] Beide Anfänge inszenieren so den Umschlag aus Nichtigkeit in Macht, aus Impotenz („Ich halte in der Hand ein Schwert, das nichts tut", O 220) und Derangiertheit („Vielleicht gibt es Leute, die ein schmieriger Kellner-frack entehrt. Was mich entehrt, ist noch nicht erfunden", O 225) in Heroentum.

Spätestens mit der nächsten Parallelführung zweier Szenen beginnt sich aber die Differenz zu verstärken. Beide Bilder sind von einem akustischen Ambiente bestimmt; während vor den *„Mauern von Babylon" „Rudertaktzeichen"* mit einem *„klirrenden Instrument", „Gesang und Musik"* (O 230) erklingen, gleicht die vierte Szene (*„Konferenzzimmer eines Hotels in Kabul."* O 236) jedoch fast einer dadaistische Installation bürokratisch-technischer Apparaturen: *„In der Mitte ein Lautsprecher. Links murmelt ein elektrisch geschaltetes Diktaphon sein Diktat in eine gleichfalls elektrische Schreibmaschine"*, O 236). Auch die Entwicklung der Helden tritt auseinander: Der antike Alexander ist fieberkrank und wähnt sich von „Mördern und Verrätern" (O 230) umgeben, die ihn vergiften wollen; sein Dilemma ist die Einsamkeit der Macht. Der moderne Alexander steht dagegen einer anonymen, da unsichtbaren „Versammlung" von Geldgebern gegenüber, die genauso von ihm abhängig scheinen wie er von ihnen:

---

87 Es bleibt in beiden Szenen systematisch offen, ob die – jeweils artikulierten – Mordphantasien nicht tatsächlich realisiert werden – ob also der Mörder von Alexanders Vater nicht wirklich von diesem gedungen ist („Man wird sagen, ich wußte es, habe es bestellt, habe es bezahlt", O 221) und der Redner nicht vom „Kellner" Alexander vergiftet wird.

> Geben Sie Geld, verehrte Versammlung!
> Ihr Erstaunen erstaunt mich. Ich kaufte Konserven, Ausrüstungen, Autos, Benzin,
> Und Sie denken, ich kaufte umsonst? Haben Sie nie gehört, daß der Mount Everest 9000 Meter hoch ist? (O 236)

Anders als der antike Held ist er Teil eines Projektes, das sich einer ebenso präzisen wie letztlich irrationalen „Sache" widmet:

> Licht fällt auf den Mount Everest. Ich nenne ihn, mehr scherzhaft, den Ostpol, da sich meine kleine Welt um seine Größe dreht. Nordpol, Südpol sind vergessen. Hier ist noch eine Sache von Wert. Eine teure Sache, aber mit der Haut einer Jungfrau. (O 237)

Die Codierung der Everest-Besteigung als „Entjungferung" korrespondiert mit anderen erotisch-schwülstigen Konnotationen der Szene, wird aber auch in Opposition dazu gesetzt:

> Die Frauen, die es hier gibt, sind an Ihnen nicht spurlos vorübergegangen. Mit der Frau des russischen Konsuls flirtete auch ich. Die Welt, in der Sie bleiben, wird Farben haben, Duft, Wärme. Ich muß, vorausgesetzt, daß Sie mich gut bezahlen, unter Stein und Geröll.
> Oh, verehrte Versammlung, bedenken Sie nochmals, ich gehe in die Wochen, aus denen sicher kein Kind, und vielleicht auch ich nicht wiederkomme. (O 238)

Der moderne Alexander muss zum männlichen ‚Bezwingen' des Bergs also seine erotischen Triebe eher sublimieren als ausleben. Und statt als souveräner „Führer" des Feldzuges agiert er eher als ein Held, der mit den Möglichkeiten der Ökonomie spielt:

> Denn was hätten Sie gehabt, wäre ich mit verschwunden? Sie hätten das Nachsehen gehabt. Jetzt haben Sie das Vorsehen. Es gibt Ihnen das Bewußtsein, Ihre Sache ganz getan zu haben. Und mir gibt es das Bewußtsein, wenn ich dereinst 9000 Meter hoch Ansichtskarten schreibe: Dies verdanke ich Ihnen. (O 237)

So ironisch auf moderne Touristik bezogen dies klingen mag, es hatte eine Entsprechung im Realen: Solche „Ansichtskarten" vom Mount Everest gab es nämlich tatsächlich. Zur Finanzierung der britischen Expedition von 1924 hatte Captain John Noel, der 1922 am Everest gewesen war, die *Explorer Films Ltd.* gegründet, welche die exklusiven Bildrechte erwarb und die Expedition im Gegenzug großteils finanzierte; und eine weitere Finanzierungssäule waren Postkarten, die man sich aus dem Basislager schicken lassen konnte. Der Zeitungs-Aufruf hierzu war offenbar höchst erfolgreich, denn Noel musste

Tausende von Postkarten unterzeichnen[88]; und auf diesen wurde auch sein Expeditionsfilm angekündigt, der im Herbst 1924 in London gezeigt wurde und dessen Umstände dann für einiges Aufsehen sorgten.[89]

Abb. 37
Expeditionspostkarte der Mount-Everest-Expedition 1924

Es ist zwar nicht zu belegen, dass Bronnen das „Ansichtskarten"-Projekt kannte, das im offiziellen Expeditionsbuch erwähnt wird; die Anspielung im Drama kann aber jedenfalls als ironischer Reflex einer Medienpraxis gelesen werden, die schon Bilder eines ‚Triumphs' verkauft, bevor dieser stattfand, ja um ihn überhaupt zu ermöglichen.

Das dritte Szenen-Paar – die Umkehr des antike Alexander („Das äusserste Alexandrien", O 241–247) und die Szene „Autokolonne durch Nepal"[90] – verstärken die Oppositionen der Parallelgeschichten weiter: *„Rauschen des*

88 Vgl. Holzel, Tom; Salkeld, Audrey: *First on Everest: The Mystery of Mallory and Irvine*, New York 1986, S. 178; Hemmleb, Jochen; Johnson, Larry; Simonson, Eric: *Die Geister des Mount Everest. Die Suche nach Mallory und Irvine*, Hamburg 1999, S. 38f.

89 Noel hatte tibetische Mönche zu Tanzvorführungen nach London gebracht und gefilmt, was eine Krise der englisch-tibetischen Beziehungen verursachte; vgl. Hansen, Peter H.: The Dancing Lamas of Everest: Cinema, Orientalism, and Anglo-Tibetan Relations in the 1920s, in: *The American Historical Review* 101 (1996), S. 712–747.

90 O 249–254. Die Situierung (*„Von links aus dem Dunkel hört man das anschwellende Brausen des Dsang-po"*, O 250) ist eher vage; der Yeru Tsangpo, der ein Quellfluß des Arun ist, der durch Nepal fließt, liegt selbst ebenso in Tibet wie der Yarlung Tsangpo.

Flusses" und *„Feuerschein"* (O 242) in der einen stehen zwar das *„Brausen des Dsang-po"*, aber auch die *„roten Lichter zweier vorausfahrender Autos"* (O 250) in der anderen gegenüber[91]. Der antike Alexander sieht sich dem Aufstand seiner Soldaten konfrontiert und ergibt sich am Ende „dem Willen des Heeres" (O 247); der moderne wird von Unwetter und „brechenden Achsen" (O 250) bedroht, doch er gewinnt den „Kampf!!" (O 253), indem er buchstäblich „Ballast" abwirft, die Proviantkisten seiner Expedition: „Wieder eine Tonne weniger. Erbsen mit Speck wird erst die nächste Expedition fressen." (O 250)[92]

Schon in größerer Höhe, nämlich in einem *„Neblige[n] Gletschertal"* (O 256), ist das siebente Bild angesiedelt, das „Die Shimsha-Gletscher-Katastrophe"[93] überschrieben ist. Hier verdichtet sich die vorher schon angedeutete Überblendung der beiden Alexanderzüge[94], indem der ‚moderne' Alexander sein eigenes „Bewußtsein" (ebd.) in der Erfahrung des ‚antiken' spiegelt („Ich taumle auf den Hökern verwesender Kamele / Im Ohr die Fieberschreie des sterbenden Hephästion" (O 257)[95]) und so die Ebenen vermischt:

> Wieder stehen im Osten die dröhnenden Mauern der Elefanten,
> Wieder wächst Gras bis zum Hals, und die Füße
> Versinken in den brausenden, flimmernden Dschungeln. [...]
> Aber ein Seil in der Hand, ein Seil hält mich oben.
> Wir gingen von den Eishütten zum Nordostweg, zehn Mann,
> Vermutlich alle noch schlafend, leblos im dämmernden Eis,
> So daß es kam, daß ich zu gleiten begann. (O 256f.)

---

91 Tatsächlich inszenieren die Regieanweisungen eine bühnentechnisch simulierte Fahrt (*„Ein Lastauto fährt in finsterer Nacht"* (O 250)) und einen katastrophalen Unfall: *„Die roten Lichter vorn schwanken heftig und sinken dann in steiler Kurve nach links in den Abgrund. Das Horn des Autos heult. Der Wind weht Schreie herüber."* (O 253)

92 Ein mögliches klägliches Scheitern der „Expedition" wird ebenfalls Thema: „Ich bitte dich, mein zitterndes, hilfloses, herzklopfendes Schicksal, / Nicht mich zu ersaufen in diesen stinkigen, faulen Tälern, so weit weg von den eisigen Zielen." (O 253)

93 Ähnlich wie im vorigen Bild der „Dsang-po" ist die Lokalisierung eher vage-orientalisch: Der Shimsha ist ein Fluß in der südindischen Provinz Karnataka und entspringt auf 914 m Höhe; einen Shimsha-Gletscher gibt es nicht. Das eventuell gemeinte Shimshal-Gebiet liegt im Karakorum im Norden Pakistans, d.h. weit vom Mount Everest entfernt.

94 Schon in Bild IV hatte der ‚moderne' Alexander von „Roxane" gesprochen, der Frau des antiken (O 240).

95 Die zuvor schon angedeutete (anti-)erotische Konnotation des Expeditionsprojekts wird nun auf die homoerotische Dimension (Alexanders Liebe zu Hephaistos) ausgeweitet: „In Alexandria eschata, damals, / Als seine [Hephaistons] Hüfte noch straff war, und seine Brust nach wilden Pferden roch. Ich sah ihn, / Wie er schwellend war, und rot, trunken durch die steigenden Jahre, und seine Freude / An seiner Form wurde unermeßlicher. Jetzt rührt er mich nicht. Seit die große Grenze aufwuchs im Osten / Treibt mich Besessenheit fern von den Gerüchen und Farben des Lebens / In Eis, Schnee, die ersten Kristalle." (O 257) Die Assoziation setzt sich S. 257f. fort.

Denn tatsächlich zeigt die Szene den Absturz der Expeditionsmannschaft, der in einer optisch-technischen Simulation gleichsam in Zeitlupe inszeniert wird. Die vollständige Regieanweisung lautet:

Nebliges Gletschertal.
Am linken Rande eine zerrissene Eislandschaft in der ungefähren Form vereister stehender Männer.
Etwa zehn Schatten kommen im Wirbel über das Gletscherfeld und verschwinden links vorn. Dazu ein erstickter Schrei, der sich wie ein Sirenenton sehr rasch vertieft und verliert.
Dann kommt, in schiefer Stellung, an ein Seilstück sich klammernd, das ersichtlich abgerissen ist, Alexander rechts oben ins Bild, das nun, während er im folgenden langsam nach links vorn kommt, sich rasend schnell und verschwimmend nach oben bewegt.
Die Formen der Eislandschaft beginnen zu wechseln. Die ganze Szene ist rund eingefaßt mit verschwommenem Rand und alle Gegenstände haben leicht regenbogenfarbige Umrisse, so daß der Eindruck erweckt wird, als verfolge man mit einem riesigen Fernrohr von weitem den Absturz Alexanders. (O 256)

Das theatertechnisch einigermaßen abenteuerliche Arrangement zielt offenkundig darauf, einen textuellen Bewußtseinsstrom im Augenblick eines Absturzes zu motivieren. Mit dem Blick durch ein *„riesige*[s] *Fernrohr"* wird dabei nicht nur ein klassisches Dispositiv der Theatralisierung von Wahrnehmung aufgerufen[96], wie es zeitgenössisch beispielsweise Rilke als Paradigma moderner Ästhetik diskutiert hatte;[97] dieses zählt seit Méliès *La voyage dans la Lune* von 1902 auch zu den elementaren Mitteln filmischer Ästhetik. Auf der Bühne, also in einem Medium realer Präsenz, ist es freilich Mittel der Verfremdung: Wie schon in der Szene „Autokolonne durch Nepal" wird hier Bewegung simuliert, diesmal durch den sich *„rasend schnell* [...] *nach oben"* bewegenden Prospekt. Während die „zehn Mann" (O 275) schon als *„Schatten"*

96 Vgl. hierzu Encke, Julia et al. (Münchner Arbeitsgruppe Theatralität): Wissen und Sehen. Epistemische Strukturen der Medialität, in: Fischer-Lichte, Erika et al. (Hg.): *Wahrnehmung und Medialität*, Tübingen, Basel 2001, S. 31–50.

97 In „Über den jungen Dichter" schreibt Rilke 1913: „Irgend ein nachdenklicher Leser Stifters [...] könnte es bei sich zur Vermutung bringen, daß diesem dichterischen Erzähler sein innerer Beruf in dem Augenblick unvermeidlich geworden sei, da er, eines unvergeßlichen Tages, zuerst durch ein Fernrohr einen äußerst entlegenen Punkt der Landschaft herbeizuziehen suchte und nun, in völlig bestürzter Vision, ein Flüchten von Räumen, von Wolken, von Gegenständen erfuhr, einen Schrecken von solchem Reichtum, daß in diesen Sekunden sein offen überraschtes Gemüt Welt empfing, wie die Danaë den ergossenen Zeus." Rilke, Rainer Maria: *Sämtliche Werke*, hg. vom Rilke-Archiv, in Verbindung mit Ruth Sieber-Rilke besorgt durch Ernst Zinn, Bd. 6. Frankfurt a.M. 1966, S. 1046–1055.

abgestürzt sind, ist der sich an das „abgerissene" Seilstück klammernde Alexander noch im Fallen begriffen, das folglich wie in Zeitlupe geschieht.

> Ich falle immer nur, aber jetzt sehe ich etwas, das kommt,
> Schneller als ich, schwärzer als ich, und von unten kommt es, oder von oben, das ist das Ende, –
> Das Seil ist zerrissen, und ich falle schon tausende Meter,
> Und die andern sind längst schon auf Felsen zerschellt,
> Das Seil ist zerrissen, und ich bin nicht zu retten. (O 258)

Kurz vor dem Aufprall allerdings kommt der Sturz zum Halten, Alexander *„fällt zu Boden und* [...] *hat jetzt gerade eine schmale Plattform für sich, während über ihm eine glatte Eiswand hochgeht."* (O 258f.)[98]

> Ich werde an diesem Seil,
> Das ich einfach nicht losließ, während Sie es losließen, meinen Herren Toten,
> Mich langsam in die Höhe bewegen, trotz Ihres Einspruches, (*er klettert etwas in die Höhe, bis er einen neuen Fußpunkt findet, wo er etwas zitternd ausruht*).
> Ich werde laut sprechen, da Sie mir offenbar Angst machen wollen,
> Ich kann nicht verschweigen, daß ich lieber nicht so allein wäre [...]. (O 260)

Abgesehen davon, dass hier offenkundig die entscheidende Differenz der Alexander-Züge inszeniert wird – die anschließende Szene „Todeskampf" endet mit dem Sturz des antiken Alexander (*„Er stürzt hinunter"*, O 266), während der moderne den Absturz überlebt und erneut aufsteigt –, kann man auch in der Katastrophen-Szene eine Anspielung auf eine britische Everest-Expedition lesen – jene von 1922. Dabei waren zwei Unfälle geschehen: Nach dem scheiternden ersten Besteigungsversuch am 20. Mai 1922 stieg eine Gruppe von vier Bergsteigern angeseilt ab, doch einer von ihnen glitt aus und riß die gesamte Gruppe mit; lediglich der schnellen Reaktion des vorausgehenden George Mallory, der seinen Eispickel tief in den Firn rammte und das Seil darum schlang, war zu verdanken, dass nicht alle abstürzten – das Seil hielt (wie hier[99]). Eine wirkliche Katastrophe aber geschah beim dritten und letzten Aufstiegsversuch, den erneut Mallory mit zwei anderen Briten und einer Reihe von Sherpa

98 In dieser Eiswand ist die Inschrift eingeritzt *„Hier stand, abgeirrt vom Wege, / vierzehn Tage lang / Bernard J. Laird"* (O 259), was den Alexander des Stücks zu einigen ironischen Bemerkungen über „Rekorde" (O 259) veranlasst; irgendeine historische Referenz für „Bernard J. Laird" konnte nicht ermittelt werden.

99 Wobei anzumerken wäre, dass alpinistisch betrachtet die Szene im Drama natürlich vollkommen absurd ist – denn wer oder was sollte das Seil halten, an dem sich der stürzende Held „festhält" (was an sich schon eine unmögliche Form von Seilsicherung wäre), wenn die ganze Seilschaft abstürzt?

unternahm: Noch unterhalb des Nordsattels wurde die gesamte Mannschaft von einer Lawine verschüttet. Während sich die Engländer aus eigener Kraft befreien konnten, starben sieben der Sherpa; es war „das bis dahin schwerste Unglück in der Geschichte des Alpinismus“[100].

Der fiktionale Bergsteiger in *Ostpolzug*, der weniger als zwei Jahre nach dem Tod des realen George Mallory am Mount Everest auf der Bühne in Berlin dessen Gipfel bezwingt, nimmt also Spuren der historischen Figur auf, wenngleich zweifellos eher imaginativ als realistisch. Trotzdem ist auch die letzte Szene des Stücks an einer Stelle ganz präzise auf Mallory zu beziehen. Sie spielt auf der *„Spitze des Mount Everest. / Perspektivisch etwas von oben gesehen* [*!*]. [...] *Neblig darunter landkartenartig* [*!*] *die schneebedeckten Berge des Massivs“* (O 268), und sie vollzieht auf wenigen Seiten – es ist die kürzeste Szene des Stücks – noch einmal sprachlich die Entwicklung vom namenlosen Emporkömmling zum Übermenschen, Erlöser und Heros nach.

> Ein Nichts, ein Aussatz, eine Krankheit, kroch ich herauf,
> Ein bettelnder Gedanke, ein Fleischhaufen, ein armseliger Mann stürzte ich ab,
> Etwas mehr als arm biß ich mich durch, nämlich atemlos,
> Und den Atem zu halten ist schließlich der Rest. [...]
> Jetzt weckt mich glücklicherweise der rötliche Schein von Raketen,
> Seit vorgestern mein Nachtlied,
> Das die tieferen Einwohner dieses Schneehügels zum Himmel spritzen,
> Generös wie immer gegen eventuell Verstorbene.
> Aber wenn es die Steifheit meiner Finger noch zuließe,
> So könnte ich ihnen eine viel rötere und bedeutend positivere Rakete hinunterschicken,
> Die morgen in Millionen Zeitungen schliddern und die Verdauung der umliegenden Erdteile
> Wenigstens für eine Morgenstunde beschleunigen sollte. (*Er zieht mühselig mit steifen Fingern Notizblätter aus seiner Tasche*)
> Möglichst rasch müßte ich auch noch mein Tourenbuch beenden [...]. (O 268)

Wie zuvor schon mit Telefonen und Ansichtskarten ist auch hier Kommunikationstechnik zentral. Die (Signal-)Raketen von unten, Bergsteigers „Nachtlied“, wie es offenbar zitierend heißt[101], sollen mit einer „bedeutend positivere[n] Rakete“ beantwortet werden, welche der (Medien-)Welt die Bezwingung des Gipfels signalisiert und die der Held etwas später tatsächlich abfeuert:

---

100 Märtin, *Nanga Parbat*, S. 93; vgl. ferner Bruce, Charles Granville: *The Assault on Mount Everest, 1922*, London 1923 (dt. übersetzt von W. Rickmer Rickmers: *Mount Everest. Der Angriff 1922*, Basel 1924).

101 Die angespielten Goethe-Verse in „Ein Gleiches“ („Über allen Gipfeln / Ist Ruh, /In allen Wipfeln / Spürest du / Kaum einen Hauch“) können fast als Kontrafaktur der hier inszenierten Everest-Gipfelstimmung gelesen werden – es herrscht *„Sturm“* (O 268).

Ich stehe, Welt, und auf der schwarzen Wand des Himmels
Will ich meinen Weg zeigen, ganz wie zwei Monate später
Vor den Herren der Geografic Society in London. (*Er reißt die Leuchtpistole aus der Tasche und feuert eine Rakete ab, die sekundenlang die ganze Bühne in strahlend rotes Licht taucht*)
Das war der Ostpol, das war die unbesiegbare Erde,
Hier, wo ich stehe, Religionen unter meinen Füßen,
Zwar im Sturm, zwar unsicher selbst der nächsten Minuten,
Aber doch etwas höher als es mir bestimmt war,
Doch etwas weiter, doch etwas stärker, doch etwas ewiger,
Als das Schicksal es in meine Hand schrieb, in Eläus. (O 269)

Am Ende erfolgt hier die letzte Anspielung auf den antiken Alexander[102]. Doch eher als eine Berufung auf dessen Identität[103] scheint sie deren Überwindung zu signalisieren, und ebenso die Überwindung anderer gespenstischer Toter,

Denn in diesem Ring hier fürchte ich mich vor keinem, sei er noch so unsichtbar, [...]
Und, wenig verändert, werde ich bald die ersten Menschen wiedersehen, die nicht tot sind. (O 269)

Zu diesen Toten und „geschlagenen Geistern" (ebd.) zählen allerdings zwei besondere:

Das ist der neunte Juni, in der Stunde
Meiner Geburt vor dreiunddreißig Jahren
Auf dem Gipfel des Mount Everest, 8840 Meter,
Mit meiner Nase noch einen Meter darüber. (Ebd.)

Der Triumpf des Helden an seinem dreiunddreißigsten Geburtstag assoziiert ihn außer mit Alexander dem Großen[104] mit Jesus Christus, der bekanntlich im dreiunddreißigsten Lebensjahr stirbt und wiederaufersteht, hier nun aber – „Religionen unter meinen Füßen" – seinerseits überwunden zu werden scheint. Das Datum des „neunte[n] Juni" aber verweist noch einmal auf George Mallory, der am 8. Juni 1924 zusammen mit Sandy Irvine am Gipfelgrat

102 „Eläus" bezieht sich auf Elaious an den Dardanellen, wo Alexander der Große beim Aufbruch zum Persien-Feldzug an der Protesilaos-Kultstätte geopfert haben soll (Protesilaos war nach Homer, *Ilias* 2, 685 der erste Grieche, der im Trojanischen Krieg Asiens Küsten betrat und der dafür auch als erster starb); vgl. Arrian, *Anabásis Alexandrou*, Buch I, 11.

103 So Aspetsberger, *arnolt bronnen*, S. 351: „*Er beruft sich nun auf Eläus*, d.h. er akzeptiert den antiken Übermenschen Alexander als seine Identität."

104 Dieser stirbt laut Plutarch am 28. Daisios, das entspräche dem 10. Juni 323 v. Christus, dreiunddreißig Jahre alt; vgl. Plutarch, Bioi parálleloi, Alexandros.

des Mount Everest verschwunden war[105] und dem Mythos zufolge (der freilich von den meisten Experten bis heute als Legende betrachtet wird) an diesem oder am nächsten Tag den Gipfel erreicht haben könnte – von dem er freilich nie mehr zurückkehrte.[106] Der Alexander des *Ostpolzug* ist hier einmal mehr eine phantasmatische Figur, die den antiken und einen gerade entstehenden Mythos kontaminiert; das Stück lässt offen, ob der Held zu den „tiefere[n] Einwohnern dieses Schneehügels" (O 268) zurückfindet. Es endet vielmehr mit einer pathetischen Geste:

> So geschehen die Taten, die Ereignisse, langsam,
> Manche Wünsche werden Jahrtausende alt,
> Aber unaufhaltsam wachsen die Organe ins Unsichtbare hinein,
> Und der Gewinn der Unsterblichkeit ist nahe.
> *Der Vorhang fällt.* (O 270)

Wichtiger als die – für Zeitgenossen durchaus zu entschlüsselnden – Anspielungen auf die britische Expedition ist freilich die Zuspitzung und Überhöhung im doppelten Sinn, die Bronnen dem Expeditions-Zug vor der Folie des antiken Alexander-Zugs nach Indien und im Ganzen seines Monodramas gibt. Er betont, wie zu sehen war, von Beginn an die Logistik, die Ökonomie, aber vor allem die Bedeutung der Technik[107] – und dies weit mehr, als es den realen Expeditionen entsprach: Bis 1924 wurden bei diesen weder Autokolonnen zum Transport eingesetzt noch Signalraketen verwendet; vielmehr nutzte man Tragetiere[108] und am Berg selbst Magnesiumfackeln[109] oder einfache optische Zeichen zur Verständigung.[110] Die hier inszenierte

105 Der offizielle Expeditionsbericht über die Expedition von 1924 stammt von Norton, Edward F.: *The Fight for Everest: 1924*, London 1925.

106 Vgl. zur Diskussion dieser Frage schon Dyhrenfurth, *Zum dritten Pol*, S. 51ff., Breashears, David; Salkeld, Audrey: *Last Climb. The Legendary Everest Expeditions of George Mallory*, Washington D.C. 1999, dt. u.d.T. *Mallorys Geheimnis. Was geschah am Mount Everest?*, München 2000, hier S. 191ff.

107 Offenbleiben muss hier, ob das „Gerät", das Alexander dabei hat („Auf dem Gipfel kauert Alexander, durch einen Schneewall etwas gegen den Sturm geschützt. Neben sich Stock, Pickel und Gerät." (O 268) ein Sauerstoff-Gerät ist: Die Verwendung künstlichen Sauerstoffs und die Frage, ob er nötig oder die schweren, anfälligen Geräte eher belastend wären, prägt die britische Diskussion der Zeit; vgl. Dyhrenfurth, Zum dritten Pol, S. 43ff.

108 Märtin, *Nanga Parbat*, S. 96.

109 Dyhrenfurth, *Zum dritten Pol*, S. 52.

110 Als Noel Odell, der neben Mallory beste Bergsteiger der Expedition, seine Rettungsversuche aufgab, weil er die Hoffnung verloren hatte, legte er am „Nordsattel" mittels Schlafsäcken ein „T" aus, was nach dem erhaltenen Code hieß: „No trace can be found. Given up hope. Awaiting orders." Durch ein weiteres Zeichen weiter unten gelangte die Botschaft

Bewegungs- und Kommunikationstechniken entstammen wohl weniger dem Himalaya-Bergsteigen als dem Erfahrungsraum des Weltkriegs.

Bronnens Stück überhöht also die technische Dimension in einem ‚futuristischen' Sinn, und dies verbindet sich seinerseits mit der offenkundig futuristischen Bühnentechnik, die das Stück verlangt und Jeßners Ur-Inszenierung anscheinend virtuos einsetzte.[111] Auch dadurch aber wird die Expedition hier zur rein symbolischen Aktion; bezogen auf Wahrnehmung bzw. Codierung des Hochgebirges ist auffällig, dass keinerlei Naturbeschreibungen oder Formen traditioneller Landschaftsästhetik mehr erscheinen. Es ist eine Expedition in „Stein und Geröll" (O 238) und – vor allem – ins Eis; „Eis und Gletscher" (O 226) sind von Beginn an präsent, und die erste Landschaft, die nach dem „Konferenzzimmer eines Hotels in Kabul" (O 236) überhaupt sichtbar wird, ist schon eine *„zerrissene Eislandschaft"* (O 256). Es sind diese dominante Semantiken von Kälte, Technik und Abstraktion von jedem romantisch-harmonischen Naturverständnis, die dem Drama – allem offenkundigen Pathos zum Trotz – eine Einschätzung als „neusachlich" eintrugen und es jedenfalls mit anderen Varianten der Kältefaszination der 20er Jahre verbinden.[112]

Obwohl das Stück scheinbar Stationen einer Expedition abschreitet, abstrahiert es ferner völlig von den Narrativen der Expedition – den alpinistischen ebenso wie den exotistischen, in gewisser Weise sogar von den kolonialistischen: Es gibt überhaupt kein Kollektiv mehr, dem sich das heroische Subjekt tatsächlich verpflichtet weiß – die „Herren der Geographic Society in London" sind es so wenig wie die Konferenz der Financiers der Expedition. Denn so wie die Wahrnehmung des Gipfels rein auf das Symbolische – höchster Berg, „Ostpol", zuerst „9000", dann exakter „8840 Meter" – beschränkt ist, so ist es die Darstellung der Expedition auf den einzelnen „Helden", dem ohne jede Mannschaft – und ungeachtet verloren gegebenen Proviants und einer Absturzkatastrophe – die Besteigung des Mount Everest gelingt. Bronnen reagiert auf die paradoxen Logiken der Expedition, indem deren konstitutive Oppositionen radikal vereinfacht, ignoriert oder sarkastisch negiert.

Genau diese Beschränkung auf den Einzelnen korrespondiert aber die extravagante Form des Stücks – als Monodrama, das nur einen Protagonisten, aber keine Antagonisten kennt, und in dem andere Figuren als der Held nur als Schatten, Pantominen oder Adressaten der Monologe erscheinen: Der einzig reale Adressat ist das Publikum. Und damit scheint das Stück selbst die Tat,

so ins Basislager und wurde mit der Order zum Abstieg beantwortet. Vgl. Breashears/ Salkeld, *Mallorys Geheimnis*, S. 184.

111 Vgl. die Rezeptionszeugnisse im Anhang der Ausgabe: O 307 („Kinoform"), 310 u.ö.

112 Vgl. Lethen, Verhaltenslehren der Kälte.

die an seinem Schluß steht, noch als ästhetisches Wagnis überbieten zu wollen. In einer Kritik der Uraufführung im *Berliner Lokal-Anzeiger* hieß es ganz entsprechend:

> Das Stück selbst ist ein Experiment, ein sehr kühnes, mit dem Ziel nach äußerster Konzentration [sic][...] – ein wirkliches Drama, erfüllt von heroischer Kampfstimmung und von rasender Vorwärtsbewegung schaffen zu wollen, ist solch ein ungewöhnliches Unterfangen, daß es nur mit Einsetzen eines bedeutenden technischen Apparates, der auch von der Bühne die letzten äußern [sic] Möglichkeiten verlangt, zu lösen war. (O 310)

Bedenkt man, dass die letzte Szene des Stücks „Triumph der Möglichkeit" (O 267) überschrieben ist, wird als Fluchtpunkt von *Ostpolzug* das Phantasma erkennbar, mit einem Maximum an Kühnheit, Technik und Kompromißlosigkeit einen imaginären Gipfelpunkt erreichen zu können, der den Mount Everest noch überragt. Das Stück *ist*, was die Semantik der Form betrifft, selbst eine Expedition, wenn man so will; die Signalrakete an seinem Ende, die *„sekundenlang die ganze Bühne in strahlend rotes Licht taucht"*, signalisiert keinen alpinistischen, sondern der Idee nach einen dramatischen Triumph. Und nicht von ungefähr zeigt das letzte Bild *„Die Spitze des Mount Everest. / Perspektivisch etwas von oben gesehen."* (O 268)[113]

4.3. Dämonen der Höhe: Zwei Expeditionen 1934

Bronnens *Ostpolzug* wurde von ihm selbst, aber auch von Brecht[114] als wichtiger Schritt in der Entwicklung des ‚epischen Dramas' angesehen, in dem der theaterästhetische Bruch mit der Repräsentation bürgerlicher Subjekte

113 Bronnen hat in einer Reihe weiterer Texte mit alpinen Themen und Motiven gearbeitet, was hier aber nicht weiter ausgeführt werden kann; vgl. schon: Die Septembernovelle, in: *Werke*, Bd. 3, hg. von Friedbert Aspetsberger, Klagenfurt o.J. [1989], S. 13–36, die mit dem Todessprung vom Berg endet; ferner die Erzählung „Die Wette gegen den Piz Ogoun" (ebd. S. 45–63), das Dramolett „Bergauf und Bergab. Ein Gefühlsspielchen" (in: ders.: *Sabotage der Jugend. Kleinere Arbeiten 1922–1934*, hg. von Friedbert Aspetsberger, Innsbruck 1989, S. 293–296), die Erzählungen „Schnee" (ebd. S. 297–298) und „Spur im Schnee" (ebd. 299–302); ferner gibt es diverse Wintersporttexte und die Bergkriegs-Erzählung „Der Kavernen-Spuk" (ebd. S. 321–325). Der Gebirgskrieg ist auch zentral in der Erzählung „Dolomitenhotel", in: Bronnen, Arnolt: *Erinnerung an eine Liebe*, Linz-Pittsburgh-Wien 1947, S. 5–58.

114 „Denn wahre Epik kennt nur einen Berichter. Also müßte das wahre epische Drama nur eine dramatische Person kennen" (Bronnen, *protokoll*, S. 131); zum Vergleich mit Brecht s. Baureithel, *Schicksal*, 94ff.

vollzogen werden sollte; hier erscheint dieser Bruch, der inhaltlich als Grenzgang nach außen und zugleich nach ‚oben' bestimmt wird und das Subjekt aus jeder Bindung herausführt, als ästhetischer Alleingang, der die konstitutiven Bedingungen des Dramatischen – wie Konflikt, Dialog, Kohärenz der Figur, Handlung usw. – seinerseits überschreitet.

Die Expeditions-Texte selbst, die seit Ende der Zwanziger Jahre in immer kürzeren Abständen[115] von den allesamt vergeblichen Versuchen erzählen, wenn schon nicht den Mount Everest, so einen der anderen „Throne der Götter" tatsächlich zu erobern, stellen freilich eine genau gegenteilige Verknüpfung der Modelle des Epischen und Dramatischen her: Sie sind strukturell vielfach noch Modellen und Elementen der epischen Narration verpflichtet, wie der Episodenstruktur, der Verbindung von erzählter Bewegung und Erzählbewegung, der Gefahren- und Gefährten-Mythologie; zugleich aber fokussieren sie auf ‚dramatische' Zuspitzungen, berufen Konzepte des Tragischen, des Schicksals, der *hamartia* oder der *anagnorisis*. Zwei von ihnen sollen im Folgenden genauer untersucht werden, weil sie bei aller Gemeinsamkeit ein extrem gegensätzliches Bild bieten, und ergänzt und reflektiert werden soll dies in der Analyse eines englischsprachigen Dramas, das ziemlich genau zehn Jahre nach Bronnens Monodrama die Expeditions-Thematik nochmals völlig anders aufgreift.

Zwei Expeditionen 1934

Am 13. April 1934, einem Freitag, verließ der Ozeandampfer „S.S. Conte Verde" den Hafen von Venedig und nahm Kurs auf den Suez-Kanal und weiter Richtung Bombay. An Bord waren in benachbarten Kabinen die Teilnehmer zweier Expeditionen einquartiert, die Richtung Himalaya fuhren; beide hatten das Ziel, erstmals einen Achttausender zu besteigen, und einige der Teilnehmer kannten sich gut von früheren, gemeinsamen Himalaya-Fahrten.[116] Doch auch

115 Dyhrenfurth rechnet vor, dass von 1818 bis 1914 „etwa 50 Himalaya-Expeditionen mit bergsteigerischen Zielen" stattgefunden hätten, „also etwa jedes zweite Jahr eine"; von 1920 bis 1934 aber „31 bergsteigerische Himalaya-Expeditionen [...], also durchschnittlich zwei im Jahr" (Dyhrenfurth, *Dämon Himalaya*, S. 2f.)

116 In beiden Expeditionsberichten wird die gemeinsame Überfahrt erwähnt – und dabei fast wortgleich die sportliche Kameradschaft betont; vgl. Dyhrenfurth, *Dämon Himalaya*, S. 10: „Der Konkurrenzkampf beschränkt sich auf Decktennis, Deckgolf und Shuffle Board"; Bechtold, *Deutsche am Nanga Parbat*, S. 17: „Wand an Wand mit unseren Kabinen lagen friedlich die der internationalen Himalaja-Expedition, welche Professor Dyhrnefurth zum Karakorum leitete. Wenn am späten nachmittag die Schreibarbeiten getan waren und wir uns mit den anderen Expeditionsteilnehmern am Sportdeck zu einer Partie Ringtennis trafen, dann wünschte ich mir den erstaunten Pressemann herbei, der gelegentlich unserer Ausfahrt von dem ‚erbitterten Konkurrenzkampf' zweier Himalajaexpeditionen

der Gegensatz war unübersehbar: Die *Deutsche Himalaja-Expedition* von 1934, Ziel Nanga Parbat, hatte Unmengen Gepäck und etliche Hakenkreuzfahnen für ihre Zelte und den Gipfel dabei; die *Internationale Himalaya Expedition* 1934 wollte das abgelegene Gebiet des Baltoro-Gletschers erkunden und wenn möglich den ‚Hidden Peak' (Gasherbrum I, 8069 m) besteigen; aber vor allem befanden sich der bekannte Schauspieler Gustav Diessl und zwei Kameramänner unter ihnen.[117]

Der Hintergrund dieses Gegensatzes ist die verwickelte Geschichte deutscher Expeditionsprojekte, die bis in die Zeit vor dem ersten Weltkrieg zurückreicht. Der Leiter der *Internationalen Himalaya Expedition* war der aus Breslau stammende Geologe Günter Oskar Dyhrenfurth, der bereits vor dem Kriegsausbruch als erster einen Plan zu einer deutschen Himalaya-Expedition entworfen hatte; im Krieg zeitweise Bergführer-Offizier im Ortler-Gebiet, galt er als ausgewiesener Himalaya-Experte und hatte 1930 eine internationale Expedition zum Kangchendzönga geleitet.[118] Allerdings geriet er schon dabei in Konkurrenz zum erwähnten Paul Bauer, mit dessen Ambitionen auf die Erstbesteigung desselben Bergs seine Expeditions-Pläne kollidierten. Da Bauer die Himalaya-Eroberung als nationales Projekt betrieb, hatte er begonnen, die Unterstützung Dyhrenfurths durch den Alpenverein und wissenschaftliche Einrichtungen zu torpedieren, und sich auch nicht gescheut, ihn schon 1929 wegen seiner jüdischen Abstammung zu diffamieren[119]. Die Realisie-

---

zu berichten wußte." Tatsächlich war in der deutschen Presse, welche den Aufbruch der Nanga-Parbat-Expedition mit großer Aufmerksamkeit begleitete, von einem „Wettlauf zum Himalaya" die Rede; vgl. Nickel, Andreas: *Günter, Hettie, Norman Dyhrenfurth. Zum dritten Pol*, Zürich 2007, S. 119.

117 Der Filmregisseur Andrew Marton und eine Schauspielerin kamen später mit dem Flugzeug nach. Auch die deutsche Expedition hatte natürlich Filmkameras dabei – aber ihr Ziel war ein Dokumentarfilm. Zu der eigentümlichen Bordgemeinschaft vgl. Nickel, *Günter, Hettie, Norman Dyhrenfurth*, S. 116ff.; dort auch ein gemeinsames Foto an Bord (S. 119).

118 Die mit Abstand beste Darstellung ist die von Nickel, Andreas: *Günter, Hettie, Norman Dyhrenfurth*; hier S. 30ff., zur ersten Expedition S. 77–109. Von Andreas Nickel und Jürgen Czewienk stammt auch ein mehrfach preisgekrönter Dokumentarfilm über die Familie Dyhrenfurth: *Zum Dritten Pol*. Deutschland: Explorer Media/BR/arte 2008; der Sohn Norman Dyhrenfurth war übrigens Leiter der Expedition, die zur amerikanischen Erstbesteigung des Mount Everest 1963 führte.

119 Vgl. Nickel, *Günter, Hettie, Norman Dyhrenfurth*, S. 60ff. sowie S.78ff. Mieraus Darstellung (*Nationalsozialistische Expeditionspolitik*, S. 60ff.), dass Dyhrenfurth selbst kein Jude gewesen sei und Bauers Antisemitismus daher auf falschen Annahmen beruhte, beruht wohl selbst auf falschen Informationen; sein Vater und sämtliche Vorfahren väterlicherseits waren Juden. Nach der Bücherverbrennung 1933 verzichtete Dyhrenfurth auf seine Geologie-Professur in Breslau und weigerte sich, „in Hitlers ‚Drittem Reich' zu arbeiten" (zit. bei Nickel, S. 113).

rung einer weiteren internationalen Expedition, an der erneut Dyhrenfurths Frau Hettie sowie Bergsteiger aus vier Nationen teilnehmen sollten,[120] stieß daher auf größte Schwierigkeiten, zu denen neben dem Ausbleiben deutscher Gelder auch die Probleme der andauernden Weltwirtschaftskrise beitrugen. Außer einigen meist materiellen Spenden – der Expeditionsbericht nennt Aluminium-Geschirr, Fischkonserven, Knäckebrot von Kraft und Maggi-Suppen – blieb, so die für die Organisationsfragen zuständige Hettie Dyhrenfurth, „für die Finanzierung nur ein einziger Weg – der *Film*."[121]

Auch hier nämlich stellte den Großteil der benötigten Mittel eine Filmproduktions-Firma, in diesem Fall die Berliner Filmgesellschaft „India-Ton", welche sich damit die Auswertung der Filmrechte sicherte; der Vertrag war kurz vor der Abreise geschlossen worden. Doch sollte es schon in Indien immer wieder zu tagelangen Verzögerungen kommen, weil die Überweisungen aus Zürich und Berlin nicht rechtzeitig bei der ‚Imperial Bank' eintrafen, und schließlich brach, als nach den Ereignissen infolge des „Röhm-Putsches" einer der Geldgeber[122] aus Deutschland fliehen musste, diese Finanzierung praktisch völlig zusammen.[123] Dabei hatte man sich nun ausgerechnet auf

120 Vgl. Dyhrenfurth, Günter Oskar (Hg.): Dämon Himalaya. Bericht der Internationalen Karakoram-Expedition 1934, Basel 1934, S. 9f.

121 Ebd. S. 6. Das Buch ist in namentlich gezeichnete Abschnitte einzelner Teilnehmer gegliedert. Ein später erschienenes Buch Dyhrenfurths (zus. mit Hettie Dyhrenfurth, Hans Ertl: *Baltoro. Ein Himalaya-Buch*, Basel 1939) hebt die alpinistische Seite stärker hervor, ist aber zum Teil textidentisch.

122 Es war der frühere Reichsminister im Kabinett Brüning Gottfried Reinhold Treviranus; vgl. Nickel, *Günter, Hettie, Norman Dyhrenfurth*, S. 118.

123 Dyhrenfurth schildert im Rückblick den Höhepunkt dieser nicht-alpinistischen Schwierigkeiten und „dramatischen Zwischenfälle[], die eines Sensationsfilms würdig wären", so: „Wer käme z.B. auf die Idee, dass die Ereignisse des 30. Juni 1934 in Deutschland unsere ganz unpolitische Expedition im Herzen Asiens auf das schwerste gefährdet und fast zum Scheitern gebracht haben?! Und doch war es so! Die ‚Internationale Himalaya-Expedition 1934' […] sollte nämlich zum Teil von einer Berliner Geldgeber-Gruppe finanziert werden. Unser Vertrag war rechtskräftig, die devisenrechtliche Genehmigung für den Transfer lag vor, alles schien in Ordnung. Am 2. Juli 1934 sollte ein großer, für die Durchführung des ganzen Unternehmens unentbehrlicher Teilbetrag nach Indien gekabelt werden. Da kam der 30. Juni, ein wichtiges Mitglied der Berliner Gruppe sah sich veranlaßt, etwas plötzlich nach Holland zu verreisen, worauf der Hauptgeldgeber sich auf höhere Gewalt berief und absprang – und das mir bereits telegraphisch angekündigte Geld, das ich bitter notwendig zur Auszahlung meiner 500 Träger brauchte, kam *nicht!* Zu dieser Zeit war die Vorhut der I.H.E. schon in Hochlager 6 (6250 m) auf dem Conway-Sattel, und das in vollem Gange befindliche große Unternehmen plötzlich abzubrechen, war einfach undenkbar. Eine furchtbare Katastrophe schien unvermeidlich. Nur unter Einsatz unserer letzten persönlichen Spargroschen und Kredit-Möglichkeiten gelang es mit äußerster, wirklich verzweifelter Anstrengung, die Expedition vor dem Zusammenbruch zu retten und zum

Drängen der Produktionfirma entschlossen, diesmal nicht – wie 1930 – einen Dokumentar- oder „Kultur-Film“[124], sondern einen veritablen Spielfilm mit melodramatischer Handlung und professionellen Schauspielern zu drehen, weil dieser erheblich mehr Geld einzuspielen versprach[125]; und dadurch geriet von Beginn an das Verhältnis der „drei großen Arbeitsgebiete“ der Expedition – „Bergsteigen, wissenschaftliche Beobachtungen, Film und Photographie“[126] – in Schieflage, wie Dyhrenfurth später schrieb:

> Denn das bedeutet, daß der Expedition eine eigene Film-Gruppe angegliedert ist, mit gewaltigem Gepäck und mit Ansprüchen, die im Interesse des Films sehr begreiflich sein mögen, die aber von der Expeditions-Leitung manchmal gar nicht und oft nur mit äußerster Anstrengung erfüllt werden können. Bei allem guten Willen zu ausgleichender Gerechtigkeit war es unvermeidlich, daß die bergsteigerischen Interessen dabei öfters zu kurz kamen.[127]

Ganz anders war die Situation der deutschen Expedition. Ihr Leiter war zwar nicht etwa Paul Bauer, sondern der von diesem als organisatorisch unfähig eingeschätzte Willy Merkl, der bereits 1932 eine (im Schneesturm scheiternde) Expedition zum Nanga Parbat geführt hatte. Doch dessen Werben für einen neuen Anlauf hatte vor allem bei den Sportvereinen der Deutschen Reichsbahn großen Erfolg gehabt[128], und ferner hatte das nationalsozialistische Regime den propagandistischen Wert der Unternehmen erkannt: Der „Reichssportführer“ von Tschammer und Osten übernahm die Schirmherrschaft, das Projekt wurde zur nationalen Angelegenheit erklärt und man erwartete einen ersten „sportlichen Triumph“ des „neuen Deutschlands“.[129] Zwar hatten die Notgemeinschaft der deutschen Wissenschaft und der Alpenverein

---

Abschluß zu bringen“ (ebd. S. 4). Die Dyhrenfurths verpfändeten unter anderem ihre Lebensversicherungen.

124 Der Dokumentarfilm von 1930 hieß *Himatschal, der Thron der Götter*. Deutschland 1930/1931.

125 Im Hintergrund steht natürlich der enorme Erfolg der Bergfilme von Fanck, Trenker und Riefenstahl; Dyhrenfurth – der lieber eine Reportage aufgenommen hätte – gibt zu bedenken, dass „selbst der beste Kulturfilm nur den dritten oder vierten Teil dessen einspielt, was bereits ein ganz mittelmäßiger, nach Schema F herunter gedrehter Spielfilm bringt“ (Dyhrenfurth, *Dämon Himalaya*, S. 84).

126 Ebd. S. 82.

127 Ebd. S. 83.

128 Merkl war selbst als Ingenieur bei der Reichsbahn angestellt und hatte die Unterstützung der Generaldirektion erlangen können; mit den Spenden von etwa 600 000 Reichsbahnern verfügte er über fünfmal so viel Mittel wie die erste Kangchenzönga-Expedition Bauers (vgl. Märtin, *Nanga Parbat*, S. 136). Zu Merkls Biographie vgl. ebd. S. 134f.

129 Vgl. ebd. S. 143ff., zum politischen Hintergrund nach der „Machtergreifung“ ebd. S. 137ff.

die Finanzierung einer Wissenschaftler-Gruppe übernommen[130], doch der Schwerpunkt der Expedition lag ganz eindeutig beim „Angriff" auf den Gipfel. Mit allerbesten Mittel ausgerüstet, aus der Elite deutscher Eiskletterer bestehend, in zweijähriger Vorbereitung minutiös geplant und mit höchster politischer Bedeutung und medialer Aufmerksamkeit versehen, stand sie damit allerdings auch unter größerem Erfolgsdruck als je eine Expedition zuvor.[131]

Beim Decktennis an Bord der *Conte Verde* konnten die Teilnehmer der beiden Expeditionen allerdings nicht ahnen, in welche – ihrerseits gegensätzlichen – Katastrophen diese sie führen würden. Diejenige der *Internationalen Himalaya-Expedition* Dyhrenfurths war vor allem eine finanzielle; die Familie war danach praktisch mittellos. Ferner wurden zwar zwei ‚Siebentausender' (Queen-Mary-Peak und Golden Throne) erstbestiegen, die eigentlich angestrebte Ersteigung des Hidden Peak aber mißlang; und der Spielfilm schließlich erbrachte zwar großartige Naturaufnahmen und Spiel-Szenen aus über 6000 m Höhe – höher als je zuvor gefilmt worden war; dramaturgisch aber schien er selbst dem Expeditionsleiter gänzlich mißglückt und wurde später auch finanziell kein Erfolg.

Weit dramatischer aber war die Katastrophe der *Deutschen Himalaya-Expedition 1934*. In einem unversehens einbrechenden Schneesturm am Gipfelgrat, der den Rückweg unpassierbar machte, erfroren in einem tagelangen Todeskampf der Expeditionsleiter Willy Merkl, der Münchner Stadtbaurat Wilhelm Welzenbach, der Bergsteiger Uli Wieland und sechs Sherpa. Zuvor war bereits der Bergsteiger Alfred Drexel in einem der Hochlager an einem Lungenödem gestorben. Es war die bis dahin schlimmste Katastrophe in der Geschichte der Himalaya-Expeditionen. Als einziges positives Resultat erbrachte die Fahrt eine exakte photogrammetrische Vermessung des Gebietes um den Berg durch die Wissenschaftler-Gruppe, aufgrund derer die bis heute genaueste Karte des Nanga Parbat erstellt werden konnte.[132]

---

130 Die Gruppe bestand aus dem Geodäten und Kartographen Richard Finsterwalder, dem Geologen Peter Misch und dem Geographen Walter Raechl; vgl. dies. und Fritz Bechtold: *Forschung am Nanga Parbat. Deutsche Himalaya-Expedition 1934*, Hannover 1935.

131 Vgl. zum politisch-ideologischen Hintergrund auch: Höbusch, Harald: Ideologizing Nanga Parbat: High-Altitude Mountaineering and German nationalism in the 1930s, in: *Sport in History* 23 (2003), H. 1, S. 64–88.

132 Vgl. ebd. sowie Finsterwalder, Richard: Wissenschaft am Nanga Parbat, in: Bechtold, *Deutsche am Nanga Parbat*, S. 64–68, hier 67f.; Märtin, *Nanga Parbat*, S. 163. Es war unter anderem Ziel der Expedition, das Nanga-Parbat-Gebiet wissenschaftlich detailliert zu erforschen; so sollten unter anderem zum ersten Mal die Daten einer Gebiets-Karte des Himalaya im Maßstab 1:50.000 nach photogrammetrischen Verfahren erhoben werden, Gletscherprofile erstellt und geologische Forschungen durchgeführt werden. Allerdings

Der „Schicksalsberg"

Denkbar unterschiedlich fielen daher auch die Publikationen aus, die im Jahr nach den Expeditionen erschienen; die deutsche wurde von Fritz Bechtold verfaßt, da der Expeditionsleiter Merkl selbst ja umgekommen war.[133] Publizistisch allerdings wurde dadurch aus der Katastrophe ein immenser Erfolg: Der Bericht erlebte bis 1944 zwölf Auflagen und wurde eines der meistgelesenen alpinistischen Bücher überhaupt. Schon sein Titel *Deutsche am Nanga Parbat. Der Angriff 1934* ist allerdings bemerkenswert, denn die Bergsteiger der Expedition (und übrigens auch die Toten) waren in der Mehrzahl keine Deutschen, sondern erfahrene Hochträger aus dem Darjeeling; und selbst von den europäischen Bergsteigern waren zwei ihrem Pass und Selbstverständnis nach nicht Deutsche, sondern Tiroler. Freilich hätte eine solche Differenzierung wenig zu dem offenbaren Zweck des Berichts gepasst: Er schreibt die Katastrophe in ein Epos nationalen Heroentums um.

Dieses Epos wird, wie in den meisten Expeditionsberichten, in Episoden erzählt, welche die einzelnen Zeit- und Fahrtabschnitte zusammenfassen und zunächst in immer weiterer Ferne und zunehmender Abgelegenheit, dann in immer größerer Höhe angesiedelt sind. Zusammengehalten wird dies freilich durch die Klammer des Untertitels *„Der Angriff 1934"*: Im Kontext der Expeditionsberichte seit den 1920er Jahren ist er zwar nicht ungewöhnlich – „assault" und „fight" erscheinen z.B. auch in britischen Buchtiteln[134] –, doch signalisiert er eine Dominanz kriegerischer und martialischer Rhetorik, die den Bericht als Ganzen kennzeichnet. Denn der Text gleicht sich bis in einzelne Wendungen der seit 1918 erschienenen (und in den späten Zwanziger Jahren nochmals anschwellenden) Flut von Weltkriegsbüchern[135] und ihrer Rhetorik an. So ist von „schwerem Kampf" (NP 12) und „Kampftagen" (NP 50) die Rede, vom „ersten" und „zweiten Angriff" (NP 32, 43), von der „Front" (NP 43), vom „Aufmarsch" (NP 20) der Kolonnen, die „militärisch geschlossen" (NP 31) den Berg angehen; der „Führer" (NP 43) Merkl gibt „Befehl" (NP 33) und erhält „Meldung" (NP 35), man kämpft in „voller Sturmausrüstung" (NP 54); schließlich

gab es rasch Probleme mit der „nichtarischen" Herkunft einiger ausgewählter Wissenschaftler; vgl. zum Hintergrund Mierau, *Nationalsozialistische Expeditionspolitik*, S. 94ff. (Anzumerken ist, dass Mierau trotz kritischer Absichten von ‚nichtarischer Abstammung' oder ‚Halbjuden' ohne Anführungszeichen spricht, vgl. ebd. S. 96, 97.)

133 Bechtold, *Deutsche am Nanga Parbat*. Im Folgenden direkt im Text mit der Sigle NP zitiert

134 Vgl. Bruce, Charles Granville: *The Assault on Mount Everest, 1922*, London 1923; Norton, Edward Felix: *The Fight for Everest: 1924*, London 1925.

135 Vgl. Müller, Hans-Harald: *Der Krieg und die Schriftsteller. Der Kriegsroman der Weimarer Republik*, Stuttgart 1986; Hüppauf, Bernd (Hg.): *Ansichten vom Krieg. Vergleichende Studien zum Ersten Weltkrieg in Literatur und Gesellschaft*, Königstein/Ts. 1984.

berichtet Bechtold gar vom „dumpfe[n] Rollen schwerer Artillerie: über die 4000 m hohe Steilmauer krachen die ersten Lawinen" (NP 31).

Einen – ebenfalls aus den Weltkriegsromanen bekannten – Kontrast zu dieser Rhetorik des kriegerischen Kampfs, höchster Erschöpfung und Ermüdung bilden humorige Passagen über das Lagerleben („Tage mit köstlichem Steinbockschnitzel", NP 31), die Freuden des Postempfangs und den Alltag mit den Trägern. Ein Dauerthema sind ferner die Witterungsverhältnisse, während die Ästhetik der Landschaft eher ausnahmsweise aufgerufen wird: „Droben auf der scharfen Moränenschneide zeichnen sich wundervoll die letzten knorrigen Birken gegen den leuchtenden Hermelin der Chongra Peaks" (NP 31). Nur ganz selten wird, wie hier, eine romantische Bildlichkeit und damit eine andere Dimension des „Kampfs" sichtbar: „Über dem Firngrat des Silbersattels sehen wir zum erstenmal unverhüllt die leuchtende Gralsburg des Nanga Parbat." (NP 47)

Dagegen wird – erneut wie im Krieg – desto häufiger die Kommunikation selbst zum Thema, beispielsweise Briefe und Zettel, die von Meldern zwischen den tiefergelegenen „Lagern" und den am weitesten vorausgeeilten „Kämpfern" transportiert werden, wenn die Verbindung über Kurzwellen-Funk nicht mehr funktioniert. Der Bericht integriert entsprechend auch Tagebuchtexte von Merkl und Aschenbrenner (NP 54–56) und später Erzählungen der Sherpas Kitar (NP 58) und Ang Tsering (NP 60f.) über die Tage der Katastrophe, die der Berichterstatter Bechtold nicht unmittelbar erlebt hat.

Eine Art Wendepunkt des Buches, durch den sich eine neue Semantik anbahnt, stellt schließlich der erste Todesfall der Expedition dar, als am 8. Juni der höhenkranke Alfred Drexel in einem der Hochlager an einem Lungenödem stirbt.[136] Jede Andeutung, ob dieser Tod unter Umständen durch bessere Organisation hätte verhindert werden können[137], wird in Bechtolds Text ebenso vermieden[138] wie ein Hinweis auf den Streit, der ausbrach, als Expeditionsleiter Merkl ein förmliches Heldenbegräbnis für Drexel organisierte – und von der Bergung bis zur Beerdigung in einem „wildschöne[n] Bergsteigergrab" (Bildunterschrift, NP Tafel 43) alles fotografisch dokumentieren ließ, um

136 Vgl. zum Folgenden Märtin, *Nanga Parbat*, S. 148ff.

137 Die Versorgung der Hochlager war, wie schon Welzenbach während der Expedition kritisierte, ungenügend sichergestellt; im konkreten Fall fehlten Schlafsäcke, und die vom herbeigeeilten Expeditionsarzt verlangten Sauerstoff-Flaschen musste erst aus dem Hauptlager heraufgeschafft werden, wo sie sechs Stunden nach Drexels Tod eintrafen.

138 Vielmehr wird der Text gerade hier legitimatorisch: „Wie sehr das ganze Kräftespiel der Expedition tätig war, den Kameraden zu retten, zeigt anschaulich ein Tagebuchbericht Willy Merkls" (NP 40).

Bildmaterial für die Berichterstattung in Deutschland liefern zu können[139]. Stattdessen wird die Passage ein erster Höhepunkt des Pathos:

> Es ist ein Bergsteigergrab, in das die ewigen Firne der Himalajagipfel ihr Leuchten senken. Alles überragend hält der gewaltige Nanga Parbat selbst Totenwacht. [...] Willy Merkl spricht am Grabe. Er meißelt mit kurzen Worten das hohe Ziel heraus, um das Alfred Drexel gestorben ist [...]. So reißt er unseren Geist empor in höhere Regionen und gibt dem letzten Gang des Kameraden den entschlossenen Sinn eines Soldatenbegräbnisses. Nach ihm spricht Konsul Kapp als Kamerad und als Vertreter Deutschlands. [...] Hakenkreuz und die schwarz-weiß-rote Fahne flattern hinab ins Grab. [...] Aus rauhen Kehlen klingt das Bergsteigerlied. (NP 42)

War die kriegerische Rhetorik bis dahin vor allem auf Organisation und Hierarchie bezogen, rückt mit der „Treue bis in den Tod" (NP 42) nun auch das kriegerische Sterben, das ‚Opfer' in das Blickfeld. Damit kündigt sich die Semantik an, die dann im letzten Abschnitt der Katastrophe Sinn geben soll: Ist im Bericht Aschenbrenners, der mit Erwin Schneider als letzter der deutschen Bergsteiger vom Grat absteigen konnte,[140] noch von einer „plötzlich eintretenden Unwetterkatastrophe" die Rede, welche „den Angriff zum Scheitern brachte" (NP 54), lautet die Überschrift des anschließenden letzten Kapitels schon: „Die Soldaten gehen, das Regiment bleibt" (NP 57). Es berichtet von den wenigen Hochträgern, denen mit schwersten Erfrierungen noch der Abstieg gelingt, und von den Versuchen, „mit den letzten Kräften und ohne Aussicht auf Erfolg" (NP 61) von unten zu Hilfe zu kommen; der Sherpa Ang Tsering bringt „die letzte Nachricht von dem heldenhaften Ringen der Kameraden" (NP 60), schließlich versucht „das letzte Aufgebot" (NP 62) eine Rettung, die sich aber als unmöglich erweist. Ein zudem noch eintreffender Brief, dass ein Bergkamerad in Deutschland gestorben ist, wird von Bechtold mit dem bezeichnenden Satz kommentiert: „Schicksal und Tragik hat die ganze Front zerbrochen, hier am Berg und daheim" (S. 62).

Damit sind die entscheidenden Stichworte genannt, denn wie hier ist es schließlich die Semantik des Schicksals, die die „Frage nach dem Warum" (NP 63) beantworten soll.

---

139 Besonders Schneider und Welzenbach erregten sich über diese Geschmacklosigkeit, worauf Merkl Schneider fast von der Expedition ausgeschlossen hätte; vgl. Märtin, *Nanga Parbat*, S. 150.

140 Es ist bemerkenswert, dass nach Rückkehr der Expedition gegen Aschenbrenner und Schneider ein „Ehrengerichtsverfahren" angestrengt wurde, da sie nicht auf die anderen Bergsteiger und Träger gewartet hätten; beide wurden nie mehr zu Expeditionen eingeladen. Vgl. Märtin, *Nanga Parbat* S. 170f. In Bechtolds Bericht findet sich immerhin keine Andeutung solcher Vorwürfe.

> Abends am glosenden Lagerfeuer sitzen wir um die glimmende Glut. Flackernd springt die Rede in unserem gelichteten Kreis. [...] Drüben am Lagerfeuer unserer Darjeelingträger könnten wir lernen. In ihrer urhaften Asiatenseele [!] wurzelt die Idee des Schicksalhaften, der Wunsch nach Licht und Vollendung. Ihr starker Glaube an das Unabänderliche des Kismet ist ohne die zerpflückenden Fragen nach der Kausalität alles Geschehens. Der Haltung ihrer Weltanschauung stehen wir europäischen Menschen der Städte mit unserm Tatsachensinn und unserer Fähigkeit zum mechanisierenden Denken fremd gegenüber. (NP 63)

Mit dem „Unabänderliche[n] des Kismet" ist jede Frage nach dem Sinn beantwortet, weil als Frage unsinnig; und eben diesen „Lernprozeß" führt das Buch in einer Serie von Gipfelblicken nach der Katastrophe vor, die das Pathos des Berichts von Drexels Beerdigung aufnehmen.

> Dann nehmen wir unsere Hauben ab und schauen mit wehem Herzen hinauf. Wir haben ihnen kein Grab bereiten können, aber tief in unsere Herzen wollen wir sie betten, als unsere besten Kameraden, die für ein großes Ziel und für Deutschland starben. (NP 62)

Dann, kurz darauf:

> Hoch droben am Gipfelgrat des Berges bricht der Mond durch die wirbelnden Schneefahnen. Bis an die Sterne wächst wie eine Vision uns das Bild der toten Kameraden. (NP 63)

Schließlich, als letzte Sätze von Bechtolds Bericht:

> Als wir hier noch einmal zum Nanga, zum leuchtenden Gipfelgrat hinaufschauen, löst sich auch in unseren Herzen alles Hadern mit dem Schicksal und wir erkennen: Schön muß es sein, mit dem Siegespreis dieses gewaltigen Berges nach Hause zu kehren, größer noch ist es, sein Leben hinzugeben um solch ein Ziel, den jungen Herzen kommender Kämpfer Weg und Flamme zu werden. (NP 64)

Damit ist klar, was die Formel „das Regiment bleibt" (NP 57) in der letzten Kapitelüberschrift besagen sollte: Es werden „kommende Kämpfer" die Plätze der Toten einnehmen und die Lücken im „Regiment" auffüllen; die „Front" wird nicht etwa aufgegeben, wenngleich der „Angriff 1934" mit schrecklichen Verlusten geendet hat. Das Sterben in diesem „Krieg" scheint so wenig hinterfragbar wie im ebenfalls als schicksalhaft erfahrenen Weltkrieg; ja der „Opfergeist" (NP 61) verleiht dem Sterben in gewisser Weise einen höheren Sinn als es der „Sieg" der Eroberung selbst vermöchte.[141]

141 Es lohnt, den Text des Expeditionsbuches mit dem wesentlich zurückhaltenderen kürzeren Text „Nanga Parbat 1934. Bericht über die deutsche Himalajakundfahrt" zu

Es nimmt nicht wunder, dass diese Schicksals- und Opfer-Semantik in der politischen Instrumentalisierung der „beispiellosen Katastrophe" (Dyhrenfurth)[142] aufgegriffen wurde. Während außer gelegentlichen Hinweisen auf die Hakenkreuzfahnen (NP 42, 45) direkte politische Anspielungen im Text selbst eher selten sind[143], werden die Vorworte des „Reichssportführers" („Ihr Andenken als Vorbild und Ansporn zu ehren, wird immer Pflicht jedes Deutschen sein", NP 6) und des „Ständigen Stellvertreters des Generaldirektors der Deutschen Reichsbahn-Gesellschaft" in politischer Hinsicht deutlich. Letzteres liest sich wie ein Muster späterer Wochenschau-Meldungen:

> Vier deutsche Männer: Merkl, Drexel, Wieland und Welzenbach fanden in diesem schweren Kampfe den Tod. Das tragische Geschick dieser Männer läßt uns in tiefem Schmerz erschauern, aber voll Stolz schauen wir auf sie, die durch ihre wackere Tat in der Welt erneut deutsche Entschlossenheit, deutsche Kühnheit und deutschen Mut gezeigt haben. Was sie taten, war für Deutschlands Ruhm und Ehre!
>
> Wir Eisenbahner sind stolz darauf, daß unter den tapferen Helden zwei Berufskameraden sind […]. (NP 7)

Allerdings ist die ideologiekritische Analyse des Textes sicher nicht ausreichend, um den enormen Erfolg des Buches zu erklären. Für diesen dürften nicht minder die 117 beigegebenen Fotografien verantwortlich sein, zu denen Bechtold einleitend schreibt:

> Den kurzen Text ergänzend, mögen die Bilder einen Begriff von der Schwierigkeit der Aufgabe und ihrer hinreißenden Größe vermitteln und klar das Ziel aufzeigen, für das unsere Kameraden ihr Leben hingaben und für das weiter zu kämpfen wir bereit sind […]. (NP 9)

Bechtold selbst, Müllritter, Aschenbrenner und Schneider hatten Kameraausrüstungen dabei und fotografierten damit bei allen Gelegenheiten. In der Tat sind einige ihrer Aufnahmen so spektakulär, dass sie später immer wieder veröffentlicht wurden;[144] eine davon wurde später sogar zum Plakat-Motiv des Films über die Expedition von 1953, die mit der Erstbesteigung endete.

---

vergleichen, den Bechtold im *Jahrbuch des DuOeAV* 1934 (S. 1–14) veröffentlichte; dort heißt es zB.: „Warum, warum? Nach all den Opfern und Anstrengungen, nach dem nahen Gipfelsieg dieses bittere Ende!" (S. 13)

142 Dyhrenfurth, *Zum dritten Pol*, S. 213.

143 Ausnahme: „Am 22. Juni verläßt die erste Partie mit sechs Sahibs und vierzehn Trägern unter den Klängen des Horst-Wessel-Liedes das Hauptlager" (NP 44).

144 So z.B. in einem Nanga-Parbat-Bildband von 2002, zu dem Reinhold Messner im Geleitwort („Nanga Parbat in Schwarzweiß") schreibt: „Die Schwarzweißbilder […] lassen den

Abb. 38a und b Fotografie von 1934 (NP Tafel 64), Film-Illustrierte von 1953

Wenngleich die Abbildung im Kontext der späteren Expedition fast makaber wirkt, da ihr Vorbild die mutmaßlich letzte Fotografie ist, die den Bergsteiger Uli Wieland lebend zeigt[145], verweisen doch diese spätere „Auswertung" ebenso wie der Text selbst darauf, dass die Produktion eben dieser Fotografien neben dem angestrebten „Gipfelsieg" ein bedeutendes Ziel der Expedition war.

Exemplarisch läßt sich ihre Bedeutung an einem Bild ermessen, das Bechtold in der Aufstiegsroute durch den Gletscherbruch aufnahm.

Es zeigt drei Männer beim Queren einer sichtlich einsturzgefährdeten „Schneebrücke", auf der der Weg über eine große Gletscherspalte führt. Neben dem Größenverhältnis der Figuren zum unter ihnen gähnenden Abgrund, das

Expeditionsalltag, Momente des Triumphes und der erschütternden Tragödie lebendig werden". Vgl. Höfler, Horst (Hg.): *Nanga Parbat. Expeditionen zum „Schicksalsberg der Deutschen" 1934–1962*, Zürich 2002, S. 7. Höflers einleitender Beitrag in diesem Band selbst („Verschollen, tot – und endlich doch am Gipfel", S. 8–21) spricht den ideologischen Hintergrund zwar an, erzählt aber nur kurz den tragischen Verlauf der Expedition nach (S. 13–15), ohne den Text Bechtolds zu analysieren.

145 Vgl. meinen Aufsatz: Alleingang. Alpinismus und Automedialität, in: Dünne, Jörg; Moser, Christian (Hg.): *Automedialität. Subjektkonstitution in Schrift, Bild und neuen Medien*, München 2008, S. 241–259, hier S. 241ff. Das zur Film-Illustrierten (Abb.) analoge Filmplakat des (Farb-)Films selbst ist handkoloriert.

Abb. 39 „Über 50–60 m tiefe Gletscherspalten spannen sich die luftigen Bogen der Schneebrücken" (NP Tafel 38)

die Bedrohung greifbar macht, ist hier die Lichtregie wichtig – das Verhältnis der glitzernden Schneeflächen zum dunklen, nicht einsehbaren hinteren Ende der Spalte. Zur dominanten Vertikalität der Linien auf dem Bild – der Richtung des drohenden Sturzes – tritt damit als zweite Achse jene, die vom Betrachter in das Bild hineinzeigt und unvermittelt in das Dunkel der Gefahr zu ziehen scheint.

Die Fotografien sind so zugleich Abbild und suggestive Evokation eines gefährlichen Augenblicks, der nicht nur im Bild festgehalten wird, sondern, insofern der Fotograf vor Ort sein muss, den *Akt* des Fotografierens selbst charakterisiert. Entsprechend ist im Text auch von den Gefahren des „Filmens" die Rede, denn die Fotografen ersteigen sogar Seracs (Eistürme), um möglichst spektakuläre Aufnahmen zu machen.[146] Insgeheim erweist sich Bechtolds

146 Ein Bild zeigt Müllritter, wie er auf einer Schneebrücke sitzend in die Tiefe fotografiert, was die Bildunterschrift so kommentiert: „In den wilden Gletscherbrüchen ist dankbares Schußfeld für die Expeditionsphotographen" (NP Tafel 45).

Buch aber damit auch auf dieser Ebene als durchzogen vom Weltkriegsdiskurs, liefert doch gerade die im ersten Weltkrieg populär werdende Amateur-Fotografie einen wesentlichen Teil jenes visuell faszinierenden, in der Gefahr gewonnenen Materials, mit dem beispielsweise Ernst Jünger seine Sicht des Kampfes und „Das Antlitz des Weltkriegs" (1930) festhält.[147]

Entscheidend ist somit die Intermedialität des Expeditionsbuchs, die durch eine doppelt zirkuläre Bild-Text-Beziehung geprägt ist. Einerseits veranschaulichen die Bilder das Faszinosum und die Gefahr des Unternehmens, dessen Verlauf und schreckliches Ende der Text erzählt; andererseits versehen die Bildunterschriften die wilde Gebirgslandschaft mit Namen und Orientierungspunkten, die eine Art ursprünglicher Vertrautheit signalisieren.[148] Schon mit der Benennung erfolgt damit eine (trivialromantisch getönte) Aneignung; die Bilder dokumentieren eine symbolische Inbesitznahme der „erhabenen Natur" nicht nur in ihrer physischen Bewältigung, sondern bereits in der medialen und sprachlichen Appropriation. Sie sind damit die eigentliche Beute, die Trophäen eines symbolischen Kriegszuges, der im Bergsteigen allerdings nicht mehr in der Horizontale erfolgt und der „Tiefe" des feindlichen Raums gilt, sondern seiner eisigen Höhe und der Spektakularität einer nie betretenen, menschenfernen Welt. Ab Tafel 27 sind bis zur drittletzten Tafel 78 kein Baum und nur selten wenigstens Grashalme auf den Bildern zu sehen; es dominieren Eis, Schnee, Fels und Himmel.[149] Die Bilder zeigen die menschenfeindliche Zone eines „No-mans-land", eine Todeszone auch hier.

An einigen Stellen schließlich wird das mediale Dispositiv, das die Expedition und ihren Bericht bestimmt, in ihm selbst zum Thema und steht dabei zu dem heroisierenden Gestus seltsam quer. Vielfach werden technische Vorgänge und Basteleien an den Radiogeräten geschildert; die Heroen arbeiten im Lager an Bildberichten und Aufsätzen, „im Eßzelt klappern ununterbrochen drei Schreibmaschinen" (NP 31). Die Bergsteiger sind Teil einer Medienkultur, in der „das Auge der anderen" schon immer das eigene Tun sanktioniert. Und daher bleibt das rhetorisch evozierte Kämpfertum seltsam eingespannt zwischen den Rückgriff auf einen vorbürgerlichen Heroismus, der Opfer und Treue bis in den Tod verlangt, und einer zwischen den Zeilen und Bildern lesbaren Erfahrung von dessen Überlebtsein.

---

147 Vgl. Encke, *Augenblicke der Gefahr*.

148 Manche der Geländebezeichnungen scheinen unmittelbar aus Karl-May-Büchern zu stammen, so die „Märchenwiese" (NP Tafel 4) oder die Bezeichnungen am Gipfelgrat: „Der Firngrat zum Silbersattel von Lager VI. Wieland spurt zum Mohrenkopf" (NP Tafel 64, vgl. Abb. oben).

149 Angesichts dieser Bilder ist es von einer gewissen Paradoxie, dass 1934 ausgerechnet die Mitarbeiter der Reichsbahn diese Expedition ins Unwegsame finanzierten.

Der Begriff „Schicksal“ scheint aber auch die Ambivalenz dieser Erfahrung noch zu decken. Über die subjektiv erlebte Tragik und Schrecklichkeit der Katastrophe schiebt sich fast zwanghaft der Kriegsdiskurs, bis hin zur Deutung als Parallele zur Niederlage von 1918; nur dass – in Ermangelung von „Novemberverrätern“ – jetzt der Berg selbst der übermächtige Feind, die Verkörperung des „Schicksals“ wird. Als solcher, als „Schicksalsberg der Deutschen“, wurde der Nanga Parbat seit der Katastrophe 1934 bezeichnet; und er wurde 1937 nochmals Ziel einer Expedition, deren Ergebnis noch schlimmer war: Sechzehn Männer starben in einer Eislawine, die kurz nach Mitternacht des 14. Juni das Lager IV vollkommen unter sich begrub.[150]

Hidden Peaks

Ungleich komplexer, aber auch entschieden weniger erfolgreich als Bechtolds Buch war der *Bericht der Internationalen Karakoram-Expedition 1934*, den Günter Oskar Dyhrenfurth unter dem Titel *Dämon Himalaya* ebenfalls 1935 herausgab. Er erschien nur ein einziges Mal in dieser Form,[151] enthielt ebenfalls viele teils ganzseitige Fotografien und zudem drei Karten-Skizzen sowie ein fotografisches Panorama des Baltoro-Gletschers und des Godwin-Austen-Gletschers, das Vittorio Sella 1909 aufgenommen hatte.[152] Seine Grunddifferenz zum Nanga-Parbat-Bericht Bechtolds ist, dass die verschiedenen Abschnitte von verschiedenen Autoren stammen – teils von mehreren gemeinsam: Außer dem Expeditionsleiter und seiner Frau Hettie Dyhrenfurth schreiben Hans Ertl (der auch fotografierte und filmte), der Bergsteiger André Roch, der Filmschauspieler Gustav Diessl und der Expeditionsarzt Hans Winzeler. Die Abschnitte unterscheiden sich stilistisch ganz erheblich, bieten teils unterschiedliche

150 Eine weitere Expedition von 1938 scheiterte ebenfalls – am Wetter, allerdings wenigstens ohne Todesfälle; jene von 1939 endet mit dem Ausbruch des 2. Weltkriegs. – Nicht eingegangen werden kann hier auf den Expeditions*film* (*Nanga Parbat*, R: Fritz Bechtold, Peter Müllritter; Deutschland 1936, UA am 8. Februar im Münchner UFA-Palast); vgl. zu dessen Rezeption Mierau, *Nationalsozialistische Expeditionspolitik*, S. 220ff. – Eine pathetische literarische Nacherzählung erschien ebenfalls bereits 1935: Rauch, Rudolf: *Der Ruf vom Nanga Parbat*, Graz, Leipzig, Wien 1935.

151 1939 erschien im selben Verlag Dyhrenfurth, Günter Oskar: *Baltoro. Ein Himalaya-Buch*, mit Beiträgen von Hettie Dyhrenfurth, Hans Ertl und André Roch, Basel 1939, das ab S. 109 „in gekürzter Form“ eine „Neuauflage“ von *Dämon Himalaya* ist (so Dyhrenfurth, ebd. S. 10); allerdings fehlen – bezeichnenderweise – die Teile zum Film und ebenso einige der entsprechenden Fotografien.

152 Das Panorama zeigt in der Mitte den „Concordia“ genannten Zusammenfluß der beiden Gletscherströme und mit K2, Broad Peak und Gasherbrum nicht weniger als 3 „Achttausender“ sowie sechs namentlich gekennzeichnete „Siebentausender“. Auch einige der 123 Fotografien stammen von Sella (Abb. 27, 38, 42, 46, 47, 50); Abb. 48 stammt vom Herzog der Abruzzen.

Perspektiven auf dieselben Episoden der Expedition, und als ganz ungewöhnlich darf gelten, dass der Herausgeber den Berichte der anderen teilweise in Fußnoten widerspricht oder sie ergänzt[153]. Es ergibt sich eine Art Polyphonie von Stimmen und Perspektiven, aus der unterschiedliche Wahrnehmungen des Erfolgs, aber vor allem auch des Scheiterns der verschiedenen Expeditionsziele sichtbar werden.[154]

Auch wenn der Grundton mindestens in den Teilen von Hettie Dyhrenfurth und Hans Ertl jovialer ist und die Stilistik anekdotisch wirkt, bleibt ein Charakteristikum der Sprache jedoch mit Bechtolds Bericht vergleichbar: Auch hier wird Kriegsmetaphorik aufgeboten, ist von „Kampf" und der „Front" die Rede, zwei Abschnitte heißen „Der Stellungskrieg um den Conway-Sattel" und „Im Kampf um Queen Mary Peak"[155]. Was hingegen bezeichnenderweise fehlt, ist die im Nanga-Parbat-Buch aufscheinende Semantik von Schicksal und Opfer; an ihre Stelle tritt, sowohl im Titel des Buchs und später des Films als auch in Dyhrenfurths Reflexionen, eine Semantik der „Dämonie".

Dyhrenfurths Einleitung steht nicht nur unter dem Motto des Dämon-Gedichts aus Goethes „Urworten. Orphisch"; sie erklärt auch, warum *Dämon Himalaya* „kein leicht hingeworfener Sensations-Titel, sondern tiefe, tragische Wahrheit"[156] sei. Er verbinde nämlich einerseits den Götter- und Dämonen-Glauben aller „Völker Indiens und Hoch-Asiens", dass auf den Bergen des Himalaya Dämonen wohnten, welche alle Versuche, ihre Ruhe zu stören, mit dem Tod straften, mit der Erfahrung auch der europäischen Bergsteiger, dass bisher jedesmal der Angriff auf die „allerhöchsten unter den Bergriesen des Himalaya, die Thronsessel der mächtigsten Gottheiten", gescheitert sei. Er bezeichne jedoch andererseits die Dämonie dieses Gebirges auch für die „abendländische Menschheit":

> Nordpol und Südpol sind ihres geheimnisvollen Schleiers beraubt, Ozeanflüge sind zu praktischen Verkehrsfragen geworden. Darum wuchs der Kampf um den Himalaya heraus aus dem engen Kreise der Fach-Gelehrten und Fach-Alpinisten. Dieser Kampf um die Gipfel der Welt ist selbst zum Dämon geworden! ‚Nach dem Gesetz, wonach er angetreten', *kann* der faustische Mensch sich dieser dämonischen Aufgabe gar nicht entziehen! Und die Technik, diese wild gewordene

153 So ebd. S. 42, 56, 58 und vor allem S. 74f., 77 und 79, wo Gustav Diessl – der die Filmarbeiten aus seiner Perspektive beschreibt – explizit von Dyhrenfurth widersprochen wird, wenngleich „in aller Freundschaft" (S. 77).

154 Eine anschauliche Zusammenfassung des sehr unübersichtlichen Verlaufs der Expedition findet sich bei Nickel, *Günter, Hettie, Norman Dyhrenfurth*, S. 118–147.

155 Ebd. S. 40–48; S. 48–52. Hettie Dyhrenfurth ironisiert die „Generalstabsarbeit" (ebd. S. 6) aber gelegentlich durch Anführungszeichen.

156 Dyhrenfurth, *Dämon Himalaya*, S. 1.

> Technik, die sich in dauernden Wirtschafts-Katastrophen selber ad absurdum führt, die wie ein Golem den eigenen Herrn und Meister erschlägt – diese vielgepriesene Technik nützt im Kampf um den Himalaya so gut wie nichts. Gott sei es gedankt! Es gibt eben doch noch Gebiete frei von der Gewaltherrschaft der Maschine.[157]

Die Ambivalenz dieser Beschreibung ist greifbar: Das Dämonische erscheint hier gleichzeitig als Attraktivität und Fluch, als schicksalhafte Bestimmtheit (worauf der Goethe-Vers verweist) und letztes Refugium eines „Kampfs" des ‚faustischen Menschen', der nicht bereits durch „Maschinen" zu erledigen ist. Der Titel hat für Dyhrenfurth aber auch eine ganz persönliche Dimension:

> Mein ganzes Leben als Wissenschaftler und Sportsmann, Schriftsteller und Redner, Lichtbildner und Filmmann, im Wachen und Träumen, in Arbeit und Muße – *alles* war dem Hochgebirge gewidmet, alles diente nur dem einen Ziel, den ‚Stätten des Schnees', dem stolzesten Bergwall, den die Erde trägt.[158]

Diese ‚dämonische' Besessenheit vom Himalaya überlagert sich aber mit der ‚Dämonie' als Erklärungsmuster für die Schwierigkeiten der Expedition und das Scheitern des Plans, den *Hidden Peak* zu besteigen; die Kette von Mißgeschicken, Verzögerungen, Unfällen (die glücklicherweise nicht tödlich endeten), die immensen Geldprobleme nach dem Wegbrechen der Finanzierung, von denen im Buch berichtet wird, werden entsprechend oft mit dem Hinweis auf diesen ‚Dämon' kommentiert.

Das tatsächlich Verblüffende an der Expedition – und, sofern er sich darauf bezieht, auch am Expeditionsbericht – ist jedoch, dass *während* der Expedition ja ein Spielfilm gedreht wurde, der seinerseits den Titel *Der Dämon des Himalaya* trug, einen Geologen namens Dr. Norman zum Helden hat und von dessen dämonischer Besessenheit vom Himalaya, dem Eingreifen böser Dämonen und dem schließlichen Scheitern einer Expedition erzählt, mit der dieser in den Himalaya zieht.[159] Auch das Drehen dieses Films scheint aber von bösen Dämonen verfolgt worden zu sein, wie man dem Expeditionsbuch entnehmen und in gewisser Weise auch dem Film ansehen kann.

---

157 Ebd. S. 1f.

158 Ebd. S. 3. Die „Stätten des Schnees" sind die gängige Übersetzung von „Himalaya"; Dyhrenfurth besteht übrigens auf dieser in England gebräuchlichen Schreibweise (also nicht der offiziellen deutschen „Himalaja"), da man das Wort andernfalls wie Maharaja/ausgesprochen ‚Maharadscha' „Himaladscha" aussprechen müsste; ebd. Fn.

159 *Der Dämon des Himalaya*, Schweiz / Deutschland 1934/1935, s/w; R: Andrew Marton / Günter Oskar Dyhrenfurth, 90 Min, Tramontana Filmproduktion. Eine DVD mit dem restaurierten Film erschien bei der 101Film-Produktion, München.

Zunächst hatte Dyhrenfurth angesichts der Finanzierungsprobleme der Bedingung der Berliner India-Ton zugestimmt, einen Spielfilm zu drehen, und gemeinsam mit seinem Sohn Harald selbst ein Drehbuch dafür verfasst. Dieses sollte im „Dämon" nicht nur die Gefahren des Himalaya personifizieren, sondern „gleichzeitig dem abendländischen Publikum wenigstens eine Ahnung von Tibets geheimnisvollen Kräften vermitteln"[160]. Das Drehbuch sei daher, schreibt Dyhrenfurth,

> aufgebaut auf dem Gegensatz zweier Welten: Hier das friedlose Europa mit sinnloser Hetzjagd, „Technokratie", wirtschaftlichen und politischen Dauerkrisen, Diplomaten-Kongressen am laufenden Band, Rüstungsfieber und Kriegsgefahr. Dort der Frieden, die Stille von Tibet. Am Schluß des Films ist „Dr. Norman" (gespielt von Gustav Diessl) reif geworden, in diesen Frieden einzugehen [...].[161]

Doch die Berliner Geldgeber hielten „ein derartiges Werturteil zugunsten von Asien für geschäftlich höchst bedenklich, verbot[en] mir telegraphisch in schroffster Form diese Tendenz"[162] und erteilten dem Regisseur Marton Vollmacht, das Drehbuch zu ändern. Die Film-Gruppe der Expedition, neben Marton auch seine Frau, die Schauspielerin Jarmila Marton, Diessl und zwei Kameramänner, schrieb daher das Drehbuch nach ihren Vorstellungen um – und zwar unterwegs, auf dem Schiff, dem Anmarsch oder abends im Zelt. Gegen Ende der Expedition – man war „auf dem Rückmarsch, der Großteil des Films war gedreht, das meiste Material verbraucht"[163] – traf schließlich noch ein drittes Drehbuch ein, das nun mit beiden bisherigen kaum etwas zu tun hatte.[164] Es verwundert daher wenig, dass das Resultat von Inkonsistenzen und eigentümlichen Brüchen in der Handlung, Figuren-Motivation und Bildlogik geprägt ist – und sich drei Erzähl- und Handlungsstränge in dem Film überkreuzen, deren Verhältnis unbestimmt bleibt.

Erstens gibt es eine exotistische Bildebene, die von den tibetanischen Masken im Studierzimmer des Dr. Norman über diverse Tempel und Tempeltänzerinnen bis zur Personifizierung des Dämonischen in einem Hochträger reicht, welcher den Erfolg der (filmisch dargestellten) Expedition sabotiert,

160 Dyhrenfurth, *Dämon Himalaya*, S. 84.

161 Ebd. S. 86.

162 Ebd.

163 Ebd. S. 75.

164 Diessl kommentiert sarkastisch: „Eine Szene des Manuskripts schildert die Blutegelplage im tropischen Urwald. Da beides in unserer Gegend leider nicht vorhanden war, erbaten wir telegraphisch von unserer Firma rascheste Übersendung eines Urwaldes und einiger Blutegel" (ebd.).

indem er z.B. Benzinkanister mit Wasser füllt[165]. Zum zweiten gibt es die Ebene der Expedition selbst, und damit vor allem Gebirgs-Aufnahmen von teils exzeptioneller Qualität: Die Filmgruppe wird sogar bis auf den 6250 m hohen „Conway-Sattel" geführt, den bis dahin höchsten Ort, an dem je ein Film gedreht wurde.[166] Auf dieser Ebene überkreuzt sich die faktuale und die filmisch inszenierte Expedition auch in der Figur des Expeditionsleiters, den Dyhrenfurth selbst spielt. Drittens schließlich gibt es eine stark von den Vorstellungen der Filmcrew geprägte, teils noch an Spielweisen des Stummfilms erinnernde melodramatische Ebene, in welcher die Hauptfigur Dr. Norman zuerst noch in Europa einer eben geretteten Selbstmörderin begegnet, welche – vielleicht durch ihre Nahtod-Erfahrung sensibilisiert – seine Bedrohung durch den „Dämon" ahnt und schließlich die bedrohliche Maske zerstört. Die schauspielerische Darstellung durch Diessl, der später noch in Richard Eichbergs „Das indische Grabmal" und „Der Tiger von Eschnapur" (1938) mitspielen sollte, erinnert in den „dramatischen" Szenen am Höhepunkt des Films, als ein Schneesturm die Rettung der vorausgestiegenen Seilschaft verhindert, unmittelbar an seine Rolle in Arnold Fancks *Die weiße Hölle vom Piz Palü*; am Ende überlebt er als einziger einen Lawinen-Abgang und wird schließlich von Einheimischen gerettet und in ein buddhistisches Kloster getragen (womit vermutlich ein Rest aus Dyhrenfurths ursprünglichem Drehbuch in den realisierten Film einging).

Die Inkonstistenzen der Handlung und gerade des unvermittelt abbrechenden Schlusses – weder ist klar, was mit dem Rest der Expedition geschehen ist, noch wird die Beziehung zur daheimgebliebenen Frau geklärt – sind kaum zu übersehen; wichtiger aber ist wohl, dass diese Spielfilm-Handlung selbst in das Handlungs-Geschehen einer Expedition eingefügt ist, zu dessen Logik es quersteht. Das gilt sowohl für das Drehen des Films – das ganz entscheidend zu den Verzögerungen beitrug, die dazu führten, dass die alpinistischen Ziele der Expedition selbst verfehlt wurden – als auch für die (teilweise damit identische) filmisch *repräsentierte* Expedition, von der weder erkennbar wird, was sie eigentlich will, noch wie sie endet. Das Verbindende aller drei Ebenen scheint lediglich im „Dämon" selbst zu bestehen: Von einem solchen ist Norman/Diessl besessen, von dem ‚Dämon des Berges' wird die Expedition sabotiert und mit allen Mitteln bekämpft, von der mystischen Faszination des tibetischen Dämonen-Glaubens sollen schließlich die exotistischen Passagen erzählen.

165 Gespielt wurde er von einem Bäcker namens Dalib, der „zum ‚Filmstar' befördert wurde" (ebd. zu Abb. 18).

166 Vgl. Nickel, Günter, Hettie, Norman Dyhrenfurth, S. 128ff.

Ungeachtet dieser Brüche wurde der Film, den Dyhrenfurth selbst alles andere als gelungen fand, zunächst nicht rein negativ aufgenommen, als er 1935 in die Kinos kam; zwar gab es von alpinistischer Seite – zumal in England – harsche Kritik an der Spielfilmhandlung, doch die Qualität der Bilder war offenbar überzeugend. Selbst im *Völkischen Beobacher* war am 16. Mai 1935 davon die Rede, die Expedition Dyhrenfurths habe „eine filmische Ausbeute heimgebracht, die man wohl als einzigartig ansprechen darf."[167] Doch die ‚deutsche' Seite, vor allem Paul Bauer und der Presseleiter des „Fachamts Bergsteigen und Wandern", denunzierten den Film und versuchten die Konkurrenz (oder gar Verwechselbarkeit) mit dem eigenen *Nanga Parbat*-Film zu unterbinden.[168] So erwirkte man, dass die Widmung an die Toten vom Nanga Parbat, mit der Dyhrenfurth ursprünglich den Film begonnen hatte, auf Anweisung der Reichspropagandaleitung herausgeschnitten werden musste[169]. In einem Antrag auf Absetzung des Films an die „Reichsleitung der Reichsfilmstelle" schrieb Bauer am 16. Oktober 1935:

> Nach der im März d.J. in Zürich stattgefundenen Welturaufführung des Filmes „Der Dämon des Himalaja" der Tramontana Filmgesellschaft Chur-Zürich hat dieses Stück auch seinen Weg nach Deutschland gefunden. [...] Zu einem Zeitpunkt, da im Dritten Reich ein völkisches Urgesetz dem Kampf gegen das Judentum ganz klare Formen gibt und das Weltjudentum im Kampf mit dem nationalsozialistischen Deutschland steht, ist es nicht angängig zu dulden, daß jüdische Wirtschaftsträger im Reich finstere Geschäfte machen, wie es hier der Fall ist in Ausnutzung der Tatsache, daß das Interesse für fremde Gebirgsländer, insbesondere für den Himalaja, in den Vordergrund gerückt ist. [...] Gerade mit Rücksicht auf die bevorstehenden Vorbereitungen einer neuen Himalaja-Expedition ist es geboten, über die Himalaja-Bergsteiger keine falschen Vorstellungen aufkommen zu lassen und hinsichtlich dieser Tatsache versündigt sich gerade der Film an den Himalaja-Bergsteigern. Der Antrag des Fachamtes für Bergsteigen [...] geht nun dahin zu wirken, daß der als volksfremd, ja staatsfremd anzusehende Film von den deutschen Filmtheatern sofort abgesetzt werden möge.[170]

Die Perfidie dieser Denunziation ist mit Händen zu greifen: Der Film wird einerseits entsprechend dem antisemitischen Klischee der „jüdische

167 Zit. bei Nickel, Günter, Hettie, Norman Dyhrenfurth, S. 144.

168 Nicht zum Film selbst, aber zu seiner Rezeption vgl. Mierau, *Nationalsozialistische Expeditionspolitik*, S. 225–229; zur Kritik von *Der Dämon des Himalaya* in England vgl. ebd. S. 227. Vgl. ferner Nickel, *Günter, Hettie, Norman Dyhrenfurth*, S. 141–147, sowie Holt, Lee Wallace: *Mountains, Mountaineering and Modernity. A Cultural History of German and Austrian Mountaineering 1900–1945*, Austin/Texas 2008, v.a. S. 299ff.

169 Vgl. Nickel, Günter, Hettie, Norman Dyhrenfurth, S. 142.

170 Zit. ebd. S. 145.

Geschäftemacherei" mit der Himalaya-Faszination beschuldigt und andererseits angeklagt, falsche (nämlich unheroische) Vorstellungen von den „Himalaja-Bergsteigern" zu verbreiten. Entsprechend wurde der Film in Deutschland tatsächlich unterdrückt; das finanzielle Desaster, zu dem die Expedition für die Familie Dyhrenfurth geführt hatte, konnte daher nicht mehr ausgeglichen werden.[171]

In der Gegenüberstellung der beiden Expeditionen und ihrer Berichte sind also einerseits die Gegensätze dominant: Der ‚nationalen' deutschen kontrastiert die dezidiert internationale Expedition Dyhrenfurths; die Nanga-Parbat-Expedition betont das Kollektiv der Mannschaft als Repräsentant des nationale Kollektivs, von dem sie getragen wird, dagegen ist die I.H.E. ungleich stärker individualisiert, teilt sich in verschiedene Gruppen und repräsentiert deren Perspektiven auch im Bericht; verschieden ist jeweils der „Typus" des Himalaya-Bergsteigers, der inszeniert wird, und schließlich sind die Finanzierungswege grundsätzlich andere.

Andererseits finden sich aber mit „Schicksal" und „Dämonie" zwei Konzepte als Basis-Semantiken der Berichte, die darin vergleichbar sind, dass sie eine Art irrationales Erklärungsmuster, einen – im doppelten Verstand – Fluchtpunkt des Sinns in die Narrationen einfügen; sie leisten gewissermaßen eine Ent-Paradoxalisierung des im jeweiligen Scheitern greifbar werdenden Grund-Widerspruchs von rationaler Planung und irrationalem Ziel der Expeditionen, von Freiheit und zugleich fast zwanghafter Besessenheit, überhaupt die Expeditionen durchzuführen.

Diese Fluchtpunkte ihrerseits unterscheiden sich aber erneut: Das „Schicksal", verbunden mit der Kollektivität als Dominante der Narration, gerät zur Verpflichtung der Überlebenden und generiert einen Mythos heroischen Selbstopfers; die „Dämonie" aber behält ihre Polyvalenz zwischen individueller ‚Besessenheit' und Signatur eines unverfügbar Fremden und Numinosen. Es wäre lohnend, die kultur- und religionsgeschichtlichen Investitionen dieses Dämon-Konzepts sowohl in anderen zeitgenössischen Diskursen als auch in anderen alpinen Texten zu verfolgen; in einem der Berg-Romane Gustav Renkers, der ebenfalls 1935 erscheint, *Dämon Berg* überschrieben ist, wird er

171 Allerdings wurden einzelne bei der Expedition gedrehte Filmszenen – und wohl auch Teile der Musik, die Arthur Honegger beigesteuert hatte – auch später wieder verwertet: Franc Capra wertete Szenen für *Lost Horizon* (1937) aus, weitere und die Musik wurden in *Storm over Tibet* (1951/52) von Andrew Marton selbst verwendet; so das Booklet einer Aufnahme mit Honeggers Filmmusiken: Honegger, Arthur: *Le Demon de L'Himalaya/Crime et Chatiment/Regain/L'idee*, Naxos/D 2008.

beispielsweise zum Symbol alpinistischen Rekordstrebens.[172] In wiederum anderer Form erscheint der Dämon aber in einem weiteren Berg-Drama, das im Folgenden – obwohl es der englischen Literatur entstammt und in Deutschland nie zu sehen war – als Kontrast zu Bronnens *Ostpolzug* vergleichend analysiert werden soll.

4.4. Blanc on the map. Auden/Isherwood, *The Ascent of F.6*

Eine Expedition steht nämlich im Zentrum der *Tragedy in two Acts* mit dem Titel *The Ascent of F.6*, die W.H. Auden und Christopher Isherwood 1936 für das *Group Theatre* schrieben; im selben Jahr erschien sie als Buch und wurde am 26. Februar 1937 uraufgeführt.[173] Das Stück gilt als die gelungenste Zusammenarbeit der beiden Autoren, die seit 1933 (*The Dance of the Death*) und bis zu Audens Auswanderung in die USA 1938 vier Dramen gemeinsam verfassten; und es war mit über 130 Aufführungen 1937 und etlichen Wiederaufnahmen in England und den USA (darunter 1939 am *Old Vic* mit Alec Guiness in der Hauptrolle) auch das mit Abstand erfolgreichste.

Es lohnt, zur Charakterisierung des Dramas zunächst aus der Rezension zu zitieren, die der berühmte englische Romancier E.M. Forster schon 1936 im *Listener* veröffentlichte:

> This play is not easy to focus. It is quite short and straightforward, yet at least four pairs of spectacles are necessary before we can examine it properly. Let us start by looking at it through a heroic pair.
>
> Behold Michael Ransom, known to his friends as M.F.! He is a gifted, sensitive, ascetic, altruistic mountaineer, who crowns a noble life with a glorious death. Aeroplanes locate his body on the summit of the virgin peak known as F.6, which he alone has scaled. His body perishes, his name vieth for evermore. A national hero, akin to Colonel Lawrence in temperament and to Captain Scott in fate – that is what we see through this pair of spectacles, but the play is by Messrs. Auden and Isherwood, and the spectacles soon slip off the nose and smash into nasty splinters. Try another pair.

---

172 Renker, Gustav: *Dämon Berg. Roman*, Graz/Leipzig/Wien 1935 (Die deutschen Bergbücher, 1).

173 Ich zitiere den Text nach: Auden, W.H.; Isherwood, Christopher: The Ascent of F.6, in: dies.: *The Ascent of F.6 and On the Frontier*, London: Faber&Faber, 1972. Die hier vorgelegte Fassung (von 1957) weicht von der Erstausgabe von 1936 ab; auf die Unterschiede kann hier nicht weiter eingegangen werden; vgl. aber: Normand, Lawrence: Modernity and Orientalism in W.H. Auden and Christopher Isherwood's The Ascent of F6, in: *Modern Philology* 108 (2011), S. 538–559, hier S. 544f. Das Stück wurde m.W. nie ins Deutsche übersetzt.

> Try the politico-economic outlook. F.6 now appears to be situated on the boundary of two colonies, British Sudoland and Ostnian Sudoland, and the expedition to scale it is really a political ramp. The British and the Ostnians are racing one another to the top, for reasons of prestige, and if the British lose they will have trouble with the natives down in the coffee plantations, and no dividends. Thus viewed, the play becomes a satire of familiar type […]. The situation is old, the machinery up to date, for Auden and Isherwood can show us the working up of public opinion through broadcasting. Little Mr. and Mrs. Everyman in their poky flat – they are caught by the F.6 propaganda, they listen spellbound to the important personages who come to the microphone; as they hear about the terrible mountain and the glorious young man, their own lives become less drab and boring […]. ‚He belongs tu *us* now', they cry, as they gaze at the obelisk erected to Ransom, after his death, by Big Business. Sudoland is safe. The natives work. The coffee comes. The curtain falls.[174]

Im Mittelpunkt des Dramas steht der Bergsteiger Michael Ransom, der gleich in der ersten Szene auf dem Gipfel des Pillar Rock im Lake-District sitzend und Dante lesend in einem langen Monolog als innerlich zerrissener, skeptischer Intellektueller eingeführt wird; die Felsgipfel sind ihm ein Gegenort zu den verachteten „valleys", doch lehnt er auch „virtue" und „knowledge" – vermeintliche Motive des Bergsteigens – als falsche Idealisierungen ab[175]. Eben dieser Michael Ransom wird nun aber als Leiter einer Expedition auserkoren, die den bisher unbetretenen höchsten Gipfel „F 6" jener Gebirgskette ersteigen soll, welche die fiktive britische Kolonie British Sudoland von „Ostnian Sudoland" trennt; und der Initiator des Komitees, das diese Expedition aus politischen Gründen in Gang setzt, ist Michaels Zwillingsbruder Sir James Ransom. Der erste Akt des Dramas exponiert als Akteure dieses Komitees ferner eine Lady Isabel als Vertreterin der Oberschicht, General Dellaby-Couch, der gegen Aufständische in den Kolonien mit militärischer Härte vorgehen will, sowie Lord Stagmantle, Herausgeber des *Evening Moon*, der die Expedition gegen Abtretung der Bildrechte finanzieren will. Im Hintergrund steht offenkundig der Machtkampf um die Kolonie, denn eine Expedition der „Ostnians" ist schon im Begriff, zum F 6 aufzubrechen. Dieser soll, lokaler Sage zufolge, von einem Dämon bewacht

---

174 Forster, E.M.: Chormopuloda, in: *Listener*, XVI, 14. October 1936, suppl. 31, vii, zit. nach Haffenden, John (ed.): *W.H. Auden. The Critical Heritage*, London; New York 1983, repr. 2004, S. 189ff.

175 „Nevertheless, let me receive such vigour as the impassive embraces of this sullen rock afford, from which no mastery can elicit a gratifying response, nor defeat sighs capable of despairing misinterpretation. Here is no knowledge, no communication, no possession; nothing a bishop could justify, a stockbroker purchase or an elderly scientist devote years to explaining – only the voluntary homage paid by the living to the unqualified and dangerous dead. Let me pay it; pat it now, before I descend to the valley and all ist varieties of desperation" (Auden/Isherwood, *The Ascent*, I,1, S. 14f.).

werden, doch es heißt, „that the white man who first reaches the summit of F 6, will be lord over *both* the Sudolands, with his descendants, for a tousand years“[176]: Der Erfolg der Expedition ist also entscheidend für die Zukunft der Kolonialherrschaft.

Der erste Akt zeigt nun die Vorbereitung der Expedition; Ransom und seine Freunde Dr. Williams, Gunn und Shawcross und der Biologe Lamp werden von den Mitgliedern des Komitees aufgesucht. Doch obwohl Ransom seit Knabenzeiten von der „hugh north face“ des F6 träumte, verschließt er sich allen politischen und persönlichen Argumenten, die sein Bruder und Stagmantle vorbringen, da er ihre wahren Absichten durchschaut; erst die hinzukommende Mutter der Brüder kann seinen Widerstand brechen und er willigt in der Projekt ein.

Die sich hier andeutenden Dimensionen von Bruderzwist und ödipal grundiertem Mutterkonflikt werden aber schon im ersten Akt kontrastiert durch eine zweite, auch dramaturgisch völlig anders gestaltete Ebene – sie betrifft die schon von Forster erwähnten Mr. und Mrs. Everyman, im Drama Mr. A und Mrs. A genannt, die als Vertreter der öffentlichen Wahrnehmung des ‚Expeditionsdramas‘ fungieren. Nach jeder Szene zeigt eine in der rechten *stage box* (also etwa: Proszeniumsloge) spielende Zwischenszene diese beiden Repräsentanten der industriellen Massengesellschaft, ihren entfremdeten, ärmlichen Alltag und ihre Langeweile („No, nothing that matters will ever happen“[177]). Auf der linken Seite treten freilich Radioansager und Sprecher auf, die zuerst die Kolonie und ihre alpinistischen Herausforderungen, später die Expedition selbst kommentieren:

> From this point you see the whole mountain range which culminates in that terrifying fang of rock and ice called so prosaically on our maps ‚F 6‘, but in the native tongue ‚Chormopuloda‘ – that is, the Haunted Mountain. There are many legends about this mountain and the troll who lives on the summit and devours all human beings who dare approach it. No Europeans have, so far, ventured into this region, which is barren to a degree and inhabited only by monks who resent foreigners. […] Be that as it may, I do not think it likely that it will be long before our young climbers will discover a new ground for their sport, offering more magnificent opportunities for their skill and their love of nature, than even those afforded by the Alps or the Himalayas …[178]

Die Reaktionen der A.s auf diese Sprecher erfolgen in meist paarweise gereimten Knittelversen nach Art von *heroic couplets*, während die meisten Passagen des

176 Ebd. S. 22.
177 Ebd. S. 17.
178 Ebd. S. 27.

Bühnendramas mit Ausnahme der Akt-Enden und von II,5 Prosadiktion verwenden. Die Ebene der A.s ist offenkundig ein Mittel der Kommentierung und Illusionsbrechung, das Auden und Isherwood wohl Brechts epischem Theater entlehnten, um die politisch-manipulative Funktion des Expeditionsprojekts für das Kolonialreich transparent zu machen.[179] Nach der Entscheidung Ransoms, die Expedition anzuführen, ertönen so z.B. „VOICES *of* NEWSBOYS": „Evening Special! Evening Special! / Ransom to lead Expedition! / Famous Climbers Decision! / [...] / The Haunted Mountain: Full Story and Pictures! / Monastery in Sudoland: Amazing Revelations!"[180] Und nach einer pathetischen Radioansprache Stagmantles – „the other members of the Expedition are the finest flower of English Mountaineering [...]. In this machine-ridden age, some people are tempted to suppose that Adventure is dead; but the spirit of Man has never refused to respond to the challenge of the unknown"[181] – kommentiert Mr. A:

> Follow the progress of this mountain mission
> Day by day let it inspire our lowly condition.[182]

Von diesem ständigen Wechsel zwischen den Spielebenenen ist dann auch der zweite Akt bestimmt: Er beginnt orientalistisch[183] in einem Kloster am *Great Glacier* des F 6, dessen Abt Ransom das Geheimnis des Berg-Dämons anvertraut: Dieser sei Verkörperung und Projektion des Begehrens und der Wunschträume des Individuums.[184] Doch obwohl Ransom seinen Fehler erkennt

179 Vgl. Stebner, Gerhard: Wystan H. Auden und Christopher Isherwood: The Ascent of F6, in: Oppel, Horst (Hg.): *Das moderne englische Drama. Interpretationen*, 3.A. Berlin 1976, S. 203–219, hier S. 211.

180 Auden/Isherwood, *The Ascent*, I,3, S. 38.

181 Ebd. S. 40.

182 Ebd.; vgl. zu dieser kritischen Dimension des Textes zuletzt Youngs, Tim: Following the Progress of the Mountain Mission: The Critique of Heroism and Nationalism in Auden and Isherwood's The Ascent of F6, in: Besson, Françoise (Hg.): *Mountains Figured and Disfigured in the English-Speaking World*, Newcastle upon Tyne 2010, S. 476–467.

183 Spätestens seit James Hiltons Roman *Lost Horizon* von 1933 ist das Motiv gut bekannt; auch *Dämon Himalaya* (vgl. oben) greift es auf. Vgl. hierzu Normand, Modernity and Orientalism, S. 540f., 544ff.

184 „He is – what shall I say? – the formless terror in the dream, the stooping shadow that withdraws itself as you wake in the half-dawn. [...] You do not make that foolisch, that terrible mistake so common among your fellow-countrymen of imagining that it is fortunate to be alive. No. You know, as I do, that Life is evil. You have conquered the first temptation of the Demon, which is to blind Man to his existence. But that victory exposes you to a second and infinitely more dangereous temptation; the temptation of pity; the temptation to overcome the Demon by will." (Auden/Isherwood, *The Ascent*, II,1, S. 57). Zu einer weitergehenden Interpretation vgl. Stebner, a.a.O. S. 216ff.; zu den Quellen – darunter das

und ahnt, dass er sich mit der Expedition nur zum Instrument der Macht degradiert, kann er nicht mehr umkehren, als er die Nachricht erhält, dass die ‚feindliche' Expedition schon den Berg erreicht habe. Die folgenden Szenen sind auf immer höheren Stufen des F 6 situiert: In II,2 entdeckt Gunn einen Totenschädel („Hullo, what's this? [*Picks up a skull.*] Doctor Livingstone, I presume?"[185]) und der Botaniker Lamp findet endlich ein Exemplar der von ihm sehnlichst gesuchten Pflanze „Polus Naufrangia"[186], muss aber, um sie zu pflücken, über eine Kante absteigen. Während die anderen ihn dabei beobachten, rekapituliert Ransom hamlet-gleich und den Schädel in der Hand ein wenig Alpin-Geschichte:

> RANSOM [*to skull*]. Well, Master; the novices are here. Have your dry bones no rustle of advice to give them? Or are you done with climbing? But that's improbable. Imagination sees the ranges in the Country of the Dead, where those to whom a mountain is a mother find an eternal playground. There Antoine de Ville scales pinnacles with subtle engines; Gesner drinks water, shares his dreams with Saussure, whose passion for Mont Blanc became a kind of illness. Paccard is reconciled with Balmont, and Bourrit, the cathedral precentor, no longer falsifies their story. Marie-Coutett still keeps his nickname of The Weasel; Donkin and Fox are talking of the Caucasus; Whymper goes climbing with his friends again and Hadow, who made the slip of inexperience, has no faults. While, on the strictest buttresses, the younger shadows look for fresher routes: Toni Schmidt is there and the Bavarian cyclists; and that pair also whom Odell saw on the step of Everest before the cloud hid them for ever, in the gigantic shadow of whose achievement we pitch our miserable tent –
>
> [*The roar of an approaching avalanche is heard.*][187]

Schon der „eternal playground" ist eine deutliche Anspielung auf Leslie Stephens alpinen Klassiker *The Playground of Europe*; und von Antoine de Ville[188] über Konrad Gesner und Saussure bis zu Mallory und Irvine werden einige der berühmtesten Namen und insbesondere Verunglückten und Verschollenen

---

Tibetanitsche Totenbuch – und den Veränderungen der Szene in den Fassungen Normand, Modernity and Orientalism, S. 546ff.

185 Auden/Isherwood, *The Ascent,* II,2, S. 67. Es folgt noch eine Untersuchung des Schädels („May have fallen from above. See this crack? It's hardly likely to have been murder, up here", ebd.).

186 Vgl. zur Bedeutung dieser Szene (und der Pflanze überhaupt) Bruehl, William J.: Polus Naufrangia: A Key Smbol in The Ascent of F6, in: *Modern Drama* 1967, S. 161–164.

187 Ebd. S. 67.

188 De Ville war Kammerherr des französischen Königs Karls VIII.; seine vom König befohlene Besteigung des Mont Aiguille (2087 m) im Vercors, die er mit mehreren Begleitern und mithilfe von Leitern im Sommer 1492 unternahm, gilt neben Petrarcas Ventoux-Besteigung als Beginn des Alpinismus. Rabelais beschrieb sie in *Le Quart livre des faits et dits héroïques*.

des Alpinismus aufgerufen oder deutlich angespielt.[189] Bevor Ransom aber Folgerungen ziehen kann, reißt die akustisch angekündigte Lawine den Botaniker Lamp in den Abgrund, das erste Opfer der Expedition oder, wie Ransom kommentiert: „The first victim of my pride."[190] Das Zwischenspiel in den *stage boxes* zeigt unmittelbar die Umfunktionalisierung dieses Ereignisses: Stagmantle verkündet pathetisch den Tod des so vielversprechenden jungen Wissenschaftlers, Mrs. A kommentiert *„moved"*: „Death like his is right and splendid; / That is how life should be ended!"[191]

In Szene II,3, die im *Camp A* auf der Schulter des Berges situiert ist, eskaliert nun, während das Wetter sich verschlechtert, die Auseinandersetzung zwischen den verbliebenen vier Teilnehmern der Expedition. Ransom als unumstrittenem Führer und dem besonnenen Arzt Dr. Williams stehen mit Gunn und Shawcross zwei gegensätzliche Konkurrenten gegenüber; Ransom charakterisiert sie im Gespräch mit Williams so: „Ian [Shawcross] is steady, reliable, a first-class climber: David [Gunn] is only a brilliant amateur, a novice with an extraordinary flair, unsound, uneven, liable to moments of panic, without staying power."[192] Trotzdem entscheidet er sich aber für Gunn als Begleiter bei dem für den Folgetag geplanten Gipfelgang; denn Shawcross sei zu ehrgeizig und außerdem erschöpft: Würde er ihm befehlen, mitzukommen, würde ihn das zerstören. Als der hinzukommende Shawcross dies erfährt, ist er jedoch tatsächlich zerstört:

> I'm no damn good: I realize that now. You're all better men than I am. I had a pretty fine opinion of myself, once. I imagined I was indispensable. Even my admiration of you was only another kind of conceit. You were just an ideal of myself. But F 6 has broken me; it's shown me what I am – a rotten weakling.[193]

---

189 Mit „Balmont" ist offenbar Jacques Balmat gemeint, mit Marie-Coutett der berühmte Führer Jean Marie Coutett; Donkin und Fox sind die beiden britischen Bergsteiger W.F. Donkin und H. Fox, die 1888 am Koshtantau im Kaukasus spurlos verschwanden (vgl. Freshfield, Douglas William: *The Exploration of the Caucasus* Bd. 1, London 1902, S. 20). Robert Hadow war einer der Toten der Matterhorn-Erstbesteigung, die Edward Whymper 1865 durchführte; Toni Schmid (nicht Schmidt) einer der beiden Erstbesteiger der Matterhorn-Nordwand 1931, wofür er mit seinem Bruder mit dem Fahrrad aus München angereist war. Er stürzte 1932 in der Nordwand des Miesbachhorns tödlich ab. Odell ist Noel Odell, der neben Mallory stärkste Bergsteiger der 1924er Expedition zum Mount Everest und letzter Zeuge des Verschwindens von Mallory und Irvine.

190 Auden/Isherwood, *The Ascent*, S. 69.

191 Ebd. S. 71.

192 Ebd. S. 74.

193 Ebd. S. 78.

Und obwohl ihn Ransom zu beruhigen versucht, stürzt er verzweifelt aus dem Zelt und wirft sich *„with a loud cry“* in den Abgrund. In der überaus kurzen Szene II,4, die noch ein Stück höher am Gipfelgrat im *„Hurricane“*[194] spielt, stirbt jedoch auch Gunn an Erschöpfung im Schnee. Die Zwischenspiele zwischen den Szenen sind ebenso auffallend kurz – es gibt „No news“[195]. Eine völlige Veränderung und Verschiebung ins Surreal-Symbolistische bringt aber dann die lange finale Szene: Es tritt ein Chor auf, der in die Gewänder der Mönche aus dem Kloster gekleidet ist; und während sich Ransom die letzten Stufen zum Gipfel des F6 hinaufschleppt, erscheint ein Drache *„in the form of* JAMES RANSOM“. Mit diesem spielt Michael dann eine Partie Schach mit *„a complete set of life-size chessmen“*[196], zu denen auch die maskierten anderen Figuren des Dramas gehören. Ebenfalls einbezogen werden nun die Figuren Mr. A und Mrs. A, der Abt des Klosters, und am Ende, als Ransom auf dem Gipfel steht, erscheint der Dämon – und entpuppt sich als seine Mutter. Schließlich liegt nur noch der tote Körper Ransoms im Licht der aufgehenden Sonne auf dem Berggipfel.

Diese finale Szene hier ausführlich zu interpretieren ist schon deshalb unmöglich, weil sie in den verschiedenen Fassungen des Dramas ständig verändert wurde[197] – in der Uraufführung wurde sie, sehr zum Mißfallen E.M. Forsters, offenbar stark gekürzt[198] – und zudem eine Vielzahl literarischer Anspielungen (u.a. auf Ibsens *Peer Gynt*, Byrons *Manfred* und das *Tibetanische Totenbuch*) und eine offenkundige Auseinandersetzung mit der Religionspsychologie C.G. Jungs[199] enthält. An ihrer befriedigenden Gestaltung verzweifelten aber offenbar nicht nur die Autoren und der Regisseur der Premiere, sie führte auch die verschiedenen, sonst säuberlich getrennten Ebenen des Dramas zusammen und damit zu einer eigentümlichen Konfrontation – vereinfacht gesagt: von Marx und Freud. Denn neben der macht- und ökonomiekritischen, satirisch-parodistischen Kommentarebene der *interplays* wird das innere Drama Ransoms sehr ernsthaft auch als psychologisch-psychoanalytisches dargestellt. Schon der eingangs zitierte Forster hatte

194 Ebd. S. 83.

195 Ebd. S. 85.

196 Ebd. S. 89.

197 Vgl. Normand, Modernity and Orientalism, S. 544f.; es gibt mindestens 4 gedruckte Versionen der Schlußszene.

198 Nach der Uraufführung schrieb er diesbezüglich an Isherwood: „I'm sure the changes here are all for the worse; the summit ought to seethe with visions as soon as R. goes wampy“ (zit. nach Normand, Modernity and Orientalism, S. 558).

199 Vgl. ebd. S. 551ff.

neben der heroischen und politisch-ökonomischen eine psychologische und eine Freudianische Perspektive des Stückes betont:

> But focus again; this time upon Ransom himself. F.6 now appears as a test for his character, which he fails to surmount. He suffers from the last infirmity of noble minds; thinking he pursues virtue and knowledge, he really pursues power. And at the crisis, in the nightmare-cloud on the summit, he sees that his motive has been impure, and, as evidence of this, the ghosts of the friends whom he has killed. He has sacrificed them in devoting himself. […] The abbot explains to Ransom that the demon takes different forms for ist temptations; he does not reveal that to Ransom himself it will take the form of his own mother. Mrs. Ransom has appeared earlier in the play. It is she who made her son go, whe he shrank from the temptation of Power. She wants him to be brave, for her sake, and to be happy, provided she supervises his happiness. Cornelia, the mother of the Gracchi! For her other son, James, is the politician who organises the ramp. Cornelia-Jocasta! For our final pair of spectacles is provided by Freud. When the cloud lifts from the summit of the mountain, Ransom finds his mother waiting for him, reabsorbing that which she has created. He has never escaped her.[200]

Die unauflösbare Komplikation des Dramenschlusses resultiert, auch wenn Forster das Stück als gelungene „tragedy in a modern mode"[201] lobte, wohl aus genau dieser Überlagerung, die den orientalistisch herbeizitierten „Dämon" des Berges als dämonische Verstrickung des Individuums sowohl in die Macht wie auch in ein ödipales Drama reinterpretiert.[202]

Hinfällig wurde damit aber zweifellos die Orientierung der Autoren – und insbesondere Audens – an einem Ideal modernen Heroismus, das Freiheit, politisches Engagement und persönliche Integrität verband und das sich für Auden bis wenige Jahre zuvor in T.E. Lawrence zu verkörpern schien.[203] Die Figur des philosophierenden Bergsteigers Michael Ransom exponiert demgegenüber ein sehr viel grundsätzlicheres Dilemma moderner Subjektivität,

---

200 E.M. Forster, zit. nach Haffenden, *W.H. Auden. The Critical Heritage*, S. 190.

201 Vgl. ebd. S. 191.

202 Nicht eigens berücksichtigt werden können hier die weiteren Interpretationen von Hazard, Forrest E.: The Ascent of F6. A New Interpretation, in: *Tennessee Studies in Literature* 15 (1970), S. 165–175 (betont Heroenstatus von Ransom); Youngs, Tim: Following the Progress of the Mountain Mission: The Critique of Heroism and Nationalism in Auden and Isherwood's The Ascent of F6, in: Besson, Françoise (Hg.): *Mountains Figured and Disfigured in the English-Speaking World*, Newcastle upon Tyne 2010, S. 476–467; eher oberflächlich bleibt die Lektüre in Bevis, Richard: *Images of Liberty: The Modern Aesthetics of Great Natural Space*, 2010, S. 164 (der z.B. den Protagonisten Michael Random nennt).

203 Vgl. Normand, Modernity and Orientalism, S. 538f.; Lawrence, der nach seiner aufsehenerregenden Rolle im arabisch-türkischen Krieg („Lawrence of Arabia") praktisch untergetaucht war, starb 1935 nach einem Motorradunfall; noch 1934 hatte Auden eine Biographie über ihn rezensiert.

und dass es gerade ein Expeditionsprojekt ist, an dem sich dieses Dilemma entfaltet, lag aus mehreren Gründen nahe: Zum einen war der britischen Öffentlichkeit der Tod von George Mallory und Sandy Irvine 1924 am Gipfelgrat des Mount Everest zweifellos noch präsent[204]; nachdem zehn Jahre lang keine Genehmigung des Dalai Lama erlang werden konnte, wurden seit 1933 erneut Expeditionen zum Mount Everest ausgerüstet, von denen aber keine erfolgreich war.[205] Nahe lag das Thema für Auden auch, da sein älterer Bruder John Bicknell Auden, der als Geologe bei der *Geological survey of India* gearbeitet hatte, 1937 an einer von Eric Shipton geleiteten Expedition in den Karakorum teilnahm, bei der unter anderem der K2 bis in eine Höhe von 16.300 Fuß bestiegen wurde; ihm ist die spätere Ausgabe des Dramas gewidmet[206]; der seltsame Name des Gipfels „F 6" kann direkt auf diese Expedition zum „K2" bezogen werden, während sein Name „in the native tongue ‚Chormopuloda'"[207] ziemlich deutlich auf den tibetischen Namen des Mt. Everest „Chomolungma" anspielt.

Wichtiger aber ist, dass das Drama insgesamt die verschiedenen Dimensionen und Paradoxien der Expeditionen spiegelt, parodiert, kritisiert und in ihren psychologischen Dimensionen analysiert: Es akzentuiert zum einen den politisch-kolonialen Kontext, in dem diese Expedition als Triumph der Kolonialmacht erstrebt wird, aber auch als Abenteuer, Sensation und sogar als ‚Tragödie' dient, welche die entfremdet lebende Arbeiterklasse ablenkt und für das Nationale begeistert. Es integriert ferner (teils ironisch, teils als kritische Folie westlichen Denkens) die orientalistische Wahrnehmung des „Volksglaubens" und der fremden Religion; drittens inszeniert es die Expedition als Medienereignis und macht – auf der Ebene der *interplays* – die medialen

204 Sogar die Konstellation der Mannschaft und der „Gipfel-Seilschaft" Ransoms mit dem unerfahrenen Gunn erinnert an die Seilschaft Mallory-Irvine.

205 Der eigentümlichste Besteigungsversuch war jener des Abenteurers Maurice Wilson, der 1934 mit einem Kleinflugzeug nach Indien flog und den Everest besteigen wollte, obwohl er noch nie zuvor geklettert war; über das Ereignis wurde in der Presse intensiv berichtet. Wilson verscholl Ende Juni am Everest, seine Leiche wurde ein Jahr später in Lager III von der nächsten offiziellen Expedition gefunden; man könnte den Schädel-Fund in II, 2 als ironische Anspielung hierauf verstehen: „It may have been some mad European who thought he'd have a shot at F 6 on his own; but that's scarcely possible" (Auden/Isherwood, *The Ascent*, S. 67). Vgl. zu Wilson Meier-Hüsing, Peter: *Wo die Schneelöwen tanzen – Maurice Wilsons vergessene Everest-Besteigung*, München 2003.

206 Die Expedition ist beschrieben in Shipton, Eric: *Blank on the Map*, London 1938; Shipton war Teilnehmer an praktisch allen britischen Everest-Expeditionen der 1930er Jahre, 1935 ihr Leiter. Bei der Karakoram-Expedition nahm im übrigen auch Michael Spender teil, der Bruder des mit Auden und Isherwood befreundeten Lyrikers Stephen Spender.

207 Auden/Isherwood, *The Ascent*, S. 27.

Machtmechanismen transparent; und viertens veranschaulicht es die prekäre subjektive und soziale Seite der Expedition, indem es den Ehrgeiz (des Botanikers), die Konkurrenz und das Anerkennungsbegehren der anderen Teilnehmer, die Gruppendynamik und die Fatalität der Ereignisse hervorhebt. All dies bleibt freilich am Schluß die Folie, vor der die Tragödie eines Einzelnen erzählt wird – und seine Besessenheit durch einen Dämon.

KAPITEL 5

Expeditionsbergsteigen als Lebenserzählung

Ich hebe meine Augen auf zu den Bergen,
von denen mir Hilfe kommt.
Psalm 121

5.1. Subjektkarrieren am Berg

Während konkrete Expeditionen und ihre Berichte einen Kontext von Audens und Isherwoods Drama bildeten, dieses selbst aber offenkundig fiktional war, wurden die Himalaya-Expeditionen und ihre Teilnehmer seit den 20er Jahren vereinzelt und später immer häufiger auch Gegenstand biographischer und autobiographischer Bücher. Zu den frühesten Texten dieser Art zählt George Ingle Finchs Buch *The Making of a Mountaineer*, das eine über 100seitige autobiographische Skizze enthielt und 1924 in London erschien.[1] Charakteristisch ist freilich, dass Finch, der aus Australien stammte und in der Schweiz aufgewachsen war, nicht zuletzt von seinen Schwierigkeiten mit der etablierten britischen Bergsteigerszene und dem elitären *Alpine Club* berichtete. Er hatte an der Everest-Expedition 1922 teilgenommen und dabei mit Geoffrey Bruce die Höhe von 8330 m erreicht, bevor sie zur Umkehr gezwungen gewesen waren.[2] Nach der Expedition kam es jedoch zum Streit mit dem *Everest Comittee* um Veröffentlichungs- und Vortragshonorare, wozu wohl auch beitrug, dass Finch aufgrund seiner Erziehung nicht dem Habitus der von der *Oxbridge*-Kultur geprägten britischen Bergsteiger entsprach. Sein Buch *Der Kampf um den Everest* erschien daher 1925 auf Deutsch und wurde erst 2008 ins Englische übertragen.[3] Obwohl Finch später auch in Großbritannien anerkannt und 1959–1961 sogar Präsident des *Alpine Club* wurde, ist der autobiographische Text von 1924

1 Finch, George Ingle: *The Making of a Mountaineer*, London 1924.

2 Möglich wurde diese größte bis dahin je erreichte Höhe einer Bergbesteigung durch die Nutzung von Sauerstoff-Flaschen, an deren Entwicklung der Chemiker Finch maßgeblich beteiligt war und zu deren entschiedensten Verfechtern er zählte. Vgl. West, J.B.: George I. Finch and his pioneering use of oxygen for the climbing of extreme altitudes, in: *Journal of Applied Physiology* 94/5 (2003), S. 1702–1713.

3 Finch, George Ingle: *Der Kampf um den Everest*, deutsch von Walter Schmidtkunz, Leipzig 1925; George W. Rodway (ed.), *George Ingle Finch's Struggle for Everest*, Lancaster 2008.

 | DOI:10.30965/9783846767788_006

vor allem ein Resultat und Zeugnis einer sozialen Exklusion, die indirekt die Kollektiv-Logik der Expeditionen und ihrer medialen Darstellungen zeigt.

Als frühes Beispiel einer Himalaya-Alpinisten-Biographie kann man das wenig später, 1927, erscheinende Erinnerungsbuch *George Leigh Mallory. A Memoir* von dessen Kletterfreund David Pye ansehen:[4] Es war das erste einer ganzen Reihe von Biographien, die den ‚Mythos' Mallory begründeten, daher aber auch die singuläre Qualität dieses Bergsteigers hervorheben mussten. Mallorys Tod am Mount Everest und die offene Frage, ob er und Sandy Irvine vielleicht vor ihrem Tod schon den Gipfel erreicht hatten, provozierte im übrigen auch eine Vielzahl mehr oder minder trivialer *fiktionaler* Texte: 1936 erschien beispielsweise der „Roman eines Bergsteigers" *Um den Gipfel der Welt* des Journalisten und Verlegers Wilhelm Ehmer, der Mallory in pathetischster Weise zum Helden stilisierte.[5]

Von größerem Interesse als diese (halb-)fiktionalen Texte sind für den Diskurs selbst jedoch dem Anspruch nach faktuale biographische Darstellungen. Wenn Expeditionen hierarchisierte soziale Kollektive sind und ihre Berichte folglich Epen mit mehreren Helden erzählen, heben (auto-)biographische Texte ungleich stärker auf die subjektive Wahrnehmung Einzelner und auf die Differenzen innerhalb der Kollektive ab. Davon zeugen auch die beiden Beispiele biographischer Texte zu bzw. von Expeditionsbergsteigern, die hier zunächst exemplarisch untersucht werden – Annemarie Schwarzenbachs Buch über den Schweizer Lorenz Saladin und die Schriften des Tiroler Extrembergsteigers Hermann Buhl.

Khan Tengri

Im Nachlaß Annemarie Schwarzenbachs im Schweizerischen Literaturarchiv findet sich eine handschriftliche Notiz, die folgendermaßen lautet:

> Khan Tengri
> Anfang:
> Saladin kam nach Zürich zurück.
> Aber es gab keine Ruhepause mehr.
> Er gehört nicht mehr der Heimat.
> Asiens Weite, die Gebirgswelt am
> Rande der Hochländer unserer

---

4 Pye, David: *George Leigh Mallory. A Memoir*, Oxford: OUP 1927. Neuausgabe 2006.

5 Vgl. Ehmer, Wilhelm: *Um den Gipfel der Welt. Roman eines Bergsteigers*, Stuttgart 1936. Vgl. dazu und zu weiteren Everest- (bzw. Mallory-) Fiktionen Anker, Daniel: Der Everest in der Literatur, in: Hemmleb, Jochen: *Everest. Göttinmutter der Erde*, Zürich 2002, S. 165–175; Anker zählt „rund dreißig" Romane und Erzählungen, in denen der Everest zentral ist. Dazu gehört unter anderem auch die bemerkenswerte Parodie auf das Genre Besteigungs-Bericht, nämlich William Ernest Bowmans Roman *The Ascent of Rum Doodle*, London 1956.

Erde hat es ihm angetan.
Er trifft, in Zürich, Sven Hedin.
Der Name Mustag-Ata fällt.

Man sagt leicht: „Er ist besessen, gehört
nicht mehr sich selbst" – Saladin's
Seele war dort, im Gebirge „Einsamkeit"
zurückgeblieben. Aber er gehörte mehr
sich selbst denn je. Kein Zweifel bedrängte
ihn mehr. Sofort begann er die Vorbereitungen
um dorthin zurück- fast ist man
versucht zu sagen: heim zu kehren.[6]

Der sich der Form eines Gedichts annähernde Text stammt aus der Beschäftigung Annemarie Schwarzenbachs mit dem Schweizer Extrembergsteiger Lorenz Saladin, der im September 1936 nach der Besteigung des Khan Tegri im Tien Schan (Kirgisien) ums Leben gekommen war. Schwarzenbach war durch fotografische Aufnahmen von Saladin zufällig auf ihn aufmerksam geworden, hatte mit seinem Bruder Kontakt aufgenommen und nach Recherchen in Moskau, bei denen sie auch Saladins letzte Bergsteiger-Gefährten traf, zunächst eine Reihe von Zeitschriften-Artikeln und schließlich eine Biografie über ihn verfasst. Obwohl das zu ihren Lebzeiten mutmaßlich erfolgreichste Buch Schwarzenbachs[7], blieb es in der neuerdings intensiveren Beschäftigung mit ihren Texten[8] nahezu unbeachtet.[9]

Am 30. August 1936 erreichen fünf Männer den Fuss des Khan Tengri, des 7200 Meter hohen Riesen im Tien-Schan-Gebirge, und schlagen in seinem Schatten, auf der weissen Schneefläche des Iniltschek-Gletschers, ihr kleines Lager auf. Sie haben zehn Tage gebraucht, um von der kirgisischen Stadt Karakol [...] bis

6 Der Text ist faksimiliert in: Schwarzenbach, Annemarie: *Lorenz Saladin. Ein Leben für die Berge* [EA: Bern 1938], hg. und mit einem Essay versehen von Robert Steiner und Emil Zopfi, Zürich 2007, S. [2]. Nach dieser Ausgabe wird zitiert mit der Sigle LS.

7 So die Vermutung von Emil Zopfi im Vorwort, ebd. S. 7.

8 Vgl. u.a. Behrang Samsami: *„Die Entzauberung des Ostens". Der Orient bei Hesse, Wenger und Schwarzenbach*, Bielefeld 2011; Fähnders, Walter: „Wirklich, ich lebe nur wenn ich schreibe": zur Reiseprosa von Annemarie Schwarzenbach (1908–1942), in: *Sprachkunst* 38 (2007), S. 27–53; Decock, Sofie; Schaffers, Uta (Hg.): *inside out. Textorientierte Erkundungen des Werks von Annemarie Schwarzenbach*, Bielefeld 2008; Carbone, Mirella (Hg.): *Annemarie Schwarzenbach. Werk, Wirkung, Kontext*, Bielefeld 2010; Fähnders, Walter; Rohlf, Sabine (Hg.): *Annemarie Schwarzenbach. Analysen und Erstdrucke. Mit einer Schwarzenbach-Bibliographie*, Bielefeld 2005.

9 Sehr informativ ist allerdings der – seinerseits auf intensiven Recherchen beruhende – Essay der Herausgeber der Neuausgabe: Steiner, Robert; Zopfi, Emil: Das Drama am Khan Tengri. Zwei Geschichten, ein Buch: Annemarie Schwarzenbach und Lorenz Saladin, in: Schwarzenbach, *Lorenz Saladin*, S. 197–272; vgl. a. Zopfi, *Dichter am Berg*, S. 162–185.

> hierher zu gelangen, siebzig Kilometer auf dem zerrissenen Iniltschek, einem der grössten Eisströme der Erde, zurückgelegt. Gestern noch trafen sie Bergsteiger aus der Hauptstadt Kasachstans, Alma Ata, die ihnen die Hand schüttelten und Glück wünschten für die grosse Unternehmung. […]
>
> Seither sind die fünf Kameraden allein. Die Grenze der von Menschen bewohnbaren Welt scheint überschritten. Hierher verirren sich nicht einmal die Jäger wilder kirgisischer Nomadenstämme […]. Man hört nur noch das Krachen der Eisspalten in der mittäglichen Sonne und den Wind über der Gletscherfläche. Wie ein winziges und verlorenes Schiff liegt das kleine Zelt der Bergsteiger auf der riesigen blendend weissen Ebene. Darüber türmt sich die schöne, gewaltige und ebenmässige Pyramide des Khan Tengri […]. (LS 15)

Ausgangspunkt des Textes ist der Aufbruch Saladins und seiner vier russischen Gefährten zum letzten Gipfel: Im Präsens, durch die Relationen – der „Riese" des Bergs und das „winzige" Zelt – und die akustischen Elementarphänomene (Wind, Krachen des Eises) evoziert er einen gewaltigen Naturraum jenseits der „bewohnbaren Welt", einen Raum der Erhabenheit. Unvermittelt wird kurz darauf die Todesnachricht dagegen gestellt, die per Telegramm in Zürich eintrifft; aus diesem Bruch entsteht die Frage nach dem Leben des Bergsteigers Lorenz Saladin. Gleich in diesem ersten Kapitel werden auch textliche Zeugnisse (Tagebücher, Notizen, Briefe) benannt und zitiert, um den biografischen Text Schwarzenbachs zu authentifizieren, doch seien diese Notizen „karg" und die Briefe „wenige" (LS 17). Trotzdem ist die Darstellung dieses „ungewöhnlichen Lebens" (LS 19) von einer Grundthese getragen: Obwohl im Äußerlichen immer ruhelos unterwegs, „ein mittelloser Schweizer Bub, [der] es fertigbrachte, mehr als den halben Erdball zu bereisen, die Alpen und die Pyrenäen, die Anden und die Rocky Mountains, den Kaukasus und schliesslich die Gipfel Zentralasiens zu besteigen" (LS 19), sei er doch nichts weniger als ein Abenteurer, dessen Leben aus einer Kette von Fluchten und Zufällen bestanden hätte. Vielmehr sei dieses Leben „von einem Inhalt erfüllt – von der Leidenschaft zu den Bergen." (LS 19)

Bevor die Biographie die Etappen des von dieser Idee getragenen Lebens von der Kindheit bis zur letzten Bergfahrt chronologisch nacherzählt und dabei immer wieder Lücken der greifbaren Zeugnisse, aber auch die Qualität der Dokumente wie z.B. der zahlreichen Fotografien Saldadins thematisiert, zitiert sie das einzige ‚autobiografische' Dokument, einen kurzen Lebenslauf, den der Bergsteiger vor Aufbruch zur letzten Expedition selbst anfertigte.

> „Lorenz Saladin, geb. 1896, 28. Oktober, in Nuglar, Kanto Solothurn.
> 1905 verdingt zu den Bauern.
> 1912 in die Lehre als Metzger in Basel, doch bald davongelaufen.

> 1913 in die Lehre als Bandweber, auch da wurde ich nicht alt, denn alles war zu eng für mich. Wieder davongelaufen. Noch im selben Jahr in die Lehre als Sanitärmonteur.
> 1914 in die Rekrutenschule. [...]
> 1920 nach Frankreich über die Pyrenäen nach Spanien.
> 1924 nach Südamerika: Brasilien, Argentinien, Bolivien, Peru, Kolumbien, Mexiko (wo ich die Wälder durchstreifte und die Berge in den Anden bestieg).
> 1929 nach den Vereinigten Staaten, wo ich Geschirrwäscher, Nachtwächter, Schwimmwart, Polizist, Monteur usw. war und so durch die ganzen Staaten gestreift bin. – Viele Bergtouren gemacht.
> 1932 zurück nach der Schweiz – Zürich.
> 1933 Expedition nach dem Kaukasus.
> 1934 Zweite Kaukasus-Expedition. Schöne Erstbesteigungen.
> 1935 nach dem Pamir (Mittelasien)." (LS 23f.)

Es ist nicht schwer nachzuvollziehen, was Annemarie Schwarzenbach an diesem kargen Dokument faszinierend und „ungemein bezeichnend" (LS 24) fand: Der zu den Bauern verdingte Sohn armer Leute läuft aus allen Lehrstellen weg, alles scheint ihm „zu eng", bis er schließlich – scheinbar ohne die mindeste Voraussetzung dafür mitzubringen – auch aus der Schweiz ‚davonläuft' und die halbe Erde durchstreift. Auch die fast klischeehaften Beschäftigungen des Amerikafahrers – „Geschirrwäscher", „Nachtwächter" – sind keine Stationen eines sozialen Aufstiegs. Unsesshaft und ruhelos, fast wie ein Nomade führt er eine Existenz, die sich wie ein Gegenentwurf bürgerlicher Saturiertheit liest. Doch er gibt ihr auch je länger desto deutlicher ein Ziel: das Bergsteigen. Der in Schwarzenbachs Lesart konsequente Weg führt ihn daher schließlich in die „grossen Hochländer der Erde" (LS 26), die vom „Brausen des Windes" und der „Gewalt des Lichts", der Lebensfeindlichkeit und „unfassbare[r] Grösse" (LS 26) der Bergwelt geprägt sind.

Den Lebensweg Saladins, eben einen Weg in diese „Hochländer", erzählt Schwarzenbach in den ersten Etappen notgedrungen kursorisch; sie vermerkt Saladins Unlust zu schreiben – „Saladin hat erst angefangen, Tagebücher zu führen, Berichte nach Hause zu schicken und gar Artikel zu schreiben, als es sich, seiner Meinung nach, rechtfertigen liess" (LS 32) –, doch hebt sie seine zunehmend professionelle Praxis des Fotografierens hervor, die spätestens seit der Kaukasus-Expedition 1933 „wahre Meisterstücke, sowohl Bergbilder, Landschaftsaufnahmen wie auch Porträts kirgisischer Träger, Strassenhändler und Nomadenmädchen" (LS 33) hervorgebracht hätte.[10] Sehr detailliert anhand der

10 Tatsächlich ist inzwischen ein Fotoband hiervon erschienen: Zopfi, Emil; Steiner, Robert: *Tod am Khan Tengri. Lorenz Saladin, Expeditionsbergsteiger und Fotograf*, Zürich 2009;

Aufzeichnungen und Artikel Saladins sowie der Informationen der Gefährten werden dann im zweiten Teil des Buchs „Die grossen Expeditionen" (LS 79ff.) Saladins nacherzählt. War die Kaukasus-Expedition 1933 noch vom Alpinen Ski-Club Zürich organisiert, kehrte er im Folgejahr ohne Unterstützung eines Vereins nach Russland zurück, und für Schwarzenbach bedeutsam ist die Tatsache, dass er sich ab 1935 mit den russischen „Elite-Alpinisten"[11] Ewgeni und Witali Abalakow, Georgi Charlampiew und Michail Dadiomow verbündete, mit denen er zunächst an einer wissenschaftlichen Expedition teilnahm, die im Pamir nach Bodenschätzen forschte, und dann 1936 in den Tien Schan fuhr.

Diese Verbindung rückt Saladins Expeditionen auch in den Kontext der politischen Veränderungen in der kommunistischen Sowjetunion. Dort hatte seit etwa 1930 der zuvor nahezu unbekannte und auf wenige in die Schweiz reisende Adlige oder Künstler[12] beschränkte Alpinismus eine ungeahnte Bedeutung entwickelt: Für die sowjetische Regierung, die das Bergsteigen systematisch unterstützte und beispielsweise über den Sportverband der Gewerkschaftsunion förderte, bedeutete er Möglichkeiten einer Erschließung und ‚kolonialen' Besetzung der bisher nahezu menschenleeren Gebiete z.B. im Pamir; auch die Expedition von 1935 galt der geologischen Erschließung, der Suche nach Bodenschätzen und der genauen Vermessung. Andererseits bot der Alpinismus auch der Sowjetregierung eine ideale symbolische Praxis, in der körperliche Stärke, Kollektivgeist, Opfermut und Siegeswille veranschaulicht werden konnten; die Benennung wichtiger Gipfel, Gletscher und Pässe („Pass der Roten Armee", „Pik Lenin", „Pik Stalin") ist bezeichnend.[13] Ab der zweiten Hälfte der 30er Jahre wurde allerdings die Tatsache, dass die besten Alpinisten auch Teil einer internationalen Gemeinschaft waren, für viele von ihnen verhängnisvoll; im Zug der stalinistischen Säuberungen wurden zahlreiche der Besten verhaftet und kamen in die Lager des Gulag. Auch von Saladins Begleitern auf der letzten Expedition verschwand sein Freund Michail Dadiomow 1938 für immer im Lager; Georgi Charlampiew wurde im selben Jahr erschossen.[14]

---

daraus geht auch hervor, dass sich Saladin nach 1934 als Expeditionsunternehmer zu etablieren versuchte. Dort dokumentiert ist auch „Saladins fotografische Meisterleistung", ein Rundpanorama des Karavshin-Gebirges in der Turkestan-Kette im Pamir (ebd. S. 38ff.).

11 Ebd. S. 37.

12 Eine eindrucksvolle literarische Relektüre der Zeugnisse von deren Schweiz-Reisen bietet der Erzähl-Essay von Schischkin, Michail: *Montreux-Missolunghi-Astapowo. Auf den Spuren von Byron und Tolstoj: Eine literarische Wanderung vom Genfersee ins Berner Oberland*, Zürich 2002, der unter anderem auf Nikolai Karamsin (*Briefe eines russischen Reisenden*, 1798), Wassilij Rosanow, Lew Tolstoj und Fjodor Dostojewskij eingeht.

13 Vgl. Steiner/Zopfi, Das Drama am Khan Tengri, 203ff.

14 Vgl. ebd. S. 242ff. Zu diesem wenig erforschten historischen Kontext vgl. zuletzt auch: Maurer, Eva: *Wege zum Pik Stalin. Sowjetische Alpinisten, 1928–1953*, Zürich 2010.

Von diesem politischen Kontext ist in Schwarzenbachs Biographie allerdings nur ganz am Rand die Rede[15]; sie interpretiert Saladin primär als ‚freies Subjekt', einen Menschen, der ein „Leben für die Berge" und *nur* für die Berge geführt habe und unbekümmert um bürgerliche Sicherheiten seiner Leidenschaft nachging. Zugleich habe er aber auch kein Interesse an Selbstüberhöhung oder heroischer Selbststilisierung besessen; auch seine wenigen veröffentlichten Texte wie der Bericht über die Pamir-Expedition bleiben zurückhaltend (und machen ihn in Schwarzenbachs Sicht genau darin groß). Als große Leistungen, die aber nicht von großen Worten begleitet werden, sind seine bergsteigerischen Leistungen in gewissem Sinn ‚reine' Taten, die gerade nicht von dem für das Bergsteigen in den 30er Jahren spezifischen heroischen Diskurs und seiner Anbindung an ein sensationsgieriges Mediensystem geprägt sind.[16]

Damit wird freilich die Biographie selbst ein gewisses Wagnis, und dem Text ist das Bemühen abzulesen, in der Lebensbeschreibung eines ungewöhnlichen Menschen nicht seinerseits in heroisierendes Pathos zu verfallen. Schwarzenbach betont daher immer wieder die Lücken der Biographie, thematisiert die Fotos, zitiert die schriftlichen Zeugnisse von Saladin und übernimmt aus ihnen den Ton, die Direktheit und das Präsens der Schilderungen des Wegs zum Khan Tengri. Das letzte Kapitel des Buchs – „Der Sieg" überschrieben – bringt in gerafftester Form die Erzählung über den Aufstieg, die Biwaks in Schneehöhlen, die Momente auf dem Gipfel, einen schrecklichen Unfall beim Abstieg, bei dem einer der Kameraden etwa 200 Meter tief abstürzt, schließlich die erschöpfte Ankunft im „Standlager" auf dem Gletscher: „Alle haben erfrorene Gliedmassen, die Finger und Zehen werden bläulich, dann schwarz." (LS 172) Zur Erschöpfung und den Erfrierungen kommt ein Schneesturm, der sie drei Tage lang in die Zelte fesselt. Schließlich treffen zwar Helfer mit Packpferden ein, doch auf dem Rückweg über den Gletscher stirbt Saladin vermutlich an den Folgen einer Blutvergiftung durch die Erfrierungen.

15 Vgl. LS 118, wo vom „Symbol der neuen Zeit" und dem „Aufbau des befriedeten Lands" (gemeint ist Kasachstan) die Rede ist. Emil Zopfi und Robert Steiner weisen darauf hin, dass Schwarzenbachs Zeitschriftenartikel Saladins linke politische Einstellung erheblich klarer stellten als das in dieser Hinsicht merkwürdig unkonkrete Buch; sie vermuten zudem Eingriffe des Lektorats, so dass z.B. anstelle von „Genosse" (Manuskript) von „Kämpe" die Rede ist. Steiner/Zopfi, Tod am Khan Tengri, S. 262.

16 Vgl. z.B.: „Saladin hat sich kein besonders glanzvolles Feld ausgesucht: Die Eigernordwand in seiner Schweizer Heimat zu besteigen, wäre eine sensationellere Tat gewesen. Himalaya und neuerdings Nanga-Parbat-Expeditionen werden in der ganzen Welt propagiert. Was hingegen innerhalb der russischen Grenzen geschieht, dringt kaum hinaus in die Welt. […] Saladin wusste das natürlich." (LS 149)

Schwarzenbach stilisiert Saladin nicht zum tragischen Helden; der Text bleibt bis zum Schluss fast nüchtern-deskriptiv. Wohl zurecht ist vermutet worden, dass sie in der ungewöhnlichen Geschichte eines eigenwilligen Weltreisenden, unabhängigen Menschen und sehr guten Fotografen auch eine Projektionsfigur eigener Unabhängigkeitswünsche und Sehnsüchte gestaltet hat. Vor allem aber entwirft ihre Biographie auch sprachlich ein Gegenbild zum heroischen Alpinismus und seiner politischen Instrumentalisierung im nationalsozialistischen Deutschland.

Abb. 40
Khan Tengri, 7080 m

5.2. Nanga Parbat 1953: Erzählung eines Alleingangs[17]

Für das zweite Beispiel (auto-)biographischer Texte zum Expeditionsbergsteigen ist der veränderte Kontext nach 1945 entscheidend: Anders als die katastrophenträchtigen Himalaya-Expeditionen der 20er und 30er Jahre

17 Eine erste Version von Überlegungen des folgenden Abschnitts wurde publiziert in Verf.: Alleingang. Alpinismus und Automedialität, in: Dünne, Jörg; Moser, Christian (Hg.): *Automedialität. Subjektkonstitution in Schrift, Bild und neuen Medien*, München 2008, S. 241–259.

führten jene nach dem 2. Weltkrieg zu Erfolgen. Mit der Annapurna wurde 1950 erstmals ein ‚Achttausender' bestiegen, und noch in den 50er Jahren folgten elf weitere Erstbesteigungen (Mount Everest und Nanga Parbat 1953, Cho Oyu und K2 1954, Makalu und Kangchendzönga 1955, Lhotse, Gasherbrum II und Manaslu 1956, Broad Peak 1957, Hidden Peak 1958). Diese fast jährlichen ‚Triumphe', insbesondere die Erstbesteigung des Mount Everest und jene des Nanga Parbat, von denen in der internationalen Presse ausführlich berichtet wurde, stellten gesellschaftliche und vor allem mediale Großereignisse dar, die weit über die an Alpinismus oder Sport interessierte Öffentlichkeit hinaus wahrgenommen und diskutiert wurden. Die Erstbesteiger selbst – Maurice Herzog und Thierry Lachenal an der Annapurna, Edmund Hillary und Tenzing Norgay am Mount Everest, Hermann Buhl am Nanga Parbat, Herbert Tichy am Cho Oyu – errangen rasch weltweite Prominenz.

Im Fall Hermann Buhls kam allerdings die Besonderheit hinzu, dass er 1953 den Gipfel des Nanga Parbat in einem beispiellosen Alleingang erstiegen hatte. Damit schien zwar das ‚Schicksal' der katastrophalen deutschen Vorkriegs-Expeditionen endlich überwunden, doch nun gerade nicht im Sinn einer „Mannschaftsleistung" des kämpferischen Kollektivs, als welche diese Expeditionen und ihre ständigen Wiederholungen verstanden worden waren. Die von dem Münchner Arzt Karl Maria Herrligkoffer initiierte „Deutsch-Österreichische Willy-Merkl-Gedächtnisexpedition" 1953 signalisierte schon im Namen ihre Verpflichtung auf das ‚Erbe' des am Nanga Parbat erfrorenen Expeditionsleiters von 1934, dessen jüngerer Halbbruder Herrligkoffer war; trotz erheblicher Widerstände des Deutschen Alpenvereins und der Deutschen Himalaya-Stiftung (die Herrligkoffer für einen ungeeigneten Expeditionsleiter hielten) war es ihm gelungen, die Finanzierung zu organisieren und eine exzellente Mannschaft anzuwerben.[18] Und man hatte sich beste technische Ausrüstung besorgt und fuhr diesmal nicht mit dem Schiff nach Indien, sondern flog: Die Expeditionsmitglieder konnten den Berg, den sie besteigen wollten, zuvor aus dem Flugzeug ansehen.[19]

Der Preis für die Organisationsleistung war freilich die Bindung der Mannschaftsmitglieder an Herrligkoffers Zielsetzungen, und diese waren – im Sinn seines Vorgängers – eher kollektivistisch, heroisch und national. Für ihn war der Nanga Parbat selbstverständlich noch der „deutsche Schicksalsberg" und

18 Vgl. Höfler, Horst; Messner, Reinhold: *Karl Maria Herrligkoffer – Besessen, sieghaft, umstritten*, Zürich 2001, sowie Märtin, *Nanga Parbat*, S. 255ff.

19 Vgl. Buhls Beschreibung in Buhl, Hermann: *Achttausend drüber und drunter. Mit den Tagebüchern von Nanga Parbat, Broad Peak und Chogolisa*, kommentiert von Kurt Diemberger, Vorwort von Hans Kammerlander, München 2005, S. 189.

das Expeditionsziel somit der ‚Sieg' über eine Art Erbfeind, die Erfüllung eines testamentarischen Auftrags[20]; entsprechend wurde die Besteigung mit einem „Fahneneid" samt Gefallenenehrung begonnen. Sie sind auch im Expeditionsfilm zu sehen, den wiederum der schon für Dyhrenfurth tätige Hans Ertl drehte.[21] Die Differenzen zwischen dem Organisator Herrligkoffer, dem „bergsteigerischen Leiter" Peter Aschenbrenner und einzelnen Mannschaftsmitgliedern, darunter Ertl, brachen jedoch bereits im Hauptlager auf, und sie eskalierten schließlich in den Tagen um Buhls Alleingang zum Gipfel: Als die Leiter nach Wochen des Wartens und schlechten Wetters keine Chance mehr sahen, vor dem Monsuneinbruch den Gipfel zu erreichen, erhielten die Alpinisten in den Hochlagern – Buhl, Hans Ertl und Walter Frauenberger – mehrfach vom Hauptlager per Funk den „Befehl" zum Abstieg. Sie widersetzten sich, und nach Buhls trotzigem Alleingang zum Gipfel war man natürlich einerseits erfreut über den Erfolg, versuchte aber nun, die Besteigung im wesentlichen als Mannschaftsleistung darzustellen.[22]

Der von seinem Alleingang schwer gezeichnete Buhl – er hatte schwere Erfrierungen davongetragen – fühlte sich schon während der Rückreise weder ausreichend versorgt noch angemessen gewürdigt; nach der Rückkehr nach Deutschland eskalierte der Streit, und zwar nicht zuletzt um die Veröffentlichungen.[23] Da Buhl Herrligkoffers exklusive Publikation zur Expedition[24] als nicht „echt" und seine Leistung verfälschend ansah, hielt er selbst mit „Bildern aus dem Ausschussmaterial von Hans Ertls Expeditionsfilm [...] auf internationaler Ebene erfolgreich Vorträge"[25] und veröffentlichte eigene Aufsätze, womit er gegen vertragliche Absprachen verstieß; daher kam es sogar zu gerichtlichen Auseinandersetzungen. 1954 veröffentlichte Buhl schließlich

---

20 Vgl. sein Wochenschau-Interview nach der Rückkehr auf dem Flughafen München-Riem: „Wir sind alle, alle mit Ihnen sehr glücklich, dass es uns gelungen ist (dass es der besonderen Initiative unseres Buhl gelungen ist), den deutschen Schicksalsberg endlich zu bezwingen und das Vermächtnis Willy Merkls und der anderen Toten des Nanga Parbat somit einzulösen." Höfler, Horst; Messner, Reinhold: *Hermann Buhl. Am Rande des Möglichen*, Zürich 2003, S. 207.

21 *Nanga Parbat 1953*, Regie und Kamera: Hans Ertl, Bundesrepublik Deutschland 1953.

22 Vgl. die Gesamtdarstellung bei Märtin, *Nanga Parbat*, S. 282–306.

23 So erschien noch im Juli 1953 in der *Revue* ein von Herrligkoffer autorisierter Exklusivbericht Walter Pauses, der von einer Zeichnung mit der Unterschrift „Hermann Buhl ist am Ziel" illustriert war; darauf zu sehen: „Buhl auf dem Gipfel, [...] mit Sauerstoffmaske, die er nicht trug, auf einem spitzen Gipfel, was der Nanga Parbat nicht ist, und mit der deutschen und der österreichischen Fahne in der Hand, die Buhl nicht hißte" (Märtin, ebd., S. 294, Abb. ebd.).

24 Herrligkoffer, Karl Maria: *Nanga Parbat 1953*, München 1953.

25 Höfler/Messner, *Hermann Buhl*, S. 210.

eine Autobiographie mit dem Titel *Achttausend drüber und drunter*, die seine alpinistische Karriere bis zur Nanga-Parbat-Besteigung und ihrem Nachspiel schildert.[26]

Im Kern des Streits aber stand – und steht in gewisser Weise bis heute – die Frage, wie die Expedition und die verschiedenen Perspektiven der Teilnehmer textuell und medial repräsentiert werden konnten. Verschärft wurde die Frage nach der ‚Authentizität' der Berichte hier noch durch das Problem des „Alleingangs", die Tatsache, dass offenkundig allein der Alleingänger auch beschreiben konnte, was er tat und erlebte. Diese Frage wurde im Fall Buhls aber nicht nur dadurch relevant, dass andere seiner Auffassung nach diese Erfahrung in Artikeln und Büchern falsch darstellten, sondern dass seine eigenen Texte zur Veröffentlichung durch fremde Hände gingen.

Das gilt für die natürlich lektorierten und redaktionell veränderten Artikel, die er schrieb; es gilt aber noch mehr für die ‚Autobiographie', die zwar ein Bestseller wurde, jedoch von dem mit Buhl befreundeten Journalisten Kurt Maix[27] offenbar sehr stark bearbeitet und im Verhältnis zu Buhls Originalmanuskript wesentlich umgeschrieben worden war. Dieses ist zwar verloren, doch in einer 2003, zum Jubiläum der Nanga-Parbat-Besteigung erschienenen Publikation zeigten Horst Höfler und Reinhold Messner an Vergleichsbeispielen aus Aufsätzen die erheblichen Veränderungen in der Stilistik und die inhaltlichen Widersprüche, die dadurch entstanden. Sie folgerten:

> Die Sprache des Wiener Journalisten [Maix] war zwar Ausdruck jener gefühlsüberschwänglichen Zeit, die während der Fünfzigerjahre weiterlebte, und sie wurde deshalb gern gehört oder gelesen. Aber sie entsprach nicht Buhls Innenwelt. Maix romantisierte und heroisierte, wie er es beim *Völkischen Beobachter* gelernt hatte. Dieses Denken war nicht das Hermann Buhls, der – bei allem romantischen Touch – immer sachlich, fast nüchtern blieb, der nicht ins Pathetische abrutschte.
>
> Wer Hermann Buhl verstehen will, muss ihn also ‚original' lesen![28]

26 Buhl, Hermann: *Achttausend drüber und drunter*, München 1954 [u.ö.]. Erweiterte Neuauflage: *Achttausend drüber und drunter. Mit den Tagebüchern von Nanga Parbat, Broad Peak und Chogolisa,* kommentiert von Kurt Diemberger, Vorwort von Hans Kammerlander, München 2005; nach dieser Auflage wird im folgenden zitiert.

27 Maix war Verfasser einer ganzen Reihe von Bergbüchern, u.a. (zusammen mit dem Photographen Hans Franz) Mensch am Berg. Von der Freude, dem Kampf und der Kameradschaft der Bergsteiger, München 1935; Lachender Schnee. Erlebte und erlauschte Berichte, Berlin 1941; Bergler, Bauern, Kameraden, Wien 1941; Spangaletti. Die Fahrt auf den Großglockner, Berlin 1944; nach dem Krieg schrieb er eine große Zahl ähnlicher Bücher sowie Drehbücher und die Alpingeschichte Berge – ewiges Abenteuer, München 1966. Vgl. zur Person von Maix auch Märtin, Nanga Parbat, S. 303–305.

28 Höfler/Messner, *Hermann Buhl*, S. 264; die Beispiele für Veränderungen ebd. S. 262ff.

So verständlich dieses Authentizitätsverlangen angesichts von Maix' Stil ist[29], so signifikant ist im letzten zitierten Satz jedoch die problematische Ineinssetzung von Person und Schrift, also das autobiographische Phantasma, man könne „ihn" (den Autor Buhl selbst) in einem Text lesen. Die Figur des erkannten und der Verfälschung überführten Ghostwriters[30] wird in dieser Argumentation zum Gegenbild einer im Prinzip möglichen ‚unmittelbaren' und unverfälschten Kommunikation mit einem Subjekt. Es ist zwar müßig, dieses Phantasma ein weiteres Mal zu dekonstruieren; doch gilt es, vor der Analyse von Buhls Texten die Spezifik alpinistischer Erinnerungstexte im Kontext (auto-)biographischer Literatur zu charakterisieren.

Denn alpinistische Erlebnis- und Erinnerungs-Texte sind mit den konventionell als autobiographisch aufgefassten Genres zwar vergleichbar, aber auch charakteristisch davon unterschieden. In der Regel ausdrücklich Beschreibungen eigener, außergewöhnlicher Handlungen und Erfahrungen, sind sie dem Anspruch nach zwar explizit nicht-fiktional; und sie besitzen auch jene charakteristische Doppelfunktion des Subjekts als Gegenstand und Autor, deren konventionale Geltendmachung (als „Pakt"[31]) oder aber dekonstruktive Infragestellung (als auf Literatur überhaupt generalisierbarer Tropus[32]) für die Autobiographie-Theoriediskussion zentral wurde.[33]

Andererseits besitzen viele dieser alpinistischen Texte jedoch weder das Charakteristikum der (häufig von der Autobiographie abgegrenzten) Memoiren-Literatur (nämlich eine anerkannte öffentliche Rolle des Autors, z.B. als Staatsmann oder etablierter Künstler); die Prominenz ihrer Verfasser ist, wie z.B. im Fall von Heinrich Harrers *Sieben Jahre in Tibet*[34], oftmals eher Effekt als Motivation der Verschriftlichung eigener Lebenserfahrungen. Ferner

---

29 Schwer vorstellbar ist z.B., dass der gänzlich unheroische Buhl die Schlusspassagen des Buchs selbst verfasst hat, in denen der Schreiber seinen ‚gefallenen' Vorgängern imaginär ‚Meldung' macht; ein Beispiel: „Vor Willo Welzenbachs Opfer verstummt auch die Frage nach dem ‚Wie' in mir, und mich beherrscht allein der Wunsch, hinzutreten und nur das eine zu melden, daß der Gipfel endlich erreicht wurde und dadurch der Tod Welzenbachs und der vielen anderen einen Sinn bekommen hat." (Buhl, *Achttausend*, S. 245)

30 Vgl. zur Figur des Ghostwriters in poetologischer Perspektive Volkening, Heide: *Am Rand der Autobiographie. Ghostwriting – Signatur – Geschlecht*, Bielefeld 2006, bes. S. 62ff.

31 Vgl. Lejeune, Philippe: „Le pacte autobiographique", in: *Poétique* 4 (1973), S. 137–162; dt. unter dem Titel „Der autobiographische Pakt" auch in: Niggl, Günter (Hg.): *Die Autobiographie. Zu Form und Geschichte einer literarischen Gattung*, Darmstadt 1989, S. 214–257.

32 Vgl. de Man, Paul: Autobiography as De-facement, in: *Modern Language Notes* 94/5 (1979), S. 919–930 [dt. unter dem Titel „Autobiographie als Maskenspiel" auch in: Ders.: *Die Ideologie des Ästhetischen*, hg. von Christoph Menke, Frankfurt a.M. 1993, S. 131–146].

33 Vgl. den Überblick bei Wagner-Egelhaaf, Martina: *Autobiographie*, Stuttgart/Weimar 2000, S. 18–99.

34 Harrer, Heinrich: *Sieben Jahre in Tibet*, Frankfurt a.M. 1957.

ist – im Gegensatz zur literarischen Autobiographie – die Individualitätserfahrung des Subjekts nicht notwendig ein Thema der Texte; die Verschriftlichungspraxis orientiert sich vielmehr meist an den äußerlichen, mehr oder minder spektakulären Daten der konkreten Praxis des Bergsteigens.

Hinzu kommt, dass viele frühe Beispiele des alpinistischen Schrifttums zwar im erwähnten elementaren Sinn autobiographisch sind, oft aber konventionalen narrativen Schemata folgen. Ihre stilistischen Redundanzen verweisen weniger auf eine Individualität von Subjekten, wie dies für literarische Autobiographik geltend gemacht wurde,[35] als auf generationsspezifische Subjektivierungsweisen und zeitgenössische Diskurse.[36] Gerade diese Subjektivierungsweisen verändern sich im 20. Jahrhundert allerdings deutlich: Bei Expeditionsberichten aus den Anden und dem Himalaya kann vor allem seit den 60er Jahren eine verstärkte „Innenweltorientierung" konstatiert werden. Die Schilderung subjektiver Erfahrungen gewinnt neben jener der äußerlichen Praxis ungleich mehr Raum, und sogar die Expeditionen selbst wurden medial eher als ‚Subjektivitätserkundungen' – als „Grenzgänge des Subjekts" – denn als ‚Eroberungen' eines Außen reinszeniert.[37]

Zwar setzen auch diese Berichte die Praxis einer Expedition oder sonstigen alpinistischen ‚Tat' und damit eine referenzialisierbare Handlung voraus, doch differenzierten sich die Zielsetzungen der Expeditionen zunehmend und wurden durch die Weiterentwicklung von Kletter- und Expeditionsstilen sowie durch Schwierigkeitserhöhungen und Risiko-Kalküle ergänzt. Daher dominiert in der Gegenwart ein anderes Natur- und Körperverhältnis im Alpinismus und seinen Spielarten als noch zur Jahrhundertmitte; ebenso verändern sich die textlichen und bildlichen Logiken von dessen auto-biographischen (oder automedialen) Zeugnissen.[38] Hermann Buhl ist für diese Entwicklung nun insofern eine entscheidende Figur, als er in seiner Praxis – z.B. mit der nächtlichen

35 Vgl. hierzu Starobinski, Jean: Le style de l'autobiographie, in: *Poétique* 1 (1970), S. 257–265.

36 Vgl. dazu exemplarisch oben den Abschnitt zu Leo Maduschka (Kapitel 3.4).

37 Vgl. Siegrist, *Faszination Himalaya*. Siegrist skizziert die Entwicklung seit den 1920er Jahren – vielleicht etwas schematisch – durch folgende Veränderungen: „Gesellschaftlich-kollektive Utopien verwandeln sich in Individualutopien und der elitäre, leistungsorientierte Gipfelbezwinger wird zu einem erlebnisorientierten Selbstsucher am Berg. Die moderne bergsteigerische Technik wird von einem identitätssichernden zu einem die Identitätsfindung störenden Moment" (ebd., S. 365). Zur Figur des Grenzgängers vgl. Messner, Reinhold: *Grenzbereich Todeszone*, Köln 1978, sowie *Reinhold Messners Philosophie. Sinn machen in einer Welt ohne Sinn*, hg. von Volker Caysa und Wilhelm Schmid, Frankfurt a.M. 2002.

38 Vgl. zusammenfassend Kaufmann, Stefan: „Moderne Subjekte am Berg", in: *Vernunft – Entwicklung – Leben. Schlüsselbegriffe der Moderne, Festschrift für Wolfgang Eßbach*, hg. von Ulrich Bröckling, Axel Paul und Stefan Kaufmann, München 2004, S. 205–233.

Winter-Solo-Erstdurchsteigung der berüchtigten Watzmann-Ostwand im Februar 1953, oder mit der zweiten Karakorum-Expedition im „Alpin-Stil" (ohne Zwischenlager) – wegweisend für historisch spätere Praktiken, und so z.B. für Reinhold Messner zum Vorbild wurde; andererseits ist der Bericht, den er über diese Erstdurchsteigung schrieb, noch deutlich von konventionellen Schemata der Eroberungsnarrative geprägt.[39]

Neben der Frage nach Individualität und Subjektivierung lassen sich schließlich auch in *medialer* Hinsicht Differenzen der alpinistischen Autobiographik zum literarisch-autobiographischen Schreiben im engeren Sinn festhalten. Vor allem ist der intertextuelle Resonanzraum, *in den* sich die alpinistischen Texte einschreiben und der ihre Dialogizität konstituiert[40], ein spezifischer, weitgehend durch die alpinistische Praxis und Subkultur bestimmter Raum; erkennbar ist dies unter anderem an der Vielzahl impliziter Präsuppositionen, die als unproblematische Verstehensannahmen in den Texten erscheinen.[41] Entsprechend sind die medialen Strategien der Selbst-Inszenierung, des Erwerbs von Namensprominenz und symbolischem Kapital hier zunächst durch die Struktur des sozialen Feldes prädisponiert, innerhalb dessen die Akteure sowohl agieren als auch über ihre tatsächlichen Aktionen Texte, Bildbände oder Filme publizieren.[42] So veröffentlicht Buhl den erwähnten Bericht über die Watzmann-Ostwand-Durchsteigung auch als bewußte Stellungnahme gegen Kritik an der Auswahl der Expeditionsteilnehmer von 1953.[43]

Wenngleich also eine Reihe spezifischer und sich historisch stark verändernder Bedingungen der alpinistischen Autobiographik in der Analyse der

---

39 Vgl. Höfler/Messner, *Buhl*, S. 162ff.; zur Einschätzung von Buhls Klettern als zukunftsweisend Messner, in: Buhl, *Achttausend*, S. 349.

40 Vgl. zu dieser Dimension autobiographischer Texte v. a. Jürgen Lehmann, *Bekennen – Erzählen – Berichten. Studien zu Theorie und Geschichte der Autobiographie*, Tübingen 1988, S. 24ff.

41 Vgl. zur Präsupposition im autobiographischen Zusammenhang ebd., S. 30. Beispielsweise bleibt eine Vielzahl alpinistischer Fachbegriffe wie Gelände- oder Materialbezeichnungen usw. in den Texten programmatisch unerklärt: Was z.B. ein „Quergangshaken" ist (Höfler/Messner, *Buhl*, S. 71) und welche lebenswichtige Bedeutung er unter Umständen hat, wird als Kenntnis des Lesers/der Leserin präsupponiert.

42 Die Möglichkeiten einer kultursoziologischen Analyse scheinen hier sogar vergleichsweise weit klarer zu sein als im Feld rein ästhetischer Strategien; vgl. zu diesen zuletzt: Pierre Bourdieu, *Die Regeln der Kunst. Genese und Struktur des literarischen Feldes*, a. d. Frz. v. Bernd Schwibs u. Achim Russer, Frankfurt a.M. 1999. Das wichtigste Beispiel für eine Analyse derartiger Selbstinszenierung wäre sicherlich die Biographie von Reinhold Messner; zugleich hat er sich jedoch längst außerhalb des alpinistischen Feldes ‚etabliert', so dass Caysa/Schmid, *Reinhold Messners Philosophie*, seine (alles andere als unumstrittene) Position innerhalb dessen weitgehend ausblenden.

43 Vgl. Buhl, *Achttausend*, S. 184.

Zeugnisse Hermann Buhls zu berücksichtigen sind, ist aufschlussreich, dass das Schreiben auch hier nicht etwas der Praxis Nachträgliches und Sekundäres, sondern von Beginn an damit verbunden ist. Denn die ersten Dokumente, die man heranziehen kann, sind die Auszüge aus Buhls Tourenbüchern, die 2003 von Horst Höfler und Reinhold Messner veröffentlicht wurden;[44] sie sollen im Rahmen dieser Publikation, die im bewussten Gegensatz zur von Maix redigierten Autobiographie Buhls authentische Texte versammeln will[45], die frühe alpinistische Entwicklung des 1924 in Innsbruck geborenen Hermann Buhl dokumentieren.[46] Vor allem aber zeigt sich an den Tourenbüchern, dass Buhl seine Bergtouren nicht nur schriftlich festhielt, sondern teils mit Fotografien illustrierte und die Texte auch mit Postkarten und Zeichnungen ergänzte.[47]

Er begann seine Tourenbücher am 1. Mai 1940 als Fünfzehnjähriger; das dritte endete zehn Jahre später. Über den diaristischen Status machen die Herausgeber zwar nur vage Angaben; mindestens an einer Stelle ist jedoch zu vermuten, dass Buhl die Bücher zum Teil mit großer zeitlicher Verzögerung ergänzte oder neu schrieb.[48] Neben dieser Selbst-Redaktion und der

44 Höfler/Messner, *Buhl*, S. 40–79.

45 Vgl. das Nachwort „Hermann Buhl ‚original'" in Höfler/Messner, *Buhl*, S. 262–264; zur Autobiographie vgl. unten, Kapitel 4.

46 Die Herausgeber stoßen auch auf sachliche Widersprüche zu dieser Autobiographie, besonders was den Tod eines Schulfreundes durch einen Absturz beim Klettern betrifft; vgl. ebd., S. 42ff., dagegen Buhl, *Achttausend*, S. 19.

47 So zeigt eine Tourenbuch-Seite (Höfler/Messner, *Buhl*, S. 57) vier Fotografien; darüber die von Buhl notierten Daten der Tour („16.V. 42", „Martinswand.", „mit Herbert Eberharter. Zeit 2 1/2 Std. narrische Hitze"); unter und neben den Fotos: „Ein Blick aus der Wand", „Der Schlußüberhang in der Martinswand" und „-> Diese Stelle ist der Schlußüberhang", wobei sich der Pfeil auf eine Markierung in der gestrichelt eingezeichneten Route bezieht. Die Stelle zeigt, dass die Verbindungen von Text, Bild und topographischen Markierungen eine Form intermedialer Deixis und damit einen spezifischen Realitätseffekt der Medien erzeugen: Die Charakterisierung der Schlüsselstelle im Text, die an der Stelle aufgenommenen Fotografien und ihre Markierung in der Gesamtansicht der Wand referieren aufeinander und beglaubigen einander gegenseitig.

48 Im Bericht von der Erstbegehung einer extrem schweren Route im Wilden Kaiser (Maukspitze-Westwand, 22. August 1943; vgl. ebd., S. 68ff.) wird die Zurücklassung eines Hakens an der Schlüsselstelle beschrieben: „Ich machte den Wastl noch aufmerksam, er soll den Haken mit dem Holzkeil stecken lassen, denn sonst ist ein Durchkommen für andere unmöglich. Ich überzeugte mich auch davon, er blieb in der Wand" (ebd. S. 72). Der letzte Satz kann aber nach Anmerkung der Herausgeber nicht vor Ende 1948 geschrieben sein, als Buhl zusammen mit Peter Hofer die erste Winterbegehung derselben Route glückte (vgl. ebd.). Rein sprachlich wäre natürlich auch möglich, dass dieses „Sich-Überzeugen" noch während der ersten Tour geschah und die Beschreibung daher doch erheblich zeitnäher abgefasst sein könnte als über fünf Jahre nach der Tour. An einer anderen Stelle des dritten Tourenbuchs spricht Buhl die zeitliche Distanz jedoch selbst an: „7. Juli 1944, Große Ochsenwand, Direkte Ostkante [...]. Mit Herta Maier. Herta

Selbst-Inszenierung durch Fotos, Texte und Zeichnungen im Medium Tourenbuch, das übrigens in Alpinistenkreisen weit verbreitet war[49], sind die Entwicklung von Sprache und Stilistik aufschlussreich. Der erste Eintrag ist noch einigermaßen unbeholfen – der Verfasser ist fünfzehn:

> Nun ist die Zeit gekommen, wo der Schifahrer die herrlichen Gletscherabfahrten genießt, aber auch der Kletterer kann seinem Drang nach himmelstrebendem Fels Folge leisten. Auch ich bin einer von denen, die das Klettern nicht mehr erwarten können, und ich beschloss, am kommenden Feiertag mit Karl Glätzle eine Kletterfahrt zu unternehmen.[50]

Neben der etwas konfusen Temporalstruktur sind an diesem ersten Tourenbericht aber schon die Trockenheit und Lakonie, vor allem in der Beschreibung von Gefahrensituationen, und die Parataxe als zentrales Stilmittel zu erkennen.

> Bald waren wir drüben beim Einstieg. Nach einem kleinen Imbiss wechselten wir die Schuhe. Unser Vorhaben war der Südgrat des Grubreisen-Südturms. Glätzle packte gleich die senkrechte Einstiegswand an. Bald war er droben bei der lockeren Platte. Ich dachte mir, hoffentlich hält sie. Als Karl sich an ihr hinaufziehen wollte, brach die Platte herunter, und beide flogen auf mich zu. Doch der Haken, der einige Meter unter Karl war, hielt den Sturz auf. Mich riß es dadurch zur Wand hin, und so entging ich dem todbringenden Geschoß. Die Platte schlug genau dort auf, wo ich zuerst gesichert hatte.[51]

Buhl entwickelt daraus in den frühen Tourenbüchern eine eigene Form von Beschreibungskunst, die vom Aufzeichnen äußerer Daten im Telegrammstil in die ebenso trockene, fast stoizistische Notation von Befindlichkeit übergehen kann. Aus dem Bericht über eine Tour drei Jahre später:

> 14. Juni 1943, Fleischbank-Ostwand, Wilder Kaiser, Asch/Luck-Weg
>
> Neuer Weg durch die Fleischbank-Ostwand, von Aschenbrenner und Lucke erstmals 1930 bezwungen. Bisher viermal gemacht. Wetter schön. Wir wollten gleich zum Einstieg der Mittelgipfel-Westwand [...]. Am Tor fiel mein Auge auf die Asch/Luck; die sah mich auch an. Also machten wir die. [...]
>
> Nach einer Seillänge mit einem sauschweren Überhang kam ich in einen Kamin, da ging's einige Seillängen leicht empor bis hundert Meter unter den Nordgrat. Nun versperrte ein überhängender, glatter Kamin den Weiterweg. Kein Haken, kein Loch. Ein Verhauer, das merkte ich gleich.

---

musste Rucksack und zwei Paar Schuhe tragen; muss ich heute, nach zwei Jahren, noch immer hören. Pfundstour." (Ebd., S. 76)

49 Vgl. die frühen Beispiele in: *Berge im Kasten. Fotografien aus der Sammlung des Deutschen Alpenvereins*, 1870–1914, Ausst.kat., Alpines Museum München 2006.

50 Höfler/Messner, *Buhl*, S. 46.

51 Ebd.

> 20 Meter über dem Stand war im Kamin eine Kanzel. Hier schien die Welt mit Brettern vernagelt. Ich spreizte auf diese Kanzel, aber kaum stand ich, brach sie unter mir ab. Ich konnte mich nicht mehr halten, sprang noch geistesgegenwärtig von der Wand weg und stürzte – in den Kamin. 50 Meter betrug die Fallhöhe. Ich war bei normaler Besinnung. Spürte alles. Fiel vier- bis fünfmal im Kamin auf, mit dem Kopf nach unten. [...] Bald blieb ich aufrecht auf ganz kleinem Stand im Kamin stehen; 30 Meter unter Waldemar. Im ersten Moment spürte ich nichts und war sogar ganz gut gelaunt. Ich tastete mich ab. Am Kopf Blut, also ein Loch. Die neue Schnürlsamthose zerrissen, um die tat's mir am meisten leid, da ich immer so auf sie aufpasste. Die Knie und Hände zerschunden, die Hüfte vom Seil aufgeschürft.[52]

Der Telegrammstil – vor allem die Verbelision und die Häufung von Partizipien – kündigen auch in anderen Texten der Tourenbücher den Umschlag ins Präsens und damit eine Unmittelbarkeit an, der Buhls Schreibweise in den folgenden Jahren in Aufsätzen und Berichten kennzeichnen wird. „Alles ohne Haken gegangen"[53]: Die häufige Auslassung von Subjekt und Prädikat, der Verzicht auf temporale Fixierung und auf die (potentiell distanzierende) Benennung des „Ich" machen die Tourenbücher zu einer Art Probebühne, die Handlungen so direkt wiederzugeben erlaubt, wie es der körperliche Kontakt zum Fels beim Klettern selbst ist. Die Texte reinszenieren so – und sei es gerade in der Ausformulierung in der zeitlichen Distanz von Jahren – die Unmittelbarkeit körperlicher Erfahrung und visueller Anschauung; und sie kombinieren dies mit ebensoviel Stolz („Auf der Ackerlhütte wurden wir ganz groß empfangen") wie Selbstironie („eine Fleißaufgabe gemacht"[54]) zu Texten über Erfahrungen, die gerade in ihrer Knappheit die Wort-Kargheit und Handlungs-Souveränität des Autors zu bestätigen scheinen.

Die Tourenbücher waren für Buhl insofern ein ideales Schreibtraining für die Publikation von Artikeln über größere Touren in Bergsteigerzeitschriften, mit der er ab 1951 begann.[55] Auffällig ist, dass er sich mit einigen dieser Touren selbst in die Spuren berühmter alpinistischer Vorgänger (im Wortsinn) wie des Italieners Riccardo Cassin ‚einschrieb': So wiederholte er die nach diesem benannte Route in der westlichen der Drei Zinnen und dessen Durchsteigung des „Walkerpfeilers" der Grandes Jorasses. Eigene Extrem-Unternehmungen – wie die erste Überschreitung aller fünfzehn Gipfel der Aiguilles von Chamonix,

52 Höfler/Messner, *Buhl*, S. 65; vgl. auch die Abbildung der Tourenbuchseite – erneut mit Fotografie – ebd., S. 66. Der eingangs beschriebene „Blickwechsel" mit der Route – „Am Tor fiel mein Auge auf die Asch/Luck; die sah mich auch an" – ist, wie Antropomorphisierungen des Bergs generell, eine auffällige Ausnahme in Buhls Texten.

53 Ebd., S. 77.

54 Ebd., S. 74/75.

55 Einige davon sind dokumentiert in Höfler/Messner, *Buhl*, S. 83–168.

die erste Alleinbegehung der Cassin-Führe am Piz Badile und die Durchsteigung der Eiger-Nordwand in einem Wettersturz – und deren Beschreibung machten ihn schließlich zu einem der bekanntesten Tiroler Kletterer, als der er dann zur Nanga-Parbat-Expedition 1953 eingeladen wurde.

Der Vergleich mit diesen Texten macht nun tatsächlich plausibel, dass die vermeintliche Autobiographie *Achttausend drüber und drunter* in großen Teilen von dem journalistisch versierten Bearbeiter Maix stammte und Buhls eigenen Entwurf entschieden veränderte. Dies gilt auch und gerade für die Passage in der Autobiographie, welche den Alleingang zum Gipfel nacherzählt; an dieser Stelle ist sogar der von Buhl abgelehnte Expeditionsbericht Herrligkoffers ‚authentischer', der eine von Buhl selbst verfasste Passage enthält, die wiederum einem Aufsatz von ihm entspricht.[56] Von den Herausgebern der eigenen Texte Buhls werden zudem Auszüge der beiden Expeditionstagebücher von Hermann Buhl ediert, und zwar mit der Begründung, sie – implizit: nur sie – enthielten „Hermann Buhls Wahrheit"[57]: „[...] geschrieben in den Hochlagerzelten und im Basislager, geben [sie] wie kein anderes Dokument Einblick in den mitunter zermürbenden Expeditionsalltag, auch in die sukzessive Spaltung der Mannschaft."[58]

Auch hier ist jedoch die Frage nach dem ‚Authentischen' nicht einfach durch den Kontrast zu beantworten; denn auch bei den Tagebüchern, so provisorisch und nur im Hinblick auf eine spätere Ausarbeitung abgefasst sie sein mögen, handelt sich offenbar um mediale Dokumente, die ein ‚ich' schreibendes Subjekt inszenieren. Die qualitative Differenz liegt vielmehr in der Sichtbarkeit der Fremd-Inszenierung (die im Fall der ‚Autobiographie' eben gerade nicht gegeben ist), im Bearbeitungsgrad und vor allem im Maß der narrativen Integration. Gerade dass diese nachträgliche Integration und damit ihre Unterstellung unter eine performative Grundfunktion des ‚authentischen Erzählens' im Fall der Tagebücher *noch nicht* vorliegt, macht sie ja erst zu scheinbar protokollarischen Dokumenten des ‚Realen', die gleichberechtigt neben den fotografischen Abbildungen der Expedition stehen können.

Die Auszüge aus den Tagebüchern erhalten in dieser Edition – zusammen mit den eingefügten Fotografien des Expeditionsalltags – den Charakter dokumentarischer Notate[59]; in praktisch unbearbeiteter Form beschreiben sie in

56 So wird in *Achttausend drüber und drunter* direkt nach dem Erreichen des Gipfels der Satz eingefügt: „Hier stehe ich nun, seit Erdenbestehen der erste Mensch, auf diesem Fleck, am Ziel meiner Wünsche!" (S. 225); vgl. demgegenüber die Passage in Höfler/Messner, *Buhl*, S. 195.

57 Höfler/Messner, *Hermann Buhl*, S. 170; die Worte sind allerdings bereits im Original in Anführungszeichen, also als uneigentliche Rede gekennzeichnet.

58 Ebd.

59 Ebd., S. 171–189.

knappen Tageseinträgen Wetter, Gelände, Ausrüstung, Träger, eigene Form und Stimmung, Kommunikation mit den anderen, Streit, Essen, Schlaf und zurückgelegte Wege. Den Alleingang zum Gipfel repräsentiert in der Edition dann der genannte Aufsatz Buhls, in den jenes Gipfelfoto eingefügt ist, das den Alleingang gewissermaßen *ex negativo* beglaubigt: Es stellt nicht ihn selbst dar, es repräsentiert seinen Blick.

In der Reduktion auf das Dokumentarische, die nur in einigen kommentierenden Bildunterschriften und Zwischentexten aufgegeben wird, versucht die Edition so, alle ideologischen Überhöhungen und wohlwollenden Verfälschungen von Buhls Biographie zu vermeiden. Es ist allerdings auffällig, dass sie sich damit dem Modell der kritischen Edition eines literarischen Textes annähert. Denn ähnlich wie dort ist auch hier offenbar das Verlangen maßgebend, mit der Nähe zum Original möglichst nah an den inneren Entstehungsprozess (und damit potenziell das Subjekt) einer Schöpfung zu gelangen. Diese ‚Schöpfung' ist hier freilich nicht der Text, sondern primär der Weg eines Subjekts. Von diesem verspricht jedoch nichts genauer Aufschluss zu geben als die „in den Hochlagerzelten" selbst entstandenen Schriften.

Diese Wendung von der medialen Selbstinszenierung in einer (nur vermeintlich authentischen) Autobiographie hin zu einer aus Buhls eigenen ‚Original'-Schriften hergestellten und insofern dokumentaristischen Biographie, die dem wahren Autor-Alpinisten gerecht werden will, wird schließlich in der Neuedition der Autobiographie von 2005 noch einmal erweitert. Denn sie wurde um die nunmehr vollständige Transkription *aller* Expeditionstagebücher Buhls ergänzt, also auch jene der zweiten Karakorum-Expedition Hermann Buhls zum Broad Peak, bei der er 1957 nach dessen Besteigung an der Chogolisa tödlich abstürzte.

Das Buch kombiniert hierzu den nur gering gekürzten Text von *Achttausend drüber und drunter* (ohne weitere Anmerkung zu seinem Status) mit einer Dokumentation diaristischen Schreibens, die einen Textverlauf analog zum Wegverlauf inszeniert: Als Fortsetzung des (im autobiographischen Text noch nicht beschriebenen) ‚Lebenswegs' bis hin zum Absturz.[60] Auch hier hat die Dokumentation im übrigen Beweisfunktion in einer schon während der Expedition begonnenen und nach ihrem Ende eskalierenden Auseinandersetzung[61]; die letzten Tagebucheinträge Buhls sind für den Herausgeber Kurt Diemberger

60 Ergänzt wird dies durch berichtende und kommentierende Texte Kurt Diembergers, der bei der Expedition teilnahm und Buhls letzter Seilgefährte war; vgl. bes. Buhl, *Achttausend*, S. 269ff.

61 In diesem Fall zwischen Markus Schmuck und Fritz Wintersteller auf der einen und Buhl und Kurt Diemberger auf der anderen Seite; vgl. Kurt Diembergers Nachwort: ebd., S. 348ff.

nämlich auch Beweise gegen eine nach Buhls Tod in vielen Diskussionen behauptete Lebensmüdigkeit und Todessehnsucht des Alpinisten.

Einen eigentümlichen Status gewinnt diese Dokumentation dann freilich an ihrem Ende, denn das Abbrechen der Verschriftlichung des eigenen Lebens geht dem Ende dieses Lebens – dem Absturz mit einer Gratwächte – nur um wenige Stunden voran; die Seite mit den letzten Aufzeichnungen wird sogar faksimiliert wiedergegeben.[62] Auch die fotografische Dokumentation endet nicht viel früher. Der letzte Seilpartner Buhls, Kurt Diemberger, fotografierte ihn im Aufstieg am Grat der Chogolisa, und nach der durch einen Sturm erzwungenen Umkehr und dem Absturz Buhls, der hinter ihm lief, auch noch dessen letzte Spuren, die an die steil abbrechende Gratkante führen.[63]

Die Aura der letzten Worte – einige davon werden auch im Buch von Höfler und Messner bereits zitiert – verbindet sich hier nun tatsächlich mit einem Bild der letzten Spuren Hermann Buhls und dem Bericht des letzten Zeugen. Das Erinnerungsbuch auratisiert damit – wie schon im Fall Leo Maduschkas – einen Bergtod, wie er auch nach Buhl nicht wenige der ihre Grenzgänge und damit sich selbst beschreibenden, fotografierenden und filmenden Alpinisten ereilte.[64] Die von fremder Hand geschriebene ‚Autobiographie' und ihre editorische und kommentierte Fortführung und Ergänzung durch ‚authentische' Dokumente und den Zeugenbericht erhält so den Status eines Gedenkbuchs; aber selbst dieses ist noch von den widersprüchlichen Kämpfen um das Selbstbild und die Interpretation des Selbst gekennzeichnet, die für die Figur Hermann Buhl seit der Nanga-Parbat-Expedition charakteristisch sind.

Betrachtet man die (auto-)biographischen Publikationen im Zusammenhang, wird erkennbar, dass jedenfalls in der historischen Phase des Alpinismus, in der Hermann Buhl kletterte, die alpinistische Autobiographik an einer dreifachen Grenze stattfand. Zum einen zeigt sie das Subjekt im als zivilisationsfern und gefahrvoll codierte *Raum* des Gebirges und an der Grenze des noch nicht Eroberten oder Durchstiegenen; diese Grenze wird durch die alpinistischen ‚Taten' überschritten, welche ihrerseits medial dokumentiert werden. Von Buhls ersten Tourenbüchern an steht diese Beziehung von Selbst und Raum im Zentrum seiner Schreib- und Medienpraxis. Und zu vermuten ist, dass diese mediale Praxis des Festhaltens eigener Wege auch für ihn selbst

62 Ebd., S. 343.

63 Vgl. die Abb. in Buhl, *Achttausend*, vor S. 337. Vgl. auch Diemberger, Kurt: *Seiltanz. Die Geschichten meines Lebens*, München 2007.

64 Reinhold Messner erwähnt im Vorwort zu Höfler/Messner, *Buhl* – vielleicht, um dem Eindruck einer allzu einseitigen Verehrung Buhls vorzubeugen – u.a.: Reinhard Karl, Peter Boardman, Joe Tasker, Alex McIntyre, Yasuo Kato, Njec Zaplotnik, Hironobu Kamuro, Jerzy Kukuczka, Wanda Rutkiewicz, Alison Hargreaves (S. 10f.).

gegenüber dem Klettern nicht sekundär war: Die übliche[65] alpinistische Praxis der Benennung von Routen nach den Erstbegehern („Asch/Luck") bedeutete nichts anderes als das Einschreiben eines Namens ins Gebirge; das Festhalten der Route im Tourenbuch ist eigentlich die Prophetie eines eigenen großen alpinistischen Namens.

Zum zweiten ist es die Bewegung des *Körpers* in diesem Raum und die körperliche Grenze des möglichen Absturzes oder anderen Risikos, an der sich die existentielle Ausgesetztheit, Abenteuerlichkeit oder Zweckfreiheit der alpinistischen Praxis reflektieren und ein Subjekt entsprechend erfahren kann; das Subjektivierungsideal ist dabei die vollkommene Selbst-Beherrschung des Körpers. Die intermediale Kombination von Text und Bild, die durchgängig in Buhls Dokumenten zu finden ist, erlaubt eine doppelte Referenz auf den eigenen Körper – im Foto und in der Schrift, wobei die Bilder zugleich Zeugnis und Beute, aber auch selbst Grenze sind, zumindest wenn ein anderer nötig ist, um sie aufzunehmen. Die mediale Praxis bedeutet aber in gewisser Weise auch immer eine Unterbrechung der alpinistischen Praxis: Fotografieren und Tagebuchschreiben halten sie für einen anderen Zeitpunkt und für andere Medien fest, sie implizieren einen inneren Abstand vom Tun selbst.

Daher ist es zum dritten jedoch die *mediale* Grenze selbst, die für den Selbstbezug und Selbst-Entwurf entscheidend ist. Im Fall Buhls bestand das Mediensystem noch (oder bereits) aus seiner eigenen (Hand-)Schrift in Touren- und Tagebüchern, seinen eigenen Knipser-Fotos von den Touren, aus seiner Karat-Kamera, mit der er am Gipfel des Nanga Parbat fotografierte, Hans Ertls Filmkamera, die ihn vom Gipfel zurückkehrend aufnahm, und schließlich dem Distributionssystem von Wochenschau, Radio, Zeitungen, Illustrierten, Fachzeitschriften und Büchern, die seinen Weltruhm als Alpinisten begründeten. Man kann sowohl seine eigenen Auseinandersetzungen als auch die verschiedenen Buchausgaben bis in die Gegenwart als Versuche betrachten, verschiedene Bilder von ihm zu inszenieren oder zu autorisieren. Zugleich ist zu sehen, dass selbst der „authentische" Mediengebrauch von Schrift und Bild bestimmte Subjektivierungsweisen implizierte, Selbstdistanz schuf und nicht einfach ‚Mittel' der Kommunikation nutzte, sondern eine mediale ‚Vermittlung' produzierte, an der sich das Profil des Alpinisten Hermann Buhl überhaupt erst bildete.[66]

65 Zur Veränderung der Benennungspraxis alpinistischer Routen vgl. Kaufmann, *Moderne Subjekte*, S. 219f.

66 Vgl. die weitergehende theoretische Reflexion dieser Zäsur-/Vermittlungsfunktion bei Georg Christoph Tholen, *Die Zäsur der Medien*, Frankfurt a.M. 2002.

5.3. Marieluise Fleißers Textentwürfe zu Hermann Buhl

Durch den exzeptionellen Alleingang auf den Gipfel des Nanga Parbat, den geschilderten öffentliche Streit der Expeditionsteilnehmer nach der Rückkehr, vor allem aber durch die Besteigung des Broad Peak 1957 und seinen tödlichen Absturz an der Chogolisa wenige Tage später war Hermann Buhl in den späten 1950er Jahren weit über Alpinistenkreise hinaus bekannt geworden. Vielleicht war dies ein Anlass für Marieluise Fleißer, sich mit Buhl und dem Expeditionsbergsteigen generell zu beschäftigen; davon zeugen Zeitungsausschnitte, aber vor allem eine Reihe von Manuskripten und Typoskripten in ihrem Nachlass, die allerdings mit einer Ausnahme[67] bislang unveröffentlicht sind und im Folgenden erstmals analysiert werden sollen; allerdings bedarf dies zuerst einer Begründung und Erläuterung.

Denn die Entscheidung der Herausgeber von Fleißers Nachlass, diese Texte – mit der genannten Ausnahme – nicht zu veröffentlichen, hatte einen nachvollziehbaren Grund: Sie sind fragmentarisch und nie zu einem Abschluss gelangt; es ging bei diesem Projekt wahrscheinlich um ein Hörspiel (möglicherweise auch um ein Drama), in dessen Zentrum Hermann Buhl stehen sollte, aber noch nicht einmal der Zeitpunkt der Entstehung dieser Fragmente – Ende der 50er Jahre, vielleicht aber auch erst in den 60er Jahren nach der Überwindung einer großen existentiellen Krise – ist eindeutig zu rekonstruieren.[68] Konkret handelt es sich um vier mit Bleistift beschriebene Manuskriptseiten (DIN A 4), insgesamt zehn Typoskript-Seiten, auf denen

67 Fleißer, Marieluise: ›Der Berg‹, in: *Gesammelte Werke. Vierter Band: Aus dem Nachlaß*, hg. von Günter Rühle in Zusammenarbeit mit Eva Pfister, Frankfurt a.M. 1989, S. 389–391. Die Überschrift stammt von den Herausgebern, die den Text als „Hörspielfragment" (ebd. S. 609) bewerteten und in der entsprechenden Rubrik des Nachlass-Bandes veröffentlichten. Unveröffentlicht ist: Fleißer, Marieluise: [*Manuskripte und Typoskripte zu Hermann Buhl*], Marie-Luise-Fleißer-Archiv des Stadtarchivs Ingolstadt, Sign. VI, 12, 1 und VI, 12, 2.

68 Obwohl die Editoren gewiss recht haben, dass Marieluise Fleißer in den späten 50er Jahren aufgrund der ungewöhnlich belasteten persönlichen Situation (Tod des Ehemanns, eigene Krankheit, große finanzielle Schwierigkeiten) kaum zum Schreiben kam (vgl. den Kommentar ebd., S. 609), ist nicht auszuschließen, dass die Texte schon 1957/58 und nicht erst zu Beginn der 60er Jahre entstanden; immerhin könnten die im Nachlass befindliche Zeitungsausschnitte aus dem Sommer 1957, die über den Tod von Hermann Buhl berichteten und teils auch Texte von ihm dokumentierten, als Indiz für Fleißers Beschäftigung mit ihm schon zu diesem früheren Zeitpunkt gelten. Andererseits ist nicht sicher, ob sie selbst diese Berichte aufhob oder sie ihr später beispielsweise von der Hörspielredaktion des BR zur Verfügung gestellt worden waren, für die Marieluise Fleißer gelegentlich Lektoratsarbeiten ausführte. Vgl. zur biographischen Situation: Häntzschel, Hiltrud: *Marieluise Fleißer. Eine Biographie*, Frankfurt a.M., Leipzig 2007.

verschiedene Ansätze zu dem Hörspiel zu erkennen sind, und schließlich ein Typoskript von „über sechzig Seiten"[69] (so der Kommentar in der Ausgabe; die Angabe auf dem Nachlaßkonvolut lautet „65S."[70]), tatsächlich jedoch 55 Seiten, welches die Herausgeber Günter Rühle und Eva Pfister als „Vorarbeit" für das Hörspiel bewerteten.

Falsch ist allerdings ihre Annahme, es handle sich bei dem 55seitigen Typoskript um Exzerpte aus Buhls 1954 erschienener Autobiographie *Achttausend. Drüber und drunter*, die nach ihrem Erscheinen 1954 rasch zu einem alpinen Bestseller avanciert war.[71] Denn obwohl das Typoskript ab S. 16 die Nanga-Parbat-Erstbesteigung von Buhl zum Hintergrund hat, gibt es keinerlei intertextuelle Verbindungen Buhls Erinnerungsbuch. Stattdessen exzerpierte Fleißer offenbar aus dem offiziellen Expeditionsbericht des Expeditionsleiters Karl Maria Herrligkoffer *Nanga Parbat 1953*, der seinerseits teilweise Passagen aus Tagebüchern und Berichten anderer Expeditionsteilnehmer (darunter Aufsätze Buhls) wörtlich zitiert. Vor allem aber werden im ersten Teil des Typoskripts Berichte von anderen Expeditionen aufgegriffen und ohne weitere Kennzeichnung in die Prosa integriert: So tauchen Szenen aus der ersten Achttausender-Besteigung, nämlich der Annapurna-Besteigung 1950 durch Maurice Herzog und Tierry Lachenal, und einer Mount-Kenya-Besteigung auf. Bei genauerer Analyse ist es möglich, nicht nur sämtliche verarbeiteten Prätexte nachzuweisen, sondern der gesamte Text kann auf das Exzerpieren dieser Prätexte hin vollständig rekonstruiert werden.

Daher muss offen bleiben, ob dieses Text- bzw. Exzerpt-Konvolut nur als Vorarbeit für ein Hörspiel über Buhl entstand oder anderes damit beabsichtigt war. Immerhin möglich scheint, dass die Berichte über Buhls Tod im Sommer 1957 für Fleißer zum Anlass wurden, sich mit dem extremen Bergsteigen überhaupt zu beschäftigen und sich über die ‚aneignende' Lektüre des Exzerpierens den Diskurs des Expeditionsalpinismus, die subjektive Wahrnehmung der Alpinisten und ihre Konfrontation mit Extremsituationen zu erschließen.

Allerdings blieben die Hörspiel-Entwürfe und blieb auch das Prosa-Konvolut Fragment, und Marieluise Fleißer ist später, auch in den Erzähltexten der 60er Jahre, nicht mehr auf das Thema zurückgekommen.[72] Sowohl in den

69 Kommentar, in: Fleißer, *Gesammelte Werke, IV*, S. 609.

70 Ebd.

71 Sie schreiben, Fleißer habe „über sechzig Seiten aus Hermann Buhls Memoiren [exzerpiert]"; ebd. S. 609.

72 Es gibt überhaupt nur einen Text von Marieluise Fleißer, der vom Bergsteigen handelt, nämlich die Erzählung „Andorranische Abenteuer"; dort geht es allerdings eher um die – autobiographisch wichtige – Beziehung zu Draws-Tychsen, und die alpinistischen Aktionen – in den Pyrenäen – erscheinen eher als Karikatur.

selbständigen ‚Buhl'-Fragmenten als auch im ‚Berg'-Typoskript[73], das praktisch durchweg aus Übernahmen und Zitaten besteht, sind aber Arbeitsprozesse, Fokussierungen und Strukturen der Zitataneignung erkennbar, die für die künstlerische Auseinandersetzung mit dem alpinen Diskurs in den 50er- und 60er-Jahren von großem Interesse sind: Sie zeugen von einer Faszination, die nicht nur von Buhl als „Identifikationsfigur[]"[74], sondern vom Expeditionsalpinismus als solchem und seiner sprachlichen Darstellung ausging. Sie überschreiten somit die ‚biographische' Ebene deutlich.

Die ‚Buhl'-Fragmente

Von den (Hörspiel-)Fragmenten zu Buhl liegen insgesamt vier Seiten bleistiftbeschriebener Entwürfe vor, die als früheste Zeugnisse anzusehen sind.[75] Eine der Seiten entspricht dem Anfang der Typoskript-Texte (als ihrer ‚Reinschrift'); großteils lassen sich aber keine Entsprechungen der Manuskripte finden, und grundsätzlich sind sie sehr schwer leserlich. Die folgenden Überlegungen beziehen sich daher lediglich auf die Typoskript-Seiten, die den Text der ersten Manuskriptseite leicht verändert übernehmen und weiterentwickeln.[76]

Insgesamt sind zehn Typoskript-Seiten überliefert, auf denen verschiedene Überarbeitungsstufen oder ‚Fassungen' des ‚Buhl'-Textes zu identifizieren sind.[77] Vom Textanfang gibt es 4 Stufen, ab der dritten Stufe gibt es Fortsetzungen auf einem 2. Blatt, das dann wiederum verändert wird. Von der letzten Stufe liegen insgesamt 3 Seiten vor, die als letzte Bearbeitungsstufe in der Gesamtausgabe gedruckt vorliegen.

---

73 Ich verwende diese Bezeichnungen in Analogie zu den von Fleißer in den Typoskript-Fassungen am Seitenkopf angegebenen ‚Kurztiteln'.

74 Fleißer, *Gesammelte Werke*, Bd. 4, Kommentar S. 609.

75 Die Originale liegen im Fleißer-Archiv des Stadtarchivs Ingolstadt, Sign. VI, 12, 1.

76 Der handschriftliche Entwurf des Textanfangs, wie er dann mit kleinen Veränderungen ins Typoskript übertragen wird (vgl. Anhang), wird mit einer Streichung als verarbeitet gekennzeichnet (eine ähnliche Praxis ist auf den Typoskriptseiten erkennbar); die anderen sind nicht in dieser Weise gestrichen und betrafen möglicherweise weitere, geplante Szenen oder Passagen des Hörspiels. Eine Seite trägt als Überschrift den (Zwischen-?) Titel „Der Berg und der Bruder" und beginnt mit den Sätzen: „Ich hab immer nur den Berg im Kopf gehabt, ohne ihn kann ich nicht leben. Ich muß mit ihm ~~kämpfen auf Leben und Tod~~ um mein Leben kämpfen, er hat es abgesehen darauf." Den ersten Satz („Ich hab immer nur [...]") findet man in den Typoskripten, für den Großteil dieser drei Manuskriptseiten (soweit entzifferbar) gibt es jedoch keine Entsprechung.

77 Zu erschließen ist die Reihenfolge aus vier Befunden: Der Kennzeichnung der Seiten mit Ziffern („1", „2", „3") am oberen Rand; den Streichungen und handschriftlichen Korrekturen; der Bezeichnung von Sprecherfiguren; schließlich den Textanschlüssen zwischen den Seiten.

In der ersten Typoskript-Fassung beginnt der Text wie folgt[78]:

1 Ein Toter spricht
Buhl: Vier unwiederbringliche Jahre habe ich verloren und war doch
der Mann, der ganz oben stand auf dem Nackten Berg, und kam
lebendig herunter. Und hat doch der Nackte Berg einunddreissig
gute Männer behalten, darunter die besten, Mörderberg, der er
war, hat sie eingesammelt an seiner Brust aus Eis bis zum
Jüngsten Tag, mich aber hat er geduldet. Der ~~höste~~ höchste Ruhm der
Erde hat mich eine kurze Zeit lang gestreift, ich konnte
von ihm kaum f*d*en Zipfel fassen, schon war er mir weggezerrt,
er floh mich noch in der Umarmung. Ich wusste damals noch nic[ht]
was der Ruhm ist und dass man ihn macht, dass man ihn geben
kann oder auch schmälern, *(*als hätte man ihn nicht mit dem
letzten Einsatz verdient,*)* ich wusste zu wenig vom Schweigen.
So jung war ich seinerzeit*↑*, *(*ich hatte noch nicht gerlnt, wie
mich verhalten,*)* auch das will gelernt sein.*)* Auf meinen Gip-
felgang, der so schwer war, habe ich gepocht, um eine Spur
vielleicht zu laut, ~~weil ich jung war~~ und befangen in dem, wa[s]
so hart war zu tun, dass ich es mir jetzt schon gar nicht
1 mehr vorstellen kann *(*und was auch andere sich nicht wirklich
vorstellen können, die einem das Verdienst wegzaubern unter
der Hand, als bliebe es nicht das natürliche Recht für den
Besten.*)(*Ich muss wohl der Beste gewesen sein seinerzeit,*)*
5 ich stand dort oben und keiner vor mir und keiner nach mir.
Ich hatte der Expedition die Krone gegeben*(*, daran war nicht
zu rütteln, aber die Krone machte nicht froh. Vielleicht
hätte ich nicht darauf gepocht, hätte man nicht daran gerütte[lt]
aber.*) 3* Ich bin nicht auf Anhieb der starke Mann, ich muss
mich hinaufschrauben durch einen unbnändigen Willen^{2}Ich er-
litt einen ungeheuren Rückschlag in meinen Nerven, *(*nur so
lässt sich manches begreifen.*)*
4 Das ist meine Art was zu tun nur so habe ich aus mir
den Besten gemacht.[79]

Im Monolog eines Sprechers namens „Buhl", der gleich in der ersten Zeile als „Toter" („Ein Toter spricht") charakterisiert wird, lassen sich die „[v]ier unwiederbringliche[n] Jahre" ebenso wie der „Nackte Berg" auf die faktische Biographie Hermann Buhls beziehen: Nach der Nanga-Parbat-Expedition 1953 wurde Buhl, aufgrund seiner Verletzungen (vor allem der Zehen-Amputation), aber auch aufgrund des Streits mit dem Expeditionsleiter Herrligkoffer, nicht

78 Fleißer-Archiv des Stadtarchivs Ingolstadt, Sign. VI, 12, 1.

79 In der Transkription des Typoskripts werden pragmatisch Streichungen als ~~Streichungen~~ wiedergegeben, handschriftliche Korrekturen und Ergänzungen *kursiv*, Ergänzungen in [eckigen Klammern] und Einweisungszeichen- und Ziffern in etwa topographisch.

mehr zu weiteren Expeditionen eingeladen, bis 1957 eine mit Markus Schmuck, Fritz Wintersteller und Kurt Diemberger durchgeführte Klein-Expedition des Österreichischen Alpenvereins zum Broad Peak (8047 m) zustande kam. Bis zu Buhls Erstbesteigung 1953 hatten tatsächlich 31 Bergsteiger am Nanga Parbat ihr Leben verloren[80], wobei Albert Mummery (1895) und Wilhelm Welzenbach (1934) zu den jeweils weltweit „besten" Kletterern ihrer Zeit zählten: Die Allusion weist voraus auf Buhl selbst als den „seinerzeit" „Besten". Und thematisch ist schließlich offenbar der Streit nach der Rückkehr der Expedition, der hier aus der Sicht Buhls als ungerecht, als Kränkung und Schlag (der „einen ungeheuren Rückschlag in meinen Nerven" bewirkt) geschildert wird.

Auffällig ist weiterhin eine Personifikation des Bergs („Mörderberg"[81]), der als ein Körper („Brust aus Eis") und als aktive Größe („behalten", „eingesammelt", „geduldet") erscheint. Allerdings wird dies sofort überblendet mit einer allegorisierenden Personifikation des „Ruhm[s]", der den Sprecher „eine kurze Zeit lang gestreift" habe. Der Satz: „Ich konnte von ihm kaum den Zipfel fassen, schon war er mir weggezerrt" läßt sich Anspielung auf das Pluviale oder andere Ruhmeskleider lesen; die ganze Stelle aber auch als versteckter Hinweis auf eine Konstellation von verweigertem Siegesruhm, die Fleißer ohne Zweifel kannte. In Kleists *Prinz Friedrich von Homburg* steht am Ende des 1. Akts der sogenannte „Fortuna-Monolog", in dem es heißt: „Du hast mir, Glück, die Locken schon gestreift: |Ein Pfand schon warfst du, im Vorüberschweben, | Aus deinem Füllhorn lächelnd mir herab"[82]. Dieses Pfand ist ein Handschuh, den Homburg in der Eingangsszene schlafwandelnd von der entfliehenden Natalie zu „fassen" bekam. Selbst wenn die Stelle bei Fleißer nicht als bewußtes Spiel mit dem Bild des ‚Vom-Ruhm-(oder Glück) Gestreift-Werdens' zu verstehen wäre, ist der Vergleich aufschlussreich: Inszeniert doch der *Prinz von Homburg* die Krise eines Helden, der sich als „Sieger" (der Schlacht bei Fehrbellin) glaubt – und kurz darauf um den Ruhm betrogen, ja sogar zum Tod verurteilt findet. Man könnte den Textbeginn also Hinweis lesen, dass es hier um eine variierende Inszenierung dieser Erfahrung gehen könnte, um das Drama eines gerade im Moment des Triumphs auf sich selbst zurückgeworfenen Subjekts.

---

80 Die Zahl „einunddreissig" fand Fleißer, wie zu vermuten ist, bei Rebuffat, Gaston: *Zwischen Mont Blanc und Himalaya.* München 1955, S. 77; dort auch die Übersetzung von „Nanga Parbat" mit „nackter Berg". Vgl. Fleißer-Archiv des Stadtarchivs Ingolstadt, Sign. VI, 12, 1, S. 2.

81 Rebuffat bezeichnet den Nanga Parbat als *„mörderischsten Berg des ganzen Himalaya"* (ebd. S. 77).

82 Kleist, Heinrich von: Prinz Friedrich von Homburg [I, 6], in: *Sämtliche Werke und Briefe*, hg. von Helmut Sembdner, 2 Bde. München 1987, Bd. 1, S. 648.

Das Thema des „Ruhms" und der verweigerten Anerkennung hat für Marieluise Fleißer allerdings auch eine persönliche Dimension, worauf möglicherweise auch die Anmerkung der Herausgeber zu dem Fragment zielt, es handle sich bei dem „Bergsteiger Buhl" – wie bei van Gogh und Genet, mit denen sich andere Textfragmente befassen – um eine der „Identifikationsfiguren"[83] Fleißers. Zu diesem Aspekt würde auch passen, dass Buhl hier „einen ungeheuren Rückschlag in den Nerven" an sich konstatiert; Fleißer hatte sich schon seit den dreißiger Jahren und der Rückkehr nach Ingolstadt „völlig verunsichert und isoliert" gefühlt[84], unter „nervösen Störungen"[85] gelitten und musste nach einem Nervenzusammenbruch 1938 für mehrere Monate in der Nervenheilanstalt Neufriedenheim verbringen. Mindestens am Anfang des Schreibprozesses könnte also eine Art autobiographische Projektion stehen.

Bereits in der ersten Überarbeitungsstufe der zitierten Passage wird der hier noch als durchgängiger Monolog gefasste Text aber bereits durch einen anderen ‚Sprecher' ergänzt und strukturiert: Auf der Basis der ersten Typoskriptseite und unter Übernahme der dort vorgenommenen handschriftlichen Ergänzungen und Umstellungen beginnt der Text nun mit denselben Sätzen, bis nach dem Wort „Umarmung" das „Gewissen" einfällt: „Was war daran schuld?"[86] Eine ähnliche Frage – „Hast du was getan?" – folgt kurz darauf; allerdings bricht die Fassung noch vor Ende der Seite ab und das Blatt wird mit Bleistift gestrichen.

Eine zweite Überarbeitungsstufe der Anfangsseite ersetzt danach das „Gewissen" durch ein anderes Gegenüber, einen „Ton wie Echo fernhin verhallend". Die christliche Konnotation des Gegenübers ‚Gewissen' wird durch eine akustische Reminiszenz an den Gebirgsraum selbst abgelöst, die zugleich der mutmaßlichen Gattung des Texts (als Hörspiel) entgegenkommt. Entsprechend variiert werden allerdings die Unterbrechungen durch dieses Gegenüber; neben knappen Fragen („Warum?") und Einwürfen („Starker Mann… .") nehmen einige Interjektionen buchstäblich als Echo Buhls Text auf („Gelernt sein… ."; „besten Jahre"; „niemand").[87] In diesen Variationen stellt der „Ton wie Echo" Fragen und motiviert die Brüche und thematischen Neuansätze in den monologischen Passagen Buhls. In dieser Überarbeitungsstufe setzt sich der Text nun erstmals über die erste Seite hinaus fort; die zweite Seite nimmt das Thema der verlorenen Jahre ebenso wieder auf wie die Unzugänglichkeit

83 Fleißer, *Gesammelte Werke*, Bd. 4, Kommentar S. 609.

84 Vgl. ihre (Selbst-)„Biographie", in: Rühle, Günther (Hg.): *Materialien zum Leben und Schreiben der Marieluise Fleißer*, Frankfurt a.M. 1973, S. 411–430, hier S. 419.

85 Ebd.

86 Vgl. Fleißer-Archiv des Stadtarchivs Ingolstadt, Sign. VI, 12, 1, S. 2.

87 Vgl. ebd. S. 3.

des Himalaya für einen Einzelnen, da man auf die Einladung zu Expeditionen angewiesen ist:

> Seitdem ist mir, als habe man mir was genommen, das ich aus eigenem nicht zurückholen kann. Ich kann mir keinen Zutritt verschaffen zu den Achttausendern, die auf mich warten. Ich habe immer nur den Berg im Kopf gehabt, ohne ihn kann ich nicht leben. Ich liebe den Berg, ich muss ihm sein Geheimnis entreissen. Und wer das nicht tut, der ist niemand.[88]

Auf das ‚Echo' „niemand …" ergänzt der Sprecher:

> Täte ich es nicht, ich wäre niemand. Soviel Häupter er herreckt, der nie ganz zu Bezwingende, als wüchsen immer neue Häupter ihm nach, ich muss ihm hinauf, solang ich ein Mann bin[89]

Die Bedeutung des Bergs für den Einzelnen und seine (männliche) Identität wird überdeutlich – er ist erst *jemand* und kein „niemand" mehr, wenn er dem Berg „sein Geheimnis entreissen" kann. Zugleich erfolgt aber eine neue Überblendung mit dem Motiv der Hydra und ihrer nachwachsenden Häupter. Doch an dieser Stelle bricht das Typoskript erneut ab, scheint in einer Sackgasse.

Eine neue Version der zweiten Seite verstärkt nun das bereits angedeutete Motiv des Bergs ‚im Kopf' und der Besessenheit vom ‚Kampf mit dem Berg':

> Ich habe immer nur den Berg im Kopf gehabt, ohne ihn kann ich nicht leben. Er ruft mich, seitdem ich ein Mann bin, und will mir zeigen, wer der Stärkere ist. Ich greife nach ihm mit der Hand, mit dem Fuss, mit dem Leib, er will mich abschütteln wie ein Insekt, will mir verwehren sein unbetretenes Haupt, bis ich es zeichne mit meinem Fuss und sagen kann, ich bin drauf gestanden. Und wer das nicht tut, der ist niemand. Täte ich es nicht, ich wäre niemand. Soviel Häupter er herreckt, der nie ganz zu Bezwingende, als wüchsen immer neue Häupter ihm nach, ~~von mir nicht erkannt, es ist immer derselbe Berg und~~ ich muss ihm hinauf, solang ich ein Mann bin.[90]

Das bereits im ersten Entwurf anklingende Motiv der Männlichkeit („Ich bin nicht auf Anhieb der starke Mann") wird zur Kampf-Metapher ausgeweitet: Das ‚Haupt' des Berges, der Gipfel, verbindet sich konnotativ mit einem Drachenhaupt, auf das man den „Fuss" setzt. Auch das Hydra-Motiv wird zunächst erweitert, aber diese Erweiterung – dass es „immer derselbe Berg" ist, auf den der Bergsteiger zwanghaft steigen muss – wird wieder gestrichen: Es erscheint

---

88 Vgl. ebd.

89 Ebd.

90 Ebd.

möglicherweise als Widerspruch in sich, als Gewahrwerden des eigenen Unbewußten („von mir nicht erkannt"), das den anschließenden, beibehaltenen Text („ich muss ihm hinauf, solang ich ein Mann bin") infrage stellen würde.

Deutlich wird mit dieser Beibehaltung im übrigen auch, dass die syntaktischen und stilistischen Irregularien (hier: das Dativobjekt „ich muss ihm hinauf") nicht etwa unbeabsichtigt sind, sondern die Mündlichkeit einer Erzählstimme simulieren und dabei eine inszenierte, hintergründige ‚Naivität' implizieren. Wichtige weitere Mittel dieser Inszenierung sind erkennbar die parataktische Reihung mit Kommata („Ich liebe den Berg, ich muss ihm sein Geheimnis entreissen"), Polysyndeta („ich stand dort oben und keiner vor mir und keiner nach mir"), Elisionen („Und hat doch der Nackte Berg [...]") und schließlich dialektal codierte Wortformen („herreckt") und Synkopen („drauf"). Gekennzeichnet wird so die Subjektivität des Sprechenden, aber auch das Charakteristikum eines kargen, ungeglätteten Stils, das Fleißer – wie zu sehen sein wird – aus der Beschäftigung mit Texten Buhls entwickelt haben kann.

Die Fortsetzung der Seite nimmt erneut das Himalaya-Motiv auf, nun allerdings nicht mehr als Frage nach der Möglichkeit, mit einer Expedition dort hinzugelangen, sondern als Problem der Gefangenheit von der ersten Erfahrung mit dem ‚Nackten Berg', die eine Entfremdung bedeutet:

> [Buhl:] Wer einmal vom Himalaja isst –
> Ton wie Echo fernhin verhallend: stirbt daran ....
> Buhl: der kommt von ihm nicht mehr los. sein Maßstab hat sich verschoben. er muss zurück unter diesen ~~grausamen~~ *erbarmungslosen* Himmel. ~~seitdem ist mir, als habe~~ *damals hat* man mir was genommen. etwas fehlt mir seitdem. etwas ist grausam entwertet die Siege der Heimat sind grausam entwertet [...].[91]

Auch diese Version ist freilich nicht die endgültige; man kann vermuten, dass die Doppelung des Motivs – Unerreichbarkeit des Himalaya und die Entfremdung von der ‚Heimat' durch diese Erfahrung – Marieluise Fleißer veranlasste, noch einmal neu anzusetzen. Daraus entstand die vierte (und letzte erhaltene) Überarbeitungsstufe, in der auf der ersten Seite nur noch wenige Korrekturen vorgenommen werden. Die zweite Seite wird erneut abgebrochen und im zweiten Ansatz das vorher anklingende Motiv der ‚zugeschlagenen Tür' ausgeweitet: „Es zog mich zu jenen Achttausendern fort, sie waren mir aber versperrt mit soviel Riegeln wie Rätseln, von Menschen gemacht. Ich war

91 Vgl. ebd.

nur ein einfacher Mann und brachte die Riegel nicht auf".[92] Dafür entfallen nun die Motive des Kampfs mit dem Berg und der Hydra, des Wiederholungszwangs. Entscheidend aber ist, dass jetzt ein neuer Abschnitt eingeleitet wird mit dem Satz Buhls: „Dann kam ein Tag, da war der Bann gebrochen".

Das – kleingeschriebene – Wort „rückblenden" leitet nämlich über auf einen Dialog mit der „Frau", die Buhl auch so anspricht: „Frau! Ich soll – in den Himalaja soll ich."[93] Die Rückblende bezieht sich offenbar auf die Situation Anfang 1957, als der Buhl erneut in den Himalaya aufbricht („Auf den Broad Peak gehts"). In der (erneut zweimaligen) Ausarbeitung der Szene kommt durch die „Frau" das Motiv der „Bilder" von der ersten Expedition ins Spiel:

> Doch – Hermann – ich freu mich für dich. Ich kann nur nicht die Bilder vergessen. Besser wäre es schon, wenn man solche Bilder nicht sieht. Für dich freuts mich.[94]

Man kann dies als Anspielung auf die Fotografien des zu Tode erschöpften Buhl und seiner Fußverbände verstehen, die in den Expeditionsbüchern der Nanga-Parbat-Expedition zu sehen waren; in der letzten Fassung der letzten Seite antwortet dieser darauf: „An die musst du nicht denken. Das sieht oft ganz anders aus, als es ist."[95] Erkennbar wird die Sorge der Frau („Komm mir bloss gesund wieder"), aber auch ihre ‚Schicksalsergebenheit' („Ich habs gewusst, dass ich einen Bergsteiger krieg"). Der Schluss der Passage leitet in eine weitere Szene über („Ueberblenden"), in der Buhl noch kurz die Folgen der Nanga Parbat-Besteigung erinnert – „Die zwei halben Zehen waren nun leider am Himalaja gebl[ie]ben und deswegen war ich auch damals so wild. Es musste auch ohne sie gehen. Ich hatte es ausprobiert, dass es ging."[96] Mit den Paratexten „Wind." und „(rumpelt eine Stiege hinauf und reisst eine Tür auf)" endet jedoch das Fragment; die ‚Regieanweisung' verbindet – egal ob sie als akustisch oder szenisch zu inszenieren gedacht sein mag – noch einmal die Motive des Hinaufsteigens und der (verschlossenen) Tür, die nun allerdings nicht mehr von Buhl ausgesprochen, sondern ‚handelnd' ausgedrückt werden.

Man kann nur spekulieren, wie Fleißer eine Fortsetzung des Textes imaginiert haben mag. Ausgehend von der ersten Zeile („Ein Toter spricht") und der Anlage der ersten Szenen könnte man vermuten, dass danach die Passagen der Broad-Peak-Expedition und des anschließenden Besteigungsversuchs der Chogolisa (vgl. oben) szenisches Material geliefert hätten, möglicherweise

---

92 Ebd.

93 Vgl. ebd.

94 Ebd. S. 9.

95 Vgl. ebd. S. 10.

96 Vgl. ebd.

abwechselnd mit weiteren reflexiven Passagen des ‚Toten' nach seinem Absturz, die vielleicht noch einmal die Geschichte der Nanga-Parbat-Besteigung betroffen hätten. Ebenso spekulativ müssen Vermutungen bleiben, warum Fleisser die Arbeit hier abbrach.

Erkennbar sind jedoch einige Kernmomenten ihrer Faszination an der Geschichte Buhls. Zum einen sind im Ausarbeitungsprozess eine Reihe von Motiven oder Motivketten auszumachen, die tentativ angesprochen und teils wieder verworfen werden. Dazu zählen die ‚verlorenen Jahre', ‚Ruhm' und unverdiente Zurücksetzung, Verurteiltsein zum Nichtstun; ferner Männlichkeit und ‚Willen', Kampf mit dem Berg als Gegner, Aussichtslosigkeit des Kampfs (Hydra-Motiv); Metaphorisierung des „Wegs" durch zugeschlagene (oder offene) Türen, Riegel, also verschlossene Räume; Rufe (durch die Expeditionsleiter, den Berg), (zu) lautes Reden, Schweigen; schließlich, unübersehbar, die Differenz von „Mann" und „Frau", wobei die Männlichkeit als zu machende, zu erweisende charakterisiert ist („Ich bin nicht auf Anhieb der starke Mann, ich muss mich hinaufschrauben"). Verbunden ist dies durch die zwei Leitsemantiken von Vertikalität („ganz oben", „höchste[r] Ruhm", „Gipfelgang", „hinaufschrauben", „Krone"; dagegen: „Grund eines Sacks") und von Kälte („Brust aus Eis", „auf Eis legen", „Schneekönig").

Zweitens erscheint der Text ganz buchstäblich als eine Art „Echoraum" von Stimmen, in den der Abschied von der Frau als kurze naturalistische Zwischenszene eingeblendet wird; denkbar ist, dass der ganze Text auf diese Art als Imaginationsraum des Selbstverhältnisses, des Begehrens und der ‚Rückschläge' des Protagonisten gedacht war und sich aus dieser Spannung des Sprechens jenseits des Todes und der Narration eines Verlaufs die Zeitstruktur des Ganzen ergeben hätte. Drittens schließlich ist der Text ein Beispiel für das, was man die „reflexive Naivität" im Werk Marieluise Fleißers genannt hat:[97] Die inszenierte Individualität eines keineswegs intellektuellen Helden ist eine sehr genau sprachlich konturierte, und in dieser Faktur des Sprechens und der simulierten Mündlichkeit wird mehr lesbar, als es dem Bewusstsein der Figur zu unterstellen wäre. Diese ‚Inszenierung' ist andererseits aber keine, der ein schreibendes Bewusstsein vorgängig wäre, sondern sie geschieht – wie gerade der Schreibprozess des vorliegenden Fragments anschaulich macht – erst in der Imagination dieses ‚naiven' Sprechens selbst. Indirekt aber wird dieser Text dadurch auch zu einem ‚Echoraum' der von Fleisser gelesenen und bereits verarbeiteten anderen Texte zum Expeditionsbergsteigen, und deren Zeugnis ist das eingangs erwähnte Typoskript ‚Der Berg'.

97 Vgl. Müller, Maria E.; Vedder, Ulrike (Hg.): *Reflexive Naivität. Zum Werk Marieluise Fleißers*, Berlin 2000.

Das ‚Berg'-Typoskript

Anders als bei den eben behandelten Fragmenten gibt es zu dem 55-seitigen Typoskript aus demselben Arbeitszusammenhang keine handschriftlichen Zeugnisse mehr. Es ist allerdings zu vermuten, dass es auf Exzerpten aus mehreren Büchern beruhte: Im Text lassen sich relativ präzise vier Teile abgrenzen, die auf unterschiedlichen Vorlagen beruhen (S. [1]–8,12; S. 8,13–9; S. 10–15 sowie S. 16 bis zum Ende), wobei allerdings durch Veränderungen die Grenzen zwischen diesen Vorlagen verschliffen und sie zu einem (fast) durchgängigen Textstrom verbunden werden.

Da zu vermuten ist, dass das Typoskript nicht die erste Stufe eines geplanten eigenständigen Textes, sondern eine Art „Arbeitstext" darstellte und primär das Ziel hatte, sich den Diskurs des Himalaya-Bergsteigens buchstäblich ‚anzueignen', kann es in der Rekonstruktion der Veränderungs- und Aneignungsprozesse nicht um die spezifische, poetische Intertextualität des Typoskripts gehen. Gleichwohl ist es aufschlussreich, die jeweils exzerpierten Texte im Einzelnen kurz zu betrachten.

Die ersten acht Seiten beruhen auf dem erwähnten Erinnerungsbuch des berühmten französischen Alpinisten Gaston Rebuffat[98]. Bezeichnenderweise beginnt das Typoskript aber mit Text aus den beiden Vorworten des Bandes (bzw. der deutschen Übersetzung):

> Der Fels bleibt nicht nur der abweisende Fels, in den er Haken schlägt und den seine wunden Finger umklammern, er wird zum Fels, den jeder von uns, und hätte er Berge niemals gesehen, aus seinem Leben kennt.[99]

Das Zitat aus Herbert Tichys Vorwort betont die existentielle Bedeutung des Bergsteigens für Rebuffat und zugleich die allegorische Lesbarkeit von dessen Kampf mit dem Fels – die Elementar-Metaphorik des ‚Sich-Klammerns', der körperlichen Anstrengung trotz der Verwundung, für den Lebenskampf. Unmittelbar danach werden Sätze des Vorworts von Lucien Devies zur französischen Ausgabe angefügt, die diese existentielle Dimension erweitern:

> die Sehnsucht, wenigstens einmal in seinem Leben sich selbst zu übertreffen. ausserordentlich der Gegensatz zwischen der Härte seines Unternehmens und der hintergründigen Naivität seiner Erzählung. (*Berg*, 1)

98 Rebuffat, Gaston: *Zwischen Mont Blanc und Himalaya*. München 1955.

99 Fleißer, Berg, S. [1], Fleißer-Archiv des Stadtarchivs Ingolstadt, Sign. VI, 12, 2; nach den Seitenzahlen wird im Text direkt zitiert.

Es ist evident, dass hier auch ein Anknüpfungspunkt für Fleißers Faszination auszumachen ist: Nicht nur der Wille zur außerordentlichen Leistung, auch das Verhältnis (körperlicher) „Härte" des Vorhabens und der sprachlichen Faktur, der „hintergründigen Naivität" der Erzählung lassen sich auf ihre Situation – das Schreiben trotz größter Erschöpfung des Körpers – und poetologische Konzeption beziehen.

Auch die Fortsetzung intensiviert – mit den Stichworten des „Schweigens", den „Grenzen des Todes", dem „Kampf" – die elementar-existentielle Dimension der Schriften Rebuffats. Die ersten Sätze, die von ihm selbst übernommen werden, sind tatsächlich eher von poetischer Qualität als ‚Erzählung' großer Taten, und sie betonen die Lebensferne und absolute Andersartigkeit der Landschaft des Himalaya:

> grausames Blau des asiatischen Himmels. Berge hoch unfruchtbar und niemand zu Nutzen, ohne jegliches Leben. einst sind die schönen Granit und Eisnadeln, erstarrt über dem lebenden Planeten nichts anderes als der Schrei der Erde gegen den Himmel gewesen. (*Berg*, 1)

Nach und nach geht das Exzerpt dann in Passagen über, in denen der – im Typoskript nie namentlich genannte – Rebuffat die existentielle Erfahrung des Kletterers auch als Ich-Erzähler formuliert; ab der dritten Seite schließlich folgen Exzerpte aus dem Text zur Annapurna-Erstbesteigung 1950, wobei die bei Rebuffat zentralen Passagen der Gipfelbesteigung bezeichnenderweise ausgelassen, dafür aber die Schilderungen der dramatischen Situationen beim Abstieg (Notbiwak in der Gletscherspalte, Lawinenverschüttung) übernommen werden. Auffällig ist schließlich, dass auch Bildlegenden aus Rebuffats Buch exzerpiert werden – die ohne die zugehörigen Bilder eine eigentümliche sprachliche Qualität entwickeln; in der letzten zitierten werden auch zum ersten Mal der Name „Buhl" und der „nanga parbat" erwähnt (*Berg* 8,7–12).

Anschließend folgen im Typoskript Exzerpte aus Dyhrenfurths *Buch vom Kantsch*, welche die Kulis und Sherpas der ersten Erkundung des Kangchenzönga betreffen.[100] Als dritten Text exzerpierte Fleißer ein erstaunliches Buch, das in den fünfziger Jahren einiges Aufsehen erregt hatte: Den Bericht Felice Benuzzis über eine Ersteigung des Mount Kenia.[101] Die Besonderheit der hier

100 Dyhrenfurth, Günter Oskar: *Das Buch vom Kantsch. Die Geschichte seiner Besteigung*, München 1955.

101 Benuzzi, Felice: *Flucht ins Abenteuer. Drei Kriegsgefangene besteigen den Mount Kenya*. Übers. von Elisabeth Dirlamm, Stuttgart 1953 [*No picnic on Mount Kenya*, 1946/1950, dt.].

geschilderten Bergbesteigung besteht darin, dass Benuzzi, der als italienischer Soldat im 2. Weltkrieg in Ostafrika gefangengenommen und mit Regimentskameraden in ein englisches Gefangenenlager nahe dem Mount Kenya (5199 m) gebracht worden war, aus diesem Lager ausbrach, entsprechend miserabel ausgerüstet und fast ohne Proviant mit zwei Begleitern den Berg bestieg und anschließend wieder in das Gefangenenlager zurückkehrte. Das 1946 zuerst auf Englisch, 1947 auf Italienisch und 1953 auf Deutsch publizierte Buch verband die an sich schon abenteuerliche Besteigungsgeschichte eines Bergs, der nur nach Durchquerung eines tropischen Dschungels zu erreichen war, mit der Inszenierung einer nahezu ‚absurd' anmutenden Tat, der Flucht in das Projekt einer extremen Bergtour mitten im Krieg.[102]

Fleißer übernimmt aus diesem bemerkenswerten Text – der nun gar nichts mit dem Himalaya und Hermann Buhl zu tun hat – vor allem die Perspektive des Erzählers, der während der nacherzählten Besteigung des Bergs immer wieder seine Motivation reflektiert („mein glühendes Verlangen nach Verwirklichung meines eigenen Wesens, den Wunsch einmal wenigstens, ein einziges Mal in meinem Leben ohne eine Spur von Kompromiss alles zu sein, was ich hätte werden können und was ich aus tausend Gründen doch nicht geworden bin", *Berg* 10f.); ferner eine Passage, welche die existentielle Bedrohung im Dschungel ins Parabolische wendet („der ganze Wald schien in Bewegung zu sein und einen heimlichen Ueberfall auf uns zu planen", *Berg* 11); allgemeine Betrachtungen über die Liebe zu den Bergen und vor allem Schilderungen der extremen psychischen Phänomene von Fieber- und Hungerdelirien („vor mir sah ich tanzende Lichter, die gar nicht existierten. mit Nahrungsmitteln konnten wir unsere Kraft nicht wiederherstellen, denn wir hatten keine mehr. ich hörte Glocken. in einer Art Fiebertraum sah und hörte ich Leute. Gestalten aus den Büchern", *Berg*, 14).

Schließlich wird der längste Teil des Typoskripts aus Exzerpten von Herrligkoffers *Nanga-Parbat*-Buch von 1953 übernommen. Fleißer folgt der Chronologie des Berichts weitgehend, verändert aber die Erzählung der Nanga-Parbat-Erstbesteigung etwa nach Hälfte des Typoskripts deutlich, indem beispielsweise das Pathos einiger von Herrligkoffer exzerpierten oder

102 Vgl. die Ankündigung im *Spiegel*, 18.11.1953, S. 41: „Drei Norditaliener brechen aus einem englischen Kriegsgefangenenlager am Äquator aus, nicht um zu fliehen, sondern um nach Besteigung des 5200 Meter hohen Mount Kenya wieder hinter Stacheldraht zurückzukehren. Die auf Tatsachen zurückgehende Geschichte berührt wohl das Grundmotiv des Sports der Rekorde[:] Drang nach männlicher selbstbestätigung und Befriedigung des Ehrgeizes auf einem Sektor außerhalb der niederdrückenden, aber nicht zu ändernden Alltagsmonotonie."

bereits von diesem zitierten Passagen fast völlig getilgt wird. Nahezu ungekürzt wird dagegen (ab S. 50) Buhls Bericht von seinem Alleingang zum Gipfel zitiert.

Es ist, wie erwähnt, weder sinnvoll noch nötig, diese Zusammenstellung von Exzerpten anderer Texte als eigenständigen Text zu interpretieren. Im Hinblick auf den vermuteten Versuch Fleißers, sich solcherart in die Erfahrung und die Sprache von Extrembergsteigern, die dieser Erfahrung Ausdruck gibt, mimetisch einzuschreiben, ist die Zusammenstellung und Kompilation der verändernden Zitationen gleichwohl bemerkenswert: Elementar für Fleißers Interesse – und ablesbar auch an den späteren Randanstreichungen – sind die existentielle Situation eines elementaren ‚Kampfs' – mit Lawinen, Kälte, Fels, Hunger, Schwindel, völliger Erschöpfung; die Zone dieses Kampfs erscheint zudem von elementarer ästhetischer Qualität in den Farben und anderen Erscheinungsformen der Natur. Zugleich ist die Versprachlichung dieser existentiellen Ausgesetztheit in der biographischen Erzählung – bei Rebuffat, Benuzzi, Buhl – auch als solche bedeutsam; es geht in dem Typoskript, ungeachtet seines Arbeitstitels „Der Berg", nicht um einen konkreten Berg (weshalb auch Texte zum Matterhorn, Mount Kenya, Nanga Parbat oder zur Annapurna gleichermaßen vorkommen können), sondern um das Verhältnis des Subjekts zu ‚dem' Berg überhaupt, wie es im Diskurs des Expeditionsbergsteigens erscheint.

Man könnte mithin vermuten, dass es Fleißer darum ging, in der im „Buhl"-Hörspiel erkennbar intendierten Inszenierung einer erzählenden, die eigene Erfahrung jedoch auch erinnernd und reflexiv wendenden Figur den in diesen Exzerpten erschlossenen Diskurs (auto)-biographischer Erzählungen einfließen zu lassen. Die fiktionale Figurenrede ‚Buhls' wäre insofern nicht nur einem ‚Echo' gegenüber gestanden, sondern selbst ein Echoraum anderer Stimmen dieses Diskurses geworden. Es wird weiter unten zu zeigen sein, dass Elfriede Jelinek (die Fleißer einmal „die größte Dramatikerin des 20. Jahrhunderts" nannte) in *In den Alpen* in explizit intertextueller Faktur tatsächlich einen solchen Echoraum inszeniert. Fleißer allerdings ist mit ihrem Projekt aus nicht mehr rekonstruierbaren Gründen nicht zum Abschluss gelangt.

5.4. Expeditions-Alpinismus in der Science Fiction: Lem, *Der Unfall*

Als vorerst letztes und etwas exzentrisches Beispiel einer literarischen Auseinandersetzung mit dem Expeditionsalpinismus soll hier ein eher entlegener Text herangezogen werden, der vor allem in seinem Kontrast zu den anderen untersuchten Beispielen bemerkenswert ist, insofern ihm schon vom Genre her jede authentische oder biographische Dimension fehlen muss: Es ist eine *Science-fiction*-Erzählung, der 1961 erstmals auf polnisch veröffentlichte Text *Der Unfall* von Stanislav Lem.[103] Gleichwohl ist er aus naheliegenden Gründen vergleichbar: Auch er handelt von einem tödlich endenden Besteigungsversuch – und der Rekonstruktion von Motiven und inneren Antrieben des Bergsteigens, das bewusst das Todesrisiko in Kauf nimmt.

Die Erzählung gehört zu Lems gemeinsam eine Art futuristischen Bildungsroman ergebenden *Geschichten vom Piloten Pirx*. Dieser ist hier Pilot eines kleinen Erkundungsteams, das auf einem fernen Planeten – „Der Planet wurde einfach als Jota Strich 116 Strich 47, Proxima Aquarii bezeichnet"[104] – geometrische und seismische Messungen vornimmt. Außer ihm gehören noch der Kosmograph Krull, der „Intellektroniker" Massena, sowie ein intelligenter Roboter namens Aniel zur Crew, „ein nichtlinearer Automat, eines der auf der Erde produzierten neuesten Modelle für Forschungen der höchsten Selbständigkeitsstufe" (U 297). Als die Forschungsgruppe ihre Tätigkeit eigentlich schon abgeschlossen hat und sich zur Rückreise anschickt, wird das Fehlen eines Magnetbands mit Meßergebnissen bemerkt, so dass Aniel noch einmal allein zu Messungen ausgesendet wird, von denen er jedoch nicht zurückkehrt.

An diesem Punkt setzt die Erzählung ein, die personal, aus der Perspektive Pirx', den Aufbruch der verbliebenen Crew zu einer Such-Expedition nach dem verschollenen Roboter erzählt. Dabei sind zwei Umstände wichtig: Der Planet ist nicht nur erdähnlich; von

> allen Planeten, die Pirx zu Gesicht bekommen hatte, glich dieser hier mit seiner kleinen gelben Sonne, den salzigen Meeren, lilagrün gefärbt von Algen, die die Atmosphäre eifrig mit Sauerstoff anreicherten, und dem großen, dreiteiligen, mit den Ansätzen einer Flora überzogenen Kontinent der Erde am meisten. Er hätte sich glänzend zur Besiedlung geeignet, wäre seine Sonne nicht zum Typ G gerechnet worden [...], die als unsicher galt, weil man Emissionsschwankungen vermutete. (U 294)

Er besitzt zudem ein als „Klettergelände" (U 294) höchst reizvolles Gebirge, alle „Bergsteigerfreuden aber waren ihnen verständlicherweise streng untersagt" (ebd.).

Der andere Umstand besteht in der Heterogenität der humanen Mannschafts-Mitglieder, die, jeder von anderem Temperament, Ehrgeiz

103 Der folgende Abschnitt verwendet einige Passagen meines Aufsatzes: An der Sturzgrenze. Zur Poetik des alpinen Absturzes bei Ödön von Horvath, Ludwig Hohl und Stanislav Lem, in: *RUNA. Zeitschrift des portugiesischen Germanistenverbandes*, 2003, S. 81–97.

104 Lem, Stanislav: Der Unfall. In: *Pilot Pirx. Erzählungen*. Frankfurt a.M. 1981, S. 293–333 (zuerst dt. veröffentlicht in: Die Jagd, Frankfurt a.M. 1973), S. 294; ferner mit der Sigle U und Seitenzahl im Text zitiert.

und Vorwissen, zugleich bestimmte Aspekte der technisch-instrumentellen Rationalität verkörpern: Krull, der zugleich der Datenverwalter der Expedition ist, wird als blasiert und zaudernd gekennzeichnet; Massena, ein Mathematiker und Organisator, wirkt hypochondrisch und zugleich pragmatisch; und als tatkräftig, aber auch romantisch-überschwenglich erscheint Pirx selbst, der als „Explorator" den alten Abenteurer- und Heroen-Aspekt des Kolonisators verkörpert. Ihnen allen gegenüber steht der Roboter, der eigentlich die vollendete Inkarnation technisch-instrumenteller Rationalität sein sollte, doch, wie der Erzähler anmerkt, hatte sich „die Sphäre der Roboter [...] ihr besonderes Fluidum bewahrt, ihr haftete noch immer ein Hauch von Irrationalität an." (U 298)

Die Beschreibung des Beginns der Suche – vom Packen des Rucksacks, dem hastigen, reichhaltigen Essen und dem Aufbruch im Morgengrauen über die suggestive Evozierung der Stille, die nur durch das Atmen und die Geräusche des Gehens durchbrochen wird, bis hin zur Landschaftsbeschreibung, die das Sichtbarwerden der Konturen aus der Dämmerung nachvollziehen lässt – ähnelt nun schon keineswegs zufällig der Schilderung einer Bergtour. Und Pirx' alpinistische Phantasie wird von dem daraus auftauchenden doppelköpfigen Gipfel sofort in Beschlag genommen: „Dies mußte ja nicht unbedingt die Steilwand eines namenlosen Bergriesen unter einer fremden Sonne sein, sondern ein durch Sieg und Niederlage berüchtigter Gipfel, der jedem Alpinisten ein ganz eigenes Gefühl einflößt, vergleichbar etwa jener Empfindung, die einen vor einem vertrauten Gesicht überkommt" (U 312).

Die Suchexpedition findet zunächst Aniels Meßgeräte, der Roboter selbst bleibt aber vorerst verschwunden – bis Pirx auf Spuren seiner mit radioaktiven Isotopen angereicherten Schuhsohlen stößt, die eindeutig in Richtung der Felswand weisen. Pirx beginnt, von Massena begleitet, dem Roboter nachzuklettern, und nach einer anstrengenden und gefährlichen Passage gelangt er an eine Stelle, wo ein Weiterweg kaum mehr möglich scheint; schon bereit, das Äußerste zu wagen, entdeckt Pirx schließlich tief unter sich den abgestürzten Körper des Roboters. „Der Panzer des Rumpfs war zerschmettert, sein Metallschädel ebenfalls, und sein monokristallines Hirn war als feiner Glasstaub nach allen Seiten verspritzt und glitzerte wie Glimmer auf den weißlichen Steinen." (U 331)

Während nach dem Abstieg die beiden anderen Crew-Mitglieder, vor allem Krull, den Grund des seltsamen Verhaltens des Roboters in einem technischen Versagen gefunden zu haben glauben, ist Pirx von eine anderen Ursache überzeugt.

> Er war sicher, daß Aniel nicht das Opfer eines Defekts geworden und daß das Geschehene weder mit Monokristallen zu tun hatte noch mit Mnestronen. [...] Aniel war seinen Konstrukteuren ganz einfach ähnlicher gewesen, als diese

> zuzugeben bereit waren. […] Er sah seine Umgebung nicht nur, er begriff sie auch, und er war geschaffen worden, um schwierige Aufgaben zu lösen, also zum Spiel. Dort oben aber offenbarte sich ihm eines, das nicht zu verachten war und das – den höchsten Einsatz forderte. (ebd.)

Pirx beschließt jedoch, diese Erkenntnis für sich zu behalten: „Jeder Mensch würde sich krampfhaft an die Hypothese eines Defekts klammern, die am einfachsten und natürlichsten, ja eigentlich die einzige war, die das Bild von der Welt nicht ins Wanken brachte." (ebd.)

Lems Erzählung ist, wie im Prinzip jede *science fiction*, eine fiktionale Experimentanordnung, deren Poetik gerade aus der offenbaren Referenzlosigkeit des Textes, der inneren Abgeschlossenheit seiner nur imaginierbaren fiktionalen Welt entsteht, die aber genau dadurch als Spiel mit den Möglichkeiten der „realen" Welt Bedeutung gewinnt. Überdeutlich ist in Lems erzähltechnisch zunächst so einfach scheinender Geschichte aber dieser Aspekt der Experimentanordnung seinerseits in der Betonung von Ähnlichkeitsstrukturen reflektiert. Unter ganz ähnlichen Bedingungen wie auf der Erde entdeckt ein dem Menschen ganz ähnlich gebauter Roboter die Freuden des Bergsteigens – und geht dabei zugrunde. Diese Betonung des Experimentell-Konstruierten, gewissermaßen also Anti-Mimetischen, wird aber durch die „alpinistische" Konkretheit, den Realismus der detailliert geschilderten Handlung ausbalanciert, und die solcherart geschilderte Praxis des Bergsteigens, ihr Erfahrungspotential, ihre Riskanz und ihr konkreter Verlauf, wird konstitutiv für die Dynamik der Erzählung selbst.

Die Faszination des Abenteurer-Astronauten Pirx für das Bergsteigen enthüllt jedoch gleichzeitig dessen Parallele zum Projekt kolonialistischer Expansion und Eroberung. Es geht in beiden Fällen, in der Bezwingung der noch unerstiegenen Wand wie in der Vermessung des fernen Planeten, um Erkundung des noch Unbetretenen, Unentdeckten; zugleich aber um den Mut zur gefahrvollen Tat, um eine Praxis, die das Risiko des Lebens eingeht. An diesem Punkt schlägt freilich die ökonomische Logik der kolonialen Expansion – die Eroberung von Territorium, Bodenschätzen, humanen Ressourcen – ins scheinbar Irrationale um, und genau dies wird in den verschiedenen Reaktionen der Crew-Mitglieder auf Aniels Verhalten zum Ausdruck gebracht. Was aus der Perspektive der instrumentell-rationalen Partner von Pirx als Defekt der Erkundungs-Maschine erscheint, ist in seinen Augen gerade die konsequente Fortsetzung des Vorherigen und folgt dessen Rationalität – eine Bewältigung schwerster Aufgaben, die zugleich „Spiel" ist. Im Automaten-Menschen, in der literarischen Tradition bekanntlich das verunsichernde Doppel menschlicher Identität, zeigt sich in diesem Fall so die zutiefst gespaltene Logik der rationalistischen Welteroberung der ‚Expeditionen' selbst: Ihre Wahrheit offenbart sich erst im Scheitern, im Unfall; im Absturz aus der planbaren Sicherheit des Datensammelns in das unkalkulierbare Spiel mit den eigenen Kräften, das Freiheit in der vordergründigen Nutzlosigkeit des Tuns verheißt.[105]

Es ist also weniger die Differenz Mensch – Maschine als vielmehr jene zwischen verschiedenen Rationalitäts-Typen, die bedeutungskonstitutiv für den Text wird. Die alpinistische Leidenschaft und das daraus motivierte Tun wird trotz des letztlichen Scheiterns zur Möglichkeitsbedingung einer freieren Welt- und Sinnerfahrung. Im Genre der *science fiction* verhandelt Lems Text aber vor allem noch einmal die Kolonisations-Logik *auch* der alpinistischen Eroberung der „höchsten Zinnen der Welt" (Maduschka) und die Frage nach der (Selbst-)Wahrnehmung der Subjekte im Gewahrwerden der Irrationalität ihres Tuns und der Fragwürdigkeit von paradoxen Logiken der Expedition.

105 Freilich muss daran erinnert werden, dass die Riskanz als solche noch keinen Bruch mit der Rationalität bedeutet: „Vom Standpunkt der entwickelten Tauschgesellschaft und ihrer Individuen aus sind die Abenteuer des Odysseus nichts als die Darstellung der Risiken, welche die Bahn zum Erfolg ausmachen." (Adorno, Theodor W./Horkheimer, Max: *Dialektik der Aufklärung. Philosophische Fragmente*, Frankfurt a.M. 1971, S. 57.)

KAPITEL 6

Versionen des Erhabenen

Gott ist erhabener als ein Berg.
Jean Paul, *Vorschule der Ästhetik*

6.1. Haute Route

„Wenn ich einen Bergbauernroman schreiben würde, wäre ich verloren." Mit diesem Satz beginnt Martin Walser 1979 einen Aufsatz mit dem Titel „Alpen-Laokoon oder Über die Grenzen zwischen Literatur und Gebirge"[1], der nur vordergründig eine ironische Abrechnung mit trivialen Genres „traditioneller Heimat- und Bergroman[e]" und der „Verbrauchtheit der Alpenmetaphorik" darstellt: „Alles, was es zuwenig gibt, muß zu oft genannt werden. Berg und Tal und Tell und Einsamkeit und Weite und Licht und herabstiebender Bach und hinaufsetzende Gemse und die anderen neunundzwanzigtausend alpinen Erscheinungsformen".[2] Tatsächlich entpuppt sich der Text als kritisches ‚Verhör' der Ressentiments *gegen* Alpines in der Literatur:

> Ich habe mir angewöhnt, höhnisch zu lachen, wenn mir Alpen in der Literatur begegnen. Höchstens, wenn der, der sie vorkommen läßt, selbst lachen muß, weil er so kühn ist, Alpen vorkommen zu lassen, werde ich an den guten alten Ernst erinnert, den diese Geländeformationen in mir erwecken können.[3]

Ernst und Pathos ungebrochener Alpen-Darstellungen sind für Walser selbstredend unmöglich – etwas „Pathetischeres als Matterhornbilder im Reisebüro kann man sich kaum denken"[4] –, doch die eigene Verschiebung des Alpinen ins „Triviale" hat in seiner Sicht einen doppelten Preis: Sie verstellt den Blick darauf, welche Kompensationsfunktion die Stilisierung der Alpen als Raum von Natur, Freiheit und Einsamkeit in der kapitalistischen Massengesellschaft der Moderne erfüllt; und die „Selbstzensur", das Belegen des Alpinen mit einem Darstellungsverdikt, schließt auch die Versprachlichung eigener

1 Walser, Martin: Alpen-Laokoon oder Über die Grenze zwischen Literatur und Gebirge, in: ders.: *Wer ist ein Schriftsteller? Aufsätze und Reden*, Frankfurt am Main 1979, S. 55–66.

2 Ebd. S. 55, S. 57.

3 Ebd. S. 57f.

4 Ebd. S. 58.

 | DOI:10.30965/9783846767788_007

tatsächlicher Erfahrungen des alpinen Raums aus. Und diese seien tatsächlich mit dem Leben ‚herunten' in der Ebene inkommensurabel:

> Droben kann fast nichts mißglücken. Was man herunten anfangen kann, muß mißglücken. […] Droben könnte ich ununterbrochen tätig sein, kann aber genausogut nichts tun. Herunten fällt mir Tätigkeit schwer, aber ich würde keine Stunde überleben, ohne tätig zu sein. Ein wahrhaft viktorianisches Ideal durchzuckt mich: hoch droben wohnen, hoch droben schreiben, Geld verdienen und, zur Erzeugung eines guten Gewissens, Gründung einer Stiftung für Druntengebliebene.[5]

Zu diesen, auf indirekte und lakonische Weise in den Text eingespielten, Erfahrungen der Höhe zählen Einsamkeit und Ausgesetztheit („Du stehst auf der Stirn des Gestirns"[6]) und vor allem der Körperlichkeit – des „Leichtwerdens, Abhebens, Schwereverlierens, Schweregewinnens" oder der „Luxusschmerzen"[7] beim Skifahren, Erfahrungen unerzwungener Anstrengung, ja der „Freiheit".[8] Das damit gegebene Darstellungsdilemma aber beantwortet der Text mit dem Bezug auf Lessings „Laokoon": Als Landschaft – als zu repräsentierender, körpergebundener Raum – literarisch undarstellbar, sind die Berge als Raum von ‚Handlung' und Verzeitlichung sehr wohl literaturfähig; und als „Gewährsmänner"[9] hierfür beruft der Aufsatz neben Petrarca Hölderlin und Robert Walser: „Die Gipfel werden der Körperwelt programmatisch streitig gemacht als *Die Gipfel der Zeit*".[10] Als solche würden sie aber nur darstellbar für Welt-Flüchtige, die nicht mit anderen, sondern der Natur kommunizieren: „Wer sagt das erste Wort? Du oder der Stein?"[11]

Walsers Essay ist, ähnlich wie der eingangs behandelte Tagebuch-Text Max Frischs, ein Beispiel für Texte der Literatur nach 1945, die sich an der durch die Trivialisierung und kommerzielle Erstarrung alpiner Topoi bedingten Unmöglichkeit einer direkten literarischen Repräsentation des Alpinen abarbeiten und Strategien eines indirekten oder grundsätzlich *anderen* Bezugs darauf erkennen lassen. Der folgende Abschnitt gilt einer genaueren Lektüre einiger davon.

---

5 Ebd. S. 61.

6 Ebd. S. 62.

7 Ebd. S. 63.

8 Ebd. S. 64.

9 Ebd. S. 65.

10 Ebd. Walser bezieht sich hier auf Hölderlins *Patmos*-Hymne („Drum, da gehäuft sind rings/Die Gipfel der Zeit, und die Liebsten/Nah wohnen, ermattend auf/Getrenntesten Bergen,/So gib unschuldig Wasser,/O Fittige gib uns, treuesten Sinns/Hinüberzugehn und wiederzukehren") und den Hymnen-Entwurf *Wenn aber die Himmlischen…* .

11 Ebd. S. 66.

Zu solchen Versuchen ist auch der zwischen Essay, Gedicht und Erzählung changierende Text *La haute route* des französischsprachigen Schweizer Schriftstellers Maurice Chappaz zu zählen, der 1974 erstmals erschien[12] und 1984 in der Übertragung von Pierre Imhasly auch auf Deutsch veröffentlicht wurde[13]. Er beginnt mit einer „Einführung", die ihrerseits mit einem Stoßseufzer anhebt: *„Die Alpen und die Literatur: zwei Monster!"*[14]

Tragend für den Text sind zwei fundamentale Oppositionen: Die „Alpinisten" hätten stets nur äußerliche Handlungen beschrieben, innere Bewegung aber mit der „Maske" des Humors und Anekdoten verdeckt; diese alpine Literatur sei „in nichts literarisch"[15]. In den „Tausende[n] von Büchern" über „die Viertausender, die Achttausender, die Alpen, die Anden, Himalayas, […] über Expeditionen, Direttissimas und alle Grate zusammen" gäbe es allenfalls die „eine oder andere schöne Ausnahme, Fragmente", aber kein einziges „wirkliches Buch", im Gegensatz zu den großen Romanen über das Meer, wie sie Conrad oder Melville verfasst hätten.

Die andere Opposition markiert zugleich das Darstellungsproblem – die alpine Literatur könne in „ganz ähnliche Schwierigkeiten kommen" wie die erotische, indem sie sich der „linearen Führung einer Erzählung" verschreibe; stattdessen gehe es um das „Absolute" im Ton, „das Geheimnis, das innere Drama, das uns die Eingeweide umdreht."[16]

Von diesen Vorgaben ist der Text bestimmt, der nur im äußerlichsten Sinn „Gletscherfahrten zwischen April und Juni […] vom Mont Blanc zum Monte Rosa"[17] nachvollzieht, tatsächlich aber in einer radikal fragmentierten Prosa nach Art eines Prosagedichts Impressionen und Reflexionen versammelt.

> Auf seinen Trümmergärten schrumpft das Dorf zusammen.
> Ich beäuge meine Skis: zwei kleine Schiffsbretter, Sargbretter.[18]
>
> Ich breche nach dem Himmel auf.
> Ein Tal absteigen. In ein anderes gelangen. Ein drittes hochkommen. Stunden in dem tiefen Graben gegangen; entrinnend nun der Flußrinne. Aus der Sicht

12 Chappaz, Maurice: *La haute route*, Vevey 1974; erneut Lausanne 1991; erneut erweitert unter dem Titel *La haute route. Suivi de Journal des 4000*, Chavannes-près-Renens 2007.

13 Chappaz, Maurice: *Haute Route*. Übersetzt von Pierre Imhasly, Zürich 1984; nach dieser Ausgabe wird zitiert. Der Übersetzer hat selbst ein – hier nicht sinnvoll zu besprechendes – assoziatives Groß-Gedicht zum Matterhorn und indischer Mythologie veröffentlicht: Imhasly, Pierre: *Maithuna \ Matterhorn*, Frankfurt a.M./Basel 2005.

14 Ebd. S. 5.

15 Ebd. S. 6.

16 Ebd. S. 7f.

17 Ebd. S. 7.

18 Ebd. S. 15.

> der Engel: finsteres Gebräu, darin die Toten versinken, die Tobel. Die Berge aber haben ihre Stämme in den Wolken. Ich suche das blaue Land, suche zu den weißen Gipfeln einen Schlüssel.
> Stellt Euch auf den Kopf, Leute![19]

Ein Abschnitt ist überschrieben „Von einem Gipfel hinabtauchen“:

> All das, alles das!
> Einen Augenblick noch im großen Rund, inmitten der Grate! Vernebelt und weiß, der Geburtsschrei kommt aus dem Nichts, und sie, die Spitze, hat die Empfindsamkeit der Luft, wie ein Hauch, ein Erzittern, wie ein flaumiger Anflug von tausend Gipfeln.
> Mein Land quillt über. Und auf dem Schatten hockend in dem blauen Schrecken, überrasche ich es, so festgefügt und frisch, und jedes bißchen Wetter oder Stein, Himmel oder Schnee ist Frische.
> Wie die Eier eines wilden Huhns, die Viertausender.
> Sind wir bereit?
> Das Chaos schüttelt uns, wie Wasserflaschen.
> Wer sich noch nie selbst überschritten hat, soll das Maul halten, soll sich umbringen?
> Zähneblinkendes Lachen der Erde, vielgestaltig und eins![20]

In die mit Bildbrüchen, Emphasen, kühnen Metaphern gesättigte Sprache dieser *Haute route* werden gegenläufige, antiemphatische Bilder integriert, Antidot zu den Allusionen des Erhabenen, die gleichwohl aufgerufen werden: Der Text ist radikale Infragestellung der Gattungen „Besteigungsbericht“ oder „alpine Erlebniserzählung“, doch getragen sowohl von der anhaltenden Faszination an der Ästhetik einer Landschaft jenseits aller Täler, als auch von der Abrechnung mit deren touristisch-alpinistischen Vereinnahmung und Klischierung.[21]

In anderer Weise und jenseits des Darstellungsverdikts werden in der deutschsprachigen Gegenwartsliteratur die Alpen gleichwohl immer wieder Thema oder Schauplatz, beispielsweise in Dramen Felix Mitterers oder Peter Turrinis[22] oder Erzähltexten Corinne Billes und Zsuzsanna Ghases[23]. Ferner

19 Ebd. S. 24.

20 Ebd. S. 117.

21 Vgl. zu dieser Abrechnung auch: Chappaz, Maurice: *Die Zuhälter des ewigen Schnees. Ein Pamphlet*, Oberegg 1976; ferner ders.: *Journal des 4000*, Briançon 1975; ders.: *Lötschental. Die wilde Würde einer verlorenen Talschaft*, Frankfurt a.M. 1979; ders.: *Die hohe Zeit des Frühlings, Testament der oberen Rhone, Gesang von der Grande Dixence*, Zürich 1986. Zu Chappaz und Imhasli vgl. Zopfi, *Dichter am Berg*, S. 250–271.

22 Vgl. Mitterer, Felix: *Munde. Das Stück auf dem Gipfel*, Innsbruck 1990; Turrini, Peter: *Alpenglühen.* Ein Stück, Hamburg, Zürich 1992.

23 Vgl. Bille, S. Corinna: *Ländlicher Schmerz. Erzählungen.* Mit einem Nachwort von Anne Cuneo, aus dem Französischen von Elisabeth Dütsch, Zürich 1989; Gahse, Zsuzsanna:

wird Bergsteigen und Klettern in Erzähltexten z.B. Emil Zopfis auch in literarisch anspruchsvoller Weise thematisiert.[24] Ähnlich wie bei Walser verbunden mit Bezügen auf die Literaturgeschichte des Alpinen, vor allem aber in expliziter Verbindung mit einer Poetologie des Erhabenen erscheinen sie schließlich in Texten Raoul Schrotts: Erster und letzter Teil seines Gedichtzyklus *Tropen* von 1998 nehmen ganz explizit auf die Wahrnehmungsgeschichte alpiner Landschaft Bezug.[25]

Dabei konfrontiert der Abschnitt „Eine Geschichte der Berge" die drei Gedichte „Hannibal – *Mont Cenis*", „Petrarca – *Mont Ventoux*" und „Dante – *Prato al Saglio*" mit drei nicht historisch referentialisierten, dafür durch Datierungen (*„wildspitze, 26.2.98"*) als poetische Formulierungen eigener alpiner Erfahrungen ausgewiesenen Gedichten mit den Titeln „Wildspitze", „Graukogel" und „Die bleichen Berge"[26]. Die Gedichte über Hannibal, Petrarca und Dante schreiben dabei initiale Momente aus historischen Texten wie Petrarcas Ventoux-Epistel um und weiter[27], nehmen aber auch Gattungstraditionen modernisierend auf[28] und konfrontieren die Gedichte mit Glossen auf der je gegenüberliegenden Seite, die Petrarca und Simler direkt zitieren oder Wahrnehmungsphänomene wie das „Alpenglühen" erläutern.

Als Kontrast stehen am Ende des Zyklus drei lange Gedichte in einem Abschnitt mit der Überschrift „Gebirgskrieg 1916–1918", die Augenzeugenberichte von Soldaten beider Seiten als Rollengedichte verarbeiten[29], doch schon durch die Überschriften (*„Castel Dante"*, *„Col Santo"* und *„Passo Paradiso"*) und Motti aus den drei Teilen von Dantes *Commedia* erneut als Kontrafaktur mit ihr verbunden sind („UM DEN Passo Paradiso / der halbkreis der hölle"[30]). In dieser Kontrafaktur wird einerseits eine „Zurückweisung des

---

Instabile Texte [–] *zu zweit*, Wien 2005; vgl. auch Hohler, Franz: *Die Steinflut. Eine Novelle*, München 1998.

24 Vgl. Zopfi, Emil: *Die Wand der Sila*, Zürich 1986; ders.: *Die Stunden im Fels. Texte vom Klettern*, Zürich 1989; ders.: *Sanduhren im Fels. Erzählungen und Reportagen*, Zürich 1994; ders.: *Kilchenstock. Der Bergsturz in den Köpfen*, Zürich 1996.

25 Schrott, Raoul: *Tropen. Über das Erhabene*, München 1998. Vgl. aus den Forschungsbeiträgen v.a. die aufschlussreiche Lektüre von Hoffmann, Torsten: *Konfigurationen des Erhabenen. Zur Produktivität einer ästhetischen Kategorie in der Literatur des ausgehenden 20. Jahrhunderts (Handke, Ransmayr, Schrott, Strauß)*, Berlin, New York 2006, v.a. S. 45–63, 145ff. sowie 269ff.

26 Schrott, *Tropen*, S. 65–81.

27 Beispielsweise im ersten Teil des seinerseits dreiteiligen Petrarca-Gedichts: „ich geriet zur tiefe ab auf leichten und langen wegen / talaufwärts steigend"; ebd. S. 69.

28 Sowohl das „Dante"-Gedicht als auch „Wildspitze" verwenden das Terzinen-Schema (aba bcb cdc ded ...) der *Commedia*, „Wildspitze" im wesentlichen auch Endecasillabi.

29 Vgl. die Nachbemerkung und Quellenangabe ebd. S. 213.

30 Ebd. S. 199, die Gedichte S. 175ff., S. 183ff., S. 193ff.

Erhabenen“[31] sichtbar, wofern es – wie beispielsweise bei Ernst Jünger – der Auratisierung des Kriegserlebnisses und der ästhetischen Distanzgebung dient; andererseits ist die poetische Faktur dieser Texte, ihre – im Gegensatz zu den oben genannten – formale Zerrissenheit und Heterogenität und ihre Evokation von Kälte, Tod und metaphysischer Verlassenheit ihrerseits von einer Poetologie des Erhabenen getragen, die Schrott in den beiden reflektierenden Texten „Inventarium I“ und „Inventarium II“ des Bandes entwirft.[32] Sie entwickelt das Erhabene dabei zugleich als rhetorische Kategorie und als Modus von Natur-Erfahrung:

> Was sich [...] als Konstante an den verschiedensten Bestimmungen des Sublimen – die sich im Laufe der Jahrhunderte[...] mit dem Grauen, dem Schönen, dem Pittoresken und dem Romantischen überschnitten – ablesen läßt, ist das Gegenüber der Natur und die Position, die man dazu einnimmt. Das Erhabene ist so letztlich Ausdruck einer existentiellen Haltung, die immer wieder an der Unantastbarkeit der Natur scheitert, eine Haltung, die sich gerade an diesem unüberwindlichen Bruch orientiert – das wäre die knappste denkbare Annäherung. Und sie gilt zugleich auch für das Gedicht, das die Topographie des Erhabenen mit dem Raster seiner Tropen entwirft.[33]

In diesen „Tropen“ – Metaphern und Metonymien, spezifischer auch Litotes, Hyperbel, Periphrase – evozieren die lyrischen Texte nicht notwendig „Erhabenheit“ der Natur selbst, sondern seine „Topographie“: Diese Erhabenheit ist gewissermaßen eine zitationale, die Rhetorizität der literarischen Inszenierung des Gebirges mitreflektierende und zugleich reaktivierende Fluchtlinie ästhetischer Inszenierung von Subjektivität.

In anderer Weise, so soll im Folgenden gezeigt werden, sind ‚Versionen‘ des Erhabenen kennzeichnend für eine ganze Reihe literarischer Texte der Nachkriegszeit, die auf den alpinen Diskurs Bezug nehmen, wobei sie sich in den ästhetischen Projekten und Poetiken der Texte sehr unterschiedlich ausfalten. Exemplarisch für die literarischen Bezugnahmen auf den alpinen Diskurses in der Nachkriegszeit soll dabei zunächst das Werk von Max Frisch untersucht werden.

---

31 Hoffmann, *Konfigurationen des Erhabenen*, S. 279.

32 Schrott, *Tropen*, S. 7–11 und S. 206–212.

33 Ebd. S. 8.

6.2. Die Alpen im Werk Max Frischs

Die eingangs dieser Studie analysierte Tagebuch-Passage *Nach einem Flug* ist nur eine von verschiedenen Stationen der Auseinandersetzung mit der Ästhetik des Alpinen bei Frisch, die sich, wenngleich sie nicht dominant sind, auch in anderen seiner Texte finden: So erscheint in *Mein Name sei Gantenbein* die Passage einer Bergtour auf den Piz Kesch, die Gantenbein als Soldat unternimmt[34], und dort die Begegnung mit einem bergsteigenden deutschen Nazi;[35] und am Ende des Romans *Homo faber* berichtet der Protagonist Walter Faber zum Teil wortgleich mit dem genannten Text von seinem letzten Flug über die Alpen.[36]

Zunächst sind allerdings einige frühere Texte Frischs von Interesse, in denen die Erfahrung des alpinen Raums noch in der Tradition schweizerischer Alpinliteratur gestaltet wird. Vor diesem Hintergrund ist dann die Entwicklung einer spezifischen Codierung des Alpinen in Frischs späteren Texten deutlich zu machen, welche ebenfalls als eigentümliche Version des Naturerhabenen gefasst werden kann – als in die technisch-instrumentelle Zivilisation verschobene Wahrnehmung der Macht der Natur in der Situation ihrer scheinbar vollkommenen Bemächtigung durch den Menschen, und als poetische Reflexion der Darstellbarkeit dieser Wahrnehmung. Dieser Bezug zu einem nicht mehr ästhetisch, sondern reflexiv fundierten Erhabenen der Natur ist schließlich auch grundlegend für die Darstellung des Alpinen in Frischs später Erzählung *Der Mensch erscheint im Holozän*.

„... auf einem andern Gestirn". Der frühe Roman ‚Antwort aus der Stille'

Von einem derartigen Blick auf den alpinen Raum sind die ersten Texte des Autors Max Frisch, die sich mit Bergen beschäftigen, noch weit entfernt. Es sind dies, zum einen, zwei Feuilletons aus der Mitte der dreißiger Jahre, die von eigenen Bergwanderungen des versierten, wenn gleich keineswegs extremen Bergsteigers Frisch berichten[37], zum andern und vor allem aber der zweite größere

---

34 Vgl. Frisch, Max: *Mein Name sei Gantenbein. Roman*, Frankfurt a.M. 1964, v.a. S. 66ff.

35 Vgl. für einen Überblick die – erzählerisch und (auto-)biographisch orientierte – Darstellung in Zopfi, Emil: Max Frisch. Dem Alleingänger ist die Welt offen, in: ders., *Dichter am Berg. Alpine Literatur aus der Schweiz*, Zürich 2009, S. 224–249.

36 Frisch, Max: *Homo faber. Ein Bericht*, Frankfurt a.M. 1979 [EA 1957], S. 194ff.; im Folgenden mit der Sigle HF im Text zitiert. Vgl. dazu unten.

37 Frisch, Max: Über die Alpen, in: *NZZ*, 13.8.1937. (Wieder in: Niemann, Carsten (Hg.): *Max Frisch. Journalistische Arbeiten 1931–1939*, Hannover 2001); ders.: Planura, in: *NZZ*, 4.10.1935, (ebenfalls wieder in: Niemann, *Max Frisch*); vgl. dazu Zopfi, Dichter am Berg, S. 231.

Erzähltext Frischs, der unter dem Titel *Antwort aus der Stille* 1937 bei der Deutschen Verlagsanstalt in Stuttgart erschien. Nach dieser „Erzählung aus den Bergen" (wie der Untertitel lautete[38]) und den für ihn zum Teil enttäuschenden Reaktionen darauf hatte Frisch zeitweise das Schreiben aufgegeben, seine frühen Texte verbrannt und ein Architekturstudium begonnen;[39] und auch wenn er wenige Jahre später, zur Armee eingezogen, wieder zum Schreiben zurückkehrte, stand er dem frühen Text distanziert gegenüber und nahm ihn (im Unterschied zum ersten Roman *Jörg Reinhart*) nicht in die *Gesammelten Werke* auf, die 1971 anläßlich seines 60. Geburtstags herauskamen.[40] Erst 2009 erschien eine Neuausgabe des Textes bei Suhrkamp.[41]

Ebenso wie der Text also offenbar in einer biographischen Krisensituation entstand, erzählt er auch von einer solchen – von der Lebenskrise eines, im Vergleich zum Autor, nur wenig älteren Protagonisten mit Namen Balz Leuthold, der ins Gebirge wandert, um der Stagnation seines Lebens zu entkommen „durch die männliche Tat" (AS 18).[42] Als solche Tat schwebt ihm die Erstdurchsteigung des Nordgrats eines – in der Erzählung namenlos bleibenden – Berges vor, ein für einen Alleingeher extrem riskantes Unterfangen; aber genau dies macht es für den Protagonisten so attraktiv:

---

38 Die Gattungszuordnung des Textes ist sowohl beim Autor als auch bei seinen Kommentatoren uneinheitlich; so bezeichnet ihn Andreas Isenschmidt, der 2001 an ihn erinnerte, als Roman (Isenschmid, Andreas: Max Frischs verstoßener Roman, in: *Tages-Anzeiger*, Zürich, 31.3.2001, S. 51), und Peter von Matt als „kleinen Roman" (von Matt, Peter: Nachwort. In: Frisch, Max: *Antwort aus der Stille. Eine Erzählung aus den Bergen*, Frankfurt a.M. 2009, S. 147–172, hier S. 149)

39 Vgl. zur Biographie: Bircher, Urs: *Vom langsamen Wachsen eines Zorns. Max Frisch 1911–1955*, Zürich 1997; allerdings waren die Besprechungen des Buchs recht wohlwollend und Frisch erhielt dafür 1939 den Preis der Zürcher Conrad-Ferdinand-Meyer-Stiftung.

40 Entsprechend spärlich sind die Beiträge dazu in der Forschung; vgl. aber: Schwenke, Walburg: *Leben und Schreiben. Max Frisch – eine produktionsästhetische Auseinandersetzung mit seinem Werk*, Frankfurt a.M./Bern 1983, S. 67–74; Stephan, Alexander: *Max Frisch*, München 1983, S. 26–28; Schmitz, Walter: *Max Frisch. Das Werk (1931–1961): Studien zu Tradition und Traditionsverarbeitung*, Bern/Frankfurt a.M./New York 1985, v.a. S. 52–57.

41 Frisch, Max: *Antwort aus der Stille. Eine Erzählung aus den Bergen*, mit einem Nachwort von Peter von Matt, Frankfurt a.M. 2009 (EA Stuttgart/Berlin: Deutsche Verlags-Anstalt, 1937). Nach der Neuausgabe wird im Folgenden mit der Sigle AS und Seitenzahlen im Text zitiert.

42 Die autobiographische Dimension ist freilich (wie immer) komplex: Während der Protagonist anstelle der jugendlichen Träume von eigener Außerordentlichkeit – „denn er wäre kein gewöhnlicher Mensch, sagte er, sondern ein Künstler oder ein Erfinder oder so" (AS 10f.) – die außerordentliche und zugleich fragwürdige ‚alpine Tat' wählt, agiert der Autor dasselbe Begehren gerade im halb-distanzierten, aber literarischen Beschreiben dieser Substitution aus. Vgl. zu dieser verschobenen Relation (und ihren Parallelen bei Goethe, Mann u.a.) v.a. von Matt, Nachwort, bes. S. 150–157, sowie Zopfi, *Dichter am Berg*, S. 227ff.

> Einmal muß man es wagen, die Tat oder der Tod, denn ein Leben, wie es sich anläßt, kann und will er nicht ertragen, das hat er sich geschworen, dieses Leben eines Durchschnittsmenschen – nie und nimmer! (AS 18)

Formal ist der Text in vierzehn nicht numerierte oder überschriebene Abschnitte aufgeteilt, die durch Asterisken abgesetzt sind – mit der Ausnahme einer Trennung durch eine Linie von Gedankenstrichen, welche den Aufbruch des Helden zu seiner (im Text nicht geschilderten) Nordgrat-Besteigung markiert. Die Abschnitte beginnen auffällig oft an chronikalischen Einschnitten wie Tageswechseln der chronologisch erzählten Geschichte[43], motivieren aber auch den Wechsel des erzählerischen Fokus zwischen den Figuren[44] – wobei neben dem Helden vor allem eine junge Dänin namens Irene wichtig ist, die zunächst nur als eine Art Klischeebild einer jungen, unbeschwerten Touristin eingeführt wird, im Lauf der Erzählung aber als komplexe Figur Profil gewinnt.[45]

In der Eingangspassage liegt der Fokus ganz auf dem wandernden Protagonisten und geht von einer grundsätzlich heterodiegetisch-extradiegetischen Narration innerhalb der Abschnitte immer wieder in die homo- und intradiegetische (also: personale) Perspektive über. Diese Verschleifung – oft katalysiert durch das Pronomen „man“[46] – stellt das stilistisch vielleicht auffallendste Merkmal des erzählerischen Gestus dar; die Distanz der Erzählinstanz zur als Bewußtseinsstrom inszenierten Weltwahrnehmung des bzw. der Protagonisten verschwindet teilweise völlig, teils wird sie mit ironischem Unterton abrupt wieder hergestellt.[47] In dieser erzählstrukturellen Besonderheit, so lässt sich festhalten, sind sowohl das Potential als auch die Problematik des Textes begründet – gerade an diesem „man“ und seiner narrativen Funktion wird sich in der späteren Prosa Frischs Entscheidendes verändern.

43 „Es ist ein Tag, wie er zum Wandern kaum schöner sein kann […]“ (AS 7), „Am andern Morgen ist es wieder beinahe wolkenlos […]“ (AS 22), „Am nächsten Tag, der übrigens der letzte Tag ihres Aufenthaltes sein soll […]“ (AS 57).

44 „Nicht einmal zu Tisch ist er an jenem Abend erschienen, und umsonst hat Irene auf ihn gewartet […]“ (AS 55), „Barbara ist diesen ganzen Tag kaum vom Gasthaus weggegangen […]“ (AS 101) usw.

45 Vgl. von Matt, Nachwort, S. 169.

46 Ein Beispiel vom Beginn des Textes: „Wie gut das Leben ist, denkt er, wenn man müde ist und weiß, wozu man am andern Morgen erwachen wird. Man weiß es ja so selten, und immer dieses Aufstehen in ein leeres und unfruchtbares Dasein hinaus, manchmal meint man wohl, man ertrage es nicht länger. Aber man kann ja sehr verzweifelt sein, man kann sich über den Tisch werfen, und manchmal möchte man sogar seinen Kopf nehmen und ihn einfach gegen eine Wand rennen, damit alles zerspritze, was man denkt – am Ende aber, irgendwann, kommt immer ein Schlaf […]“ (AS 20).

47 Wichtig ist hier die ausgestellte Beiläufigkeit: „Er hat sich übrigens bald wieder auf den Abstieg gemacht“ (AS 37), „Es läßt sich übrigens erraten“ (AS 62), u.ö.

Das solcherart dargestellte Geschehen lässt sich vereinfacht in vier Phasen einteilen: Der erste Abschnitt schildert die Wanderung des Protagonisten durch ein Bergtal in ein hochgelegenes Gasthaus; früh deutet sich die hochalpine Zielrichtung seines Unternehmens an (der Held trägt einen „schwere[n] Rucksack, beladen mit Seil und Steigeisen, mit Schlafsack und Zelt [...]" (AS 7)), doch die Erzählung parallelisiert die Wanderung vorerst mit der Erinnerung des Wanderers, der denselben Weg „vor dreizehn Jahren" (AS 8, 9) mit seinem Bruder gegangen war, an seine Jugend, und mit der inneren Reflexion seiner seither immer wieder scheiternden Pläne einer künstlerischen Existenz. Inzwischen ist er ein ‚Mann von dreißig Jahren', Doktor, Miliz-Leutnant, verlobt und im Begriff, Lehrer zu werden (AS 14) – und also unmittelbar davor, in eben jene bürgerliche Existenzform einzutreten, die „das Leben eines Durchschnittsmenschen" (AS 18) verheißt. Das Ungenügen an diesem sinnlosen Durchschnittsleben wird zwar im Text als Motivation zu der Bergtour eingeführt; die imaginierte „große Tat" erscheint aber ihrerseits als Ersatz für die gescheiterten Pläne einer künstlerischen Existenz, und das Ungenügen an der bürgerlichen Normalität wird im Text in solcher Ausführlichkeit und Direktheit als Bewußtseinsstrom inszeniert, dass sie den Schluss des Textes, als sich Leuthold nach der gerade noch überlebten Bergtour auf das bürgerliche Leben als Lehrer und Familienvater einrichtet, in fragwürdiges Licht rückt. Auch in der Identitätskrise des Helden, die mit diesem Schluß daher nur scheinbar aufgehoben ist, werden Motive erstmals formuliert, die auf spätere Texte Frischs vorausweisen.

Die folgenden fünf Abschnitte der Erzählung (AS 22–57) zeigen den Helden zunächst in einer Art Regression, als er in einem Bergbach einen Damm baut und das Schiffchen-Spiel[48], das er selbst dort als Junge gespielt hatte, wiederholt; nachdem er wahrnimmt, dass ihn Irene dabei beobachtet hat, schämt er sich seines Tuns und vollführt tags darauf eine gefährliche Kletter-Tour durch eine nahgelegene Felswand, welche die Gäste des Berggasthofs und auch Irene durch ein Fernrohr beobachten. Hier inszeniert die Erzählung die alpine ‚Tat' des Helden deutlich als Reaktionsbildung auf die Scham, als Anerkennungssuche und Selbstbestätigungsversuch in den Augen der anderen.[49] Nachdem

48 AS 26–29. Das Schiff mag man ebenso als Symbol des Lebensschiffs lesen (Schmitz, Max Frisch, S. 55) wie die ganze Passage als initial für die Liebe (von Matt, Nachwort, S. 169); der Text markiert aber die Scham überaus deutlich (vgl. AS 29), noch als ‚Knabe' wahrgenommen worden zu sein.

49 Entsprechend heißt es nach seiner Rückkehr: „Er steht am Geländer, die linke Hand in der Hosentasche, und raucht aus seiner Pfeife, und gewiß ist es ihm nicht unangenehm, daß sie ihn also in jener Wand gesehen hat, sie, die ihn gestern sah, als er wie ein Bub im Bach stand und mit dem Rindenschifflein spielte. Es ist eine kühne Wand, die er heute

Leuthold Irene beim Billardspiel während eines Regentags näher gekommen ist, seine gesellschaftliche Ungeschliffenheit ihm aber wiederum Schamgefühle bereitet, bricht er am nächsten Morgen zu seiner geplanten Nordgrat-Besteigung auf.

Doch Irene passt ihn ab und begleitet ihn unversehens auf der Tour (AS 57–118), auf der die beiden zunächst in einer Berghütte einkehren und dann einen Gipfel besteigen. Nach einer angedeuteten Liebesbegegnung und einer beklommenen Nacht im Zelt auf einem hochgelegenen Joch, in der Irene dem seiner Verlobten untreuen Helden ihrerseits gesteht, verheiratet zu sein (allerdings mit einem todkranken Mann, den sie nicht mehr erträgt), verschwindet Leuthold und Irene findet sich allein im Zelt wieder.[50]

Die letzte Phase unterscheidet sich strukturell von den vorherigen, da der Protagonist tatsächlich auch aus dem Text verschwindet; erzählt wird nur vorerst nur aus der Perspektive Irenes sowie der bald hinzu kommenden Verlobten Leutholds namens Barbara; ein Suchtrupp von Bergführern bricht auf, den Vermißten zu finden, doch schließlich kehrt dieser völlig verändert und mit erfrorenen Gliedmaßen nach drei Tagen von selbst zurück – „und seine Augengruben sind wie schwarze Löcher, und er steht da wie einer, der aus dem Sarge kommt" (AS 138f.). Leuthold spricht – wie der Text – nicht über das, „was gewesen ist, auch nicht, wie er dem Tod in die Augen geblickt hat" (AS 141), er gibt „keine Antwort" (AS 141, 142): Über die „Antwort aus der Stille", die der Titel benennt, herrscht im Text ebenfalls Stille. Nur auktorial wird am Ende seine Erfahrung vermittelt, „daß es kein gewöhnliches Leben gibt, kein verächtliches Leben, das einfach wegzuwerfen wäre, und daß wohl alles genug ist, was wir wirklich erfüllen" (AS 144).

Für die Bezüge des Textes auf den alpinen Diskurs sind mehrere Aspekte wichtig. Zunächst situiert Frischs Text die Lebenskrise seines Helden nicht einfach im Gebirge als einem vermeintlichen Außenraum der Kultur; diese Kultur ist – in den Hotelgästen und touristischen Ritualen, aber auch in den Reflexionen des Helden – vielmehr permanent präsent. Sehr konkret referiert der Text dagegen auf die Praxis des ‚heroischen' Gefahrenalpinismus in den 30er Jahren, wobei vor allem die kontrovers diskutierten Versuche der Eiger-Nordwand-Erstdurchsteigung zeitgenössischen Lesern zweifellos bekannt

---

bezwungen hat, das muß man schon sagen, und herrlich ist es, wie sich gerade die Wolken darüber schieben […]" (AS 39).

50 Diese Trennung wird durch die erwähnte Zeile mit lauter Gedankenstrichen (AS 118) zugleich angedeutet und als unerzählbar markiert; darüber, *was* sich alles hinter diesen Gedankenstrichen verbirgt, die Unsagbarkeit des Glücks (so von Matt, Nachwort, S. 166) oder eher die Unaussprechlichkeit der Erfahrung Leutholds, läßt sich offenkundig nur spekulieren.

waren. Konkret wird dieser Bezug allerdings weniger in der Beschreibung der alpinen Praxis des Protagonisten als im Beobachten des lebensgefährlichen Schauspiels von der Terrasse des Gasthofs voll Sensationshunger und „entsetzter Neugier" (AS 33, vgl. AS 33ff.): Dies zitiert förmlich die Konstellation, dass von der Hotelterasse auf der Kleinen Scheidegg über Grindelwald aus die tödlich endenden Durchsteigungsversuche der Eigerwand durch Fernrohre beobachtet und in der Presse sensationsgierig kommentiert worden waren.[51]

Ob die Erzählung Frischs als Ganze sich damit an das „Drama an[lehnt], das damals immer von neuem am Eiger inszeniert wurde und auf das alle Welt starrte, besonders gebannt die NS-Funktionäre"[52], oder den „zeitgenössischen Heroenkult[]" nicht vielmehr unmittelbar kritisiert[53], ist indessen schwer zu sagen: Die genannte Beobachtungs-Situation beschränkt sich auf eine kürzere, ironisch distanzierte[54] Passage, während die eigentliche und – wie mehrfach betont wird (vgl. AS 62, 85) – lebensgefährliche Erstdurchsteigung sozusagen im medialen *off* erfolgt. Andererseits erscheinen beide alpinistischen Aktionen des Helden, sowohl diese Wand-Durchsteigung wie die abschließende Besteigung des Nordgrats, deutlich als Surrogate[55] und Fluchten in irrationale „Taten", in denen er Selbstbewährung sucht; doch einen explizit kritischen Reflex auf den genannten Heroenkult wird man dies schwer nennen können,

51 Bei diesen Versuchen starben 1935 Karl Mehringer und Max Sedlmayr und 1936 Toni Kurz, Andreas Hinterstoißer, Edi Rainer und Willy Angerer. Die Erstdurchsteigung gelang schließlich ein Jahr nach Erscheinen der Erzählung 1938; vgl. Anker, Daniel: *Eiger. Die vertikale Arena*, 4.A. Zürich 2008. Man kann vermuten, dass auch aufgrund dieser spektakulären Beobachtbarkeit die Eiger-Nordwand weit über Alpinistenkreise hinaus bekannt und zum symbolischen Ort des potentiell tödlichen alpinistischen „Kampfs" mit Bergen wurde; Daniel Anker hat im übrigen über 50 fiktionale Bearbeitungen des ‚Eiger-Dramas' in Literatur und Film ausgemacht, darunter das Versepos *Das Drama am Eiger* von Theo Lütolf (Zürich 1936); vgl. ebd. S. 211ff.

52 Schütt, Julian: *Max Frisch. Biographie eines Aufstiegs. 1911–1954*, Frankfurt a.M. 2011, S. 221.

53 So von Matt, Nachwort, S. 163f.

54 Die Ironie gilt vor allem der Sensationsgier: „Erst als es zum Mittagessen geklingelt hat, schon dreimal, wird das Fernrohr verlassen und die ganze Sache vorübergehend nur noch im Gespräch verfolgt; dabei hört man, während man die Suppe ißt, nicht nur die verschiedensten Ansichten, lobende und tadelnde, zuversichtliche und schwarzseherische, man hört vor allem auch, lauter als sonst, das Geklirr der Bestecke, als würde heute besonders hastig gegessen, damit der Mann nicht abstürzt, bevor man wieder am Fernrohr steht …" (AS 35).

55 Der Ausdruck Surrogat ebenfalls bei von Matt, Nachwort, S. 164: „Die scheinbar heroische Tat ist ein Surrogat". Ob der „Heroismus der männlichen Tat" und seine Feier im alpinistischen Diskurs damit „im Verlauf der Erzählung reflektiert und kritisiert" (ebd.) wird, kann man allerdings bezweifeln.

denn z.B. politische Motive und andere als entsetzte (z.B. anerkennende) Reaktionen darauf werden im Text noch nicht einmal erwähnt. Ferner wird, so desaströs – nämlich mit schwersten Erfrierungen des Helden – schließlich die Nordgratdurchsteigung endet, seine (wie gesagt unausgesprochene) Erfahrung am Ende tatsächlich als Bewältigungsform der Sinnkrise ins Positive gewendet.

Eine tatsächliche Differenz zum genannten alpinistischen Heroismus liegt dafür in einer anderen Dimension der Erzählung, die ja deutlich auch als (scheiternde) Liebesgeschichte angelegt ist: Balz [!] Leuthold entflieht nicht nur dem bürgerlichen Dasein, sondern auch seiner Verlobten, und es entwickelt sich, als diese schließlich ebenfalls ins Gebirge und auf die Berghütte kommt, eine melodramatische Situation um einen von Frauen begehrten und sie zugleich fliehenden Sonderling.[56] Die Verbindung von Melodram und Gebirgsgeschichte erinnert 1937 – im selben Jahr kommt *Der Berg ruft* in die Kinos – unweigerlich an die Bergfilme der 20er und 30er Jahre[57]; allerdings mit der charakteristischen Verschiebung, dass nun nicht mehr zwei Männer um eine Frau konkurrieren und diese Konkurrenz am bzw. mit dem Berg symbolisch ausagieren, sondern mit zwei Frauen und einem Mann eine andere Triade und eine andere Begehrensstruktur vorliegt: Der Berg wird darin ein Fluchtraum *aus* jeder Beziehung – und in gewisser Weise ein beliebiges Areal gefahrvoller männlicher ‚Tat'.

Selbst wenn die Erzählung ideologische Heldenkonzepte wie das des heroischen Alpinismus psychologisch bricht, werden in dieser Figurenkonstellation nun allerdings sehr konventionelle Gender-Konzepte reinszeniert.[58] Ohne erkennbare erzählerische Distanzierung heißt es von Leuthold:

> Vielleicht denkt er auch noch an seine Braut, die nun zu Hause sitzt und vielleicht weint, da sie nicht einmal weiß, wo sie ihn suchen soll, und daran, daß eine liebende Frau wohl immer eine Last ist, weil Liebe ja noch keinen Mann erlöst; auch die Frau weiß das, und doch erwartet sie es, im stillen [sic] erwartet

---

56 Zur Parallele mit Frischs Erstling *Jürg Reinhard* vgl. Schmitz, Max Frisch, S. 54ff.

57 Ohne expliziten Bezug auf die Melodramatik rückt z.B. auch der zeitgenössische „Rezensent der ‚Neuen Zürcher Zeitung' Frischs Buch in die Nähe jener deutschen Filme, ‚in denen die jungen Männer, weil sie das Bücherlesen, die humane Bildung, ja das Geistigsein beschwerlich und unnötig finden, den Pickel nehmen und auf Dreitausender klettern'" (zit. nach Stephan, *Max Frisch*, S. 28).

58 Dem widerspricht nicht von Matts Beobachtung, dass die Erzählung erstmals eine von Frisch immer wieder aufgegriffene Utopie, nämlich einer Liebe „auf Zeit, [...] ohne Verwandlung und Gewöhnung, ohne Gereiztheit, Eifersucht, Überdruß" formuliert (von Matt, Nachwort, S. 168f.), die solche konventionellen Geschlechterstereotypen offenkundig hinter sich läßt (deren Aufruf im Text von Matt im übrigen ignoriert).

> sie es wohl immer, auch wenn sie manchmal das Gegenteil sagt, und wie soll sie es auch begreifen, da sie im Grunde ganz Liebe ist; wie soll sie begreifen, daß sie ihn mit dem besten Willen nie erfüllen wird und halten kann, auch wenn er sie vielleicht erfüllt, und daß es für ihn darum kein Abstehen gibt in der Liebe, kein Genugsein, sondern immer wieder ein Weitermüssen, sei es in die männliche Untreue oder in die männliche Tat. (AS 21f.)

Erkennbar wird hier gerade keine anti-bürgerliche Utopie, sondern eine elementare Aporie der bürgerlichen Konzeption eines asymmetrischen Geschlechterverhältnisses, in der „die Frau" „zu Hause sitzt" und „im Grunde ganz Liebe ist" – also in der Relation zum Mann aufgeht –, während „der Mann" in dieser Relation nie ‚erfüllt' sein kann und daher Untreue oder große Taten suchen muss.[59] Es ist vielleicht eher das Mißverhältnis dieser Konzeption zu eigenen späteren Identitäts- und Liebeskonzeptionen, das Frisch nach dem Krieg von dieser Erzählung Abstand nehmen ließ, als die (vermeintliche) Nähe zu konventioneller Berg- und Heimatliteratur.[60]

Vermeintlich ist diese Nähe schließlich insofern, als der Text zwar in einigen ‚lyrischen' Passagen daran erinnert[61], an einigen Stellen aber jede Idylle dementiert. So heißt es angesichts der hereinbrechenden Nacht, die der Held und Irene im Zelt verbringen:

> Kein Licht ist draußen sichtbar, das von Menschen angezündet ist. Nur die Sterne funkeln über dem Gebirge, und es ist hell, daß man sogar die Halme erkennt, die auf dem nahen Boden stehen, fast wie am Tag, nur daß es ein andrer Schein ist, ein lebloser Schein, der sich über die Dinge gießt, matt und schattenlos, sehr sonderbar, als sei man auf einem anderen Gestirn, wo es kein Leben gibt, auf einem Gestirn, das mit all seinen Felsen und Firnen nicht für Menschen geschaffen ist, so unsagbar schön es auch sein mag. (AS 114)

Auch die „knochenbleiche Farbe" (AS 120) der Felsen oder die „tödliche Kälte des Raumes" (AS 128) zeigen eine Fremdheit der hochalpinen Zone an, die

59 Vgl. zur Entstehungsphase dieser bürgerlichen Konzeption noch immer Honegger, Claudia: *Die Ordnung der Geschlechter. Die Wissenschaften vom Menschen und das Weib*, Frankfurt a.M. 1991.

60 Das Letztere vermutet von Matt, Nachwort, S. 171f.

61 So z.B. „Dann färben sich nach und nach die ersten Gipfel, zuerst wie Bronze, dann wie Kupfer und endlich sogar wie Gold. Und die Firne, die das erste Licht bekommen, sind dann wie Elfenbein" (AS 119); „Ein neuer und klarer Morgen wird aufgehen, ein gläsernes Leuchten, eine silberne und blitzende Glut, wenn die Sonne wieder über die stummen Berge steigt und über die Täler, wo es grüne Matten gibt und Wälder, die nach Harz und Schwämmen duften, und immer tiefer wird man steigen, an den ersten Hütten vorbei, wo die schwarzen Ziegen bimmeln und wo auch wieder Blumen sind, die im Morgentau glitzern […]" (AS 144).

mit den Genremustern trivialer Berg- oder Heimatromane inkompatibel ist: Sie weisen als Markierungen des Transhumanen dieser Zone auf die Perspektive späterer Texte voraus und damit auch auf deren reflexive Inszenierungen von Erhabenheit. Neben dieser „Kälte" ist es schließlich auch die „Stille", die als Nicht-Erzählen des eigentlich Erlebten und so gewissermaßen als Leerstelle der Erzählstruktur ein Umschlagen dieser Konzeption in den erzählerischen Gestus andeutet.

Gipfelstunden

Stützen lässt sich diese Lektüre durch einen wenig später entstandenen frühen Text Frischs, der in der sprachlichen Inszenierung dieser Fremdheit noch einen Schritt weiter geht. In der Schlußpassage der *Blätter aus dem Brotsack*, die seine Armee-Erfahrungen festhalten, beschreibt Frisch 1940 den Blick von einem Berggipfel:

> Jetzt ist es November ... Es ist ein einsamer Wolkenabend über den Bergen, über den Tälern, über den Alpen, diese unsägliche Stille und Öde der Hänge. Wie roter Rost schimmern die Stauden, wie Grünspan scheint das Geröll, Bäche, unsichtbare, Wasserfälle rauschen aus der Tiefe abendlicher Räume, aus urweltlichen Kesseln. Ringsum fällt es ab; ein verwettertes Gipfelkreuz, das seine vier Arme streckt, und ringsum fällt es ab, stürzt es, sinkt es über Vorsprünge ins Leere: Räume, in verlorenem Maßstab endlich die ersten Alpen, wo auch das Dunke, das violette Düster der steilen Wälder beginnt. Es gibt kein Höhersein hier. Wind, das Kind der Leere, diese tonlose Leidenschaft, die aus Nichts kommt und Widerstand sucht: Wind, der die dürren Gräser über den Felsen schüttelt und über die scharfen Grate winselt, irr, rastlos, gnadlos. Und fernhin über diesen Mulden und Kesseln, die voll Geröll sind, voll Menschenlosem, leuchtet eine Garbe silberner Strahlen. Ein Loch im ziehenden Gewölk, es dauert nicht lang. Alles ist Strömen, alles ist Wechsel. Eine Alp, eine kleine Wiese hebt es ins Gelbe empor, hoch aus dem Bodenlosen, aus einem Meer von Schattendunst. Dann sind es die Kehren einer Straße, wie ein Kreidestrich, Hütten am Hang, ein Heutrockner und Vieh. Und wieder vorbei. Einmal blinkt der Fluß in der Talsohle, ein Stück weit, er rieselt wie Quecksilber. Und über alldem stehen die Gipfel, ein Verblauen in Stufen, keine Berge mehr, nur noch Umrisse, scharf und wie aus Glas geschnitten, bläulich wie ein durchsichtiger Rauch.
>
> In Gipfelstunden hat es nicht den Anschein, als sei die Welt, diese Rätselsumme, zuhanden des Menschen gemacht. Nur wer Glaube trägt, wird sich noch freuen, wenn Gläubigkeiten zerschellen, und auch das Grauen segnen, das er glaubt, glauben muß. Es gab nie einen lieben Gott, auch um neunzehnhundert nicht. Gott aber, dem Ganzen, sind wir noch am nächsten, wo ringsum alles stürzt, wo uns seine Ferne entsetzt.[62]

---

62 Blätter aus dem Brotsack (Neue Folge) [1940–1941], zit. nach: Frisch, Max: *Schweiz als Heimat? Versuche über 50 Jahre*, hg. von Walter Obschlager, Frankfurt a.M. 1990, S. 71–105, hier S. 104f.

Der Blick vom Gipfel, isoliert und ohne jede Beschreibung alpinistischer Aktionen oder emotionaler Verwicklungen, evoziert hier noch einmal die traditionelle Relation von Landschaft und schauendem Subjekt in der Schrift. Blick und Text werden bestimmt vom Spiel der Wolken und des Nebels, die verschiedene Ausschnitte von Erde und Himmel sichtbar werden lassen; Vertikalität dominiert das semantische Feld: das Stürzen, Sinken, Emporheben, Rieseln. Der Blick freilich ist alles andere als enthusiastisch; in einer Kette von Negationen erfasst er „Öde", „Leere", „Düster", Kessel „voll Menschenlosem"; der Wind ist „rastlos", „gnadlos"; und selbst eine leuchtende „Garbe silberner Strahlen" verdankt sich nur einem „Loch im ziehenden Gewölk". Über die Stille, Menschenleere und den Wind ist diese Landschaftsbeschreibung noch mit jener der *Antwort aus der Stille* verbunden, über die „urweltlichen Kessel[]" und den „verlorenen Maßstab" aber bereits *Nach einem Flug*.

Dem Panorama des Gesehenen folgt aber hier gleich einer *subscriptio* im letzten Absatz eine explizite Interpretation dieses Bilds, eine ratlose Reflexion auf den fernen Gott. Hier auf dem Gipfel, wo es „kein Höhersein" gibt, scheint für Frisch immerhin ein, wenn nicht überhaupt *der* Reflexionsort auf *den* Höheren zu sein, und eben dessen „Ferne entsetzt". In *Nach einem Flug* wird dieser Gott nur noch durch seine Absenz im Text auffällig sein, wenn man das so sagen kann: Indiz, dass es keinen göttlichen Maßstab mehr gibt, sondern nur einen menschlichen, den wir freilich „nicht verändern, sondern nur verlieren können." (NF 57) Das Gebirge allerdings scheint schon hier ein Raum zu sein, in dessen Grenzlage *über* der humanen Welt eine Wahrnehmung dieses fehlenden Gottes ebenso wie des verlorenen „Maßstabs" formulierbar wird.

In charakteristischer Weise verändert wiederholt sich, wie erwähnt, die Reflexion aus *Nach einem Flug* dann 1957 in *Homo faber.* Der Roman beginnt bekanntlich mit einem Flug in einer „Super-Constellation", der von La Guardia nach Guatemala führen soll und mit einer Notlandung in der mexikanischen Wüste endet; der Ich-Erzähler charakterisiert sich und seine technisch-rationalistische Weltwahrnehmung bei dieser Gelegenheit – die Notlandung ist geglückt, aber man wartet in der Wüste auf Hilfe – durch die ironische Abwehr jeder Rede von „Erlebnis".

> Ich habe mich schon oft gefragt, was die Leute eigentlich meinen, wenn sie von Erlebnis reden. Ich bin Techniker und gewohnt, die Dinge zu sehen, wie sie sind. [...] Ich sehe die gezackten Felsen, schwarz vor dem Schein des Mondes; sie sehen aus, mag sein, wie die gezackten Rücken von urweltlichen Tieren, aber ich weiß: Es sind Felsen, Gestein, wahrscheinlich vulkanisch, das müßte man nachsehen und feststellen. Wozu soll ich mich fürchten? [...] Gebirge sind Gebirge, auch wenn sie in gewisser Beleuchtung, mag sein, wie irgend etwas anderes aussehen, es ist aber die Sierra Madre Oriental, und wir stehen nicht in einem Totenreich,

> sondern in der Wüste von Tamaulipas, Mexico, ungefähr sechzig Meilen von der nächsten Straße entfernt, was peinlich ist, aber wieso ein Erlebnis?[63]

Narrativ gewendet und in der Figurenperspektive erscheint schon hier die in der Tagebuch-Passage vermerkte trügerische Distanzierung und vermeintliche Sicherheit in der Negation jeder Bedeutung des Gesehenen für das eigene Leben und der offensiven Abwehr jeder Transzendenz. Am Ende des Romans hat sich diese Sicherheit vollständig aufgelöst; auf dem Weg nach Athen zu jener Krebsoperation, die er nicht überleben wird, überfliegt der Protagonist die Alpen, und noch einmal in einer „Super-Constellation" (HF 194)[64].

> Dabei war es eigentlich ein ruhiger Flug, nur schwacher Föhn über den Alpen, die ich noch aus jungen Jahren einigermaßen kenne, aber zum ersten Mal überfliege, ein blauer Nachmittag mit üblicher Föhn-Mauer, Vierwaldstättersee, rechts das Wetterhorn, dahinter Eiger und Jungfrau, vielleicht Finsteraarhorn, so genau kenne ich sie nicht mehr, unsere Berge, ich habe anderes im Kopf –
>
> Was eigentlich? (HF 194)

Es folgen stakkatohafte Notate des Gesehenen, von Tälern, Schatten, einer Herde in einer hohen Mulde („wie weiße Maden!"), schließlich der Wünsche, Heu und Harz zu riechen, „dort unter den letzten Föhren". Fast wortgleich wie im Tagebuch-Text geht der Bericht dann in eine Reflexion auf das Hochgebirge als Außen des humanen Lebensraums über:

> Zone des Lebens, wie dünn sie eigentlich ist, ein paar hundert Meter, dann wird die Atmosphäre schon zu dünn, zu kalt, eine Oase eigentlich, was die Menschheit bewohnt, die grüne Talsohle, ihre schmalen Verzweigungen, dann Ende der Oase, die Wälder sind wie abgeschnitten […], eine Zeit lang gibt es noch Herden, weidend am Rand des möglichen Lebens, Blumen – ich sehe sie nicht, aber weiß es – bunt und würzig aber winzig, Insekten, dann nur noch Geröll, dann Eis – (HF 195)

---

63 HF 24f. Auch hier könnte man die Verbindung von Gebirge und „Totenreich" als Dante-Anspielung lesen. Vgl. aus der umfänglichen Forschungsliteratur zu *Homo faber* Schmitz, Walter (Hg.): *Frischs Homo faber*, Frankfurt a.M. 1983 (stm).

64 Ebd. S. 7, 12, 17, 33, u.ö. Der Name des Flugzeugs ist natürlich ebenso wie der von Fabers Schreibmaschine *Hermes-Baby* (HF S. 29, 32, 161, 198 u.ö.) Metapher einer dem Protagonisten entgehenden, gegen das Bewußtsein des Erzählers und seiner Rationalität in den Text inserierten Semantik schicksalhafter Vorherbestimmtheit. Vgl. dazu Müller-Salget, Klaus: Ödipus und die Sphinx. Technik, Natur und Mythos in Max Frischs *Homo faber*, in: Elm, Theo; Hiebel, Hans H. (Hg.): *Medien und Maschinen. Literatur im technischen Zeitalter*, Freiburg i.B. 1991, S. 333–345.

Auch hier wandert der Fokus stets nach oben, von der Talsohle über die Baugrenze bis zu Geröll und Eis; auch hier steht, wie mehrfach in dieser Passage, ein Gedankenstrich am Ende, der das Ende der Sichtbarkeit und die Offenheit der Frage eines ‚noch Höheren' markiert. Im Unterschied zum Tagebuch-Text aber inszeniert die folgende Beschreibung das Gesehene in einer Vergleichs-Kaskade als Erinnerungs-Spiel: „Die Gletscherspalten: grün wie Bierflaschenglas. Sabeth würde sagen: wie Smaragd!" (HF 195) Der Text bezieht sich hier auf eine frühere Passage, in der Faber mit Sabeth ein Sprachspiel besserer Vergleiche erfindet[65] – das er jetzt hier, nach ihrem Tod, nur noch imaginieren kann. In dieser erzählerisch komplexen Form, die zugleich eine Reflexionsform des literarischen Beschreibens selbst und seiner Bildlichkeit ist, werden nun Elemente des Flug-Textes transformiert: Farben, Formen, der Flugzeugschatten („wie eine Fledermaus! so würde Sabeth sagen" (HF 195)[66]), schließlich die Entdeckung einer menschlichen Spur auf dem Gletscher.

Gerade an dieser Stelle wird das Vergleichsspiel jedoch ausgesetzt und ersetzt durch die bereits bekannte Imagination („Wenn ich jetzt noch auf jenem Gipfel stehen würde, was tun? Zu spät um abzusteigen; es dämmert schon in den Tälern" (HF 196)); und im Überfliegen des Gipfels schlägt diese Imagination schließlich ins Allegorische um:

> […] man sieht das Gipfelkreuz, weiß, es leuchtet, aber sehr einsam, ein Licht, das man als Bergsteiger niemals trifft, weil man vorher absteigen muß, Licht, das man mit dem Tod bezahlen müßte, aber sehr schön, ein Augenblick, dann Wolken […]. (HF 196)

Das Gipfelkreuz, schon am Schluss der *Blätter aus dem Brotsack* ein „verwettertes" Symbol der unbeantwortbaren Frage nach der Transzendenz, wird mit der Licht-Symbolik verbunden, ein vages und buchstäblich verfliegendes Aufscheinen eines religiösen Bedeutungshorizonts im Roman. Unmittelbar danach schlägt der Gestus erneut um – allein in einem Satz steht sechsmal der Vergleichspartikel „wie" – und die Passage übernimmt erneut Elemente des Tagebuch-Textes *Nach einem Flug*, den Flug in das Wolkenmeer.

Das reflexive Tagebuch-Notat wird im Roman also in mehrfacher Transformation aufgegriffen: Die hochalpine Zone ist auch hier ein Reflexionsraum anthropologischer Begrenztheit und Ort der offenen Frage nach Transzendenz; diese Reflexion wird hier aber in eine komplexe Figurenperspektive überführt, in der sowohl das für den Ich-Erzähler Unaussprechliche, wenn nicht Undenkbare vermittelt als auch indirekt die Frage nach der poetischen Evokation dieser Wahrnehmung in Spachbildlichkeit verhandelt wird. Die

65 Vgl. HF S. 150ff.

66 Vgl. auch die weiteren Beispiele HF 195f.

intertextuelle Grundierung von *Nach einem Flug* im kontrafaktorischen Bezug auf Dante wird in der narrativen Integration aufgelöst: Durch den Bezug auf die Lebensgeschichte – Faber kennt die Alpen noch „aus jungen Jahren" (HF 194) und weiß, dass er sie nicht mehr sehen wird („Mein letzter Flug!" (HF 194)) – wird der Blick auf den Gipfel dagegen mit jenem Selbstbezug korreliert, der (man könnte sagen: seit Petrarca) mit dem Gipfel als exzentrischem Punkt eines ‚Lebenswegs' verbunden ist. Die reflexive Rahmung der Erhabenheitserfahrung, die für die Tagebuch-Passage charakteristisch war, wird so durch die narrative Rahmung der Fiktion ersetzt, wo sie als Kontrast zu und letzte Verstörung des technisch-instrumentellen Weltverhältnisses des Protagonisten eine neue Funktion gewinnt.

Charakteristisch für die poetologische Reflexion des Gebirgsmotivs ist schließlich, dass hier nun nicht mehr allein der Flug als Bedingung des technisch-wissenschaftlichen Weltverhältnisses in Frage gestellt wird, sondern zugleich ein mediales Korrelat dazu: Inmitten der Alpen-Flug-Passage steht der Satz „Alles geht vorbei wie im Film!" (HF 195) Ein symbolisches Accessoire des Protagonisten Walter Faber ist von Beginn an seine Filmkamera[67]; hier wird der Film zum Symbol der Defizienz technischer Weltwahrnehmung: Der Flug ist filmanaloge Verfehlung des Realen. Der nächste Satz lautet: „Wunsch, die Erde zu greifen – " (HF 195).

Der alte Mann und der Berg

Wenn man die Bedeutung dieser – vielleicht unscheinbaren, aber doch wichtigen – Passage in *Homo faber* als Einspielen einer spezifisch gebrochenen Version des Naturerhabenen in den Roman lesen kann, so lassen noch spätere Texte zwei komplementäre Erweiterungen erkennen. Eine davon ist die explizite Negation eines einfachen Fortschreibens literarischer Gebirgslandschaften im Sinn der Schweizerischen Literaturtradition. In *Wilhelm Tell für die Schule*, Frischs sarkastischer Dekonstruktion der Tell-Sage und des darauf fußenden Schweiz-Mythos aus dem Jahr 1971, beschreibt der Erzähler den Tod des Ritters Konrad durch den Tellschen Schuß aus dessen Perspektive:

> […] er verstand nicht, was sich ereignet hatte, woher der Schmerz, warum immer die Kuhglocken, woher das Blut an seiner Hand […]. Obschon er mit offenen Augen lag, erkannte er die Berge schon nicht mehr, was ihn vermutlich erleichterte.[68]

---

67 Auch dies schon in der Anfangspassage in der Wüste: „nahm sofort meine Kamera" (HF 23), „was ich gefilmt habe" (ebd.), „Zu filmen gab es überhaupt nichts" (HF 27), „Sonnenuntergang, den ich auf Farbfilm nahm" (HF 29).

68 Frisch, Max: *Wilhelm Tell für die Schule. Mit alten Illustrationen*, Frankfurt a.M. 1971, S. 118.

Den letzteren Satz kommentiert Frisch in einer seiner nur vordergründig didaktisch-erläuternden Fußnoten folgendermaßen:

> Die Klaustrophobie des berüchtigten Vogtes zur Gründungszeit der Eidgenossenschaft ist für einen mittelalterlichen Menschen nicht ungewöhnlich. Erst der Arzt und Dichter Albrecht v. Haller (1708–1777) schuf mit seinem berühmten Lehrgedicht *Die Alpen* jene Begeisterung für das Gebirge, die dem mittelalterlichen Menschen noch nicht vergönnt war; was freilich bei Albrecht v. Haller noch einen durchaus apologetischen Charakter hat, wird später, insbesondere bei J.W. von Goethe und anderen, zur natürlichen Empfindung, in der Romantik zuweilen exaltiert, bis es vornehmlich durch Engländer zum Alpinismus kommt (Erstbezwingung des Matterhorn durch E. Whymper im Jahre 1865), erst durch den Massen-Tourismus des 20. Jahrhunderts wird die Bergfreude, nicht zuletzt dank Seilbahnen und Skilifts usw., vollends populär.[69]

Der Kommentar skizziert in ironischer Raffung die Entstehung, ‚Naturalisierung' und Popularisierung der „Begeisterung für das Gebirge", die zum Kern des schweizerischen Nationalempfindens zu gehören scheint, und entwirft damit eine Wahrnehmungsgeschichte der Alpen als Naturraum, deren kulturelles Bild alles andere als „natürlich" ist. Ausgehend von mittelalterlicher „Klaustrophobie" über die apologetische Gebirgsschilderung Hallers, die „natürliche Empfindung" der Goethezeit, romantische Exaltationen und alpinistische Eroberungen bis hin zur massentouristischen Erschließung hat folglich gerade jene populäre „Bergfreude" eine politisch grundierte Geschichte: Konrads Abgestoßensein durch die Schweizer Berge – und folglich die Erleicherung, dass er sie nun nicht länger sehen muss – belegt nicht etwa seine Fremdheit, sondern ist mittelalterlich eher Allgemeinempfinden. Umgekehrt kann die spätere „Begeisterung für das Gebirge" daher auch nicht konstitutiv für die Eidgenossenschaft sein, sondern wird erst durch „Seilbahnen und Skilifts usw. […] vollends populär" – durch die technische Zurichtung und kommerzielle Nutzung des Gebirges in der Moderne.

Schon deshalb können die Topoi ‚erhabener Gebirgswelt' für den Schweizer Schriftsteller neben ihrer ästhetischen Fragwürdigkeit auch politisch nur problematisch sein. Wenn das Gebirge in Frischs später und zurecht berühmter Erzählung *Der Mensch erscheint im Holozän* gleichwohl eine Rolle spielt, dann weil es auch hier in einer transformierten Weise erscheint. Der Text[70], dessen komplexe Poetik hier ebensowenig ausführlich dargestellt werden kann wie jene des *Homo faber*, ist „eine hoch artistische minimalistische Erzählung mit

69 Ebd. S. 122f.

70 Frisch, Max: *Der Mensch erscheint im Holozän. Eine Erzählung*, Frankfurt a.M. 1979, 2. A. 1982. Nach dieser Ausgabe wird im Folgenden mit der Sigle MH im Text zitiert.

maximalistischer Aufladung“ (Gerhard Kaiser)[71]: Er erzählt vordergründig von den Versuchen des isoliert lebenden Protagonisten Herrn Geiser, in seinem Haus in einem abgelegenen Tessiner Tal zugleich einem tagelangen Unwetter und seinem zunehmenden Gedächtnisverlust zu trotzen. Er erzählt dies aber vor allem in Form einer extrem verdichteten Collage von Textfragmenten, Textausschnitten und Bildern, die narrativ einen langsam, aber stetig desintegrierten Bewusstseinszustand repräsentieren.

Zwei dieser oft extrem kurzen Textbruchstücke vom Anfang der Erzählung sind signifikant: „Schlimm ist nicht das Unwetter – “ (MH 11) – und, zwei Seiten später: „Schlimm wäre der Verlust des Gedächtnisses – “ (MA 13). Sie markieren die Dimensionen der schleichenden Katastrophe, die Herr Geiser erlebt; sie markieren aber vor allem seine zunehmende Orientierungslosigkeit, der er mit seinen Sinnen („Noch immer kein Hupen aus dem Tal.“ MH 14), aber vor allem mit verschiedenen Medien vergeblich Herr zu werden versucht.

> Ein Feldstecher hilft in diesen Tagen überhaupt nichts, man schraubt hin und her, ohne irgendeinen Umriß zu finden, der sich verschärfen ließe; der Feldstecher verdichtet bloß den Nebel. (MH 14)

Diese Medien sind – neben dem Feldstecher[72] – vor allem ein „Lexikon in 12 Bänden“ (MH 11), Landkarten und „Wanderbücher, die Auskunft geben über Geologisches, Klimatisches, Historisches usw. betreffend die Gegend“ (MH 18): Aus ihnen bastelt sich Herr Geiser im Lauf der Erzählung eine „Zettelwand“ (MH 113 u.ö.), die ihm Orientierung geben soll und gewissermaßen auch den Text selbst kolonisiert;[73] erzählt wird von dieser Suche freilich in einem

---

71 Kaiser, Gerhard: Endspiel im Tessin. Max Frischs unentdeckte Erzählung *Der Mensch erscheint im Holozän*, in: *Schweizer Monatshefte für Politik, Wirtschaft, Kultur* 82/83 (2002/2003), S. 46–52, hier S. 49; der Text steht auch online: http://www.freidok.uni-freiburg.de/volltexte/2247/ (2.7.2011).

72 Er taucht charakteristischer Weise immer wieder auf: „Eine Stunde mit dem Feldstecher genügt, um Gewißheit zu haben, daß in dem hohen und fast senkrechten Fels, der als einziger das Dorf verschütten könnte, nirgends ein neuer Spalt entstanden ist“ (MH 47); „Der Feldstecher, der vor seiner Brust baumelt, ist kein großes Gewicht, nur überflüssig“ (MH 91).

73 Vgl. zu einer stringenten Interpretation dieser Invasion des Textes durch Zettel den Aufsatz von Gerhard Kaiser, Endspiel im Tessin (S. 48): „[…] in diesem Wirrwarr kommen auch objektive und subjektive Deformationsmerkmale durcheinander, stellt sich gerade und erst recht mit wachsender Chaotik eine übergreifende Sinnbildlichkeit her. Das augenscheinlich Zufällige der Wissensbestände und –speicher des Herrn Geiser, die naturwissenschaftliche Schwerpunktbildung, das Lexikon als Hauptquelle, die Zerstückelung der Zusammenhänge, das Formulieren von Sinn- und Bedeutungsfragen nur als deren Infragestellung – all diese Eigentümlichkeiten sagen auch etwas teils über einen

indirekten Modus: „Da Herr Geiser sich Gefühlsäusserungen fast gänzlich versagt, in seinen Sachlichkeiten aber indirekt sehr wohl sein Gemütszustand als hoch komplex und erregt aufscheint, kommt etwas so Spannungsvolles wie eine Innenperspektive in Aussenperspektive, ein Ausnahmezustand in der Aggregatform der Unterkühlung zu Wort."[74]

In dieser komplexen erzählerischen Struktur wird nun auf drei Ebenen ein Wissen oder eine Erfahrung jenes Gebirges eingespielt, das ja die unmittelbare Umgebung von Herrn Geisers Orientierungssuche ist und von ihm bis dahin nur als ruhige Idylle, gewissermaßen touristisch, wahrgenommen worden war. Zunächst erscheint dieses Wissen in den Fragmenten der Geologie und Glaziologie aus den genannten Wanderbüchern, so im Kapitel über „Die Tessinergegend der Urzeit" (MH 18ff.), in denen die „Mächtigkeit der Gletscher", die Steilstufen und Wasserfälle aus der geomorphologischen Entwicklung und den „Kräften der Verwitterung und Erosion" (ebd.) erklärt oder Bergsturzkatastrophen des 16. und 19. Jahrhunderts beschrieben werden (MH 22f.; vgl. MH 49f.). Sie stehen unvermittelt neben Ausschnitten aus dem Buch Mose (doch „Herr Geiser glaubt nicht an Sintflut" (MH 26)). Im geologischen Wissen kommt freilich der Mensch nicht oder allenfalls ganz am Ende vor (vgl. MH 49f.); es registriert zwar katastrophale Umwälzungen der Naturgeschichte, damit aber auch die völlige Gleichgültigkeit der Natur gegenüber deren Konsequenzen: Es ist jene Form der Erhabenheitserfahrung, die schon im späten 18. und im 19. Jahrhundert mit der Geologie verknüpft wird.[75]

Eine zweite Ebene der Gebirgserfahrung erscheint in der Paßüberschreitung, die Herr Geiser schließlich unternimmt und die eigentlich die einzige klar erkennbare Handlungssequenz der Erzählung darstellt: Er beschließt, über den „1076 Meter" (MH 89) hohen Paß ins benachbarte Valle Maggia zu fliehen, wo noch der Postbus fährt; er überquert diesen Paß auch, kehrt dann

---

menschheitlichen, teils über einen epochalen Geisteszustand. [...] Epochal eigentümlich ist die Schrumpfungstendenz von Sinn- zu Bedeutungs-, zu Zweckfragen bis hin zur Bewusstseinsverkürzung auf die Datenberge des Experimentalismus".

74 Kaiser, Endspiel im Tessin, S. 47.

75 Vgl. dazu Braungart, Georg: „Katastrophen kennt allein der Mensch, sofern er sie überlebt": Max Frisch, Peter Handke und die Geologie, in: *Figurationen der literarischen Moderne*, Helmuth Kiesel zum 60. Geburtstag, hg. von Carsten Dutt und Roman Luckscheiter, Heidelberg 2007, S. 23–41, hier S. 30ff. Braungart geht auf die im folgenden untersuchte Matterhorn-Passage nicht ein, er notiert aber ein Leitthema der hier vorgeschlagenen Lektüre: es gehe „im Verlauf der Erzählung vor allem darum, daß Herr Geiser die Perspektive des Menschen überschreitet, den Horizont des Menschlichen immer mehr hinter sich läßt, er geht über, und das ist mein Leitmotiv, zu einer *transhumanen Perspektive*. [...] Diese transhumane Perspektive ist wissenschaftsgeschichtlich unmittelbar verbunden mit dem Horizont der Geologie [...]." (S. 32)

aber, schon im Abstieg zur anderen Seite begriffen, wieder um und erreicht erst nachts und völlig erschöpft wieder sein Haus. Den Wendepunkt bildet eine Kette von Sätzen nach der rhetorischen Frage „Worüber soll man sich Gedanken machen?“, die unter anderem lauten:

– die Alpen sind durch Faltung entstanden.
– die Ameisen leben in einem Staat.
– das Gewölbe haben die Römer erfunden. [...]
– Katastrophen kennt allein der Mensch, sofern er sie überlebt; die Natur kennt keine Katastrophen.
– der Mensch erscheint im Holozän. (MH 103)

Auch bei diesem Fluchtversuch durchs Gebirge hat Herr Geiser seine Medien – Karte und Feldstecher – dabei, die aber nutzlos bleiben: „Ein Bach ohne Brücke, eigentlich kein Bach, sondern ein Gewässer, das es nur nach langen Unwettern gibt und das auf der Karte nicht verzeichnet ist, [...] hat viel Zeit gekostet“ (MH 94f.). Als er nach der Paßhöhe weitergeht – denn „nach der Karte gibt es einen Pfad, daneben viel Schraffur, was Fels bedeutet“ (MH 96) –, gerät er ins Weglose; das Gelände wird steil, „ein aufrechter Gang ist kaum noch möglich. Es wird ein Kraxeln auf allen Vieren“ (MH 97); „Ein falscher Tritt und es ist aus.“ (ebd.) Auch als Herr Geiser nach der mühsamen Rückkehr zur Paßhöhe den Pfad endlich findet, ist allein die Körpererfahrung – Frösteln, die weichen Knie, die Vorsicht beim nächsten Tritt, schließlich ein Wadenkrampf – als stabile Orientierung im Text auszumachen: Auch hier markiert die Sachlichkeit der Registratur, die Verschiebung ins Unpersönliche vor allem über das Pronomen „man“ – „Wichtig ist der nächste, der übernächste Tritt, damit man nicht den Fuß verstaucht“ (MH 101) – indirekt die wachsende innere Panik, eine nachhaltige Verstörung.

Vor allem aber gibt es kein konkret beschriebenes Außen, beispielsweise einer panoramatisch gesehenen Landschaft mehr, welche die Stabilität des subjektiven Bewusstseins gewährleisten oder textuell vermitteln würde. In gewisser Weise ist der Gebirgsgang des Herrn Geiser dem Beginn von Büchners *Lenz*-Erzählung vergleichbar, in dem die Desintegration der Landschafts-Darstellung als genaues Korrelat der psychischen Disposition des Protagonisten die textuelle Struktur bestimmt.[76] Von daher bleibt auch unentscheidbar, was letztlich Herrn Geisers „Umkehr“ (MH 107) bestimmt, nachdem er bei einer

76 Vgl. für eine entsprechende Lektüre Butler, Michael: Die Dämonen an die Wand malen. Zu Max Frischs Spätwerk: ‚Triptychon‘ und ‚Der Mensch erscheint im Holozön‘, in: Arnold, Heinz Ludwig (Hg.): *Max Frisch. text + kritik*, 3. erw. A. München 1983, S. 88–107: „Herrn Geisers mühsamer Aufstieg aus dem Tal kann fast als Parodie der berühmten Bergwanderung von Büchners Lenz gelesen werden. Denn beide Figuren erleben eine

„Kapelle mit Vordach" (MH 101) auf dem Weg Rast gemacht hatte und eingeschlafen war:

> Nachdem er den Cognac ausgetrunken hat (ein kleiner Flachmann) und den Feldstecher in den Rucksack gesteckt und langsam den Rucksack wieder verschnürt hat, ist Herr Geiser noch eine Weile lang sitzen geblieben, ohne sich zu sagen, was er denkt, was in seinem Kopf beschlossen wird. Dann ist Herr Geiser aufgestanden, hat sich den Rucksack wieder angeschnallt und nachgesehen, ob da nicht ein Ovomaltine-Papier auf dem Boden liegt oder auf der Bank vor der Kapelle, die übrigens keine Kapelle ist. Es ist nur ein Muttergottes-Fresko mit Vordach. (MH 104)

Gegenüber dem, „was in seinem Kopf beschlossen wird", ist Herr Geiser – auch im grammatikalischen Sinn – passiv. Und wieder wird, wie beim im letzten Licht leuchtenden Gipfelkreuz in *Homo faber*, eher beiläufig eine christliche Symbolik in den Text eingespielt. Ob die Situation bei der „Muttergottes mit Vordach" (MH 107), wie sie der Text halb-ironisch später noch einmal aufruft, vielleicht auch eine Umkehr im biblischen Sinn – *Metaneua* – bedeuten könnte,[77] eine bewußte Entscheidung gegen die Flucht und für die Auseinandersetzung mit dem Tod, läßt der Text eben aufgrund der beschriebenen Struktur und daher zweifellos bewußt offen.

In sein Haus zurückgekehrt, offenbar von einem Schlaganfall betroffen und zunehmend verwirrt, wie die Chaotik der Textfragmente andeutet, beginnt sich Herr Geiser mit Sauriern und Lurchen zu beschäftigen und immunisiert sich gegen die Versuche der Nachbarn, zu ihm vorzudringen. Als einzige noch kohärente Passage bleibt nun aber die einer Erinnerung, und dies ist zugleich die dritte Ebene, auf der das Gebirgsmotiv in der Erzählung erscheint:

> – beim Einstieg in den Grat, zwei Uhr morgens, braucht man keine Laterne, so hell ist die Nacht über den Gletschern, auch wenn kein Mond scheint; der Fels ist knochenbleich, nicht grau oder schwarz, sondern knochenbleich, und da es keine Schatten gibt, sogar aus der Nähe sozusagen unwirklich, aber vorhanden, beim Anfassen kalt wie Eis und klingelhart; kein guter Fels, da und dort bröckelt es, wenn die Hand nach Griffen sucht, dann schlittern Scherben in die Tiefe. Sonst kein Ton, den man nicht selber verursacht hat; ab und zu das spitze Klingeln, wenn der Eispickel gegen Fels baumelt; sonst Stille wie auf dem Mond. Die Zacken und Türme, wenn man hinaufschaut, sind irr in der Nacht; später dann, in der ersten Sonne und vor dem blauen Morgenhimmel, erscheinen sie gelb wie Bernstein, während das Tal von Zermatt noch im Schatten liegt – (MH 128)

ähnliche Entfremdung von Selbst und Natur." (ebd. S. 100) „Wie Büchner läßt auch Frisch seinen Helden die eigene Angst auf die Landschaft projizieren." (ebd.)

77 So – erstaunlicherweise ohne konkreten Bezug auf die Stelle im Text – Kaiser, Endspiel im Tessin, S. 50.

Die Erinnerung einer Matterhorn-Besteigung, die Herr Geiser fünfzig Jahre zuvor mit seinem Bruder Klaus unternahm, sticht nicht nur in ihrer sprachlichen Kohärenz deutlich aus dem Text heraus; unterbrochen nur durch einzelne Sätze („Wie heißen die drei Enkelkinder?" MH 128), die den fortschreitenden Gedächtnisverlust Herrn Geisers andeuten, ist sie *als* Erinnerung offenbar intakt und ist prägend für ihn gewesen („Das bleibt im Gedächtnis" MH 135). Entscheidend ist hieran aber weniger das ‚Erlebnis' selbst oder gar der Gipfel („Kurz nach zehn Uhr, plötzlich, standen sie bei dem eisernen Gipfelkreuz, stolz und ein wenig enttäuscht. Das also ist alles, man ißt einen kalten Apfel auf dem Matterhorn, während schon die nächste Seilschaft kommt" (MH 130)). Wichtig ist vielmehr die Gefahr, in die die Brüder im Abstieg gerieten, als sie vom Grat abkamen, und schließlich nach vielen bangen Stunden allein im Fels die Rettung durch den Bruder, der den Erzähler wieder zum Grat hinauf sicherte, zu dem er allein zurückgelangt war („Klaus ist ein guter Bruder gewesen" (MH 135)).

Die auf fünf unterschiedlich lange Abschnitte verteilte Erinnerungs-Erzählung ist die emphatischste Beschreibung einer Bergtour im ganzen Werk Max Frischs: Trocken, parataktisch, auch hier die Panik des Erlebenden im Nachhinein durch Sachlichkeit zugleich überdeckend und andeutend. Die entscheidende Parallele zur aktuellen Situation des Herrn Geiser ist die absolute Isolation in der steil siebenhundert Meter abfallenden Wand, als sein Bruder ihn verlassen hat; ihre Bedeutung „besteht [...] darin, daß Herr Geiser einmal in seinem Leben total auf ein Du angewiesen war, als er damals an einem wirklichen Abgrund stand".[78] Es ist die Erinnerung einer vollkommen aussichtslosen Lage und die Erinnerung einer Hoffnung auf Rettung, die sich erfüllte. In dieser existentiellen Angewiesenheit auf einen andern, der das Überleben rettete, spiegelt sich die wahre Katastrophe des Herrn Geiser im Jetzt, sein Verschwinden in der Einsamkeit.

Am Ende des Textes, im letzten Abschnitt, ist auch Herr Geiser daraus verschwunden. Dafür finden sich in der abschließenden Beschreibung des Tessiner Tals, wie auch vorher im Text, Spuren und Verbindungen zu den anderen hier untersuchten Texten Frischs: „Das Dorf steht unversehrt. Über den Bergen, hoch im blauen Himmel, zieht sich die weiße Spur der Verkehrsflugzeuge, die nicht zu hören sind" (MH 141): In einer Art Umkehrung der Perspektive wird jetzt aus der ‚humanen' Zone in jene des transhumanen Fliegens geblickt, das nun seinerseits nur noch als Spur (und akustisch unvermittelt) erscheint. In der Matterhorn-Erzählung verdichten sich die Anspielungen: Die Helle der Nacht und die „knochenbleiche" Farbe des Felsens verweisen noch einmal

78 Butler, Die Dämonen, S. 102.

auf *Antwort aus der Stille*, der Gipfelblick („Viel war vom Gipfel aus nicht zu sehen. Dann und wann ein Wolkenloch: Blick auf öde Moränen oder auf die schmutzige Zunge eines Gletschers" (MH 130)) auf die *Blätter aus dem Brotsack*[79]; neben einem See erkennen die Bergsteiger „etwas wie weiße Maden, vermutlich Kühe" (MH 131) – was wortgleich den Vergleich und dessen versteckte Todessymbolik wiederholt, der Walter Faber auf seinem letzten Flug einfällt („eine Herde in einer Mulde: [...] wie weiße Maden!" (Hf 195)). Und auch die Reflexion der Zone des Humanen aus *Nach einem Flug* wird noch einmal angedeutet: „Die Gletscher, die sich einmal bis Mailand erstreckt haben, sind im Rückzug." (MH 143)

Der Mensch erscheint im Holozän zieht damit gewissermaßen noch einmal die Summe von Frischs literarischen Bezugnahmen auf das Gebirge in eigenen Texten seit den 30er Jahren. Er verdichtet diese Bezüge in einer erzählerischen Struktur, in der dieses Gebirge weniger beschrieben wird denn als Grenze erscheint – sie reflektieren die Konfrontation eines Einzelnen mit dem transhumanen Raum als Erfahrung der Bedingtheit seiner Existenz. Sie spiegeln diese Konfrontation aber auch in der Problematisierung des Aussprechen-Könnens dieser Erfahrung, sie reflektieren diese Grenze als Grenze von Sprache. Vielleicht ist daher kein Zufall, dass Frisch an einer für seine Poetik zentralen – und daher oft zitierten – Stelle des frühen *Tagebuchs 1946–1949* auch diese Grenze in spezifischer Weise bildlich fasste:

> Unser Streben geht vermutlich dahin, alles auszusprechen, was sagbar ist; die Sprache ist wie ein Meißel, der alles weghaut, was nicht Geheimnis ist, und alles Sagen bedeutet ein Entfernen. [...] Wie der Bildhauer, wenn er den Meißel führt, arbeitet die Sprache, indem sie die Leere, das Sagbare vortreibt gegen das Geheimnis, gegen das Lebendige. Immer besteht die Gefahr, daß man das Geheimnis zerschlägt, und ebenso die andere Gefahr, daß man vorzeitig aufhört, daß man es einen Klumpen sein lässt, daß man das Geheimnis nicht stellt, nicht faßt, nicht befreit von allem, was immer noch sagbar wäre, kurzum, daß man nicht vordringt zu seiner letzten Oberfläche.
>
> Diese Oberfläche alles letztlich Sagbaren, die eins sein müßte mit der Oberfläche des Geheimnisses, diese stofflose Oberfläche, die es nur für den Geist gibt und nicht in der Natur, wo es auch keine Linie gibt zwischen Berg und Himmel, vielleicht ist es das, was man Form nennt?
>
> Eine Art tönender Grenze –.[80]

Das Sprechen über Sprache und ihre Grenzen wird hier offenbar performativ, und wo die ‚eigentliche Bedeutung' der aufgerufenen Sprachbilder läge, ist

79 Vgl. die oben zitierte Passage.
80 Frisch, Tagebuch 1946–1949, S.42f.

daher unmöglich zu sagen. Denn dieses Sprechen enthält sich, nach Art einer *mise en abyme*, offenbar selbst – als ‚Vortreiben' der Sprache gegen das ‚Geheimnis' (in diesem Fall der sprachlichen Form als solcher).

Doch in diesem ‚Vortreiben' der Sprache in die Allegorie werden Materialität und Form (die für Georg Simmel die wesentlichsten, gegenstrebigen Elemente der Ästhetik des Alpinen waren) auch hier nochmals auf den „Fels" bezogen, sowohl im Gleichnis des Bildhauers als auch mit der Grenze von Berg und Himmel. Und die „tönende Grenze", die auch durch den Absatz und den Gedankenstrich als ‚Aufhören' des Sprechens (vor der Zerstörung des Geheimnisses?) markiert sind, ist darum vielleicht auch zu lesen als Inversion der unhörbaren, frühen „Antwort aus der Stille".

6.3. Ludwig Hohls Novelle *Bergfahrt*

Noch weiter als bei Max Frisch reicht die Beschäftigung mit alpinen Themen bei dem weit weniger bekannten Schweizer Autor Ludwig Hohl zurück. Außer seinem in den 30er Jahren entstandenem Hauptwerk *Die Notizen oder Von der unvoreiligen Versöhnung*, dessen erster Teil 1944 erstmals erschien[81], und der Novelle *Bergfahrt*, die er 1975 veröffentlichte[82], ist wenig von Hohls Texten breiter rezipiert worden; durch sein Leben als kompromißloser Intellektueller ist er in der Schweizer Literatur vor allem „der Mythos einer Biographie".[83]

An der Novelle *Bergfahrt* allerdings, die sein bekanntester Text werden sollte, hat Ludwig Hohl vermutlich seit Mitte der Zwanziger Jahre gearbeitet und sie allein bis 1940 sechsmal umgeschrieben;[84] der Hintergrund der sich am

81 Hohl, Ludwig: *Die Notizen oder Von der unvoreiligen Versöhnung*, Bd. 1, Zürich 1944, Bd. 2 Zürich 1954, erneut: Frankfurt a.M. 1981.

82 Hohl, Ludwig: *Bergfahrt*, Frankfurt a.M. 1991, S. 7. Im Folgenden mit der Sigle „B" in Klammern im Text zitiert.

83 Pellin, Elio: *„Mit dampfendem Leib". Sportliche Körper bei Ludwig Hohl, Annemarie Schwarzenbach, Walther Kauer und Lorenz Lotmar*, Zürich 2007, S. 27. Vgl. zum Körperverständnis und der Bedeutung des Sports für Hohl: ders.: Dicker Bizeps und kerzendünne Ärmchen. Die „culture physique" bei Ludwig Hohl, in: Peter Erismann, Rudolf Probst und Hugo Sarbach (Hg.): *Ludwig Hohl. „Alles ist Werk."*, Frankfurt a.M. 2004, S. 116–124; zum erzählerischen Werk insgesamt: Stoll, Beatrice: „... dass vielmehr das Leiden eine Chance ist". Zu Ludwig Hohls erzählerischem Werk, ebd. S. 48–56; als biographische Annäherung (mit weit darüber hinausführenden Überlegungen) auch Zopfi, *Dichter am Berg*, S. 138–161.

84 Vgl. Pellin, *„Mit dampfendem Leib"*, S. 29ff. Die Arbeit von Elio Pellin ist m.W. die erste, welche die – im Schweizerischen Literaturarchiv liegenden – frühen Fassungen (soweit diese erhalten sind) textgenetisch untersucht und den 1975 erschienenen Text darauf bezieht; vgl. ebd. S. 29–46.

Ende fast über fünfzig Jahre hinziehenden Textentstehung ist die existentielle Bedeutung, die das Bergsteigen für Hohl schon als Jugendlicher gewonnen hatte. Der Text ist allerdings, wie im folgenden gezeigt werden soll, für ihn nicht nur Gestaltung dieser Bedeutsamkeit, sondern er reflektiert erzählerisch auch die Bedingungen menschlicher und künstlerischer Existenz (und ihres Scheiterns).

Denn der Text erzählt in der Geschichte einer Bergbesteigung zweier junger Männer zwar von einer konkreten, existentiellen Wirklichkeits- und Selbsterfahrung, die mit dem Tod endet; doch Hohl versucht zugleich, ihr eine gültige künstlerische Form zu geben, die diese realistische Konkretheit überschreitet, ohne sie indessen einfach zum Material einer Parabel menschlicher Existenz zu nehmen. Aus seiner wiederholt ansetzenden, zwischenzeitlich über Jahrzehnte stagnierenden Arbeit resultiert schließlich eine ganz ungewöhnliche erzählerische Faktur des Textes und eine Poetik, in der Scheitern und Gelingen auf paradoxe Weise thematisch und formal verbunden sind. Ihr Ergebnis ist ein Stück nur vordergründig rein alpinistischer Prosa, das gleichwohl, wie Adolf Muschg schrieb, mit „den bloß alpinistischen Beispielen des Genres inkommensurabel" ist (Adolf Muschg).[85]

Man kann Hohls *Bergfahrt* insofern als eine der wenigen auch literarisch mit höchstem Anspruch gestalteten Darstellungen alpinistischer Wirklichkeitserfahrung ansehen, deren Poetik eben darum aber in dieser Darstellung nicht aufgeht. Die folgende Lektüre geht von einer Analyse der Handlung sowie der Erzähl- und Sprachstruktur der schließlich veröffentlichten Fassung des Textes aus, sie nimmt dann auf weitere Texte Hohls und in der Textentstehung erkennbare Strukturelemente Bezug und versucht schließlich, die Poetik auch dieses Textes im Hinblick auf die genannten Fragen einer anderen Erhabenheitsästhetik zu bestimmen.

„… aus einer gewissen Distanz"

Hohls Novelle erzählt von der Bergtour zweier Gefährten, die sich während des Aufstiegs auf einen (auch hier namenlos bleibenden) sehr hohen Berg trennen und am Ende beide – auf denkbar verschiedene Weise – ums Leben kommen. Damit ist in abstrakter Form zugleich eine Struktur benannt, die den Text auf verschiedenen Ebenen prägt: Einer Differenz oder Polarität – vor allem der beiden gegensätzlich gezeichneten Gefährten – steht im Berg selbst eine singuläre Identität gegenüber; er erscheint als Raum der Konkretion oder, wenn man so will, als Raum des Realen schlechthin, dem gegenüber die Differenzen

85 Muschg, Adolf: Ludwig Hohls „Bergfahrt", in: Heinz Ludwig Arnold (Hg.): *Ludwig Hohl*, München 2004 (text+kritik Heft 161), S. 23–32, hier S. 26. Adolf Muschg ist die Novelle Hohls gewidmet.

humaner Weltverhältnisse und die darüber erzählbare Bedeutung humanen Handelns profiliert werden. Der Text erhält durch diese Struktur, die noch genauer zu charakterisieren sein wird, seinerseits eine polare Spannung von Konkretion und Abstraktheit; er besitzt die Strenge und Stringenz der übrigen Hohlschen Prosa,[86] gewinnt aber im Gegensatz zu deren aphoristischer, programmatisch fragmentierter Poetik parabolische Qualität im Erzählen einer verhältnismäßig einfachen Geschichte.

Durch den Verlauf dieser *histoire* wird – mit einer charakteristischen Abweichung – der in zwanzig relativ kurze Abschnitte untergliederten Text chronologisch-linear strukturiert. Der erste Abschnitt mit dem Titel „*Ein ungeheures Schiff*" (B 7) beginnt „[i]m Frühsommer, zu frühester Morgenstunde, tief in den Alpen, am Vereinigungspunkt zweier Täler, auf grünen Eisenstühlen vor einem noch schlafenden Café" (B 7): Dort rasten zwei junge Männer kurz vor dem Aufbruch, welche durch ihre Aufmachung und Ausrüstung „unschwer als Alpinisten zu erkennen" (B 7) sind; die Geschichte spielt, wie in Parenthese angemerkt wird, „in einem Anfangsjahrzehnt des Jahrhunderts" (B 7). Nach einer kurzen, andeutungshaften Beschreibung der beiden Männer und der Evokation der sie umgebenden Landschaft geht der Abschnitt zur Beschreibung des Gebirgsmassivs über, das offenkundig Ziel der Bergfahrt dieser Alpinisten werden soll:

> Dunkel von Wäldern, dann, in höheren Stufen, durch ruhige Wände gesichert, manchmal aus Schutt gebildeten Hängen, dann aus neuen Felsen, endlich aus Gletschern, erhebt es sich bis zum langgezogenen höchsten Grat, der jählings in fast senkrechtem Abbruch endet [...]. So ist der Berg aus einer gewissen Distanz und von unten gesehen. An ihm ist nur Steilheit, gelassener Sieg, fragloser Sieg. Der oberste Teil seiner Flanke, aus Firn und grauem, leise glänzendem, glattem Fels, gleicht einem Schild, einem Panzer [...]. Und das ganze langgezogene Gebilde dieses Gipfelbaues vor den hellen Himmeln hätte vielleicht auch den Eindruck erwecken können von einem sehr großen Schiff, das nicht in ein Erdenmeer nur, das in die Ewigkeit hinein führe. (B 9)

Bereits dieser erste Abschnitt der Erzählung ist von einer mehrfach codierte Bildlichkeit bestimmt: Sie wird dominiert von der Beschreibung eines mythisch erhöhten Gebirgsstocks, der als Solitär vor „den hellen Himmeln" aufragt und dessen „Sieg" von Beginn an festzustehen scheint; auch „Schild" und „Panzer"

---

86 Neben den *Notizen*, die in ihrer Verbindung von Aphoristik, kurzen Erzähltexten, philosophischen Reflexionen und Lyrik als philosophisch-literarisches Hauptwerk gelten, hat Hohl noch eine Reihe weiterer Erzähltexte veröffentlicht, vgl. u.a. Hohl, Ludwig: *Nächtlicher Weg. Erzählungen*, [1943], Frankfurt a.M. 1971, ferner: *Nuancen und Details* [1939/1942], Frankfurt a.M. 1975. Der Text „Landschaften" in *Nächtlicher Weg* beschreibt präzise die *imaginären* Berge, die der Ich-Erzähler in seiner Gegenwart „im feuchten Dunkel Hollands" aus der Erinnerung heraufruft (S. 15–20).

evozieren die alpinistische Semantik des Kampfs mit dem Berg. Mit dem „sehr großen Schiff" wird dagegen ein traditioneller Erhabenheits-Topos neben dem Gebirge selbst aufgerufen, die unabsehbare Größe des Ozeans, auf den auch Titel und letzter Satz des Abschnitts bezogen sind.

Vor dem so charakterisierten, singulären Berg treffen (im Sinn der genannten Struktur) zwei Täler, zwei Flüsse und zwei Männer aufeinander; die Gegensätzlichkeit der beiden, die Ull und Johann heißen, strukturiert den weiteren Text: Während Ull „ein guter Berggänger" (B 10), energisch, umsichtig und erfahren ist, wird Johann als träge, melancholisch, hypochondrisch und unpraktisch geschildert; die ganze Last der Planung und Motivation der „Bergfahrt" liegt bei Ull.[87] Auffällig ist ferner die präzise und poetische verdichtete sprachliche Gestaltung, die sich auch im weiteren Textverlauf phasenweise der Prosadichtung nähert; über Alliterationen („aus Firn und grauem, leise glänzendem, glattem Fels"), Wiederholungen, kühne Metaphern, Vergleiche und rhetorische Fragen wird die initiale Linearität der Narration sogleich überschritten:

> Die Mächtigkeit [des Eindrucks dieses fruchtbaren Gebirgstales] beruht auf dem Reichtum des Grünen, der Gewaltigkeit der Berge, dem Licht des Himmels, das zu groß ist, als daß der Himmel schon blau sein könnte; sein künftiges Blau wartet hinter einem Hellen, einem schimmernden sich bewegenden Weiß, der Farbe des Zinnes (die Sonne scheint erst auf die höchsten Berge, noch lange nicht hier). (B 8)

Schließlich wird im oben bereits zitierten Ende des Abschnitts über die ebenso konkrete wie emphatische Landschaftsbeschreibung zugleich eine Blickinszenierung vollzogen. Die Textbewegung simuliert, im „Dunkel" und unten beginnend, bis zum „höchsten Grat" die Blickbewegung *hinauf* als Grundierung der Ekphrasis, geht dann jedoch – ganz wörtlich – auf Distanz („So ist der Berg aus einer gewissen Distanz und von unten gesehen"), um gleich darauf erneut in einen emphatischen, poetisch verdichteten Modus umzuschlagen. Diese Polarität von Schilderung und Distanzierung ist für die Erzählung

87 Hohls Erzählung liest sich hier wie ein später Reflex auf Petrarcas Ventoux-Epistel, die ja mit der Überlegung beginnt, mit wem man ein solches Unternehmen wagen könnte: „Als ich aber wegen eines Begleiters mit mir zu Rate ging, erschien mir, so merkwürdig es klingt, kaum einer meiner Freunde dazu geeignet: so selten ist selbst unter teuren Freunden jener vollkommenste Zusammenklang aller Wünsche und Gewohnheiten. Der eine war mir zu saumselig, der andere zu unermüdlich, der zu langsam, jener zu rasch, […] der endlich zu stumpfen Sinns, jener gescheiter als mir lieb." (Petrarca, Francesco: An Francesco Dionigi von Borgo San Sepolcro in Paris. In: *Dichtungen, Briefe, Schriften*, Auswahl und Einleitung von Hanns W. Eppelsheimer, Frankfurt a.M. 1980, S. 88–98, hier S. 89). Petrarca entscheidet sich dann für seinen Bruder als Begleiter.

ebenso programmatisch wie die Opposition der Protagonisten: Der Text schildert das von ihnen Wahrgenommene, inszeniert jedoch – in unterschiedlicher Intensität – die Ästhetik des Alpinen auch immer wieder im Sinn einer expliziten Wahrnehmungsreflexion „aus einer gewissen Distanz" und ebenso einer expliziten, wenngleich nur in Nebenbemerkungen erscheinenden Sprachreflexion.

Zu den Mitteln der Distanzierung, die ein Aufgehen des Textes in reine Schilderung (im Sinn alpinistischer Prosa) von Beginn an verhindern, zählen ferner Formen sprachlicher Verfremdung, häufige Wechsel in der Fokalisierung sowie (vor allem) im Tempus, Passivkonstruktionen („Bald schon ist leichter Schweiß ausgebrochen" (B 10)), Raffungen („Schon haben sie tausend Meter unter sich gebracht. Eine weite Aussicht hatte sich eröffnet" (B 11)) und Dialoge, welche die Spannung zwischen den Bergsteigern und das zwischen ihnen Unausgesprochene lesbar machen. Ihr mit dem zweiten Abschnitt (oder ‚Erzählschritt') beginnende Aufstieg erfolgt über mehrere Stufen, und jede überschrittene Grenze – der „Blick in die Tiefe, in die bewohnte Welt, ist mit einem Male abgeschnitten" (B 15) – verschärft die Differenz zwischen ihnen. Sie gelangen in einen Grenzbereich des Humanen („Nirgends eines Menschen Spuren" (B 15)), und übernachten, durch das Wetter gezwungen, zweimal in einer Almhütte.

In zwei Abschnitten, die von Bewegungslosigkeit geprägt sind – der Wechsel von (Aufstiegs-) Bewegung und Stillstand rhythmisiert auch im weiteren die Narration – werden hier nun Elemente subjektiven Erlebens eingespielt: Im *Traum vom Bären* (B 20–22) eine Traumerzählung Johanns, die von der Begegnung mit einem Bären handelt, „dessen süßlicher Gesichtsausdruck über seine Absichten und seine erschreckende Gewaltigkeit nicht hinwegtäuschen konnte" (B 20) und den erst Ull am Ende vertreibt;[88] im Abschnitt *Der Melancholie-Hang* (B 23–26) eine Landschaftsbeschreibung, die von

88 In der Traumerzählung, die nach einem einleitenden Absatz den ganzen Abschnitt bestimmt, figuriert der Bär offenbar als Symbol des bedrohlichen Berges; in einer allegorischen Konstellation tritt neben dem angststarren Erzähler noch ein „anderer Mensch", ein Mathematiker auf, der „eine verwickelte Methode dar[legte], dem Bär zu begegnen und seiner Herr zu werden" (B 21), mit dieser rationalen „Taktik" aber ebenso scheitert wie der Träumer, während Ull aufgrund seiner Sicherheit und Entschiedenheit den Bären willenlos macht und förmlich dressiert („Wohin Ull ihm nur durch einen Wink zu gehen andeutete, dahin ging der Bär" (B 22)). Der Angst steht hier (nutzlose) Rationalität und imaginierte entschiedene Tatkraft gegenüber; im Motiv des Kampfs mit dem Bären ist die Passage freilich erkennbar auch die Inversion eines Prätexts, der Bärengeschichte aus Kleists *Marionettentheater*-Aufsatz (vgl. Kleist, Heinrich von: Über das Marionettentheater, in: ders.: *Sämtliche Erzählungen, Anekdoten, Gedichte, Schriften*, hg. von Klaus Müller-Salget, Frankfurt a.M. 2005 [1990], S. 555–563, v.a. S. 561ff.). Zu einer Deutung

einem Blick Johanns ausgeht und die der Text explizit als „einen Spiegel“ (B 24) bezeichnet.

> Einmal nämlich im Laufe des eingedunkelten Tages bildete sich in den Wolkenmassen ein Fenster, durch das man weit hinüber an den Hang eines Hochtals blickte, einen zuerst wohl nichtssagenden, einen trostlos-dürftigen Hang. [...] Was man auf diese Weise eingerahmt zu sehen bekam, war ein vollkommen monotones, aus steilen Weiden gebildetes weites Gelände oder vielmehr ein großes Stück davon, weil nach oben hin ebenso wie auf den drei andern Seiten in die Nebel hinein verschwindend. In fast regelmäßiger Weise war diese trübe Tallehne durchzogen von zahllosen feinen, grauen oder gelblichen Fäden: den vom Regen genährten Bächen; in ihrer ganzen Ausdehnung zeigte sie keinen aprupten Fels, keine Schlucht, keine sonstige Sensation für das Auge: ihre Eintönigkeit war vollständig; in ihrer olivgrünen, graugrünen Farbe, der unvorstellbar trüben Beleuchtung [...] hatte sie wahrhaft das Gepräge der Unendlichkeit angenommen: Und in dieser Eintönigkeit, Trübheit und Endlosigkeit erreichte sie dennoch zu dieser Stunde eine größere Wirkung, als es schien daß je die der spitzigsten, kühnsten Zacken, der abgeklärtesten Gräte hätte sein können; war fesselnder mit ihrem Ausdruck der Zartheit und unaussprechlichen Dunkelheit, wehmütigster Verlassenheit und wahrhaft unendlicher Melancholie. Niemand achtete dieser Tallehne bei gutem Wetter, immer war sie nur ein Hang gewesen, eine Verbindung, von keinem Blick als etwas anderes betrachtet, denn jeder Blick eilte rasch hinauf zu den Kanten, den Zacken, dem Himmel; nun hatte sie auf einmal eine Stimme bekommen infolge einer großen Unbill der Witterung und die Gräte waren verstummt. (B 25f.)

Zwar erscheinen hier zwei konventionelle rhetorische Figuren literarischer Gebirgs-Darstellung, der aufreißende Nebel- oder Wolkenvorhang als ‚Rahmen‘ des Gesehenen und die „Stimme“ (bzw. der ‚Ruf‘) des Berges; doch wird damit eine alternative alpine Ästhetik entworfen, die in genauer Opposition zu Topoi der Erhabenheit und alpinen Heroismus (wie „kühnsten Zacken“, Graten und sonstigen „Sensation[en] für das Auge“) durch Monotonie, „Trübheit und Endlosigkeit“ charakterisiert ist und offenbar die Melancholie Johanns reflektiert. Wie in einer inserierten Miniatur und als Perspektive eines der Protagonisten stellt der Text hier einen Bezug von Landschaft und Subjekt zur Disposition, welcher gerade nicht von Totalität, sondern vom unscheinbaren Detail, vom Unspektakulären ausgeht (und in einigen Elementen, freilich ohne die religiöse Dimension, auch dem Landschaftsbild in Frischs *Blättern aus dem Brotsack* ähnelt).

Obgleich Johann sich krank fühlt, steigen die Bergsteiger weiter auf und gelangen zum Gletscher. In dessen Beschreibung geht der Text in eine

---

dieses kontrafaktorischen Bezugs als Interpretament des Textes vgl. Muschg, Ludwig Hohls „Bergfahrt“, S. 32.

deskriptive Passage über, die in „alpinistische[r] Fachsprache" (B 37) von Gletscherspalten, Gletscherentstehung und Séracs (Gletschereis-Türmen) handelt; auch diese Digression verbindet Wahrnehmungs-, Sprach- und hier sogar Kunstreflexion[89], und sie endet in einer knappen Formel, die zugleich ‚Erhabenheit' evoziert, doch bezeichnenderweise die Theatralik dieser Evokation hinterfragt:

> Ull wies hinauf nach dem Felsen, über dem die Séracs erschienen waren.
> „Schrecklich!" gab Johann von sich.
> Der beste Schauspieler der Welt hätte das Wort nicht mit mehr Ausdruckskraft aussprechen können. (B 41)

Anschließend geraten die beiden in einen Schneesturm, dessen Beschreibung (wörtlich) auf das Schnee-Kapitel des *Zauberberg* Bezug nimmt, doch in Gegensatz zu diesem noch dem alpinistischen Narrativ der Bewältigung verpflichtet ist.[90] Schließlich müssen sie zur verschneiten, gruftartigen Schutzhütte zurückkehren; nach einer weiteren schlimmen Nacht gibt Johann auf und die beiden trennen sich im Streit.

> Der Mond schien an dieser Stelle nicht, gigantische Schultern des Gebirges verbargen ihn; ohne Laterne wäre Ull nicht weit vorgedrungen; kaum hatte er wenige Schritte von der Hütte weg getan, als der hartgefrorene Schneehang von dem da in der Nacht Hinanklimmenden schon Anspannung, Kenntnisse verlangte. Da erreichte ihn eine Stimme; sie war wärmer, lebendiger als er sie von Johann [...] seit langem gehört hatte; ein Gruß und freundliche Wünsche.
> Aber Ull, in seiner Wut, antwortete nicht mehr. (B 52f.)

Im Moment der Trennung schiebt der Text eine Anthropomorphisierung des Berges ein, wie um einen Wechsel der Figuration zu betonen – von nun an bestimmt nicht mehr die soziale Beziehung, sondern das Gegenüber von Berg und Bergsteiger das Geschehen. Die folgenden Abschnitte bis hin zum vorletzten schildern Ulls weiteres Schicksal: Nach dem *„Kampf mit dem Gletscher"*

---

89 „Der Gletscher ist [...] nicht nur von oben ‚zerhackt'; auch von der Seite her ist er aufgeteilt in alle möglichen Gewölbe, Kammern, Etagen; ähnlich dem Grundgemäuer, Stockwerke tief, einer zerstörten Fabrik; und wenn es gelänge, durch ein Wunder Einblick in die Finsternisse dieses Unterbaues zu erlangen, so müßte, was man das sähe, sich ausnehmen wie gewisse Darstellungen eines Piranesi" (B 40). Die Anspielung auf Piranesis *Carceri* weist auf die spätere zentrale Stelle mit dem ‚Gefängnis' voraus (B 88), vgl. unten.

90 Die Stelle lautet: „So drang der kleine Zug vor durch den Schneesturm, langsam zwar, aber noch ungeschlagen [!], wenn auch mit geringer Hoffnung, – durch die Wildnis dieser weißen Nacht, die sie umgab mit Tosen, Dröhnen und Klirren" (B 44); vgl. Mann, *Zauberberg*, S. 662: Hans Castorp ist „umhüllt von wirbelnder, weißer Nacht".

(B 54) erreicht er erst spät mittags erschöpft den Grat und muss erkennen, „dass er in eine Falle g[e]raten war" (B 58)[91]. Denn an einen weiteren Aufstieg ist nicht zu denken (wie überhaupt das Erreichen des Gipfels im ganzen Text fast unwichtig erscheint).[92] Aber auch der Rückweg über den Gletscher bei nun weichem Schnee nicht zu denken: „Was blieb, war nur die Südwand." (B 59) An dieser Stelle erfolgt erneut eine Erzähler-Reflexion:

> Wenn ich sage „die Südwand erschien als ein einziger ungeheurer Abgrund", so muß ich einmal auf die Frage antworten: Was für einen Sinn kann es heute noch haben, oft von Abgründen, von schauerlichen, von grauenerregenden Abgründen zu reden? Heute, da täglich zahllose Leute, auch alte und gebrechliche, in vieltausend Metern Höhe über Länder und Kontinente sausen? – Die Tiefen, die man von Verkehrsflugzeugen aus wahrnimmt (wenn man sie überhaupt wahrnimmt), sind zum größten Teil eine Abstraktion; der Eindruck von Abgrund dagegen kann nur entstehen durch sinnliche Wahrnehmung. „Wir fliegen in fünftausend Metern Höhe", wird angekündigt. „Sie sehen Bordeaux, die Gironde." Wenn einer von den schläfrigen oder in Akten vertieften Fluggästen sich die Mühe macht, so gut es geht hinunterzuschauen, so sieht er wirklich Bordeaux, die Gironde – wie auf einer Landkarte. Eine Landkarte aber ist eine Abstraktion. Oder wie oft ist es vorgekommen, daß einer beim Anblick einer Landkarte von Schwindel erfaßt das Haupt auf den Tisch fallen ließ? (B 64)

Wie in Frischs *Nach einem Flug* wird hier das physische Wahrnehmen des „Abgrunds" der technisch gesicherten Sicht aus der Vertikalen kontrastiert; der abstraktionskritische Impuls schließt hier aber auch die Kartographie ein, und der unvermittelte Einschub inmitten einer Erzählung markiert hier, noch mehr als bei Frisch, zugleich die sprachliche Undarstellbarkeit dieses Wahrnehmens im Moment der existentiellen Ausgesetztheit.

Was folgt, ist eine tödlich endende Abstiegsgeschichte in erzählerischer Nahaufnahme. Bald geschieht dabei „[*d*]*er erste Unfall* " (B 69), denn Ull verliert den Eispickel;[93] und „das war fast, als ob ihn der Kumpan, der einzige ihm noch verbliebene Kumpan verlassen hätte" (B 69). Der nächste Abschnitt („*Der furchtbare Fels*" (B 71)) schildert seinen Kampf mit einer extrem schwierigen Kletterstelle: Das Ausbrechen eines Griffs führt schon fast zum Sturz, doch Ull kann sich noch einmal hochziehen; dann führt die Halluzination der

91 Hier liegt im Text ein offenbarer Druckfehler vor.

92 Insofern ist hier – wie auch sonst – die Lektüre von Beatrice Stoll eher ungenau, die davon spricht, Ull „besteig[e] alleine den Gipfel" (Stoll, „… dass vielmehr das Leiden eine Chance ist", S. 53).

93 Hohl verarbeitet hier und im Weiteren eigene Erfahrungen bei Bergtouren in den zwanziger Jahren; vgl. Zopfi, *Dichter am Berg*, v.a. S. 153f.

Stimme seiner Freundin[94] ihn zu einer Lösung des Problems dieser Stelle – er schneidet ein Stück des Seils ab, das er noch bei sich trägt, und kann damit eine Schlinge um einen Felszacken bilden, an der er sich abseilen kann.[95] Die Nacht verbringt er daraufhin frierend an einer halbwegs sicheren Stelle im Fels, immer beschäftigt, sich wachzuhalten („Denn wäre er eingeschlafen, so wäre er entweder nicht mehr erwacht oder dann in einem Zustand, der alles Weitere verunmöglichte" (B 86)); trotzdem verfällt er gelegentlich sekundenlang in Schlaf und in Träume.

> Und dann gab es noch andere Momente, die nicht mehr Träume waren, sondern eine Mischung von Wachen und Träumen, genau das, was man eine Halluzination nennt. In einem solchen Moment hatte er auf einmal die endgültige Antwort gefunden auf die oft gestellte Frage: „Warum steigt ihr auf Berge?"
>
> (Denn all die üblichen Antworten genügten nicht: Der Gesundheit wegen; aber dazu mußte es wohl andere und minder kostspielige Mittel geben. Der Höhe wegen; aber dann die Bergbahnen, das Flugzeug? Weil es eine besonders reichhaltige Art von Sport ist, die, wenn auch nur in engem Kreise, aber von einer Elite besondere Auszeichnung einbringt; das hatte schon mehr für sich, aber es genügte auch nicht.) Dies war es:
>
> *Um dem Gefängnis zu entrinnen.*
>
> ... Und nun? (B 87f.)

Erneut, nun als „Halluzination" des Protagonisten eingeführt, wendet sich die Erzählung ins Reflexive und markiert in den drei Punkten, der knappen Frage und dem anschließenden Abschnittswechsel eine Aporie im Wortsinn: Dem (sozialen) Gefängnis in die Berge entflohen, findet sich Ull auch bei seinem Fluchtversuch aus der „Falle" (B 58) „nun" gefangen im vollkommen Unwegsamen. Bereits der Abschnitt vorher hatte die Aporie der Situation praktisch wörtlich bezeichnet: „Die Lage war ausgangslos." (B 80)

Als (unausgesprochene) Erkenntnis steht dieses Gewahrwerden unmittelbar vor der Katastrophe: Nachdem es am nächsten Morgen halbwegs hell geworden ist, steigt Ull weiter ab, muß ein steiles Firnstück abwärts queren und hält an einem scheinbar sicheren Standort, überlegend, wie er vorgehen soll.

---

94 Die Freundin findet erst ab der Erkenntnis der „Falle" auf dem Grat Erwähnung, immer als imaginative Vergegenwärtigung (vgl. B 61f., 79ff.).

95 In ganz ähnlicher Weise sind auch die Beschreibungen der Kletterei immer wieder von äußerster alpinistischer Konkretheit – sowohl was die Gegebenheiten des Felsens als auch was die Körperbewegungen betrifft (vgl. besonders B 74f.); zugleich markieren sie – damit die einleitende Bemerkung bestätigend, die Geschichte spiele „in einem Anfangsjahrzehnt des Jahrhunderts" (B 7) – die im Erscheinungsjahr des Textes anachronistische Ausrüstung des Kletterers, was (erneut in Parenthese) auch explizit gesagt wird (vgl. B 69). Vgl. a. Pellin, „Mit dampfendem Leib", S. 30f.

> Also machte er sich daran, das Seil herunterzuziehen und einzusammeln, wozu es einiger ausholender Bewegungen bedurfte. Während er so hantierte, spürte er auf einmal in einem Fuß, dem des Standbeines, ein Säuseln, ein ganz leises, aber unheimliches Gefühl ... wie daß etwas nachgab. Instinktiv griff er blitzschnell nach seinem Pickel; der war aber ... nicht da. Da krallte er sich mit den Händen in den Schnee, was sollte er anderes tun? Dadurch geriet jedoch der Körper in eine schiefe, dem Schneehang parallele Lage und der Grund wich vollends unter den Füßen. Er rutschte, Hände und Arme konnten das nicht verhindern; das Ruschen wurde rasch schneller; er sauste dem Bergschrund entgegen, der weiter und tiefer war, als angenommen werden konnte, – und ward nicht mehr gesehn. (B 91f.)

Noch ein letztes Mal wechselt die Fokalisierung inmitten eines Absatzes von Spüren, Gefühl, Instinkt-Reaktion (intern) zu externer Beschreibung des „Körper[s]" und seines Sturzes, bis die Figur buchstäblich aus dem Blick (und aus dem Text) fällt.

Der allerletzte Abschnitt nach diesem Ende von Ulls Geschichte kehrt nun zu Johann zurück, der nach der Trennung „munter bergabwärts" (B 93) geeilt war – zumindest äußerlich; doch heißt es auch: „Seine Gedanken gingen zu dem andern, den er verlassen hatte, der nun da droben die kühnen Taten vollbrachte, der vielleicht jetzt schon auf einem Gipfel stand. (Wie wenig richtig waren seine Vorstellungen!)" (B 93). Johann gelangt ins Tal und beschließt, den Weg, der ihn noch von der Straße trennt, durch ein Bachtal abzukürzen. Die Warnungen eines Bauern, der ihn auf die Gefahr des Hanges hinweist, schlägt er in den Wind; doch im steilen, pflanzenbewachsenen Abhang zum Bach hinab gerät er

> ins Gleiten; kein Baum ist mehr erreichbar; er faßt nach den Pflanzen, die in seinen Händen bleiben und mit ihm in die Tiefe fahren; so saust er in den Bach hinein und schlägt mit dem Kopf gegen einen Felsen. (B 96)

Hier ist es das Präsens, über das eine interne Fokalisierung inszeniert wird – und die ebenso lakonisch zum Imperfekt des Endes umschwenkt: Im reißenden Bach weitergeschleudert, „verendete er, rasch" (B 96). Der letzte Absatz der Erzählung vergleicht dann noch einmal reflexiv die beiden, den schwermütig Langsamen, der so rasch stirbt, und den raschen, energischen Ull, dessen Ende

> spätestens vom Verlust des Pickels an gerechnet, an die vierundzwanzig Stunden dauerte […]. So hatten die beiden gleichsam ihre Rollen vertauscht in ihrem Sterben; und die vielleicht unsinnige Frage taucht auf, ob nicht, wenigstens in kleinem Maße, dasselbe hätte geschehen können – im Leben? (B 96f.)

Schritte, bergauf

Hohls *Bergfahrt* ist als Text mithin einerseits durch große narrative Geschlossenheit, andererseits durch hohe erzählerische Komplexität geprägt: Die erzählte Zeitspanne beträgt wenige Tage, Aufbruch und tödliches Ende der Tour bestimmen zugleich Beginn und Ende des Textes, der erzählte Raum beschränkt sich völlig auf den namenlosen Berg und seine unmittelbare Umgebung. Obwohl das subjektive Erleben der Protagonisten zur Sprache kommt, ist die Novelle gleichwohl nichts weniger als eine schlichte Erzählung ‚alpinen Erlebens' und ist den entsprechenden alpinistischen Genres, die Hohl zweifellos kannte[96], tatsächlich kaum noch vergleichbar. Um ihre spezifische Poetik genauer zu bestimmen, ist ein Blick auf frühe autobiographische Texte, die Textgenese der *Bergfahrt* und schließlich einige Grundvorstellungen Hohls aufschlußreich.

Die immense Bedeutung, die das Bergsteigen für den protestantischen Pfarrerssohn Ludwig Hohl seit seiner Jugend besaß, wird außer in zwei Bergtourenheften, die unveröffentlicht sind,[97] auch in seinen (1998 bei Suhrkamp edierten) Jugendtagebüchern deutlich,[98] die neben ausführlichen Notaten zum Literatur- und Philosophie-Studium, mit dem er sich als Externer auf die Matura vorbereitete, Beschreibungen von Bergtouren[99] und Reflexionen der eigenen Faszination an den Bergen festhalten.

> … die Berge: Hier ist ein wenig Betätigung für einen Teil meiner Kraft. Hier habe ich schon Aussicht mich etwas emporzurecken über die übrigen Häupter, etwas nach außen zu fördern an Leistung, mir etwas Inhalt zu geben; es ist tatsächlich fast das einzige, was mir ein wenig nur Betätigung gibt, eine mir angemessene Betätigung.[…]
>
> Die Berge stellen so etwas im Kleinen dar; sie sind mein Trost in der Außenwelt, fast mein einziger Trost.
>
> In der Innenwelt sind es Kleist, Nietzsche – – –.[100]

96 Er war Mitglied des Schweizer Alpenclubs; Pellin (*Mit dampfendem Leib*, S. 33) zitiert einen entsprechenden Besteigungsbericht aus der Monatszeitschrift *Die Alpen* von 1925, der sowohl sprachliche Ähnlichkeiten wie die Distanz ermessen lässt.

97 Vgl. Pellin, *Mit dampfendem Leib*, S 54f.; Zopfi, *Dichter am Berg*, 140ff.

98 Hohl, Ludwig: *Jugendtagebuch*, im Auftrag der Ludwig-Hohl-Stiftung hg. von Hugo Sarbach, Frankfurt a.M. 1998.

99 Vgl. ebd. v.a. S. 21ff.

100 Ebd. S. 111ff. Dass in der Nietzsche-Lektüre auch die Gebirgstopik des *Zarathustra* für Hohl wichtig wurde, lässt sich jedenfalls vermuten (vgl. Zopfi, *Dichter am Berg*, 144).

Tatsächlich trainierte der junge Ludwig Hohl täglich vor allem für das Klettern, das neben dem Schwimmen hohe symbolische Bedeutung für ihn gewann[101]; einen deutlichen Gegensatz nimmt er dabei allerdings zum (verachteten, stumpfsinnig disziplinierenden) Turnen wahr:

> O, man muß die Sache recht verstehen: Das *Geistige* ist eben das Bedeutende daran, einzig u. allein. Im Gebirge, für Taten in den Bergen, *ist viel mehr, sehr viel mehr* die geistige Beschaffenheit das Ausschlaggebende; das Geistige ist es, tausendmal mehr als beim Turnen [...].[102]

Schon in diesen Notaten ist wenig von alpiner Ästhetik, von Bewegungslust oder Sport die Rede, dafür viel von der außeralltäglichen Erfahrung des Selbst in den Bergen, der Konfrontation mit einem Gegenüber und ein „ganz klein wenig von einer *größeren Kraft*", die Hohl in den Bergen in sich spürt; doch „dauernd das Ziel meines Lebens sein, werden die Berge wohl – nicht! Es sei denn in höherem, geistigen Sinn."[103]

Noch aus der Zeit dieser Bergtouren in den zwanziger Jahren stammt auch der erste Entwurf eines literarischen Textes, der als Keimzelle der Novelle gelten kann, verschiedene eigene Erfahrungen im Gebirge aufnahm und entsprechend autobiographisch gelesen werden kann[104], jedenfalls aber Motive enthielt, die in die ein halbes Jahrhundert später erschienene Erzählung eingingen. Elio Pellin hat in der Untersuchung dieses Textes mit dem Titel „Der arme Johann"[105] und der einzig erhaltenen weiteren ‚Fassung' von 1940 überzeugend gezeigt, welche Verfahren der Verdichtung, sprachlichen Verknappung, Abstraktion und reflexiven Formung in der Genese der *Bergfahrt* wichtig wurden. Hohl selbst hat in einer Einführung zur Lesung seines Textes im Jahr 1974 die lange Stagnation damit begründet, dass er die Gültigkeit der Fassung von 1940 bezweifelte („[I]ch wusste, dass sie undefinitiv war"[106]), sich für ihn aber schließlich „die richtige Distanz ergeben [hatte], der Sache

101 Es wird ihm später auch zum ‚Material' von Aphorismen wie: „Die ganze Frage des Schwimmens ist illusorisch, solange man nicht im Wasser ist." Hohl, *Von den hereinbrechenden Rändern*, S. 11.

102 Hohl, *Jugendtagebuch*, S. 114f.

103 Ebd. S. 116. Man kann auch vermuten, dass die Auseinandersetzung mit dem autoritären Vater und seinem bürgerlichen Lebensideal Hohls frühe Entscheidung für eine antibürgerliche Existenz stark prägte.

104 Ob man dies in der Eindeutigkeit tun kann, wie es Zopfi vorschlägt, sei dahingestellt (Zopfi, *Dichter am Berg*, 150ff., v.a.156f.).

105 Vgl. hierzu und zum Folgenden Pellin, *„Mit dampfendem Leib"*, S. 29ff.

106 Zit. ebd. S. 30.

beizukommen, oder: der Brennpunkt, die Brennweite, war gefunden worden“[107].

Diese aus der physikalischen Optik bzw. der Fotografie kommende Metapher ließe sich in Hinblick auf den Text und seine Genese konkretisieren und sogar noch erweitern: So wird der Wahrnehmungsraum – sozusagen das Bildfeld – des Textes gegenüber den ersten Entwürfen tatsächlich auf die Beschreibung der *Bergfahrt* eingegrenzt und frühere Passagen, die – entsprechend biographischen Erfahrungen – die Vorgeschichte, beispielsweise die Wahl des Begleiters durch Ull oder Passagen in der Stadt, betreffen, aus dem endgültigen Text getilgt. Die schließlichen ‚Abschnitte' entsprechen in ihrer Begrenzung auf einzelne Situationen (wie den Traum, den Schneesturm, die Kletterstelle) in gewisser Weise einzelnen Aufnahmen auf einem fotografischen Film, und in ihrer konkreten Thematisierung der Etappen und Schwierigkeiten auf dem Weg einer ‚Fokussierung' dieser Aufnahmen auf die ‚scharf gestellten' Erfahrungen der Protagonisten. Man könnte – mit einer gewissen Zuspitzung – sagen, dass die Faktur der Erzählung als Ganzer tatsächlich einem, von einem unsichtbaren Begleiter während der *Bergfahrt* aufgenommenen, fotografischen Film entspricht, nichts anderes enthaltend als Bilder von dieser Fahrt und gleichwohl (spätestens hier endet die Metaphorik) als sprachlich intensiv (nach-)bearbeitete, durch viele Entwicklungsbäder gegangene Abzüge eines Negativs.

Im Zug dieser ‚Nachbearbeitung' wird unter anderem eine, dem Text selbst nicht unbedingt ablesbare gedankliche Konzeption wichtig, die Hohl in den *Notizen* philosophisch auch explizit ausarbeitete, nämlich sein Verständnis von menschlicher *Arbeit* bzw. *Tätigsein* im Verhältnis zu der – für ihn im wesentlichen entfremdeten – *Beschäftigung*. Arbeit vollzieht sich in diesem Sinn als Tun aus innerem Antrieb (im Gegensatz zur Nötigung durch Äußerlichkeiten), es ist potentiell weltverändernd und schöpferisch; es ist getragen von einer (großen) Idee, vollzieht sich aber – und hier liegt der entscheidende Punkt auch für die *Bergfahrt* – in einzelnen Schritten, gewissermaßen kleinen Taten, und nicht etwa in ‚heroischen', großen Taten;[108] sie hat ihren Sinn in sich, nicht etwa im Erreichen eines großen Ziels; sie ist prägend vor allem für das Selbst.

Diese Konzeption von Arbeiten und Tun wird nun aber von Hohl nicht nur mit dem Bergsteigen (und an anderen Stellen auch mit dem Schwimmen) versinnbildlicht, sondern diese sind ihm vielmehr reale „Vorbilder und Muster

107 Zit. ebd., Hervorhebung i.O.
108 Vgl. Hohl, *Die Notizen*, v.a. S. 9ff., 23ff.

dazu"[109] – sie repräsentieren tatsächliche Weltverhältnisse von Menschen in Bewegung. Der Gegensatz der beiden Alpinisten in der *Bergfahrt* auch in ihrer Bewegungsform („sie schreiten nicht auf dieselbe Art: gebückt wohl beide, der erste jedoch [...] mit geschmeidigeren, fast etwas nachlässigen Bewegungen [...]; der zweite dagegen [...] arbeitet mit Kraft, als ob er dem Berg harte Stöße versetzen müsse" (B 10)) ist ein, in der endgültigen Fassung in der *Explikation* dieser Bedeutung stark reduziertes[110], aber auf diesen Kontext hin lesbares Zeichen einer entsprechenden Ebene des Textes; in diesem Verständnis wäre dann natürlich auch das Gesamt des Textes als eine Parabel solcher ‚Arbeit' lesbar, der Weg Lebensweg, das tödliche Scheitern am Ende aber nicht unbedingt Evidenz des Verurteiltseins zum Scheitern und der Vergeblichkeit menschlichen Tuns. Eine solche Allegorese des Textes freilich findet in der definitiven Gestalt eben aufgrund der genannten Reduktion kaum noch Anhalt.

Man kann dieses Zurücknehmen eines explizit allegorischen Gehalts, die Reduktion des Nach-Außen-Kehrens einer ‚eigentlichen' Bedeutung im Vergleich des Typoskripts von 1940 mit der Fassung von 1974 an einer ganzen Reihe von Stellen beobachten; so wird nach der Trennung der beiden Gefährten 1940 weit ausführlicher Ulls Motivation dargelegt („sein allgemeiner Drang nach Tat [nahm] wahrhaft riesige Ausmasse an. [...][A]lles in ihm draengte nach einer einzigen Richtung, daher musste der Durst nach Hoehe, nach gefahrvollster Eroberung, ins Ungemessene sich entfalten – oder gar bis zur Vermessenheit."[111]), dieser Hinweis auf die Hybris des Alleingängers später jedoch auf einige Nebenbemerkungen eingeschmolzen.[112] Was in diesem Veränderungsprozess geschieht, ist aber weniger ein Zurücknehmen der allegorischen Dimension überhaupt als ein Öffnen des Textraums für verschiedene *mögliche* Deutungsebenen eines offenkundig nicht allein ‚realistischen' Erzählens.

---

109 Pellin, „Mit dampfendem Leib", S. 35.

110 Vgl. die weit ausführlicheren Reflexionen der Typoskript-Fassung von 1940 ebd. S. 36f. Inwieweit Hohl in seinem Konzept des ‚Geschmeidigen', „Weich-Gelenkigen" (ebd. S. 35) auch eine Auseinandersetzung mit dem in den 20er Jahren diskutierten Optimierungdiskurs von Bewegung überhaupt in Zusammenhang steht, kann hier nicht untersucht werden; immerhin hatte der oben erwähnte Eugen Guido Lammer bereits 1921 ein „Taylorsystem für Bergsteiger" in der *Deutschen Alpenzeitung* proklamiert, das rasch in andere alpine Schriften (z.B. Maduschkas ‚Technik schwerster Felsfahrten') Eingang fand; vgl. dazu Günther, *Alpine Quergänge*, S. 239ff., Maduschka, *Bergsteiger, Schriftsteller, Wissenschaftler*, S. 224 (aus: „Neuzeitliche Felstechnik").

111 Zit. bei Pellin, *„Mit dampfendem Leib"*, S. 45.

112 „Er mußte es also mit dem Gletscher allein aufnehmen – ein fast verrücktes Unternehmen" (B 52); „Ull hatte seine Besteigung begonnen in einer maßlosen Wut. Und diese Wut begleitete ihn noch immer; sie leitete ihn – mehr als die alpinistische Klugheit" (B 55).

Eine solche Deutungsebene könnte schließlich diejeniger poetischer Selbstreflexivität sein: Auch in den ‚Schritten' der Bearbeitung, der schließlich gelingenden ‚Arbeit' am Text selbst wäre er Ausdruck eines Weltverhältnisses, das nicht auf den ‚einen großen Wurf', z.B. einer künstlerischen Schöpfung, sondern auf den mühsamen Weg zu einem Ziel setzt und es schließlich in solcher Arbeit findet. Auf dieser (zugegeben abstrakten) Ebene ließe sich die Frage des ‚Gelingens im Scheitern' oder der gelingenden Darstellung des Scheiterns auch als poetologische vielleicht eher stellen, als auf jener einer vermeintlichen Personifikation des Künstlers und seiner Existenz in einer (oder beider) der Figuren[113], für die der Text kaum Anhalt gibt.

Auf dem Grat

Obwohl auch dies möglicherweise eine vorschnell vereindeutigende Interpretation dieser Erzählung wäre, kann vor diesem Hintergrund die oben beschriebene Erzählstruktur und der spezifische Gestus des Textes noch einmal anders gelesen werden. Während das erzählte Geschehen – die *histoire*, um in Genetteschen Begriffen zu sprechen[114] – der *Bergfahrt* von detailgenauem Realismus geprägt ist, bleibt der erzählerische *discours* trotz der Rücknahmen expliziter Anknüpfungspunkte allegorischer Deutungen markant von Brechungen dieses Realismus bestimmt, beispielsweise in den oben zitierten Reflexionspassagen, in der Parallelführung und Kontrastierung des Stürzens an einem an sich nicht unüberwindlichen Hang, den sprachlichen Verfremdungen oder im fragenden Schluß. Ferner ist die oben (metaphorisch) beschriebene Fokussierung von Moment-, Detail- oder Motiv-‚Aufnahmen', verbunden mit der explizit im Text genannten Sicht „aus einer gewissen Distanz", bestimmend für einen erzählerischen Gestus, der als Textbewegung die beschriebenen Aufstiegs-, Stillstands- und Sturzbewegungen gleichzeitig konkret repräsentiert und trotzdem auf Abstand hält: Die Abschnitte der Erzählung ergäben, würde man in einem Diagramm die von den Protagonisten erreichte Höhe notieren, ein tatsächlich gebirgiges ‚Profil'; gleichwohl wird man nie davon sprechen können, dass hier im Sinn eines ‚kompliziten' Erzählers[115] allein die Nahperspektive auf diese Protagonisten übernommen wird und man gewissermaßen ‚am Seil' diese *Bergfahrt* imaginativ mitvollzöge.

113 So Stoll, „... dass vielmehr das Leiden eine Chance ist", S. 52f., welche die Geschichte als Künstlergeschichte liest.

114 Vgl. zu den Kategorien Genette, Gérard: *Die Erzählung*, München 1994.

115 Ich adaptiere (bzw. entwende) den Begriff hier von Gerhard Neumann, der ihn in ganz anderem Zusammenhang für den Erzähler als „Geschehenskomplizen" im doppelten Kontrast zum auktorialen und zum impliziten Erzähler geprägt hat (Neumann, Gerhard:

Diese ausgestellte Konstruiertheit und Reflektiertheit prägt die Poetik des Textes. Noch die zeitliche Erstreckung der beiden ab der Trennung getrennten Erzählverläufe entspricht genau den beschriebenen Differenzen der Todesarten – langwierig, immer wieder aufgeschoben und doch unvermeidlich scheinend die eine, überheblich, ahnungslos, plötzlich die andere. Zugleich ist die Entgegensetzung der Protagonisten aber von Beginn an von fast analytischer Schärfe, als hätte man mit einer experimentellen Demonstration zu tun, welche die Charaktere der Figuren mit symmetrisch oppositionellen Merkmalen ausstattet und dann isoliert dem Berg kontrastiert. Als Plädoyer für die entschiedenere Lebenshaltung Ulls (trotz ihres in gewissem Sinn ‚tragischen' Endes) oder als Verurteilung der anderen, unentschiederen Johanns, der im Tal auf banale Weise endet, wird man diese Konstellation daher ebensowenig vereindeutigen können wie dahingehend, dass die Trennung der beiden, die Lösung der sozialen Bindung als Ursache der Katastrophe dargestellt würde.[116] Andererseits ist es sicher nicht abwegig, in Bezug auf den Text vom „Berggang als Chiffre menschlicher Existenz"[117] (Hans Saner) zu sprechen oder die *Bergfahrt* wie Emil Zopfi „als Parabel vom Aufbruch und von der Aussichtslosigkeit, jemals ein Ziel zu erreichen"[118], zu lesen; und doch warnen Stellen wie die oben zitierte über die Abstraktion des „Abgrunds" in der technischen Zivilisation auch deutlich, interpretierend von der konkret geschilderten alpinen Situation einfach ins Allgemein-Existentielle zu abstrahieren.

Vielmehr ist diese alpine Situation für die Poetik des Textes offenbar wesentlich: Auch sein Verlauf folgt ja der alpinen Logik des Aufstiegs über mehrere Stufen und Lager, des immer weiteren Blicks in immer ungewisserer Situationen über die Wendung und den Abstieg bis hin zum Sturz; ebenso haben die wenigen, aber bedeutsamen Gegenstände wie Pickel und Seil zugleich realistische und symbolische Qualität. Die narrative Struktur des Textes läßt sich weder als einfacher Realismus noch als deutlich parabolisches Erzählen charakterisieren; sie hält gewissermaßen Äquidistanz zu beidem. Das Oszillieren zwischen beiden wird manchen Stellen (die wiederum bestimmten

Der Zweikampf. Kleists „einrückendes" Erzählen, in: Hinderer, Walter (Hg.): *Kleists Erzählungen*, Stuttgart 1998, S. 216–246, hier S. 236).

116 Tatsächlich ist die Beziehung der beiden zentral, aber auch hier im Sinn eines Gedankenkonzepts Hohls: „Nun ist aber nichts stark und gut an einer Verbindung, wenn man nicht einmal die Stellung wechseln, wenn man nicht tauschen kann." (Zit. bei Pellin, *„Mit dampfendem Leib"*, S. 43; vgl. seine darauf bezogene Interpretation ebd. S. 43ff.)

117 Saner, Hans: Berggang als Chiffre menschlicher Existenz, In: Behriger, Johannes (Hg.): *Ludwig Hohl*, Frankfurt a.M. 1981 (stm) S. 95–97 (zuerst *National-Zeitung* Basel, 20.12.1975).

118 Zopfi, *Dichter am Berg*, S. 155.

„Kletterstellen" entsprechen) unmittelbar greifbar (auch dies: alpinistische Metaphorik): So, als Ull im Abwärtsklettern ein Griff ausbricht und er sich nur noch nach oben bewegen kann.

> Aber wie? Das ist schwer zu sagen, nein, es ist überhaupt nicht zu sagen. Alle Stellen von der äußersten Schwierigkeit (des sogenannten 6. Grades) – und in eine solche Stelle war Ull unversehens hineingeraten – sind dadurch gekennzeichnet, daß es keine genauen Anweisungen zu ihrer Bewältigung gibt, und eigentlich überhaupt keine Anweisungen (höchstens Andeutungen). (B 75f.)

Mit dem „6. Grad" zitiert der Text die seit den 20er Jahren gängige Einteilung alpinistischer Schwierigkeitsgrade; er wendet ihre Erläuterung aber unverkennbar ins Allgemeine (es geht hier offenbar nicht nur um „Stellen von der äußersten Schwierigkeit" *im Klettern*), und zugleich spricht der Text in dieser Erläuterung auch von *sich*, von der Schwierigkeit des *Sagens* und davon, „höchstens Andeutungen" machen zu können.

Am deutlichsten erkennbar wird diese unaufhebbare Mehrschichtigkeit des Texts schließlich in zwei in der obigen Zusammenfassung nicht erwähnten Passagen. Beide stehen im Abschnitt „*Auf dem Grat*" kurz nach der Erkenntnis Ulls, in eine „Falle" geraten zu sein; an diesem Wendepunkt erfolgt zunächst eine Landschaftsbeschreibung (ähnlich wie beim Aufbruch aus dem Tal ganz zu Beginn).

> Wenn man nach Süden blickte: keines Menschen Spuren! Felsen, Schnee und Eis. Schwarze Gräte, wie Kulissen hintereinander, sich gegen den Himmel türmende Gipfel links und rechts und überall, tiefer unten graue Schutthänge, keine andere Farbe mit Ausnahme jenes kleinen Fleckchens am Ende des Hochtales, leicht grünlich oder gelblich, den man einen Moment lang für eine Schafherde halten konnte, dann aber nicht mehr, da er sich nicht veränderte. Keines Menschen Spuren: keine aufgerichtete Stange etwa oder ein Stück Seil oder ein Tritt; nicht die geringste an der Natur vorgenommene Änderung wie (tiefer unten) ein Mäuerchen, eine Hütte, ein Dach, ein Steg. Eine Landschaft wie zu Urzeiten. Hätte einer nach der letzten Eiszeit dagestanden, vor fünfzehntausend Jahren, es hätte sich ihm derselbe Anblick dargeboten. (B 60f.)

Nicht nur darin, dass dem Bild (fast) jede Farbe entzogen zu sein scheint, kehrt die Landschaftsschilderung die eingangs geschilderte förmlich um: Die Blickbewegung geht nun von oben (Grate, Gipfel) über die Hänge nach unten ins Tal; es sind viele Grate, nicht mehr nur einer (der „höchste Grat" (B 9) als imaginierter Weg zum Gipfel), es sind viele Gipfel, nicht nur einer, dafür nur noch *ein* Himmel, nicht viele. Dem anfänglichen Vergleich des Bergs mit dem „sehr großen Schiff, das [...] in die Ewigkeit hinein führe" (B 9) als Evokation von

Erhabenheit entspricht hier nun die Unberührtheit der Landschaft von jeder menschlichen Spur und Veränderung, die Evokation der ‚Tiefenzeit' und damit die Imagination des eigenen Verschwindens, der eigenen Nichtigkeit.

Steht hier also noch einmal die sprachliche Evokation des Naturerhabenen im Zentrum, erfolgt noch im selben Abschnitt fast erwartbar die Brechung „aus einer gewissen Distanz" – hier aber nun im expliziten Zitat einer poetischen Figuration dieses Erhabenen.

> Wäre ein sehr einsichtiger und weitblickender Geist erschienen – zum Beispiel jener Bergesalte, der aus der Felsenspalte trat, um die zu Tode gehetzte Gemse zu beschützen („und mit seinen Götterhänden schützt er das gequälte Tier") – so hätte er ihm [Ull] folgenden Rat gegeben: „Bleibe hier und grabe dich am Abend tief in Schnee ein. Laß dich nicht, so spät am Tag, auf den Abstieg durch eine Felswand ein, von deren Begehbarkeit du keine Kunde hast. [...]" Aber der Geist trat nicht aus der Felsenspalte. (B 62f.)

Der Text rekurriert hier nicht nur im „Bergesalten" auf Schillers „Alpenjäger"-Ballade von 1804[119] und ihr Bild der Rettung der Gemse (bei Schiller ist es des Reimes willen bekanntlich eine „Gazelle"[120]), sondern er revidiert förmlich das in dem kühnen Gemsjäger („Mutter, Mutter, laß mich gehen, / Jagen nach des Berges Höhen!") und dem erscheinenden Geist in Schillers Gedicht figurierende Verhältnis von Unterwerfungswille der Natur gegenüber und ihrer Macht als „Erscheinung", vor der man zurückschaudert – und die daher nicht nur das Tier, sondern den Menschen vor Hybris schützt. Und der Abschnitt lässt sich sogar im Titel (*„Auf dem Grat"*) auf die 6. Strophe der Ballade beziehen:

> Jetzo auf den schroffen Zinken
> Hängt sie, auf dem höchsten Grat,
> Wo die Felsen jäh versinken
> Und verschwunden ist der Pfad.
> Unter sich die steile Höhe,
> Hinter sich des Feindes Nähe.[121]

Ull ist nicht mehr Gemsjäger[122], sondern gleicht dem gejagten Tier „auf dem höchsten Grat" – in der „Falle"; es gibt keinen Feind mehr außer allenfalls ihn

119 Schiller, Friedrich: Der Alpenjäger, in: *Sämtliche Werke*, hg. von Gerhard Fricke und Herbert G. Göpfert, Bd. I, 6.A. München 1980, S. 389f.

120 „Und der Knabe ging zu jagen, / Und es treibt und reißt ihn fort, / Rastlos fort mit blindem Wagen / An des Berges finstern Ort, / Vor ihm her mit Windesschnelle / Flieht die zitternde Gazelle." (Ebd. S. 389).

121 Ebd. S. 390.

122 Hohl hat im übrigen auch einen eigenartigen Text (der mit dem hier vorliegenden und der Ballade Schillers wenig Berührung hat) über einen Gemsjäger geschrieben (Erzählung vom Knecht, in: *Die Notizen*, S. 375); vgl. dazu und überhaupt zu Gemsjägern und

selbst, keinen „Geist" mehr (ein für Hohl in jeder Bedeutung wichtiges Wort) und mit ihm auch keine schützende Erscheinung, die vor dem nächsten, tödlichen Schritt warnen und zurückschaudern lassen würde; und auch ästhetisch hat nichts mehr hiervon Geltung. Der Abschnitt endet mit dem Rückbezug auf die andere Tier-Figur des Textes, wenn es von Ull heißt:

> Er, der Stahlharte – in den Augen der andern –, der Bärenbezwinger – im Traum von Johann –, heulte auf seinem Grat. (B 63)

Der Grat – „sein[] Grat" – ist vielleicht das poetologisch zentrale Wort des Textes, der selbst eine Gratwanderung vollzieht. In der offengehaltenen Spannung von realistischer Konkretion und Parabolik ebenso wie im Spiel von Evozieren und Brechen von Topoi des Erhabenen erreichte der Text für Hohl offenbar jene Gültigkeit (man ist versucht zu sagen: jene Höhe), die sowohl der für ihn existentiellen alpinistischen Erfahrung wie dem Anspruch der intellektuellen, künstlerischen ‚Arbeit' an ihr genügen konnte.

6.4. Vertikalpoetik. (Fliegende) Berge bei Christoph Ransmayr

In den Werken von Max Frisch und Ludwig Hohl, die als zentrale Autoren der deutschsprachigen Schweizer Literatur in der Nachkriegsmoderne gelten können, zeigt sich damit auf vergleichbare, wenn auch unterschiedliche Art eine über Jahrzehnte währende, in der Auseinandersetzung mit biographischen Erfahrungen und eigenen frühen Texten stattfindende Arbeit an der Darstellungs-(Un)möglichkeit des ‚Alpinen'. Ihre gemeinsame Kennzeichen sind eine kritische Absetzung von frühen, Subjekterfahrung unmittelbar in Sprache fassenden Texten, die kritische Auseinandersetzung mit technischen und medialen Wahrnehmungsdispositiven und schließlich die Brechung traditioneller und Erprobung alternativer Inszenierungsformen des Naturerhabenen: In beiden Werken werden panoramatische Blickinszenierungen als Kennzeichnung existentieller Einsamkeit oder (Gott-)Verlassenheit aufgerufen, die „Zone der Vereisung" als lebensferner, transhumaner Raum charakterisiert und schließlich jede Form von Harmonie, natürlicher oder sozialer Idyllik radikal negiert. In diesen Negativierungen schließlich werden auch die traditionellen alpinistischen Subjektivierungsformen – ‚Kampf' mit dem Berg/der Natur, Initiation und Bestätigung männlicher Identität, Elementarerfahrung sozialer Identität (‚Kameradschaft'), Überwindung moderner

Wilderern Pellin, *„Mit dampfendem Leib"*, S. 49ff. (der allerdings den Schiller-Bezug in der *Bergfahrt* nicht damit verbindet).

(Selbst-, Welt-, Natur-)Entfremdung in der Überwindung der Gefahr – tendenziell unmöglich oder entleert, auch wenn (oder gerade weil) ihre Muster, vor allem die geschlechtlichen Muster, noch schemenhaft aufscheinen.

Von diesen Poetiken des Alpinen unterscheidet sich der literarische Bezug auf Berge, den alpinen Diskurs und – hier erneut – das Expeditionsbergsteigen im 20. Jahrhundert, den die Texte Christoph Ransmayrs aufweisen, sehr deutlich. Im Zentrum der folgenden Lektüre steht sein Roman *Der fliegende Berg* von 2006;[123] zuvor allerdings sollen an einigen früheren Texten[124] Strukturen poetischer Bedeutungsbildung untersucht werden, die mit den Stichworten Vertikalität, Raum- und Bewegungsinszenierung und Korporalität bezeichnet werden können und im *Fliegenden Berg* in charakteristischer Weiterentwicklung erneut erscheinen.

Steigen und Versinken

Eine der Reportagen, die Christoph Ransmayr in den 1980er Jahren für verschiedene Österreich-Hefte der Zeitschrift *Merian* schrieb, beginnt folgendermaßen:

> Wie langsam der Totengräber den Steilhang durchsteigt. Bedächtig und rhythmisch, den Blick unverwandt auf den Weg gerichtet, stemmt er sein Körpergewicht hoch, das, kaum oben, schon in den nächsten Schritt fällt. Leicht vornübergebeugt, schweigend und stetig – so geht man ins Gebirge. Über seine Schultern, über den schwarzen Kammgarnmantel rinnt das Regenwasser in wirren Adern. Der Winter ist vorüber. Aber auf den Nordhängen oberhalb der Baumgrenze liegt der Schnee immer noch tief.[125]

Die ersten Jahre der Ewigkeit beschreibt eine Wanderung mit dem Totengräber von Hallstatt, die von der Stadt am See durch eine Klamm hinauf zu den Gräberfeldern der Hallstatt-Kultur, ins Echerntal und schließlich über den Gangsteig wieder zum See hinab führt. Der Textbeginn ist einerseits charakteristisch für eine ins Literarische weisende Verdichtung des Stils, die Ransmayrs frühe Reportagen und Essays kennzeichnet: Sie evozieren Landschaften und damit

123 Ransmayr, Christoph: *Der fliegende Berg. Roman*, Frankfurt a.M. 2006, im Folgenden im Text mit der Sigle FB.

124 Auf Interpretationen der großen Erzähltexte – *Die Schrecken des Eises und der Finsternis* (1984), *Die letzte Welt* (1988) und *Morbus Kithahara* (1995) – muss dabei verzichtet werden; auch die Lektüre von *Der fliegende Berg* selbst erhebt keineswegs den Anspruch einer umfassenden Interpretation, vgl. unten.

125 Ransmayr, Christoph: Die ersten Jahre der Ewigkeit. Der Totengräber von Hallstatt, in: ders., *Der Weg nach Surabaya. Reportagen und kleine Prosa*, Frankfurt/M. 1997, S. 63–74, hier S. 63 (zuerst in: *Merian. Oberösterreich*, 2. Februar 1988, S. 63–66).

verbundene Menschen, verbinden Informationen, lakonische Beschreibungen und atmosphärische Details, simulieren Erfahrung und Bewegung bis in die Strukturen der Syntax und erzeugen Präsenz in einem ebenso einfachen wie wirkungsvollen Modus – eben dem Präsens.

Andererseits dominiert in diesem Beginn aber eine auch in Ransmayrs späteren Werken immer wieder kehrende semantische Verdichtung im Feld der Vertikalität, die auch poetisch strukturbildend wird. Schon der erste Satz evoziert mit dem „Steilhang" und dem Verb „durchsteigt" eine vertikale Bewegung nach oben, der im „Totengräber" freilich konnotativ die entgegengesetzte – das Graben nach unten – gegenübersteht; die Opposition der Konnotate wiederholt sich in den Folgesätzen mit dem ‚Hochstemmen' des Körpergewichts und dem ‚Fallen' in den nächsten Schritt, erneut zwischen ‚gebeugt' und „Gebirge", dann zwischen den „Schultern" und dem Rinnen des Regens über den Mantel nach unten, schließlich – im Blick auf die Landschaft – im Gegensatz zwischen den „Nordhängen oberhalb der Baumgrenze" und dem Schnee, der dort noch „tief" liegt. „[H]och" und „tief" scheinen ferner die dominanten Richtungen der Wahrnehmung zu sein, indem sich nach dem impliziten Blick ‚nach oben', der den ersten Absatz beschließt, die Richtung buchstäblich umwendet:

> Am Rand einer jäh abfallenden Lichtung des Mischwaldes dreht sich der Totengräber nach mir um, weist auf Schroffen und Bergkämme und zählt ihre Namen auf. Wie abblätternder Kalk gleiten Nebelfetzen die Steinhalden hinab. Tief unter uns, im besänftigenden Rauschen des Regens, liegt der südlichste und kälteste See des oberösterreichischen Salzkammergutes und an seinem Ufer, klein und verschwindend, Hallstatt; die Salzgrubenstadt.[126]

Das Aufzählen der Bergnamen in der panoramatischen Sicht ist ebenso ein Topos alpiner Landschaftsbeschreibung wie der Blick von oben auf den See und das Städtchen, dessen Kleinheit den Abstand des Sehenden, seine ferne und erhöhte Perspektive evoziert.[127] Doch der Text sprengt das drohende Cliché durch einen befremdlichen Vergleich (Nebelfetzen „[w]ie abblätternder Kalk"), einen verstörenden Kontrast („der südlichste und kälteste See") und schließlich natürlich durch den Begleiter, der den Erzählenden den Berg

126 Ebd.

127 Gleiches gilt für den Beginn des Folgeabsatzes: „Als ob man eine Spielzeugschachtel über den Abhängen entleert hätte, liegen dort unten die Häuser gehäuft und übereinander" (ebd.); auch hier dominiert – über, Abhänge, unten, übereinander – die Vertikalität semantisch. Ganz explizit wird diese Dominanz am Ende des Absatzes, der die einleitende Passage beschließt: „Übermächtig steigen die Berge aus dem Wasser. Kein Platz. Nirgendwo ebene, ruhige Flächen." (Ebd. S. 64)

hinauf führt und, wie im ersten Satz des Textes ohne weitere Erklärung, einfach als „der Totengräber" firmiert.

Verbunden ist die semantische Vertikaldominanz zudem mit Korporalität und Bewegung, wobei die Beschreibung des Aufwärtsschreitens – stetig, rhythmisch, in gebeugter Haltung – einerseits frappierend an Hohls Diagnostik des Gehens im Gebirge erinnert[128], andererseits auf das anthropologische Rätsel oder Geheimnis des *Schritts* vorausweist, die im letzten Kapitel des *Fliegenden Bergs* mit einigem Pathos in Szene gesetzt, ja als „Drama" bezeichnet wird.[129] Der Fokus der Betrachtung gilt, in leichter Befremdung bzw. Verfremdung, der *Bewegung* des *Körpers* in der *vertikalen* Raumdimension: Man könnte sagen, diese Elemente bestimmen auch in den fiktionalen Texten Ransmayrs Grundmodell literarischer Anthropologie.

Wenngleich er primär eine Reportage ist, signalisiert der Text hierin und im „Totengräber" offenkundig einen anderen Anspruch als den touristischer Berichterstattung für ein *Merian*-Heft: Er erweist sich als Etude über Bestattungsriten und Moderne, ja – wie schon der Titel *Die ersten Jahre der Ewigkeit* verheißt – als Versuch über die Paradoxie moderner Zeitwahrnehmung. Damit weist er auf eine weitere Eigenart voraus, die in der Lektüre von anderen Texten Ransmayrs auffällig werden wird: Sie verbinden die beschriebene Evokation von Vertikalität mit der Evokation einer ‚anderen', befremdlichen Zeitwahrnehmung; damit inszenieren sie eine spezifische Erfahrung von Subjektivität (wobei die Artifizialität der Inszenierung dabei ausgestellt wird, beispielsweise in Intertextualitäts-Signalen); und sie erproben dafür verschiedene Darstellungsmodi, die von der poetisch dichten und zugleich reflexiven Reportage, der Parabel und dem Reisebericht bis zu ‚anachronistisch' wirkenden (und damit auch formal auf die Zeiterfahrung bezogenen) Experimenten mit der Romanform reichen.

Im *Hallstatt*-Text strukturiert der Gang ins Gebirge mit dem Hallstätter Totengräber einen Text narrativ, der darin zugleich verschiedene Topoi der Zeiterfahrung abschreitet. Es ist dies zum einen die lokale Bestattungskultur,

---

128 Vgl. nochmals die Beschreibung der beiden Alpinisten in Hohls *Bergfahrt:* „sie schreiten nicht auf dieselbe Art: gebückt wohl beide, der erste jedoch [...] mit geschmeidigeren, fast etwas nachlässigen Bewegungen [...]; der zweite dagegen [...] arbeitet mit Kraft, als ob er dem Berg harte Stöße versetzen müsse" (B 10).

129 Vgl.: „Was geschieht / wenn ein Mensch seine Entschlüsse gefaßt, / alle notwendigen Vorbereitungen getroffen hat / und einen ersten Schritt tun will, seinem Ziel entgegen, / und was, wenn er endlich / einen Fuß vor den anderen setzt?" (FB 352); die „neurophysiologischen Prozesse[]" ließen „schon einen einzigen unserer Schritte / (sei es einer in die Höhe oder in die Tiefe) als ein / ebenso komplexes wie rätselhaftes Drama erscheinen" (FB 353); „Schritte. / Wie primitiv wirkten die binären Abläufe / in Liams Computern gegen das Drama / eines einzigen Schritts ... " (FB 354).

jene in Hallstatt bis in die Gegenwart geübte Praxis, die auf dem Friedhof begrabenen Toten nach zehn Jahren zu exhumieren und ihren Schädeln im Beinhaus, dem „Karner", eine wirklich ‚letzte Ruhe' zu geben, da die zwischen See und Ufer gedrängte Stadt buchstäblich keinen anderen Raum für sie hat. Der junge Totengräber, der diesen Posten erst vor wenigen Jahren übernommen hat, verkörpert die Anachronistik dieser Bestattungskultur mit der Moderne gewissermaßen *in personam*: Zu seinen Aufgaben gehört es, „die für den Karner bestimmten Schädel zu bemalen"; er muss die Toten nicht nur begraben, sondern sie „nach dem Ablauf der gestgesetzten Grabesruhe [...] wieder ans Licht holen, muß ihre Gebeine am Friedhofsbrunnen säubern und sie schließlich in den Karner schlichten. So wird Platz geschaffen für die Nachgeborenen."[130]

Ein zweiter Ort auf der Wanderung ist das prähistorische Gräberfeld im Salzbergtal, das einer nirgend sonst mehr greifbaren Kulturepoche den Namen „Hallstattzeit" gegeben hat. „Keltische Bergleute haben in der dünnen Krume dieser Almwiese ihre Toten und die Zeichen einer mit dem Salzbergbau verbundenen Kultur begraben, deren Anfänge sich im Grau der Steinzeit verlieren."[131] Von dieser Alm mit ihren mehr als zweieinhalbtausend von Archäologen entdeckten Gräbern wandern der Berichterstatter und sein Begleiter zu einem der wenigen unverschlossenen Stollen am Hang; auch hier erscheint das Motiv der Toten erneut:

> Die Stollen und Grubenkammern der Hallstattzeit hat der ungeheure Gebirgsdruck im Lauf der Jahrtausende wieder geschlossen. Nur manchmal, wenn ein Erdrutsch das Gestein verschob, oder im Vortrieb eines neuen Schachtes, öffneten sich plötzlich prähistorische Räume und Nischen. Dann fand man von Salzkristallen blühende Steigbäume, Kienspäne und Bronzepickel. Im April des Jahres 1734 war man so auf den noch unverwesten Leichnam eines Bergmannes gestoßen – den gedörrten *Mann im Salz*. Man schlug ihn aus dem Gestein und trug ihn nach Hallstatt hinunter. Aber wo ihn begraben? Wie lange mochte er im Berg gelegen haben? Vielleicht war der Tote noch nicht einmal ein durch das Kreuz erlöster Mensch, sondern ein Heide gewesen.[132]

Nach dem Aufrufen des Mythos vom unversehrten Toten,[133] über den sich im Text ebenso ‚plötzlich' ein ‚prähistorischer' Raum zu öffnen scheint wie im Schacht des Bergwerks, wird bei der nächsten Etappe des Wegs, der Wanderung ins Echerntal, eine Verbindung mit einer weiterer Zeitschicht hergestellt – der

---

130 Ebd. S. 65.
131 Ebd. S. 70.
132 Ebd. S. 72.
133 Vgl. dazu Kapitel 3.5 (zur „Weißen Hölle vom Piz Palü").

Totengräber erzählt von seiner Stifter-Lektüre: „Keiner habe die Pracht dieses Tales, ja dieses ganzen Gebirges so beschrieben wie Adalbert Stifter, sagt der Totengräber."[134] Eher beiläufig spielt der Text damit auf die Entstehungs-Sage eines der berühmtesten Texte der österreichischen Literatur an, Stifters *Bergkristall*; tatsächlich besuchte Stifter 1845 in Hallstatt Friedrich Simony, ging mit diesem auch ins Echerntal und erhielt dort Simony zufolge die entscheidenden Anregungen für die Novelle von dem Geschwisterpaar, das sich am Weihnachtsabend ins Eis der Gletscher verirrt.[135] Als letzte Etappe erfolgt schließlich der Abstieg des Berichterstatters über den Pfad durch die Echernwand, und damit der Gang zurück in die Gegenwart: Der Text entwirft eine Verbindung von Vertikalität und Zeit durch die Polarität von Gipfeln und (‚ewigem') Eis einerseits und die Gräber und den Totengräber andererseits. Durch die erzählte Topographie hindurch wird eine andere, imaginäre Topographie sichtbar, welche in den Extremen der Vertikale – unter der Erde, über der Baumgrenze – eine andere, nicht-historische und die Gegenwart irritierende Zeitdimension erfahren läßt.

Ein anderer Bezug von Vertikalität und Gebirge bestimmt einen weiteren *Merian*-Text Ransmayrs, allerdings in anderer sprachlicher Faktur und mit politischen Implikationen. Er gilt dem für die österreichische Nachkriegsgeschichte bedeutsamen Bauwerk des Tauernkraftwerks in Kaprun, das, 1938 von den Nationalsozialisten begonnen, schließlich 1955 fertiggestellt wurde. Ransmayrs Text hierzu im Merian-Heft zum *Salzburger Land* beginnt folgendermaßen:

---

134 Ransmayr, Die ersten Jahre der Ewigkeit, S. 72.

135 Friedrich Simony schrieb an Emil Kuh 1871 in einem Brief von der Begegnung im Sommer 1845; von einem „Gebirgsausfluge" nach Hallstatt zurückkehrend, hätte er Stifter und seine Frau angetroffen, mit ihm eine Wanderung in das „Echernthal" unternommen, wo sie einem Kinderpaar begegneten; später habe er Stifter von seiner Winterfahrt zum Dachsteingletscher erzählt: „Er hat es später auch im ‚Bergkrystall' unter die Leute gebracht und so unnachahmlich schön, dass es kein Mensch schöner hätte fertig bringen können." Vgl. den Abdruck in: Stifter, Adalbert: *Werke und Briefe. Historisch-kritische Gesamtausgabe*, hg. von Alfred Doppler und Wolfgang Frühwald, Bd. 2.4, *Bunte Steine. Apparat, Kommentar*, hg. von Walter Hettche, Stuttgart 1995, S. 62–67. Simony hatte schon 1843 und 1844 Berichte über seine Dachstein-Besteigungen veröffentlicht, die Stifter in der Arbeit verwendete; vgl. ebd. S. 67 sowie S. 75 und 77ff. Vgl. zu Stifter und Simony: Schnyder, Peter: Schrift – Bild – Sammlung – Karte. Medien geologischen Wissens in Stifters Nachsommer, in Gamper, Michael; Wagner, Karl (Hg.): *Figuren der Wissensübertragung. Konstellationen der Stifterzeit*, 1830–1870, Zürich 2009; Häusler, Wolfgang: Adalbert Stifter und Friedrich Simony entdecken die Alpen. Die geologische Grundlegung der Geographie in Österreich, in: *Österreich in Geschichte und Literatur* 53 (2009), H.2, S. 113–140; vgl. auch: Simony, Friedrich: *Das Dachsteingebiet. Ein geographisches Charakterbild aus den österreichischen Nordalpen*, Wien 1889/95.

Kaprun.
Oder die Errichtung einer Mauer

Es war ein dünner, panischer Gesang. Wenn das Gebirge leiser wurde, schwächer die Windstöße über den Geröllhalden und Felsabstürzen und eine emporrauchende Nebelwand auch das Getöse der Großbaustelle Limberg zu einem fernen Dröhnen dämpfte, dann hörte man diesen Gesang. Es war das Todesgeschrei der Ratten. Naß, zerzaust, in schwarzen Scharen waren die Ratten aus den Ruinen des Arbeiterlagers am Wasserfallboden gekrochen, aus den ins Gestein gesprengten Latrinen, Abfallgruben und Stollen, und hatten sich vor der Flut zu retten versucht. Wochenlang, heißt es, hielten sie einen Felskegel besetzt, eine täglich kleiner werdende Insel, und pfiffen und schrien ihr Entsetzen gegen das schon unerreichbare Ufer, kletterten immer höher, kämpften um jeden Halt ihrer verschwindenden Zuflucht, fielen schließlich übereinander her. Langsam und trübe stieg die Flut ihnen nach. Das Gletscherwasser füllte alle Gruben und Hohlräume aus, drängte in jede Falte des Hochtales, hob liegengebliebenes Bauholz, Balken, Gerüstteile auf und schloß sich über allem, was sich nicht heben ließ. Der Spiegel des Limbergstausees, hoch über Kaprun und sechzehnhundert Meter über dem Meer, stieg ruhig, träge, stieg, überspülte schließlich die Zuflucht der Ratten und wusch den Stein leer.[136]

Der Untergang der Ratten wird in diesem offenkundig parabolischen – und deutlich von Kafka inspirierten[137] – Text zu einem apokalytischen Szenario verdichtet; die antropomorphisierende Beschreibung („schrien ihr Entsetzen gegen das […] Ufer") läßt die Ratten nicht nur *pars pro toto* für die vernichtete Natur, sondern deutlich darüber hinaus als Vertreter des Kreatürlichen überhaupt erscheinen.[138] Assoziativ evoziert der Text die Sintflut, die alles Leben unter sich begräbt und dementiert damit das Pathos, mit dem im politischen Diskurs der österreichischen Nachkriegszeit die Errichtung des Kraftwerks als nationale Wiedergeburt inszeniert wurde.[139] Auch hier erfolgt aber die poeti-

136 Ransmayr, Christoph: Kaprun. Oder die Errichtung einer Mauer, in: *Der Weg nach Surabaya. Reportagen und kleine Prosa*, Frankfurt am Main: S. Fischer, 1997, S. 75–90, hier S. 75; zuerst unter dem Titel: „Kaprun. Eine Mauer wird zum Mythos" in: *Merian. Salzburger Land*, 1. Januar 1985, S. 28–31 und 114–118.

137 „Ist es denn überhaupt Gesang? Ist es nicht vielleicht doch nur ein Pfeifen? Und Pfeifen allerdings kennen wir alle, es ist die eigentliche Kunstfertigkeit unseres Volkes, oder vielmehr gar keine Fertigkeit, sondern eine charakteristische Lebensäußerung. Alle pfeifen wir […]." Kafka, Franz: Josephine die Sängerin oder Das Volk der Mäuse, in: *Gesammelte Werke*, 12 Bd., nach der Kritischen Ausgabe hg. von Hans-Gerd Koch, Bd. 1, *Ein Landarzt und andere Drucke zu Lebzeiten*, Frankfurt a.M. 1994, S. 274–294, S. 275.

138 Vgl. zur Bedeutung der apokalyptischen Dimension in späteren großen Erzähltexten Ransmayrs: Mosebach, Holger: *Endzeitvisionen im Erzählwerk Christoph Ransmayrs*, München 2003.

139 Das galt weit über nationalistische Kreise hinaus; vgl. beispielsweise den Artikel „Glockner-Kaprun ist vollendet" in der Wiener *Arbeiter-Zeitung*, 25.9.1955, S. 1. Vgl. auch den expliziten Widerspruch in Ransmayr, Kaprun, S. 80.

sche Verdichtung durch eine Semantik der Vertikalität[140]: Die „Geröllhalden" und „Felsabstürze" indizieren Bewegungsvektoren nach unten, denen die „emporrauchenden" Nebel, vor allem aber das Steigen der Flut, das ‚Anheben' des Holzes entgegenstehen. Die immer höher kletternden, „übereinander her" fallenden, schließlich von der Flut „hoch über Kaprun und sechzehnhundert Meter über dem Meer" überspülten und getöteten Ratten werden in einem immer kleiner werdenden Raum, einer verschwindenden „Zuflucht" in der Höhe zusammengedrängt und vernichtet.

Dieses klaustrophobische Szenario steht am Beginn der Kaprun-Reportage als nur vermeintlich „marginales Bild" aus der Baugeschichte von Kaprun, eine „Beiläufigkeit"[141], das gleichwohl als fundamentales Dementi der „Fremdenverkehrsattraktion" der Kapruner Seen gelesen werden kann. Das frühere „Bergführerdorf", das die industrielle Moderne bis zur Unkenntlichkeit verändert hat, ist für Ransmayr Teil eines „verblaßten Mythos"[142] geworden, den die von ihm später erwähnten Romane – „*Hoch über Kaprun, Die Männer von Kaprun* oder *Kaprun – Bezähmte Gewalten*"[143] noch inszenierten, Ransmayrs eigener Text jedoch dekonstruiert.[144]

---

140 Zudem ist eine hohe sprachliche Formung – vor allem durch Rhythmisierung und Alliterationen – erkennbar, was sich im *Fliegenden Berg* wiederholen wird: z.B. „Gesang" – „Gebirge" – „Geröll" – „Getöse", „schwarze Scharen", „Ratten" – „Ruinen", „kletterten" – „kämpften" usw.

141 Ransmayr, Kaprun, S. 76; er verweist danach selbst auf den Charakter des Erzählten: „Einmal hämisch ausgeschmückt und dann wieder als karge, apokalyptische Parabel erschien dieser Untergang immer wieder in der Überlieferung. Als bloße Karikatur einer Katastrophe eignet er sich vielleicht auch wie kaum ein anderes Bild zur Illustration jener verborgenen Angst, die dem Anblick von Staudämmen als Makel anhaftet – der Angst vor der Flutwelle" (ebd.).

142 Ebd. S. 80.

143 Ebd.

144 Eine andere Spielform mit Klischees des Alpinen findet sich in dem (1998 zum Abschied des Burgtheaterdirektors Claus Peymann verfaßten) Text „Luftburgtheater": „Dieses Beifallsrauschen, dieses Brausen, das wären nicht Tausende Hände und kein Bravogeschrei, sondern nur der Westwind gewesen? Der vorherrschende Wind über den Kämmen, Graten und Höhenzügen der Wiener Hausberge, *Schneeberg* und *Rax*? Nur ein kaltes Geräusch in Föhren und Wetterfichten, sagen Sie? Und auch keine Vorhänge, sondern bloß Nebelreißen und rasch ziehende Wolken?, ein alles verhüllender und wieder enthüllender Wettersturz bestenfalls, aber keine *Aufführungen*, keine Dramen? Kein Orchestergraben, sagen Sie, sondern nur der felsige Abgrund, Höllental, Rax, Schneealpe, Großer Priel, Dachstein, sagen Sie, gewiß, gemeinsame Wanderungen, Gehen und Steigen im Toten Gebirge, gewiß, sagen Sie [...], dramatisch alles, hochdramatisch gelegentlich, aber eben doch kein Theater, kein Drama, kein *Stück*?" Ransmayr, Christoph: Luftburgtheater, in: ders.: *Die Verbeugung des Riesen. Vom Erzählen*, Frankfurt a.M. 2003, S. 40.

Reisen, Fliehen, Erzählen

Zu diesen, die Ambivalenzen auch jener Reiseführer-Literatur, für die er sie schreibt, noch mitreflektierenden Texten treten andere, in denen die Motive des Reisens und der Flucht in die *Ferne* zentral sind. Ransmayr ist in doppelter Hinsicht Reiseschriftsteller, insofern er selbst fast manisch reist, seit den frühen journalistischen und essayistischen Arbeiten aber auch nahezu alle seine größeren Texte von Reisen handeln, seien es Forschungsreisen ins Nordpolarmeer wie in *Die Schrecken des Eises und der Finsternis*, erzwungene Reisen ins Exil wie in *Die letzte Welt* oder die Bergfahrt nach Osttibet in *Der Fliegende Berg*.[145] Unabhängig von den mythologischen, realgeschichtlichen, literarischen oder ethnologischen Referenzen der Texte sowie von ihrem fiktionalen oder faktualen Status lassen sich auch hierbei einige wiederkehrende Elemente und konstante Relationen von Reisen und Textproduktion bestimmen. Einige davon benennt Ransmayr in seinem aus Interviewmaterialien montierten Essay *Geständnisse eines Touristen* selbst:

> Auf Formularen, gebe ich zu, schreibe ich der Einfachheit halber gelegentlich Autor, aber das könnte ja auch der Verfasser von Gebrauchsanweisungen sein. Auf Formularen sind mir die Felder am liebsten, in die sich einfach Tourist setzen läßt, denn Ahnungslosigkeit, Sprachlosigkeit, leichtes Gepäck, Neugier oder zumindest die Bereitschaft, über die Welt nicht bloß zu urteilen, sondern sie zu erfahren, zu durchwandern, von mir aus: zu umsegeln, erklettern, durchschwimmen, notfalls zu erleiden, gehören wohl mit zu den Voraussetzungen des Erzählens.[146]

Das verbreiteten kulturkritische Klischee des Touristen wird hier ironisch als Selbstbeschreibung adaptiert, die – eingestandene – Ahnungslosigkeit und Sprachlosigkeit inbegriffen; vor allem aber markiert es für Ransmayr einen möglichen Modus von Welterfahrung, der seinerseits Bedingung von *Erzählen* ist. Auch diese Relation ist allerdings ambivalent; Reisen ist auch eine Art Flucht vor dem Schreiben, genauer – dem schon Geschriebenen.

> *Auf und davon!*, könnte dabei als Spruchband oder Trauerflor meine Schreibtische verhängen, ja als Banner von den Tastaturen meiner *Notebooks* flattern, auf und davon!, nein, nicht auf der Flucht vor dem leeren, unbeschriebenen, sondern vor dem bis zur vollkommenen Schwärze mit Schriftzeichen, Buchstaben, Worten übersäten Papier, das Verbesserungen fordert, Präzisierungen,

145 In gewisser Weise gilt es sogar für *Morbus Kithahara* (Frankfurt a.M. 1995), an dessen eine Reise nach Brasilien steht.

146 Ransmayr, Christoph: *Geständnisse eines Touristen. Ein Verhör*, Frankfurt a.M. 2004, S. 10f.

> Entscheidungen […] Nichts wie weg!, keine Sekunde länger verharren im Schein eines von Zeilen und Zeilen verfinsterten Bildschirms […].[147]

Die Reise in die noch unbestimmte Ferne erscheint hier als zunächst als Flucht aus der Fülle der Zeichen ins noch Unbeschriebene und nicht etwa, um ein noch unbeschriebenes Weiß mit den Worten der Erzählung füllen zu können. Als ausgezeichnetes Ziel einer solchen Flucht, die, insofern es um Schreiben geht, eigentlich keinen Stillstand und keine Umkehr mehr kennen kann, erweist sich für Ransmayr aber die Flucht nach oben, eine Vertikal-Flucht.

> Meine Liebe zu den Bergen? Liebe würde ich das nicht nennen. Aber der Weg in die Vertikale hat etwas Besänftigendes, Tröstliches insofern, als ich dort irgendwann unweigerlich jenen Punkt erreiche, an dem es aus dem ganz einfachen Grund nicht mehr weitergeht, weil der nächste Schritt einer ins Leere wäre. Die Beruhigung, die am Ende einer solchen Route liegt, ist uns – oder bloß mir? – ansonsten ja nur selten vergönnt. Denn wie oft wissen wir nicht, ob wir unser Äußerstes getan, erreicht haben. Wann ist eine Arbeit wirklich zu Ende gebracht? Wann haben wir uns oder den anderen wirklich überzeugt? Ist tatsächlich alles gesagt, was zu sagen war? Wo liegt die Grenze, hinter der jede neue Anstrengung bloß in die Perversion aller bisherigen Mühen führt?
>
> Beim Weg in die Vertikale, ins Gebirge, ist die Grenze absolut. Den Gipfel, den Höhe-Punkt [sic] gibt es dort tatsächlich – und von dort nur noch den Weg zurück. Aber gerade auf dem Rückweg zeigt sich auch das Bekannte in gänzlich veränderter Perspektive. In die Tiefe und dort auf etwas zuzugehen, ist etwas völlig anderes, als in das fast violette Blau des Himmels aufzusteigen: Auf dem Weg nach oben ist die Konzentration etwas Selbstverständliches, auf dem Weg nach unten muß sie gegen die Erschöpfung und das Bedürfnis einzuschlafen, einfach zu schlafen, auszuruhen, zu ruhen, zu ruhen und sei es für immer, ständig von neuem aufgebracht werden.
>
> Wer dem Gipfel oder einem anderen ersehnten Ziel den Rücken kehrt, entweder weil die Erschöpfung ihn dazu zwingt oder weil er dort oben erreicht hat, was er wollte, der muß feststellen, daß er tatsächlich ans Ende gelangt ist, unter Umständen ans Ende seiner Lebensmittel und ans Ende seiner Kraft – und plötzlich erscheint ihm nichts weiter entfernt, nichts unerreichbarer als der Ausgangspunkt, der Ort des Aufbruchs, das Vertrauteste, Allernächste. Soviel ich weiß, enden viele Abstiege tödlich, weil die Aufsteiger vergessen, daß der Weg zurück ins Vertraute manchmal größere Leidensfähigkeit und die Aufbietung größerer Kräfte verlangt als die Route hinauf in den Traum.[148]

Es ist evident, dass Ransmayr hier den „Weg in die Vertikale" ins Sinnbildliche entgrenzt und dabei traditionelle Allegoresen des Berg-Besteigens

---

147 Ebd. 12. In gewisser Weise präfiguriert dies die Ausgangssituation im *Fliegenden Berg* mit den Computerbildschirmen Liams, vgl. FB 25ff.

148 Ebd. S. 132ff.

(Anstrengung und Ziel, Elementarerfahrung der Umkehr, Perspektivenwechsel auf das Vertraute) investiert. Seine Reise-Texte assoziieren diese allegorische Dimensionen allerdings dem Erzählen in einem Modus, der auf der Authentizität der Erfahrung basiert und ‚Erlebtes' wiedergibt. Dies gilt z.B. für einen weiteren Text, der unmittelbar die Landschaft des *Fliegenden Bergs* ins Spiel bringt und im Band *Die Verbeugung des Riesen. Vom Erzählen* (2003) enthalten ist.[149]

> An einem eisigen Februartag des Jahres 1993, es war der Neujahrstag der Tibeter, fiel ich am See von Phoksundo aus der Zeit. Das tagelange Schneetreiben hatte endlich aufgehört, der Wind hatte sich gedreht, war aber kaum schwächer geworden, als ich das fast viertausend Meter über dem Meer im westlichen Himalaya gelegene Seeufer in der verwehenden Spur eines Freundes erreichte. Wir durchwanderten damals das Niemandsland zwischen Tibet und Nepal auf der Suche nach Klöstern und Einsiedeleien der vorbuddhistischen Bon-Religion und fanden seit Tagen in den Hütten und Höhlen des Stammeskönigtums Dolpo Schutz vor dem Schnee. Aus den Tälern ringsum drang immer wieder das Donnern von Lawinen.[150]

Die Geschichte erzählt von einer Begegnung und einem Tausch: Die beiden westlichen Wanderer – neben dem Autor ist es, wie an anderer Stelle klar wird, Reinhold Messner – hatten die Nacht „im Winterlager von Halbnomaden verbracht"[151] und am Morgen einige Dinge wie Yakbutter oder Dörrfleisch von diesen eingetauscht; ferner hatten sie „in einer kleinen, blinden Glasflasche trüben Reisschnaps als Geschenk angenommen", den sie aber „entgegen [den] drängenden Aufforderungen"[152] ihres Gastgebers erst am Ziel ihrer Wanderung trinken wollten. Diese führt zu einem Dorf hoch oben an einem Seeufer:

> Als am Vormittag hoch über den jagenden Wolken ein sonnenbeschienener Gletscher wie ein schwebender Eisberg erschien, verließen wir das Lager und machten uns auf den Weg.
>
> Wenn einer auf und davon geht, einem Ziel entgegen oder ins Ungewisse, dann läßt er nicht bloß Menschen und Orte hinter sich, eine Zuflucht, verschneite oder hitzeflirrende Landschaften, eine Straße, eine Mole, ein Haus, sondern bewegt sich gleichzeitig und auf einer unter Umständen ebenso abenteuerlichen Route durch die heimlichere Welt seiner Gedanken und trifft dort das eben Verlassene wieder – Erinnerungen an Menschen und ihre Orte oder die Sehnsucht nach dem, was war und was werden soll. Jeder Weg, der seinen Namen verdient, führt

149 Ransmayr, Christoph: Am See von Phoksundo. Bildnis eines glücklichen Menschen, in: *Die Verbeugung des Riesen. Vom Erzählen*, Frankfurt a.M. 2003, S. 23–32.

150 Ebd. S. 23.

151 Ebd.

152 Ebd. S. 27.

zugleich in die Ferne und in die Tiefe, an den Rand der Welt und in ihr Herz. [...] Lesen, Gehen, Reisen, Schreiben wirbelt immer auch Staub auf, auch den Schnee vergangener Jahre, der ein paar Herzschläge später wieder sachte herabfällt und das, was ist, nachformt und deutlicher macht als jemals zuvor oder gnädig verhüllt – es liegt an uns.[153]

Nach dieser Reflexionspassage bemerkt der Erzähler irritiert, dass ihnen ihr Gastgeber folgt. Als sie schließlich zum See gelangen, finden sie das Dorf verlassen; als der Erzähler, sein Freund und der einheimische Begleiter endlich in einem der Totenhäuser um ein Feuer sitzen, begreifen die beiden Fremden, dass ihnen der Nomade nur gefolgt war, um sein Glasfläschchen zurückzuerhalten – der Reiswein war das Geschenk gewesen, die Flasche aber das einzige Glasgefäß, das er besaß. Als die beiden Fremden ihren Irrtum verstehen, schenken sie dem Mann nun ihrerseits einen kleinen chinesischen Nylonschirm. „Ich habe selten einen so überraschten, ungläubigen und schließlich glücklichen Ausdruck auf dem Gesicht eines Menschen gesehen. Strahlend nahm er den Schirm entgegen und verneigte sich."[154]

Die sprachlose Begegnung und der nach dem Mißverständnis schließlich vollzogene Tausch von Dingen steht als symbolisches Zentrum der Erzählung neben der zitierten, expliziten Reflexion des Reisens als Innenwelterkundung: In der völligen Weltabgeschiedenheit eines tibetischen Hochtales glückt eine Begegnung mit dem Fremden; dass das industrielle Massenprodukt eines billigen chinesischen Nylonschirms dabei an die wertlosen Gegenstände des Tauschhandels kolonialer Eroberer erinnert, ist dem Erzähler bewußt, doch dementiert es den Wert der Geste nicht. Im geglückten Tausch wird damit eine ‚archaische' Dimension von Erfahrung inszeniert, die der erste Satz – „An einem eisigen Februartag des Jahres 1993, es war der Neujahrstag der Tibeter, fiel ich am See von Phoksundo aus der Zeit" – auch explizit als Wechsel vom okzidentalen zum tibetischen[155] Kalender („Neujahrstag"), ja als Aufhebung von Zeiterfahrung überhaupt im denkbar abgelegensten Winkel der Welt charakterisiert.

In einzelnen Motiven – wie diesem Wechsel der Zeitordnung, dem „wie ein schwebender Eisberg" erscheinenden Gletscher, der Begegnung und dem glückenden, sprachlosen Tausch mit den Nomaden, der Reise als Gedanken- und Erinnerungsweg des Reisenden – und in der Weltregion, von der er handelt, ist dieser Text schließlich mit der Reise verbunden, die der Protagonist Pad in

153 Ebd. S. 24ff.

154 Ebd. S. 31f.

155 Ich verwende in Übereinstimmung mit dem Duden (24. A.) „tibetisch" als üblichere Bezeichnung (statt „tibetanisch").

Ransmayrs im Jahr 2006 erschienenen Roman *Der fliegende Berg* zusammen mit seinem Bruder unternimmt. In die Fiktion verschoben, lassen sich diese und andere Motive allerdings nicht einfach auf autobiographische Erfahrungen des Autors zurückrechnen; vielmehr erscheinen sie, wie schon in den vorherigen großen Erzähltexten, in hochgradiger artifizieller Verdichtung und einer komplexen Textur. Diese soll vor einer weitergehenden Strukturanalyse zunächst exemplarisch am ersten Kapitel des in 18 Abschnitte unterteilten, in seinem *„fliegende[n] Satz“*[156] einem langen Erzählgedicht ähnelnden[157] Romans veranschaulicht werden.

Elementarpoetik, Körper und Erhabenheit

Ransmayrs Roman beginnt mit einer ausführlichen Prolepse auf dem Höhepunkt der erzählten Geschichte und mit einem selbst für den weiteren Text ungewöhnlichen Pathos, das es erlaubt, zu sagen, er *hebe an* – nämlich so:

> ***Auferstehung in Kham. Östliches Tibet, 21.Jahrhundert.***
>
> Ich starb
> 6840 Meter über dem Meeresspiegel
> am vierten Mai im Jahr des Pferdes. (FB 9)

Der religiösen Anspielung und der Lokal- und Temporal-Deixis in der Überschrift folgt wie ein Paukenschlag der paradoxale Minimalsatz „Ich starb“. Die Zeit-Bestimmung dieses Todes nimmt die eben beschriebene Verbindung der kalendarischen Ordnung wieder auf; der „vierte[] Mai im Jahr des Pferdes“ assoziiert aber nicht nur den tibetischen Kalender, sondern, wie sich am Ende des Kapitels zeigen wird, auch den Ort des Erzählers (und zugleich den

---

156 Der Roman ist in unregelmäßigen, wie in lyrischen Texten umgebrochenen Zeilen geschrieben; der Ausdruck „fliegender Satz“ stammt aus Ransmayrs Vorbemerkung „Notiz am Rand“ (FB 6), in der er sich allerdings gegen die Gleichsetzung jedes „aus ungleich langen Zeilen bestehenden Text[es]“ mit einem „Gedicht“ verwahrt.

157 Die etwas buchhalterische Frage nach der Gattung – der Untertitel des Textes lautet einfach: „Roman“ – soll hier nach vielen Reflexionen darauf in Kritiken und Aufsätzen nicht erneut diskutiert werden, denn die dabei verwendeten Begriffe Vers, Epos, gebundene Rede, Erzähldichtung usw. wären ihrerseits erst zu diskutieren; vgl. aber die Einschätzung von Rüdiger Zymner, es handle sich ungeachtet Ransmayrs eigener Distanznahme um einen „Roman in Versen“ und den Versuch einer „Poetisierung“ der Gattung (Zymner, Rüdiger: „There is nothing hotter than a terrific verse novel“. Zur Konjunktur der langen Erzähldichtung, in: *Comparatio* 1 (2009), H. 1, S. 145–162, hier S. 149). Zymner zeigt im übrigen, dass die relative Seltenheit der gewählten Textform (er nennt neuere Beispiele von Jürgen Becker, Durs Grünbein und Hans Magnus Enzensberger) zu schwinden beginnt, wenn man den Blick auf die englischsprachige Literatur ausweitet.

Ausgangsort seiner Reise), nämlich *Horse Island* (FB 21), eine vor der irischen Küste liegende Insel, auf der sein Bruder ein Haus besaß. Die Höhe von „6840 Meter über dem Meeresspiegel", auf der er „starb", markiert damit zugleich die vertikale Höhe des ‚Erzählraums' des Romans – unwesentlich überschritten nur durch den in der Erinnerung verschwimmenden Gang auf den Gipfel des *fliegenden Bergs* (vgl. FB 348f.), nach dem sich die Brüder beim Abstieg im Schneesturm „verloren" (FB 11) hatten. Der Text fährt fort:

> Der Ort meines Todes
> lag am Fuß einer eisgepanzerten Felsnadel,
> in deren Windschatten ich die Nacht überlebt hatte.
>
> Die Lufttemperatur meiner Todesstunde
> betrug minus 30 Grad Celsius,
> und ich sah, wie die Feuchtigkeit
> meiner letzten Atemzüge kristallisierte
> und als Rauch in der Morgendämmerung zerstob. (FB 9)

Das sachliche Konstatieren der ‚Todesumstände' inszeniert indirekt eine Dissoziation des Bewusstseins vom Körper, eine Registratur des Äußeren, in die dann zunächst der Körper selbst und dann das weitere Gesichtsfeld einbezogen wird.

> Ich fror nicht. Ich hatte keine Schmerzen.
> Das Pochen der Wunde an meiner linken Hand
> war seltsam taub.
> Durch die bodenlosen Abgründe zu meinen Füßen
> trieben Wolkenfäuste aus Südost.
>
> Der Grat, der von meiner Zuflucht
> weiter und weiter
> bis zur Pyramide des Gipfels emporführte,
> verlor sich in jagenden Eisfahnen,
> aber der Himmel über den höchsten Höhen
> blieb von einem so dunklen Blau,
> daß ich darin Sternbilder zu erkennen glaubte:
> den Bärenhüter, die Schlange, den Skorpion. (FB 9)

Mit der zuletzt zitierten Versgruppe[158] verändern sich nicht nur die Syntax zum Hypotaktischen, sondern auch Stil und Beschreibungsgestus: Dominierte

---

158 Auch mit dieser Bezeichnung sollen lediglich pragmatisch die durch Leerzeilen getrennten Textteile benannt und nicht eine ‚Gedichtform' des ganzen Texts behauptet werden.

zuvor das Subjekt auch im grammatischen Sinn („Ich starb", „meines Todes", „ich sah", „Ich fror nicht"), wird nun der Blick vom „Grat" aus „weiter und weiter" nach oben zum „Gipfel" und schließlich zum „Himmel" geführt, der grammatischen Subjektstatus erhält. Der steigernde Aufbau der immer länger werdenden Perioden, die Alliterationen („Himmel über den höchsten Höhen") und die Emphase („so dunkle[s] Blau") markieren nicht nur das später ausführlich beschriebene Motiv der astronomischen Leidenschaft der Brüder[159], sondern auch ein im Text immer wieder kehrendes Pathos emphatischer Naturbeschreibung, das sich am Unwahrscheinlichen oder Paradoxen aufbaut (hier: dem „so dunklen Blau" des Himmels, dass darin auch nach Anbruch des Tages noch Sternbilder zu erkennen sind) und in der Nomination, der reinen Benennung des Unbeschreibbaren regelmäßig abbricht: Der Blick auf die Sterne, die Eisfahnen über den Gipfeln und die Abgründe „unter Wolkentürmen" (FB 12) evoziert Topoi des Naturerhabenen wie das Majestätische oder Schwindelerregende ebenso wie solche der Transzendenzerfahrung.

Der Romananfang – die zitierten Stellen ergeben zusammen die erste Seite – exponiert damit zusammengenommen das, was man die Elementarpoetik des Romans nennen könnte: Elementar sind die benannten Naturelemente (Meer, Fels, Wind, Eis, Luft, Kristall, Himmel); das Subjekt spricht von einem Ort ‚jenseits des Todes', erscheint aber zugleich als Körper und Körpererfahrung (Hand, Füße, Wunde), die Natur dagegen im Spannungsfeld ‚objektivierender' Messung („6840 Meter", „minus 30 Grad Celsius"), antropomorphisierender Metonymien („Wolkenfäuste") und archaisierender Namen („Bärenhüter", „Schlange", „Skorpion").

Der expositorische Charakter des ersten Kapitels kommt im weiteren Verlauf vor allem dadurch zum Ausdruck, dass es sukzessive fast alle Protagonisten des Textes, wichtige Strukturelemente und Motive und schließlich die Sprechsituation des Ich-Erzählers aufruft. Aus der Situation des schwindenden Bewußtseins, die als delirierende Phantasie vom Meer weitererzählt wird („Ich starb hoch über den Wolken / und hörte die Brandung" (FB 10))[160], wird der Protagonist durch seinen Bruder geweckt: „In einem schmerzlosen Frieden / […] / hörte ich eine Stimme, ein Lachen: / *Steh auf!* / Es war die Stimme meines Bruders." (FB 11). Die hier – wie im weiteren – kursiv gesetzte direkte Rede markiert, unüberhörbar auf das biblische „Talita kum!" anspielend[161], einen reli-

159 Vgl. v.a. das Kapitel 11 *Sternbilder. Der Untergang eines Riesen* (FB 215ff.).

160 Man könnte, wenn man will, darin eine Anspielung auf das *Schnee*-Kapitel des Zauberbergs und Hans Castorps Südsee-Traum sehen (vgl. oben IV.3.1), allerdings ist die Opposition Meer-Gebirge tragend im ganzen Roman Ransmayrs.

161 Die Formel wird danach noch sechs Mal wiederholt, zum Teil als alleinstehende Verszeile (vgl. FB 12, 13, 15, 16, 17, 18). Die Stelle im Markus-Evangelium heißt: „Er fasste das Kind an

giösen, aber letztlich unbestimmt bleibenden Resonanzraum des Textes; dazu zählt wesentlich auch die – von vielen Interpreten als basal angesehene[162] – Assoziation der Brüder mit Kain und Abel.[163] Unmittelbar erklärt wird sogleich auch der Titel des Romans – er beziehe sich auf jenen Berg, „den die Nomaden von Kham *Phur-Ri* nennen: / *Der fliegende Berg*" (FB 11); damit beginnt auch die Verweiskette auf tibetische Mythologie[164], Bestattungsbräuche und nomadische Weltwahrnehmung, mit denen sich der Erzähler-Protagonist im Verlauf der Geschichte konfrontiert sieht und die er zunehmend als mögliche, nicht länger fremde adaptiert. Auch seine Liebesbegegnung mit Nyema, einer Frau aus dem Clan, wird vorausdeutend benannt, die ihm diese Weltwahrnehmung mitsamt der Schrift vermitteln wird.[165]

Mit dem Schwarm erfrorener Schmetterlinge, die als „filigrane[] Kadaver" (FB 14) auf den Erzähler fallen, erscheint zum ersten Mal ein wichtiges metapoetisches Motiv des Romans[166], welches das Oxymoron des Titels *Der*

---

der Hand und sagte zu ihm: Talita kum!, das heißt übersetzt: Mädchen, ich sage dir, steh auf!" Mk 5,41 (Einheitsübersetzung).

162 „Kain und Abel, dem Himmel nah" lautet die Überschrift von Volker Hages Buchmessen-Besprechung des Romans im *Spiegel* (5.10.2006); Inge Stephan schreibt von der „Anlehnung an die biblische Geschichte von Kain und Abel" (Stephan, Inge: „Weiße Flecke" und „schwarze Löcher". Untergangs- und Auferstehungsszenarien heroischer Männlichkeit in Christoph Ransmayrs ‚Kältetexten' *Die Schrecken des Eises und der Finsternis* (1984) und *Der fliegende Berg* (2006), in: Brittnacher, Hans Richard; Koebner, Thomas (Hg.): *Vom Erhabenen und vom Komischen. Über eine prekäre Konstellation, FS Rolf-Peter Janz*, Würzburg 2010, S. 115–127, S. 122); Wolfgang Müller-Funk spricht von einer „revisionären Lektüre" dieses „Subtextes"; insbesondere werde bei Ransmayr „im Zeitalter der Globalisierung Kain, hier der Jüngere, rehabilitiert, als derjenige, der das intensive Sein und nicht das obsessive Haben verkörpert. Es ist der zeitgerechte Typ, der die Stimme erheben darf und den Bruder und seinen alten ‚Nomos' überwindet" (Müller-Funk, Wolfgang: Räume in Bewegung. Narrative und Chronotopik in Christoph Ransmayrs Roman „Der fliegende Berg", in: ders.: *Komplex Österreich. Fragmente zu einer Geschichte der modernen österreichischen Literatur*, Wien 2009, S. 383–392, hier S. 389. Ob die Relation des Romans zur biblischen Brudermord-Geschichte („Der symbolische Mord und der reale Tod verschränken sich" (ebd. S. 388)) klarer wird, indem man Erich Fromm und Carl Schmitt in einem Satz zu ihrer Erklärung heranzieht, sei dahingestellt.

163 V.a. im Kapitel *Alleingänge. Der Hüter seines Bruders* (FB 231–250), aber schon zuvor: „Wo ist dein Bruder?, hätte mich die Armee / (spätestens) auf dem Flughafen gefragt, / wo warst du? Wo ist dein Bruder? // Bin ich der Hüter meines Bruders: /Hätte ich gewagt, / die Rote Armee so zurückzufragen?" (FB 118) sowie am Ende (*„Ich habe meinen Bruder getötet"* (FB 342)).

164 Vgl. v.a. FB S. 147ff.

165 Vgl. v.a. das Kapitel 10 („Am See. Die Erfindung der Schrift. Lehrstunden"), FB 202ff.

166 „Wie verkohltes, / von einem unsichtbaren Feuer zerrissenes Papier / taumelten schwarze Flocken / aus der Wolkenlosigkeit" (FB 14); die „eisstarre[n] Falter, Apollofalter" (FB 15) symbolisieren Schönheit ebenso wie Tod, und zudem eine in die „Urzeit" zurückreichende

fliegende Berg gewissermaßen in einem weiteren Oxymoron – „[s]chwarzer Schnee" (FB 13) – umkehrt und spiegelt. Im Präsens („Ich erinnere mich", FB 19) wird ferner die Erzählzeit (über ein Jahr nach den Geschehnissen) benannt, und schließlich mündet das auch formal geschlossene Kapitel in die Evokation eines anderen Todes, dem des Bruders, der beim weiteren Abstieg der beiden von einer Lawine verschüttet wurde, „in der er verschwand" (FB 19).[167] Der Erzähler dagegen wird nach seiner verzweifelten Suche nach dem Bruder am Ende von einem Hirten gefunden, der auf der Suche nach verlorenen Yaks in das Hochtal kommt und ihn, mit an die schwarzen Falter-Kadaver erinnernden schwarzgefrorenen Zehen und Fingern (FB 20), zurück in das Nomaden-Lager und zu Nyema bringt.[168]

Räume der Höhe: Erzählung, Erinnerung, Inszenierung

Das erste Kapitel bietet damit gewissermaßen die Matrix der Romantextur, die drei Zeitebenen verbindet: Die Jetztzeit des Erzählers Pad („Heute, / während ich auf *Horse Island* / durch das sonnendurchflutete Haus / meines Bruders gehe", FB 21); die von dieser Jetztzeit aus erinnerte bzw. erzählte Zeit der gemeinsamen Reise der Brüder nach Ost-Tibet, wo sie einen bisher nur als Legende bekannten, noch unbezwungenen Berg, eben den *Phur-Ri*, besteigen wollen, und schließlich die – im ersten Kapitel nur durch den Imperativ *„Erinnere dich"* (FB 17, 18) präsente – Vorgeschichte der Brüder Pad und Liam,

---

Erinnerung (FB 17); vgl. a. FB 16, FB 18f.; vgl. wieder FB 246; im Vergleich mit den Resten verkohlten Papiers und als schwarze Zeichen auf dem Weiß des Schnees wird ihnen aber auch Schrift assoziierbar.

167 Der Bruder stürzt also nicht etwa ab, sondern wird – was in der Farb- und Rauminszenierung des Romans wichtig ist – gewissermaßen im Weiß begraben; in dieser Hinsicht sind etliche Lektüren ungenau (wie z.B. die, beide Brüder würden „nacheinander während des Abstiegs vom Berg stürzen. In der Wiederholung aber liegt die Differenz. So endet der zweite Sturz tödlich und kreiert einen weiteren Gipfel" (so: Frost, Sabine: *Whiteout. Schneefälle und Weißeinbrüche in der Literatur ab 1800*, Bielefeld 2011, S. 172f.). Tatsächlich stürzt keiner der Brüder ab). Bei Stephan („Weiße Flecken", S. 125) könnte man vermuten, die Brüder hätten *nach* der Rettung Pads durch Liam „die gemeinsame Gipfelerstürmung" durchgeführt.

168 Mit dieser Rettung ist auch eine erste Anspielung auf die Geschichte der Messner-Brüder gegeben, die im Jahr 1970 im Rahmen einer Expedition den Nanga Parbat bestiegen, sich beim Abstieg über die ‚Diamir'-Seite aber trennen mussten, wonach Günther – wahrscheinlich durch eine Lawine – umkam. Über die Begebenheiten entbrannte noch 1970 ein Streit, der nach 2001 erneut und in größter Heftigkeit aufflammte; vgl. Saler, Hans: *Zwischen Licht und Schatten. Die Messner-Tragödie am Nanga Parbat*, München 2003; Messner, Reinhold: *Die weiße Einsamkeit. Mein langer Weg zum Nanga Parbat*, München 2003; Kienlin, Max von: *Der einsame Tod: Legende Günther Messner*, München 2006; Hemmleb, Jochen: *Nanga Parbat. Das Drama 1970 und die Kontroverse*, Innsbruck 2010.

die ihre Kindheit in Irland, die Trennung der Eltern und die eigentümlich gebrochene Identität des Vaters – „Captain Daddy" (FB 237) – umfasst und ab dem zweiten Kapitel, initiiert durch den Fund einer Fotografie des Vaters, sukzessive in den Erzählverlauf eingespielt wird. Dieses zweite Kapitel – *„Horse Island. Das Erbe in West Cork"* (FB 24–46) – charakterisiert darüber hinaus insbesondere die Brüder, die sich nach langer Zeit der Trennung auf *Horse Island* wieder fanden, gemeinsam an der Steilküste kletterten und schließlich zu der Reise aufbrachen, deren Namen sie schon eine Kletterroute an ihrer Insel gegeben hatten, *„Passage to Kham"* (FB 38).

Horse Island ist aber auch insofern Verbindungsort der Brüder, als Liam von Beginn an als Bergsteiger und (digitaler) Kartograph, Pad aber als Seefahrer gekennzeichnet wird („Ich war aus der Handelsschiffahrt / nach Horse Island gekommen", FB 31), Metonymie einer charakterlichen Opposition, die dann als sich steigernder Konflikt auf der Reise zum Ausbruch kommt. Nachdem die Brüder sich als Teilnehmer einer von der chinesischen Regierung genehmigten Delegationsreise ins Land geschmuggelt haben, führt diese Reise mit einem Händler im Jeep zu einem Stamm von Yaknomaden und mit diesen in die Gegend des vermuteten *Phur-Ri*, der als letzter in einer Art Stufenleiter von Bergen nach dem *Cha-Ri* (Vogelberg, FB 163ff.) und *Te-Ri* (Wolkenberg, FB 195, FB 232ff.) den Höhepunkt und Wendepunkt des ins Vertikale führenden Weges bildet. Auf dieser Reise scheint sich Pad durch die Liebesbeziehung mit Nyema zeitweise völlig von seinem Bruder zu entfremden, der – auch indem er durch sein homosexuelles Begehren von diesem Glück ausgeschlossen scheint – nach der gemeinsamen Besteigung des *Cha-Ri* den *Te-Ri* im Alleingang angeht, bevor sich die Brüder bei der abschließenden Besteigung zunächst wieder vereinen, dann nach dem Erreichen des Gipfels[169] im Abstieg getrennt werden (hier wäre der chronologische Einsatzpunkt des ersten Romankapitels), bevor Liam seinen Bruder rettet – um anschließend selbst in einer Lawine umzukommen.

---

169 Es gibt – anders als Inge Stephan und Wolfgang Müller-Funk vermuten – keine „Zweifel des Überlebenden, ob er und sein Bruder den Gipfel des Berges überhaupt erreicht haben" (so Stephan, „Weiße Flecken", S. 125, vgl. ähnlich Müller-Funk, Räume in Bewegung, S. 389). Das vorletzte Kapitel relativiert zwar den Realitätsgehalt des Satzes „Der Gipfel. / Das war also der Gipfel" (FB 348) unmittelbar danach: „Das war also der Gipfel, / was sich irgendwann vor uns zu erheben begann, / eine weiße Faust, die sich ballte / und langsam höher stieg?" (ebd.) – der Text simuliert hier offenbar die Bewußtseinstrübung und Euphorie des Aufsteigenden, denn diese „weiße Faust" ist die Wolkenwand, die bald darauf auf die beiden herabstürzen wird; die Situation am Gipfel wird jedoch in Form einer frühen Rückerinnerung im 3. Kapitel in aller Ausführlichkeit geschildert (FB 62ff.; „Wir hatten den Gipfel erreicht", der Erzähler schreibt „Unsere Namen / mit dem Schaft des Eispickels / in den Schnee" (FB 62)).

Diese in den überlagernden Zeitebenen als Erinnerungs- und Reflexionsstrom erzählte und zudem in der geschilderten ungewöhnlichen, poetisierten und rhythmisierten Form[170] gestaltete Geschichte hat in kurzer Zeit eine Vielzahl (teils ambivalenter, oft aber euphorischer) Kritiken und wissenschaftlicher Lektüren provoziert.[171] Wolfgang Müller-Funk liest den Roman als „im konzisen Sinn postmodern, genauer post-historisch“: „[A]uf provokante Weise wird der Chronotopos der anderen Zeit des Abenteuers restituiert, den man mit der Triade Ausfahrt – Abenteuer – Heimkehr beschreiben kann“.[172] Allerdings ist es weder Pads „Heim“, in dem er am Ende erzählt (sondern das seines Bruders, das er zudem gerade ausräumt und zu verlassen im Begriff steht), noch ist völlig klar, in welcher Weise der ‚restituierte‘ „Chronotopos“ (Bachtin[173]) der gefährlichen Ausfahrt zu einer „post-historisch[en]“ Poetik des Romans stimmen könnte, insofern diese sich hier Müller-Funk zufolge mit dem Gestus

170 Wolfgang Müller-Funk hat zurecht darauf hingewiesen, dass der Roman zeitgleich in zwei medialen Formaten erschien, als Buch und als digitales Hörbuch, für das Ransmayr selbst den Text sprach; die Schrift wäre von daher gesehen als „Partitur gesprochener Rede“ zu verstehen und der Roman ‚re-zitiert‘ insofern das Epos als vor-schriftliche Gattung auch in dieser Hinsicht (Müller-Funk, Räume in Bewegung, S. 383f.).

171 Vgl. neben den bereits genannten (Frost, Müller-Funk, Stephan, Zymner) u.a. Spreckelsen, Tilman: Dahin, dahin, oh mein Bruder, laß uns fliegen. Versepen sind selten geworden: Christoph Ransmayr, der Meister des kalten Herzens, singt klug und mutig vom Gang ins Eis, in: *FAZ*, 4.10.2006, S. L10; Breitenstein, Andreas: Am Vermessungspunkt des Lebens. Literatur im Höhenrausch – Christoph Ransmayrs langerwarteter Roman „Der fliegende Berg, in: *Neue Zürcher Zeitung*, Literatur und Kunst, 23.9.2006, S. 32; Mangold, Ijoma: Höhenrausch im Flattersatz. Zwei Brüder erklettern den Himalaya der Transzendenz: Christoph Ransmayrs Roman „Der fliegende Berg“, in: *Süddeutsche Zeitung*, 22.9.2006, S. 16; Weidermann, Volker: Über alle Berge. Christoph Ransmayr schreibt nach elf Jahren wieder einen Roman, in: *Frankfurter Allgemeine Sonntagszeitung*, 17.9.2006, S. 28; Lütkehaus, Ludger: Dichten bei minus 30 Grad. Christoph Ransmayrs eindrucksvolles Roman-Epos aus der Todeszone des Himalaya, in: *Die Zeit*, 7.9.2006, S. 57; Wittstock, Uwe: Namen im verwehenden Schnee.Christoph Ransmayrs überwältigend schöner Roman „Der fliegende Berg“, in: *Die Welt* (Die literarische Welt), 30. 9. 2006, S. 2; Schröder, Christoph: Der Berg der Erkenntnis. Christoph Ransmayr ist nach elf Jahren wieder da – mit einem waghalsigen Versepos über Sinnsuche im Himalaya, in: *Frankfurter Rundschau*, 28. 9. 2006, S. 20; Müller-Funk, Wolfgang: Die unendliche Arbeit am Mythos: Anmerkungen zu Christoph Ransmayrs epopöetischen Roman „Der Fliegende Berg“, in: *Zagreber germanistische Beiträge* 17 (2008), S. 55–66; Niekerk, Carl: Poetik der Metonymie. Alterität in Christoph Ransmayrs *Der fliegende Berg*, in: Literatur für Leser 31 (2008), H.3, S. 177–193; Mayer, Mathias: Tapferes Vergessen. Christoph Ransmayrs *Der fliegende Berg*, in: *Neue Rundschau* 121 (2010), H. 2, S. 160–170.

172 Müller-Funk, Räume in Bewegung, S. 384.

173 Vgl. Bachtin, Michail M.: *Formen der Zeit im Roman. Untersuchungen zur historischen Poetik*, Frankfurt a.M. 1989; ders.: *Chronotopos*, Frankfurt a.M. 2008.

des *„Zum-letzten-Mal“*[174] (letzte Erstbesteigung usw.) überlagere, also doch wohl nicht im geläufigen Sinn ‚post-historisch‘ sein kann. Im Fokus anderer Lektüren stehen die Brüdergeschichte, die Inge Stephan im Werkkontext von „Untergangs- und Auferstehungsszenarien heroischer Männlichkeit“[175] als Revision früherer ironischer Distanznahmen liest, während Carl Niekerk die Begehrensstruktur der Protagonisten lacanianisch zu bestimmen sucht, denen der unbestiegene Berg als „Projektionsfläche“ und stellvertretendes Objekt dient, wodurch letztlich auch eine metonymische Verschiebung als Grund des westlichen Kolonialisierungsbestrebens analysierbar gemacht würde.[176] Als komplexe Rauminszenierung schließlich versteht Sabine Frost den Roman, indem die erzählten Orte primär als „sprachlich verfasste und metapoetische Orte miteinander in Beziehung“ stünden.[177]

Wenngleich all diese (hier sehr verkürzt wiedergegebenen) Lektüren am Text plausibilisierbar sind, ist vielleicht die letztgenannte (und abstrakteste) diejenige, die der komplexen Textur des Romans am ehesten gerecht wird, insofern dieser offenkundig mit psychologischen oder narratologischen Deutungsangeboten spielt, sie aber auch offensiv ausstellt und dadurch relativiert.[178] Sein Prinzip scheint eine systematische Verdoppelung oder besser Doppelbrechung zu sein: Der Text konstituiert sich als Erzählen der Erinnerung Pads an die Reise aus der Jetztzeit (nach dem Tod des Bruders), damit aber auch der Erinnerung von Erinnerungen *während* dieser Reise (an Erfahrungen der

---

174 Müller-Funk, Räume in Bewegung, S. 384. Ungeachtet vieler aufschlussreicher Beobachtungen lassen Müller-Funks Ausführungen auch in anderer Hinsicht etwas ratlos: So sei der Romantitel „revisionäre Lesart tibetanischer Mythologie“ (er ist es indes in ganz wörtlicher Hinsicht, vgl. FB 147f. sowie unten); mehrfach (ebd. S. 388, 390) wird mit der Metapher der „Familienaufstellung“ operiert, ohne dass klar würde, was dieses (in sich schon metaphorische) Verfahren über die Romanpoetik oder Rauminszenierung besagt; unbegründet bleibt auch, wieso der „Erhabenheitsdiskurs“ in der deutschen Literatur mit „Hallers lyrischer Dichtung ‚Die Alpen‘“ beginnen soll (391) und ebenso die über einen biographischen Umweg unvermittelt eingeleitete Schlußwendung des Aufsatzes, der Roman führe „so etwas wie eine Anatomie einer Konstruktion des Österreichischen [!] im Medium der Literatur vor“ (ebd. S. 392).

175 Stephan, „Weiße Flecken“, passim.

176 Niekerk, Poetik der Metonymie, S. 177 und passim.

177 Frost, *Whiteout*, S. 170.

178 So wird die Liebesbegegnung mit Nyema unmittelbar mit einer Erinnerung an die Mutter und ihr Singen beim Bad verbunden (FB 188ff.), und Nyema *ist* ihrerseits Mutter eines Säuglings; eine lacanianische oder andere Deutung müsste allerdings der Tatsache Rechnung tragen, dass dies in der Schrift (der Erzählung Pads) genau so inszeniert wird, ebenso wie alle andere Substitutionen (Liam ‚übernimmt‘ die Rolle des Vaters, Pad ersetzt den ermordeten Mann Nyemas, in gewisser Weise sogar der *Phur-Ri* den (im Text genannten) Mount Everest).

Kindheit); so führt er Auslöser und Funktionen des Erinnerns für das Subjekt ostentativ vor (beispielsweise die Erinnerung an die „Balaklava", die Wollmaske des Vaters, in der Erinnerung an Liam auf dem Gipfel des *Cha-Ri* mit einer Sturmmaske[179], wobei in beiden Fällen die Maske paradoxerweise die Identität von Bruder und Vater ‚enthüllt').[180]

In ähnlicher Weise doppelt sich das Erzählen selbst durch andere, erzählte Erzählungen wie diejenigen Nyemas.[181] Der Text entwirft dabei jedoch vor allem die Poetik eines dialogischen Erzählens in dem Sinn, dass bestimmte Geschichten „nur von *einem* Mund in *ein* Ohr erzählt werden" und „keine Erzählung am Feuer sein" (FB 149) könnten, wie Nyema sagt. *Diese* archaische Narrativik, gewissermaßen noch *vor* der oralen Erzähltradition von ‚Sänger' und Gruppe, erscheint im Roman zugleich als Nullpunkt des Erzählens: In ihr wird von Nyema die Mythologie ‚fliegender Berge' entwickelt, die den Menschen zugleich mit deren Erhebung zum aufrechten Gang „zu Hilfe geflogen" (FB 147) seien; durch sie würde sich, wie der Erzähler (wieder-)erzählt, die jeweilige Geschichte aber auch „in jedem Kopf in etwas Neues, Unerhörtes verwandeln" (ebd.) und schließlich zum Identitätsgaranten werden können:

> Jeder sollte daraus seine eigene Erzählung,
> seine eigene Geschichte und sie dadurch
> zu etwas Unverwechselbarem, Einzigartigem machen,
> zu etwas, an das er glauben konnte wie an sich selbst. (FB 147)

Es ist evident, dass der Roman hier seine eigene Poetologie reflektiert und zugleich deren Grenze, insofern er eben nicht mündliche Erzählung und nicht „von *einem* Mund in *ein* Ohr" erzählt, sondern gedruckte Schrift ist.

Einen Nullpunkt bildet diese archaische Narrativik in einer weiteren Doppelbrechung schließlich insofern, als sie als ‚unvermitteltste', direkteste Kommunikationsform in einem umfassenden Spektrum von Medien erscheint, welches der Roman aufruft – angefangen von den Computern Liams, seinen e-mails, Briefen und Postkarten über Fotografien, Videos, Überwachungskameras, Teleskope, Landkarten und Atlanten (vgl. FB 24ff.) bis zu Funksprüchen, Telefonaten, Zeitschriften und einem Landschaftsmodell „aus Pappmaché" (FB 356). Diesen ‚entkörperlichenden' Medien steht darin ein körperliches Kommunizieren gegenüber, das auch eine als Körper verstandene

179 Vgl. FB 168ff.

180 Eine ähnliche Funktion hat das Sternbild Beteigeuze, das zur Chiffre eines den Vater traumatisierenden und als Trauma ‚vererbten' Schiffsuntergangs wird, vgl. FB 224.

181 Sie erzählt sowohl diejenigen der tibetischen Mythologie als auch ihre eigene (vgl. das Kapitel *Der fliegende Berg. Nyemas Geschichte*, FB 138ff.)

Schrift einschließt.[182] Dieses ‚korporale' Erzählen wird im Roman aber nicht nur wieder-erzählt, sondern wie im Anfangskapitel auch in der die Korporalität inszenierenden (nicht lediglich beschreibenden) sprachlichen Faktur als eigentlich unmögliches vorgeführt: „ich sah, wie die Feuchtigkeit / meiner letzten Atemzüge kristallisierte" (FB 9).

Man könnte die Poetik des Romans daher auch als Hybridisierung dieses ‚archaischen' Erzählmodells (das Wieder-Erzählen anderer Geschichten als eigener Geschichte) mit der durch die Medien des „21. Jahrhunderts" und der westlichen Moderne gekennzeichneten Welt des Erzählers und ihren Darstellungsformen verstehen. Es ginge mithin weniger um eine Modernisierung epischer Form im Rückgriff auf eine ‚Archaik' des Versepos, als um eine dieses Erzählmodell und seine Grenzen reflektierende Amalgamierung; der Erzähleinsatz „am vierten Mai im Jahr des Pferdes" markiert insofern nicht nur den Tag der „Auferstehung" (FB 9) des Erzählers, sondern wäre explizite Kennzeichnung dieser Hybridisierung durch die Verbindung von westlicher und tibetischer Zeitordnung und temporaler Deixis.[183]

Die genannte Doppelbrechung würde andererseits auch durch die exzentrischsten Punkte des solcherart sprachlich inszenierten *Raums* hervorgehoben (und auch das explizit): *Horse Island* als Ausgangspunkt ist als Felsen vor Irland die Insel einer Insel[184], der *Phur-Ri* aber als noch unentdeckter und unbestiegener Gipfel des Transhimalaya (!) in mehrfacher Hinsicht ein Berg der Berge. In einer derartigen Brechung wäre dann allerdings auch der intertextuelle Bezugsraum des Romans zu verstehen, der sich einerseits auf die irische Erzähltradition von O'Connor über Yeats und Joyce bis Roddy Doyle und Colm Tóibín beziehen kann (vor allem in der Kindheitsgeschichte und der Figur des Vaters und vermeintlichen IRA-Kämpfers), andererseits aber alpinistische und im Himalaya-Bergsteigen entstandene Mythen wieder und als eigene, „[e]inzigartige" neu erzählt, wie hier abschließend zumindest angedeutet werden soll.

Nochmals: Blanc on the map

Auf dem Weg von einem zum anderen exzentrischen Punkt durchlaufen die Brüder einen Weg, dessen Verkehrsmittel (Schiff, Flugzeug, Jeep, Yak) symbolisch für den Rückweg in der Zeit und aus der Moderne stehen können und der schließlich auch in dieser Hinsicht ins ‚Unvermittelte', das *Gehen* und

182 Vgl. die halb erotischen Übersetzungübungen in Kapitel 10, FB 212ff.

183 Niekerk fasst diese als reflektierenden Umgang mit Alterität und die „Rationalität anderer Kulturen" (Niekerk, Poetik der Metonymie, S. 187).

184 So schon die Beobachtung von Sabine Frost, *Whiteout*, S. 162.

die Unmittelbarkeit der Körper- (und Todes-)Erfahrung extremer Bergsteiger führt. Zugleich sind sie damit Nachfahren (oder Wieder-Gänger) jener oben geschilderten Himalaya-Bergsteiger seit den 20er Jahren des 20. Jahrhunderts und der westlichen ‚Eroberer' des Erdballs. Der Roman benennt das in einer reflexiven Passage des 2. Kapitels auch selbst:

> Vielleicht ist jenes Bedürfnis
> tatsächlich unstillbar,
> das uns selbst in enzyklopädisch gesicherten Gebieten
> nach dem Unbekannten, Unbetretenen,
> von Spuren und Namen noch Unversehrten suchen läßt –
> nach jenem makellos weißen Fleck,
> in den wir dann ein Bild unserer Tagträume
> einschreiben können.
>
> Projektionen der Phantasie oder der bloßen Gier
> haben schließlich ganze Flotten
> in Bewegung zu versetzen vermocht,
> Karawanen oder Schlittenhundegespanne,
> Armeen von Eroberern und Entdeckern,
> die sich im Zweifelsfall
> lieber von den Fluchtlinien eines Traums
> als von Meßwerten leiten ließen. (FB 43)

Der „weiße Fleck", der hier als gemeinsames Phantasma von Entdeckern, Kolonisatoren und Polarexpeditionen erscheint, wird zur wiederkehrenden – und auch im Text mehrfach wiederholten – Obsession des Kartographen Liam („mein Bruder verlor [...] niemals sein Ziel, das wahre, aus seinen Augen / Das Verbotene, den weißen Fleck irgendwo in der Ferne", FB 107). Er wird zum „Herz jenes Rätsels, / das er um jeden Preis lösen wollte" (FB 90) – und verbindet den Roman intertextuell mit Joseph Conrads *Heart of Darkness*, an dessen Beginn gerade diese Metaphorik expliziert wird.[185] Auch er ist aber, komplementär zum „schwarzen Schnee" der erfrorenen Falter, als

185 „Now when I was a little chap I had a passion for maps. I would look for hours at South America, or Africa, or Australia, and lose myself in all the glories of exploration. At that time there were many blank spaces on the earth, and when I saw one that looked particularly inviting on a map (but they all look that) I would put my finger on it and say, ‚When I grow up I will go there.' The North Pole was one of these places, I remember." (Conrad, Joseph: *Heart of Darkness. Unabridged*, New York 1990, S. 15). Diesen Aspekt und den Bezug zu Conrad diskutiert auch die Arbeit von Martin Hammerer: *Die Poetik des weißen Flecks. Zum Verhältnis von Subjekt, Raum und Text in Christoph Ransmayrs ‚Der fliegende Berg'* (2006), Zulassungsarbeit LMU München 2010, dem ich für viele anregende Diskussionen zu danken habe.

metapoetische Metapher lesbar, indem er einerseits mit der Schrift (genauer der Beschriftung des erstmals bestiegenen Bergs mit den „Namen" durch einen „Eispickel", vgl. FB 15, 62) verbunden wird, andererseits die Erzählform des Buchs, das unbeschriebene Weiß der Zeilen und ‚Durchschüsse' aber auch selbst dem ‚weißen' Imaginationsraum zu entsprechen scheint, der (bislang) unbeschrieben geblieben ist (und auch bleiben soll).

Im Sinn des beschriebenen Weiter- und Neuerzählens wird der Roman damit zu einem Mythen-Recycling im mehrfachen Sinn. So ist die von Nyema erzählte Vorstellung fliegender Berge – die durch Gebetsfahnen angeheftet werden müssen, „damit das Gebirge […] sich nicht […] in die Luft erhob und wieder verflog" (FB 147) – ein in der tibetischen Mythologie tatsächlich verbreiteter Mythos.[186] Auch die zentrale Motivation der beiden Brüder, die Entdeckung eines noch unbestiegenen, riesigen Bergs im Transhimalaya, die Transformation eines (nun: geographischen) Mythos der 40er Jahre. Bei Ransmayr lautet die Passage gekürzt folgendermaßen:

> Dort [im Haus] zeigte mir Liam auf dem Bildschirm
> seines Arbeitszimmers eine Schwarzweißfotografie
> aus dem vergangenen Jahrhundert:
> Er hatte in dieser Nacht auf einem
> (vom Sturm unterbrochenen) Streifzug im Netz
> nach historischen Details zur Geschichte
> der Vermessung des Transhimalaya gesucht,
> war dabei auf diese Fotografie gestoßen
> und schien wie besessen von dem Gefühl,
> eine Entdeckung gemacht zu haben:
>
> Das von der Tragfläche eines Flugzeugs
> überschattete, ja überdachte Bild
> zeigte eine von Hängegletschern, Verschneidungen
> und Lawinenstrichen zerrissene Wandflucht –
> die südlichen Abstürze eines Berges,
> dessen Höhe ein chinesischer Bomberpilot
> auf neuntausend Meter geschätzt hatte,
> ein Berg höher als der Mount Everest!

186 „According to the Tibetan tradition some mountains came flying or were brought (depending on the version) from another country, in general from India […]; but their presence […] is not all permanent, and they can fly away again from the country, which explains why it is necessary to fix them to the ground by one means or another" (Buffetrille, Katia: One day the mountains will go away … Preliminary remarks on the flying mountains of Tibet, in: Blondeau, Anne-Marie; Steinkeller, Ernst (Hg.): *Reflections of the Mountain. Essays on the History and Social Meaning of the Mountain Cult in Tibet and the Himalaya*, Wien 1996, S. 77–89, hier S. 77).

> Der Pilot hatte während des aussichtslosen
> Widerstandes der Krieger von Kham
> gegen eine aus Peking befehligte Besatzungsarmee
> eine Klosterfestung bei Dege in Brand geschossen,
> als ihn auf dem Rückflug eine Gewitterfront
> zu einem weiträumigen Ausweichmanöver zwang.
>
> Das Manöver drückte ihn dicht an die Flanken
> eines Berges ohne Namen,
> dessen gespenstische Gipfelhöhe
> er in einem patriotischen Funkspruch
> seiner Basis zuschrie: Dieser Berg,
> dieser Koloß! sei die höchste Säule
> der revolutionären Welt! (FB 38f.)

In seiner fundamentalen Geschichte der Entdeckung und Eroberung der „Achttausender" der Erde schrieb Günther Oskar Dyhrenfurth 1952 von den früheren Vermutungen, es müsse irgendwo auf der Erde einen „Neuntausender" geben, die sich allesamt zerstreut hätten, so auch die (seiner Auffassung nach) jüngste.

> Die Amnyi-Machin-Kette südlich des Kuku-nor [...] kam als letzte Möglichkeit für das gesuchte „Neuntausender-Gebirge" in Frage, und ein amerikanischer Pilot der „Luftbrücke" Burma–Chungking während des zweiten Weltkrieges verlieh dieser geheimnisvollen Kunde im Frühjahr 1944 durch eine aufregende Meldung neue Schwerkraft: Er sei über eine Wolkendecke emporgestiegen und habe in einer Höhe von 9300 m über Meeresniveau plötzlich bemerkt, daß er neben sich einen schneebedeckten Berghang hatte, dessen Gipfel noch einige hundert Meter über der Flughöhe des Apparates lag. Der Höhenmesser habe einwandfrei funktioniert. Diese Notiz, von „News Cronicle" verbreitet, ging trotz der Kriegszeiten durch die ganze Welt, und „die Entthronung des Mount Everest" taucht seither in gewissen Abständen immer wieder auf. Je unbestimmter und abenteuerlicher, um so besser!"[187]

Die Parallele dieser Flug-Entdeckungen eines Riesenberges geht so weit, dass der Erzähler des Romans Liam von einer „im Jahr nach dem Bomberflug / unternommene[n] Vermessungsexpedition" erzählen läßt, deren Ergebnis gewesen sei, „daß die Wandflucht zu einem von osttibetischen Nomaden / *Cha-Ri* genannten Massiv gehöre, nur zu einem von vielen / sechstausend Meter hochragenden Gipfeln der Welt" (FB 41) – eine eben solche Expedition wurde nach der von Dyhrenfurth beschriebenen Meldung tatsächlich in Gang

187 Dyhrenfurth, *Zum dritten Pol*, S. 15.

gesetzt.[188] Auffällig ist hier jedoch die Verschiebung: Stammte die Meldung 1944 von einem amerikanischen Bomberpiloten, ist der „chinesische Bomberpilot" in Ransmayrs Text ein Teil der Unterdrückungsmacht der Tibeter; und im Gegensatz zum authentischen Zwischenfall existiert im Roman eine Fotografie von diesem Berg, die zum Auslöser der Obsession wird. Damit verändert sich auch in der Topographie des „Weißen Flecks" die Imaginationslogik: Die Existenz des unbestiegenen Berges scheint bildmedial schon beglaubigt zu sein; das Begehren richtet sich auf die Authentifizierung des Mediums in der realen Besteigung, nicht länger allein auf die Eroberung des Unbekannten und seine mediale Bezeugung.

In ähnlich verschobener, wenngleich nicht dominanter Weise spielt der Roman auch einige andere alpinistische (Alltags-)Mythen ein; so die Mythologie des Schneemenschen oder *Yeti* (vgl. FB 196f.), der am *Te-Ri*, dem zweiten Berg, als Erzählung des Clans und Imagination Pads aufscheint (vgl. FB 240f.); andererseits die Frage der Bergnamen (vor allem des Mount Everest, der, nach dem englischen Landvermesser George Everest benannt, den nepalesischen Namen *Sagarmatha* verdrängt hatte (vgl. FB 128ff.). Kleine sprachliche Anspielungen gelten einzelnen bei Expeditionen umgekommenen Alpinisten wie George Mallory („weil dieser Berg da war, einfach da", FB 281) oder Hermann Buhl (Pad will nicht „darauf warten, daß mein großer Bruder demnächst / mit einer Serie strahlender Fotos vom Gipfel / und dem Bericht von einem geglückten /Alleingang zurückkehrte" (FB 281)); etliche alpinistische Berichte könnten dagegen als Intertexte zur dramatischen Selbst-Rettung Pads aus einer Gletscherspalte am *Te-Ri* (FB 248ff.) herangezogen werden – von Lammers Aufsatz „Thurwieserspitze"[189] bis zu Joe Simpsons zu internationaler Berühmtheit gelangten Erzählung *Touching the Void* von 1988.[190]

Die auffälligste und daher auch in Kritiken und Interviews immer wieder angesprochene Parallele der fiktionalen Roman-Handlung zur alpinistischen Geschichte des 20. Jahrhunderts ist aber zweifellos die Verbindung mit der Geschichte der Messner-Brüder (Günther Messner starb 1970 nach einer gemeinsam mit seinem Bruder Reinhold unternommenen Besteigung

---

188 Dyhrenfurth berichtet weiter von Vermessungflügen von Zivilpiloten sowie einer Expedition des Amerikaners Leonard Francis Clark im Auftrag des *Life Magazine* zur Verifizierung dieser Meldung, die aber keine glaubhafte Bestätigung erbrachten (die Vermessungsexpedition wäre „nicht ernst zu nehmen", ebd. S. 16).

189 Lammer, *Jungborn*, S. 83–102.

190 Simpson, Joe: *Touching the Void*, London 1988 (dt.: *Sturz ins Leere*, München 1999). Simpson erhielt für das Buch, das seinen nahezu tödlichen Sturz in eine Gletscherspalte an der Siula Grande in Südamerika schildert, 1988 den *Boardman Tasker Prize for Mountain Literature*, 2003 wurde es verfilmt.

des Nanga Parbat). So wenig Ransmayrs Text als darauf bezogener ‚Schlüsselroman' gelesen werden kann – schon die Umstände der Expeditionen sind denkbar verschieden –, so wenig sind freilich Reinhold Messners eigene Texte zum Nanga Parbat als Intertexte des Romans zu vernachlässigen: Sie umreißen als Erfahrungsberichte das Feld von Grenzgang, Todeserfahrung und Wiedergeburt, das auch der Roman als Grund der subjektiven Erinnerung inszeniert.[191]

Ebenso deutlich greift Ransmayr in der Fiktion aber auch auf eigene, bereits in den frühen Reportagen und Erzählungen verwendete Elemente zurück. So exponiert der „Epilog" des Romans noch einmal die Bedeutung des Gehens als anthropologische Erfahrungsbedingung, die jede technisch-mediale Weltaneignung an Komplexität weit in den Schatten stellt (vgl. FB 352ff.); ebenso geht die oben bereits zitierte Passage aus den *Geständnissen eines Touristen*[192], welche den ‚Weg in die Vertikale' dadurch ausgezeichnet sieht, dass er den Gipfel als absolute Grenze und unvermeidbaren Umkehrpunkt anzielt, zum Teil wörtlich in den Schluss des Romans ein. Auch die Verbindung von Moderne und irritierender Zeiterfahrung im Bergsteigen erscheint hier erneut, sowohl dadurch, dass dieses Bergsteigen immer von erinnernder Reflexion begleitet wird, als auch in der Bedeutung des Gebirges für die Zeiterfahrung, die Signifikanz der „Eisregion" als transhumaner Zone. Kurz vor dem Aufbruch zum *Phur-Ri* erinnert sich der Erzähler Pad:

> An jenem Frühsommertag unter dem Montblanc
> war mir die Vertikale, der Weg ins Gebirge
> wohl zu ersten Mal als ein Weg
> durch die Zeit erschienen.
> Denn so leuchtend, so leer
> und von allem Leben entblößt
> wie in der Eisregion, wie dort *oben,*
> war die Welt nicht nur schon einmal gewesen,
> sondern würde sie nach Ablauf meßbarer Fristen
> auch wieder werden, eine Welt ohne uns [...].
> (FB 306)

In dieser Inszenierung der ‚Transhumanz', allerdings fast nur in dieser, scheint der Roman an die vorher geschilderte, vor allem bei Max Frisch erkennbare moderne Version des Naturerhabenen in den „Zonen der Vereisung" anzuschließen. In seinem Recycling von Mythen und epischen Formen folgt er dagegen einer postmodernen Poetik – mit dem entscheidenden Unterschied

191 Vgl. dazu Messner, *Die weiße Einsamkeit*, passim.
192 Ransmayr, Geständnisse eines Touristen, S. 132ff.

freilich, dass er vollkommen unironisch bleibt[193] und dem Spiel mit diesen Mythen und Formen existentiellen Ernst abzugewinnen sucht.

6.5. Im Diskursgebirge. Elfriede Jelineks *In den Alpen*

Von dem in diesem Sinn ernsthaften, existentiellen Pathos des *Fliegenden Bergs* sind die Texte Elfriede Jelineks, die sich seit den 90er Jahren mit den Alpen befassen, denkbar weit entfernt. War schon in *Die Liebhaberinnen* von 1975 ein ziemlich deutlich erkennbares Österreich, „dieses SCHÖNE land mit seinen tälern und hügeln", das „in der ferne von schönen bergen begrenzt" ist, Gegenstand einer idyllenkritischen und intertextuell aufgeladenen Dekonstruktion[194], rückte mit *Oh Wildnis, oh Schutz vor ihr* (1993) und *Die Kinder der Toten* (1995) das Gebirge auch als Schauplatz und der alpine Tourismus als Thema ins Zentrum ihrer Texte.[195] Einige Sätze aus dem letztgenannten Roman lassen sich dabei fast als sarkastischer Kommentar zu den kletternden Erstbesteigern aus Ransmayrs Prosa lesen:

> Das Leben ist eine der vielen Natur-Kletterschulen, in der unser Schöpfer möglichst viele von uns möglichst rasch loswerden kann. […] Vielleicht will ER nur unsere Sportbekleidung nicht länger betrachten müssen […].[196]

> Diese Alpinsportler sind doch irgendwie kindisch. Mit der Zunge zwischen den Zähnen, so kritzeln diese Bedeutungsvollen sich in den Fels und setzen sich dann als Punkt dahinter. Sie haben gesagt, was sie mit sich zu sagen hatten, denn sie hatten den Wahrnehmungsgegenstand Natur immer schon in ihrer Seele. Daher wollen sie die Natur ja gar nicht lesen, sie wollen sie immer wieder ausradieren, weil sie sich beim vorigen Mal nicht schön genug hineingeschrieben haben. Damit sie mit sich enden, doch andre sollen folgen.[197]

Der postmoderne ‚Schauerroman' *Die Kinder der Toten* beginnt mit einem (Bus-)Unfall auf einer Pass-Straße, konfrontiert die (Un-)Toten dann jedoch mit den Opfern des Holocaust – und verhandelt damit ein Thema, das in vielen Werken Jelineks und auch in dem im Weiteren untersuchten Text *In den Alpen* zentral ist, die Relation der verdrängten Katastrophe der Vergangenheit zu den medial zu Tragödien stilisierten Katastrophen einer geschichtsvergessenen

193 So auch die Diagnose von Inge Stephan, „Weiße Flecke", S. 127.

194 Jelinek, Elfriede: *Die Liebhaberinnen. Roman*, Reinbek b.H. 1975, S. 7; der Satz „kennen Sie dieses SCHÖNE land […]?" spielt ganz offenbar auf das Mignon-Lied an.

195 Vgl. zu *Oh Wildnis …* die Lektüre von Wolfgang Hackl, *Eingeborene im Paradies*, S. 196–209.

196 Jelinek, *Die Kinder der Toten*, S. 25.

197 Ebd. S. 27.

Gegenwart. Anders als in dem über 600 Seiten starken erzählerischen Hauptwerk, das durch seine Bezüge zur *gothic novel* und unzählige Intertexte so komplex ist, dass eine detaillierte Lektüre hier nicht geleistet werden kann[198], sind die Bezüge auf den alpinen Diskurs im Theatertext *In den Alpen*, der im Folgenden im Zentrum stehen soll, von sehr viel größerer Konkretheit – und sie lassen erkennen, dass dieser Text gerade in der Auseinandersetzung mit Texten und Diskursen entstand, die im ersten Teil der vorliegenden Arbeit untersucht wurden.

„Die Kunst muss die Extreme suchen"[199]

Als Elfriede Jelineks Stück im Jahr 2002 an den Münchner Kammerspielen in der Regie von Christoph Marthaler uraufgeführt wurde, reichten die Reaktionen von leicht beklommener Anerkennung bis zu entschiedener, ja wütender Ablehnung. *In den Alpen*[200] reagierte auf den Bergbahn-Unfall in Kaprun am 11. November 2000, bei dem durch einen Brand im Tunnel der Standseilbahn zum Kitzsteinhorn 155 Menschen, meist junge Ski- und Snowboardfahrer, gestorben waren.[201] Er verband die Auseinandersetzung mit dieser Katastrophe aber mit Bezügen zur Freizeitindustrie, zum alpinen Tourismus, zum frühen Alpinismus und vor allem zum alpinistischen Antisemitismus; und mit dem Auftauchen eines „Mannes", der *„Celan"* gerufen wird (*IdA* 41), sowie mit

198 Vgl. aber: Treude, Sabine: „Die Kinder der Toten" oder: Eine Verwicklung der Geschichten mit einer Geschichte, die fehlt. In: *Elfriede Jelinek. Text + Kritik* 117 (1999), S. 100–109; Vogel, Juliane: „Keine Leere der Unterbrechung" – „Die Kinder der Toten" oder der Schrecken der Falte, in: *Modern Austrian Literature*, Vol. 39, No. 3/4 (2006), S. 15–26.

199 Elfriede Jelinek in einem veröffentlichten Brief zum Protest von Hinterbliebenen nach der Uraufführung: „Die Toten wenigstens in der Kunst ins Leben zurückholen", in: *Der neue Tag* (Weiden), 17.10.2002, online: http://www.oberpfalznetz.de/zeitung/68233-142-die_toten_wenigstens_in_der_kunst_ins_leben_zurueckholen,1,0.html (19.1.2011).

200 Jelinek, Elfriede: *In den Alpen. Drei Dramen*, Berlin 2002. Nach dieser Ausgabe wird im Folgenden mit der Sigle *IdA* im Text zitiert. – Nach Abschluss der vorliegenden Arbeit entstanden noch eine ganze Reihe weiterer Auseinandersetzungen mit Jelineks Text, die im Folgenden nicht mehr Berücksichtigung finden konnten; hervorzuheben ist dabei das Jelinek-Kapitel bei Silber, Leonie: *Poetische Berge. Alpinismus und Literatur nach 2000*, Heidelberg 2019, S. 36–66.

201 Es gibt über das Unglück selbst bis jetzt keine unumstrittene Informationsquelle; auch die juristischen Auseinandersetzungen sind Jahre später noch nicht abgeschlossen. Vgl. Godeysen, Hubertus: Gerechtigkeit für Kaprun, in: *DIE ZEIT*, 6.8.2009, URL http://www.zeit.de/2009/33/A-Kaprun (25.1.2011), sowie: Dahlkamp, Jürgen; Ludwig, Odo: Freispruch für Gott, in: *Der Spiegel* 46/2009 (9.11.2009), S. 42–51, online: http://www.spiegel.de/spiegel/print/d-67682693.html (25.1.2011). Elfriede Jelinek hat auf die skandalträchtige juristische „Aufarbeitung" in Österreich erneut reagiert mit dem Text: „Diese Maschine ist unschuldig! Ich klage andere an" (6.9.2009), der den Heizlüfter „Fakir" rehabilitiert und nur online erschien: http://www.a-e-m-gmbh.com/wessely/ffakir.htm (11.2.2011).

Zitaten aus Paul Celans „Gespräch im Gebirg" weitet sich der intertextuelle Bezugsraum des Textes offenbar aus bis zu den Diskursen über die Shoah.

Diese Amalgamierung vordergründig extrem verschiedener Themen erschien einigen Kommentatoren skandalös. Der *Zeit*-Kritiker Peter Kümmel sah in Jelineks „Bergbahnstück" einen Zwang am Werk, „in jedem Unglück Auschwitz zu entdecken", und faßte seine Ablehnung so zusammen:

> Es scheint der Autorin einen gewissen Trost zu geben, alles mit allem zu verbinden und den Tunnel von Kaprun als einen abgelegenen Kamin der Weltanlage Auschwitz zu deuten. Jelinek setzt die Kapruner Opfer mit den NS-Opfern ins Verhältnis und gewinnt doch bloß Herrschaft über „Material".[202]

Auch wenn *In den Alpen*, das zusammen mit *Der Tod und das Mädchen III* (*Rosamunde*) und dem Stück *Das Werk* im Jahr der Uraufführung auch als Trilogie im Druck erschien, ohne Zweifel ein provozierender Theatertext ist, wäre allerdings zu fragen, ob die hier erkennbare Projektion geläufiger Annahmen über Jelineks Schreiben – wie jener, dass ihre Poetik Sprache primär als „Material" verarbeite, oder – wie eine andere Kritik lautete – dass das Ganze ein Gefüge „vor sich hin kalauernder und endlos die Zustände hienieden [...] geisselnder" „Textflächen"[203] sei – auf dieses spezielle Stück der Auseinandersetzung damit wirklich weiterhilft oder seine tatsächliche Provokation nicht eher verfehlt.

Während solche Annahmen und die Ablehnung des Dramas sich auch im wissenschaftlichen Diskurs darüber fortsetzten[204], versucht die folgende Lektüre dagegen zunächst, möglichst viele der im Text angelegten Spuren

---

202 Peter Kümmel: Die Welt im Kamin. Vom Zwang in jedem Unglücksfall Auschwitz zu entdecken: Elfriede Jelinek und ihr Bergbahnstück ‚In den Alpen', in: *Die Zeit*, 42/2002 (10.10.2002), URL: http://www.zeit.de/2002/42/Die_Welt_im_Kamin (21.1.2011). In ähnliche Richtung geht auch die Kritik von Rüdiger Schaper (Der Berg, die Bahn und der Tod, in: *Der Tagesspiegel* vom 7.10.2002, URL: http://www.tagesspiegel.de/kultur/der-berg-die-bahn-und-der-tod/352630.html (21.1.2011)) und das Urteil von Barbara Villiger Heilig in der *NZZ* zur Schweizer Übernahme der Uraufführung: „Elfriede Jelineks sogenanntes Stück" sei eine „Totgeburt", welche „die Brandkatastrophe von Kaprun historisch zurückverlängert zur ungeheuren Verbrennungsaktion des Holocaust"; freilich „missglück[e] die literarische Verquickung; zumal durch die – obwohl vorsätzlich – auf schiefen Bildern wie Alpenkraut wuchernde Metaphorik." Barbara Villiger Heilig: Aufgefahren in die Hölle. Elfriede Jelinek und Christoph Marthaler: „In den Alpen", in: *Neue Zürcher Zeitung* vom 28.10.2002, URL: http://www.nzz.ch/2002/10/28/fe/article8HIL3.html (21.1.2011).

203 Ebd.

204 Besonders deutlich bei Colin, Nicole: Die Unbeheimateten. Jüdische Stimmen im Theater Elfriede Jelineks, in: Arnold, Heinz Ludwig (Hg.): *text+kritik Elfriede Jelinek*. 3. Auflage – Neufassung, 2007, S. 48–61, die ausgehend von Kümmels Ablehnung „Jelineks Einfall, die Opfer eines Bergbahnunglückes postum zu bekennenden Antisemiten und Auschwitzverdrängern zu erklären", als „ebenso geschmacklos wie überflüssig" bezeichnet (S. 49).

aufzunehmen – besonders solche, die bisher nur vereinzelt oder gar nicht rezipiert wurden. *In den Alpen* soll so als ein *spezifisches* intertextuelles Gebilde verstanden werden, und es wird zu zeigen sein, dass darin – vielleicht anders als in anderen Texten Jelineks, aber vor allem anders als manchen Lektüren des Textes zufolge – nicht nur heterogene Diskurse ‚verarbeitet' werden, sondern die historischen Valenzen der Prätexte bis ins Detail bedacht und sie in ihrer Kontrastierung förmlich analytisch aufeinander bezogen sind.

So betrachtet erweist sich *In den Alpen* als eine Versuchsanordnung (oder, in Jelineks Metapher: ein „Text-Reaktor" (*IdA* 254)), welche die Katastrophe von Kaprun nicht etwa zur kalauernden Geißelung österreichischer Zustände instrumentalisiert oder mit dem Holocaust vergleicht, sondern diskurshistorische und in gewissem Sinn sogar philosophische Grundlagenforschung betreibt. Und gerade dafür scheinen die heterogenen Diskurse, die hier aufeinander bezogen werden, *als* Extreme wichtig zu sein, ebenso wie die Form der intertextuellen Bezüge in diesem Text: Die Alpen werden hier als Echo-Raum besonderer Art verstanden und inszeniert.[205] Zunächst sind die Dimensionen dieser Versuchsanordnung zu rekonstruieren.

Anfang und Ende

Als erstes ist dabei der *Titel* zu bedenken, der in den bisherigen Beiträgen zu Jelineks Text nicht weiter problematisiert worden ist – vielleicht, da er so alltäglich wirkt. *„In den Alpen"*, Titel sowohl des ersten Stücks als auch der Trilogie als Ganzer, lässt sich zunächst als lapidare Kennzeichnung des Orts verstehen, an dem die Texte ‚spielen'. Zugleich abstrahiert er offenkundig vom ‚realen' Ort Kaprun; darin vergleichbar ist er dem Titel des dritten Teils *Das Werk*, der sich gewiss *auch* auf das Großkraftwerk in den Hohen Tauern beziehen lässt, doch ebenso offenbar auf Arbeit und Arbeiter überhaupt oder auf das Stück selbst *als* Werk. Analog wird im Titel *In den Alpen* die Thematik des ersten Textes verallgemeinert, typisiert und ausgeweitet.

In dieser Verallgemeinerung verbirgt sich zudem eine Präzisierung. Denn der Text des ersten Dramas handelt ja tatsächlich von einem Geschehen *im Inneren* der Alpen, von dem, was *in* ihnen oder *unter* ihrer Oberfläche liegt, also von dem (oder den) *in ihnen* Eingeschlossenen (und umgekehrt: dem und den Ausgeschlossenen). Ort des Spiels ist, wie gleich der erste Nebentext erklärt, ein Zugang zu diesem Inneren, die „Talstation einer Seilbahn" (*IdA* 7).

205 Damit greife ich eine These von Stephanie Kratz auf; vgl. dies., Echo – eine Stimme von Gewicht? Zur Rhetorik einer weiblichen Wiederholungsfigur, in: Gutenberg, Andrea / Poole, Ralph J. (Hg.): *Zitier-Fähigkeit. Findungen und Erfindungen des Anderen*, Berlin 2001, S. 172–186.

In einer für Jelinek charakteristischen Weise nimmt der Titel also eine erstarrte Wendung (gemäß der Formel: man wandere „in den Alpen" oder reise „in die Alpen") wörtlich; die ‚Talstation' (als Ort des Sprechens) wird Zugangsort zu dem, was sich buchstäblich *In den Alpen*, nämlich in einem Tunnel *in* ihnen, als Katastrophe ereignet hat.

Hinzu kommt jedoch eine weitere, wenngleich vorerst assoziative Dimension der Wendung *In den Alpen*. In vielen Dramentiteln Jelineks – von „Was geschah, nachdem Nora ihren Mann verlassen hatte, oder Stützen der Gesellschaft" (1979) über „Totenauberg" (1992) oder „Ulrike Maria Stuart" (2006) bis zu „Rechnitz (Der Würgeengel)" (2008) – sind die Anspielungen auf literarische oder filmische Prätexte unübersehbar;[206] schon die Titel signalisieren, dass die Texte programmatisch intertextuell angelegt sind. Nun erscheint der Titel „In den Alpen" zwar demgegenüber ungleich offener; eine Anspielung könnte man aber auch darin erkennen – nämlich auf Hölderlins Hymne „Heimkunft / An die Verwandten" von 1801, deren ersten Verse lauten:

> Drinn in den Alpen ists noch helle Nacht und die Wolke
> Freudiges dichtend, sie dekt drinnen das gähnende Thal.[207]

Die Assoziation mit Hölderlin ist – obgleich ein bewusster Bezug prinzipiell wohl unbeweisbar bleibt – insofern naheliegend, als dieser erklärtermaßen zu Jelineks Lieblingsdichtern gehört[208] und schon in *Oh Wildnis, oh Schutz vor ihr* (1985), *Lust* (1989) und vor allem *Wolken.Heim.* von 1988/1990[209] Gedichte Hölderlins, darunter das zitierte, ganz wesentliche Intertexte waren und Semantik und Rhythmus der Texte entscheidend prägten. Aus den „Verwandten" des Hölderlin-Titels wären allerdings *In den Alpen* schon in der ersten Replik „Angehörige" geworden (der „Helfer" sagt zu den „schläfrigen Kinder[n]" und den „übrigen": „Wir sind bei Ihren Angehörigen" (*IdA* 8)). Es gibt in diesem Stück keine „Heimkunft" *aus* den Alpen mehr, wie sie Hölderlins Hymne auch in übertragener Bedeutung evozierte; und die Verwandten sind weder Ziel der Bewegung noch Adressaten der Rede. Das „Kind" antwortet dem „Helfer": „Aber ein großer Teil meiner Angehörigen ist doch ohnedies bei mir! Darf ich vorstellen: Mama und Papa." (*IdA* 8)

---

206 Bei den genannten sind es evidentermaßen: Ibsens *Nora* und *Stützen der Gesellschaft*, Celans *Todtnauberg*, Schillers *Maria Stuart*, Bunuels *Der Würgeengel*.

207 Hölderlin, Friedrich: Heimkunft. An die Verwandten (Zweite Fassung), in: *Sämtliche Werke und Briefe*, hg. von Michael Knaupp, 3 Bde., Bd. 1, München 1992, S. 368.

208 Vgl. Jelinek, Elfriede u. Landes, Brigitte (Hg.): *Jelineks Wahl. Literarische Verwandtschaften*, München 1998.

209 Jelinek, Elfriede: *Wolken.Heim.* Göttingen 1990, Stuttgart 2000.

Jenseits der Frage seiner Plausibilität wäre insofern zu fragen, wie dieser kontrafaktorisch scheinende intertextuelle Bezug genauer zu verstehen wäre. Neben dem direkten Zitat ist dabei, bedenkt man die hoch umstrittene Hölderlin-Verarbeitung in *Wolken.Heim.*,[210] vor allem eine indirekte Bezugnahme, der Umweg über Heideggers Hölderlin-Lektüren[211] in Betracht zu ziehen, bildet doch die genannte Hymne den Ausgangspunkt von Heideggers Hölderlin-Deutungen,[212] und Heideggers Technik-Verständnis wiederum ein entscheidendes Interpretament von Jelineks Stück, wie unten noch zu zeigen sein wird. Auch wenn weitere deutliche Bezüge auf die Hymne fehlen, könnte immerhin auch der Schluß von *In den Alpen* darauf hindeuten; er lautet: „A: Danke. Dann wurde es finstere Nacht. / B: Danke." (*IdA* 65). Ob die „finstere Nacht" bewußt das auffällige Oxymoron „helle Nacht" („Drinn in den Alpen ists noch helle Nacht") von Hölderlin widerruft, so wie das „Dann wurde" (Jelinek) das „ists noch" (Hölderlin) beantworten würde, muss vorerst offen bleiben; das Prinzip der Umkehrung beträfe aber in jedem Fall die poetologische Reflexion der „Wolke/Freudiges dichtend": Wenn sich Hölderlins Dichtung in diesem Bild der Wolke als Vermittlung zwischen Himmel und Erde im „Drinnen" begreift, so verschreibt sich Jelineks Text eher der Aufklärung oder Aufdeckung des „gähnenden Tals" „[d]rinn in den Alpen".

Text-Reaktor, erste Besichtigung

Der nur vage assoziierbare Hölderlin-Bezug ist, wie im Werk-Kontext Jelineks wenig überraschend sein dürfte, jedoch nur die erste und unklare Spur eines programmatisch aus anderen Texten gewobenen und auf sie bezogenen Textes. Trotz erkennbarer Ähnlichkeiten mit anderen Texten der Autorin erübrigt sich die Beschreibung von dessen äußerlicher Struktur und Eigenart jedoch keineswegs, will man Jelinek nicht von vornherein ein immer gleiches

---

210 Vgl. dazu vor allem die bemerkenswerte Analyse von Georg Stanitzek: Kuckuck. In: Baecker, Dirk; Hüser, Rembert; Stanitzek, Georg: *Gelegenheit. Diebe. 3x Deutsche Motive*, Bielefeld 1991, S. 11–80, der Jelineks „Zitate" in *Wolken.Heim.* als bewußte, kontrollierte „Entstellungen" begreift, „die alles Zitieren begleiten, das sich vergessen macht" (S. 13).

211 Vgl. hierzu v.a. Andrea Geier: Geburtstagsgrüße mit Hölderlin. Arendt – Heidegger – Jelinek und die Wohnsitze des Denkens, in: *literaturkritik.de* (26.9.2006), URL: http://www.literaturkritik.de/public/rezension.php?rez_id=10034 [zuletzt angesehen: 10.2.2011]; dies.: „Schön bei sich sein und dort bleiben". Jelineks Zitierverfahren zwischen Hermeneutik und Antihermeneutik in *Wolken.Heim* und *Totenauberg*, in: Müller, Sabine; Theodorsen, Cathrine (Hg.): *Elfriede Jelinek – Tradition, Politik und Zitat*, Wien 2008, S. 167–186; ferner Sander, Margarethe: *Textherstellungsverfahren bei Elfriede Jelinek. Das Beispiel „Totenauberg"*, München 1996.

212 Vgl. Heidegger, Martin: „Heimkunft / An die Verwandten", in: ders.: *Gesamtausgabe Bd. I,4: Erläuterungen zu Hölderlins Dichtung* [1944], Frankfurt am Main 1981, S. 9–32.

„Textherstellungsverfahren" unterstellen[213] und damit möglicherweise gerade die Besonderheit des einzelnen Textes übersehen.

Äußerlich ist *In den Alpen* zunächst mehr als andere der neueren Theatertexte Jelineks mit einem konventionellen Drama vergleichbar. Es sind drei Abschnitte – gewissermaßen ‚Akte' – erkennbar und schriftbildlich abgegrenzt;[214] diese beginnen mit kursivierten Passagen, die an übliche Nebentexte erinnern und Angaben zur Bühne und zur Spielweise enthalten; und die anschließenden „Haupttexte" stellen den Abschnitten in der Art von *dramatis personae* Sprecherbezeichnungen voran („Helfer", „Kind" usw.). Erkennbar wird so eine Art Szenario: Ort ist, wie erwähnt, *„[d]ie Talstation einer Seilbahn. Ein sehr hoher, holzgetäfelter Raum, eigentlich ein großes Wohnzimmer, ein Salon, es soll nichts an der Einrichtung an Wintersport oder auch nur Technik erinnern, es soll eher alt und verstaubt wirken"*; hier treffen einerseits *„Menschen, auch Kinder, in festlicher Kleidung, aber alle mit Schiern, Surfboards etc."* aufeinander, andererseits und *„[a]ls Kontrast dazu die ‚Lebenden', die aber wiederum ganz besonders nicht in diesen Raum passen und wie Fremdkörper wirken sollen"* (*IdA* 7).

In diesem Szenario beginnen die Figuren – „Menschen" wie „Lebende" – nun zu sprechen; ihre sehr unterschiedlich langen Textpassagen sind alle mehr oder weniger deutlich auf das Unglück in Kaprun beziehbar. Damit sind die Ähnlichkeiten zu konventionellen Dramen allerdings fast schon erschöpft; zwar reagieren die Texte der Sprecher und Sprecherinnen noch teilweise aufeinander, als konventionelle Dialogform kann man dieses Reagieren aber kaum noch bezeichnen. Eher nehmen die Stimmen Stichworte des vorherigen Sprechers auf und entwickeln daraus Monologe, die sich teils über mehrere Seiten erstrecken. Auch die relativ detaillierten ‚Regieanweisungen' entfernen sich zunehmend von den Konventionen didaskalischer Texte. So heißt es in der Passage vor dem zweiten Abschnitt nach einer Beschreibung szenischer Aktionen unvermittelt: *„Man kann es aber auch ganz anders machen"* (*IdA* 41). Die dritte dieser Passagen beginnt folgendermaßen:

> *Inzwischen sind alle, nach Aufruf ihrer jeweiligen Nummer, durch die Tür verschwunden. Ich weiß auch nicht, was wir jetzt machen sollen, denn der Tod tritt mit einem Zeichen der Verlegenheit auf dem Gesicht zu mir, tja, er weiß es auch nicht, vielleicht könnte man das in Rauch- und Flammenschrift an der Wand lesen, oder*

---

213 Ich übernehme den Begriff von Sander, *Textherstellungsverfahren.*

214 Vgl. *IdA* S. 7–40, S. 41–58, S. 59–65. Wieso es nur zwei sein sollen, wie Ulrike Landmann im „Jelinetz" der Wiener Jelinek-Forschungsstelle schreibt, ist mir wie viele andere Ausführungen ihres Beitrags nicht recht erklärlich. (http://www.univie.ac.at/jelinetz/index.php?title=In_den_Alpen_%28Theatertext%29 (20.1.2011))

> *es sprechen nur noch Maschinenstimmen aus Rauch, Flammen, Schreien, sinnlosem Atemholen und Inferno, immer noch lammfromm, weil Menschen halt viel aushalten, aber nicht alles. Eine Schriftstellerin wohnt in mir, vielleicht will sie auch mal was sagen, nein?, aber was hier gesagt wird, stammt doch aus ihrem Mund, oder? Na, nicht alles.* (*IdA* 59)

Die vermeintliche ‚Regieanweisung' wird zu einem Text entgrenzt, der zwischen Ratlosigkeit und Pathos, poetologischer Reflexion und Farce changiert. Er korrespondiert jedenfalls der aus anderen Theatertexten Jelineks bekannten[215] Praxis, die scheinbar autoritativen, konventionell die Bühnenumsetzung des Dramas ‚vorschreibenden' Nebentexte zum Reflexionsort genau dieser und überhaupt jeder Autorität von Autorschaft zu machen. Zu dieser Verunsicherung, welche auch mit der Schrift/Rede-Grenze als pragmatischem Dispositiv des Dramas[216] spielt (indem sie sie ignoriert), zählt neben der Infragestellung der Originalität des Textes („*aus ihrem Mund, oder?*") auch die unmittelbare Ansprache an Zuschauer/innen bzw. Leser/innen:

> *Ich bin jetzt gerührt, weil so viele tot sind, mein derzeitiger Gesichtsausdruck ist dazu unpassend, macht nichts, Sie sehen ihn ja nicht. Sie sind ein gebildetes Gebilde, Sie wollen mit mir nicht teilen, Sie wollen Ihren Eindruck allein für sich behalten. Sie wollen sich in Sterbende einfühlen, aber das sind ja nur 155 Stück! Da bleibt doch nicht einmal ein Knöchelchen für jeden von Ihnen, da bleibt uns ja gar nichts andres übrig. Ich lasse halt, Genauigkeitsfanatikerin, die ich bin, die Stimmen sprechen, die wirklich gesprochen haben, einmal, dann nie wieder. Jeder, der ab jetzt noch spricht, ist bereits tot.* (*IdA* 59f.)

Gerade der (in der Pragmatik der dramatischen Gattung) auf der Bühne „unhörbare" Nebentext thematisiert also mehrfach die zugleich fremde wie hier als authentisch gekennzeichnete Herkunft der dann („*ab jetzt*") wirklich hörbaren „Stimmen". Zugleich betont er hier aber die Eigenart des Szenarios, die schon

---

215 So heißt es in der kursivierten Vorbemerkung zu Rechnitz (Der Würgeengel): „Es sprechen nur die Botinnen und Boten (es kann auch nur einer oder eine allein sein, das bleibt der Regie überlassen). […] Man kann das, wie immer bei mir, auch vollkommen anders machen" (Jelinek, Elfriede: Rechnitz (Der Würgeengel), in: dies.: *Die Kontrakte des Kaufmanns. Rechnitz (Der Würgeengel). Über Tiere. Drei Theaterstücke*, Reinbek b.H. 2009, S. 53–206, hier S. 55.

216 Es ist vielleicht eher als einzelne Konventionen des Dramas dieses Dispositiv als Ganzes, das durch Jelineks Texte subvertiert wird; es hat die Form eines rekursiven Zirkels: Die *Schrift* des Dramas schreibt (seit der Kunstperiode vollends) die mündlichen *Reden* (und Redeweisen) vor, welche als auswendig vorgetragene wiederum ihre Herkunft aus der Schrift dissimulieren müssen, um jenen Präsenz-Effekt der Mimesis von (Sprach-)Handlung zu zeitigen, der die Wirkungen des Dramas bedingt und sein Wesen als Kunst begründet.

von Beginn an sichtbar war: Dass es – anfangs einige, jetzt ausschließlich – *Tote* (oder jedenfalls nicht mehr „Lebende" (*IdA* 7)) sind, deren „Stimmen" man hier hört. Die Talstation der Seilbahn ist offenbar etwas wie die Eingangspforte zur Totenwelt.[217]

Tatsächlich unterscheiden sich die drei genannten Abschnitte hinsichtlich der sprechenden Stimmen erheblich. Im ersten erscheinen insgesamt fünf Sprecher oder Sprecherinnen: Der „Helfer", das „Kind", „Ein Bergrettungsmann", die „ältere Frau" sowie eine „junge Frau", die auch als „Junge Frau (junger Mann)" bezeichnet wird.[218] Wie bei ihr/ihm ist das Geschlecht auch beim „Kind" nicht ganz entschieden.[219] Der zweite Abschnitt kennt demgegenüber nur noch zwei Stimmen (der neu eingetretene „Mann" und das „Kind"[220]), während die anderen nach und nach *„durch eine dunkle Tür im Hintergrund"* (*IdA* 41) gehen;[221] und der dritte Abschnitt benennt – nach einer kurzen Passage von „Computerstimmen" (*IdA* 60), von der gleich zu sprechen sein wird – schließlich nur noch die „Männer" „A" und „B" als Sprechende, die *„einander* [...] *gegenseitig immer ein Mikrophon vor*[*halten*]" (*IdA* 61) und ihre vergleichsweise kurzen Repliken auf den letzten vier Seiten immer mit „Danke" einleiten.

In dieser eigentümlichen Anordnung von Text-Teilen ist, ähnlich wie in anderen Stücken Jelineks, eine Konsistenz von Figuren (oder besser Stimmen)

217 Der Nebentext auf S. 41 inszeniert deren Betreten nach Art einer Behörde mit Nummernvergabe und Wandanzeige. Man könnte im übrigen fast, würden nicht Anweisungen zu körperlichen Aktionen der Sprecher völlig fehlen, das Genre des Totentanzes assoziieren, oder, würden nicht satirische Züge fehlen, jenes der Totengespräche in der Tradition Lukians oder Fenelons; es fragt sich allerdings, was mit diesen Vergleichen gewonnen wäre.

218 Die Unentschiedenheit wird S. 25 in einer Klammer erläutert: „Die junge Frau (kann auch ein junger Mann sein, wäre vielleicht sogar besser. Dann Geschlecht des Sprechens ändern! Geschlecht egal, Körper: der Zweck): Die Alpen sind zu unsrer Gewohnheit geworden, nur weil sie da sind." – Das „Geschlecht des Sprechens" könnte sich auf anschließend vorkommende Ausdrücke wie „Ich bin Weltmeisterin im Snowboarden" (S. 26) beziehen, die bei einem jungen Mann entsprechend geändert werden müssten. Im ersten Satz verbirgt sich im übrigen die berühmte Wendung des britischen Alpinisten George H. Mallory, der auf die Frage, warum er den Mount Everest besteigen wolle, die Antwort gab: „Because it is there".

219 Im ersten Nebentext heißt es: *„Das Kind: ich stelle mir eine junge Frau vor, die* [...] *sehr ‚sichtbar' als Kind hergerichtet ist"* (*IdA* 7), später spricht dieses Kind aber von sich als *dem* Älteren, der „Schi- und Snowboardlehrer werden" wollte (*IdA* 19).

220 Bzw. ab S. 52 „Der Mann" und „Das Kind".

221 Genau an dieser Stelle, die das Sterben als ‚Abtreten von der Bühne' darstellt, wird im Nebentext zweimal das Problem dieser Darstellung sichtbar: *„es entsteht vielleicht ein kurzes Gerangel, aber nur halbherzig, ach, macht doch, was ihr wollt!, dann geht die aufgerufene Person durch eine dunkle Tür im Hintergrund* [...]. *Man kann es aber auch ganz anders machen."* (*IdA* 41)

allenfalls noch in den einzelnen Abschnitten erkennbar – freilich ohne eine Entwicklung dieser Figuren, ohne psychologische Figurenkonzeption oder „Tiefe". Insofern scheinen die bisherigen Beobachtungen die Diagnose von „Sprachflächen" und einer programmatisch „oberflächlichen" und jeder Plastizität misstrauenden Poetik zu bestätigen.[222] Allerdings stünde dies in einer gewissen Spannung zum im Titel (vielleicht) evozierten Interesse an einem *Inneren* oder einem Geschehen (oder vielleicht sogar der Wahrheit) *unter* einer Oberfläche; es wäre daher weiter zu fragen, ob es ein *anderes* Äquivalent dieser Raum-Dimension in der Poetik des Textes gibt als das (weiterhin verworfene) dramatische Prinzip figuraler Verkörperung oder psychologischer Sub-Texte.

Analog zu den Figuren ist auch die dramatische Handlung praktisch aufgelöst; wenn es überhaupt Entwicklung oder Veränderung gibt, dann durch eine fast automatisiert scheinende Sprach-Bewegung, die als solche aber offenbar nirgendwo hinführen kann. Allerdings gibt es eine Art Einschnitt – das „Ereignis" der Brandkatastrophe selbst. Doch wird es am Beginn des dritten Teils zwar evoziert, aber in „Finsternis" (*IdA* 60) verlegt und von „Computerstimmen" an- bzw. ausgesprochen: „Tut was, wir ersticken. / Es wird alles getan, wir sind bei der Arbeit." – „Der Zug brennt. / Sofort Türen öffnen! Bergen!" (*IdA* 60f.). Die Katastrophe selbst wird insofern gerade nicht theatral repräsentiert, sondern verfremdet angedeutet und in eine Art Zwischen-Raum zwischen zwei ‚Dialog'-Passagen verschoben; genau das Dilemma dieser Darstellbarkeit spricht der zitierte Nebentext (*„Ich weiß auch nicht, was wir jetzt machen sollen, der Tod tritt mit einem Zeichen der Verlegenheit auf dem Gesicht zu mir, tja, er weiß es auch nicht"* (*IdA* 59)) ja auch explizit an.

Gleichwohl bildet dieses unsichtbare Ereignis – nach dem es im Nebentext heißt: *„Rotes Dämmerlicht. Der Rauch verzieht sich langsam."* (*IdA* 61) – eine Zäsur; freilich keine, die ein *Vorher* von einem *Nachher* trennen würde, denn der ganze Text befindet sich schon im *Nachher* der Katastrophe. Es ist primär eine Zäsur *im Text*: Sie trennt, so wird im Folgenden zu zeigen sein, weniger aktuelle Zeit-Punkte als diskursive Zeit-Räume. In der dreigeteilten Struktur deutet sich nämlich etwas wie eine zeitliche Ausweitung und zugleich eine Ein- bzw. Ausgrenzung an, die vor allem die Herkunft und Amalgamierung der *In den Alpen* zitierten oder jedenfalls angespielten Intertexte betrifft.

222 Vgl. hierzu Vogel, Juliane: „Ich möchte seicht sein." Flächenkonzepte in Texten Elfriede Jelineks, in: Eder, Thomas/Vogel, Juliane (Hg.): *Lob der Oberfläche. Zum Werk von Elfriede Jelinek*, München 2010, S. 9–18.

„Das kommt mir irgendwie bekannt vor“ (*IdA* 51)
Dass *In den Alpen* sich als Text jedenfalls *auch* aus anderen Texten aufbaut, ist evident. Auch ohne dass die jeweiligen Prätexte identifizierbar oder einzelne ‚Zitate‘ *als* solche überhaupt abgrenzbar wären, ist unübersehbar, dass Passagen des Textes verschiedene rekurrente, im Text selbst wiederkehrende Diskurse, Wortfelder, Jargons oder Stilebenen integrieren oder imitierend aufnehmen, wobei gerade die Brüche und Dissonanzen zwischen diesen mehr oder minder dauernd diese Intertextualität auch signalisieren. Im wichtigsten Paratext des Dramas, der ausführlichen „Nachbemerkung“ in der Buchausgabe, charakterisiert die Autorin diese Heterogenität wie folgt:

> Der Text arbeitet mit Zitaten aus Originaltexten des frühen Alpinismus, einer Aufbruchsphase, in der die Alpen noch nicht als Sportgerät für die Massen, sondern als Naturereignis wahrgenommen, eigentlich mehr: vergötzt, sozusagen aristokratisiert, geadelt wurden, als wahrer Besitz weniger, als elitäres Erlebnis, das den Massen (aber auch gewissen Minderheiten) verschlossen bleiben muß. Diese Einschübe, die ich, wie Brennstäbe, in den Text-Reaktor, der da vor sich hin kocht, einführe, manifestieren einen Ausschluß: Am Ursprung der Erschließung der Alpen, die heute eben bis zum Einschluß einer riesigen Öffentlichkeit in Form einer Bergarena für Sport und Kulturindustrie reicht, wo z.B. Hannibals Überquerung der Alpen nachgestellt wird, steht zwar kein individueller Besitzanspruch, wohl aber der kollektive Ausschluß der Anwesenheit anderer. Mit Ausnahme des zahlenden Gastes und des schuftenden Saisonniers selbstverständlich. (*IdA* 253f.)

An derselben Stelle weist Jelinek selbst auf den wichtigsten anderen Prätext hin:

> Den einen gehört das Gebirge, die anderen sind und bleiben ausgeschlossen, vor allem sind diese anderen: die Juden. Die Geschichte des Alpinismus seit dessen Beginn ist eine Geschichte auch des Antisemitismus. Juden wurden aus allen Sektionen des Alpenvereins und der Wandervogelbewegung schon sehr früh, Anfang der zwanziger Jahre, ausgeschlossen und mußten ihre eigene Sektion („Donauland“) gründen. Die „reinen“ Berge dürfe von den ewigen „Bewohnern der Ebene“ […] niemals angetastet (soll heißen: beschmutzt) werden. Diesen ewigen Ausschluß habe ich durch Einschübe aus einem der wahrscheinlich berühmtesten deutschsprachigen Prosatexte der Nachkriegsliteratur, Paul Celans (danke für die Abdruckerlaubnis, Suhrkamp Verlag!) „Gespräch im Gebirg“, zu fassen versucht. Da spricht einer, der nicht dazugehört und nicht dazugehören darf, der sozusagen auf einer anderen Schiene fährt, welche die der Gletscherbahn nie berühren sollte, und auf die deren Insassen nur dort stoßen, wo sie im Tunnel ihre eigene Lebensbahn verlassen müssen.“ (*IdA* 254f.)

Bevor die damit offenkundig benannten beiden zentralen Intertexte bzw. Text-Gruppen – die „Originaltexte des frühen Alpinismus“ und Celans Prosatext – weiter untersucht werden, ist auf eine Reihe weiterer hinzuweisen.

Eine wesentliche Quelle für das Stück ist, wie Pia Janke gezeigt hat, die Berichterstattung in der Tagespresse sowie vor allem im österreichischen Boulevard-Magazin *News*.[223] Dort wird nicht nur das Szenario der Katastrophe („Inside Tunnel. Der Bericht aus dem Horrorstollen“[224]) ausführlich und in kaum erträglicher Sensationslüsternheit beschrieben, sondern Jelinek übernimmt aus verschiedenen Artikeln teils Informationen über die Opfer und ihre Angehörigen, die unmittelbar in den Text eingehen, teils Texte selbst – so jenen der oben zitierten „Computerstimmen“.

Neben der Medienberichterstattung über die Katastrophe und ihrer (Nicht-) Aufklärung wird außerdem eine Vielzahl weiterer Texte in die Stimmen der Sprecher/innen eingespielt. Evident sind sie unter anderem die Bezüge zur Bibel[225] – so, wenn das „Tod, wo ist dein Sieg?“ aus dem Ersten Korintherbrief (1 Kor 15,55) in einen abgründigen Zusammenhang mit dem Schnelligkeits- und Siegesfanatismus des Sports gebracht wird („Tod, wo ist dein Sieg? Ach, da ist er ja! Hätte ich gar nicht geglaubt, der hat gar nicht so schnell ausgeschaut, der Tod“, *IdA* 22). Ebenso gibt es Referenzen auf einzelne literarische Texte, beispielsweise, wenn der „Helfer“ einmal unvermittelt die Schlussverse von Schillers „Reiterlied“ zitiert: „Na, wir tun das Unsere dazu. Und setzt ihr nicht das Leben ein, nie wird euch das Leben gewonnen sein“ (*IdA* 21). Wenn ‚Einsatz‘ und ‚Gewinn‘ hier im Kontext des Sportdiskurses umcodiert werden, konterkariert an einer anderen Stelle der neue Kontext die metaphysische Dimension des Zitierten; so spricht der „Helfer“, der Menschenteile in vornummerierten Säcken einsammelt, plötzlich ein Gedicht von Mörike (*IdA* 27): „Siehst du, genau: die Nummern sind an den Säcken angeschrieben, jetzt hast dus kapiert. Ein Tännlein grünet wohl wer weiß im Walde, ein Rosenstrauch in welchem Garten? Sie sind erlesen schon, denk es, oh Seele, an deinem Grab zu wurzeln und zu blühen.“ (*IdA* 31)[226]

---

223 Janke, Pia: Der Mythos Kaprun in *In den Alpen* und *Das Werk*, in: Lartillot, Françoise; Hornig, Dieter (Hg.): *Jelinek, une répétition? Jelinek, eine Wiederholung? A propos des pièces* In den Alpen *et* Das Werk. *Zu den Theaterstücken* In den Alpen *und* Das Werk, Bern, Berlin u.a. 2009 (Genèses de Textes, Bd. 1), S. 127–141, hier S. 131ff.

224 News 46/2000, zit. bei Janke, Der Mythos Kaprun, S. 132.

225 Beispiele außer dem Nachfolgenden: *IdA* 32 (Genesis), *IdA* 36 (Matth 10,29), *IdA* 51 (brennender Dornbusch); *IdA* 29 (Apostolisches Glaubensbekenntnis und Röm 8,34): „Die Wahrheit lautet: Es gibt die Lebenden und die Toten, und nichts dazwischen, und keiner kommt, um sie zu richten oder sie zur Rechten und Linken sitzen zu lassen des Herrn. Wir müssen uns hier vor dem Richter, der die Haltung beim Sprung und die Hocke bei der Abfahrt und wie nah man an die Stangen heranfährt zu beurteilen hat, überall müssen wir uns genauso anstellen wie zuvor.“

226 „Ein Tännlein grünet wo, / Wer weiß, im Walde, / Ein Rosenstrauch, wer sagt, / In welchem Garten? / Sie sind erlesen schon, / Denk es, oh Seele, / Auf deinem Grab zu wurzeln / Und

Eine weitere Ebene von Diskursmaterial wird mit Texten zum „Risikoverhalten" und der „Risikokompetenz" (*IdA* 10) von jugendlichen Sportlern eingespielt, wie sie beispielsweise die Österreichische Alpenvereinsjugend verbreitet.[227] Hier oder in der Anspielung auf ein „Freilufttheater" am Rettenbachferner, in dem 2001 Hannibals Alpenüberquerung mit Pistenraupen als Elefanten (!) nachgespielt und ein „Karthago aus Schnee und Licht" (*IdA* 56) inszeniert wurde, ist die Funktion der intertextuellen Bezüge offenbar: Die Kultur des organisierten Wintersports ist selbst schon durchzogen von Katastrophen-Wissen und banalisierenden Inszenierungen von Geschichte, die als Rationalisierungen oder als ‚Events' zynische Kommentare zur realen Katastrophe sind.

Ein Beispiel für die Integration von Texten des „frühen Alpinismus" und zugleich eine Reflexion des Verfahrens bietet schließlich eine Stelle im zweiten Teil, als das „Kind" sagt:

> Ich springe von meterhohen Wänden in den Tiefschnee, und meine Bilder reihen sich zum Film, dessen weitester Inhalt ist, wie ein junger Mensch nach dem großen Abenteuer der Berge sucht, zu diesem Zweck jedoch zuerst auf ein Brett steigen muß. Das kommt mir irgendwie bekannt vor. Nein, um ehrlich zu sein, ich bin aus ganz andren Gründen auf dieses Brett gestiegen. Wo bin ich hier gelandet? Aus vielen und tief verschiedenen Gesichtern blicken mich Fremde an, die ich nie kennenlernen wollte. Auch sie sind in den Bergen geblieben, für immer. Sie hatten alle die gleiche Leidenschaft: das Seil zu halten. Und dann hat das Seil selbst nicht gehalten. (*IdA* 51)

„Das kommt mir irgendwie bekannt vor": Das gilt einerseits für diesen „Film" (denn die Beschreibung passt hervorragend auf die oben skizzierten Beispiele des frühen Berg- und Skisportfilms der 20er Jahre); es charakterisiert andererseits in seinem „irgendwie" auch den Status vieler intertextueller Bezüge, deren konkrete Identifikation nur teilweise möglich ist. In diesem Fall ist der Bezug

zu wachsen." (Eduard Mörike, Denk es, oh Seele!, in: ders.: *Sämtliche Werke in zwei Bänden*, Bd. 1, München 1967, S. 745f.) Auch die zweite Strophe wird noch anzitiert; cf. „Also genieße rasch die Geräusche der Freiheit, es sind deine letzten! Die Rößlein springen schon und werden schrittweis gehen mit deiner Leiche." (*IdA* 31) („Zwei schwarze Rößlein weiden / Auf der Wiese, / Sie kehren heim zur Stadt / In muntern Sprüngen. / Sie werden schrittweis gehn / Mit deiner Leiche [...]!" (Mörike, ebd.)). Die Fortsetzung Jelineks ‚modernisiert' und enthöhlt auch hier das Zitat: „Aber es werden natürlich weiche, reife, mollige Autos sein, ist das nicht fein?" (*IdA* 31) Vgl. schon Jelineks Verwendung desselben Mörike-Gedichtes in *Gier. Ein Unterhaltungsroman*, Reinbek b.H. 2000, S. 455; dort endet die Stelle „[...] zu wurzeln und zu blühen oder so ähnlich, ich bin ja nicht so erlesen, daß ich das alles auswendig könnte". S. dazu Kunne, Andrea: *Postmoderne contre coeur. Stationen des Experimentellen in der österreichischen Literatur*, Innsbruck 2005, S. 305, Anm. 141.

227 Vgl. die Gegenüberstellung im Anhang.

allerdings bestimmbar: Es stammt aus einem Buch, aus dem *In den Alpen* häufig Textteile übernommen werden, dem bereits oben beschriebenen, erstmals in seinem Todesjahr 1932 erschienenen Erinnerungsbuch an Leo Maduschka mit dem Titel *Junger Mensch im Gebirg*.[228] Jelineks „Kind" gibt hier förmlich sogar den Titel der Quelle an („wie ein junger Mensch" (!)).[229] Die Stelle stammt aus einem Erinnerungstext Maduschkas über verschiedene Erlebnisse im Wilden Kaiser mit dem Titel „Rund um die Steinerne Rinne" und lautet – mit der Kennzeichnung der von Jelinek übernommenen Passagen[230] – so:

> Und so reiße ich Blatt um Blatt von dem großen Bilderblock, der viele Seiten hat, und über dem als Motto „Rund um die Steinerne Rinne" steht. Der dichte, bewegte Zug dieser Bilder aber reiht sich zum Film, dessen Hauptdarsteller die Gipfel und die hohen Felsmauern der Rinne sind und dessen weitester Inhalt ist, wie ein junger Mensch in ihnen nach dem großen Abenteuer der Berge sucht. Lehrjahre der Tat und des Herzens machte er dort durch, allein und mit Weggenossen. Und die Gemeinschaft mit ihnen ist das zweite durchgehende Motiv des vorüberflimmernden Spiels; die Erinnerung an den guten Kameraden auf allen Wegen, in allen Wänden. Aus vielen und tief verschiedenen Gesichtern blicken sie mich an, mancher von ihnen ist in den Bergen geblieben – doch in den Augen aller leuchtete einst die gleiche heile und starke Leidenschaft, als ihre Hände fest und getreu das Seil hielten, das mich mit ihnen verband. (JM 49)

Das „Wo bin ich hier gelandet?" aus Jelineks Text markiert die Fremdheit des Zitierten (als Text wie als Figur); Maduschkas Assoziationsmetapher des Films für eigene Erinnerungsbilder wird bei ihr zum Sport-Film; vor allem aber wird der Fluchtpunkt von Maduschkas Text (die ‚Treue', symbolisiert im Seil, bei aller Verschiedenheit der „Weggenossen"[231]) in die Unbekanntheit und Anonymität der in den Bergen „geblieben[en]" Toten umgewendet.

Dieses Verfahren einer durch einen neuen Kontext dekonstruierenden Zitatmontage, das – im Sinn von Jelineks Reaktor-Metapher – Diskurs-Material zu

228 Vgl. zu Maduschka oben Kapitel 3.4.

229 Als erste auf die Bedeutung des Maduschka-Buchs aufmerksam gemacht hat m.W. Schmiele, Corona: Ein früher Alpinist in Jelineks „Alpen", in: Lartillot, Françoise / Hornig, Dieter: *Jelinek, une répétition? Jelinek, eine Wiederholung? A propos des pièces* In den Alpen *et* Das Werk. *Zu den Theaterstücken* In den Alpen *und* Das Werk, Bern, Berlin u.a. 2009, S. 183–205 (Genèses de Textes, Bd. 1); sie weist selbst darauf hin, dass ihre im Anhang des Aufsatzes (S. 200ff.) gegebene Gegenüberstellung von Parallelstellen keinen Anspruch auf Vollständigkeit erhebt – ich ergänze ihre Liste in meinem Anhang (vgl. unten) entsprechend nur weiter, interpretiere sie allerdings etwas anders.

230 Die Kennzeichnung dieses und der folgenden Zitate erfolgt durch Unterstreichung wörtlicher Übernahmen, gebrochene Unterlinierung variierter Entsprechungen im Prätext.

231 Das Wort ist wohl schon bei Maduschka ein Zitat, nämlich des von ihm verehrten Henry Hoek (*Wege und Weggenossen*, 2.A. München 1920.); vgl. JM 170.

einer „Reaktion" bringt, kann hier nicht an allen entsprechenden Textstellen im Detail vorgeführt werden; sie sind, soweit identifizierbar, im Anhang als Gegenüberstellung der jeweiligen Passagen aufgeführt. Exemplarisch untersucht werden soll im Folgenden jedoch der Umgang mit der Erzählung Celans und einigen der alpinistischen Texte, sowie vor allem die Funktionen und Konsequenzen dieses Montageverfahrens, denn, so die Hypothese, das jeweilige ‚Material' ist keineswegs willkürlich gewählt, sondern auf seine strukturelle ‚Reaktionsbereitschaft' hin bedacht und entsprechend präpariert.

Monolog und Dialogmontage im Gebirg

Der zweite Teil von Jelineks Theatertext beginnt mit einem längeren kursivierten Abschnitt, der den Eintritt eines Mannes „im ganz normalen Stadtanzug" in die Talstation der Seilbahn beschreibt. Es fällt sieben Mal der Name „Celan" in den nicht näher gekennzeichneten Rufen „von überallher" („Celan, Telefon!" – „Celan, tauschen Sie den Heizstrahler aus!" *IdA 41*), welche der Mann „immer ruhig" mit „‚Weiß ich' und ‚Versteh ich, versteh ich'" beantworten soll; darauf heißt es, er spreche „dann die folgenden Texte weiter":

> **Mann:** Jetzt gehen einmal Sie. Und ich bin derjenige, der kommt. Ich komm und komm, ja, auf der Straße daher, wo man mich hat wohnen lassen, vorübergehend, nicht im Vorübergehn, unten, auf der schönen, unvergleichlichen, wo ich hingehör, in den Niederungen. Eines Abends, die Sonne, und nicht nur sie, war untergegangen, da ging, trat aus seinem Häusel und ging der Jud, der Jud und Sohn eines Juden, und mit ihm ging sein Name, der unaussprechliche, ging und kam, kam dahergezockelt, ließ sich hören, kam am Stock, kam über den Stein, hörst du mich, du hörst mich, ich bins, ich, ich und der, den du hörst, zu hören vermeinst, ich und der andre. Aber nicht wir. (*IdA* 41f.)

Der erste Satz von Celans Prosatext *Gespräch im Gebirg* lautet, mit Hervorhebungen der von Jelinek identisch und lexematisch übernommenen Passagen, folgendermaßen:

> Eines Abends, die Sonne, und nicht nur sie, war untergegangen, da ging, trat aus seinem Häusel und ging der Jud, der Jud und Sohn eines Juden, und mit ihm ging sein Name, der unaussprechliche, ging und kam, kam dahergezockelt, ließ sich hören, kam am Stock, kam über den Stein, hörst du mich, du hörst mich, ich bins, ich, ich und der, den du hörst, zu hören vermeinst, ich und der andre, – er ging also, das war zu hören, ging eines Abends, da einiges untergegangen war, ging unterm Gewölk, ging im Schatten, dem eignen und dem fremden – denn der Jud, du weißsts, was hat er schon, das ihm auch wirklich gehört, das nicht geborgt wär, ausgeliehen und nicht zurückgegeben –, da ging er also und kam, kam daher auf der Straße, der schönen, der unvergleichlichen, ging, wie Lenz,

> durchs Gebirg, er, den man hatte wohnen lassen unten, wo er hingehört, in den Niederungen, er, der Jud, kam und kam.[232]

Die Passage hat bei Jelinek demnach umgekehrt die folgenden identischen und variierten Entsprechungen aus Celans Text:

> **Mann:** Jetzt gehen einmal Sie. Und ich bin derjenige, der kommt. Ich komm und komm, ja, auf der Straße daher, wo man mich hat wohnen lassen, vorübergehend, nicht im Vorübergehn, unten, auf der schönen, unvergleichlichen, wo ich hingehör, in den Niederungen. Eines Abends, die Sonne, und nicht nur sie, war untergegangen, da ging, trat aus seinem Häusel und ging der Jud, der Jud und Sohn eines Juden, und mit ihm ging sein Name, der unaussprechliche, ging und kam, kam dahergezockelt, ließ sich hören, kam am Stock, kam über den Stein, hörst du mich, du hörst mich, ich bins, ich, ich und der, den du hörst, zu hören vermeinst, ich und der andre. Aber nicht wir. (*IdA* 41f.)

Auffällig ist, dass der Textanfang Celans nach hinten verschoben wird; vorangestellt und vor allem in die erste Person („Ich komm") gerückt erscheint dagegen eine – allerdings im Verhältnis zu Celans Text verunklarte – Anspielung auf den Ausschluss der Juden aus dem Hochgebirge als Folge des Antisemitismus („unten […], wo ich hingehör, in den Niederungen"). Der Anfang der Replik des „Mannes" baut ferner eine Opposition zu einem „Sie" auf („Jetzt gehen einmal Sie"), die keine Entsprechung in Celans Text besitzt, ebenso wie das Ende („Aber nicht Wir") eine neue Opposition eröffnet (entweder zwischen dem „Ich" und dem „anderen" oder zum angesprochenen „Kind"). Nicht übernommen wird von Jelinek die Situierung der Rede (Abends, Gewölk, Schatten), der Bezug auf die ‚jüdisch' codierte Ökonomie (gehören,

232 Celan, Paul: Gespräch im Gebirg [1959], in: *Gesammelte Werke in fünf Bänden*, hg. von Beda Allemann u.a., Bd. 3, Gedichte III, Prosa, Reden, Frankfurt a.M. 1983, S. 169–173, hier S. 169; nach dieser Ausgabe wird im folgenden zitiert. Vgl. zu Celans Text zuletzt Sieber, Mirjam: *Paul Celans „Gespräch im Gebirg". Erinnerung an eine „versäumte Begegnung"*, Tübingen 2007; zusammenfassend May, Markus: Gespräch im Gebirg, in: ders./Goßens, Peter/Lehmann, Jürgen (Hg.): *Celan-Handbuch. Leben – Werk – Wirkung*, Stuttgart 2008, S. 144–150. Das ‚Gespräch' lässt sich ohne Zweifel (auch) als „fiktionalisierte Figuration" (ebd. 144) der „versäumte[n] Begegnung" Celans mit Adorno in Sils-Maria verstehen, besitzt aber, wie in der Forschung intensiv diskutiert wurde, vor allem eine poetologische Dimension, in der die Frage jüdischer Autorschaft zentral ist; vgl. schon Janz, Marlies: *Vom Engagement absoluter Poesie. Zur Lyrik und Ästhetik Paul Celans*, Frankfurt a.M. 1976, S. 134f.

borgen, leihen)[233] und die Anspielung auf Büchners Lenz-Fragment („ging, wie Lenz, durchs Gebirg").

Auch in den weiteren Übernahmen aus Celans Text (*IdA 43, 44, 48, 50, 52, 55 u.ö.*) zeigt sich die Rücknahme der Dialogisierung *in* Celans Text, die zugunsten einer Monologisierung der Stimme des „Mannes" in der Bühnensituation verändert wird.[234] Teils werden nur einzelne Sätze oder Satz-Fragmente, teils ganze Passagen, aber stets ohne den imaginiert-dialogischen Charakter und den Wechsel zwischen ‚auktorialer' und perspektivierter Narration in die Rede des „Mannes" integriert. Nur ein einziges Mal erscheint Celan-Text im Übrigen in der Rede des „Kindes", bezeichnenderweise als Frage gewendet: „Was sind Sie gekommen von so weit? Was sind Sie gekommen hierher?" (*IdA* 46f.)[235] Die Struktur dieser Übernahmen und die Veränderungen erscheinen bewusst: Aus dem *Gespräch im Gebirg*, das als Text auf die „versäumte Begegnung" Celans mit Adorno in Sils beziehbar ist, aber diesen Dialog nicht etwa substituiert, sondern in einer imaginierten Begegnung die Möglichkeit von Sprache und Literatur überhaupt und (unausgesprochen) von Dichtung nach Auschwitz umkreist, wird die offenkundig fremde Stimme eines Fremden, vordergründig also ein ‚Monolog im Gebirg'.

Man kann dies einerseits als Verlustanzeige registrieren, als Verlust nämlich eben der Reflexion der Möglichkeitsbedingungen von Sprechen und Verständigung, die Celans Text gerade durch die Verschiebung der Pronomina und der grammatischen Personen erreicht: Nicht umsonst erscheint bei ihm das „Ich" ja erst aufgeschoben und relativiert („hörst du mich, du hörst mich, ich bins, ich, ich und der, den du hörst, zu hören vermeinst, ich und der andre"[236]). Doch andererseits wird diese fremde Stimme in einen Raum anderer Stimmen versetzt.

Denn als Kontrast hierzu im Text des „Kindes" erscheinen, im Wechsel mit den Celan-Passagen des „Mannes", zunächst Zitate aus deutlich antisemitischem Kontext. Das erste stammt von Eduard Pichl, der als Präsident des ‚Österreichischen Alpenklubs' zu einem zentralen Vertreter des „völkischen Radikalismus" in Österreich werden sollte; es wird von Jelinek durch

---

233 Die Nachbemerkung begründet das indirekt: „daß Juden nur am Profit interessiert seien, ist eines der konstantesten Stereotypen des Antisemitismus" (*IdA* 256).

234 Deutlich ist z.B. die Stelle: „Ich tret vor die Tür, was seh ich? Es hat sich die Erde gefaltet hier oben, […]" (*IdA* 55) gegen „Weißt du. Weißt du und siehst: Es hat sich die Erde gefaltet hier oben, […]" (Celan, *Gespräch im Gebirg*, S. 170); vgl. Anhang.

235 Dagegen: „Bist gekommen von weit, bist gekommen hierher …" (Celan, *Gespräch im Gebirg*, S. 170).

236 Celan, Gespräch im Gebirg, S. 169.

einen Hinweis auf den rassistischen Briefbombenattentäter Franz Fuchs sozusagen noch aktualisiert:

> Wir begnügen uns schon lang nicht mehr mit der stummen Anbetung des verhüllten Geheimnisses, denn wir sind wieder wehrhaft geworden, endlich, kühn und verwegen. Viele von uns sind Franz Fuchs, nein, so kühn auch wieder nicht. Ist gar nicht nötig. Höchste Zeit! Mit starker Hand reißen wir den Schleier vor dem Unnahbaren weg. Danke schön, daß uns jemand aufs neue die Kraft gegeben, das Herrliche zu erringen, es zu schauen und zu ertragen. (*IdA* 43)[237]

Über die Schleier-Metapher wird das Zitat wieder direkt mit dem nächsten Celan-Zitat des „Mannes" verbunden, in dem der ‚verschleierte' Blick der „Geschwisterkinder" Thema ist, als Frage nach einem möglichen ‚unverschleierten' Blick auf die Natur (vgl. *IdA* 43) und dem „Faden" als Teil eines „Geweb[s]", also Textes.[238]

In ähnlicher Weise erfolgt als nächste Replik des „Kindes" ein Rekurs auf einen anderen, diesmal explizit antisemitischen Text, Gustav Renkers Aufsatz „Die Berge in der Musik" von 1914: „Der Jude kann, selbst bei der Genialität eines Mahler, nie so in das Wesen des ihm innerlich doch fremden Hochgebirges eindringen, da er ein Kind der Ebene und des Tales von altersher ist."[239] Er betrifft nun direkt den „Ausschluß" von Juden aus dem Raum des Hochgebirges durch die Behauptung ihrer ‚innerlichen Fremdheit' diesem Raum gegenüber; er wird vom „Kind" vollständig und unmittelbar als Antwort auf die im Celan-Text selbst behauptete Fremdheit angeführt („Denn der Jud und die Natur, das ist zweierlei, immer noch, auch heute, auch hier."[240])

Allerdings beschränkt sich die einfache Entgegensetzung – Celan-Text des „Mannes", Antisemiten-Zitate des „Kindes" – nur auf wenige Seiten; denn auffällig ist, dass in einer langen Replik des „Mannes" (*IdA* 48–50) auch Zitate von Oscar Erich Meyer erscheinen. Der „Mann" übernimmt also nicht etwa einfach

---

237 Das Pichlsche Originalzitat lautet: „Aber der Pilgrim begnügt sich bald nicht mehr mit der stummen Anbetung des verhüllten Geheimnisses, denn er ist wehrhaft geworden, kühn und verwegen. Mit starker Hand reißt er den Schleier von dem Unnahbaren hinweg, vertieft sich in die überwältigenden Ergebnisse seiner Forschung und dankt seinem Gott, daß er ihm die Kraft gegeben, das Herrliche zu erringen, es zu schauen und es zu ertragen" (1898); hier (und mutmaßlich auch von Jelinek) zitiert nach Amstädter, *Der Alpinismus*, S. 137.

238 Die Celan-Stelle, die offenkundig selbst schon Textualität reflektiert, wird von Jelinek sogar zweimal zitiert, vgl. *IdA* 50 und unten im Anhang. Die Schleier-Metapher verbindet die Stellen zudem mit einem verdeckten Maduschka-Zitat („Schleiergardinen", vgl. *IdA* 26).

239 Zitiert bei Amstädter, *Der Alpinismus*, S. 127.

240 Celan, Gespräch im Gebirg, S. 169.

nur Celan-Text, sondern durchmischt die Rede mit einem seinerseits fragmentierten Text des Essayisten von 1920, „Tat und Traum“ (vgl. Anhang). Man kann, betrachtet man die ‚Replik‘ als Ganze, diese Kontamination als Reflex der jüdischen Reaktion auf den antisemitisch motivierten Ausschluß aus den alpinen Vereinen lesen, also als Hinweis auf den *jüdischen* ‚Traum‘ von „steilen Zacken“ und „Firn“, der alpinistische Phantasmen übernimmt, aber am Ende von der Erfahrung des Ausschlusses und eigener Fremdheit überwogen wird. Es ist allerdings anzunehmen, dass alle drei hier genannten Texte – Pichl, Renker und Meyer – von Jelinek nach der Dissertation Rainer Amstädters von 1996 zitiert werden, in der die entsprechenden Zitate sämtlich wiedergegeben sind und auf die auch einzelne weitere intertextuelle Verbindungen hinweisen.[241]

Nicht in dieser Weise gilt dies allerdings für den letzten und vielleicht dominanten Prätext aus dem Bereich des frühen Alpinismus, das genannte Buch *Junger Mensch im Gebirg*. Es ist vor allem insofern dominant, als Zitate daraus – und zwar aus mindestens acht verschiedenen Texten – in allen drei Teilen von *In den Alpen* auftauchen (während z.B. Bibel- und Literaturzitate nur im ersten Teil, Celan-Zitate nur im zweiten Teil erscheinen); schematisch lassen sich die Bezüge etwa so darstellen:

[I]	Bibel- und Literatur-Zitate (Mörike, Schiller, Nietzsche)		Maduschka-Zitate (Letztes Leuchten, Rund um die Steinerne Rinne) Nachruf Bergmanns auf Maduschka
[II]		Celan-Zitate (Gespräch im Gebirg)	Pichl- und Renker-Zitate Meyer-Zitate im Text des „Mannes“ Maduschka-Zitate (Und doch noch einmal Sommer; Rund um die Steinerne Rinne) Nachrufe auf Maduschka (Georg von Kraus, Martin Pfeffer)
[III]			Maduschka-Zitate (Drei Wochen Ski, Nächtliches Gespräch)

Vordergründig sind auch diese Texte Diskursmaterial, das einen heroischen, naturverherrlichenden und in seinem sprachlichen Pathos schwer erträglichen[242] Alpinismus samt Todesverachtung und prätendiertem Tief-

241 Vgl. v.a. *IdA* 43, 45f., 46 und die Stellenvergleiche unten.

242 Das erste Zitat (im ersten Teil) nimmt parodierend dieses Pathos aufs Korn, indem es einen falschen Reim ‚verbessert‘ (*IdA* 14); vgl. Schmiele, Ein früher Alpinist, S. 192. Schmieles differenzierte Interpretation der Bezüge ist allenfalls darin zu korrigieren, dass sie zu wenig zwischen den Texten von Maduschka und über ihn unterscheidet (s. das Folgende) und ferner einige schon von ihm zitierte Stellen ihm selbst zuschreibt; das gilt besonders für die auffällige, vom „Mann“ übernommene Passage: „Da geht man hin und will sie sehn,

sinn repräsentiert. Tatsächlich aber ist ihre Integration differenzierter, als es zunächst scheint: Zum einen wird mit Maduschka ein weiterer *Toter* aufgerufen, der gerade als solcher berühmt wurde; vom ersten Teil an stehen in Jelineks Text neben seinen eigenen Aufsätzen daher Nachrufe *auf* ihn, die zunächst das Pathos brechen (vgl. *IdA* 27), dann im zweiten Teil und vor der Folie des Mannes (bzw. der Celan-Zitate) gerade die mythische Stilisierung des „Jungen Menschen" betreiben (*IdA* 46, 53, 53f., 54, 57). Jelineks Zitation übernimmt also – bewusst, wie man vermuten kann – diese Nachruf-Texte als Dokumente des ‚offiziellen', den sinnlosen Tod im Gebirge zum tragischen Ereignis oder gar zum Heldentod stilisierenden Diskurses und stellt *deren* sprachliches Pathos und ihre Absurdität aus; sie sind für die aktuell ins Auge gefasste hypokritische und sensationslüsterne Reaktion auf die Katastrophe von Kaprun noch weit signifikanter als die Texte Maduschkas selbst.

Zum anderen wird im letzten Teil, ebenfalls mit ironischen Brechungen, vor allem ein Text Maduschkas verarbeitet, der nun seinerseits ein „Nächtliches Gespräch" (so der Titel) als Erzählung inszeniert. Und dieser dialogische Text hat, vor allem im letzten Zitat („Der andere lehnte reglos am Stein, abgewandten Gesichts." JM 144) sogar seinerseits intertextuelle Berührungspunkte mit Celans *Gespräch im Gebirg*. Er wird, wie Corona Schmiele gezeigt hat[243], wiederum in einen (nun tatsächlichen) Bühnen-Dialog versetzt, als Material des Sprechers B, während der Sprecher A vorwiegend Informationen zum Unfall aus der Zeitschrift *News*[244] referiert. Die Integration erfolgt in einem mit den Veränderungen der Celan-Zitate durchaus vergleichbaren Verfahren durch die Einführung eines „Ichs"; und auch hier wird die Sprachlosigkeit Thema.[245]

Wie wäre dieses offenkundig ausgefeilte, nicht-zufällige intertextuelle Arrangement nun zu verstehen? Corona Schmiele hat vorgeschlagen, den ganzen letzten Teil, verbunden mit der Didaskalie zu Beginn („Ich weiß auch nicht, was wir jetzt machen sollen", *IdA* 59; „Ich lasse halt die Stimmen sprechen", *IdA* 60) als „poetologische Reflexion" zu lesen: Der die Unfallursachen aufzählende Technokraten-Diskurs und der ‚poetische' Diskurs Maduschkas „prallen aufeinander, und zerschmettern zwischen sich die Realität des

die Linie sehen, die die grade Linie des Lebens vom Land des Todes schneidet" (*IdA* 50), die tatsächlich von Oskar Erich Meyer stammt.

243 Schmiele, Ein früher Alpinist, S. 197ff.

244 Hinweis ebd., identifiziert hat diese Quellen Pia Janke.

245 Das erste Maduschka-Zitat des 3. Teils, welches Schmiele (ebd. S. 198) mit dem Text „Das Nachtgespräch" zusammenliest, stammt aus einem anderen Text Maduschkas („Drei Wochen Ski") und wird in anderer Weise verändert (nämlich völlig negativiert, vgl. die Gegenüberstellung im Anhang).

Grauens, vernichten, pulverisieren sie. Hier hört der Textreaktor auf, seine Kontrollfunktion zu erfüllen, die Bombe explodiert“[246]; und im „Brechen der Stimmen“, auch im wörtlichen Sinn des Aufrufens fragmentierter Stimmen, erschiene der – freilich illusorische – „Weg zu einer Sprache jenseits von Gewalt“[247], gerade weil er keine eigene, auktoriale Stimme mehr behauptet, die immer schon Gewalt wäre.

Vielleicht ließe sich diese Lektüre ohne die Drastik einer weiteren (Text-Reaktor)-Katastrophenmetapher in zwei Hinsichten präzisieren. Zum einen ist nochmals an die auffällige Verteilung der Zitate zu erinnern: Im ersten Teil erscheinen (mit einer kurzen Ausnahme, *IdA* 26) nur biblische und lyrische Texte (auch von Maduschka) sowie ein Nietzsche-Zitat; im mittleren Teil neben dem dominanten Celan-Text sowohl explizit antisemitische Stimmen als auch ein ganzes Spektrum anderer aus den ‚frühen Alpinismus‘ (Meyer, die Nachrufe auf Maduschka, Texte Maduschkas selbst); im dritten Teil nur noch die Zeitungsmeldungen (Unfallursachen) und Maduschka-Zitate, die vorwiegend von Wandern, Sehnsucht und Ruhelosigkeit handeln. Zwischen dem zweiten und dritten Teil findet die oben beschriebene Zäsur statt. Im letzten Teil wird, anders gesagt, die Maduschka-Stimme (B) nicht nur ein Vertreter poetischen Sprechens, sondern repräsentiert einen scheinbar unpolitischen[248], neuromantischen Diskurs von Sehnsucht und Tod, der inzwischen ebenfalls untergegangen scheint. Es ist also gleichermaßen der Ausschluss des Jüdischen aus dem Alpinismus wie dieses Echo eines anderen toten „Jungen Menschen“ (*„Jeder, der ab jetzt noch spricht, ist bereits tot.“* (*IdA* 60)), die im letzten Teil gegen die technologische, das Grauen des Realen verfehlende Sprache der Gegenwart gesetzt wird.

Zum zweiten wird sowohl in den Celan- wie in den Maduschka-Passagen des Schlussteils jeweils Text aus imaginierten (wenngleich sprachlich und poetisch denkbar unterschiedlichen) *Gesprächen* in den Stimmen-Raum des Textes übernommen, dabei aber zu *einzelnen* Stimmen verändert. Aus den jeweils imaginierten Dialogen wird jeweils *eine* Stimme in einem Neben- und Durcheinander anderer, für deren historisches ‚Nachhallen‘ der Begriff wie die poetologische Valenz des *Echos* nahe liegen. *In den Alpen* ist so gesehen primär ein Echo-Raum, ein Un-Ort von Un-Toten, deren Stimmen den Raum füllen, in den die Toten der aktuellen Katastrophe von Kaprun erst eintreten. Diese Stimmen kommen – um noch einmal Jelineks Nachbemerkung zu zitieren – aus „einer

246 Schmiele, Ein früher Alpinist, S. 198.

247 Ebd. S. 199.

248 Maduschka ist, wie auch Schmiele hervorhebt, an keiner Stelle seiner Texte als Antisemit oder Nationalsozialist zu identifizieren (ebd. S. 187).

Aufbruchsphase, in der die Alpen noch nicht als Sportgerät für die Massen, sondern als Naturereignis wahrgenommen" (*IdA* 253) wurden. In dieser Konstellation wird sowohl der doppelte „Ausschluß" (*IdA* 254) hörbar – der ‚Massen' aus dem frühen, elitären alpinistischen Diskurs wie der Juden aus dem Alpinismus („Die Geschichte des Alpinismus seit dessen Beginn ist eine Geschichte auch des Antisemitismus"[249]) – wie die gegenwärtige Katastrophe in der Differenz zum Raum dieser Stimmen verortet.

Das Sport-Gestell

Damit erhält dieses Arrangement jedoch nicht nur eine diskurskritische Dimension, die vor allem auf den Antisemitismus in der alpinen Diskursgeschichte zielt, sondern eine weitere, wenn man so will, diagnostische Qualität, die hier abschließend verdeutlicht werden soll. In der zitierten „Nachbemerkung" zur Buchausgabe schreibt Jelinek:

> Der Tunnel der Bahn verbirgt für eine kurze Zeit, so könnte man sagen, das Gestell (es ist am Ende ja im eigentlichen Sinn des Wortes nur mehr das Gestell, ein wüst verbogenes, vom Brand skelettiertes Gestell einer Bahn übrig) mitsamt alldem, was als das Unverborgenste vorgesehen ist: lustige Leute in bunten Kostümen und mit Sportgeräten, Leute, die Spaß haben und im wahrsten Sinn des Wortes »sich zeigen« wollen, aber auch die Natur selbst ist ja eine Art Sport-Gestell, ein Turngerät, das sich zur Benützung präsentiert. (IdA 255)

Mit dem Gestell und dem „Unverborgensten" bezieht sich der Text hier recht offenkundig auf Heideggers Begriff des „Gestells", wie er ihn in seinem Vortrag „Die Frage nach der Technik" von 1953 entwickelt hatte.[250] In diesem nachmals berühmten Text unterschied Heidegger zwischen der „gängige[n] Vorstellung von der Technik, wonach sie ein Mittel ist und ein menschliches Tun", und die deshalb „die instrumentale und anthropologische Bestimmung der Technik heißen"[251] könne, und einer grundlegenderen, auf die griechische Bestimmung der τέχνη rekurrierenden Wesensbestimmung der Technik als einer „Weise des Entbergens"[252], der ἀλήθεια. Das Wesen der *modernen* Technik sei in diesem allgemeineren Verständnis jedoch nicht mehr ein „Her-vor-bringen" im Sinn

---

249 *IdA* 254. Jelinek bezieht sich hier deutlich auf Amstädter, der diese These als erster in dieser Radikalität formuliert und an den Diskursen vor allem des österreichischen Alpinismus belegt hatte (Amstädter, *Der Alpinismus*, passim).

250 Er erschien erstmals 1954 und erneut 1962 im Band *Die Technik und die Kehre;* ich zitiere nach: Heidegger, Martin: Die Frage nach der Technik, in: *Vorträge und Aufsätze. Gesamtausgabe Bd. I, 7*, Frankfurt a.M. 2000, S. 5–36.

251 Ebd. S. 8.

252 Ebd. S. 13.

der ποίησις, sondern ein „Herausfordern, das an die Natur das Ansinnen stellt, Energie zu liefern“[253] – oder allgemeiner: ein „Bestellen, das die Natur *stellt.* Es stellt sie im Sinne der Herausforderung.“[254]

Als Beispiel hierfür kommt bei Heidegger nun ein „Wasserkraftwerk“ ins Spiel, das „in den Rheinstrom gestellt“ ist: „Das Wasserkraftwerk ist nicht in den Rheinstrom gebaut wie die alte Holzbrücke, die seit Jahrhunderten Ufer mit Ufer verbindet. Vielmehr ist der Strom in das Kraftwerk verbaut. Er ist, was er jetzt als Strom ist, nämlich Wasserdrucklieferant, aus dem Wesen des Kraftwerks.“[255] Und schließlich führt er als zentralen Begriff für dieses ‚herausfordernde‘ Bestellen den Begriff des „Ge-stells“ ein – in Analogiebildung nämlich zu „Gebirg“ und „Gemüt“ („Was die Berge ursprünglich zu Bergzügen entfaltet und sie in ihrem gefalteten Beisammen durchzieht, ist das Versammelnde, das wir Gebirg nennen“[256]). Mit diesen (und einer Reihe weiterer derartiger) Begriffs-Umprägungen versucht der Aufsatz, das grundsätzlich Andere des modernen technischen Weltverhältnisses und sein Verfehlen der ἀλήθεια zu fassen: „So ist denn, wo das Ge-stell herrscht, im höchsten Sinne *Gefahr.*“[257]

Mit der Nachbemerkung zur Buchausgabe wird klar, dass Jelinek ihre Auseinandersetzung mit der Katastrophe von Kaprun auch in diesem philosophischen Horizont situiert. Der Ort der Katastrophe liegt in unmittelbarer Nähe eines der größten Wasserkraftwerke der Alpen; in Bezug auf den dritten Text der Trilogie („Das Werk“) benennt die Nachbemerkung die „Herausforderung des Gebirges“ (*IdA* 257) und den Heidegger-Bezug ganz explizit („Es ist, als wollten sie alle Heidegger illustrieren“, *IdA* 258). Im Blick auf den Assoziationsmodus von Jelineks Texten ist es ferner signifikant, dass alle drei *In den Alpen* zentrale Intertexte – die ausführlich zitierten Texte Celans und Maduschkas, der als Interpretament aufgerufene Heidegger-Aufsatz – das „Gebirg“ in eben dieser apokopierten Form aufrufen (*Gespräch im Gebirg*, *Junger Mensch im Gebirg*, schließlich das „Gebirg“ als Sammel-Begriffs-Analogon

253 Ebd. S. 15.

254 Ebd. S. 16.

255 Ebd. Als diametraler Gegensatz zum in das *Kraft*werk verbauten Rhein erscheint dann unmittelbar der „Rhein“, den Hölderlin im *Kunst*werk beruft; Landschaft erschiene im modernen Kontext allenfalls als „bestellbares Objekt der Besichtigung durch eine Reisegesellschaft, die eine Urlaubsindustrie dorthin bestellt hat“ (ebd. S. 17).

256 Ebd. S. 20.

257 Ebd. S. 26. Allerdings folgt auch hier – Hölderlin: „Wo aber Gefahr ist, wächst / das Rettende auch“ (S. 29). Die philosophischen Valenzen dieses berühmten Aufsatzes können hier selbstverständlich nicht hinreichend beschrieben werden.

zum „Gestell"). Als spezifische Frage erscheint in diesem Heidegger-Bezug *In den Alpen* aber die nach dem Gebrauch dieses „Gebirgs" als „Sport-Gestell", als eines „Turngerät[s], das sich zur Benutzung präsentiert" (*IdA* 255) – und gerade darin unterscheiden sich die Gletscherbahntouristen auch noch von den „frühen Alpinisten". War deren Diskurs noch von einer existentiellen Sehnsucht getragen, die aber (eben deshalb) immerhin den Tod noch mit in Betracht nahm, ist der Tod in der Katastrophe der Gletscherbahn von Kaprun von jenem Grundverständnis aus, welche das Gebirg als „Sport-Gestell" instrumentalisiert, unfassbar.

Eine Differenz allerdings ergibt sich auch noch im Bezug auf Heidegger, und sie führt auch zum Titel und seinem vermuteten Hölderlin-Bezug zurück. Wenn in Heideggers Aufsatz zweimal Hölderlin-Gedichte als Gegenbilder, die das Aufscheinen von Wahrheit in der Kunst verbürgen, und der diametrale Gegensatz der Weltverhältnisse von *Kraftwerk* und *Kunstwerk* aufgerufen werden, so ist eine ‚Rettung', wie sie Heidegger gerade mit Hölderlin andeutet („Wo aber Gefahr ist, wächst / das Rettende auch") *In den Alpen* unmöglich. Auch das macht Jelinek explizit, wenn sie über die Teile ihrer Trilogie schreibt, sie seien Stücke „über Natur, Technik und Arbeit. Und alle münden sie ins Unrettbare" (*IdA* 259). Und sehr bewußt, wie man vermuten kann, wird über die Metapher des „Text-Reaktors" der eigene Text im Bild eines Kraftwerks und gerade keines „Kunstwerkes" mehr beschrieben. Das Stimmen-Material *In den Alpen* und sein drastisches Arrangement ist in diesem Anspielungshorizont daher nicht zuletzt Ausdruck der Unmöglichkeit und der Weigerung, der Katastrophe im Medium der Kunst einen Schein der Hoffnung zu geben. „Dann wurde es finstere Nacht." (*IdA* 65)

Ausblicke

Es ist [...] die Unwirtlichkeit der Landschaft, ihr Mangel
an Weite oder Menschlichkeit, ihre so sehr im Gegensatz
zum Glück des Reisens stehende Unzugänglichkeit und Vertikalität,
die ihre Interessantheit ausmachen.
Roland Barthes, *Mythologies*

Im zweiten Teil seiner Autobiographie, die er 1980 unter dem Titel *Die Fackel im Ohr* veröffentlichte, beschrieb Elias Canetti eine Gebirgswanderung, zu der er im Juli 1925, am Tag nach seinem 20. Geburtstag, aufgebrochen war.

> Am 26. fuhren Hans und ich nach Scharnitz. Da begann unsere Wanderung durchs Karwendelgebirge. Das kahle, zerklüftete Kalkgebirge machte mir großen Eindruck, es tat mir in meinem Zustand gut. Zwar wußte ich noch nicht, in wie übler Verfassung ich war, aber es war, als ließe man alles hinter sich zurück, alles Überflüssige, wozu besonders Familie gehörte, und beginne mit nichts auf kahlem Gestein, mit nichts als einem Rucksack, der wenig enthielt, aber mehr als genug für vierzehn Tage.[1]

Der Beginn dieser Passage, welche *Die Rechtfertigung* überschrieben ist, erinnert von fern an Büchners *Lenz*-Fragment („Den 20. ging Lenz ins Gebirg"), ebenso wie der „große Eindruck" der Natur und die üble (seelische) Verfassung des Wanderers. Doch die Gebirgswanderung hatte für Canetti noch ein anderes Ziel als die Flucht, den Aufbruch ins Ungewisse; unten in seinem Rucksack lagen ein Buch und zwei Hefte – gedacht für Anmerkungen und Einwände zu dem Buch und für ein eigenes ‚Werk'.

Wie Canetti erzählt, hält er dies aber vor seinem Freund Hans geheim; sie verstehen sich auch sonst nicht recht und sprechen ständig aneinander vorbei. Nach einer Woche trennen sie sich wortlos im Streit, die Isolation von der gewohnten Gesellschaft ist nun endgültig vollzogen. Canetti fährt über Innsbruck ins Sellraintal, nimmt ein Zimmer in Gries und beginnt zu arbeiten. Das Buch, das er im Rucksack trägt, ist Freuds *Massenpsychologie und Ich-Analyse*; in die beiden Hefte notiert er seine ersten Aufzeichnungen für *Masse und Macht.* Canetti datiert nicht nur den Beginn der Arbeit an diesem Werk, das er erst 35 Jahre später veröffentlichen sollte, auf die Zeit im Gebirge, sondern auch den Beginn seiner „Unabhängigkeit"[2]: Vormittags schreibt er, nachmittags

1 Canetti, Elias: *Die Fackel im Ohr. Lebensgeschichte 1921–1931*, Frankfurt a.M. 1982, S. 136.
2 Ebd. S. 144.

 | DOI:10.30965/9783846767788_008

wandert er zu den Pässen und Nachbartälern empor, und ein paarmal steigt er auf den Rosskogel, den Berg über Gries, und redet mit dem Wind.[3]

Ein Berg erscheint ihm aber auch die ‚Masse' selbst, über die er schreiben will; sein Ziel ist, „alle ‚Kritzeleien', wie ich es nannte, von der Masse zu entfernen, sie als reines, unberührtes Gebirge vor mir zu haben und es als erster unvoreingenommen zu besteigen."[4] Die Kahlheit des durchwanderten Karwendelgebirges – es „war alles Stein, es war nichts als Stein"[5] – ist ihm ein Sinnbild der Unberührtheit, ja das Gebirge Sinnbild der Masse selbst: „So stand das *unbesprochene* Karwendelgebirge, das ich knapp nach meinem 20. Geburtstag betrat, am Anfang jener Periode, die die ausgedehnteste und ihrem Gehalt nach die wichtigste meines Lebens wurde."[6]

Canettis Text mag hier als letztes Beispiel für eine doppelte Produktivkraft des Gebirges stehen, die in den vorausgegangenen Kapiteln an Texten der Literatur der Moderne erkennbar wurde. Einerseits wird es als Raum außergewöhnlicher, individueller Subjekterfahrung erlebt, als Ort maximalen Abstands vom Alltäglichen, als Fluchtraum aus der gewohnten Realität – „es war, als ließe man alles hinter sich zurück". Es kann so Ort eines Neuanfangs sein, „mit nichts als kahlem Gestein", eine *tabula rasa* fern aller Kultur und damit Ort eigenen Neu-Anfangs. Andererseits erscheint das Gebirge als Raum von Bildern und ‚großen Eindrücken', die ins Sinnbildliche überschlagen, so wie die Bewegung in diesem Raum und das Besteigen des Bergs Canetti zur Allegorie der Selbständigkeit wird; sie erlauben das erstmalige Einnehmen einer noch nie erreichten Perspektive, die Erkundung und Entdeckung von Neuem. In dieser doppelten Relation verbindet sich schließlich das Thema der eigenen Reflexion – die *Masse* und ihre für Canetti ebenso faszinierenden wie unbefriedigende Reflexion bei Freud – mit dem Gebirge: Am Gipfel des Rosskogels ist der junge Mann maximal weit von jeder Menschen-Masse entfernt, wirklich und völlig allein; und zugleich wird ihm der Berg Sinnbild der Masse, ihrer Materialität, ihres Gewichts und ihrer Unverstandenheit.

Doch wie in Canettis Autobiographie das Gebirge nur momenthaft auftaucht, als *Passage* in einem Lebensweg, erscheint es in vielen Texten der Moderne eher am Rand oder – im Wortsinn – *en passant*. Der Grund hierfür dürfte in den letzten Abschnitten dieser Arbeit ebenfalls deutlich geworden sein. Schon um die Jahrhundertwende ist die Topographie der Alpen eine

3 „Es war beglückend, wenn böse Worte im Winde dahinfuhren und einem entschwanden." (Ebd.)

4 Ebd. S. 136.

5 Ebd. S. 137.

6 Ebd. S. 139.

literarisch weitgehend ausgeschriebene, so wie die Alpen selbst als weitgehend erforscht, erstiegen und touristisch erobert erscheinen. Während die Alpinisten sich daher als Epigonen zu empfinden beginnen und in der Gefahr oder fernen Gebirgen neue Herausforderungen suchen, wird der literarische Rekurs auf den alpinen Diskurs zu einer ästhetischen Gratwanderung.

Im Lauf des 20. Jahrhunderts verändert sich zudem die kulturelle Imagination des Hochgebirges durch den Gebirgskrieg, die mediale Eroberung und politische Neu-Codierung des alpinen Raums und schließlich die globalisierte Expansion des Alpinismus entschieden weiter. Trotzdem, und trotz der Kritik gerade eines primär männlichen Blicks auf ein als Bühne männlicher Taten konzipiertes Terrain, bleibt die „Höhe" des Gebirges literarisch produktiv. Das könnte daran liegen, dass von den bestehenden oder neu entstehenden politischen, heroischen und ästhetisch höchst zweifelhaften Codierungen dieses Raums seine relationale, in der Höhe selbst begründete Alterität nie völlig verdeckt werden kann: Das Hochgebirge markiert einen Außenraum jeder Kultur; daher kann seine elementare Kulturfremdheit noch gegen jede kulturelle Appropriation gewendet werden, die es eindeutig zu codieren oder zu instrumentalisieren versucht.

So war Canetti sicherlich bewusst, dass ein Höhepunkt der politischen Vereinnahmung des Gebirges und der Instrumentalisierung seiner Ästhetik im zwanzigsten Jahrhundert die Selbstinszenierung des NS-Regimes auf dem Obersalzberg bei Berchtesgaden war. Nicht nur die Massen-Choreographien von den Reichsparteitagen, Architektur oder Autobahnbau bestimmten die Ästhetik des „Dritten Reiches", sondern auch die sorgsam inszenierten Bilder des „Berghofs" und des gesamten Areals bei Berchtesgaden, welche die umgebenden Berge als Kulissen nutzten, um einen naturverbundenen „Führer" vor pathetisch-heroischer Landschaft zu zeigen.[7] Vom Panoramafenster des Führerbaus und der vermeintlich alpinen Variante der NS-Architektur bis zum „Adlernest"[8] verbindet diese Selbst-Inszenierung Archaismus, Blut- und Boden-Ideologie, Antimodernismus und die aus den Bergfilmen Fancks, Trenkers und Riefenstahls bekannte Ästhetik pathetischer Gebirgsfotografie.[9]

7 Vgl. Chaussy, Ulrich: *Nachbar Hitler. Führerkult und Heimatzerstörung am Obersalzberg. Mit aktuellen Fotos von Christoph Püschner*, Berlin 1995; Dahm, Volker u.a. (Hg.): *Die tödliche Utopie. Bilder, Texte, Dokumente, Daten zum Dritten Reich*, 7.A. München 2016.

8 Vgl. hierzu nochmals Arnold Zweig, *Dialektik der Alpen*, S. 232ff.

9 Dafür sorgten u.a. zahlreiche Fotografien von Hitlers ‚Leib-Fotograf' Heinrich Hoffmann; vgl. u.a. Hoffmann, Heinrich: *Hitler in seinen Bergen. 86 Bilddokumente aus der Umgebung des Führers, mit einem Geleitwort von Baldur von Schirach*, Berlin 1935. Vgl. zum Kontext: Keller, Sven: Obersalzberg, in: *Historisches Lexikon Bayerns, online:* https://www.historisches-lexikon-bayerns.de/Lexikon/Obersalzberg (24.4.2022).

Andererseits hinderte dies Canetti nicht, wie geschildert, den Beginn seiner Auseinandersetzung mit *Masse und Macht* mit der Beschreibung eigener Gebirgserfahrung zu verbinden. Auch andere Autoren knüpfen immer wieder positiv an biographische Erfahrungen im Gebirge an, wie beispielsweise Primo Levi, der in einer autobiographischen Erzählung in *Il sistema periodico* die Widerstandskraft gegen den Faschismus förmlich aus den Erfahrungen bei Wanderungen und Biwaknächten im Gebirge ableitet.[10] Offenbar bestehen zwischen dominanten kulturellen Codierungen und eigenen Erfahrungen des Gebirges immer neue Brüche und Diskrepanzen; und der charakteristische Eindruck des Alpenbilds im 20. Jahrhundert ist daher vielleicht weniger eine Dialektik (Zweig) als ein beständiges Oszillieren zwischen Faszination und Abwendung, Revitalisierung und Dekonstruktion.

In der Gegenwartsliteratur nach der Jahrtausendwende scheinen Gebirgswelten wieder stärker an Konjunktur gewonnen zu haben – bei so unterschiedlichen Autoren wie Christian Kracht, Thomas Willmann, Thomas Glavinic oder Robert Seethaler,[11] ebenso in übersetzten Bestsellern wie *Le otto montagne* von Paolo Cognetti[12]. Selbst der Bergfilm scheint, seit Philipp Stölzls *Nordwand*-Drama von 2008[13], als vermeintlich NS-kritischer wieder satisfaktionsfähig zu sein; Dokumentarfilme über Berge und Bergbesteigungen ziehen ein Millionenpublikum an; grundsätzliche Zweifel an Darstellungen des Alpinen scheinen in weite Ferne gerückt.

Umso näher rückt jedoch eine noch weit fundamentalere Zerstörung des alpinen Raums als jene, die schon in den Diskursen der Jahrzehnte um 1900 verhandelt worden war – der buchstäbliche Verlust ihrer scheinbaren Enthobenheit von Kultur und historischen Zeitverläufen, deren Inbegriff das „ewige Eis" der Gletscher war. Auch dies, das gut dokumentierte[14] Verschwinden der Glet-

---

10 Vgl. das Kapitel „Eisen" in Primo Levi, *Das periodische System*, München 1991, S. 43–56, it. Torino 1975; das Kapitel handelt von seiner Freundschaft mit dem später als Partisan von Faschisten ermordeten Sandro Delmastro.

11 Vgl. Kracht, Christian: *Ich werde hier sein im Sonnenschein und im Schatten*, Roman, Köln 2008; Glavinic, Thomas: *Das größere Wunder. Roman*, München 2013; Willmann, Thomas: *Das finstere Tal*, Roman, München 2010; Seethaler, Robert: *Ein ganzes Leben*, Roman, München 2014.

12 Cognetti, Paolo: *Le otto montagne*, Torino 2016, dt. übers. u.d.T. *Acht Berge. Roman*, München 2017.

13 *Nordwand*, D/A/CH 2008, R Philipp Stölzl. Vgl. dazu u.a. Martin, Silke: *Berg und Film. Kultur und Ästhetik von Höhenlandschaft im deutschsprachigen Film der Gegenwart*, Marburg 2017, S. 131ff.; Silber, Leonie: *Poetische Berge. Alpinismus und Literatur nach 2000*, Heidelberg 2019, S. 31ff.

14 Vgl. die bereits 2004 erstmals erschienene Publikation von Zängl, Wolfgang; Hamberger, Sylvia: *Gletscher im Treibhaus. Eine fotografische Zeitreise in die alpine Eiszeit*, Stuttgart 2004.

scher aufgrund des Klimawandels, ist inzwischen – bei Ilja Trojanov – literarisch dargestellt worden[15]. Eine die Vereinspublikation *Die Berge und wir* zum 150-jährigen Jubiläum des Deutschen Alpenvereins von 2019 beschließende „Tour in die Zukunft" beginnt mit der fotografischen Dokumentation, wie der infolge des Klimawandel massiv beschleunigte Gletscherschwund die Landschaft am Beispiel des Gepatsch-Ferners verändert.[16] Damit verändert sich jedoch das Dispositiv der Geschichte der Alpen-Faszination nachhaltig, die mit der Aufklärung begonnen hatte: Sie scheint sozusagen ihren Gegenhalt verloren zu haben, die vermeintlich geschichtslose Schönheit und „Ewigkeit" des Gebirges selbst. Die Firnregion ist in keinem Sinn mehr die „absolut unhistorische Landschaft", als die sie Georg Simmel noch identifiziert hatte.[17]

In diesem Sinn ist die Charakterisierung der Hochalpen als „Zone der Vereisung", von der Max Frischs eingangs zitierter Text sprach, schon Index einer Epoche, die mit dem Anthropozän – aller Problematik des Begriffs ungeachtet – der Vergangenheit angehört. Umso aufschlussreicher ist allerdings die in dieser Arbeit in Ansätzen untersuchte kulturelle Konzeption und literarische Reflexion dieses Raumes, der jenseits der Grenze des Humanen und humaner Kultur zu liegen schien. Die Berührung mit ihm ist nicht ohne Grund immer nur temporär, immer *en passant* – sie führt wieder zurück in den Kulturraum, von dem aus das Gebirge als Rand, Sehnsuchtsort, Reflexionspunkt erscheint und von der aus es schon immer konzipiert war. Von den Erfahrungen und der Faszination dieses scheinbaren ‚Außen' der Kultur, von diesen Poetiken der Höhe zeugen gerade die kritischen Interferenzen der Literatur mit dem alpinen Diskurs, die in dieser Arbeit untersucht wurden.

15 Trojanov, Ilja: *EisTau*, Hamburg 2011. Vgl. dazu die erhellende Analyse von Leonie Silber, *Poetische Berge*, S. 233ff.

16 *Die Berge und wir. 150 Jahre deutscher Alpenverein*, herausgegeben vom Deutschen Alpenverein, München, London, New York 2019, S. 290–293. Vgl. dazu meine Rezension: Verf., Der Schatten der Berge, in: *Frankfurter Allgemeine Zeitung*, 12. Mai 2020, S. 10.

17 Vgl. oben Kapitel 1.1.

Abb. 41 Walter Mittelholzer, Monte Rosa und Monte Rosa-Gletscher mit der Dufour-Spitze, 1929, aus 5000 m Höhe

Verzeichnisse

Siglen und Abkürzungen

A	Simmel, Die Alpen
AAVM	Akademischer Alpenverein München
AS	Frisch, Antwort aus der Stille
B	Hohl, Bergfahrt
DA	Zweig, Dialektik der Alpen
DAZ	Deutsche Alpenzeitung
DVjs	Deutsche Vierteljahrsschrift für Literaturwissenschaft und Geistesgeschichte
FB	Ransmayr, Der fliegende Berg
GRM	Germanisch-romanische Monatsschrift
HF	Frisch, Homo faber
IdA	Jelinek, In den Alpen
JM	Maduschka, Junger Mensch im Gebirg
LS	Schwarzenbach, Lorenz Saladin
MDÖAV	Mitteilungen des Deutschen und Österreichischen Alpenvereins
NF	Frisch, Nach einem Flug
O	Bronnen, Ostpolzug
U	Lem, Der Unfall
WL	Schnitzler, Das weite Land
WW	Wirkendes Wort
ZDÖAV	Zeitschrift des Deutschen und Österreichischen Alpenvereins
ZfdPh	Zeitschrift für deutsche Philologie

Literatur

Achermann, Eric: Dichtung. In: Steinke, Hubert; Boschung, Urs; Proß, Wolfgang (Hg.): *Albrecht von Haller. Leben – Werk – Epoche*, Göttingen 2009, S. 121–155.

Achleitner, Arthur: *Bilder aus den deutschen Alpen. Erzählungen*, Stuttgart 1892.

Achleitner, Arthur: *Geschichten aus den Bergen*, Bd. 1–5, Leipzig [Reclams Universal-Bibliothek] o.J.

Achrainer, Martin; Mailänder, Nicholas: Der Verein, in: *Berg Heil! Alpenverein und Bergsteigen 1918–1945*, hg. vom Deutschen Alpenverein, vom Oesterreichischen Alpenverein und vom Alpenverein Südtirol, Köln, Weimar, Wien 2011, S. 193–318.

Adam, Benedict (Hg.): *Le roman de montagne: Ou l'alpinisme dans le roman*, Paris 1977.

Adorno, Theodor W.: *Ästhetische Theorie*, in: *Gesammelte Schriften*, hg. von Rolf Tiedemann, Frankfurt a.M. 1997, Bd. 7.

Adorno, Theodor W./Horkheimer, Max: *Dialektik der Aufklärung. Philosophische Fragmente*, Frankfurt a.M. 1971.

Agamben, Giorgio: Der Autor als Geste, in: ders.: *Profanierungen*, Frankfurt a.M. 2005, S. 57–69.

Aichner, E. (Hg.): *Deutsche Gebirgstruppen vom Ersten Weltkrieg bis zur Gegenwart*, Ingolstadt 1983.

Alpina. Eine Schrift, der genauern Kenntniß der Alpen gewidmet, herausgegeben von Carl Ulisses von Salis in Marschlins und Johann Rudolph Steinmüller, Bd. I, Winterthur 1806.

Alpine Club Library Catalogue. Books and Periodicals, London 1982.

Altenberg, Peter: *Auswahl aus seinen Büchern*, von Karl Kraus, Zürich 1963.

Altenberg, Peter: *Märchen des Lebens*, Berlin 1908.

Altenberg, Peter: *Mein Lebensabend*, Berlin 1919.

Altenberg, Peter: *Semmering 1912*, Berlin 1913.

Altenberg, Peter: *Vita ipsa*, Berlin 1919.

Altmann, Johann Georg: *Versuch einer historischen und physischen Beschreibung der helvetischen Eisberge*, zweyte Auflage, Zürich: bey Heidegger und Compagnie, 1753.

Amelunxen, Hubertus von; Capus, Alex u.a. (Hg.): *Eduard Spelterini: Fotografien des Ballonpioniers*, Zürich 2007.

Amstädter, Rainer: *Der Alpinismus. Kultur – Organisation – Politik*, Wien 1996.

Andreae, Bernd: *Agrargeographie. Strukturzonen und Betriebsformen in der Weltlandwirtschaft*, 2. A. Berlin/New York 1983.

Andrian, Ferdinand von: *Der Höhencultus asiatischer und europäischer Völker*, Wien 1891.

Anker, Daniel (Hg.): *Eiger. Die vertikale Arena*, Zürich 1998 (= Bergmonographie 3).

Anker, Daniel (Hg.): *Finsteraarhorn. Die einsame Spitze*, Zürich 1997 (= Bergmonographie 2).

Anker, Daniel (Hg.): *Jungfrau. Zauberberg der Männer*, Zürich 1996 (= Bergmonographie 1).
Anker, Daniel (Hg.): *Piz Bernina. König der Ostalpen*, Zürich 1999 (= Bergmonographie 4).
Anker, Daniel: Der Everest in der Literatur, in: Hemmleb, Jochen: *Everest. Göttinmutter der Erde*, Zürich 2002, S. 165–175.
Anker, Valentina; Bianchi, Metteo et al.: *Viaggio verso le Alpi. Le voyage vers les Alpes. Die Reise zu den Alpen*, Ausstellungskatalog, Bellinzona 1997.
Annaheim, Hans u.a., *Flugbild der Alpen. Von der Cote d'Azur zum Wienerwald*, Zürich 1959.
Anz, Thomas; Pfohlmann, Oliver (Hg.): *Psychoanalyse in der literarischen Moderne*, Bd. 1: *Einleitung und Wiener Moderne*, Marburg an der Lahn 2006.
Apel, Friedmar: *Deutscher Geist und deutsche Landschaft. Eine Topographie*, München 1998.
Ardito, Stefano: *Die Eroberung der Giganten. Von der Erstbesteigung des Montblanc bis zum Freeclimbing*, München 2000.
Arendt, Dieter: Das romantische Bild des Gebirges und die Gipfelstimmung, in: ders.: *Der ‚poetische Nihilismus' in der Romantik*, Bd. 1, Tübingen 1972, S. 130–181.
Aschoff, Jürgen C.: *Tibet, Nepal und der Kulturraum des Himalaya (mit Ladakh, Sikkim und Bhutan). Kommentierte Bibliographie deutschsprachiger Bücher und Aufsätze 1627–1990*, Dietikon (CH) 1992.
Aspetsberger, Friedbert (Hg.): *Der Berg. Einige Berg- und Tal-, Lebens- und Todesbahnen*, Innsbruck 2001.
Aspetsberger, Friedbert (Hg.): *Der BergFilm 1920–1940*, Innsbruck, Wien, Bozen 2003.
Aspetsberger, Friedbert: *›arnolt bronnen‹. Biographie*, Wien, Köln, Weimar 1995.
Auden, W.H.; Isherwood, Christopher: The Ascent of F.6, in: dies.: *The Ascent of F.6 and On the Frontier*, London 1972.
Audisio, Aldo; König, Stefan (Hg.): *Il mito della montagna in celluloide. Luis Trenker*, Torino 2000 (Ausstellungskatalog des Museo della Montagna, Turin, 2000).
Aufmuth, Ulrich: *Die deutsche Wandervogelbewegung unter soziologischem Aspekt*, Göttingen 1979.
Aufmuth, Ulrich: Die verrückte Notwendigkeit. Gedanken über die Extremformen der Bergleidenschaft, in: *Alpenvereins-Jahrbuch* 1981, S. 87–102.
Aufmuth, Ulrich: *Lebenshunger. Die Sucht nach Abenteuer*, Zürich 1996.
Aufmuth, Ulrich: *Zur Psychologie des Bergsteigens*. Überarb. und erg. Ausg., Frankfurt a.M. 1994.
Augé, Marc: *Orte und Nicht-Orte. Vorüberlegungen zu einer Ethnologie der Einsamkeit*, Frankfurt a.M. 1994.
Auster, Paul: *Schlagschatten. Eine Erzählung*, Reinbek bei Hamburg 2001.
Awe, Jens: Berge mit Licht- und Schattenseiten. Über die Anfänge einer positiven Bergwahrnehmung vom Beginn der Neuzeit bis zum 18. Jahrhundert, in: Regel,

Walter; Köhler, Hartmut (Hg.)… . *Hoch gerühmt, fast vergessen, neu gesehen … Der italienische Maler und Poet Salvator Rosa. Studien zur Neubewertung.* Würzburg 2007, S. 75–108.

Bachmann-Medick, Doris: Spatial Turn, in: dies., *Cultural Turns. Neuorientierung in den Kulturwissenschaften*, Reinbek b.H. 2006, S. 284–328.

Bachmann, Ernst: *Alpineum Helveticum. Neuausgabe mit 160 ausgewählten Bildern*, Luzern 1955.

Bachtin, Michail M.: *Chronotopos*, Frankfurt a.M. 2008.

Bachtin, Michail M.: *Formen der Zeit im Roman. Untersuchungen zur historischen Poetik*, Frankfurt a.M. 1989.

Baggesen, Jens: *Parthenais oder Der Jungfrauen Wallfahrt. Ein episches Gedicht in neun Gesängen*, Hamburg 1803.

Balázs, Béla: Der Fall Dr. Fanck [1931], in: ders.: *Schriften zum Film*, München 1984, S. 287–291.

Ballerini, Michel: *Le roman de montagne en France*, Paris, Grenoble 1973.

Ballin, Fritz: *Föhn. Schauspiel in 3 Aufz.*, Berlin 1913.

Barker, Andrew: *Telegrammstil der Seele. Peter Altenberg – Eine Biographie*, Wien, Köln, Weimar 1998.

Barth, Hermann von: *Aus den nördlichen Kalkalpen. Ersteigungen und Erlebnisse in den Gebirgen Berchtesgadens, des Algäu [sic!], des Innthales, des Isar-Quellengebietes und des Wetterstein. Mit erläuternden Beiträgen zur Orographie und Hypsometrie der Nördlichen Kalkalpen geschildert von Hermann von Barth*, Gera 1874. [ND: München 1984].

Barthes, Roland: *Mythen des Alltags*, Frankfurt a.M. 1962, S. 59–63.

Bartsch, Kurt: *Ödön von Horváth*, Stuttgart 2000.

Bates, Robert H.: *Mystery, Beauty, and Danger. The Literature of the Mountains and Mountain Climbing Published in English Before 1946*, [Ph.D. Thesis, Pennsylvania State Univ.], Portsmouth, New Hampshire 2000.

Bätzig, Werner: *Die Alpen. Entstehung und Gefährdung einer europäischen Kulturlandschaft*, 2. A. München 1991.

Bätzing, Werner: *Die Alpen. Geschichte einer europäischen Kulturlandschaft*, München 3.A. 2005.

Bätzing, Werner: *Kleines Alpenlexikon. Umwelt – Wirtschaft – Kultur*, München 1997.

Bauer, Paul: *Der Kampf um den Himalaja*, München-Ulm 1952.

Bauer, Paul: *Im Kampf um den Himalaja. Der erste deutsche Angriff auf den Kangchendzönga 1929*, München 1931.

Bauer, Paul: *Um den Kantsch. Der zweite deutsche Angriff auf den Kangchendzönga 1931*, München 1933.

Bauman, Zygmunt: *Flüchtige Moderne*, Frankfurt a.M. 2003.

Bauman, Zygmunt: *Moderne und Ambivalenz. Das Ende der Eindeutigkeit*, Hamburg 2005.
Baureithel, Ulrike: Schicksal nur gegen Beweis. Bertolt Brecht und Arnolt Bronnen im literarischen Feld der Weimarer Republik. ‚Mann ist Mann' und ‚Ostpolzug', in: Delabar, Walter; Döring, Jörg (Hg.): *Bertolt Brecht 1898–1956*, Berlin 1998, S. 89–111.
Bausinger, Hermann; Beyrer, Klaus; Korff, Gottfried (Hg.): *Reisekultur. Von der Pilgerfahrt zum modernen Tourismus*, München 1991.
Bayerle, Georg (Hg.): *Lesespuren im Gebirge. Die Berge und die Dichter*, Kempten 2003.
Bayers, Peter L.: *Imperial Ascent. Mountaineering, Masculinity, and Empire*, Colorado 2003.
Bechtold, Fritz: *Deutsche am Nanga Parbat. Der Angriff 1934*, München 1935.
Bechtold, Fritz: Nanga Parbat 1934. Bericht über die deutsche Himalajakundfahrt, in: *ZDÖAV* 1934, S. 1–14.
Becker, Gustav: Die Hochalpenunfälle 1899, in: *MDÖAV* Bd. 26 (1900), Nr. 5, S. 51–54.
Becker, Siegfried; Dieterich, Claus-Marco (Hg.): *Berg-Bilder: Gebirge in Symbolen – Perspektiven – Projektionen*, Marburg 1999; Tschofen, Bernhard: *Berg – Kultur – Moderne. Volkskundliches aus den Alpen*, Wien 1999.
Beer, Rudolf: *Heilige Höhen der alten Griechen und Römer. Eine Ergänzung zu Frhr. v. Adrians „Höhencultus"*, Wien 1891.
Begemann, Christian: Erhabene Natur. Zur Übertragung des Begriffs des Erhabenen auf Gegenstände der äußeren Natur in den deutschen Kunsttheorien des 18. Jahrhunderts. In: *DVjs* 58 (1984), S. 74–110.
Begemann, Christian: *Furcht und Angst im Prozess der Aufklärung. Zu Literatur und Bewußtseinsgeschichte des 18. Jahrhunderts*, Frankfurt a.M. 1987.
Behnke, Kerstin: Krise der Repräsentation, in: *Historisches Wörterbuch der Philosophie*, hg. von Joachim Ritter und Karlfried Gründer, Bd. 8, Basel 1992, S. 846–853.
Bellasi, Andreas (Hg.): *Höhen, Tiefen, Zauberberge. Literarische Wanderungen in Graubünden*, Zürich 2005.
Benjamin, Walter: Das Kunstwerk im Zeitalter seiner technischen Reproduzierbarkeit [*zweite Fassung*], in: *Gesammelte Schriften*, hg. von Rolf Tiedemann und Hermann Schweppenhäuser, Bd. I.2, Frankfurt a.M. 1980, S. 471–508.
Benjamin, Walter: Der Erzähler, in: *Gesammelte Schriften*, hg. von Rolf Tiedemann und Hermann Schweppenhäuser, Bd. II.2, Frankfurt a.M. 1980, S. 438–465.
Benne, Christian: *Das weite Land*. Schnitzlers kierkegaardsche Bilanz des Ästhetizismus, in: *Modern Austrian Literature*, 33/34 (2000), S. 29–53.
Benuzzi, Felice: *Flucht ins Abenteuer. Drei Kriegsgefangene besteigen den Mount Kenya*. Übers. von Elisabeth Dirlamm, Stuttgart 1953 [*No picnic on Mount Kenya*, 1950, dt.].
Berg Heil! Alpenverein und Bergsteigen 1918–1945, hg. vom Deutschen Alpenverein, vom Oesterreichischen Alpenverein und vom Alpenverein Südtirol, Köln, Weimar, Wien: Böhlau Verlag, 2011.

Berge im Kasten. Fotografien aus der Sammlung des Deutschen Alpenvereins, 1870–1914, Ausstellungskatalog, Alpines Museum München 2006.

Bernbaum, E.: *Sacred Mountains of The World*, Berkeley 1997.

Bernhard, Thomas: Der Wetterfleck, in: ders.: *Erzählungen*, Frankfurt a.M. 1988, S. 135–167.

Bertram, Ernst: Die Berge in der Phantasie, in: *Deutsche Alpenzeitung* XI (1911/1912), 1. Halbband, S. 18–20.

Bertram, Ernst: Nietzsche und die Berge, in: *Deutsche Alpenzeitung* XI (1911/1912), 1. Halbband, S. 279–282.

Bertram, Ernst: *Nietzsche. Versuch einer Mythologie*, Berlin 1918.

Bertram, Ernst: *Studien zu Adalbert Stifters Novellentechnik*, Dortmund 1907.

Bertram, Ernst: Vom Horizont, in: *Deutsche Alpenzeitung* XI (1911/1912), 1. Halbband, S. 230–233.

Bertram, Ernst: Von der Perspektive, in: *Deutsche Alpenzeitung* XI (1911/1912), 1. Halbband, S. 139–141.

Bertrand, Gilles, Guyot, Alain (Hg.), *Discours sur la montagne (XVIIIe–XIXe siècles): Rhétorique, science, esthétique*, Sonderheft I/II (2001) der Zeitschrift *Compar(a)ison. An International Journal of Comparative Literature*, Bern u.a. 2001.

Besson, Françoise (ed.): *Mountains Figured and Disfigured in the English-Speaking World*, Newcastle upon Tyne 2010.

Bevis, Richard: *Images of Liberty: The Modern Aesthetics of Great Natural Space*, 2010.

Bialek, Edward; Pacholski, Jan (Hg.): *„Über allen Gipfeln". Bergmotive in der deutschsprachigen Literatur des 18. bis 21. Jahrhunderts*, Dresden 2008 u.ö.

Bierbaum, Otto Julius: Im Laufwagen durch die Alpen, in: *Eine empfindsame Reise im Automobil*, Berlin 1903.

Billanovich, Giuseppe: Petrarca und der Mont Ventoux, in: Buck, August (Hg.): *Petrarca*, Darmstadt 1976, S. 444–463.

Bille, S. Corinna: *Ländlicher Schmerz. Erzählungen.* Mit einem Nachwort von Anne Cuneo, aus dem Französischen von Elisabeth Dütsch, Zürich 1989.

Bircher, Urs: *Vom langsamen Wachsen eines Zorns. Max Frisch 1911–1955*, Zürich 1997.

Bloch, Ernst: Alpen ohne Photographie, in: ders.: *Gesamtausgabe*, Bd. 9, Literarische Aufsätze, Frankfurt a.M. 1965, S. 488–498.

Bloch, Ernst: *Der unbemerkte Augenblick. Feuilletons für die Frankfurter Zeitung 1916–1934*, hg. von Ralf Becker, Frankfurt a.M. 2007, S. 336–340.

Blumenberg, Hans: *Die Legitimität der Neuzeit*, 2.A. Frankfurt a.M. 1988 [S. 397ff].

Blumenberg, Hans: *Schiffbruch mit Zuschauer. Paradigmen einer Daseinsmetapher*, Frankfurt a.M. 1979.

Bode, Wilhelm: *Die Schweiz, wie Goethe sie sah. 133 Tafeln*, Leipzig 1922.

Bode, Wilhelm: *Goethes Schweizer Reisen*, Leipzig 1922.

Bodenheimer, Alfred: Arnold Zweigs ‚Politische Physik'. „Dialektik der Alpen" – eine europäische Kulturgeschichte aus dem Exil, in: Horch, Hans Otto; Jütte, Daniel (Hg.): *Integration und Ausgrenzung*, Tübingen 2009, S. 317–322.

Boeck, Kurt: *Indische Gletscherfahrten. Reisen und Erlebnisse im Himalaja*, Stuttgart u. Leipzig 1900.

Boehm, Gottfried: *Studien zur Perspektivität. Philosophie und Kunst in der frühen Neuzeit*, Heidelberg 1969.

Böhme, Gernot: *Natürlich Natur: Über Natur im Zeitalter ihrer technischen Reproduzierbarkeit*, Frankfurt a.M. 1992.

Böhme, Harmut: Das Steinerne. Anmerkungen zur Theorie des Erhabenen aus dem Blick des „Menschenfremdesten", in: Pries, Christine (Hg.): *Das Erhabene. Zwischen Grenzerfahrung und Größenwahn*, Weinheim 1989, S. 119–143.

Böhme, Hartmut: Berg, in: *Wörterbuch der philosophischen Metaphern*, hg. von Ralf Konersmann, Darmstadt 2007, S. 46–61.

Böhme, Hartmut: Einleitung: Raum – Bewegung – Topographie, in: ders. (Hg.): *Topographien der Literatur. Deutsche Literatur im transnationalen Kontext*, Stuttgart/ Weimar 2005, S. IX-XXIII.

Böhme, Hartmut: Höhe und Tiefe: herausfordernde Raumachse. Die Gebirge und die Kultur, in: *NZZ* Nr. 259 (5./6. 11. 1994), S. 65f.

Böhme, Hartmut: Kontroverspredigt der Berge, in: Kunz, Stephan, Wismer, Beat, Denk, Wolfgang (Hg.): *Die Schwerkraft der Berge: 1774–1997*, Ausstellungskatalog zu den Ausstellungen im Aargauer Kunsthaus Aarau und der Kunsthalle Krems 1997, Basel; Frankfurt a.M. 1997, S. 231–233.

Bolla, Peter de: *The Discourse of the Sublime. History, Aesthetics and the Subject*, Oxford 1989.

Bolliger, Luis; Obschlager, Walter; Schütt, Julian (Hg.): *jetzt: max frisch*, Frankfurt a.M. 2001.

Bolter, Jay David: *Writing Space. Computers, Hypertext, and the Remediation of Print* [1991], Hillsdale 2001.

Bonington, Chris: *Triumph in Fels und Eis. Die Geschichte des Alpinismus*, Stuttgart 1995 (*The Climbers*, 1992).

Bonstetten, Karl Victor von: Der Einsiedler. Eine Alpengeschichte, in: ders.: *Schriften*, hg. von Friedrich Matthisson, Zürich 1793, S. 195–238.

Borchers, Philipp: *Die weiße Kordillere*, Berlin 1935.

Born, Nicolas: Vom Nächtlichen Weg zur Bergfahrt, in: *Ludwig Hohl*, hg. von Johannes Behringer, Frankfurt a.M. 1981, S. 98–102.

Borst, Arno: Alpine Mentalität und europäischer Horizont im Mittelalter, in: ders.: *Barbaren, Ketzer und Artisten*, 2.A. München und Zürich 1990, S. 471–527.

Bossi-Fedrigotti, Anton Graf: *Standschütze Bruggler*, Berlin 1934.

Bourdieu, Pierre: *Die Regeln der Kunst. Genese und Struktur des literarischen Feldes*, Frankfurt a.M. 1999.

Bourdieu, Pierre: *Entwurf einer Theorie der Praxis auf der ethnologischen Grundlage der kabylischen Gesellschaft*, Frankfurt a.M. 1976.

Bourdieu, Pierre: *Sozialer Sinn. Kritik der theoretischen Vernunft*, Frankfurt a.M. 1993.

Bourdieu, Pierre: *Soziologische Fragen*, Frankfurt a.M. 1993.

Bowman, William Ernest: *The Ascent of Rum Doodle*, London 1956.

Bozonnet, Jean-Paul: *Des Monts et des Mythes*, Grenoble 1992.

Braham, Trevor: *When the Alps Cast Their Spell. Mountaineers of the Alpine Golden Age*, Glasgow 2004.

Bräker, Ulrich: *Lebensgeschichte und Natürliche Ebentheuer des Armen Mannes im Tockenburg* [1789], Stuttgart 1986.

Brandstetter, Alois: *Almträume. Eine Erzählung*, München 1995.

Braun, Christina von: *Versuch über den Schwindel. Religion, Schrift, Bild, Geschlecht*, Zürich, München 2001.

Braungart, Georg: „Katastrophen kennt allein der Mensch, sofern er sie überlebt“: Max Frisch, Peter Handke und die Geologie, in: Carsten Dutt, Roman Luckscheiter (Hg.): *Figurationen der literarischen Moderne*. Helmuth Kiesel zum 60. Geburtstag, Heidelberg 2007, S. 23–41.

Braungart, Georg: Apokalypse in der Urzeit. Die Entdeckung der Tiefenzeit in der Geologie um 1800 und ihre literarischen Nachbeben, in: Leinsle, U.G.; Mecke, J. (Hg.): *Zeit – Zeitenwechsel – Endzeit. Zeit im Wandel der Zeiten, Kulturen, Techniken, Disziplinen*, Regensburg 2000, S. 107–120.

Breashears, David; Salkeld, Audrey: *Last Climb. The Legendary Everest Expeditions of George Mallory*, Washington D.C. 1999, dt. u.d.T. *Mallorys Geheimnis. Was geschah am Mount Everest?*, München 2000.

Brecht, Bertolt: Alexander und seine Soldaten, in: ders.: *Werke. Große kommentierte Berliner und Frankfurter Ausgabe*, hg. von Werner Hecht u.a., Bd. 10, Berlin, Weimar, Frankfurt a.M. 1997, S. 1085f.

Bredt, Ernst Wilhelm: *Die Alpen und ihre Maler*, Leipzig 1912.

Breitenstein, Andreas: Am Vermessungspunkt des Lebens. Literatur im Höhenrausch – Christoph Ransmayrs langerwarteter Roman „Der fliegende Berg“, in: *Neue Zürcher Zeitung*, Literatur und Kunst, 23.9.2006, S. 32.

Brenner, Peter J. (Hg.): *Der Reisebericht. Die Entwicklung einer Gattung in der deutschen Literatur*, Frankfurt a.M. 1989.

Brenner, Peter J.: *Der Reisebericht in der deutschen Literatur. Ein Forschungsüberblick als Vorstudie zu einer Gattungsgeschichte*, Tübingen 1990 (= IASL-Sonderheft, 2).

Briffaud, Serge: Visions de la montagne et imaginaire politique. L'ascension de 1492 au Mont-Aiguille et ses traces dans la mémoire collective (1492–1834), in: *La haute montagne. Vision et représentations de l'époque médievale à 1860,* hg. vom Centre Alpin et Rhodanien, Grenoble 1988, S. 39–60.

Broc, Numa: *Les Montagnes au Siècle des Lumières. Perception et Représentation*, Paris 1991.

Broch, Hermann: *Die Verzauberung. Roman*, Frankfurt a.M. 1998.

Brockhaus' Kleines Konversationslexikon, fünfte Auflage, Leipzig 1911.

Brogiato, Heinz Peter: Die geographische Erforschung Südamerikas im Spiegel der Bestände des Archivs für Geographie im Leibniz-Institut für Länderkunde, in: ders. (Hg.): *Die Anden – geographische Erforschung und künstlerische Darstellung. 100 Jahre Andenexpedition von Hans Meyer und Rudolf Reschreiter 1903–2003*, München 2003 (Wissenschaftliche Alpenvereinshefte, Bd. 37), S. 19–39.

Bronfen, Elisabeth: *Home in Hollywood. The Imaginary Geography of Cinema*, New York 2004.

Bronnen, Arnolt: *arnolt bronnen gibt zu protokoll. beiträge zur geschichte des modernen schriftstellers*, Hamburg 1954.

Bronnen, Arnolt: Die Septembernovelle, in: *Werke*, Bd. 3, hg. von Friedbert Aspetsberger, Klagenfurt o.J. [1989], S. 13–36.

Bronnen, Arnolt: *Erinnerung an eine Liebe*, Linz-Pittsburgh-Wien 1947.

Bronnen, Arnolt: Ostpolzug. Schauspiel, in: ders.: *Werke*, Bd. 2, hg. von Friedbert Aspetsberger, Klagenfurt o.J. [1989], S. 221–270.

Bronnen, Arnolt: *Ostpolzug*. Schauspiel, in: ders.: *Werke*, hg. von Friedbert Aspetsberger, Klagenfurt o.J. [1989], S. 221–270.

Bronnen, Arnolt: *Sabotage der Jugend. Kleinere Arbeiten 1922–1934*, hg. von Friedbert Aspetsberger, Innsbruck 1989.

Bronnen, Arnolt: *Vatermord. Schauspiel*, Berlin 1920.

Bruce, Charles Granville: *The Assault on Mount Everest, 1922*, London 1923 (dt. übersetzt von W. Rickmer Rickmers: *Mount Everest. Der Angriff 1922*, Basel 1924).

Bruehl, William J.: Polus Naufrangia: A Key Smbol in The Ascent of F6, in: *Modern Drama* 1967, S. 161–164.

Bubendorfer, Thomas: *Senkrecht gegen die Zeit. Die Eroberung des Unsichtbaren*, 3.A. München und Berlin 2001.

Bubendorfer, Thomas: *Solo*, Wien 1987.

Büchler, Anne; Schumacher, Rolf (Bearb.): *Die Nachlässe von Martius, Liebig und den Brüdern Schlagintweit in der Bayrischen Staatsbibliothek*, Wiesbaden 1990.

Büchner, Georg: *Werke und Briefe. Münchner Ausgabe*, hg. von Karl Pörnbacher u.a., 8.A. München 2001.

Buffetrille, Katia: One day the mountains will go away ... Preliminary remarks on the flying mountains of Tibet, in: Blondeau, Anne-Marie; Steinkeller, Ernst (Hg.): *Reflections of the Mountain. Essays on the History and Social Meaning of the Mountain Cult in Tibet and the Himalaya*, Wien 1996, S. 77–89.

Buhl, Hermann: *Achttausend drüber und drunter. Mit den Tagebüchern von Nanga Parbat, Broad Peak und Chogolisa*, kommentiert von Kurt Diemberger, Vorwort von Hans Kammerlander, München 2005.

Bühler, Hermann: *Die Alpenvereinsbücherei in München. Eine Jubiläumsschrift zu ihrem 40jährigen Bestehen nebst einer Anleitung für Alpenvereinsbücherwarte*, München 1941.

Burckhardt, Jacob: *Die Kultur der Renaissance in Italien*, 10.A. Stuttgart 1976 [S. 471ff.].

Burke, Edmund: *Philosophische Untersuchungen über den Ursprung unserer Ideen vom Erhabenen und Schönen*, übersetzt von Friedrich Bassenge, hg. von Werner Strube, Hamburg 1980 (= *A Philosophical Enquiry into the Origin of our Ideas of the Sublime and the Beautiful*, 1757, dt.).

Burnet, Thomas: *The Sacred Theory of the Earth*, hg. von Basil Willey, London 1965 (lat. EA *Telluris Theoria Sacra*, London 1681).

Burtscher, Guido: *Die Kämpfe in den Felsen der Tofana*, Bregenz 1933.

Butler, Michael: Die Dämonen an die Wand malen. Zu Max Frischs Spätwerk: ‚Triptychon' und ‚Der Mensch erscheint im Holozön', in: Arnold, Heinz Ludwig (Hg.): *Max Frisch*. 3. erw. A. München 1983 (*text + kritik* Bd. 46/47) S. 88–107.

Büttner, David Sigismund: *Rudera diluvii testes, i. e. Zeichen und Zeugen der Sündfluth in Ansehung des itzigen Zustandes unserer Erd- und Wasser-Kugel, insonderheit der darinnen vielfältig auch zeither in Querfurtischen Revier unterschiedlich angetroffenen, ehemahls verschwemten Thiere und Gewächse*, Leipzig 1710.

Buzard, James: *The Beaten Track. European Tourism, Literature, and the Ways to Culture 1800–1918*, Oxford 1993.

Byron, Lord George Gorden: *Manfred. Ein dramatisches Gedicht* (1817), Basel 1975.

Camartin, Iso: *Von Sils-Maria aus betrachtet: Ausblicke vom Dach Europas*, Frankfurt a.M. 1991.

Canetti, Elias: *Die Fackel im Ohr. Lebensgeschichte 1921–1931*, München, Wien 1993.

Canetti, Elias: *Masse und Macht*, München, Wien 1993.

Carbone, Mirella (Hg.): *Annemarie Schwarzenbach. Werk, Wirkung, Kontext*, Bielefeld 2010.

Caysa, Volker; Schmid, Wilhelm (Hg.): *Reinhold Messners Philosophie. Sinn machen in einer Welt ohne Sinn*, Frankfurt a.M. 2002.

Celan, Paul: Gespräch im Gebirg, in: *Gesammelte Werke in sieben Bänden*, hg. von Beda Allemann und Stefan Reichert unter Mitwirkung von Rolf Bücher, Frankfurt a.M. 2000, Bd. 3, S. 169–173.

Chappaz, Maurice: *Die hohe Zeit des Frühlings, Testament der oberen Rhone, Gesang von der Grande Dixence*, Zürich 1986.

Chappaz, Maurice: *Die Zuhälter des ewigen Schnees. Ein Pamphlet*, Oberegg 1976.

Chappaz, Maurice: *Haute Route*. Übersetzt von Pierre Imhasly, Zürich 1984.

Chappaz, Maurice: *Journal des 4000*, Briançon 1975.

Chappaz, Maurice: *La haute route*, Vevey 1974.

Chappaz, Maurice: *Lötschental. Die wilde Würde einer verlorenen Talschaft*, Frankfurt a.M. 1979.

Chaussy, Ulrich: *Nachbar Hitler. Führerkult und Heimatzerstörung am Obersalzberg. Mit aktuellen Fotos von Christoph Püschner*, Berlin 1995.

Child, Greg: *Climbing. The Complete Reference*, New York 2001.

Christoffel, Ulrich: *Der Berg in der Malerei*, Bern 1963.

Codell, Julie F. (ed.): *Genre, gender, race, and world cinema*, Malden, MA. 2007.

Colin, Nicole: Die Unbeheimateten. Jüdische Stimmen im Theater Elfriede Jelineks, in: Arnold, Heinz Ludwig (Hg.): *text+kritik Elfriede Jelinek*. 3. Auflage – Neufassung, 2007, S. 48–61.

Cölln, Jan: Alexander der Große in Europa und Asien. Mythisierung von Geschichte und ihre Präsenz nach dem Ersten Weltkrieg, in: *Antike und Abendland* 52 (2006), S. 183–207.

Conrad, Joseph: *Heart of Darkness. Unabridged*, New York 1990.

Conway, William Martin: *Climbing and Exploration in the Karakoram-Himalayas*, 2 Bde., London 1894.

Culler, Jonathan: The Semiotics of Tourism, in: Ders.: *Framing the Sign. Criticism and its Institutions*, London, 1988, S. 153–167.

Czant, Hermann: *Alpinismus und Weltkrieg. Massentouristik, Massenskilauf, Wintersport, Militäralpinistik und die 9700 Kilometer [sic!] Gebirgsfronten im Weltkrieg*, Berlin 1926.

Czant, Hermann: *Alpinismus, Massenwintersport und Weltkrieg*, München 1929.

Czurda, Elfriede: *Kerner*. Ein Abenteuerroman, Reinbek bei Hamburg 1987.

Daemmrich, Horst S. und Daemmrich, Ingrid G.: Art. „Berg“, in: dies.: *Themen und Motive in der Literatur. Ein Handbuch*, 2.A. Tübingen und Basel 1995, S. 72–74.

Dahlkamp, Jürgen; Ludwig, Odo: Freispruch für Gott, in: *Der Spiegel* 46/2009 (9.11.2009), S. 42–51, URL: http://www.spiegel.de/spiegel/print/d-67682693.html.

Dahlke, Birgit: *Jünglinge der Moderne. Jugendkult und Männlichkeit in der Literatur um 1900*, Köln, Weimar, Wien 2006.

Dahm, Volker u.a. (Hg.): *Die tödliche Utopie. Bilder, Texte, Dokumente, Daten zum Dritten Reich*, 7.A. München 2016.

Dante Alighieri: *Die göttliche Komödie*, ital. und dt., übers. und kommentiert von Hermann Gmelin, Bd. II, München 1988.

Dante Alighieri: *Divina Commedia*, Commento a cura di G. Fallani e S. Zennaro. Roma 2007.

Dante Alighieri: La *Commedia / Die göttliche Komödie*, Italienisch/Deutsch, in Prosa übersetzt u. kommentiert v. Hartmut Köhler, Bd. 1, Stuttgart 2010, Bd. 2, Stuttgart 2011.

Daudet, Alphonse: *Tartarin sur les Alpes*, Paris 1885, dt. u.d.T. *Tartarin in den Alpen. Die Besteigung der Jungfrau und andere Heldentaten*, Einführung von Daniel Anker, Zürich 2011.

Dauer, Tom (Hg.): *Reinhard Karl. Ein Leben ohne Wenn und Aber*, Zürich 2002.

de Man, Paul: Autobiography as De-facement, in: *Modern Language Notes* 94/5 (1979), S. 919–930 [dt. unter dem Titel „Autobiographie als Maskenspiel" auch in: Ders.: *Die Ideologie des Ästhetischen*, hg. von Christoph Menke, Frankfurt a.M. 1993, S. 131–146].

Decock, Sofie; Schaffers, Uta (Hg.): *inside out. Textorientierte Erkundungen des Werks von Annemarie Schwarzenbach*, Bielefeld 2008.

Découverte et sentiment de la montagne 1740–1840. Conservatoire d'Art de d'Histoire de la Haute-Savoie, Ausstellung 1986, Annency 1986.

Deleuze, Gilles/Guattari, Felix: *Was ist Philosophie?* Frankfurt a.M. 2000.

Dellmensingen, General Krafft von: Vorwort, in: Langes, Gunther: *Front in Fels und Eis. Der Weltkrieg im Hochgebirge*. München 1933 [3. A. 1941], S. IX–XIII.

Denk, Rudolf: Arthur Schnitzlers *Das weite Land:* Theater und Film im Medienvergleich, in: *Arthur Schnitzler und der Film*, hg. von Achim Aurnhammer, Barbara Beßlich und Rudolf Denk, Würzburg 2010, S. 271–296.

Dent, C.T. (Hg.): *Hochtouren. Ein Handbuch für Bergsteiger*, dt. hg. von Walther Schultze, Leipzig 1893.

Der kleine Stowasser. Lateinisch-deutsches Schulwörterbuch, München 1980.

Deutsche Alpenzeitung, Wien-München 1901ff.

Devies, Lucien: Vorwort, in: Rebuffat, Gaston: *Zwischen Mont Blanc und Himalaya*. München 1955, S. 9–12.

Di Martino, Basilio: *La grande guerra sul fronte dolomitico. La 4. armata italiana (1915–1917)*, Valdagno 2007.

Die Berge und wir. 150 Jahre deutscher Alpenverein, herausgegeben vom Deutschen Alpenverein, München, London, New York 2019.

Diemberger, Kurt: *K 2: Traum und Schicksal*, 4., aktualisierte Aufl. – München : Bruckmann, 1999.

Diemberger, Kurt: *Seiltanz. Die Geschichten meines Lebens*, München 2007.

Diercke Wörterbuch allgemeine Geographie, hg. von Hartmut Leser, München 2005.

Dilthey, Wilhelm: *Das Erlebnis und die Dichtung. Lessing, Goethe, Novalis, Hölderlin*, Tübingen 1906.

Doppler, Alfred: Arthur Schnitzler: *Das weite Land*, in: *Interpretationen. Dramen des 20. Jahrhunderts*, Bd. 1, Stuttgart 1996, S. 69–92.

Döring, Jörg; Thielmann, Tristan (Hg.): *Spatial Turn. Das Raumparadigma in den Kultur- und Sozialwissenschaften*, Bielefeld 2007.

Döring, Tobias: Urszene. Was der Wolfsmann sah und wovon Hamlet zeugt, in: *Urworte. Zur Geschichte und Funktion erstbegründender Begriffe*, hg. von Michael Ott und Tobias Döring, München 2012, S. 221–240.

Dreyer, A[loys]: Die Alpenvereinsbücherei, in: *MDOeAV* 38 (1912), Nr. 18, S. 230.

Dreyer, Aloys: *Alpenfreude und Alpensport*, München 1911.

Dreyer, Aloys: *Bücherverzeichnis der Alpenvereinsbücherei mit Verfasser- und Bergnamenverzeichnis*, München 1927.

Dreyer, Aloys: *Geschichte der alpinen Literatur. Ein Abriß*, München 1938.

Dreyer, Aloys: Schweizerreisen deutscher Dichter in der zweiten Hälfte des 18. Jahrhunderts, in: *Jahrbuch des Schweizer Alpenclub* 48 (1913), S. 185–205.

Droste-Hülshoff, Annette von: [Brief aus Eppishausen im Thurgau], in: Faessler, Peter (Hg.): *Bodensee und Alpen. Die Entdeckung einer Landschaft in der Literatur*, Siegmaringen 1985, S. 167f.

Droste-Hülshoff, Annette von: Brief aus Eppishausen im Thurgau, 1835. In: *Die Briefe der Annette von Droste-Hülshoff. Gesamtausgabe*, hg. von K.S. Kemminghausen, Bd. 1, Jena o.J.

du 1978/07. Europäische Kunstzeitschrift. „Schauplatz Alpen".

Dübi, Heinrich: Der Alpensinn in der Litteratur und Kunst der Berner von 1537–1839. Eine Studie, in: *Neujahrs-Blatt der Litterarischen Gesellschaft Bern auf das Jahr 1902*, Bern 1901.

Dumas, Alexandre: *Impressions de Voyage*, Paris 1840.

Dünne, Jörg; Doetsch, Hermann; Lüdeke, Roger (Hg.): *Von Pilgerwegen, Schriftspuren und Blickpunkten. Raumpraktiken in medienhistorischer Perspektive*, Würzburg 2004.

Dünne, Jörg; Friedrich, Sabine; Kramer, Kirsten (Hg.): *Theatralität und Räumlichkeit. Raumordnungen und Raumpraktiken im theatralen Mediendispositiv*, Würzburg 2009.

Dünne, Jörg; Günzel, Stephan (Hg.): *Raumtheorie. Grundlagentexte aus Philosophie und Kulturwissenschaften*, Frankfurt a.M. 2006; Günzel, *Raum. Ein interdisziplinäres Handbuch.*

Dünne, Jörg: *Die kartographische Imagination. Erinnern, Erzählen und Fingieren in der Frühen Neuzeit*, München 2011.

Dunning, E./Elias, Norbert: *Sport im Zivilisationsprozeß. Studien zur Figurationssoziologie*, Münster 1981.

Dürrenmatt, Friedrich: Die Schweiz – ein Gefängnis. Rede auf Vaclav Havel, in: ders.: *Kants Hoffnung*, Zürich 1991, S. 7–24.

Dyhrenfurth, Günter Oskar (Hg.): *Dämon Himalaya. Bericht der Internationalen Karakoram-Expedition 1934*, Basel 1934.

Dyhrenfurth, Günter Oskar: *Baltoro. Ein Himalaya-Buch*, mit Beiträgen von Hettie Dyhrenfurth, Hans Ertl und André Roch, Basel 1939.

Dyhrenfurth, Günter Oskar: *Das Buch vom Kantsch. Die Geschichte seiner Besteigung*, München 1955.

Dyhrenfurth, Günther Oskar: *Der dritte Pol. Die Achttausender und ihre Trabanten*, München 1960.

Dyhrenfurth, Günther Oskar: *Zum dritten Pol. Die Achttausender der Erde*, Graz; Wien 1952.

Ebel, Johann Gottfried: *Anleitung auf die nützlichste und genussvollste Art in der Schweitz zu reisen. Zwei Theile*, Zürich 1793.

Egger, Alois: Göthe in den Alpen, in: *Jahrbuch des Österreichischen Alpen-Vereines*, Bd. 2 (1866), S. 299–321.

Ehmer, Wilhelm: *Um den Gipfel der Welt. Roman eines Bergsteigers*, Stuttgart 1936.

Eichendorff, Joseph von: Ahnung und Gegenwart, in: ders.: *Werke*, Bd. 2, *Romane – Erzählungen*, München 1978, S. 7–292.

Encke, Julia et al. (Münchner Arbeitsgruppe Theatralität): Wissen und Sehen. Epistemische Strukturen der Medialität, in: Fischer-Lichte, Erika et al. (Hg.): *Wahrnehmung und Medialität*, Tübingen, Basel 2001, S. 31–50.

Encke, Julia: *Augenblicke der Gefahr. Der Krieg und die Sinne, 1914–1934*, München 2006, hier S. 64ff.

Encyclopedia Britannica 1911, Vol. 20.

Engel, Claire-Eliane (ed.): *Le Mont Blanc. Vu par les écrivains et les alpinistes. Préface et choix de textes par C-É.E.*, Paris: Plon, 1965.

Engel, Claire-Eliane; Vallot, Charles (ed.): *„Ces Monts affreux ..." Les écrivains a la montagne (1650–1810)*, Paris 1934.

Engel, Claire-Eliane: *A History of Mountaineering in the Alps*, New York 1950. Repr. Westport/Connecticut 1977.

Engel, Claire-Eliane: *Byron et Shelley en Suisse et en Savoie 1816*, Chambéry 1930.

Engel, Claire-Eliane: *La littérature alpestre en France et en Angleterre aux XVIIIe et XIXe siècles*, Chambéry 1930.

Engel, Claire-Eliane: *Storia dell'alpinismo*, Milano 1969.

Enzensberger, Hans Magnus: Eine Theorie des Tourismus, in: ders.: *Einzelheiten I. Bewußtseinsindustrie*, Frankfurt a.M. 1964, S. 179–205.

Enzensberger, Josef: *Ein Bergsteigerleben. Eine Sammlung von alpinen Schilderungen nebst einem Anhang: Reisebriefe und Kerguelen-Tagebuch*, o.O. 1905.

Enzensperger, Ernst: *Bergsteigen*, unter Mitwirkung von Eugen Roeckl, Wilhelm Welzenbach und A. Ziegler, Berlin 1924 (Handbuch der Leibesübungen, Bd. 6).

Enzensperger, Ernst: Der neue alpine Stil. Eine Kritik zu E. Königs „Empor", in: *MDÖAV* 33 (1907), S. 16–18.

Erhard, Walter: Verbotene Bilder? Das Erhabene, das Schöne und die moderne Literatur, in: *JDSG* XLI (1997), S. 79–106.

Erhart, Walter: Männlichkeit, Mythos, Gemeinschaft. Nachruf auf den Westernhelden, in: Hißnauer, Christian; Klein, Thomas (Hg.): *Männer, Machos, Memmen. Männlichkeit im Film*, Mainz 2002, S. 75–110.

Faessler, Peter (Hg.): *Bodensee und Alpen. Die Entdeckung einer Landschaft in der Literatur*, Siegmaringen 1985.

Fähnders, Walter / Rohlf, Sabine (Hg.): *Annemarie Schwarzenbach. Analysen und Erstdrucke. Mit einer Schwarzenbach-Bibliographie*, Bielefeld 2005.

Fähnders, Walter: „Wirklich, ich lebe nur wenn ich schreibe": zur Reiseprosa von Annemarie Schwarzenbach (1908–1942), in: *Sprachkunst* 38 (2007), S. 27–53.

Falkenhorst, Carl: *Auf Bergeshöhen Deutsch-Afrikas*, Stuttgart, Berlin, Leipzig 1890.

Fanck, Arnold: *Er führte Regie mit Gletschern, Stürmen und Lawinen. Ein Filmpionier erzählt*, München 1973.

Fanck, Matthias: *Arnold Fanck. Weisse Hölle – weisser Rausch. Bergfilme und Bergbilder 1909–1939*, Zürich 2009.

Federer, Heinrich: *Pilatus. Erzählung*, Berlin 1913.

Felsch, Philipp; Gugger, Beat; Rath, Gabriele (Hg.): *Berge. Eine unverständliche Leidenschaft*, Katalog zur Ausstellung des Alpenverein-Museums in der Innsbrucker Hofburg, Bozen, Wien 2007.

Felsch, Philipp: Alpen und Nerven um 1900, in: *Wissenschaftskulturen – Experimentalkulturen – Gelehrtenkulturen*, hg. von Gert Dressel und Markus Arnold, Wien 2004, S. 29–43.

Felsch, Philipp: Humboldts Söhne. Das paradigmatische / epigonale Leben der Brüder Schlagintweit, in: Neumann, Michael; Stüssel, Kerstin (Hg.): *Magie der Geschichten. Weltverkehr, Literatur und Anthropologie in der zweiten Hälfte des 19. Jahrhunderts*, Konstanz 2011, S. 113–129.

Felsch, Philipp: *Laborlandschaften. Physiologische Alpenreisen im 19. Jahrhundert*, Göttingen 2007.

Feurstein, Valentin: *Dolomitenkämpfe. Ein Beitrag zur Darstellung der Verteidigung Tirols im Weltkriege*, Wien 1925.

Fick, Monika: Sinnstiftung durch Sinnlichkeit. Monistisches Denken um 1900, in: *Ästhetische und religiöse Erfahrungen der Jahrhundertwenden. II: um 1900*, hg. von Wolfgang Braungart, Gotthard Fuchs und Manfred Koch, Paderborn 1998, S. 69–83.

Film delle montagne. Manifesti, a cura di Aldo Audisio e Angelica Natta-Soleri, Scarmagno (Torino)/Ivrea 2008 (Raccolte die documentazione del museo nazionale della montagna).

Finch, George Ingle: *Der Kampf um den Everest*, deutsch von Walter Schmidtkunz, Leipzig 1925.

Finch, George Ingle: *The Making of a Mountaineer*, London 1924.

Finsterwalder, Richard; Misch, Peter; Raechl, Walter; Bechtold, Fritz: *Forschung am Nanga Parbat. Deutsche Himalaya-Expedition 1934*, Hannover 1935.

Flaig, Walther: *Hoch über Tälern und Menschen. Im Banne der Bernina*, Stuttgart 1925.

Fleißer, Marieluise: *Gesammelte Werke. Vierter Band: Aus dem Nachlaß*, hg. von Günter Rühle in Zusammenarbeit mit Eva Pfister, Frankfurt a.M. 1989.

Fleming, Fergus: *Nach oben. Die ersten Eroberungen der Alpengipfel*, Frankfurt a.M. 2002 (*Killing Dragons*, London 2000).

Fleming, Fergus: *Neunzig Grad Nord. Der Traum vom Pol*, München 2003.

Flex, Walter: *Der Wanderer zwischen beiden Welten. Ein Kriegserlebnis*, München o.J. [EA 1916].

Flüeler, Elsbeth/Diemer, Matthias/Volken, Marco (Hg.): *Wildnis. Ein Wegbegleiter durchs Gebirge*, Zürich 2004.

Fontane, Theodor: *Die Zuneigung ist etwas Rätselvolles. Der Ehebriefwechsel 1873–1898*, in: *Große Brandenburger* Ausgabe, hg. von Gotthard Erler, 2. A. Berlin 1998.

Forster, E.M.: Chormopuloda, in: *Listener*, XVI, 14. October 1936, suppl. 31, vii, wieder in: Haffenden, John (ed.): *W.H. Auden. The Critical Heritage*, London; New York 1983, repr. 2004, S. 189ff.

Foucault, Michel: Des espaces autres [1967/1984], in: *Dits et Ecrits*, Bd. 4, Paris 1994, S. 752–762; dt. u.d.T. Von anderen Räumen, aus dem Französischen von Michael Bischoff, in: M.F., *Schriften in vier Bänden. Dits et Ecrits*, Bd. 4, hg. von Daniel Defert/ Francois Ewald, Frankfurt a.M. 2005, S. 931–942.

Foucault, Michel: *Die Heterotopien. Der utopische Körper. Zwei Radiovorträge*, Frankfurt a.M. 2005.

Framke, Gisela: *Im Kampf um Südtirol. Ettore Tolomei (1865–1952) und das ‚Archivio per l'Alto Adige'*, Tübingen 1987.

Francia, Luisa: *Der untere Himmel. Frauen in eisigen Höhen*, München 1999.

Frank, Hilmar; Lobsien, Eckhard: Art. „Landschaft", in: *Ästhetische Grundbegriffe*, hg. von Karlheinz Barck u.a., Bd. 3, Stuttgart – Weimar 2001, S. 617–665.

Fränkel, Jonas: *Goethes Erlebnis in der Schweiz*, St. Gallen 1949.

Frankl, Viktor E.: *Bergerlebnis und Sinnerfahrung*, 2. Aufl. – Innsbruck 1993.

Freiligrath, Ferdinand: *Werke in neun Bänden*, Bd. 7, Berlin und Leipzig 1846.

Freshfield, Douglas W.: *Round Kangchenjunga: A Narrative of Mountain Travel and Exploration*, London 1903.

Freshfield, Douglas W.: *The Exploration of the Caucasus*, London 1896. ders.: *Round Kangchenjunga: A Narrative of Mountain Travel and Exploration*, London 1903.

Freud, Sigmund: Die Traumdeutung, in: *Gesammelte Werke* Bd. II/III, Frankfurt a.M. 1962.

Frisch, Max: *„Im übrigen bin ich immer völlig allein". Briefwechsel mit der Mutter 1933. Eishockeyweltmeisterschaft in Prag. Reisefeuilletons*, hg. von Walter Obschlager, Frankfurt a.M. 2000.

Frisch, Max: *Antwort aus der Stille. Eine Erzählung aus den Bergen*, mit einem Nachwort von Peter von Matt, Frankfurt a.M. 2009 [EA Stuttgart/Berlin: Deutsche Verlags-Anstalt, 1937].

Frisch, Max: Blätter aus dem Brotsack (Neue Folge) [1940–1941], zit. nach: Frisch, Max: *Schweiz als Heimat? Versuche über 50 Jahre*, hg. von Walter Obschlager, Frankfurt a.M. 1990, S. 71–105.

Frisch, Max: *Der Mensch erscheint im Holozän. Eine Erzählung*, Frankfurt a.M. 1979, 2. A. 1982 (st).

Frisch, Max: *Homo faber. Ein Bericht*, Frankfurt a.M. 1979 [EA 1957].

Frisch, Max: *Mein Name sei Gantenbein. Roman*, Frankfurt a.M. 1964.

Frisch, Max: Nach einem Flug, in: *Tagebuch 1946–1949*, Frankfurt a.M. 1965, S. 50–59.

Frisch, Max: Planura, in: *NZZ*, 4.10.1935 (wieder in: Niemann, Carsten (Hg.): *Max Frisch. Journalistische Arbeiten 1931–1939*, Hannover 2001).

Frisch, Max: *Tagebuch mit Marion*, Zürich 1947.

Frisch, Max: Über die Alpen, in: *NZZ*, 13.8.1937 (wieder in: Niemann, Carsten (Hg.): *Max Frisch. Journalistische Arbeiten 1931–1939*, Hannover 2001).

Frisch, Max: *Wilhelm Tell für die Schule. Mit alten Illustrationen*, Frankfurt a.M. 1971.

Frison-Roche, Roger; Jouty, Sylvain: *Histoire de l'Alpinisme*, Paris 1996.

Frost, Sabine: *Whiteout. Schneefälle und Weißeinbrüche in der Literatur ab 1800*, Bielefeld 2011.

Fuchs, Anette: „Eine kleine Phantasieentgleisung" oder die Seligkeit des Klischees: Zu Robert Walsers trivialliterarischen Parodien, in: *RUNA. Zeitschrift des portugiesischen Germanistenverbandes*, 21 (1994), S. 61–80.

Furtmüller, Curt: Schnitzlers Tragikomödie „Das weite Land". Ein Versuch psychologischer Literaturbetrachtung, in: *Zentralblatt für Psychoanalyse und Psychotherapie, Monatsblatt für Seelenkunde* 4 (1914), S. 28–40.

Gadda, Carlo Emili: *Giornale di guerra e di prigionia*, Milano 1955 (nuova ed. accresciuta 1965).

Gahse, Zsuzsanna: *Instabile Texte* [–] *zu zweit*, Wien 2005.

Ganghofer, Ludwig: *Der Jäger vom Fall. Ein Hochlandroman*, München 1883.

Garve, Christian: Ueber einige Schönheiten der Gebirgsgegenden, in: ders.: *Popularphilosophische Schriften über literarische, ästhetische und gesellschaftliche Gegenstände*, Faksimiledruck, hg. von Kurt Wiefel, 2. Bd. Stuttgart 1974, S. 141–188 [1067–1114].

Gaspari, Paolo: *Marmolada e Col di Lana. La prima estate di guerra nel racconto di Ricciotti Garidaldi e di altri ufficiali della brigata alpi*, Udine 2008.

Gehlen, Arnold: *Der Mensch. Seine Natur und seine Stellung in der Welt*, Frankfurt a.M. 1993.

Geier, Andrea: „Schön bei sich sein und dort bleiben". Jelineks Zitierverfahren zwischen Hermeneutik und Antihermeneutik in *Wolken.Heim* und *Totenauberg*, in: Müller, Sabine; Theodorsen, Cathrine (Hg.): *Elfriede Jelinek – Tradition, Politik und Zitat*, Wien 2008, S. 167–186.

Geier, Andrea: Geburtstagsgrüße mit Hölderlin. Arendt – Heidegger – Jelinek und die Wohnsitze des Denkens, in: *literaturkritik.de* (26.9.2006), online: http://www.literaturkritik.de/public/rezension.php?rez_id=10034.

Geist, Kathrin: *BERG-SEHN-SUCHT. Der Alpenraum in der deutschsprachigen Literatur*, Paderborn 2018.

Genette, Gérard: *Die Erzählung*, München 1994.

George, H.B.: Introductory Adress, in: *The Alpine Journal. A Record of Mountain Adventure and Scientific Observation*, by members of the alpine club, ed. by H.B. George, 1 (1863/64), S. 1–2.

Gerhard, Anselm; Landau, Annette (Hg.): *Schweizer Töne. Die Schweiz im Spiegel der Musik*, Zürich 2000.

Gesner, Konrad: *Besteigung des Frakmont, bei Luzern in der Schweiz* [*Descriptio montis fracti juxta Lucernam* [...]] [1555], in: Zebhauser, Helmuth (Hg.): *Frühe Zeugnisse: Die Alpenbegeisterung*, München 1986, S. 141–148.

Gesner, Konrad: Brief über die Bewunderung der Berge, in: *Die Entdeckung der Alpen. Eine Sammlung schweizerischer und deutscher Alpenliteratur bis zum Jahre 1800*, hg. und bearb. von Richard Weiss, Frauenfeld und Leipzig 1934, S. 1–5.

Giacomoni, Paola: *Il laboratorio della natura. Paesaggio montano e sublime naturale in età moderna*, Milano 2001.

Gidl, Anneliese: *Alpenverein. Die Städter entdecken die Alpen*, Wien, Köln, Weimar 2007.

Ginzburg, Carlo: Indizien: Morelli, Freud und Sherlock Holmes, in: *Der Zirkel oder im Zeichen der Drei: Dupin, Holmes, Peirce*, hg. v. Umberto Eco u. Thomas A. Sebeok, München 1985, S. 125–179.

Ginzburg, Carlo: *Spurensicherung. Über verborgene Geschichte, Kunst und soziales Gedächtnis*, Berlin 1983.

Ginzkey, Franz Karl: *Die Front in Tirol*, Berlin 1916.

Girtler, Rainer: Bergsteigen als Initiationsritual und die Suche nach dem Außeralltäglichen, in: König, Eugen; Lutz, Ronald (Hg.): *Bewegungskulturen. Ansätze zu einer kritischen Anthropologie des Körpers*, St. Augustin 1995, S. 141–150.

Girtler, Rainer: Korporations-Studenten als frühe Bergsteiger und Kletterer. Studentenhistorische Anmerkungen zur Alpinistik. Klettern als Initiationsritual, in: *Berg '92, Alpenvereinsjahrbuch*, hg. vom DAV, ÖAV und Alpenverein Südtirol, München, Innsbruck, Bozen 1991, S. 275–282.

Giudici, Nicolas: *La philosophie du Mont Blanc. De l'alpinisme à l'economie immatérielle*, Paris 2000.

Glavinic, Thomas: *Das größere Wunder. Roman*, München 2013.

Godeysen, Hubertus: Gerechtigkeit für Kaprun, in: *DIE ZEIT*, 6.8.2009, URL http://www.zeit.de/2009/33/A-Kaprun.

Goebel, Eckart: *Jenseits des Unbehagens. „Sublimierung" von Goethe bis Lacan*, Bielefeld 2009.

Goethe, Johann Wolfgang: <Tagebuch Schweizerreise 1775>, in: ders.: *Der junge Goethe, 1757–1775*, Bd. 2, hg. von Gerhard Sauer, München 1987 (= *Sämtliche Werke nach Epochen seines Schaffens*, Münchner Ausgabe, Bd. 1.2), S. 542–546.

Goethe, Johann Wolfgang: Aus dem Nachlaß. Reise in die Schweiz 1797 bearb. von Joh[ann] Peter Eckermann, in: ders.: *Werke. Sophien-Ausgabe*, Bd. 34.1., Weimar 1902.

Goethe, Johann Wolfgang: Briefe aus der Schweiz. 1779, in: ders.: *Erstes Weimarer Jahrzehnt*, 1775–1786, Bd. 2, hg. von Hannelore Schlaffer u.a., München 1987 (= *Sämtliche Werke nach Epochen seines Schaffens*, Münchner Ausgabe, Bd. 2.2), S. 595–647.

Goethe, Johann Wolfgang: *Die Leiden des jungen Werthers* (1774), Stuttgart 1980.

Goethe, Johann Wolfgang: *Faust. Texte*, hg. von Albrecht Schöne, Frankfurt a.M. 1994 (= *Sämtliche Werke, Briefe, Tagebücher und Gespräche*, 40 Bde., hg. von Friedmar Apel u.a., Bd. 7/1).

Goethe, Johann Wolfgang: *Italienische Reise*, Wiesbaden 1959.

Goethe, Johann Wolfgang: *Werke. Hamburger Ausgabe*, 14 Bd., München 1982.

Gould, Stephen J.: *Die Entdeckung der Tiefenzeit. Zeitpfeil oder Zeitzyklus in der Geschichte unserer Erde*, München 1990 [EA 1987].

Gramminger, Ludwig: *Das gerettete Leben. Die Geschichte der Bergrettung*, hg. von Hans Steinbichler, München: Rother, 1986.

Gratzl, Karl: *Die heiligsten Berge der Welt*, Graz 1990.

Gratzl, Karl: *Mythos Berg. Lexikon der bedeutenden Berge aus Mythologie, Kulturgeschichte und Religion*, Purkersdorf 2000.

Greenblatt, Stephen: A mobility studies manifesto, in: ders. et al. (Hg.): *Cultural Mobility: A Manifesto*, Cambridge, 2010.

Greve, Reinhard: Tibetforschung im SS-Ahnenerbe, in: Hauschild, Thomas (Hg.): *Lebenslust und Fremdenfurcht. Ethnologie im Dritten Reich*, Frankfurt a.M. 1995, S. 168–199.

Gribble, Francis: *The Early Mountaineers*, London 1899.

Gribble, Francis: *The Story of Alpine Climbing*, London o.J. [1904].

Grimm, Peter: *Walter Schmidkunz. Ein Klassiker im Hintergrund*, München 1989.

Grimm, Reinhold: *Nach dem Naturalismus. Essays zur modernen Dramatik*, Königstein/Ts. 1978.

Groddeck, Wolfram; Sorg, Reto; Utz, Peter; Wagner, Karl (Hg.): *Robert Walsers ‚Ferne Nähe'. Neue Beiträge zur Forschung*, München 2007.

Gröger, Gustav; Rabl, Josef: *Die Entwicklung der Hochtouristik in den österreichischen Alpen*, Wien 1890.

Groh, Dieter; Groh, Ruth: Petrarca und der Mont Ventoux, in: *Merkur* 46 (1992), S. 290–307.

Groh, Ruth; Groh, Dieter: Von den schrecklichen zu den erhabenen Bergen, in: *Vom Wandel des neuzeitlichen Naturbegriffs*, hg. von H-D. Weber, Konstanz 1989, S. 53–93.

Groh, Ruth; Groh, Dieter: *Weltbild und Naturaneignung. Zur Kulturgeschichte der Natur*, Frankfurt a.M. 1991.

Groos, Karl: *Die Spiele der Menschen*, Jena 1899.

Grosse, Margarete: Über Alpenluftfahrten, in: *ZDÖAV* XLII (1911), S. 1–50.

Großklaus, Götz: Der Berg- und Alpen-Mythos: Utopischer Ort – ‚Schöne Aussicht' – Leerer Raum, in: ders.: *Natur – Raum: von der Utopie zur Simulation*, München 1993, S. 97–118.

Grotzer, Peter: *Die zweite Geburt. Figuren des Jugendlichen in der Literatur des 20. Jahrhunderts*, 2 Bde. Zürich 1991.

Gruner, Paul: Beiträge zur Kenntnis der Dämmerungserscheinungen und des Alpenglühens, in: *Denkschrift der Schweizerischen naturforschenden Gesellschaft*, Zürich Bd. 57 (1921), Bd. 62 (1925).

Grupp, Peter: *Faszination Berg. Die Geschichte des Alpinismus*, Köln, Weimar, Wien 2008.

Gryzik, Antoni: La découverte des Alpes dans la poésie polonaise, in: *La haute montagne. Vision et représentations de l'époque médievale à 1860*, hg. vom Centre Alpin et Rhodanien, Grenoble 1988, S. 237–244.

Gugerli, David; Speich, Daniel: *Topographien der Nation. Politik, kartographische Ordnung und Landschaft im 19. Jahrhundert*, Zürich 2002.

Gugger, Beat: Alpenglühen, in: Kunz, Stephan, Wismer, Beat, Denk, Wolfgang (Hg.): *Die Schwerkraft der Berge: 1774–1997*, Ausstellungskatalog zu den Ausstellungen im Aargauer Kunsthaus Aarau und der Kunsthalle Krems 1997, Basel; Frankfurt a.M. 1997, S. 63–67.

Guichonnet, Paul: L'Homme devant les Alpes, in: ders. (Hg.): *Histoire et Civilisations des Alpes II*, Toulouse und Lausanne 1980, S. 169–248.

Gunning, Tom: The Cinema of Attractions. Early Film, Its Spectator and the Avant-Garde, in: Elsaesser, Thomas (Hg.): *Early Cinema. Space – Film – Narrative*, London 1997, S. 56–62.

Günther, Dagmar: *Alpine Quergänge. Kulturgeschichte des bürgerlichen Alpinismus (1870–1930)*, Frankfurt a.M., New York 1998.

Günther, Dagmar: *Wandern und Sozialismus. Zur Geschichte des Touristenvereins „Die Naturfreunde" im Kaiserreich und in der Weimarer Republik*, Hamburg 2003.

Günzel, Stephan: *Geophilosophie. Nietzsches philosophische Geographie*, Berlin 2001.

Güßfeldt, Paul: *Der Montblanc. Studien im Hochgebirge, vornehmlich in der Montblanc-Gruppe*, Berlin 1894.

Güßfeldt, Paul: *In den Hochalpen. Erlebnisse aus den Jahren 1859–1885*, Berlin 1886.

Güßfeldt, Paul: *Reisen in den Andes* [*sic*] *von Chile und Argentinien*, Berlin 1888.

Haberkorn, Michaela: *Naturhistoriker und Zeitenseher. Geologie und Poesie um 1800. Der Kreis um Abraham Gottlob Werner (Goethe, A.v.Humboldt, Novalis, Steffens, G.H.Schubert)*, Frankfurt a.M. u.a. 2004.

Hächler, Beat (Hg.): *Das Klappern der Zoccoli. Literarische Wanderungen im Tessin*, 4.A. Zürich 2004.

Hachtmann, Rüdiger: *Tourismus-Geschichte*, Göttingen 2007.

Häckel [sic], Ernst: Eine Besteigung des Pik von Teneriffa, in: *Zeitschrift der Gesellschaft für Erdkunde*, Bd. V., 1870, S. 1–28.

Hackl, Wolfgang: *Eingeborene im Paradies. Die literarische Wahrnehmung des alpinen Tourismus im 19. und 20. Jahrhundert*, Tübingen 2004.

Haensel, Carl, Strahl, Richard: *Politisches ABC des neuen Reichs. Schlag- u. Stichwörterbuch für die deutschen Volksgenossen*, 2 Tle., Stuttgart 1933, 1934.

Haensel, Carl: *Der Kampf ums Matterhorn. Tatsachenroman* [1928], Stuttgart 1929.

Haller, Albrecht von: *Die Alpen. 1729*, bearb. von Harold T. Betteridge, Berlin 1959.

Haller, Albrecht von: *Die Alpen. 1729*, in: ders.: *Versuch Schweizerischer Gedichte*, 9. Aufl. Göttingen 1762.

Hallet, Wolfgang; Neumann, Birgit (Hg.): *Raum und Bewegung in der Literatur. Die Literaturwissenschaften und der Spatial Turn*, Bielefeld 2009.

Hamann, Christof/Honold, Alexander: *Kilimandscharo: Die deutsche Geschichte eines afrikanischen Berges*, Berlin 2011.

Hammerer, Martin: *Die Poetik des weißen Flecks. Zum Verhältnis von Subjekt, Raum und Text in Christoph Ransmayrs ‚Der fliegende Berg' (2006)*, Zulassungsarbeit LMU München 2010.

Handl, Leo: Von der Marmolata-Front, in: *ZDÖAV* S. 211–218.

Hansen-Löve, Aage A.: Intermedialität und Intertextualität. Probleme der Korrelation von Wort- und Bildkunst – Am Beispiel der russischen Moderne, in: Schmid, Wolf; Stempel, Wolf-Dieter (Hg.): *Dialog der Texte. Hamburger Kolloquium zur Intertextualität*, Wien 1983, S. 291–360.

Hansen, P.H.: „Die Erfindung des Bergsteigens" im Viktorianischen England, in: *The Journal of British Studies*, Bd. 34, H.3, 1995.

Hansen, Peter H.: The Dancing Lamas of Everest: Cinema, Orientalism, and Anglo-Tibetan Relations in the 1920s, in: *The American Historical Review* 101 (1996), S. 712–747.

Hansen, Peter: *British Mountaineering, 1850–1914*, Diss. Harvard University 1991.

Häntzschel, Hiltrud: *Marieluise Fleißer. Eine Biographie*, Frankfurt a.M., Leipzig 2007.

Hanzig-Bätzing, Evelyn/Bätzing, Werner: *Entgrenzte Welten. Die Verdrängung des Menschen*, Zürich 2005.

Hard, Gerhard: Geleitwort, in: Siegrist, Dominik: *Sehnsucht Himalaya. Alltagsgeographie und Naturdiskurs in deutschsprachigen Bergsteigerreiseberichten*, Zürich: Chronos, 1996 (zugl. Diss. Univ. Zürich 1996), S. 9–11.

Harrer, Heinrich: *Die weiße Spinne. Das große Buch vom Eiger*, Berlin: Ullstein, 2001.

Harrer, Heinrich: *Sieben Jahre in Tibet*, Frankfurt a. M. 1957.

Hartl, Charlotte: *Das Hochgebirge in der deutschen Dichtung*, Innsbruck 1961.

Hartmann, Hans: *Das Kantschtagebuch*, hg. von Karl Wien, München 1934.

Hartmann, Joseph: Goethe und die Alpen, in: *ZDOeAV* 39 (1908), S. 92–108.

Hattingh, Garth: *Top climbs: die berühmtesten Gipfel der Welt, legendäre Routen, Erstbesteigungen*, München 1999.

Häusler, Wolfgang: Adalbert Stifter und Friedrich Simony entdecken die Alpen. Die geologische Grundlegung der Geographie in Österreich, in: *Österreich in Geschichte und Literatur* 53 (2009), H.2, S. 113–140.

Häussler, Oliver: Dreifache Verhandelbarkeit von Authentizität im alpinistischen Diskurs, in: [Texte des Graduiertenkollegs „Inszenierung von Authentizität", Universität Hildesheim] o.T. [www.uni-hildesheim.de/gk/teilnehmer/text_Haeussler/Auth_Alpin.pdf, zuletzt aufgerufen am 20.1.2003]

Hazard, Forrest E.: The Ascent of F6. A New Interpretation, in: *Tennessee Studies in Literature* 15 (1970), S. 165–175.

Hebel, Johann Peter: Unverhoftes Wiedersehen, in: *Schatzkästlein des Rheinischen Hausfreundes*, Tübingen 1811, S. 292–294.

Hebert, Günther: *Das Alpenkorps. Aufbau, Organisation und Einsatz einer Gebirgstruppe im Ersten Weltkrieg*, Boppard 1988.

Heckmair, Anderl: *Eigernordwand, Grandes Jorasses und andere Abenteuer*. Zürich: AS-Verlag, 1999.

Hedrich, Franz: *Im Hochgebirge. Zwei Nachtstücke*, Berlin 1862.

Heer, Jakob Christoph: *Der König der Bernina. Roman aus dem Engadin* (1900), Wetzikon 1975.

Hegel, Georg Wilhelm Friedrich: Bericht über eine Alpenwanderung (1796), in: ders., *Gesammelte Werke*. Bd. 1, *Frühe Schriften 1*, hg. von Friedhelm Nicolin und Gisela Schüler, Hamburg 1989, S. 379–398, hier S. 384f., 392).

Heidegger, Martin: „Heimkunft / An die Verwandten", in: *Gesamtausgabe Bd. I,4: Erläuterungen zu Hölderlins Dichtung* [1944], Frankfurt a.M. 1981, S. 9–32.

Heidegger, Martin: Die Frage nach der Technik, in: *Vorträge und Aufsätze. Gesamtausgabe Bd. I, 7*, Frankfurt a.M. 2000, S. 5–36.

Heininger, Jörg: Erhaben, in: *Ästhetische Grundbegriffe. Historisches Wörterbuch in sieben Bänden*, hg. von Karheinz Barck u.a., Bd. 2, Stuttgart, Weimar 2010 [2001], S. 275–310.

Heinrich-Korpys, Meike: *Tagebuch und Fiktionalität. Stignalstrukturen des literarischen Tagebuchs am Beispiel der Tagebücher von Max Frisch*, St. Ingbert 2003.

Heinse, Wilhelm: Die Reise nach Italien. In: *Aufzeichnungen. Der Frankfurter Nachlaß*, hg. von Markus Bernauer u.a., 5 Bde., München 2005, Bd. 1, S. 435–1318, hier S. 481.

Heitmann, Annegret/Eglinger, Hanna: *Landnahme. Anfangserzählungen in der skandinavischen Literatur um 1900*, München 2010.

Hell, Bodo: *Dom. Mischabell. Hochjoch*, Linz 1977.

Helmut Hölder: Goethe als Geologe, in: *Goethe-Jahrbuch 111* (1994), S. 231–245.

Hemmleb, Jochen; Johnson, Larry; Simonson, Eric: *Die Geister des Mount Everest. Die Suche nach Mallory und Irvine*, Hamburg 1999.

Hemmleb, Jochen: *Everest – Göttinmutter der Erde*, Zürich 2002.
Hemmleb, Jochen: *Nanga Parbat. Das Drama 1970 und die Kontroverse*, Innsbruck 2010.
Hennig, Christoph: *Reiselust. Touristen, Tourismus und Urlaubskultur*, Frankfurt a.M. 1997.
Hepp, Corona: *Avantgarde. Moderne Kunst, Kulturkritik und Reformbewegungen nach der Jahrhundertwende*, München 1987.
Hering, Johannes: *Die bekehrte Schi-Feindin. Sportlustspiel in 2 Aufzügen*, München 1912.
Heringman, Noah: *Romantic Rocks. Aesthetic Geology*, Ithaca, London 2004.
Herrligkoffer, Karl Maria: *Nanga Parbat 1953*, München 1953.
Herrligkoffer, Karl Maria: *Nanga Parbat 1953*, 2.A. München 1954.
Herrligkoffer, Karl Maria: *Nanga Parbat. Die Geschichte eines Achttausenders*, Frankfurt a.M. 1981.
Hervé, Florence (Hg.): *Sehnsucht nach den Bergen. Schriftstellerinnen im Gebirge*, Berlin 2008.
Herzog, Maurice: *Annapurna. First Conquest of an 8000-m-Peak*, New York 1952.
Hesse, Hermann: *Sämtliche Werke in 20 Bänden*, hg. von Volker Michels, Frankfurt a.M. 2005.
Hesse, Hermann: Der Monte Giallo, in: *Simplicissimus* 15 (1910), S. 125, 131, 135.
Hesse, Hermann: Der schwere Weg, in: ders.: *Gesammelte Werke*, Bd. 6, Frankfurt a.M. 1970, S. 67–73.
Heyse, Paul: *Aus den Vorbergen. Novellen*, Berlin 1893.
Hiebeler, Toni: *Lexikon der Alpen*, München 1982.
Hillach, Ansgar: Das Volksstück als Kosmologie der Gewalt. Psychologie und Marxismus in Ödön von Horváths „Revolte auf Côte 3018", in: *GRM* 55 (1974), S. 223–243.
Hillern, Wilhelmine von: *Die Geier-Wally. Roman*, München 1977.
Hirsch-Luipold, Rainer u.a. (Hg.): *Die Bildtafel des Kebes. Allegorie des Lebens*, eingeleitet, übersetzt und mit interpretierenden Essays versehen von, Reinhard Feldmeier u.a., Darmstadt 2005.
Histoire des Alpes/Storia delle Alpi/Geschichte der Alpen. Revue annuelle, Lugano 1996ff. (derzeit 7 Bde.)
Höbusch, Harald: Ascent into Darkness: German Himalaya Expeditions and the National Socialist Quest for High-Altitude Flight, in: *The International Journal of the History of Sport* 24 (2007), Nr. 4, S. 520–540.
Höbusch, Harald: Ideologizing Nanga Parbat: High-Altitude Mountaineering and German nationalism in the 1930s, in: *Sport in History* 23 (2003), H. 1, S. 64–88.
Hoek, Henry: *Wie lerne ich Schi-Laufen?* München 1909.
Hoffmann, Torsten: *Konfigurationen des Erhabenen. Zur Produktivität einer ästhetischen Kategorie in der Literatur des ausgehenden 20. Jahrhunderts (Handke, Ransmayr, Schrott, Strauß)*, Berlin, New York 2006.

Höfler, Horst (Hg.): *Nanga Parbat. Expeditionen zum „Schicksalsberg der Deutschen" 1934–1962*, Zürich 2002.

Höfler, Horst; Messner, Reinhold: *Hermann Buhl. Am Rande des Möglichen*, Zürich 2003.

Höfler, Horst; Messner, Reinhold: *Karl Maria Herrligkoffer – Besessen, sieghaft, umstritten*, Zürich 2001.

Höfler, Horst: *Sehnsucht Berg. Große Alpinisten von den Anfängen bis zur Gegenwart*, München 1989.

Hoffmann, Heinrich: *Hitler in seinen Bergen. 86 Bilddokumente aus der Umgebung des Führers, mit einem Geleitwort von Baldur von Schirach*, Berlin 1935.

Hofmannsthal, Hugo von: Das Dorf im Gebirge, in: ders.: *Sämtliche Werke XXVIII, Erzählungen I*, hg. von Ellen Ritter, Frankfurt a.M. 1975, S. 33–36, hier S. 35.

Hohl, Ludwig: *Bergfahrt*, Frankfurt a.M. 1975, 4.A. 1991.

Hohl, Ludwig: *Die Notizen oder Von der unvoreiligen Versöhnung*. Frankfurt a.M. 1981.

Hohl, Ludwig: *Jugendtagebuch*, im Auftrag der Ludwig-Hohl-Stiftung hg. von Hugo Sarbach, Frankfurt a.M. 1998.

Hohl, Ludwig: *Nächtlicher Weg. Erzählungen*, [1943], Frankfurt a.M. 1971.

Hohl, Ludwig: *Nuancen und Details* [1939/1942], Frankfurt a.M. 1975.

Hohl, Ludwig: *Von den hereinbrechenden Rändern. Nachnotizen*, Frankfurt a.M. 1986.

Hohler, Franz: *Die Steinflut. Eine Novelle*, München 1998.

Hoibian, Olivier: *L'invention de l'alpinisme: la montagne et l'affirmation de la bourgeoisie*, 1786–1914, Belin 2008.

Hölder, Helmut: *Kurze Geschichte der Geologie und Paläontologie. Ein Lesebuch*, Berlin, Heidelberg, New York, London, Paris, Tokyo 1989.

Hölderlin, Friedrich: *Sämtliche Werke und Briefe*, hg. von Michael Knaupp, 3 Bde. München 1992.

Holt, Lee Wallace: *Mountains, Mountaineering and Modernity. A Cultural History of German and Austrian Mountaineering 1900–1945*, Austin/Texas 2008.

Holzel, Tom; Salkeld, Audrey: *First on Everest: The Mystery of Mallory and Irvine*, New York 1986.

Holzer, Anton: *Die Bewaffnung des Auges. Die drei Zinnen oder Eine kleine Geschichte vom Blick auf das Gebirge*, Wien 1996.

Honegger, Arthur: *Le Demon de L'Himalaya/Crime et Chatiment/Regain/L'idee*, CD, Naxos/D 2008.

Honegger, Claudia: *Die Ordnung der Geschlechter. Die Wissenschaften vom Menschen und das Weib*, Frankfurt a.M. 1991.

Honold, Alexander: Kaiser-Wilhelm-Spitze. Wie der Kilimandscharo zum höchsten Berg Deutschlands wurde, in: *Die Namen der Berge*, 2001, online-Publikation des INST: http://www.inst.at/berge/perspektiven/honold.htm [11.5.2007].

Horak, Jan-Christopher (Hg.): *Berge, Licht und Traum. Dr. Arnold Fanck und der deutsche Bergfilm*, München 1997.

Horváth, Ödön von: Die Bergbahn. Volksstück in drei Akten, in: *Gesammelte Werke*, Bd. 1, *Stücke* 1920–1930, hg. von Traugott Krischke unter Mitarbeit von Susanna Foral-Krischke, Frankfurt a.M. 1988, S. 85–128.

Horváth, Ödön von: Die Bergbahn. Volksstück in drei Akten, in: *Zur schönen Aussicht und andere Stücke, Gesammelte Werke*, Bd. I, hg. von Traugott Krischke unter Mitarbeit von Susanna Foral-Krischke, Frankfurt a.M. 2001, S. 89–132.

Horváth, Ödön von: *Sportmärchen, andere Prosa und Verse. Gesammelte Werke* Bd. 11, hg. von Traugott Krischke unter Mitarbeit von Susanna Foral-Krischke, Frankfurt a.M. 1988.

Hosemann, Jürgen (Hg.): *Über allen Gipfeln. Eine literarische Reise durchs Gebirge*, Frankfurt a.M. 2010.

Hostettler, Yvan: *Matterhorn. Gipfel der Werbung*, Genf 1990.

Huber, Paul: *Heilige Berge. Sinai, Athos, Golgotha. Ikonen, Fresken, Miniaturen*, Köln 1980.

Humboldt, Alexander von: *Kosmos. Entwurf einer physischen Weltbeschreibung*, 2 Bde., Stuttgart und Tübingen 1845/47.

Humboldt, Alexander von: *Ueber einen Versuch den Gipfel des Chimborazo zu ersteigen*. Hg. und mit einem Essay versehen von Oliver Lubrich und Ottmar Ette, Frankfurt a.M. 2006.

Hunt, John: *The Conquest of Everest. With a Chapter on the Final Assault by Sir Edmund Hillary*, New York 1954.

Hüppauf, Bernd (Hg.): *Ansichten vom Krieg. Vergleichende Studien zum Ersten Weltkrieg in Literatur und Gesellschaft*, Königstein/Ts. 1984.

Hüser, Andreas: *Wo selbst die Wege nachdenklich werden. Friedrich Nietzsche und der Berg*, Zürich 2003.

Imhasly, Pierre: *Maithuna \ Matterhorn*, Frankfurt a.M./Basel 2005.

Inglin, Meinrad: *Grand Hotel Excelsior*, Roman, Zürich und Leipzig 1928.

Inglin, Meinrad: *Werner Amberg*, Zürich 1990.

Ireton, Sean; Schaumann, Caroline (eds.): *Heights of Reflection. Mountains in the German Imagination from the Middle Ages to the Twenty-First Century*, Rochester, N.Y. 2021.

Irwin, William Robert (ed.): *Challenge. An Anthology of The Literature of Mountaineering*, New York: Columbia University Press, 1950.

Isenschmid, Andreas: Max Frischs verstoßener Roman, in: *Tages-Anzeiger*, Zürich, 31.3.2001, S. 51.

Isserman, Maurice/Weaver, Steward: *Fallen Giants. A History of Himalayan Mountaineering from the Age of Empire to the Age of Extremes*, New Haven 2008.

Ittlinger, Josef: *Alpinismus. Ein Ratgeber für Hochtouristen*, Leipzig 1908.

Ittlinger, Josef: *Ewige Berge. Erlebnisse und Gesichte* [sic], München 1924.

Ittlinger, Josef: *Führerloses Bergsteigen. Das Gehen auf Fels, Schnee und Eis*, Leipzig 1922.

Ittlinger, Josef: *Handbuch des Alpinismus*, Leipzig 1913.

Jacobs, Thomas: Visuelle Traditionen im Bergfilm. Von Friedrich zu Fidus oder Das Ende der bürgerlichen Fluchtbewegungen im Faschismus, in: *Film und Kritik* 1 (1992) (Der Fall Dr. Fanck – Revisited), S. 28–38.

Jakob, Michael: Das Gebirge, das Heilige und das Erhabene, in: Kunz, Stephan, Wismer, Beat, Denk, Wolfgang (Hg.): *Die Schwerkraft der Berge: 1774–1997*, Ausstellungskatalog zu den Ausstellungen im Aargauer Kunsthaus Aarau und der Kunsthalle Krems 1997, Basel; Frankfurt a.M. 1997, S. 75–81.

Jakob, Michael: *Paesaggio e letteratura*, Città di Castello 2005.

Janke, Pia: Der Mythos Kaprun in *In den Alpen* und *Das Werk*, in: Lartillot, Françoise; Hornig, Dieter (Hg.): *Jelinek, une répétition? Jelinek, eine Wiederholung? A propos des pièces* In den Alpen *et* Das Werk. *Zu den Theaterstücken* In den Alpen *und* Das Werk, Bern, Berlin u.a. 2009 (Genèses de Textes, Bd. 1), S. 127–141.

Janz, Curt Paul: *Friedrich Nietzsche. Biographie*, 3 Bde., München 1978–1979.

Janz, Marlies: *Vom Engagement absoluter Poesie. Zur Lyrik und Ästhetik Paul Celans*, Frankfurt a.M. 1976.

Jappe, Hajo: *Ernst Bertram. Gelehrter, Lehrer und Dichter*, Bonn 1969.

Jauß, Hans Robert: *Literaturgeschichte als Provokation*, Frankfurt a.M. 1970.

Jean Paul: Des Luftschiffers Giannozzo Seebuch [= Komischer Anhang zum Titan]. Hg. von Eduard Berend, in: ders.: *Sämtliche Werke. Hist.-krit. Ausgabe*, hg. von der preuß. Akademie der Wissenschaften, Bd. I, 8, Weimar 1933, S. 419–502.

Jelinek, Elfriede u. Landes, Brigitte (Hg.): *Jelineks Wahl. Literarische Verwandtschaften*, München 1998.

Jelinek, Elfriede: „Die Toten wenigstens in der Kunst ins Leben zurückholen", in: *Der neue Tag* (Weiden), 17.10.2002, http://www.oberpfalznetz.de/zeitung/68233-142-die_toten_wenigstens_in_der_kunst_ins_leben_zurueckholen,1,0.html.

Jelinek, Elfriede: „Diese Maschine ist unschuldig! Ich klage andere an" (6.9.2009), online: http://www.a-e-m-gmbh.com/wessely/ffakir.htm.

Jelinek, Elfriede: *Die Kinder der Toten. Ronman*, Reinbek bei Hamburg 1995.

Jelinek, Elfriede: *Die Kontrakte des Kaufmanns. Rechnitz (Der Würgeengel. Über Tiere. Drei Theaterstücke*, Reinbek b.H. 2009.

Jelinek, Elfriede: *Die Liebhaberinnen. Roman*, Reinbek b.H. 1975.

Jelinek, Elfriede: *In den Alpen. Drei Dramen*, Berlin 2002.

Jelinek, Elfriede: *Oh Wildnis, oh Schutz vor ihr*. Prosa. Reinbek bei Hamburg 1985.

Jelinek, Elfriede: *Wolken.Heim*. Göttingen 1990, Stuttgart 2000.

Jenny, Heinrich Ernst: *Die Alpendichtung der deutschen Schweiz. Ein literar-historischer Versuch*, Bern: Grunau 1905.

Jordan, Alexander: *Krieg um die Alpen. Der erste Weltkrieg im Alpenraum und der bayrische Grenzschutz in Tirol*, Berlin 2008 (= Zeitgeschichtliche Forschungen, Bd. 35).

Jost, Erdmut: *Landschaftsblick und Landschaftsbild. Wahrnehmung und Ästhetik im Reiseberlcht 1780–1820*, Freiburg im Breisgau 2006.

Joutard, Philippe: *L'invention du Mont Blanc*, Paris 1986.

Joutard, Philippe: La haute montagne. Des récits des origines à sa mise en littérature, in: *La haute montagne. Vision et représentations de l'époque médievale à 1860*, hg. vom Centre Alpin et Rhodanien, Grenoble 1988, S. 7–11.

Joutard, Philippe: La montagne, une invention protestante? In: *La haute montagne. Vision et représentations de l'époque médievale à 1860*, hg. vom Centre Alpin et Rhodanien, Grenoble 1988, S. 123–132.

Jouty, Sylvain: Wenn Alpinisten nicht die ganze Wahrheit sagen, in: Anker, Daniel (Hg.): *Finsteraarhorn. Die einsame Spitze*, Zürich 1997 (= Bergmonographie 2), S. 50–59.

Kablitz, Andreas: Petrarcas Augustinismus und die Ecriture der Ventoux-Epistel, in: *Poetica* 26 (1994), S. 32–69.

Kaes, Anton: *M*, London 2000.

Kaes, Anton: *Shell Shock Cinema: Weimar Culture and the Wounds of War*, Princeton 2009.

Kafka, Franz: *Gesammelte Werke*, 12 Bd., nach der Kritischen Ausgabe hg. von Hans-Gerd Koch, Frankfurt a.M. 1994.

Kaiser, Gerhard: Endspiel im Tessin. Max Frischs unentdeckte Erzählung *Der Mensch erscheint im Holozän*, in: *Schweizer Monatshefte für Politik, Wirtschaft, Kultur* 82/83 (2002/2003), S. 46–52.

Kammerlander, Hans: *Bergsüchtig*, 4. A. München u.a. 1999.

Kant, Immanuel: Beobachtungen über das Gefühl des Schönen und Erhabenen (1764), in: *Werke in sechs Bänden*, hg. von Wilhelm Weischedel, Bd. 1, Darmstadt 1963, S. 823ff.

Kant, Immanuel: Kritik der Urteilskraft, in: *Akademie-Textausgabe*, Bd. V, Berlin 1968,

Kapeller, Ludwig: *Der Weg durch die Steinerne Wand. Ein Berg-Roman*, Berlin 1933.

Kaschuba, Wolfgang: Die Fußreise. Von der Arbeitswanderung zur bürgerlichen Bildungsbewegung, in: *Reisekultur. Von der Pilgerfahrt zum modernen Tourismus*, hg. von H. Bausinger, K. Beyrer, G. Korff, München 1991, S. 165–173.

Kaufmann, Stefan: *Soziologie der Landschaft*, Wiesbaden 2005.

Kaufmann, Stefan: „Moderne Subjekte am Berg", in: *Vernunft – Entwicklung – Leben. Schlüsselbegriffe der Moderne, Festschrift für Wolfgang Eßbach*, hg. von Ulrich Bröckling, Axel Paul und Stefan Kaufmann, München 2004, S. 205–233.

Keller, Gottfried: *Sämtliche Werke und ausgewählte Briefe*, hg. von Clemens Heselhaus, Bd. 2, München o.J.

Keller, Sven: Obersalzberg, in: *Historisches Lexikon Bayerns, online:* https://www.historisches-lexikon-bayerns.de/Lexikon/Obersalzberg (24.4.2022).

Kick, Wilhelm: *Adoph Schlagintweits Karakorum-Forschungsreise 1856*, München 1993 (Forschungsberichte des Deutschen Alpenvereins, Bd. 6).

Kienlin, Max von: *Der einsame Tod: Legende Günther Messner*, München 2006.

Kieser, Rolf: *Max Frisch. Das literarische Tagebuch*, Frauenfeld, Stuttgart 1975.

Kirchmann, Kay: Szenen eines Kampfes. Die Wolkenbilder des Dr. Fanck, in: *Archiv für Mediengeschichte* Bd. 5 (2005) [Thema: Wolken], S. 117–129.

Kleist, Heinrich von: *Sämtliche Werke und Briefe*, hg. von Helmut Sembdner, 2 Bde. München 1987.

Kleist, Heinrich von: Über das Marionettentheater, in: ders.: *Sämtliche Erzählungen, Anekdoten, Gedichte, Schriften*, hg. von Klaus Müller-Salget, Frankfurt a.M. 2005 [1990], S. 555–563.

Kluge. Etymologisches Wörterbuch der deutschen Sprache, bearbeitet von Elmar Seebold, 24. A. Berlin/New York 2002.

Koch, Gertrud (Hg.): *Perspektive – die Spaltung der Standpunkte. Zur Perspektive in Philosophie, Kunst und Recht*, München 2010.

Koebner, Thomas; Janz, Rolf-Peter; Trommler, Frank (Hg.): *„Mit uns zieht die neue Zeit". Der Mythos Jugend*, Frankfurt a.M. 1985.

Koebner, Thomas: Das Drama der Neuen Sachlichkeit und die Krise des Liberalismus, in: Rothe, Wolfgang: *Die deutsche Literatur der Weimarer Republik*, Stuttgart 1974, S. 19–46.

Kofler, Werner: *Der Hirt auf dem Felsen*, Reinbek bei Hamburg 1991.

Kohl, Karl-Heinz: *Ethnologie. Die Wissenschaft vom kulturell Fremden*, München 1993, 2.A. 2000.

Kommission für Glaziologie der Bayrischen Akademie der Wissenschaften (Hg.): *Gottfried Merzbacher (1843–1926) als Alpinist und Glaziologe. Tagungsband zur Tagung am Mittwoch, 28. Oktober 2006*, München 2006.

Konersmann, Ralf: Überblick, in: *Wörterbuch der philosophischen Metaphern*, hg. von Ralf Konersmann, Darmstadt 2007, S. 485–498.

König, Erich (Hg.): *Empor! Georg Winklers Tagebuch. In memoriam. Ein Reigen von Bergfahrten hervorragender Alpinisten von heute*, Leipzig 1906.

König, Stefan: Der Mythos vom heiligen Berg. Kleine genealogische Abhandlung in Sachen deutscher Bergfilmtradition, in: Horak, Jan-Christopher (Hg.): *Berge, Licht und Traum. Dr. Arnold Fanck und der deutsche Bergfilm*, München 1997, S. 105–124.

König, Stefan: *Neuland. Gewagte Schritte im Alpinismus*, München 1991.

König, Wolfgang: *Bahnen und Berge. Verkehrstechnik, Tourismus und Naturschutz in den Schweizer Alpen 1870–1939*, Frankfurt a.M. 2000.

Korte, Barbara: *Der englische Reisebericht. Von der Pilgerfahrt bis zur Postmoderne*, Darmstadt 1996.

Kos, Wolfgang (Hg.): *Alpenblick. Die zeitgenössische Kunst und das Alpine*, Katalog Kunsthalle Wien 1998, hg. von Wolfgang Kos und der Kunsthalle Wien, o.O. [Basel; Frankfurt a.M.] 1998 (= trans alpin 2).

Kos, Wolfgang; Kriasny, Elke (Hg.): *Schreibtisch mit Aussicht. Österreichische Schriftsteller auf Sommerfrische*, Wien 1995.

Koschorke, Albrecht: *Die Geschichte des Horizonts. Grenze und Grenzüberschreitung in literarischen Landschaftsbildern*, Frankfurt a.M. 1990.

Kracauer, Jon: *Into Thin Air*, New York 1997.

Kracauer, Siegfried: *Frankfurter Turmhäuser. Ausgewählte Feuilletons 1906-30*, hg. von Andreas Volk, Zürich 1997.

Kracauer, Siegfried: *Von Caligari zu Hitler. Eine psychologische Geschichte des deutschen Films*, übers. von Ruth Baumgarten und Karsten Witte (= *Schriften*, hg. von Karsten Witte, Bd. 2), Frankfurt a.M. 1979 [engl. Orig. Princeton 1947], S. 119.

Kracauer, Siegfried: *Werke*, Bd. 5.1, *Essays, Feuilletons, Rezensionen*, 1906–1923, hg. von Inka Mülder-Bach, Berlin 2011.

Kracauer, Siegfried: *Werke*, Bd. 5.2, *Essays, Feuilletons, Rezensionen*, 1924–1927 hg. von Inka Mülder-Bach, Berlin 2011.

Kracht, Christian: *Ich werde hier sein im Sonnenschein und im Schatten*, Roman, Köln 2008.

Kramer, Kirsten: Topographical Turn, in: Günzel, Stephan (Hg.) *Raum. Ein interdisziplinäres Handbuch*, Stuttgart 2010, S. 100–109.

Kratz, Stephanie: Echo – eine Stimme von Gewicht? Zur Rhetorik einer weiblichen Wiederholungsfigur, in: Gutenberg, Andrea / Poole, Ralph J. (Hg.): *Zitier-Fähigkeit. Findungen und Erfindungen des Anderen*, Berlin 2001, S. 172–186.

Kraus, Karl: Bergführer und Hopf oder Beginn einer Razzia auf Literarhistoriker, in: *Die Fackel* 336–337, 23. Nov. 1911, S. 15–21.

Kraus, Lydia: *Die Sprache der Berge. Handbuch der alpinen Erlebnispädagogik*, Alling 1996.

Kremers, Dieter: Petrarcas Besteigung des Mont Ventoux, in: Köhler, Erich (Hg.): *Sprachen der Lyrik. Fs. Hugo Friedrich zum 70. Geburtstag*, Frankfurt a.M. 1975, S. 487–497.

Krischke, Traugott: *Horváth auf der Bühne. 1926-1938. Eine Dokumentation*, Wien 1991.

Krüger, Manfred: *Die Verklärung auf dem Berge. Erkenntnis und Kunst*, Hildesheim, Zürich, New York 2003.

Krüger, Michael: *Vom ordnenden Subjekt zur subjektgemäßen Ordnung. Studien zu Arnolt Bronnens Dramen*, Frankfurt a.M. usw. 1989.

Krummel, Richard Frank: *Nietzsche und der deutsche Geist*, unter Mitwirklung von Evelyn S. Krummel, 4 Bde. Berlin/New York 2.A. 1998 und 2006.

Kümmel, Peter: Die Welt im Kamin. Vom Zwang in jedem Unglücksfall Auschwitz zu entdecken: Elfriede Jelinek und ihr Bergbahnstück ‚In den Alpen', in: *Die Zeit*, 42/2002 (10.10.2002).

Kunne, Andrea: *Postmoderne contre coeur. Stationen des Experimentellen in der österreichischen Literatur*, Innsbruck 2005.

Kunz, Stephan, Wismer, Beat, Denk, Wolfgang (Hg.): *Die Schwerkraft der Berge: 1774–1997*, Ausstellungskatalog zu den Ausstellungen im Aargauer Kunsthaus Aarau und der Kunsthalle Krems 1997, Basel; Frankfurt a.M. 1997.

Kurz, Marcel: Die Erschließung des Himalaya, in: *Die Alpen* IX Nr. 7, 9, 10, 11 (1933), S. S. 241–259, 321–334, 361–378, 401–417.

La haute montagne. Vision et représentations de l'époque médievale à 1860, hg. vom Centre Alpin et Rhodanien, Grenoble 1988.

La montagne et ses images du peintre d'Akrésilas à Thomas Cole, ed. par le Ministère de l'Èducation nationale, Comité des travaux historiques et scientifiques, Paris 1991.

La Roche, Sophie von: *Tagebuch einer Reise durch die Schweiz, von der Verfasserin von Rosaliens Briefen*, Altenburg 1787.

Lacoste-Veysseyre, Claudine: *Les Alpes romantiques. Le thème des Alpes dans la littérature française de 1800 à 1850*, Geneve 1981.

Lacroix, Jean: L'évolution du sentiment de la montagne dans la littérature, des Lumières au Romantisme, in: *La haute montagne. Vision et représentations de l'époque médievale à 1860*, hg. vom Centre Alpin et Rhodanien, Grenoble 1988, S. 205–224.

Laermann, Klaus: Zur Sozialgeschichte des Duells, in: *Arthur Schnitzler. Zur Diagnose des Wiener Bürgertums im Fin de siècle*, hg. von Rolf-Peter Janz und Klaus Laermann, Stuttgart 1977, S. 131–154.

Lammer, Eugen Guido: Der Bergsport, in: *Die Zeit*, Wien 1896, Nr. 94.

Lammer, Eugen Guido: Führerloses Alleingehen im Hochgebirge, in: *MDÖAV* Bd. 15 (1884), S. 284f.

Lammer, Eugen Guido: *Jungborn. Bergfahrten und Höhengedanken eines einsamen Pfadsuchers*, Wien 1922.

Lammer, Eugen Guido: Unbedingter Naturschutz des alpinen Ödlandes, *MDÖAV* 1928 S. 1–5.

Lammer, Eugen Guido: Von alpiner Tat und alpinem Stil. Entgegnung, in: *MDÖAV* 33 (1907), S. 47–48.

Lammer, Eugen Guido: Zur Psychologie des Bergsteigens. Eine Besprechung, in: *MDÖAV* 34 (1908), S. 47–49, hier S. 48.

Langen, August: Verbale Dynamik in der dichterischen Landschaftsdynamik des 18. Jahrhunderts. Vorstudien zu einer Sprachgeschichte, in: *ZfDPh* 70 (1948/49), S. 249–318.

Langer, Daniela: *Thomas Mann. Der Zauberberg. Erläuterungen und Dokumente*, Stuttgart 2009.

Langes, Gunther: *Front in Fels und Eis. Der Weltkrieg im Hochgebirge*. München 1933.

Langley, Bob: *Traverse of the Gods*, London 1980.

Laserer, Wolfgang: *Karl Springenschmid. Biographie*, Graz 1987.

Lebert, Hans: *Das Schiff im Gebirge. Unheimliche Erzählungen*, Wien, Zürich 1993.

Lebert, Hans: *Der Feuerkreis*. Roman, Wien 1992 [EA 1972].

Lehmann, Albrecht; Schriewer, Klaus (Hg.): *Der Wald – Ein deutscher Mythos? Perspektiven eines Kulturthemas*, Berlin und Hamburg 2000.

Lehmann, Jürgen: *Bekennen – Erzählen – Berichten. Studien zu Theorie und Geschichte der Autobiographie*, Tübingen 1988.

Lehner, Wilhelm: *Die Eroberung der Alpen*, Leipzig, Zürich 1924, S. 188.

Lejeune, Philippe: Le pacte autobiographique, in: *Poétique* 4 (1973), S. 137–162; dt. unter dem Titel „Der autobiographische Pakt" auch in: Niggl, Günter (Hg.): *Die Autobiographie. Zu Form und Geschichte einer literarischen Gattung*, Darmstadt 1989, S. 214–257.

Lem, Stanislav: Der Unfall, in: *Pilot Pirx. Erzählungen*. Frankfurt a.M. 1981, S. 293–333.

Lem, Stanislav: Der Unfall. In: *Pilot Pirx. Erzählungen*. Frankfurt a.M. 1981, S. 293–333.

Lempruch, Moritz Erwin von: *Der König der deutschen Alpen und seine Helden. Ortlerkämpfe 1915/1918*, Stuttgart 1925.

Lethen, Helmut: Lob der Kälte. Ein Motiv der historischen Avantgarden. In: Dietmar Kamper/ Willem van Reijen (Hg.): *Die unvollendete Vernunft. Moderne versus Postmoderne*, Frankfurt a.M. 1987, S. 282–325.

Lethen, Helmut: *Verhaltenslehren der Kälte. Lebensversuche zwischen den Kriegen*, Frankfurt a.M. 1994.

Levebvre, Henri: *La production de l'espace*, Paris 1974 (engl. *The Production of Space*, Oxford 1991).

Levi, Primo: *Das periodische System*, München 1991.

Lichem, Heinz von: *Gebirgskrieg 1915–1918*. 3 Bde., Bozen 1980/81, wieder 1996/1997.

Lobsien, Eckhard: *Landschaft in Texten. Zu Geschichte und Phänomenologie der literarischen Beschreibungen*, Stuttgart 1981.

Loewy, Hanno; Milchram, Gerhard (Hg.): *Hast Du meine Alpen gesehen? Eine jüdische Beziehungsgeschichte*, Hohenems, Wien 2009.

Loewy, Hanno: Das Menschenbild des fanatischen Fatalisten. Oder: Leni Riefenstahl, Béla Balázs und *Das blaue Licht*, URL: http://kops.ub.uni-konstanz.de/bitstream/handle/urn:nbn:de:bsz:352-opus-5694/loewy02.pdf?sequence=1.

Longfellow, Henry W. et al.: *Voices of the True-Hearted*, Philadelphia 1846, S. 1.

Longfellow, Samuel: *Life of Henry Wadsworth Longfellow: With Extracts of his Journals …*, [1887], Chicago 2003.

Loquai, Franz (Hg.): *Die Alpen. Eine Landschaft und ihre Menschen in Texten deutschsprachiger Autoren des 18. und 19. Jahrhunderts*, München 1996.

Lotman, Jurij M.: *Die Struktur literarischer Texte*, München 1972.

Ludwig Norman-Neruda: Die alpinen Unglücksfälle des Jahres 1894 [ersten Teil], in: *MDÖAV* Bd. 21 (1895), Nr. 3, S. 28–31, hier S. 29.

Lukan, Karl (Hg.): *Alpinismus in Bildern. Geschichte und Gegenwart*, Wien, München 1967.

Lüthi, Gottlieb: *Excelsior. Lieder eines Bergwanderers*, Samaden 1903.

Lütkehaus, Ludger: Dichten bei minus 30 Grad. Christoph Ransmayrs eindrucksvolles Roman-Epos aus der Todeszone des Himalaya, in: *Die Zeit*, 7.9.2006, S. 57.

Lütolf, Theo: *Das Drama am Eiger*, Zürich 1936.

Lughofer, Johann (Hg.): *Das Erschreiben der Berge. Die Alpen in der deutschsprachigen Literatur*, Innsbruck 2014.

Lutterjohann, Martin: Albert Frederick Mummery. Ein Portrait, in: Mummery, Albert Frederick: *Meine Bergfahrten in den Alpen und im Kaukasus*, NA München 1988, S. 323–333.

Lützeler, Paul Michael: Hermann Brochs ‚Die Verzauberung' als politischer Roman, in: *Neophilologus* 61 (1977), S. 111–126.

Lyotard, Jean-François: *Die Analytik des Erhabenen. Kant-Lektionen*, München 1994.

Maar, Michael: *Geister und Kunst. Neuigkeiten aus dem Zauberberg*, München 1995.

Macfarlane, Robert: *Berge im Kopf. Die Geschichte einer Faszination*, Zürich 2005 (engl. u.d.T. *Mountains of the Mind. A History of a Fascination*, London 2003).

Maduschka, Leo: *Das Problem der Einsamkeit im 18. Jahrhundert im besonderen bei J.G. Zimmermann*, Weimar 1933.

Maduschka, Leo: *Die Technik schwerster Eisfahrten*, München s.a. [ca. 1932].

Maduschka, Leo: *Junger Mensch im Gebirg*, München 1932.

Maduschka, Leo: *Neuzeitliche Felstechnik*, München s.a. [ca. 1934].

Maix, Kurt: *Berge – ewiges Abenteuer*, München 1966.

Maix, Kurt: *Lachender Schnee. Erlebte und erlauschte Berichte*, Berlin 1941.

Maix, Kurt: *Mensch am Berg. Von der Freude, dem Kampf und der Kameradschaft der Bergsteiger*, München 1935.

Maix, Kurt: *Spangaletti. Die Fahrt auf den Großglockner*, Berlin 1944.

Maix, Kurt. *Bergler, Bauern, Kameraden*, Wien 1941.

Majastre, Jean-Olivier: La vacances de Hegel, in: *La haute montagne. Vision et représentations de l'époque médievale à 1860*, hg. vom Centre Alpin et Rhodanien, Grenoble 1988, S. 245–250.

Mangold, Ijoma: Höhenrausch im Flattersatz. Zwei Brüder erklettern den Himalaya der Transzendenz: Christoph Ransmayrs Roman „Der fliegende Berg", in: *Süddeutsche Zeitung*, 22.9.2006, S. 16.

Mann, Thomas: *Der Zauberberg. Roman* [1924], Frankfurt a.M. 2001.

Manzenreiter, Wolfram: *Die soziale Konstruktion des japanischen Alpinismus: Kultur, Ideologie und Sport im modernen Bergsteigen*, Wien 2000.

Märtin, Ralf-Peter: *Nanga Parbat. Wahrheit und Wahn des Alpinismus*, Berlin 2002.

Märtin, Ralf-Peter: Talschleichen oder Gipfelstürmer. Der Streit zwischen Heinrich Steinitzer (1869–1947) und Eugen Guido Lammer (1863–1945) über Alpinismus, Sport und Kultur, in: *Jahrbuch der Deutschen Gesellschaft für Geschichte der Sportwissenschaften* 2006, S. 60–75.

Martin, Silke: *Berg und Film. Kultur und Ästhetik von Höhenlandschaft im deutschsprachigen Film der Gegenwart*, Marburg 2017.

Mason, Kenneth: *Abode of Snow. A History of Himalayan Exploration and Mountaineering*, London 1955, NA 1987.

Mathieu, Jon; Boscani Leoni, Simona (Hg.): *Die Alpen! Les Alpes! Zur europäischen Wahrnehmungsgeschichte seit der Renaissance. Pour une histoire de la perception européenne depuis la Renaissance*, Bern 2005.

Mathieu, Jon: *Geschichte der Alpen 1500–1900. Umwelt, Entwicklung, Gesellschaft*, Wien, Köln, Weimar 2002.

Mathieu, Jon: Zwei Staaten, ein Gebirge: schweizerische und österreichische Alpenperzpetion im Vergleich (18.–20. Jahrhundert), in: *Österreichische Zeitschrift für Geschichtswissenschaften*, 15 (2004), H. 2, S. 91–105.

Matt, Peter von: Nachwort. In: Frisch, Max: *Antwort aus der Stille. Eine Erzählung aus den Bergen*, Frankfurt a.M. 2009, S. 147–172.

Matthisson, Friedrich: Die Felsenkuppe von Mayenne, in: *Erinnerungen*, 5 Teile, Zürich 1810–1816.

Matthisson, Friedrich: *Gedichte*. Hg. von der Bibl. des Lit. Vereins Stuttgart, Tübingen 1912. [Die Alpenreise; Der Alpenwanderer]

Maurer, Eva: *Wege zum Pik Stalin. Sowjetische Alpinisten, 1928–1953*, Zürich 2010.

May, Markus: Gespräch im Gebirg, in: ders./Goßens, Peter/Lehmann, Jürgen (Hg.): *Celan-Handbuch. Leben – Werk – Wirkung*, Stuttgart 2008, S. 144–150.

Mayer, Hans: Nachwort, in: Bronnen, Arnolt: *Stücke. Vatermord/Die Exzesse/Ostpolzug/Gloriana/Die Kette Kolin*, hg. und mit einem Nachwort von Hans Mayer, Kronberg/Ts. 1977, S. 307–322, S. 316.

Mayer, Mathias: Tapferes Vergessen. Christoph Ransmayrs *Der fliegende Berg*, in: *Neue Rundschau* 121 (2010), H. 2, S. 160–170.

Mayr, Julius: Vorwort, in: *ZDÖAV* 50 (1919), S. 1–4.

McClintock, Anne: *Imperial Leather. Race, Gender and Sexuality in the Colonial Contest*, New York 1995.

Meier-Hüsing, Peter: *Wo die Schneelöwen tanzen – Maurice Wilsons vergessene Everest-Besteigung*, München 2003.

Meier, Pirmin: *Der Fall Federer. Priester und Schriftsteller in der Stunde der Versuchung. Eine erzählerische Recherche*, Zürich 2002.

Meiffret, Laurence: L'ermite et la montagne dans l'art médièval (XIIIe–XVIe siècles), in: *La montagne et ses images du peintre d'Akrésilas à Thomas Cole*, ed. par le Ministère de l'Èducation nationale […], Paris 1991, S. 107–151.

Meiners, Christoph: *Briefe über die Schweiz*, 2. durchaus verb. und verm. Aufl., 4 Theile, Berlin 1788–1790.

Meinicke, Bernhard: *Die Bergführer von Hohendorf. Volksstück in 3 Akten*, Zürich 1914.

Menger, Heinrich: Alpenverein und Weltkrieg, in: *ZDÖAV* 50 (1919), S. 168–194.
Menke, Bettine: Die Polargebiete der Bibliothek. Über eine metapoetische Metapher, in: *DVjS* 74 (2000), S. 545–599.
Mennemeier, Franz Norbert: *Modernes Deutsches Drama. Kritiken und Charakteristiken*, Bd. 1, 1910–1933, München 1973.
Merzbacher, Gottfried: *Aus den Hochregionen des Kaukasus*, 2 Bde. Leipzig 1901.
Messner, Reinhold: *Der Philosoph des Freikletterns. Die Geschichte von Paul Preuß*, München 2011.
Messner, Reinhold: *Die Freiheit, aufzubrechen, wohin ich will. Ein Bergsteigerleben*, München/Zürich 1989.
Messner, Reinhold: *Die großen Wände. Von der Eiger-Nordwand bis zur Dhaulagiri-Südwand*, München 1977 (NA mit CD, München 2000).
Messner, Reinhold: *Die weiße Einsamkeit. Mein langer Weg zum Nanga Parbat*, München 2003.
Messner, Reinhold: *Grenzbereich Todeszone*, Köln 1978.
Messner, Reinhold: *Reinhold Messners Lesebuch*, München 1985.
Messner, Reinhold: *Überlebt: alle 14 Achttausender; mit Chronik*, 7. Aufl., Neuausg., München 1999.
Messner, Reinhold: *Vertical – 100 Jahre Kletterkunst*, München 2002.
Mestre, Michel: *La montagne et l'alpinisme, vecteurs de l'idéologie nationaliste das les Etats alpins aux XIXe et X^xe^ siècles, 1850–1950*, Thèse du doctorat, Université de Provence, 1998.
Meyer, Conrad Ferdinand: *Sämtliche Werke. Hist.-krit. Ausgabe*, besorgt von Hans Zeller und Alfred Zäch, Bd. 1, Bern 1963.
Meyer, Hans: *Der Kilima-Ndscharo*, Berlin 1900.
Meyer, Hans: *In den Hoch-Anden von Ecuador*, 1907.
Meyer, Hans: *Ostafrikanische Gletscherfahrten*, Leipzig 1890.
Meyer, Johann Rudolf und Hieronymus: *Reise auf den Jungfrau-Gletscher und Ersteigung seines Gipfels*, Aarau 1811. [Separatdruck aus den *Miszellen für die neueste Weltkunde* 68/69, 24.und 28.8.1811.]
Meyer, Oscar Erich: *Die Lieder des leisen Lebens*, München 1910.
Meyer, Oscar Erich: *Jacques Balmat und der Montblanc*, Breslau 1908.
Meyer, Oscar Erich: *Sucht und Sehnen. Ein Buch Gedichte*, Breslau 1908.
Meyer, Oscar Erich: *Tat und Traum. Ein Buch alpinen Erlebens*, München 1920.
Meyers Großes Konversationslexikon, 6.A. Leipzig/Wien 1904.
Mierau, Peter: *Nationalsozialistische Expeditionspolitik. Deutsche Asien-Expeditionen 1933–1945*, München 2006 [zugl. Diss. Univ. München 2003].
Mila, Massimo: „Cento anni di alpinismo italiano", in: Engel, Claire-Eliane: *Storia dell'alpinismo*, Milano 1969, S. 303–430.
Mila, Massimo: *Scritti di montagna*, a cura di A. Mila Giubertoni, Torino 1992.

Mileck, Joseph: *Hermann Hesse. Biography and Bibliography*, Berkeley and Los Angeles 1977.

Miller, Fritz: Im Ballon über das Karwendelgebirge, in: *Deutsche Alpenzeitung* XI (1911), S. 14–16.

Miller, Joseph Hillis: Die Ethik der Topographie, in: Stockhammer, Robert (Hg.): *TopoGraphien der Moderne. Medien zur Repräsentation und Konstruktion von Räumen*, München 2005, S. 161–196 (im Original 1995).

Mittelholzer, Walter: *Alpenflug. Mit 191 Fliegeraufnahmen und einer farbigen Tafel nach einem Gemälde von F. Hass*, Zürich 1928.

Mitterer, Felix: *Munde. Das Stück auf dem Gipfel*, Innsbruck 1990.

Mohr, Max: *Die Freundschaft von Ladiz. Roman aus den Bergen*. Berlin 1931.

Morgenthaler, Hans: *Der kuriose Dichter Hans Morgenthaler. Briefwechsel mit Ernst Morgenthaler und Hermann Hesse*, hg. v. Roger Perret, Basel 1983.

Morgenthaler, Hans: *Hamo, der letzte fromme Europäer. Sein Leben, seine Versuche und Anstrengungen. Ein Hans-Morgenthaler-Lesebuch*, hg. von Roger Perret, Basel 1982.

Morgenthaler, Hans: *Ihr Berge. Stimmungsbilder aus einem Bergsteiger-Tagebuch*, 2. A. Zürich 1920.

Morgenthaler, Hans: *In der Stadt. Die Beichte des Karl von Allmen*, aus dem Nachlaß hg. von Otto Zinniker, Grenchen 1950.

Morgenthaler, Hans: *Matahari. Stimmungsbilder aus dem Malayisch-Siamesischen Dschungel*, mit 24 Federzeichungen des Verfassers, Zürich 1921, 2.A. 1923.

Morgenthaler, Hans: *Totenjodel*, hg. von Kurt Marti, Bern 1970.

Morgenthaler, Hans: *Woly. Ein Sommer im Süden*, hg. von Charles Linsmayer, Zürich 1982.

Mörike, Eduard: *Sämtliche Werke in zwei Bänden*, Bd. 1, München 1967.

Moritz, Karl Philipp: *Grammatisches Wörterbuch der deutschen Sprache*, fortgesetzt von Balthasar Stenzel, Bd. III, Berlin 1797.

Mosebach, Holger: *Endzeitvisionen im Erzählwerk Christoph Ransmayrs*, München 2003.

Mountains of the World. A Global Priority, ed. by Bruno Messerli and Jack D. Ives, New York, London 1997.

Mülder-Bach, Inka (Hg.): *Modernität und Trauma. Beiträge zum Zeitenbruch des Ersten Weltkrieges*, Wien 2000.

Mülder-Bach, Inka: Herrenlose Häuser. Das Trauma der Verschüttung und die Passage der Sprache in Hofmannsthals Komödie „Der Schwierige“, in: *Hofmannsthal-Jb.* 9 (2001), S. 137–161.

Mülder-Bach, Inka: Poetik des Unfalls, in: *Poetica* 34 (2002), S. 193–222.

Müller-Funk, Wolfgang: Die unendliche Arbeit am Mythos: Anmerkungen zu Christoph Ransmayrs epopöetischen Roman „Der Fliegende Berg“, in: *Zagreber germanistische Beiträge* 17 (2008), S. 55–66.

Müller-Funk, Wolfgang: Räume in Bewegung. Narrative und Chronotopik in Christoph Ransmayrs Roman „Der fliegende Berg", in: ders.: *Komplex Österreich. Fragmente zu einer Geschichte der modernen österreichischen Literatur*, Wien 2009, S. 383–392.

Müller-Salget, Klaus: Ödipus und die Sphinx. Technik, Natur und Mythos in Max Frischs *Homo faber*, in: Elm, Theo; Hiebel, Hans H. (Hg.): *Medien und Maschinen. Literatur im technischen Zeitalter*, Freiburg i.B. 1991, S. 333–345.

Müller, C.[Karl]: Der Krieg und das Alpine Museum, in: *MDÖAV* 41 (1915), H. 19/20, S. 195–196.

Müller, Hans-Harald: *Der Krieg und die Schriftsteller. Der Kriegsroman der Weimarer Republik*, Stuttgart 1986.

Müller, Karl: *Führer durch das Alpine Museum des Deutschen und oesterreichischen Alpen-Vereins in München*, München 1916.

Müller, Maria E.; Vedder, Ulrike (Hg.): *Reflexive Naivität. Zum Werk Marieluise Fleißers*, Berlin 2000.

Mummery, Albert Frederick: *Meine Bergfahrten in den Alpen und im Kaukasus*, a. d. Engl. v. C. Fischer, hg. vom Deutschen Alpenverein, München 1988.

Mummery, Albert Frederick: *My Climbs in the Alps and Caucasus*, London und New York 1895.

Münch, Ursula: *Weg und Werk Arnolt Bronnens. Wandlungen seines Denkens*, Frankfurt a.M. usw. 1985.

Muschg, Adolf: Ludwig Hohls „Bergfahrt", in: Heinz Ludwig Arnold (Hg.): *Ludwig Hohl*, München 2004 (*text+kritik* Heft 161), S. 23–32.

Museo Nazionale della Montagna (ed.): *Guido Rey dall'alpinismo alla letteratura e ritorno*, Torino 1986.

Musil, Robert: Die Amsel, in: ders.: *Nachlass zu Lebzeiten* [1936], in: *Gesammelte Werke*, Bd. II, *Prosa und Stücke, Kleine Prosa, Aphorismen* [...], hg. von Adolf Frisé, erw. A. Reinbek b.H. 2000, S. 548–562.

Musil, Robert: *Tagebücher*, hg. von Adolf Frisé, Reinbek 1976.

Neale, Jonathan: *Tigers of the Snow*, New York 2002.

Neat, Jill: *Mountaineering in the Andes. A Sourcebook for Climbers*, 2.A. London 1994.

Nettelbeck, Uwe: *Der Dolomitenkrieg*, Frankfurt a.M. 1979 [zuerst in: *Mainz wie es singt und lacht. Texte 1969–1976*, Frankfurt a.M. 1976].

Neubauer, John: Romantische Wandervögel, in: *Jugend. Ein romantisches Konzept?* Hg. von Günter Österle, Würzburg 1997, S. 333–348.

Neumann, Gerhard; Pross, Caroline; Wildgruber, Gerald (Hg.): *Szenographien. Theatralität als Kategorie der Literaturwissenschaft*, Freiburg i.B. 2001.

Neumann, Gerhard: *Der Zweikampf.* Kleists „einrückendes" Erzählen, in: Hinderer, Walter (Hg.): *Kleists Erzählungen*, Stuttgart 1998, S. 216–246, hier S. 236).

Nicholson, Marjorie Hope: *Mountain Gloom and Mountain Glory. The Developement of the Aethetics of the Infinite*, Ithaca 1959 (Reprint Washington 1997).

Nickel, Andreas: *Günter, Hettie, Norman Dyhrenfurth. Zum dritten Pol*, Zürich 2007.

Nieberl, Franz: *Das Klettern im Fels*, München 1909, 2. A. 1911.

Nieberl, Franz: Künstliche Hilfsmittel auf Hochturen [sic], in: *MDÖAV* 37 (1911), S. 265–267.

Niederer, Arnold: Die alpine Alltagskultur. Zwischen Routine und der Adoption von Neuerungen, in: *Schweizerische Zeitschrift für Geschichte* 29 (1979), S. 233–259.

Niedermayr, F.: *Der Hochtourist. Ein Handbuch für Anfänger*, Wien und Leipzig 1908, S. 1.

Niedermayr, Walter (Hg.): *Die bleichen Berge. Katalog, Galerie Museum Bozen*, Bozen 1993.

Niefanger, Dirk: *Produktiver Historismus. Raum und Landschaft in der Wiener Moderne*, Tübingen 1993.

Niehans, Paul: *Fünfzehn Monate im Kampfgebiet der Dolomiten*, Bern 1918.

Niekerk, Carl: Poetik der Metonymie. Alterität in Christoph Ransmayrs *Der fliegende Berg*, in: *Literatur für Leser* 31 (2008), H.3, S. 177–193.

Nietzsche, Friedrich: Also sprach Zarathustra. Ein Buch für Alle und Keinen (1883–1885), in: *Kritische Gesamtausgabe*, hg. von Giorgio Colli und Mazzino Montinari, 6. Abt., 1. Teil, Berlin 1968.

Nietzsche, Friedrich: *Die fröhliche Wissenschaft*, 2. A. Leipzig 1887.

Nietzsche, Friedrich: Ecce homo. Wie man wird, was man ist, in: *Werke Bd. 2*, hg. von Karl Schlechta, S. 1063–1159.

Normand, Lawrence: Modernity and Orientalism in W.H. Auden and Christopher Isherwood's The Ascent of F6, in: *Modern Philology* 108 (2011), S. 538–559.

Norton, Edward Felix: *The Fight for Everest: 1924*, London 1925.

Novak, Barbara: L'iconographie de la montagne américaine, in: *La montagne et ses images du peintre d'Akrésilas à Thomas Cole*, ed. par le Ministère de l'Èducation nationale, Comité des travaux historiques et scientifiques, Paris 1991, S. 355–381.

Obrist, Marco (Hg.): *Schöne Aussicht. Der Blick auf die Berge von Segantini bis Weinberger / Bella vista. Visioni della montagna da Segantini a Weinberger*, Ausstellungskatalog kunst Meran, Wien/Bozen 2002.

Oettermann, Stephan: Berge weiten den Blick, in: Kunz, Stephan, Wismer, Beat, Denk, Wolfgang (Hg.): *Die Schwerkraft der Berge: 1774–1997*, Ausstellungskatalog zu den Ausstellungen im Aargauer Kunsthaus Aarau und der Kunsthalle Krems 1997, Basel; Frankfurt a.M. 1997, S. 49–55.

Oettermann, Stephan: *Das Panorama. Die Geschichte eines Massenmediums*, Frankfurt a.M. 1980.

Oettermann, Stephan: Die Entdeckung des Horizonts, in: *Neue Horizonte. Eine Reise durch die Reisen*, hg. von Klaus Bergmann und Solveig Ockenfuß, Reinbek 1984, S. 39–50.

Öhlschläger, Claudia: *Abstraktionsdrang. Wilhelm Worringer und der Geist der Moderne*, Paderborn 2005.

Oldroyd, David R.: *Die Biographie der Erde. Zur Wissenschaftsgeschichte der Geologie*, a.d.Engl. von Michael Bischoff, Frankfurt a.M. 1998, 2.A.2007.

Ompteda, Georg Freiherr von: *Bergkrieg*, Berlin 1932.

Ompteda, Georg Freiherr von: *Excelsior! Ein Bergsteigerleben*, Berlin 1909, 2. A. 1911.

Ompteda, Georg von: *Aus großen Höhen. Alpenroman*, Berlin 1903.

Ompteda, Georg von: *Der jungfräuliche Gipfel. Roman*, Stuttgart 1927.

Ompteda, Georg von: *Die kleine Zinne. Roman aus den Bergen*, Berlin 1931.

Oppenheim, Roy: *Die Entdeckung der Alpen*, Frauenfeld 1975.

Ortner, Sherry B.: *Life and Death on Mt. Everest. Sherpas and Himalayan Mountaineering*, Princeton 2001.

Oster, Uwe A. (Hg.): *Wege über die Alpen. Von der Frühzeit bis heute*, Darmstadt 2006.

Österreichischen Alpenzeitung XXXVI (1914), H. Nr. 897–912.

Ott, Adolf: *Der Bergführer. Ein Hochgebirgsroman*, Berlin s.a. [1909].

Ott, Michael; Tworek, Elisabeth: *SportsGeist. Dichter in Bewegung*, Hamburg, Zürich 2005.

Ott, Michael: Alleingang. Alpinismus und Automedialität, in: Dünne, Jörg; Moser, Christian (Hg.): *Automedialität. Subjektkonstitution in Schrift, Bild und neuen Medien*, München 2008, S. 241–259.

Ott, Michael: An der Sturzgrenze. Zur Poetik des alpinen Absturzes bei Ödön von Horvath, Ludwig Hohl und Stanislav Lem, in: *RUNA. Zeitschrift des portugiesischen Germanistenverbandes*, 2003, S. 81–97.

Ott, Michael: Der Schatten der Berge, in: *Frankfurter Allgemeine Zeitung*, Feuilleton, 12. Mai 2020, S. 10.

Ott, Michael: In der Todeszone. Ringen um den Nanga Parbat und Drama am Mount Everest – Warum im 20. Jahrhundert die Tragödie in den Alpinismus auswanderte, in: *Süddeutsche Zeitung*, Feuilleton, 30.11./1.12.2002, S. 14.

Ott, Michael: In eisige Höhen [Rezension zu Fergus Fleming: Nach oben. Die ersten Eroberungen der Alpengipfel], in: *Süddeutsche Zeitung*, Feuilleton, 22.02.2002, S. 18.

Ott, Michael: Mallorys Kamera. Mythos und Medium im Alpinismus, in: Dünne, Jörg; Friedrich, Sabine; Kramer, Kirsten (Hg.): *Theatralität und Räumlichkeit. Raumordnungen und Raumpraktiken im theatralen Mediendispositiv*, Würzburg 2009, S. 137–151.

Ott, Michael: Schlüsselstellen. Anekdote und Medialität in Sport und Extremalpinismus, in: Möller, Reinhard M.; Moser, Christian (Hg.): *Anekdotisches Erzählen. Zur Geschichte und Poetik einer kleinen Form*, Berlin, Boston 2022, S. 67–84.

Ott, Michael: Schwere Felsfahrt. Leo Maduschka und der alpinistische Diskurs um 1930, in: Gugutzer, Robert (Hg.): *body turn. Perspektiven der Soziologie des Körpers und des Sports*, Bielefeld 2006, S. 249–262.

Ott, Michael: Todeszonen. Über Denkräume des Extremen im frühen Extremalpinismus, in: *Zeitschrift für Ideengeschichte* H.II/3 (2008), *Extremes Denken*, S. 55–70.

Panowsky, Erwin: Die Perspektive als ‚symbolische Form' [1927], in: ders.: *Deutschsprachige Aufsätze*, Bd. 2, Berlin 1998, S. 664–757.

Pastore, Alessandro: *Alpinismo e storia d'Italia. Dall'Unità alla Resistenza*, Bologna 2003.

Pelletier, Monique: Stratégie et passage a travers les cartes françaises du Dauphiné – XVIIe–XVIIIe siècles, in: *La montagne et ses images du peintre d'Akrésilas à Thomas Cole*, ed. par le Ministère de l'Èducation nationale, Comité des travaux historiques et scientifiques, Paris 1991, S. 245–261.

Pellin, Elio: *„Mit dampfendem Leib". Sportliche Körper bei Ludwig Hohl, Annemarie Schwarzenbach, Walther Kauer und Lorenz Lotmar*, Zürich 2007.

Pellin, Elio: Dicker Bizeps und kerzendünne Ärmchen. Die „culture physique" bei Ludwig Hohl, in: Peter Erismann, Rudolf Probst und Hugo Sarbach (Hg.): *Ludwig Hohl. „Alles ist Werk."*, Frankfurt a.M. 2004, S. 116–124.

Perfahl, Jost: *Kleine Chronik des Alpinismus*, Rosenheim 1984.

Perkonig, Josef Friedrich: *Bergsegen*. Roman, Karlsbad, Leipzig 1943 [EA 1928].

Perkonig, Josef Friedrich: *Mein Herz ist im Hochland*. Roman, Graz 1937.

Peskoller, Helga: *180 – Wendungen des Erhabenen / 180 – Svolte del sublime*, in: Obrist (2002), S. 140–165.

Peskoller, Helga: *Berg-Denken. Eine Kulturgeschichte der Höhe*, 2. A. Wien 1998.

Peskoller, Helga: *Extrem*, Wien/Köln/Weimar 2001.

Pestalozzi, Karl: *Die Entstehung des lyrischen Ich. Studien zum Motiv der Erhebung in der Lyrik*, Berlin 1970.

Petrarca, Francesco: Ad Dyonisium de Burgo Sancti Sepulcri ordinis sancti Augustini et sacre pagine professorem, de curis propriis (1336), in: *Opere*, a cura di Emilio Bigi, Milano 1968, S. 731–742.

Petrarca, Francesco: An Francesco Dionigi von Borgo San Sepolcro in Paris. In: *Dichtungen, Briefe, Schriften*, Auswahl und Einleitung von Hanns W. Eppelsheimer, Frankfurt a.M. 1980, S. 88–98.

Petrarca, Francesco: *Canzoniere*, it./dt., übers. von Geraldine Gabor und Ernst-Jürgen Dreyer, Basel u. Frankfurt a.M. 1989.

Petzold, Klaus (Hg.): *Geschichte der deutschprachigen Schweizer Literatur im 20. Jahrhundert*, Berlin 1991.

Pfeiffer, Jens: Petrarca und der Mont Ventoux, in: *GRM* 47 (1997), S. 1–24.

Pfersich, Kai, *Hoch hinaus: ein Verkäufer und ein Bergsteiger auf Erfolgstour*, Frankfurt a.M. 1999.

Pichler, Cletus: *Der Krieg in Tirol 1915/1916*, Innsbruck 1924.

Piffer-Damiani, Marion: Gangarten und Gedankengänge. Die Alpen als Ort der Handlung, in: Kos, Wolfgang (Hg.): *Alpenblick. Die zeitgenössische Kunst und das Alpine*, Katalog Kunsthalle Wien 1998, hg. von Wolfgang Kos und Kunsthalle Wien, o.O. [Basel; Frankfurt a.M.] 1998, S. 50–56.

Polaschegg, Andrea: *Der andere Orientalismus. Regeln deutsch-morgenländischer Imagination im 19. Jahrhundert*, Berlin 2005.

Pornschlegel, Clemens: Der Autor und sein Double. Zur literarischen Maskerade in „Fritz Kochers Aufsätzen" von Robert Walser, in: ders., Ethel Matala de Mazza (Hg.): *Inszenierte Welt. Theatralität als Argument literarischer Texte*, Freiburg 2003, S. 253–270.

Preisendanz, Wolfgang: Die Erzählfunktion der Naturdarstellung bei Stifter, in: *WW* 16 (1966).

Preuß, Paul: Künstliche Hilfsmittel auf Hochtouren, in: *Deutsche Alpenzeitung* XI (1911/1912), 1. Halbband, S. 242–244.

Preuß, Paul: Künstliche Hilfsmittel auf Hochturen [sic], in: *MDÖAV* 37 (1911), S. 285–284.

Pries, Caroline (Hg.): *Das Erhabene. Zwischen Grenzerfahrung und Größenwahn*, Weinheim 1989.

Pückler-Muskau, Hermann von: *Briefe aus der Schweiz* (1808), hg. von Charles Linsmayer, Zürich 1981.

Purtscheller, Ludwig: *Über Fels und Firn. Bergwanderungen*, hg. von Heinrich Hess, München 1901.

Purtscheller, Ludwig: Zur Entwicklungsgeschichte des Alpinismus und der alpinen Technik in den Deutschen und Österreichischen Alpen, in: *ZDÖAV* 26 (1894).

Pye, David: *George Leigh Mallory. A Memoir*, Oxford 1927.

Rabut, Elisabeth: L'évolution du regard sur la haute montagne au tournant du XVIIIe et du XIXe siècle : l'exemple de la gravure, in: *La haute montagne. Vision et représentations de l'époque médievale à 1860*, hg. vom Centre Alpin et Rhodanien, Grenoble 1988, S. 133–141.

Radkau, Joachim: *Das Zeitalter der Nervosität. Deutschland zwischen Bismarck und Hitler*, München 1998.

Raible, Wolfgang: Literatur und Natur. Beobachtungen zur literarischen Landschaft, in: *Poetica* 11 (1979), S. 105–123.

Raimund, Ferdinand: *Der Alpenkönig und der Menschenfeind, in: Werke in zwei Bänden*, hg. von Franz Hadamowsky, Salzburg, Stuttgart, Zürich 1971, Bd. 1, S. 431–515.

Ränsch-Trill, Barbara: Zurück zur wilden Natur. Extremsport als ästhetische Inszenierung, in: *Forschung – Innovation – Technologie, Wissenschaftsmagazin der Deutschen Sporthochschule Köln*, 5 (2000), H.1.

Ransmayr, Christoph: *Der fliegende Berg. Roman*, Frankfurt a.M. 2006.

Ransmayr, Christoph: *Der Weg nach Surabaya. Reportagen und kleine Prosa*, Frankfurt/M. 1997.

Ransmayr, Christoph: *Die Verbeugung des Riesen. Vom Erzählen*, Frankfurt a.M. 2003.

Ransmayr, Christoph: *Geständnisse eines Touristen. Ein Verhör*, Frankfurt a.M. 2004.

Ransmayr, Christoph: *Morbus Kithara*. Roman, Frankfurt a.M. 1997.

Rapp, Christian: *Höhenrausch. Der deutsche Bergfilm*, Wien 1997.

Ratzel, Friedrich: *Anthropogeographie*, Stuttgart 1882.

Rauch, Rudolf: *Der Ruf vom Nanga Parbat*, Graz, Leipzig, Wien 1935.

Raymond, Petra: *Von der Landschaft im Kopf zur Landschaft aus Sprache. Die Romantisierung der Alpen in den Reiseschilderungen und die Literarisierung des Gebirges in der Erzählprosa der Goethezeit*, Tübingen 1993.

Rebuffat, Gaston: *Zwischen Mont Blanc und Himalaya.* München 1955.

Reichenwallner, Leopold: *Alpenzauber. Berglegende und Volksschauspiel in 4 Aufzügen*, Wien 1906.

Reichler, Claude: *Entdeckung einer Landschaft. Reisende, Schriftsteller, Künstler und ihre Alpen*, Zürich 2005.

Reik, Theodor: *Arthur Schnitzler als Psycholog*, Minden 1913.

Renker, Gustav: *Als Bergsteiger gegen Italien*, München 1918.

Renker, Gustav: *Bergkrieg. Kriegstagebuch eines Bergsteigers*, Graz, Leipzig, Wien 1936.

Renker, Gustav: *Bergkristall. Roman*, Basel 1930.

Renker, Gustav: Bergtage im Felde. Tagebuchblätter [...], in: *ZDÖAV* 1917, S. 177–200.

Renker, Gustav: *Dämon Berg. Roman*, Graz 193.

Renker, Gustav: *Dämon Berg. Roman*, Graz/Leipzig/Wien 1935 (Die deutschen Bergbücher, 1).

Renker, Gustav: Der Berge Jugendland im Kriege, in: *MDÖAV* 47 (1916), S 74–80.

Renker, Gustav: Der Krieg in den Bergen, in: *ZDÖAV* 47 (1916), S. 219–236.

Renker, Gustav: *Der sterbende Hof. Roman*, Leipzig 1927.

Renker, Gustav: *Einsame vom Berge. Roman*, München 1919.

Renker, Gustav: *Heilige Berge. Ein Alpenroman*, Zürich 1921.

Rentschler, Eric: Mountains and Modernity. Relocation the *Bergfilm*, in: *New German Critique* 51 (1990), S. 137–161 (dt.: Eric Rentschler: Hochgebirge und Moderne. Eine Standortbestimmung des Bergfilms. In: *Film und Kritik* 1 (1992) (Der Fall Dr. Fanck – Revisited), S. 8–27); erneut in: Horak (Hg.), *Berge, Licht und Traum*, S. 85–103.

Richter, Eduard/DÖAV: *Die Erschließung der Ostalpen*, 3 Bde., Berlin 1894.

Rickenbacher, Martin: *Napoleons Karten der Schweiz. Landesvermessung als Machtfaktor* 1798–1815, Baden (CH) 2011.

Ried, Hans August: *Beiträge zur Kraniologie der Bewohner der Vorberge der Bayrischen Alpen*, München 1911.

Riehl, August Wilhelm: *Die Naturgeschichte des Volkes als Grundlage der deutschen Socialpolitik*, Teil I: Land und Leute, Augsburg und Stuttgart 1854.

Riffenburgh, Beau: *The Myth of the Explorer. The Press, Sensationalism, and Geographical Discovery*, Oxford, New York 1994.

Rilke, Rainer Maria: *Sämtliche Werke*, hg. vom Rilke-Archiv, in Verbindung mit Ruth Sieber-Rilke besorgt durch Ernst Zinn, Bd. 6. Frankfurt a.M. 1966.

Risi, Markus (Hg.): *Alpenland. Terrain der Moderne*, Münster 2011.

Ritten, Jan (Hg.), *Dem Himmel entgegen. Geschichten für alle, die Berge lieben*, München 2000.

Ritter, Alexander (Hg.): *Landschaft und Raum in der Erzählkunst*, Darmstadt 1975.

Ritter, Joachim: Landschaft – Zur Funktion des Ästhetischen in der modernen Gesellschaft, *in:* ders.: *Subjektivität – Sechs Aufsätze*, Frankfurt a.M. 1974, S. 141–163, 172–190.

Robbins, David: „Sport, Hegemony and the Middle Class: the Victorian Mountaineers", in: *Theory, Culture & Society*, 4 (1987), S. 579–601.

Rodway, George W. (ed.): *George Ingle Finch's Struggle for Everest*, Lancaster 2008.

Rosegger, Peter: *Das ewige Licht. Erzählungen aus den Schriften eines Waldpfarrers*, Leipzig 1897.

Rossbacher, Karlheinz: *Heimatkunstbewegung und Heimatroman. Zu einer Literatursoziologie der Jahrhundertwende*, Stuttgart 1975.

Roth, Carolin von: Die Wanderung im Gebirge. Die Rezeption eines zentralen Motivs bei Nietzsche in künstlerischen Konzepten von Olaf Metzel, Wladimir Kuprijanow und Gerhard Richter, in: Gerhardt, Volker / Reschke, Renate, Kjaer, Joergen (Hg.): *Ästhetik und Ethik nach Nietzsche*, Jahrbuch der Nietzsche-Gesellschaft Bd. 10, Berlin 2003, S. 171–182.

Roth, Gerhard: *Landläufiger Tod. Roman*, Frankfurt a.M. 1984.

Rousseau, Jean Jacques: *Julie oder Die neue Héloïse. Briefe zweier Liebender aus einer kleinen Stadt am Fuß der Alpen*, München 1978.

Rousseau, Jean-Jacques: *Die Bekenntnisse*, übers. von Alfred Semerau, München 1978.

Rudwick, Martin: *Worlds before Adam. The Reconstruction of Geohistory in the Age of Reform*, Chicago 2008.

Ruederer, Joseph: *Der Schmied von Kochel*, Tragödie in 4 Akten, München 1911.

Rühle, Günther (Hg.): *Materialien zum Leben und Schreiben der Marieluise Fleißer*, Frankfurt a.M. 1973.

Safranski, Rüdiger: *Nietzsche. Biographie seines Denkens*, München 2000.

Said, Edward: *Orientalism. Western Conceptions of the Orient*, New York 1978.

Saint Girons, Baldine: *Fiat Lux. Une Philosophie du Sublime*, Paris 1993.

Saler, Hans: *Zwischen Licht und Schatten. Die Messner-Tragödie am Nanga Parbat*, München 2003.

Salkeld, Audrey; Boyle, John: *Climbing Mount Everest. The Bibliography*, Clevedon (GB) 1993.

Samsami, Behrang: *„Die Entzauberung des Ostens". Der Orient bei Hesse, Wenger und Schwarzenbach*, Bielefeld 2011.

Samuel, Richard: Heinrich von Kleists Reise in die Hochalpen im Sommer 1803, in: *Literaturwissenschaft und Geistesgeschichte*, FS Richard Brinkmann, Tübingen 1981, S. 314–334.

Sander, Margarethe: *Textherstellungsverfahren bei Elfriede Jelinek. Das Beispiel „Totenauberg"*, München 1996.

Saner, Hans: Berggang als Chiffre menschlicher Existenz, in: *Ludwig Hohl*, hg. von Johannes Behringer, Frankfurt a.M. 1981, S. 95–97 (zuerst *National-Zeitung* Basel, 20.12.1975).

Sasse, Sylvia; Marszalek, Magdalena (Hg.): *Geopoetiken. Geographische Entwürfe in den mittel- und osteuropäischen Literaturen*, Berlin 2009.

Sasse, Sylvia: Poetischer Raum: Chronotopos und Geopoetik, in: Günzel, *Raum. Ein interdisziplinäres Handbuch*, S. 294–308.

Saussure, Horace-Benedict de: *Reisen durch die Alpen. Nebst einem Versuche über die Naturgeschichte der Gegenden von Genf*, 4 Bde., Leipzig 1781–1788.

Saussure, Horace-Benedict de: *Voyages dans les Alpes*, 8 Bde., Genève 1786–1796.

Schama, Simon: *Der Traum von der Wildnis. Natur als Imagination*, München 1996 (= Landscape and memory, 1995, dt.).

Schaper, Rüdiger: Der Berg, die Bahn und der Tod, in: *Der Tagesspiegel* vom 7.10.2002, URL: http://www.tagesspiegel.de/kultur/der-berg-die-bahn-und-der-tod/352630.html.

Scharfe, Martin: *Berg-Sucht. Eine Kulturgeschichte des frühen Alpinismus, 1750–1850*, Wien, Köln, Weimar 2007.

Schaufelberger, Walter: Montales et Bestiales Homines sine Domino – Der alpine Beitrag zum Kriegswesen in der spätmittelalterlichen Eidgenossenschaft, in: *Krieg und Gebirge. Der Einfluß der Alpen und des Juras auf die Strategie im Laufe der Jahrhunderte*, Neuchâtel 1988 (Revue Internationale d'Histoire Militaire, Nr. 65).

Schellenberger-Diederich, Erika: *Geopoetik. Studien zur Metaphorik des Gesteins in der Lyrik von Hölderlin bis Celan*, Bielefeld 2006.

Scheuchzer, Johann Jakob: *Natur-Historie des Schweitzer Landes. Erster Theil. Helvetiae Stoicheiographia, Orographia und Oreographia*, Zürich 1716.

Schiller, Dieter: „Die Alpen oder Europa". Arnold Zweigs Selbstverständigung über Geschichte und Zukunft Europas, in: Midgley, David; Müller, Hans-Harald; Lamberechts, Luc (Hg.): *Arnold Zweig. Psyche, Politik und Literatur*, Bern u.a. 1993, S. 191–201.

Schiller, Friedrich: *Sämtliche Werke*, hg. von Gerhard Fricke und Herbert G. Göpfert, 5 Bde., 6.A. München 1980.

Schiller, Friedrich: Der Spaziergang (1795), in: *Schillers Werke. Nationalausgabe*, 2. Bd., Gedichte, 1. Teil, hg. von Norbert Vellers, Weimar 1983, S. 308–314.

Schiller, Friedrich: Über Matthissons Gedichte, in: *Schillers Werke. Nationalausgabe*, 22. Bd.: Vermischte Schriften, hg. von Herbert Meyer, Weimar 1958, S. 265–284.

Schiller, Friedrich: Wilhelm Tell, in: *Schillers Werke. Nationalausgabe*, 10. Bd.: Die Braut von Messina. Wilhelm Tell. Die Huldigung der Künste, hg. von Siegfried Seidel, Weimar 1980, S. 127–277, 365–528.

Schivelbusch, Wolfgang: *Die Kultur der Niederlage. Der amerikanische Süden 1864, Frankreich 1871, Deutschland 1918*, Berlin 2001.

Schivelbusch, Wolfgang: *Geschichte der Eisenbahnreise. Zur Industrialisierung von Raum und Zeit im 19. Jahrhundert*, Frankfurt a.M. 1979.

Schlagintweit-Sakünlünski, Hermann von: *Reisen in Indien und Hochasien*, 4 Bde. Jena 1869–1880.

Schlagintweit, Hermann, Adolph und Robert: *Results of a scientific mission to India and High Asia*, Bd. I–III, Leipzig und London 1861–1863, *Atlas*, ebd. 1861.

Schmidkunz, Walter; Trenker, Luis: *Meine Berge. Das Bergbuch*, Berlin 1931.

Schmidkunz, Walter: *Berg-Vagabunden. Ein Hans-Ertl-Buch*, Erfurt 1937.

Schmidkunz, Walter: *Der Kampf über den Gletschern*, München 1917.

Schmidkunz, Walter: *Der Kampf über den Gletschern. Ein Buch von der Alpenfront*, Erfurt 1934.

Schmidkunz, Walter: *Vom Krieg in den Südtiroler Bergen*, Berlin 1917.

Schmidt-Dengler, Wendelin; Wagner, Karl (Hg.): *Peter Rosegger im Kontext*, Wien 1999.

Schmidt-Dengler, Wendelin: Das weite Land der Seele. Landschaft in der Literatur der Jahrhundertwende, in: *Brücken schlagen. Studien zur deutschen Literatur des 19. und 20. Jahrhunderts*, hg. von Anton Schwob, Stefan Sienerth und Andrei Corbea-Hoisie, München 2004, S. 147–160.

Schmidt, Hans-Werner; Riese, Ute (Hg.): *Landschaft. Die Spur des Sublimen*, Ausstellungskatalog Innsbruck, Bielefeld 1998.

Schmidt, Harald: *Melancholie und Landschaft. Die psychotische und ästhetische Struktur der Naturerscheinungen in Georg Büchners ‚Lenz'*, Opladen 1994.

Schmiele, Corona: Ein früher Alpinist in Jelineks „Alpen", in: Lartillot, Françoise / Hornig, Dieter: *Jelinek, une répétition? Jelinek, eine Wiederholung? A propos des pièces* In den Alpen *et* Das Werk. *Zu den Theaterstücken* In den Alpen *und* Das Werk, Bern, Berlin u.a. 2009, S. 183–205 (Genèses de Textes, Bd. 1).

Schmitt, Franz (Hg.): *Hans Dülfer. Bergsteiger, Markstein, Legende*, München 1984, S. 266.

Schmitz, Walter (Hg.): *Frischs Homo faber*, Frankfurt a.M. 1983 (stm).

Schmitz, Walter: *Max Frisch. Das Werk (1931–1961): Studien zu Tradition und Traditionsverarbeitung*, Bern/Frankfurt a.M./New York 1985.

Schmoll, Friedemann: *Erinnerung an die Natur. Die Geschichte des Naturschutzes im deutschen Kaiserreich*, Frankfurt/Main 2004.

Schneider, Florian: Waldsterben. Zur Mediengeschichte des deutschen Waldes, in: *Archiv für Mediengeschichte* 7 (2007), S. 23–47.

Schneider, Florian: Zur Ästhetik der Landschaft bei Nietzsche, in: *Nietzsche und Frankreich*, hg. von Clemens Pornschlegel und Martin Stingelin, Berlin/New York 2009, S. 449–465, hier S. 464.

Schneider, Helmut J.: Selbsterfahrung zu Fuß. Spaziergang und Wanderung als poetische und geschichtsphilosophische Reflexionsfigur im Zeitalter Rousseaus, in: *Rousseauismus. Naturevangelium und Religion*, hg. von Jürgen Söring und Peter Gasser, Frankfurt a.M. 1999, S. 133–154.

Schneider, Helmut J.: Utopie und Landschaft im 18. Jahrhundert, in: *Utopieforschung. Interdisziplinäre Studien zur neuzeitlichen Utopie*, hg. von Wilhelm Voßkamp, Stuttgart 1982, Bd. 3, S. 172–190.

Schnetzer, Dominik: *Bergbild und geistige Landesverteidigung. Die visuelle Inszenierung der Alpen im massenmedialen Ensemble der modernen Schweiz*, Zürich 2009.

Schnitzler, Arthur: *Briefe 1913–1931*, hg. von Peter Michael Braunwarth, Richard Miklin, Susanne Pertlik und Heinrich Schnitzler, Frankfurt a.M. 1984.

Schnitzler, Arthur: *Das weite Land. Tragikomödie in fünf Akten*, hg. von Reinhard Urbach, Stuttgart 2002.

Schnitzler, Arthur: *Jugend in Wien. Eine Autobiographie*, Wien, München, Zürich 1968, S. 271–274.

Schnitzler, Heinrich; Brandstätter, Christian; Urbach, Reinhard (Hg.): *Arthur Schnitzler. Sein Leben und seine Zeit*, Frankfurt a.M. 1981, S. 97.

Schnyder-Seidel, Barbara: *Goethe in der Schweiz: anders zu lesen*, Bern, Stuttgart 1989.

Schnyder, Peter: Die Dynamisierung des Statischen. Geologisches Wissen bei Goethe und Stifter, in: *Zeitschrift für Germanistik. Neue Folge* XIX/3 (2009), S. 540–555.

Schnyder, Peter: Schrift – Bild – Sammlung – Karte. Medien geologischen Wissens in Stifters Nachsommer, in Gamper, Michael; Wagner, Karl (Hg.): *Figuren der Wissensübertragung. Konstellationen der Stifterzeit*, 1830–1870, Zürich 2009.

Scholdt, Günter: ‚Empor ins Reich der Edelmenschen'. Eine Menschheitsidee im Kontext der Zeit, in: *Jahrbuch der Karl-May-Gesellschaft* (2000), S. 94–111.

Schröder, Bernd: Hüttenporträt – 125 Jahre Berliner Hütte, in: *Panorama – Mitteilungen des Deutschen Alpenvereins*, 56 (2004), Nr. 5, S. 38–41.

Schröder, Christoph: Der Berg der Erkenntnis. Christoph Ransmayr ist nach elf Jahren wieder da – mit einem waghalsigen Versepos über Sinnsuche im Himalaya, in: *Frankfurter Rundschau*, 28. 9. 2006, S. 20.

Schrott, Raoul: *Tropen. Über das Erhabene*, München 1998.

Schütt, Hans-Dieter (Hg.): *Reinhold Messner Superstar*, Berlin 1992.

Schütt, Julian: *Max Frisch. Biographie eines Aufstiegs. 1911–1954*, Frankfurt a.M. 2011, S. 221.

Schwarz, Bernhard: *Die Erschliessung der Gebirge, von den ältesten Zeiten bis auf Saussure (1787), nach Vorlesungen an der Königlichen Bergakademie zu Freiberg i. S. für Geographen, Kulturhistoriker und Militärs dargestellt*, Leipzig 1885.

Schwarzenbach, Annemarie: *Lorenz Saladin. Ein Leben für die Berge*, hg. und mit einem Essay versehen von Robert Steiner und Emil Zopfi, Zürich 2007 [EA: Bern 1938].

Schwedler, Wilfried: *Schreibtisch mit Gipfelblick. Wie Schriftsteller das Gebirge erleben*, Köngen 1997.

Schweiz schreiben. Zur Konstruktion und Dekonstruktion des Mythos Schweiz in der Gegenwartsliteratur, hg. von Jürgen Barkhoff und Valerie Heffernan, Berlin / New York 2010.

Schweizer Töne. Die Schweiz im Spiegel der Musik, hrsg. von Anselm Gerhard und Annette Landau, Zürich 2000.

Schwenke, Walburg: *Leben und Schreiben. Max Frisch – eine produktionsästhetische Auseinandersetzung mit seinem Werk*, Frankfurt a.M./Bern 1983.

Sebald, W.G.: Bis an den Rand der Natur. Versuch über Stifter, in: ders.: *Die Beschreibung des Unglücks. Zur österreichischen Literatur von Stifter bis Handke*, Frankfurt a.M. 1994, S. 15–37.

Sebald, W.G.: *Die Ausgewanderten*, Frankfurt a.M. 1994.

Seeber, Hans Ulrich: *Mobilität und Moderne. Studien zur englischen Literatur des 19. und 20. Jahrhunderts*, Heidelberg 2007.

Seethaler, Robert: *Ein ganzes Leben*, Roman, München 2014.

Seger, Cordula: *Grand Hotel. Schauplatz der Literatur*, Wien, Köln, Weimar 2005.

Seitz, Gabriele: *Wo Europa den Himmel berührt. Die Entdeckung der Alpen*, München, Zürich 1987.

Senici, Emanuele: *Landscape and Gender in Italian Opera: The Alpine Virgin from Bellini to Puccini*, Cambridge 2005.

Senn, Franz: Die Kreuzspitze bei Vent, in: *ZDÖAV*, II (1870/71), S. 52–67.

Sererhard, Nicolin: [Die Erstbesteigung der Scesaplana], in: Steinitzer, *Die Bezwinger der Alpen*, S. 12–16.

Shelley, Mary Wollstonecraft: *Frankenstein oder Der moderne Prometheus*, übers. von K.B. Leder und G. Leetz, Frankfurt a.M. 1988.

Shipton, Eric: *Blank on the Map*, London 1938.

Sieber, Mirjam: *Paul Celans „Gespräch im Gebirg". Erinnerung an eine „versäumte Begegnung"*, Tübingen 2007.

Siegrist, Christoph: Morgenthaler, Hans, in: *NDB* 18 (1997), S. 120f.

Siegrist, Dominik: *Sehnsucht Himalaya. Alltagsgeographie und Naturdiskurs in deutschsprachigen Bergsteigerreiseberichten*, Zürich: Chronos, 1996 (zugl. Diss. Univ. Zürich 1996).

Silber, Leonie: *Poetische Berge. Alpinismus und Literatur nach 2000*, Heidelberg 2019.

Simler, Josias: *Die Alpen. De Alpibus Commentarius*, hg. vom Deutschen Alpenverein, München 1984.

Simler, Josias: *Vallesiae descriptio, libri duo: de alpibus commentarius*. Zürich 1574.

Simmel, Georg: Alpenreisen, in: *Aufsätze und Abhandlungen 1894–1900*, hg. von Heinz-Jürgen Dahme und David P. Frisby, Frankfurt a.M. 1992 (Gesamtausgabe Bd. 5), S. 91–95, hier S. 91. [Zuerst in: *Die Zeit. Wiener Wochenschrift für Politik, Volkswirtschaft, Wissenschaft und Kunst*, 4. Bd. 1895, S. 23–24 (13.7.1895)].

Simmel, Georg: Die Alpen [1911]. In: ders.: *Hauptprobleme der Philosophie. Philosophische Kultur,* hg. von Rüdiger Kramme und Otthein Rammstedt, Frankfurt a.M. 1996, S. 296–303 (= Gesamtausgabe Bd. 14).

Simmel, Georg: Fragen über das Jodeln, in: *Georg-Simmel-Gesamtausgabe* Bd 1, hg. von Klaus Christian Köhnke, Frankfurt a.M. 1999, S. 88–89 [Erstdruck: *Jahrbuch des Schweizer Alpenclub* 14 (1878/79), S. 552–554].

Simmel, Georg: Philosophie der Landschaft; in: ders.: *Aufsätze und Abhandlungen 1909–1918,* hg. von Rüdiger Kramme und Angela Rammstedt, Frankfurt a.M. 2001, S. 471–482 (= Gesamtausgabe Bd. 12). [Zuerst in: *Die Güldenkammer* III (1913), S. 635–644.]

Simmel, Georg: Psychologische und ethnologische Studien über Musik [1882], in: *Georg-Simmel-Gesamtausgabe* Bd 1, hg. von Klaus Christian Köhnke, Frankfurt a.M. 1999, S. 45–87 [ED: *Zs. für Völkerpsychologie und Sprachwissenschaft* 13 (1882) H.3, S. 261–305.]

Simmel, Georg: Zur Ästhetik der Alpen. In: ders.: *Aufsätze und Abhandlungen 1909-1918,* hg. von Rüdiger Kramme und Angela Rammstedt, Frankfurt a.M. 2001, S. 162–169. (= Gesamtausgabe Bd. 12).

Simon, J.: *Die Ausrüstung des Hochtouristen,* 3.A. München 1900.

Simons, Elisabeth; Oelz, Oswald: *Kopfwehberge: Eine Geschichte der Höhenmedizin,* Zürich 2001.

Simony, Friedrich: *Das Dachsteingebiet. Ein geographisches Charakterbild aus den österreichischen Nordalpen,* Wien 1889/95.

Simpson, Joe: *Spiel der Geister. Die Sucht nach dem Berg,* München 2000.

Simpson, Joe: *Touching the Void,* London 1988 (dt.: *Sturz ins Leere,* München 1999).

Skuhra, Rudolf: *Sturm auf die Throne der Götter. Die Himalaja-Expeditionen der Nachkriegszeit,* Berlin 1938.

Skuhra, Rudolf: *Sturm auf die Throne der Götter. Himalaja-Expeditionen 1921–1948,* Berlin 1950.

Soja, Edward W.: *Postmodern Geographies. The Reassertion of Space in Critical Social Theory,* London/N.Y. 1989.

Sontag, Susan: Fascinating Fascism, in: *Under the Sign of Saturn,* New York 1980, S. 73–105 (zuerst in: *New York Review of Books,* February 6, 1976).

Spindler, Robert: *Die Alpen in der englischen Literatur und Kunst,* Leipzig 1932.

Spörl, Uwe: Berge, Meer und Sterne als Erhabenes in der Natur? Eine Untersuchung zur Poetik der Frühaufklärung und der ‚poetischen Malerei' Brockes', in: *DVjs* 73 (1999), S. 228–265.

Spreckelsen, Tilman: Dahin, dahin, oh mein Bruder, laß uns fliegen. Versepen sind selten geworden: Christoph Ransmayr, der Meister des kalten Herzens, singt klug und mutig vom Gang ins Eis, in: *FAZ,* 4.10.2006, S. L10.

Spyri, Johanna: *Heidi. Heidi's Lehr- und Wanderjahre. Heidi kann gebrauchen, was es gelernt hat* (1880/81), Illustrationen von Rudolf Münger, München 1978.

Spyri, Johanna: *Heidi. Vollständige und ungekürzte Ausgabe in einem Band*, Frankfurt a.M. 1978.

Stadler, Hilar (Hg.): *Eduard Spelterini und das Spektakel der Bilder*, Zürich 2010.

Stanitzek, Georg: Kuckuck. In: Baecker, Dirk; Hüser, Rembert; Stanitzek, Georg: *Gelegenheit. Diebe. 3x Deutsche Motive*, Bielefeld 1991, S. 11–80.

Stanzel, Franz K.: Das Bild der Alpen in der englischen Literatur des 17. und 18. Jhds., in: *GRM* N.F. 14 (1964), S. 121–138.

Starobinski, Jean: Le style de l'autobiographie, in: *Poétique* 1 (1970), S. 257–265.

Stebner, Gerhard: Wystan H. Auden und Christopher Isherwood: The Ascent of F6, in: Oppel, Horst (Hg.): *Das moderne englische Drama. Interpretationen*, 3.A. Berlin 1976, S. 203–219, hier S. 211.

Steinen, Karl von: *Durch Central-Brasilien. Expedition zur Erforschung des Schingú*, 1886.

Steiner, Gertraud: *Gehlüste. Alpenreisen und Wanderkultur*, Salzburg und Wien 1995.

Steiner, Robert; Zopfi, Emil: Das Drama am Khan Tengri. Zwei Geschichten, ein Buch: Annemarie Schwarzenbach und Lorenz Saladin, in: Schwarzenbach, Annemarie: *Lorenz Saladin. Ein Leben für die Berge*, Zürich 2007, S. 197–272.

Steinitzer, Alfred (Hg.): *Die Bezwinger der Alpen. Denkwürdige Ersteigungsgeschichten und Erlebnisse*, Leipzig 1928.

Steinitzer, Alfred: *Alpine Sieger*, München 1917.

Steinitzer, Alfred: *Der Alpinismus in Bildern*, 2. A. München 1924.

Steinitzer, Heinrich: *Sport und Kultur. Mit besonderer Berücksichtigung des Bergsports*, München 1910.

Steinitzer, Heinrich: Zur Psychologie des Alpinisten, in: *Graphologische Monatshefte* 8 (1907), S. 73–107; 9 (1908), S. 21–58.

Steinmetz, Horst: *Max Frisch: Tagebuch, Drama, Roman*, Göttingen 1973.

Stephan, Alexander: *Max Frisch*, München 1983.

Stephan, Inge: „Weiße Flecke" und „schwarze Löcher". Untergangs- und Auferstehungsszenarien heroischer Männlichkeit in Christoph Ransmayrs ‚Kältetexten' *Die Schrecken des Eises und der Finsternis* (1984) und *Der fliegende Berg* (2006), in: Brittnacher, Hans Richard; Koebner, Thomas (Hg.): *Vom Erhabenen und vom Komischen. Über eine prekäre Konstellation, FS Rolf-Peter Janz*, Würzburg 2010, S. 115–127.

Stierle, Karlheinz: *Das große Meer des Sinns. Hermenautische Erkundungen in Dantes ‚Commedia'*, München 2007.

Stierle, Karlheinz: *Petrarcas Landschaften. Zur Geschichte ästhetischer Landschaftserfahrung*, Krefeld 1979.

Stifter, Adalbert: Bergkristall, in: *Werke und Briefe. Historisch-kritische Gesamtausgabe*, hg. von Alfred Doppler und Wolfgang Frühwald, Bd. 2,2: Bunte Steine. Buchfassungen, 2. Bd., hg. von Helmut Bergner, Stuttgart usw. 1982, S. 181–240.

Stifter, Adalbert: Der Nachsommer. Eine Erzählung. In: *Werke und Briefe. Historisch-kritische Gesamtausgabe*, hg. von Alfred Doppler und Wolfgang Frühwald, Bd. 4, 1–3, hg. von Wolfgang Frühwald und Walter Hettche, Stuttgart usw. 1997–2000.

Stifter, Adalbert: *Werke und Briefe. Historisch-kritische Gesamtausgabe*, hg. von Alfred Doppler und Wolfgang Frühwald, Bd. 2.4, *Bunte Steine. Apparat, Kommentar*, hg. von Walter Hettche, Stuttgart 1995.

Stockhammer, Robert: *Kartierung der Erde. Macht und Lust in Karten und Literatur*, München 2007.

Stockinger, Claudia: Von der Idylle zum „Blutbad". Die Vergeschichtlichung der Alpendarstellung in der Literatur des 18. und 19. Jahrhunderts, in: *ZfdPh* 2 (2000), S. 161–178.

Stoll, Beatrice: „... dass vielmehr das Leiden eine Chance ist". Zu Ludwig Hohls erzählerischem Werk, in: Peter Erismann, Rudolf Probst und Hugo Sarbach (Hg.): *Ludwig Hohl. „Alles ist Werk."*, Frankfurt a.M. 2004, S. 116–124.

Strasser, Axel: Alpenvereinsbücherei, in: *Handbuch der historischen Buchbestände in Deutschland*, digitalisiert von Günter Kükenshöner, hg. von Bernhard Fabian, Hildesheim 2003.

Straub, Wolfgang: *Willkommen. Literatur und Fremdenverkehr in Österreich*, Wien 2001.

Strebel, Dominique/Ganz, Michael T. (Hg.): *Dies Land ist maßlos und ist sanft. Literarische Wanderungen im Wallis*, Zürich 2006.

Stremlow, Matthias: *Die Alpen aus der Untersicht. Von der Verheissung der nahen Fremde zur Sportarena. Kontinuität und Wandel von Alpenbildern seit 1700*, Bern, Stuttgart, Wien 1998.

Striedter, Jurij: Einleitung, in: Vodicka, Felix: *Die Struktur der literarischen Entwicklung*, hg. von der Forschungsgruppe für strukturale Methoden [...] an der Universität Konstanz, München 1976, S. VII–CIII.

Strittmatter, Klaus: *Einhundert Jahre Bibliothek des Deutschen Alpenvereins*, München 2002.

Strobl, Karl Hans: *Der Krieg im Alpenrot*, Berlin und Wien 1916.

Strutz, Johann: *Komparatistik als Dialog. Literatur und interkulturelle Beziehungen in der Alpen-Adria-Region und in der Schweiz*, Frankfurt a.M. u.a. 1991.

Suter, Lukas B.: Spelterini hebt ab, in: *Theater heute* 26 (1985) H. 4, S. 42–52.

Swales, Martin: Schnitzler's Tragi-comedy: A Reading of „Das weite Land", in: *Modern Austrian Literature*, 10 (1977), S. 233–245 (Special Arthur Schnitzler Issue).

Tenzing, Judy: *Im Schatten des Everest. Die Geschichte der Sherpa*, München 2005.

Terray, Lionel: *Les Conquérants de l'inutile*, Paris 1961.

The Dictionary of Human Geography, ed. by R.J. Johnston et al., 4.th ed. Oxford 2000.

Theweleit, Klaus: *Männerphantasien* [1977], München 2000.

Tholen, Georg Christoph: *Die Zäsur der Medien*, Frankfurt a.M. 2002.

Thompson, Mark: *The White War. Life and Death on the Italian Front 1915–1919*, London 2008.

Tichy, Herbert: *Auf fernen Gipfeln. Abenteuer auf dem Dach der Welt*, Wien, München, Zürich 1976.

Tichy, Herbert: Vorwort, in: Rebuffat, Gaston: *Zwischen Mont Blanc und Himalaya.* München 1955, S. 5–6.

Todorov, Tzvetan: *Die Eroberung Amerikas. Das Problem des Anderen*, Frankfurt a.M. 1985.

Torma, Franziska: Auslandsbergfahrten, in: *Berg Heil! Alpenverein und Bergsteigen 1918–1945*, hg. vom Deutschen Alpenverein, vom Oesterreichischen Alpenverein und vom Alpenverein Südtirol, Köln, Weimar, Wien 2011, S. 431–458.

Torma, Franziska: *Turkestan-Expeditionen. Zur Kulturgeschichte deutscher Forschungsreisen nach Mittelasien (1890–1930)*, Bielefeld 2011.

Trenker, Luis: *Berge in Flammen. Ein Roman aus den Schicksalstagen Südtirols*, Berlin 1931 [zus. mit Walter Schmidkunz].

Trenker, Luis: *Kampf in den Bergen. Das unvergängliche Denkmal der Alpenfront*, illustrierte Ausgabe des Buches „Berge in Flammen“, Berlin 1931.

Trepl, Ludwig: *Die Idee der Landschaft. Eine Kulturgeschichte von der Aufklärung bis zur Ökologiebewegung*, Bielefeld 2012.

Treude, Sabine: „Die Kinder der Toten“ oder: Eine Verwicklung der Geschichten mit einer Geschichte, die fehlt. In: *Elfriede Jelinek. Text + Kritik* 117 (1999), S. 100–109.

Trojanov, Ilja: *EisTau*, Hamburg 2011.

Trojer, Florian: Südtirol, in: *Berg Heil! Alpenverein und Bergsteigen 1918–1945*, hg. vom Deutschen Alpenverein, vom Oesterreichischen Alpenverein und vom Alpenverein Südtirol, Köln, Weimar, Wien 2011, S. 329–382.

Tschofen, Bernhard: Aufstiege – Auswege. Skizzen zur Symbolgeschichte des Berges im 20. Jahrhundert, in: *Zeitschrift für Volkskunde* 89 (1993), S. 213–232.

Tschofen, Bernhard: *Berg – Kultur – Moderne. Volkskundliches aus den Alpen*, Wien 1999.

Tschofen, Bernhard: Die Seilbahnfahrt. Gebirgswahrnehmung zwischen klassischer Alpenbegeisterung und moderner Ästhetik, in: Pöttler, Burckhardt; Kammerhofer-Aggermann, Ulrike (Hg.): *Tourismus und Regionalkultur. Referate der Österreichischen Volkskundetagung in Salzburg 1992*, Wien 1994, S. 107–127.

Turrini, Peter: *Alpenglühen*. Ein Stück, Hamburg, Zürich 1992.

Twain, Mark: *Das Lächeln der Weisen. Die schönsten heiteren Erzählungen*, Berlin 1947.

Ullrich, Thomas: *Eiger-Nordwand. Mit Nagelschuhen und Hanfseil auf den Spuren der Erstbegeher*, Zürich 2003.

Unsworth, Walt: *Because it is there. Famous Montaineers*, 1840–1940, London 1968.

Unsworth, Walt: *Encyclopaedia of Mountaineering. Enlarged and updated edition*, London, Sydney, Auckland 1992.

Unsworth, Walt: *Hold the Heights. The Foundations of Mountaineering*, London 1994.

Unsworth, Walt: *Savage Snows. The Story of Mont Blanc*, London 1986.

Urry, John: *The tourist gaze. Leisure and travel in contemporary societies*, London 1990.

Utz, Peter: Alpen auf dem Papier. Literarische Erosionsformen des Alpenmassivs bei Robert Walser, in: *Erfundene Schweiz. Konstruktionen nationaler Identität / La Suisse imaginée. Bricolages d'une identité nationale*, hg. von Guy P. Marchal und Aram Mattioli, Zürich 1992, S- 313–326.

Utz, Peter: Heimatträume. Risse im literarischen Film der Schweiz bei Gottfried Keller, Robert Walser und Thomas Hürlimann, in: *Aspekte der Schweiz 1291–1991*, hg. von John Ole Askedal und Erich Schondorf, Oslo 1992.

Utz, Peter: *Tanz auf den Rändern. Robert Walsers „Jetzzeitstil"*, Frankfurt a.M. 1998.

Vellozzi, Christiane u.a. (Hg.): *Mont-Blanc. Conquête de l'Imaginaire*, Montmélian 2002.

Veyne, Paul: „L'alpinisme: une invention de la bourgeoisie", in: *L'Histoire*, 11 (1979), S. 41–49.

Villiger Heilig, Barbara: Aufgefahren in die Hölle. Elfriede Jelinek und Christoph Marthaler: „In den Alpen", in: *Neue Zürcher Zeitung* vom 28.10.2002, URL: http://www.nzz.ch/2002/10/28/fe/article8HIL3.html.

Vinke, Gisbert Freiherr von: *Der Todesweg auf den Piz Palü*, Berlin 1905.

Vogel, Juliane: „Ich möchte seicht sein." Flächenkonzepte in Texten Elfriede Jelineks, in: Eder, Thomas/Vogel, Juliane (Hg.): *Lob der Oberfläche. Zum Werk von Elfriede Jelinek*, München 2010, S. 9–18.

Vogel, Juliane: „Keine Leere der Unterbrechung" – „Die Kinder der Toten" oder der Schrecken der Falte, in: *Modern Austrian Literature*, Vol. 39, No. 3/4 (2006), S. 15–26.

Vogl, Joseph: Für eine Poetologie des Wissens, in: *Die Literatur und die Wissenschaften 1770–1930*, hg. von Karl Richter, Jörg Schönert und Michael Titzmann, Stuttgart 1997, S. 107–127.

Volkening, Heide: *Am Rand der Autobiographie. Ghostwriting – Signatur – Geschlecht*, Bielefeld 2006, bes. S. 62ff.

Wagner-Egelhaaf, Martina: *Autobiographie*, Stuttgart/Weimar 2000, S. 18–99.

Wagner, Monika: Das Gletschererlebnis – Visuelle Naturaneignung im frühen Tourismus, in: Großklaus, Götz; Oldemeyer, Ernst: *Natur als Gegenwelt. Beiträge zur Kulturgeschichte der Natur*, Karlsruhe 1983, S. 235–263.

Waiblinger, Wilhelm: *Werke und Briefe*, Bd.1: Gedichte, Stuttgart 1980 [S. 116f.].

Waldherr, Gerhard: Art. Transhumanz, in: Sonnabend, Holger (Hg.): *Mensch und Landschaft in der Antike. Lexikon der Historischen Geographie*, Stuttgart/Weimar 1999, S. 564–568.

Walkner, Martin: Zur Entstehung des modernen Alpinismus im Wien des Fin de Siècle. Die Bedeutung von Eugen Guido Lammer, in: *Zeitgeschichte* 23 (1996), S. 291–305.

Walser, Martin: Alpen-Laokoon oder Über die Grenze zwischen Literatur und Gebirge, in: ders.: *Wer ist ein Schriftsteller? Aufsätze und Reden*, Frankfurt a.M. 1979, S. 55–66.

Walser, Robert: *Es war einmal. Sämtliche Werke Bd. IXX*, hg. v. Jochen Greven, Frankfurt a.M. 1986, S. 373–76.

Walser, Robert: *Il mio monte. Piccolo prosa della montagna*, trad. di Mauro Formica, a cura di Michael Jakob, Verbania 2000.

Walser, Robert: *Kleine Dichtungen. Sämtliche Werke Bd. IV*, hg. v. Jochen Greven, Frankfurt a.M. 1986.

Walser, Robert: Mein Berg [1902], in: *Fritz Kochers Aufsätze. Sämtliche Werke* Bd. I, hg. v. Jochen Greven, Frankfurt a.M. 1986, S. 32–34, hier S. 33.

Walser, Robert: *Sämtliche Werke Bd. VIII*, hg. v. Jochen Greven, Frankfurt a.M. 1986.

Walser, Robert: *Wenn Schwache sich für stark halten. Sämtliche Werke* Bd. XVII, hg. v. Jochen Greven, Frankfurt a.M. 1986, S. 427–29.

Weber, Bruno (Hg.): *Die Alpen in der Malerei*, Rosenheim 1981. Hausler, Bettina: *Der Berg. Schrecken und Faszination*, München 2008.

Weber, Fritz: *Feuer auf den Gipfeln. Südtiroler Alpenkrieg*, Regensburg 1932.

Weber, Fritz: *Granaten und Lawinen*, Leipzig, Wien, Berlin 1932.

Wechsler, Max: Kunst-Raum-Alpen: Imaginations-, Emotions- und Bildfeld. Zur Kunst der letzten dreißig Jahre, in: Kos, Wolfgang (Hg.): *Alpenblick. Die zeitgenössische Kunst und das Alpine*, Katalog Kunsthalle Wien 1998, hg. von Wolfgang Kos und Kunsthalle Wien, o.O. [Basel; Frankfurt a.M.] 1998, S. 41–49.

Wedemeyer, Bernd: „Zum Licht". Die Freikörperkultur in der wilhelminischen Ära und der Weimarer Republik zwischen Völkischer Bewegung, Okkultismus und Neuheidentum, in: *Archiv für Kulturgeschichte* 81 (1999) H. 1, S. 173–198.

Weidermann, Volker: Über alle Berge. Christoph Ransmayr schreibt nach elf Jahren wieder einen Roman, in: *Frankfurter Allgemeine Sonntagszeitung*, 17.9.2006, S. 28.

Weigel, Sigrid: Zum ‚topographical turn'. Kartographie, Topographie und Raumkonzepte in den Kulturwissenschaften, in: *KulturPoetik* 2/2 (2002), S. 151–165.

Weiss, Richard (Hg.): *Die Entdeckung der Alpen. Eine Sammlung schweizerischer und deutscher Alpenliteratur bis zum Jahre 1800*, Frauenfeld und Leipzig 1934.

Weiss, Richard: *Das Alpenerlebnis in der deutschen Literatur des 18. Jahrhunderts*, Horgen, Zürich, Leipzig 1933.

Wellering, Peter: *Zwischen Kulturkritik und Melancholie. Peter Altenberg und die Wiener Jahrhundertwende*, Stuttgart 1999.

Wellmann, Angelika (Hg.): *Was der Berg ruft. Das Buch der Gipfel und Abgründe*, Leipzig 2000.

Welsch, Walter: Die frühe Erschließung der Berge Ekuadors und die alpinistischen Unternehmungen Hans Meyers im Jahre 1903, in: Brogiato, Heinz Peter (Hg.): *Die Anden – geographische Erforschung und künstlerische Darstellung. 100 Jahre*

Andenexpedition von Hans Meyer und Rudolf Reschreiter 1903–2003, München 2003 (Wissenschaftliche Alpenvereinshefte, Bd. 37), S. 41–57.

Welsch, Walter: *Geschichte der Sektion Bayerland des Deutschen Alpenvereins*, München 2010.

West, J.B.: George I. Finch and his pioneering use of oxygen for the climbing of extreme altitudes, in: *Journal of Applied Physiology* 94/5 (2003), S. 1702–1713.

West, John B.: *High Life. A History of High-Altitude Physiology and Medicine*, New York and Oxford 1998.

White, Kenneth: Éléments de géopoétique, in: ders.: *L'Esprit nomade*, Paris 1987, S. 272–293.

Whymper, Edward: The Fatal Accident on the Matterhorn, in: *The Alpine Journal. A Record of Mountain Adventure and Scientific Observation*, Bd. 2 (1865/66), S. 148–153.

Wichmann, Franz: *Die Alpinisten*, 2 Tl., Berlin 1900.

Widmann, Joseph Victor: Der Held des Eiger, in: ders.: *Touristennovellen*, Stuttgart 1892.

Widmer, Urs: *Das enge Land*, Zürich 1987.

Willmann, Thomas: *Das finstere Tal*, Roman, München 2010.

Wilson, Andrew: *The Abode of Snow. Observations from a Journey from Chinese Tibet to the Indian Caucasus, through the Upper Valleys of Himalaya*, Edinburgh 1875.

Winckler, Hugo: *Himmels- und Weltenbild der Babylonier als Grundlage der Weltanschauung und Mythologie aller Völker*, Leipzig 1901.

Winkle, Ralph: Der Schock und die Ästhetik des Erhabenen. Darstellungsformen des Weltkriegs in Filmen der zwanziger und dreißiger Jahre, in: Chiari, Bernhard; Rogg, Matthias, Schmidt, Wolfgang (Hg.): *Krieg und Militär im Film des 20. Jahrhunderts*, München 2003, S. 319–342.

Wirz, Tanja: *Gipfelstürmerinnen. Eine Geschlechtergeschichte des Alpinismus in der Schweiz* 1840–1940, Baden 2007.

Wittstock, Uwe: Namen im verwehenden Schnee. Christoph Ransmayrs überwältigend schöner Roman „Der fliegende Berg", in: *Die Welt* (Die literarische Welt), 30. 9. 2006, S. 2.

Worbs, Michael: *Nervenkunst. Literatur und Psychoanalyse im Wien der Jahrhundertwende*, Frankfurt a.M. 1983.

Wozniakowski, Jacek: *Die Wildnis. Zur Deutungsgeschichte des Berges in der europäischen Neuzeit*, Frankfurt a.M. 1987.

Wundt, Theodor: *Das Matterhorn und seine Geschichte*, Berlin 1896.

Wundt, Theodor: *Die Jungfrau und das Berner Oberland*, Berlin 1897.

Wundt, Theodor: *Hinauf!*, Stuttgart 1913; *Disziplin*, Stuttgart 1915; *Matterhorn*, Berlin 1916.

Wundt, Theodor: *Ich und die Berge*, Berlin 1917.

Wundt, Theodor: *Wanderbilder aus den Dolomiten*, Stuttgart 1894.

Wuthenow, Ralph-Rainer: Reiseliteratur in der Zeit der Aufklärung, in: Wessels, Hans-Friedrich (Hg.): *Aufklärung. Ein literaturwissenschaftliches Studienbuch*, Königstein 1984, S. 161–182.

Wysling, Hans: Der Zauberberg, in: *Thomas-Mann-Handbuch*, hg. von Helmut Koopmann, 3. A. Frankfurt a.M. 2005, S. 397–421.

Younghusband, Sir Francis: *The Epic of Mount Everest*, London 1926.

Youngs, Tim: Following the Progress of the Mountain Mission: The Critique of Heroism and Nationalism in Auden and Isherwood's The Ascent of F6, in: Besson, Françoise (Hg.): *Mountains Figured and Disfigured in the English-Speaking World*, Newcastle upon Tyne 2010, S. 476–467.

Zängl, Wolfgang; Hamberger, Sylvia: *Gletscher im Treibhaus. Eine fotografische Zeitreise in die alpine Eiszeit*, Stuttgart 2004.

Zahn, Ernst: *Albin Indergand* (1901), Zürich 1981.

Zanetti, Sandro: Orte/Worte – Erde/Rede. Celans Geopoetik, in: Sasse, Sylvia; Marszalek, Magdalena (Hg.): *Geopoetiken. Geographische Entwürfe in den mittel- und osteuropäischen Literaturen*, Berlin 2009, S. 115–131.

Zebhauser, Helmut (Hg.): *Leo Maduschka. Bergsteiger, Schriftsteller, Wissenschaftler*, München 1992.

Zebhauser, Helmuth (Hg.): *Frühe Zeugnisse: Die Alpenbegeisterung*, München 1986, S. 7.

Zebhauser, Helmuth: *Alpinismus im Hitlerstaat. Gedanken, Erinnerungen, Dokumente*, München 1998.

Zelle, Carsten: *Angenehmes Grauen. Literaturhistorische Beiträge zur Ästhetik des Schrecklichen im achtzehnten Jahrhundert*, Hamburg 1987.

Ziak, Karl: *Der Mensch und die Berge. Eine Weltgeschichte des Alpinismus*, 5.A. Salzburg 1982 (EA 1936).

Ziehen, Eduard: *Die deutsche Schweizbegeisterung in den Jahren 1750–1815*, Frankfurt a.M. 1922.

Zimmermann, Gisela: *Die Hochgebirgslandschaft im 18. und frühen 19. Jahrhundert. Joseph Anton Kochs Alpenlandschaften und die Alpen in der zeitgenössischen Dichtung und Literatur*, Wetzlar 1998.

Zönle, Adalbert: Der Krieg und der Alpinismus, in: *MDÖAV* 48 (1917), S. 1–2.

Zopfi, Emil (Hg.): *Tödi. Sehnsucht und Traum*, Zürich 2000 (Bergmonographien, 6).

Zopfi, Emil: *Dichter am Berg. Alpine Literatur aus der Schweiz*, Zürich 2009.

Zopfi, Emil: *Die Stunden im Fels. Texte vom Klettern*, Zürich 1989.

Zopfi, Emil: *Die Wand der Sila*, Zürich 1986.

Zopfi, Emil: *Kilchenstock. Der Bergsturz in den Köpfen*, Zürich 1996.

Zopfi, Emil: *Sanduhren im Fels : Erzählungen und Reportagen*, Zürich 1994.

Zopfi, Emil; Steiner, Robert: *Tod am Khan Tengri. Lorenz Saladin, Expeditionsbergsteiger und Fotograf*, Zürich 2009.

Zsigmondy, Emil: *Die Gefahren der Alpen. Praktische Winke für Bergsteiger*, Leipzig 1885.

Zuberbühler, Rolf: „Excelsior!" Idealismus und Materialismus in Kellers und Fontanes Altersromanen „Martin Salander" und „Der Stechlin", in: *Gottfried Keller und Theodor Fontane: Vom Realismus zur Moderne*, hg. von Ursula Amrein und Regina Dieterle, Berlin 2008, S. 87–111.

Zuckmayer, Carl: Die Hochtour, in: ders.: *Betrachtungen. Gesammelte Werke in Einzelbänden*, hg. von Knut Beck und Maria Guttenbrunner-Zuckmayer, Frankfurt a.M. 1996.

Zuckmayer, Carl: Salwàre oder Die Magdalena von Bozen, in: *Gesammelte Werke*, Bd. 2, Erzählungen, Frankfurt a.M. 1960, S. 7–219.

Zumbühl, Heinz J.: „Der Berge wachsend Eis …" Die Entdeckung der Alpen und ihrer Gletscher durch Albrecht von Haller und Caspar Wolf, in: *Mitteilung der Naturforschenden Gesellschaft in Bern*, 66 (2009), S. 105–132.

Zuntz, Nathan et al.: *Höhenklima und Bergwanderungen in ihrer Wirkung auf den Menschen. Ergebnisse experimenteller Forschungen im Hochgebirge und Laboratorium*, Berlin u.a. 1906.

Zuntz, Nathan: *Zur Physiologie und Hygiene der Luftfahrt*, Berlin 1912.

Zweig, Arnold: *Dialektik der Alpen. Fortschritt und Hemmnis / Emigrationsbericht oder Warum wir nach Palästina gingen*, bearbeitet von Julia Bernhard, Berlin 1997 (= Arnold Zweig, *Berliner Ausgabe*, hg. von der Humboldt-Universität Berlin und der Akademie der Künste Berlin/hg. von Frank Hörnigk und Julia Bernhard, Abt. II, Essays, Bd. 4).

Zweig, Arnold: Vorfrühling, in: *Die Gäste*. Kattowitz, 1909, H.3, S. 6–18.

Zymner, Rüdiger: „There is nothing hotter than a terrific verse novel". Zur Konjunktur der langen Erzähldichtung, in: *Comparatio* 1 (2009), H. 1, S. 145–162.

Filme

4628 Meter hoch auf Skiern, Besteigung des Monte Rosa, Deutschland 1913, Bildregie und Kamera Sepp Allgeier.

All Quiet on the Western Front, USA 1930, Regie Lewis Milestone.

Balloonatic, USA 1922, Regie Buster Keaton.

Berge in Flammen, Deutschland 1931, Regie Karl Hartl, Luis Trenker.

Das Wunder des Schneeschuhs, Deutschland 1920, Regie Arnold Fanck.

Der Berg des Schicksals, Deutschland 1923/24, Regie Arnold Fanck.

Der Dämon des Himalaya, Schweiz / Deutschland 1934/1935, Regie Andrew Marton, Günter Oskar Dyhrenfurth.

Der Kampf ums Matterhorn, Deutschland 1928, Regie Mario Bonnard, Nunzio Malasomma.

Die Geier-Wally, Deutschland 1921, Regie E.A. Dupont.

Die weiße Hölle vom Piz Palü, Deutschland 1929, Regie: Arnolt Fanck, Georg Wilhelm Papst.

Himatschal, der Thron der Götter. Deutschland 1930/1931, Regie Günther Oskar Dyhrenfurth.

Im Kampf mit dem Berge, Deutschland 1921, Regie Arnold Fanck, Kamera Sepp Allgeier und Arnold Fanck.

Nanga Parbat 1953, Bundesrepublik Deutschland 1953, Regie und Kamera Hans Ertl.

Nanga Parbat, Deutschland 1936, Regie Fritz Bechtold, Peter Müllritter.

Niemandsland, Deutschland 1931, Regie Victor Trivas.

SOS Eisberg! Deutschland 1932/33, Regie und Drehbuch: Arnold Fanck.

Standschütze Bruggler, Deutschland 1936, Regie Werner Klingler.

Stürme über dem Montblanc, Deutschland 1930, Regie und Drehbuch: Arnold Fanck.

Westfront 1918, Deutschland 1930, Regie G.W. Pabst.

Unveröffentlichte Texte

Fleißer, Marieluise: [*Manuskripte und Typoskripte zu Hermann Buhl*], im Repertorium u.d.T. *Hörspielfragment „Buhl" oder „Berg"*, Marie-Luise-Fleißer-Archiv des Stadtarchivs Ingolstadt, Sign. VI, 12, 1 und VI, 12, 2.

Internetquellen

http://upload.wikimedia.org/wikipedia/commons/2/2f/Atlas_Tyrolensis-small.jpg.
http://map.geo.admin.ch
http://www.avibushistoriae.com/Scheuchzer% 20Johann%20Jakob%20(Jacob).htm
http://de.wikipedia.org/w/index.php?title=Datei:Duccio_di_Buoninsegna_039b.jpg&filetimestamp=20080916112311
http://www.museenkoeln.de/ausstellungen/wrm_0506_ansichten/werk.asp?lang=de&abb=6_08
http://www.aargauerkunsthaus.ch/en/media/?showUid=102
http://de.wikipedia.org/wiki/Georg_Winkler
http://de.wikipedia.org/w/index.php?title=Datei:Spelterini_Matterhorn_1910.jpg&file timestamp=20071228091442
http://de.wikipedia.org/wiki/Gebirgskrieg_1915–1918
http://www.historisches-alpenarchiv.org/data/dokumente/main/31/00131170_m.pdf
http://de.wikipedia.org/w/index.php?title=Datei:Drei_Zinnen_Krieg.jpg&filetimest amp=20090925104032
http://bergliteratur.ch/hier-wirds-uns-toten/
http://www.filmportal.de/node/31639/material/630831
http://filmarchiv.at/show_content2.php?s2id=205
http://upload.wikimedia.org/wikipedia/commons/5/5b/Caspar_David_Friedrich_032.jpg)
http://www.filmportal.de/film/die-weisse-hoelle-vom-piz-palue_89ce9dceb87f4545be f53bcb3ee095f9
http://www.glacierworks.org/glacier/kangchenjunga-glacier/
http://krahe-sw.de/kamerasammlung/Kamera-Seiten/kamera_06_16_kodak%20 retina2a.htm
http://malloryexpedition.blogspot.de/2009/05/1924-mt-everest-postcards.html
http://www.altebrennerei.ch/veranstaltungen/fotografie_lorenz_saladin.htm
http://commons.wikimedia.org/wiki/File:Peak_of_Khan_Tengri_at_sunset.jpg?use lang=de

Abbildungsverzeichnis

Abb. 1	Atlas Tyrolensis von Peter Anich und Blasius Hueber, 1774. Wikimedia Commons: https://commons.wikimedia.org/wiki/File:Atlas_Tyrolensis-small.jpg (17.1.2012).
Abb. 2	Dufour-Karte von 1845/1865. http://map.geo.admin.ch (18.3.2012), allerdings sind die Blätter teils bis 1939 überarbeitete Versionen.
Abb. 3	Scheuchzer, Johann Jakob: *Natur-Historie des Schweitzer Landes. Erster Theil. Helvetiae Stoicheiographia, Orographia und Oreographia*, Zürich 1716. (https://www.digitale-sammlungen.de/de/view/bsb10430770?page=9).
Abb. 4	Bühler, Hermann: *Die Alpenvereinsbücherei in München. Eine Jubiläumsschrift zu ihrem 40jährigen Bestehen nebst einer Anleitung für Alpenvereinsbücherwarte*, München 1941, S. 10.
Abb. 5	Duccio di Buoninsegna, *Verklärung Christie* (1308–11); Altarretabel des Sieneser Doms; London, National Gallery. https://commons.wikimedia.org/wiki/File:Duccio_di_Buoninsegna_039b.jpg (12.2.2012).
Abb. 6	Caspar Wolf, *Der Rhonegletscher von der Talsohle bei Gletsch gesehen*, 1778. Quelle: Kunsthaus Aargau; https://commons.wikimedia.org/wiki/File:Caspar_Wolf_-_Rhonegletscher_von_der_Talsohle_bei_Gletsch_gesehen_%281778%29.jpg (22.8.2012).
Abb. 7	*Alpenländer-Karte* des Kleinen Brockhaus, 1911.
Abb. 8	*Alpen-Bildstrecke* des Kleinen Brockhaus, 1911.
Abb. 9	Ferdinand Hodler, *Montblanc mit rosa Wolken* (1918).
Abb. 10	Werbung der Firma Frey (‚Loden-Frey') im Jahr 1900. Simon, J.: *Die Ausrüstung des Hochtouristen*, 3.A. München 1900, s.p.
Abb. 11a–c	Abb. nach Niedermayr, *Der Hochtourist*, nach S. 6, 68, 82.
Abb. 12	Abb. nach: Ittlinger, Josef, *Alpinismus. Ein Ratgeber für Hochtouristen* (Leipzig 1908).
Abb. 13	Ausschnitt aus *Vajolet-Türme vom Santnerpass*, Vincenzo Gianferrari Pini, https://commons.wikimedia.org/wiki/File:Torri_del_Vaiolet.JPG (14.4.2022).
Abb. 14	Anton Karg, 1888. https://commons.wikimedia.org/wiki/File:Georg_Winkler.jpg (3.4.2022).
Abb. 15	Abbildung aus Nieberl, Franz: *Das Klettern im Fels* (1911).
Abb. 16	Eduard Spelterini: *Matterhorn von Nordwesten*, 12.08.1910. http://de.wikipedia.org/w/index.php?title=Datei:Spelterini_Matterhorn_1910.jpg&filetimestamp=20071228091442 (zuletzt abgerufen 1.12.2011).

Abb. 32a und b	Filmstills aus *Die weiße Hölle vom Piz Palü* (1929), Regie Arnold Fanck und Georg Wilhelm Pabst.
Abb. 33a und b	Filmstills aus *Die weiße Hölle vom Piz Palü* (1929), Regie Arnold Fanck und Georg Wilhelm Pabst.
Abb. 34	Fotografie: Vittorio Sella, 1909. https://commons.wikimedia.org/wiki/File:06-07plancheVI-VII.JPG?uselang=de. (22.08.2022).
Abb. 35	Fotografie: Vittorio Sella, 1909. https://commons.wikimedia.org/wiki/File:K2_sella_1909.jpg?uselang=de. (22.08.2022).
Abb. 36	Werbung für die Kodak Retina, Herbst 1953; Quelle: http://krahe-sw.de/KAMERASEITEN/Kamera-Seiten/kamera_06_16_kodak%20retina2a.htm (22.08.2022); eine analoge Werbeanzeige findet sich u.a. im Foto-Museum Uhlingen: https://www.foto-museum-uhingen.de/herzstücke-unserer-sammlung/die-kodak-retina/ (22.8.2022).
Abb. 37	Abb. nach http://malloryexpedition.blogspot.de/2009/05/1924-mt-everest-postcards.html (zuletzt gesehen 15.3.2012).
Abb. 38	Abb. links im zitierten Band: Fritz Bechtold, *Deutsche am Nanga Parbat. Der Angriff 1934*, München 1935, Tafel 64 (Fotografie: Peter Aschenbrenner); Abb. rechts: *Nanga Parbat 1953, Film-Illustrierte der Progress-Film GmbH*, S.[1].
Abb. 39	Fotografie: Fritz Bechtold, in ders.: *Deutsche am Nanga Parbat. Der Angriff 1934*, München 1935, Tafel 38.
Abb. 40	Fotografie: Simon Garbutt, *Gipfel des Khan Tengri bei Sonneuntergang*, 2002 https://commons.wikimedia.org/wiki/File:Peak_of_Khan_Tengri_at_sunset.jpg?uselang=de (3.5.2022).
Abb. 41	Fotografie: Walter Mittelholzer, *Monte Rosa und Monte Rosa-Gletscher mit der Dufour-Spitze*, 1919; https://commons.wikimedia.org/wiki/File:ETH-BIB-Monte_Rosa_und_Monte_Rosa-Gletscher,_in_der_Mitte_die_Dufourspitze_v._N._W._aus_5000_m-Inlandfl%C3%BCge-LBS_MH01-001016.tif (16.5.2022).

Anhang: Materialien zu Elfriede Jelinek, *In den Alpen* (Kapitel 6.5)

Übersicht zu intertextuellen Bezügen in Jelineks In den Alpen[1]

S.	Jelinek, *In den Alpen*	Intertextuelle Bezüge
10	**Helfer:** Na ja, von Abschreckung halten wir persönlich eher wenig, das hat früher vielleicht noch gewirkt. Das ist vorbei. Wir sprechen von Optimierung, nicht von Minimierung des Risikos. Es ist unsinnig und führt zum Gegenteil, wenn man Menschen ihr Risikoverhalten ausreden will. Sie werden immer über Pisten rauschen wollen, die ungesicherter sind als ihr Dasein. [**Kind** ...][S. 12:] schließlich haben wir Jugendlichen uns ja auch die Mühe gemacht, Risikokompetenz zu erwerben.	*Richtlinien der Alpenvereinsjugend des ÖAV* Die Pädagogik reagiert oft sehr lebensfremd und Defizit-fixiert auf Risikohandlungen, vielfach wird mit Abschreckung und Sanktionsdrohungen eine Risiko-Minimierung angestrebt. Wir wollen Jugendlichen ihr Risikoverhalten weder austreiben noch ausreden [...]. Das pädagogische Ziel muss die Risiko-Optimierung sein. Pädagogik darf sich nicht darauf zurück ziehen, junge Menschen vor den Fährnissen des Lebens zu bewahren, sie muss beitragen, dass sie sich bewähren können, also Bewähr- statt Bewahr-Pädagogik! Es geht um die Vermittlung von Risiko-Kompetenz.[2]

1 Die folgende Übersicht erweitert und ergänzt die intertextuellen Bezüge, die schon in Corona Schmiele, *Ein Alpinist in Jelineks Alpen* genannt sind. Mit * gekennzeichnet sind hierbei die Intertexte bei Abschnitten, wo sie bereits in anderen Publikationen benannt wurden; insbesondere gilt das für den von Jelinek selbst explizierten Bezug auf Celans *Gespräch im Gebirg* sowie etliche Bezüge auf Maduschka im genannten Aufsatz von Corona Schmiele. Erweiterungen und Korrekturen der dort genannten Bezüge sind mit ** gekennzeichnet; ohne Kennzeichnung werden neue Intertexte angegeben. Im Jelinek-Text durchgehend unterstrichen sind wörtliche Übernahmen, gebrochen unterliniert variierte Entsprechungen im Prätext. Die Sprecherbezeichnungen sind im Original halbfett.

2 Töchterle, Luis: Positionspapier „Risiko und Wagnis", in: Anon., *Richtlinien der Alpenvereinsjugend* [*des ÖAV*], Leitbild und Mission, beschlossen bei der Jahreshauptversammlung 2000,

(*fortges.*)

S.	Jelinek, *In den Alpen*	Intertextuelle Bezüge
12f.	„Also bei Stadtkindern mag das zutreffen, daß sie hier fremd sind. Bei ihnen wird die Selbstaussperrung aus irrationaler ökologischer Rücksichtnahme, verbunden mit einer Zunahme der Naturentfremdung, wohl zutreffen. Die Natur ist jedenfalls eher meinesgleichen [...].“	„Diese Bambisierung der Natur führt in der Konsequenz zu einer moralischen Selbstaussperrung aus Wald und Flur, durch die sich die ohnehin schon fortgeschrittene Naturentfremdung gewissermaßen von selbst verstärkt.“ [Rainer Brämer[3]]
14*	Und aus dem fernen Tale, wo nächtlich schon die Schatten weben, hört man empor ins letzte Leuchten der Abendglocken Zungen beben, äh, beten. Hier also der ewige Schnee des Gletschers, um uns Spaß zu machen, und auch der Spaß ist ewig, schimmernd und verheißungsvoll. Dahinter in ihrer Formation anständig aufgereiht die Toten der Berge mit ihren zerbrochenen Fesseln, gerissenen Bändern, geborstenen Knochen.	Letztes Leuchten [...] Und aus dem fernen Tale, wo nächtlich schon die Schatten weben, hört man empor ins letzte Leuchten der Abendglocken Zungen beten. [Leo Maduschka, in: *JM* S. 17[4]]

zit. nach URL: http://jugend.alpenverein.at/jugend/ueber-uns/leitbild-mission.php#extList:entry36367063f2cbf23718523ba601ac3a9f (5.2.2011).

3 Brämer, Rainer: Gibt es ein Recht auf Natur? http://www.staff.uni-marburg.de/~braemer/RechtaufNatur.htm (25.2.2011).

4 Zitiert wird im Folgenden – unter Angabe von Autor und Texttitel – mit der Sigle *JM* und Seitenzahl nach der undatierten Ausgabe von 1936 (18. Jahresgabe der Gesellschaft Alpiner Bücherfreunde e.V. in München).

(*fortges.*)

S.	Jelinek, *In den Alpen*	Intertextuelle Bezüge
21	Na, wir tun das Unsere dazu. Und setzt ihr nicht das Leben ein, nie wird euch das Leben gewonnen sein.	Drum frisch, Kameraden, den Rappen gezäumt, Die Brust im Gefechte gelüftet! Die Jugend brauset, das Leben schäumt, Frisch auf! eh der Geist noch verdüftet! Und setzet ihr nicht das Leben ein, Nie wird euch das Leben gewonnen sein. [Friedrich Schiller, Reiterlied (1797) <letzte Strophe>[5]] [Vgl. auch unten zu S. 27]
22	Tod, wo ist dein Sieg? Ach, da ist er ja! Hätte ich gar nicht geglaubt, der hat gar nicht so schnell ausgeschaut, der Tod [...].	Tod, wo ist dein Sieg? Tod, wo ist dein Stachel? [1 Kor 15,55]
23	Gott weiß längst, wie reich er ist, er muß euch nicht als Gruppe im ganzen vor sich sehen, von der nicht einmal ein Haar unbemerkt fällt. Es wird, was sie kriegen können, von den Gerichtsmedizinern eingesammelt.	Und nicht ein Haar von eurem Haupte wird verloren gehen. [Luk 21,18]
25	**Die junge Frau** (*kann auch ein junger Mann sein, wäre vielleicht sogar besser. Dann Geschlecht des Sprechens ändern! Geschlecht egal, Körper: der Zweck*): Die Alpen sind zu unsrer Gewohnheit geworden, nur weil sie da sind.	[George Mallory gab in einem Interview mit der New York Times (*Climbing Mount Everest is Work for Supermen*, 18.3.1923) auf die Frage, warum er den Mount Everest besteigen wolle, die berühmte Antwort: „Because it's there."]

5 Schiller, Friedrich: Reiterlied, in: *Nationalausgabe* Bd. 2,1, *Gedichte*, Weimar 1983, S. 217f.

(*fortges.*)

S.	Jelinek, *In den Alpen*	Intertextuelle Bezüge
26*	[**Die junge Frau**] […] und nur noch unsere Fahrt, wie wehende Schleiergardinen, geschleift von Gespenstern, vor der Landschaft hängt […]	Ein feuchtkühler Tag im Juli; Schleiergardinen sind in den Kulissen der Felsmauern aufgehängt, weißer wirkbelnder Nebelrauch quirlt aus den Karen […]. [Leo Maduschka, „Rund um die Steinerne Rinne", *JM* S. 48f.]
27**	**Ein Bergrettungsmann** (*sammelt Menschenteile ein*): Und hätt ich einmal, wenn das Schicksal es will, einen tiefen Sturz getan, dann tret ich, wie immer, gelassen und still meine letzte Bergfahrt an. Obs mir auch droben wohl gefällt, ja, das schafft uns keine Pein: Wir warn die Fürsten dieser Welt und wollen es droben auch sein. Nur die Ruhe. So, das Lied wäre endlich ausgesungen. Nur manchmal scheint mir, als wäre euer Einsatz gar zu groß gewesen, aber mich geht es ja nichts an.	Und hätt' ich einmal, wenn das Schicksal es will, einen tiefen Sturz getan, / Dann tret' ich, wie immer, gelassen und still meine letzte Bergfahrt an. / Ob's mir auch droben wohl gefällt, ja, das schafft uns keine Pein: / Wir war'n die Fürsten dieser Welt und wollen es droben auch sein. [Bergsteigerlied[6]] „Und setzet ihr nicht das Leben ein, nie wird euch das Leben gewonnen sein" (Schiller) … das Lied scheint leicht gesungen. Aber manchmal scheint es mir in letzter Zeit, als wenn der Einsatz doch gar groß, vielleicht zu groß ist gegen den Gewinn. [Franz Bergmann[7]]

6 Das Lied – freilich die erste Strophe: „Frisch auf, Berggefährte, der Morgen graut […]" – soll Maduschka kurz vor seinem Tod noch mit Martin Pfeffer gesungen haben; mit der letzten Strophe beendet Walter Schmidkunz seine pathetische Einleitung in das Erinnerungsbuch (Maduschka, ebd. S. XXII). Jelinek übernimmt sie, wie aus den Abweichungen deutlich wird, aber nicht von dort (wie Schmiele, S. 200f., vermutet), sondern vermutlich aus Amstädter, *Der Alpinismus*, S. 404 (dort Zitat aus der Österreichischen Alpenzeitung 1938; die Schlußzeile z.B. lautet bei Schmidtkunz: „und werden's auch droben sein", bei Amstädter (und Jelinek) „und wollen es droben auch sein").

7 Georg Franz Bergmann, Dr. Leo Maduschka. In: *Allgemeine Bergsteigerzeitung* [ABZ] 438 (1932), S. 6, zitiert bei Amstädter, *Alpinismus*, S. 404. Vgl. zum Anfang auch oben zu S. 21.

(*fortges.*)

S.	Jelinek, *In den Alpen*	Intertextuelle Bezüge
29	[**Kind**] Die Wahrheit lautet: Es gibt die Lebenden und die Toten, und nichts dazwischen, und keiner kommt, um sie zu richten oder sie zur Rechten und Linken sitzen zu lassen des Herrn. Wir müssen uns hier vor dem Richter, der die Haltung beim Sprung und die Hocke bei der Abfahrt und wie nah man an die Stangen heranfährt zu beurteilen hat, überall müssen wir uns genauso anstellen wie zuvor.	er [Jesus] sitzt zur Rechten Gottes, des allmächtigen Vaters; von dort wird er kommen, zu richten die Lebenden und die Toten. [Apostolisches Glaubensbekenntnis]
31	[**Helfer**] Siehst du, genau: die Nummern sind an den Säcken angeschrieben, jetzt hast dus kapiert. Ein Tännlein grünet wohl wer weiß im Walde, ein Rosenstrauch in welchem Garten? Sie sind erlesen schon, denk es, oh Seele, an deinem Grab zu wurzeln und zu blühen. Also genieße rasch die Geräusche der Freiheit, es sind deine letzten! Die Rößlein springen schon und werden schrittweis gehen mit deiner Leiche. Das kann ich dir sogar persönlich garantieren. Aber es werden natürlich weiche, reife, mollige Autos sein, ist das nicht fein?	Ein Tännlein grünet wo, Wer weiß, im Walde, Ein Rosenstrauch, wer sagt, In welchem Garten? Sie sind erlesen schon, Denk es, oh Seele, Auf deinem Grab zu wurzeln Und zu wachsen. Zwei schwarze Rößlein weiden Auf der Wiese, Sie kehren heim zur Stadt In muntern Sprüngen. Sie werden schrittweis gehn Mit deiner Leiche; Vielleicht, vielleicht noch eh An ihren Hufen Das Eisen los wird, Das ich blitzen sehe! [Eduard Mörike: Denk es, oh Seele[8]]

8 Eduard Mörike, Denk es, oh Seele!, in: *Sämtliche Werke in zwei Bänden*, Bd. 1, München 1967, S. 745f.; vgl. den Haupttext der Arbeit VI.5.

(*fortges.*)

S.	Jelinek, *In den Alpen*	Intertextuelle Bezüge
32	**Helfer:** Du wirst eh bald Staub sein, die Autos werden durch dich hindurchfahren können, falls sie Lust darauf haben. […] Man würde dich durch ein Tuch seihen können, aber du wirst schon vorher zu Staub zerfallen sein. Der Seiende persönlich wird dann plötzlich von jungen Menschen umringt sein.	Im Schweiße deines Angesichts / sollst du dein Brot essen, / bis du zurückkehrst zum Ackerboden; / von ihm bist du ja genommen. / Denn Staub bist du, zum Staub musst du zurück. [Genesis 3,19]
34f.	Wir hätten wirklich eine tolle Gaudi gehabt. Die hätte glatt bis zur Weltmeisterschaft in St. Anton gereicht. Kein Ding gerät, an dem nicht der Übermut sein Teil hätte. Das Zuviel von Kraft ist ja erst der Beweis von Kraft.	Kein Ding gerät, an dem nicht der Übermut seinen Teil hat. Das Zuviel von Kraft erst ist der Beweis der Kraft. [Nietzsche, Götzendämmerung[9]]
36	[**Ältere Frau**] Kein Ball fällt aus dem Korb, ohne daß der Ewige es nicht weiß, dieser Unausstehliche […]	Verkauft man nicht zwei Spatzen für ein paar Pfennig? Und doch fällt keiner von ihnen zur Erde ohne den Willen eures Vaters. [Matth 10,29]

9 Friedrich Nietzsche, Götzendämmerung, in: Werke II, S. 941 (Vorwort). Potentiell auch dies über Amstädter, *Alpinismus*, S. 412 (dort: Zitat aus dem *Bergsteiger* 1936).

(*fortges.*)

S.	Jelinek, *In den Alpen*	Intertextuelle Bezüge
[II]		
41f.*	**Mann:** Jetzt gehen einmal Sie. Und ich bin derjenige, der kommt. Ich komm und komm, ja, auf der Straße daher, wo man mich hat wohnen lassen, vorübergehend, nicht im Vorübergehn, unten, auf der schönen, unvergleichlichen, wo ich hingehör, in den Niederungen. Eines Abends, die Sonne, und nicht nur sie, war untergegangen, da ging, trat aus seinem Häusel und ging der Jud, der Jud und Sohn eines Juden, und mit ihm ging sein Name, der unaussprechliche, ging und kam, kam dahergezockelt, ließ sich hören, kam am Stock, kam über den Stein, hörst du mich, du hörst mich, ich bins, ich, ich und der, den du hörst, zu hören vermeinst, ich und der andre. Aber nicht wir.	Eines Abends, die Sonne, und nicht nur sie, war untergegangen, da ging, trat aus seinem Häusel und ging der Jud, der Jud und Sohn eines Juden, und mit ihm ging sein Name, der unaussprechliche, ging und kam, kam dahergezockelt, ließ sich hören, kam am Stock, kam über den Stein, hörst du mich, du hörst mich, ich bins, ich, ich und der, den du hörst, zu hören vermeinst, ich und der andre, – er ging also, das war zu hören, ging eines Abends, da einiges untergegangen war, ging unterm Gewölk, ging im Schatten, dem eignen und dem fremden – denn der Jud, du weißsts, was hat er schon, das ihm auch wirklich gehört, das nicht geborgt wär, ausgeliehen und nicht zurückgegeben –, da ging er also und kam, kam daher auf der Straße, der schönen, der unvergleichlichen, ging, wie Lenz, durchs Gebirg, er, den man hatte wohnen lassen unten, wo er hingehört, in den Niederungen, er, der Jud, kam und kam. [Paul Celan, *Gespräch im Gebirg* 169[10]]

10 Celan, Paul: Gespräch im Gebirg [1959], in: *Gesammelte Werke in fünf Bänden*, hg. von Beda Allemann u.a., Bd. 3, Gedichte III, Prosa, Reden, Frankfurt a.M. 1983, S. 169–173. Nach dieser Ausgabe wird im folgenden mit Celan, *Gespräch im Gebirg* und Seitenzahl zitiert.

(*fortges.*)

S.	Jelinek, *In den Alpen*	Intertextuelle Bezüge
43	[**Kind**] Wir tun Ihnen ja nichts. Aber eins sollten Sie wissen: Wir begnügen uns schon lang nicht mehr mit der stummen Anbetung des verhüllten Geheimnisses, denn wir sind wieder wehrhaft geworden, endlich, kühn und verwegen. Viele von uns sind Franz Fuchs, nein, so kühn auch wieder nicht. Ist gar nicht nötig. Höchste Zeit! Mit starker Hand reißen wir den Schleier vor dem Unnahbaren weg. Danke schön, daß uns jemand aufs neue die Kraft gegeben, das Herrliche zu erringen, es zu schauen und zu ertragen.[11]	Aber der Pilgrim begnügt sich bald nicht mehr mit der stummen Anbetung des verhüllten Geheimnisses, denn er ist wehrhaft geworden, kühn und verwegen. Mit starker Hand reißt er den Schleier von dem Unnahbaren hinweg, vertieft sich in die überwältigenden Ergebnisse seiner Forschung und dankt seinem Gott, daß er ihm die Kraft gegeben, das Herrliche zu erringen, es zu schauen und es zu ertragen. [Eduard Pichl, Die Nordwand des Festkogels im Ennsthale (1898)[12]]
43*	**Mann:** Aber da hängt ein Schleier davor, und schon ist ein Faden zur Stelle, der sich da spinnt, sich herumspinnt ums Bild, ein Schleierfaden spinnt sich ums Bild herum und zeugt ein Kind mit ihm, halb Bild und halb Schleier.	Da stehn sie also, die Geschwisterkinder, links blüht der Türkenbund, blüht wild, blüht wie nirgends, und rechts, da steht die Rapunzel [...]. Aber sie, die Geschwisterkinder, sie haben, Gott sei's geklagt, keine Augen. Genauer: sie haben, auch sie, Augen, aber da hängt ein Schleier davor, nicht davor, nein, dahinter, ein beweglicher Schleier; kaum tritt ein Bild ein, so bleibts hängen im Geweb, und schon ist ein Faden zur Stelle, der sich da spinnt, sich herumspinnt ums

11 Franz Fuchs ist ein österreichischer Briefbombenattentäter; Jelinek verarbeitete seinen vierfachen Mord an Roma in Oberwart in dem Stück „Stecken, Stab und Stangl. Eine Handarbeit" (in: *Stecken, Stab und Stangl. Raststätte. Wolken.Heim. Neue Theaterstücke*, Reinbek b.H. 1996).

12 *Österreichische Alpenzeitung* Bd. XX, Nr. 520, S. 309–313, hier S. 309, zit. auch bei Amstädter, *Der Alpinismus*, S. 137.

(*fortges.*)

S.	**Jelinek, *In den Alpen***	**Intertextuelle Bezüge**
		Bild, ein Schleierfaden; spinnt sich ums Bild herum und zeugt ein Kind mit ihm, halb Bild und halb Schleier. [Celan, *Gespräch im Gebirg*, S. 170]
44*	**Mann:** So schwieg auch der Stein, und es war still im Gebirg, wo sie gingen, der und jener. Still wars also, still dort oben im Gebirg. Nicht lang wars still, denn wenn der Jud daherkommt und begegnet einem zweiten, dann ists bald vorbei mit dem Schweigen, auch im Gebirg. Denn der Jud und die Natur, das ist zweierlei, immer noch, auch heute, auch hier. Warum erscheint mir Gewaltiges nicht?	So schwieg auch der Stein, und es war still im Gebirg, wo sie gingen, der und jener. Still wars also, still dort oben im Gebirg. Nicht lang wars still, denn wenn der Jud daherkommt und begegnet einem zweiten, dann ists bald vorbei mit dem Schweigen, auch im Gebirg. Denn der Jud und die Natur, das ist zweierlei, immer noch, auch heute, auch hier. [Celan, *Gespräch im Gebirg*, S. 169]
45	[**Kind**] Wissen Sie, ich glaube, der Jude kann nie so in das Wesen des ihm innerlich doch fremden Hochgebirges eindringen, da er ein Kind der Ebene und des Tales von altersher ist. Auch die vielgerühmte Anpassungsfähigkeit nützt in diesem Falle nicht, da hier zum Erlernen der Bergsprache eben das unerläßliche Sprachtalent fehlt, das nur Völker, die von altersher mit den Bergen in Berührung waren, besitzen.	Der Jude kann, selbst bei der Genialität eines Mahler, nie so in das Wesen des ihm innerlich doch fremden Hochgebirges eindringen, da er ein Kind der Ebene und des Tales von altersher ist. […] Auch die vielgerühmte Anpassungsfähigkeit nützt in diesem Falle nicht, da hier zum Erlernen der Bergsprache eben das unerläßliche Sprachtalent fehlt, das nur Völker, die von altersher mit den Bergen in Berührung waren, besitzen. [Gustav Renker, Die Berge in der Musik (1914)[13]]

13 In: *Österreichische Alpenzeitung* 902 (1914), S. 95, 97; zit. bei Amstädter, *Der Alpinismus* S. 127.

(*fortges.*)

S.	Jelinek, *In den Alpen*	Intertextuelle Bezüge
45f.	Ich habe das persönlich überprüft. Und es ist mir überdies schon öfter bei meinem mühsamen Gefahren-aufsuchen aufgefallen. Das müssen Sie doch zugeben, wenn Sie versucht haben, vom Becher des Todes zu nippen, so wie ich, wenn ich die Pistenabsperrung mißachte und drunter durchtauchte und mich in den vollkommen unberührten Tiefschnee stürze. Es gibt nichts, was mich sonst so berühren könnte wie das Unberührte. Da greifen Sie also nach dem Becher, als moderner Mensch [...] Sie greifen nach dem Becher des Todes, von dem Sie erwarten, daß er der Becher der Freuden für Sie wird, der Schmerz, mehr noch aber das Vergnügen, das Sie erwarten, gibt Ihnen, wenns denn kommt, einen saftigen Tritt, Sie lodern einmalig auf wie ein Blitzlicht, keine Leistung, die Berge tun es fast jeden Tag [...].	Für O.E. Meyer ist es vom bewußten Gefahrenaufsuchen [E.G.Lammers] um des subjektiven Erlebens willen zur Todessehnsucht nur mehr ein – psychopathischer – Schritt [...]. [Rainer Amstädter, *Der Alpinismus* (1996)[14]] Dank euch, ihr tief verhüllten Wesen ..., daß ihr mich den süßesten von allen süßen Genüssen, die das Leben bietet, habt schlürfen lassen: Vom Becher des Todes genippt zu haben! [Eugen Guido Lammer, Worte eines Fessellosen (1893)[15]] [Lammer] ist der moderne Mensch, der in die Berge hinaufsteigt mit allen seinen Konflikten; aus dessen reichen Worten es oft aufflackert wie ein Blitzlicht von Friedrich Nietzsche oder Richard Dehmel [...]. Einsamkeit ist das schmerzlich-stolze Mal [Amstädter: Merkmal] aller starken Persönlichkeiten. [Oskar Erich Meyer, Zur Psychologie des Alpinismus und des alpinen Stils (1907)[16]]

14 Ebd. S. 125.

15 Zit. ebd.

16 In: *Österreichische Alpenzeitung*, XXIX. Nr. 743, S. 169–174, hier S. 171; zit. auch bei Amstädter, *Der Alpinismus* S. 125.

(*fortges.*)

S.	Jelinek, *In den Alpen*	Intertextuelle Bezüge
46	Vielleicht können Sie nichts dafür, vielleicht weil Sie das Gefühl nicht kennen, beim Abstieg in eine Gletscherspalte zu stürzen, nachdem Sie zuvor ganz allein über die Nordwand aufgestiegen sind.	Lammer schreibt [...] über seine Thurwiesererersteigung, die er 1893 allein über die Nordwand unternahm und bei der er beim Abstieg in eine Gletscherspalte stürzte, aus der er sich selbst herausarbeiten konnte [...]. [Rainer Amstädter, *Der Alpinismus*[17]]
46*	Und Sie kennen das Gefühl nicht, unter den eisigen Sturzfluten eines wilden Hochwetters mit einem anderen Kameraden in der gewaltigen Civettawand um Ihr Leben zu kämpfen. Der Zeltsack vom Wasserfall zerfetzt, der Biwakplatz von Steinschlag und Flug überspült, die Stelle, wo Sie kauern, ein bloßer Riß in der Wand, vom Wasser überronnen.	Unter den eisigen Sturzfluten eines wilden Hochwetters kämpfen zwei Kameraden in der gewaltigen Civettawand um ihr Leben. Der Zeltsack vom Wasserfall zerfetzt, der Biwakplatz von Steinschlag und Flut überspült, so kauern sie in einem Riß vom Wasser überronnen. – Den Rückweg am Morgen kann nur noch einer antreten. [Georg von Kraus, Dr. Leo Maduschka †, in: *JM* S. XXIII[18]]
46f.*	Was sind Sie gekommen von so weit? Was sind Sie gekommen hierher?	„Bist gekommen von weit, bist gekommen hierher ...“ [Celan, *Gespräch im Gebirg*, S. 170]

17 Amstädter, *Der Alpinismus* S. 125.
18 Zuerst in: ÖAZ 1130 (1933), S. 46. Zitiert auch bei Amstädter, *Der Alpinismus* S. 404.

(*fortges.*)

S.	**Jelinek, *In den Alpen***	**Intertextuelle Bezüge**
47*	Sie können jeden Lachenden auf der Bahre fragen, er wird nämlich Gott sei Dank immer noch lachen, nachdem er, plitsch platsch, kerzengrad bis in das sogenannte Schartl, wo immer das ist, herabgeflogen sein wird, ein andrer wäre hin gewesen, dieser flotte Bursch da nicht. Trotzdem brach er sich den Arm und trug eine Beinverletzung davon.	L a c h e n d e r a u f d e r B a h r e ! Gott sei Dank, daß er lachte, der Lucke Hansl. Er war beim Übergang von Predigtstuhl N-H.G. 12 Metter (Griffausbrechen) geflogen; plitsch platsch, kerzengrad bis in das Schartl herab; ein anderer wäre hin gewesen, Hansl nicht so; trotzdem brach er sich den Arm und trug eine Beinverletzung davon. [Maduschka, „Und doch noch einmal Sommer", in: *JM* S. 42]
47*	War ja nur ein Beispiel. Schauen Sie, es schneit, das weiße Rieseln frißt bald die Hütte auf, die Häuser, die Kirche, saugt es ein in ein milchiges Nichts.	Gern wär ich noch geblieben, allein am Donnerstag, den 15., lag knöcheltiefer Neuschnee vor der Tür.[...] das weiße Schneerieseln fraß die Hütte auf, sog sie ein in ein milchiges Nichts ... [Maduschka, „Und doch noch einmal Sommer", in: *JM* S. 43]
47f.	Warum spüren Sie nicht, wie Hermann Maier oder Hannes Trinkl, den Druck des Dranges nach Betätigung aller Kräfte? [...] Warum gehn Sie nicht allein ins Gebirg, um Aussichten und Erinnerungen zu haben? [...] Die Einsamkeit ist das schmerzlich-stolze Merkmal der starken Persönlichkeiten.	[Lammer ist] der moderne Mensch [...], dessen gequältes Individuum aufschreit unter dem Drucke des Dranges nach Betätigung aller Kräfte. Darum geht er auch allein in die Berge. Einsamkeit ist das schmerzlich-stolze Merkmal aller starken Persönlichkeiten. [Oskar Erich Meyer, Geist und Kleid. Zur Psychologie des Alpinismus und des alpinen Stils (1907)[19]]

19 In: ÖAZ 743 (1907), S. 171, zit. bei Amstädter, *Der Alpinismus* S. 125.

(*fortges.*)

S.	Jelinek, *In den Alpen*	Intertextuelle Bezüge
48*	Und was bleibt Ihnen übrig? Nicht das Freudengeheul, daß dieser große Überhang jetzt Ihnen gehört.	Noch ein paar sehr böse Meter, dann Stand, ein Freudengeheul – der große Überhang der Fiechtl-Weinberger-Wand gehört mir … [Maduschka, „Rund um die Steinerne Rinne", in: *JM* S. 48]
48	Sie sehen immer nur den weißen, wirbelnden Nebelrauch, der Sie sind, der Sie sind, der Sie sind, und der was will? Unsre Gipfel verschlucken!	… Und wieder eimal auf dem Gipfel der Goinger Halt. […] weißer, wirbelnder Nebelrauch quirlt aus den Karen, schwellt um die Zacken und Spitzen, immer wieder verschlucken die umher wildernden großen und kleinen Wolkendrachen Gipfel um Gipfel. [Maduschka, „Rund um die Steinerne Rinne", in: *JM* S. 48f.]
48*	Da, wenigstens das Wetter hat ein Einsehen, das uns fehlt, es reißt auf! Es packt mich heiß, lautlos und mit klopfendem Herzen schaue ich hinüber, bis sich die weißen, nassen Mullbinden wieder um die verletzten Grate wickeln, der Nebel wieder aufwallt und eine Stimme neben mir sagt: du, es wird kalt.	[…] – da reißt es mit einem Male auf. […] Vor drei Wochen … es packt mich heiß mit der alten Gewalt; lautlos und mit klopfendem Herzen schaue ich hinüber … Bis sich die weißen, nassen Mullbinden wieder um die Grate wickeln, der Nebeldampf wieder aufwallt und eine Stimme neben mir sagt: „Du, es wird kalt." … [Maduschka, „Rund um die Steinerne Rinne", in: *JM* S. 49]
48*	**Mann:** Bin ich nicht. Bin ich nicht gekommen wie du. Weiß ich. […] […]	„Bin ich. Bin ich gekommen wie du." „Weiß ich." [Celan, *Gespräch im Gebirg*, S. 170]

(*fortges.*)

S.	Jelinek, *In den Alpen*	Intertextuelle Bezüge
48f.	Da will man sich am steilen Zacken des Todes schneiden und den Firn ins Gesicht stäuben lassen, wie du, aber man muß erwachen, es war ein Traum. Da lauern die Felsklüfte, man will sich hineinwerfen, aber sie nehmen einen nicht. […] da lichtet der Gipfel, man will ihm entgegengehn, […] und dann schüttet er seinen vollen Becher einfach aus, haarscharf an mir vorbei. Verbrennt mich mit seiner Packelsuppe doch fast an der Schulter. […]	So gehn sie hin in Tat und Traum. […] Drum blühen die hellsten Blumen dort, wo sich im Kampf des Lebens Linie mit dem Land des Todes schneidet: wo um des Steigers Fuß der Steinschlag dröhnt, wo Sturm um überglaste Zacken heult, wo unter weißem Flaum die Klüfte lauern, und wo die Silberfahnen von des Firnes Schneide weit in den Himmel wehn. […] Und wenn ein lichtumsponnener Gipfel sie in Tod und Tiefen schmettert, wo widriges Geschmeiß sich um die Leiche zerrt –: sie spenden ihren vollen Becher in das Meer des Alls. [Oskar Erich Meyer, *Tat und Traum*[20]]
49*	Verbrennt mich. Fragt nicht wenigstens vorher. Verbrennt mich. Doch ich schweige, warum klage ich nicht, und es schweigt auch der Stein, und ich werde fast selbst zu Stein.	„Verbrennt mich!" [Titel des Protestes von Oskar Maria Graf nach der Bücherverbrennung vom 10. Mai 1933[21]] So schwieg auch der Stein, und es ward still im Gebirg […]. [Celan, *Gespräch im Gebirg*, S. 169]
49f.	Die hellsten Blumen, und wenn man näherkommt, um sich mit ihnen zu umkränzen, ist da nur eine andre Hand, die nach einem greift, aus den Blumen heraus. Und wenn man zum Heulen des Sturms auf überglasten Zacken hinaufwill, um sich selbst endlich hinunterzuhelfen, ins Warme der Menschen, was passiert?	Drum blühen die hellsten Blumen dort, wo sich im Kampf des Lebens Linie mit dem Land des Todes schneidet: […] wo Sturm um überglaste Zacken heult […]. [Oskar Erich Meyer, *Tat und Traum*[22]]

20 München 1920, S. 226f. Auch zitiert in: Amstädter, *Der Alpinismus* S. 125.

21 Erschien zuerst in der *Arbeiter-Zeitung. Zentralorgan der Sozial-Demokratie Deutsch-Österreichs*, 12. Mai 1933.

22 München 1920, S. 226f. Auch zitiert in: Amstädter, *Der Alpinismus* S. 125.

(*fortges.*)

S.	**Jelinek, *In den Alpen***	**Intertextuelle Bezüge**
50*	Zack, andre kommen, keine Geschwisterkinder, ich kenn sie nicht, auf den Steinfliesen und neben mir, da sind sie gelegen, die andern, die wie ich waren, die andern, die anders waren als ich und genauso, wahrscheinlich müd vom vielen Stehen […].	Auf dem Stein bin ich gelegen, damals, du weißt, auf den Steinfliesen; und neben mir, da sind sie gelegen, die andern, die wie ich waren, die andern, die anders waren als ich und genauso, die Geschwisterkinder; […]. [Celan, *Gespräch im Gebirg*, S. 171f.]
50	Da geht man hin und will sie sehn, die Linie sehen, die die grade Linie des Lebens vom Land des Todes schneidet. Und da und da schneidet sich einer selbst ein Stück heraus. Schau an, es ist mein Leben, das er geschnitten hat, und ich wollte doch nur vom Berg zum Tal und vom Tal zum Berg, einfach so […]	So gehen sie hin in Tat und Traum, von Berg zu Tal, von Tal zu Berg. […] Drum blühen die hellsten Blumen dort, wo sich im Kampf des Lebens Linie mit dem Land des Todes schneidet: […] wo Sturm um überglaste Zacken heult […]. [Oskar Erich Meyer, *Tat und Traum*[23]]
50	Aber da hängt ein Schleier davor, nicht davor, nein, dahinter, ein beweglicher Schleier, kaum tritt ein Bild ein, so bleibts hängen im Geweb, und schon ist ein Faden zur Stelle, der sich da spinnt.	[…] aber da hängt ein Schleier davor, nicht davor, nein, dahinter, ein beweglicher Schleier; kaum tritt ein Bild ein, so bleibts hängen im Geweb, und schon ist ein Faden zur Stelle, der sich da spinnt, der sich herumspinnt ums Bild, ein Schleierfaden; […]. [Celan, *Gespräch im Gebirg*, S. 170]

23 München 1920, S. 226f. Auch zitiert in: Amstädter, *Der Alpinismus*, S. 125.

(*fortges.*)

S.	Jelinek, *In den Alpen*	Intertextuelle Bezüge
51	[**Kind**] Ich springe von meterhohen Wänden in den Tiefschnee, und meine Bilder reihen sich zum Film, dessen weitester Inhalt ist, wie ein junger Mensch nach dem großen Abenteuer der Berge sucht, zu diesem Zweck jedoch zuerst auf ein Brett steigen muß. Das kommt mir irgendwie bekannt vor. Nein, um ehrlich zu sein, ich bin aus ganz andren Gründen auf dieses Brett gestiegen. Wo bin ich hier gelandet? Aus vielen und tief verschiedenen Gesichtern blicken mich Fremde an, die ich nie kennenlernen wollte. Auch sie sind in den Bergen geblieben, für immer. Sie hatten alle die gleiche Leidenschaft: das Seil zu halten. Und dann hat das Seil selbst nicht gehalten.	Und so reiße ich Blatt um Blatt von dem großen Bilderblock, der viele, viele Seiten hat, und über dem als Motto „Rund um die Steinerne Rinne“ steht. Der dichte, bewegte Zug dieser Bilder aber reiht sich zum Film, dessen Hauptdarsteller die Gipfel und die hohen Felsmauern der Rinne sind und dessen weitester Inhalt ist, wie ein junger Mensch in ihnen nach dem großen Abenteuer der Berge sucht. Lehrjahre der Tat und des Herzens machte er dort durch, allein und mit Weggenossen. Und die Gemeinschaft mit ihnen ist das zweite durchgehende Motiv des vorüberflimmernden Spiels; die Erinnerung an den guten Kameraden auf allen Wegen, in allen Wänden. Aus vielen und tief verschiedenen Gesichtern blicken sie mich an, mancher von ihnen ist in den Bergen geblieben – doch in den Augen aller leuchtete einst die gleiche heile und starke Leidenschaft, als ihre Hände fest und getreu das Seil hielten, das mich mit ihnen verband. [Maduschka, „Rund um die Steinerne Rinne“, in: *JM* 49]
51	Ich lehnte mich gestern noch ans Geländer vor der Hütte und sprach wenig. Sie, lieber Gott, Sie sprechen viel. Sie ermahnen uns.	Nächte „unter Herbststernen“, in denen […] wir am Geländer lehnten und wenig sprachen. [Maduschka, „Und doch noch einmal Sommer“, *JM* 42]

(*fortges.*)

S.	Jelinek, *In den Alpen*	Intertextuelle Bezüge
51	Wir schauen mit pochenden Herzen zu Ihnen hinauf, bis Sie lodern wie ein Fels, ach nein, Sie sind ja nicht fest, Sie sind bestenfalls ein Dornbusch oder in einem Dornbusch […].	Ungeheuer und verwirrend lodert der Fels ringsum empor, ergreifend ist die hinreißende Wucht der himmelstürmenden Wände; still lehnst du dich an den Stein, mit zurückgeneigtem Haupt und pochendem Herzen staunst du hinan: Das ist die Steinerne Rinne … [Maduschka, „Rund um die Steinerne Rinne“, in: *JM* 49]
52*	**Der Mann**: Willst mich fragen oder nicht. Und bist gekommen trotzdem, bist trotzdem gekommen hierher – warum und wozu?	„Weißt du und willst mich fragen: Und bist gekommen trotzdem, bist, trotzdem, gekommen hierher – warum und wozu?“ [Celan, *Gespräch im Gebirg*, S. 171]
52*	[**Das Kind**] Die Bilder gleiten vorüber, und der Nordwind fliegt schneidend einher, und weiter fließt der Strom der Gedanken. Funkelnd heben sich für Augenblicke einzelne Wellenkämme aus der still vorüberziehenden Flut, und ich? Ich muß schon längst wieder rauf auf mein Brett.	Und immer rascher gleiten die Bilder vorüber […]. Schneidend fliegt der Nordwind einher […]. Und weiter fließt der Strom des Gedenkens; funkelnd heben sich für Augenblicke einzelne Wellenkämme aus der still vorüberziehenden Flut. [Maduschka, „Rund um die Steinerne Rinne“, in: *JM* 46f.]
53	Untrennbar verbunden mit der sportlichen Leistung von auf und ab steht die Idee, in der sie vollbracht wird, und diese Idee haben nun mal wir gehabt, nicht Sie!	Untrennbar verbunden mit der sportlichen Leistung von auf und ab steht die Idee, in der sie vollbracht wird. [Georg von Kraus, Dr. Leo Maduschka, 1933[24]]

24 In: ÖAZ 1130 (1933), S. 46. Wiederabgedr. in: *Junger Mensch im Gebirg*, S. XXIII.

(*fortges.*)

S.	Jelinek, *In den Alpen*	Intertextuelle Bezüge
53*	Wir haben die drei Welten gekannt: Berg, Mensch und Tod!	[…] so lesen wir ihn [Maduschka] aus vielen schriftstellerischen Arbeiten, nachsinnend über die Probleme dreier Welten: Berg, Mensch und Tod. [Georg von Kraus, Dr. Leo Maduschka, 1933[25]]
53	Wir wollen die verlorene Rotte sein und trinken zum letzten Male und noch einmal […].	Und das Lied verhallt: „Wir wollen die verlorene Rotte sein und trinken zum letzten Male – – –“ [Georg von Kraus, Leo Maduschka, 1933[26]]
53f.*	Wir haben stets und immer an uns gearbeitet, aber dann haben wir es letztlich doch nur aus innerer Veranlagung heraus getan, immer nur von innen heraus, groß, lang und sehnig stehen wir vor uns, das letzte Mal. Der Erfolg ist mit uns.	Much hat stets und immer an sich gearbeitet, auch dann und gerade dann, wenn er etwas nicht aus innerer Veranlagung heraus tat. […] – und der Erfolg war mit ihm. […] Much: groß, sehnig und schlank steht er vor mir, wie ich ihn das letzte Mal und immer gesehen […]. [Georg von Kraus, Dr. Leo Maduschka, 1933[27]]
54	Den Augenblick, in dem uns Schönheit überrinnt, den müssen wir mit Einsamkeit bezahlen.	„Den Nu, in dem uns Schönheit überrinnt, den müssen wir mit Einsamkeit bezahlen.“ [Martin Pfeffer, „Much“, *JM*[28]]

25 In: ÖAZ 1130 (1933), S. 46. Wiederabgedr. in: *Junger Mensch im Gebirg*, S. XXV.

26 In: ÖAZ 1130 (1933), S. 46. Wiederabgedr. in: *Junger Mensch im Gebirg*, S. XXV. Kraus zitiert das Landsknechts-Lied „Die Bauern wollten Freie sein“ aus dem 16. Jahrhundert.

27 In: ÖAZ 1130 (1933), S. 46. Wiederabgedr. in: *Junger Mensch im Gebirg*, S. XXVf. „Much“ war der Spitzname Leo Maduschkas im Kreis des Akademischen Alpenvereins München.

28 In: *Junger Mensch im Gebirg*, S. XXVII–XXXIV, hier S. XXIX (Zitat aus einem Gedicht von Maduschka).

(*fortges.*)

S.	Jelinek, *In den Alpen*	Intertextuelle Bezüge
54	Einsamkeit	Maduschkas Dissertation hatte das Thema „Das Problem der Einsamkeit im 18. Jahrhundert."
54	Jetzt ist Schluß. Unsere Gesichter tauchen endlich, und ganz zu Recht!, geblendet in den Schein der Sonne. Wir stehen noch an der Kante, und ganz zu Recht!, unsre Hände aber liegen bereits flach auf der Gipfelplatte, auf der sie den anderen Menschenfressern serviert werden, und freudig rufen wir unser: Ich habs! Und wirklich: Jeder hat es, obwohl wir so viel ausgegeben haben.	Dann taucht mein Gesicht plötzlich geblendet in den späten Schein der Sonne; ich stehe noch an der Kante, meine Hände aber liegen bereits flach auf der kleinen Gipfelplatte, freudig rufe ich mein „Ich hab's!" den drei harrenden Gefährten hinab. [Maduschka, „Rund um die Steinerne Rinne", in: *JM* S. 47]
55*	**Der Mann:** [...] Ich tret vor die Tür, was seh ich? Es hat sich die Erde gefaltet hier oben, hat sich gefaltet einmal und zweimal und dreimal, und hat sich aufgetan in der Mitte, und in der Mitte steht ein Wasser, und das Wasser ist grün, und das Grüne ist weiß, und das Weiße kommt von noch weiter oben, kommt von den Gletschern, man könnte, aber man solls nicht, sagen, das ist die Sprache, die hier gilt.	„Weißt du. Weißt du und siehst: Es hat sich die Erde gefaltet hier oben, hat sich gefaltet einmal und zweimal und dreimal, und hat sich aufgetan in der Mitte, und in der Mitte steht ein Wasser, und das Wasser ist grün, und das Grüne ist weiß, und das Weiße kommt von noch weiter oben, kommt von den Gletschern, man könnte, aber man solls nicht, sagen, das ist die Sprache, die hier gilt, das Grüne mit dem Weißen drin, eine Sprache, nicht für dich und nicht für mich [...]. [Celan, *Gespräch im Gebirg*, S. 170]

(*fortges.*)

S.	Jelinek, *In den Alpen*	Intertextuelle Bezüge
55f.	**[Das Kind]** Hannibals Alpenüberquerung am Samstag auf dem Ferner als zeitgenössisches Freilufttheater. Ach nein, ich werde es doch nicht mehr sehen. In 2800 m Höhe verwandeln sich Schiläufer in Krieger, Pistenbullys in Elefanten und das alles in einem Karthago aus Schnee und Licht.	Ein Freilufttheater in 2.800 Metern Höhe: Hannibals Alpenüberquerung wurde am Samstag auf dem Tiroler Rettenbachferner in Sölden als zeitgenössisches Freilufttheater aufgeführt. Skiläufer verwandelten sich in Krieger, Pistenbullys in Elefanten und mit Hilfe von Multimedia entstand ein Karthago aus Schnee und Licht. [Österreichische Pressemeldung 2001[29]]
56*	**Der Mann:** Und Hörstdu, gewiß, Hörstdu, der sagt nichts, der antwortet nicht, denn Hörstdu, das ist der mit den Gletschern, der, der sich gefaltet hat, dreimal, und nicht für die Menschen ...	Und Hörstdu, gewiß, Hörstdu, der sagt nichts, der antwortet nicht, denn Hörstdu, das ist der mit den Gletschern, der, der sich gefaltet hat, dreimal, und nicht für die Menschen ... [Celan, *Gespräch im Gebirg*, S. 171]

29 Lateinservice.de, Newsletter Mai 2001 (http://www.lateinservice.de/aktuell/inhalt/aktuell5-2001.htm (zuletzt besucht: 22.2.2011)), bezieht sich – mutmaßlich wörtlich – auf eine nicht mehr online verfügbare Meldung im österreichischen „Kurier“. Die Freilicht-Theater-Aufführung fand am Rettenbachferner in Sölden statt.

(*fortges.*)

S.	Jelinek, *In den Alpen*	Intertextuelle Bezüge
57*	[**Das Kind**] Es gibt Stürmer, deren berauschendes Glück es ist, sich mitten hineinzuwagen zwischen Tod und Verderbnis. Es gibt Einsame, denen kein Preis zu hoch ist für die große Leidenschaft, die allein ihr Leben erleuchtet und erwärmt. Wann immer Sie von meinem Ende hören, oder haben Sies vielleicht schon gehört: Ende eines jungen Talents?, hoch droben im Herzen der Gefahr und des Geheimnisses, dann kommt Ihnen doch gewiß in aller Trauer ein Trost über die Lipppen: Kein schönrer Tod ist in der Welt.	Es gibt Stürmer, deren berauschendes Glück es ist, sich mitten hineinzuwagen zwischen Tod und Verderben; es gibt Einsame, denen kein Preis zu hoch ist für die große Leidenschaft, die allein ihr Leben erleuchtet und erwärmt. Wenn immer wir von ihrem Ende hören, hoch droben im Herzen der Gefahr und des Geheimnisses ihrer Tage, dann kommt uns in aller Trauer ein Trost über die Lippen „kein schönrer Tod ist in der Welt – – “ [Georg von Kraus, Leo Maduschka †, in: *JM*[30]]
57	Ich habe das Wunder der jungen Tage gesucht [...]	Denn er war ein Mensch, der mit brennendem Herzen das Wunder der jungen Tage suchte, wo es sich ihm auftat. [Georg von Kraus, Leo Maduschka †, in: *JM* S. XXIII]
57*	Es gefällt mir gut, und hier bleibe ich, und keiner ist wie ich so sehr bedroht, und ich bin einer, der sich viel verliert: an Traum und Trauer, Schwermut, Nacht und Tod. Sehen Sie, ich kann das alles aussprechen.	„[...] denn keiner ist wie er so sehr bedroht und er ist einer, der sich viel verliert: an Traum und Trauer, Schwermut, Nacht und Tod.“ [Martin Pfeffer, „Much“, in: *JM*[31]]

30 In: *JM*, S. XXIII. Von Kraus zitiert ein berühmtes Soldatenlied aus dem 17. Jahrhundert („Kein schönrer Tod ist in der Welt / Als wer vorm Feind erschlagen“), das angesichts der hier in Rede stehenden Todesart besonders befremdlich wirkt.

31 *JM*, S. XXVII–XXXIV, hier S. XXX (Zitat aus dem Gedicht „Porträt [sic] eines Schriftstellers“ von Maduschka, das zur Gänze ebd. S. 175 wiedergegeben ist).

(*fortges.*)

S.	Jelinek, *In den Alpen*	Intertextuelle Bezüge
57*	**Mann:** Nein nichts nein nichts nein nichts oder vielleicht doch: das, was da herunterbrannte wie jene Kerze an jenem Tag, am siebten und nicht am letzten; nicht am letzten, nein, denn da bin ich ja, hier, auf dieser Straße, von der sie sagen, daß sie schön ist, bin ich ja, hier, beim Türkenbund und bei der Rapunzel, und hundert Schritt weiter, da drüben, wo ich hinkann, da geht die Lärche zur Zirbelkiefer hinauf, da geht das Lärchenholzkästchen in Flammen auf, da entzündet sich das hölzerne Dämmaterial, […] da rasen die Flammen mit der Zugluft davon, den Kamin hinauf, die Toren waren ja weit offen, wie originell, mal was andres: verbrennen, weil die Tore offen sind!, ich seh's, ich seh es und seh's nicht, und mein Stock, der hat gesprochen, hat gesprochen zum Stein, und mein Stock, der schweigt jetzt still.	nichts, nein; oder vielleicht das, was da herunterbrannte wie jene Kerze an jenem Tag, am siebten und nicht am letzten; nicht am letzten, nein, denn da bin ich ja, hier, auf dieser Straße, von der sie sagen, daß sie schön ist, bin ich ja, hier, beim Türkenbund und bei der Rapunzel, und hundert Schritt weiter, da drüben, wo ich hinkann, da geht die Lärche zur Zirbelkiefer hinauf, ich seh's, ich seh es und seh's nicht, und mein Stock, der hat gesprochen, hat gesprochen zum Stein, und mein Stock, der schweigt jetzt still […] – [Celan, *Gespräch im Gebirg*, S. 172]
[III]		
60f.	„Tut was, wir ersticken. / Es wird alles getan, wir sind bei der Arbeit." – „Der Zug brennt. / Sofort Türen öffnen! Bergen!"	*News*.[32] („Inside Tunnel. Der Bericht aus dem Horrorstollen"[33]) (cf. Pia Janke)

32 Janke, Pia: Der Mythos Kaprun in *In den Alpen* und *Das Werk*, in: Lartillot, Françoise; Hornig, Dieter (Hg.): *Jelinek, une répétition? Jelinek, eine Wiederholung? A propos des pièces* In den Alpen *et* Das Werk. *Zu den Theaterstücken* In den Alpen *und* Das Werk, Bern, Berlin u.a. 2009 (Genèses de Textes, Bd. 1), S. 127–141, hier S. 131ff.

33 News 46/2000, zit. ebd. (Janke, Mythos Kaprun) S. 132.

(*fortges.*)

S.	Jelinek, *In den Alpen*	Intertextuelle Bezüge
61*	**B:** Tage aus blauer Seide, an denen der Föhn das Blut unruhig macht, doch noch keine Frühlingswolken, noch nicht zarten Gespinsten gleich, noch nicht über die Stadt segelnd, noch kein dunkelsüßer Amselschlag am Morgen als noch kein Weckruf aus noch keinen Gärten. Noch blüht der erste Flieder nicht, noch nicht berühren die Hände zum ersten Mal zaghaft und selig zugleich keine weißen Felsen.	Nun ist es April: Tage aus blauer Seide, an denen der Föhn das Blut unruhig und wandersüchtig macht, die Frühlingswolken, zarten Gespinsten gleich, über die Stadt segeln und dunkelsüßer Amselschlag am Morgen als Weckruf aus den Gärten kommt. Bald wird der erste Flieder blühen – bald die Hände wieder zum erstenmal zag und selig zugleich die weißen Kletterfelsen berühren. [Maduschka, „Drei Wochen Ski", in: *JM* S. 139.]
62*	**B:** Danke. Wir wissen tief, daß alle Wanderungen ziellos sind, denn wenn auch jede ein Ziel in sich schließt, so wird es, wie wir es erlangt haben, nur zum Altar, auf dem sich schon wieder eine neue Sehnsucht entzündet. Warum nur können wir nicht lassen von unserm Tun, das doch nur ist wie ein Haschen nach ziehenden Wolken?	[...] und die Inbrunst der Jugend schwang in seiner Stimme: „Wir wissen tief, daß alle Wanderungen ziellos sind, denn wenn auch jede ein Ziel in sich schließt, so wird es, wie wir es erlangt haben, nur zum Altar, auf dem sich schon wieder eine neue Sehnsucht entzündet. Doch sprich: Warum nur können wir nicht lassen von unserm Tun, das doch nur ist wie ein Haschen nach ziehenden Wolken?" [Maduschka, „Das Nachtgespräch", in: *JM* S. 144]

(*fortges.*)

S.	Jelinek, *In den Alpen*	Intertextuelle Bezüge
62f.*	**B:** Danke. Ich lächle kurz, dann kommt von meinen Lippen die Antwort: Du fragst nach dem dunklen Warum unsres Dranges? Ich sage dir darauf: Wir müssen wandern, um unsere Sehnsucht zu töten, sonst würde sie uns den Tod geben. Jeder Gipfel ist nur eine Stufe, über der schon die nächste auf uns harrt, denn in uns wohnt Fausts Geist, wir sind ruhelos bis zum Ende.	Sein Gefährte lächelte kurz; dann kam von seinen Lippen die Antwort: „Du fragst nach dem dunklen Warum unseres Dranges? Ich sage dir darauf: Wir müssen wandern, um unsere Sehnsucht zu töten; sonst würde sie uns den Tod geben. Jeder Gipfel ist nur eine Stufe, über der schon die nächste auf uns harrt; denn in uns wohnt Fausts Geist: wir sind ruhelos bis zum Ende, alles Erleben möchten wir in uns schließen – wir vermögen es nicht. [Maduschka, Das Nachtgespräch, in: *JM* S. 144]
63	**B:** Danke. Ganz in Schweigen eingehüllt stehe ich plötzlich, doch ich schweige nicht.	Ganz in Schweigen eingehüllt stand der andere; in seinen Augen spiegelte sich das Licht der Silbersichel im Blau. [Maduschka, „Das Nachtgespräch“, in: *JM* S. 144f.]
63*	Sie haben ja Recht: Wir müssen unsere Sehnsucht töten, immer wieder, wenn sie uns ruft, wir müssen sie betäuben durch die Tat, die uns zu immer neuen Zielen führt. Und so ist alles nur ein Weg.	„Du hast recht“, antwortete er dann leise, „wir müssen unsere Sehnsucht töten; immer wieder, wenn sie uns ruft; wir müssen sie betäuben durch die Tat, die uns zu immer neuen Zielen führt.“ „Und so ist alles nur ein Weg“, sagte der erste [...]. [Maduschka, „Das Nachtgespräch“, in: *JM* S. 144]
64	Ganz in Schweigen eingehüllt stehen dafür Sie plötzlich.	Ganz in Schweigen eingehüllt stand der andere; [...]. [Maduschka, „Das Nachtgespräch“, in: *JM* S. 144f.]

(*fortges.*)

S.	Jelinek, *In den Alpen*	Intertextuelle Bezüge
64*	**B:** Danke. Die Welt zieht uns in die Ferne mit ihren Abenteuern, doch die Heimat steht hinter uns wie ein Mann, ein seltsames, bindendes Wunder.	Das Wanderweh zieht uns in alle Fernen und zu allen Abenteuern, doch die Heimat steht hinter uns wie ein seltsames, bindendes Wunder. [Maduschka, „Das Nachtgespräch", in: *JM* S. 144]
64*	Die anderen lehnen regungslos am Stein, abgewandten Gesichts.	Der andere lehnte reglos am Stein, abgewandten Gesichts. [Maduschka, „Das Nachtgespräch", in: *JM* S. 144]

Namensregister

Das Register bezieht sich nur auf den Haupttext, nicht auf Fußnoten, Anhang und Verzeichnisse.